民国教育史专题研究丛书　　田正平　主编

民国学校管理研究

程斯辉　著

“十三五”国家重点图书出版规划项目　　2019年国家出版基金资助项目

湖南教育出版社

总　序

（一）

国内学术界关于中华民国教育史（1912—1949）的研究，严格意义上讲，是从20世纪80年代后期开始的。至20世纪末，有关民国教育史的通史性研究成果大致有三种，分别是熊明安著《中华民国教育史》（重庆出版社，1990）、申晓云主编《动荡转型中的民国教育》（河南人民出版社，1994）、李华兴主编《民国教育史》（上海教育出版社，1997）。其中，作为国内第一本以《中华民国教育史》冠名的学术著作，熊著对有关民国时期的教育史料进行了收集整理，构建了一个以历史阶段演进为纵轴、以各级各类教育为横轴的纵横交错的研究框架，并对民国时期教育的诸多举措和事件，做出了自己的评价，认为“从总体看，民国时期的教育仍是进步的教育，并取得了可观的成就”①。申著涉及民国教育史研究中的有关理论问题，尤其是对民国教育史的历史分期问题做了初步探讨。李著出版于20世纪90年代后期，在体例框架上有所创新，全书分为“学制篇”“思想篇”“管理篇”和“办学篇”四部分，对民国教育史的历史分期提出了新的看法，在史料收集和分析上亦有所深入，特别强调了对民国时期教育“进行历史描述和价值评判的出发点与标尺”的问题。作者在“绪言”中指出：“在1912—1949年的三十八个春秋里，伴随着社会转型的阵痛，民国教育经历着从传统向

① 熊明安：《中华民国教育史》，重庆：重庆出版社，1990年，前言第3页。

现代化的蜕变。一方面，对传统教育的摒弃与继承、否定与弘扬，对西方教育的接纳与排拒、移植与抗阻，对民国教育的构思与运作、试验与调整，交织成一幅错综复杂、色彩斑斓的历史画卷；另一方面，在苏区、边区、解放区，广大民众又在共产党领导下，进行了新民主主义教育的理论思考和具体实践。”①

1994年和2000年湖南教育出版社和山东教育出版社先后出版了《中国教育思想通史》（王炳照、阎国华主编）和《中国教育制度通史》（李国钧、王炳照总主编），前者的第六、七卷和后者的第七卷的研究对象是民国时期的教育。《中国教育思想通史》第六卷的时限是1912—1927年，第七卷的时限是1927—1949年；而《中国教育制度通史》第七卷的时限则是1912—1949年。由于体例的限制，《中国教育思想通史》的六、七两卷，主要探讨了民国时期教育改革思潮、职业教育思潮、实用主义教育思潮、三民主义教育思潮、乡村教育思潮、生活教育思潮、新民主主义教育思想等二十多种教育思潮产生、形成、发展的原因和对实际教育的影响。作者指出，“与清末以来的各种教育思潮相比，这一时期的教育思潮从总体上显现出一种比较注意从多方面探讨教育发展规律的特点，就是说，具有较强的理论色彩和教育色彩。……上述特点的出现，标志着中国近代教育发展的一个新阶段”②。《中国教育制度通史》第七卷则在分析了1912—1927年间教育制度转变的深层次原因之后，重点考察了三民主义教育制度和新民主主义教育制度的产生形成过程、具体内容及其各自对教育实践的影响。作者认为，“民国教育是中国教育近代化的一个重要阶段。其间，中国的教育制度发生了两个重要转变：从日本模式到美国模式的转变，以及从以模仿外国模式为主到与中国实际相结合的方向转变。特别是第二次转变，由于教育变革的旗帜从分散的知识分子转到了有组织的政党手中，分化出了两种既相对立又相补充的教育制度体系：国民党所领导的三民主义教育制度与共产党所领导的新民主主义教育制度。这使得教育变革与社会变革取得了更加密切的联系。在这一过程中，有一定中国

---

① 李华兴主编：《民国教育史》，上海：上海教育出版社，1997年，第1页。

② 田正平主编：《中国教育思想通史》（第六卷），长沙：湖南教育出版社，1994年，导言第3页。

特点的近代化教育模式得以确立”[①]。上述论断虽然分别是针对民国时期教育思潮和教育制度的变革而言，其实也反映了作者对整个民国时期教育发展的基本看法。

进入新世纪以来，有关中华民国教育史的学术成果中，最值得注意的是2013年由北京师范大学出版社出版的《中国教育通史·中华民国卷》（上、中、下）和2015年由南京大学出版社出版的《中华民国专题史》第十卷《教育的变革与发展》。《中国教育通史·中华民国卷》（上、中、下）是由前面提及的《中国教育思想通史》和《中国教育制度通史》两书有关内容增补、调整、修订而来的，其指导思想和分析框架基本保持原状，上、中两册以教育思想为主，下册则以教育制度为主，在中国教育通史的大框架下，这三册冠之以“中华民国卷”。由张宪文、张玉法两位教授共同主编的《中华民国专题史》，是海峡两岸暨香港、澳门四十所大学和研究机构的七十位历史学教授与研究员合作撰著的，全书设计了18个专题，教育是其中之一。参与《教育的变革与发展》一书写作的几位作者分别来自大陆和台湾的高等院校和研究机构，这是海峡两岸学者第一次合作完成的关于中华民国时期教育的研究成果。全书由八章组成，依历史发展线索分专题展开，各个专题又分别结合了典型个案分析。作者在“绪言”中指出：“民国时期的教育，在中国近代教育发展的历程中占据着承前启后的重要地位。作为有着数千年悠久历史文化和教育传统的文明古国，教育也如同这个民族的命运一样，在19世纪下半叶和20世纪上半叶遭遇到前所未有的冲击。……中国的传统教育思想、理念、制度模式和知识体系在‘西洋’文明的冲击下开始了艰难的‘现代化’转型。……民国时期的教育，正是这次转型进程中的一个重要阶段。在中国现代教育的发展上，民国时期的教育进行了卓有成效的探索和实践。”[②]

综观20世纪90年代以来先后出版的民国教育史著述，可以看出有如下几方面的共同特点。第一，除最早出版的熊著《中华民国教育史》外，其余各书都明

---

① 于述胜：《中国教育制度通史》（第七卷），济南：山东教育出版社，2000年，第413页。
② 朱庆葆、陈进金、孙若怡、牛力等：《教育的变革与发展》，南京：南京大学出版社，2015年，第1页。

确采用的是“近代化”或“现代化”的研究范式和视角，都主张把民国时期的教育放在“与几千年来的自给自足的封建农业经济基础和专制政体相适应的传统教育，逐步向与近代大工业生产、与资本主义发展相适应的新式近代教育转化与演变的历史过程”① 中考察，都认为“民国时期的教育，是中国教育近代化的一个重要阶段”②。第二，上述不同时期出版的这些著作，都架构了一个大致包括教育方针、教育制度、教育人物（思想）、各级各类教育实施与管理等内容的分析框架，尽管在详略上间有区别，但大的架构基本一致。第三，都对民国时期的教育从总体上给予肯定，对民国教育的不同层面做出了自己的评价。当然，由于各书出版时间前后跨越四分之一世纪，而这一时期中国社会正在经历着深刻的变革，各书在评价尺度的把握上表现出较大差异，应该说，这也是正常的。第四，作为通史性著作，上述各书无论是按历史时期的演进为序展开，还是以专题的形式展开，受篇幅和体例的限制，尽管已经做了很大努力，但对三十八年间民国教育史上的不少问题，有的仍然是点到为止，未能展开深入探讨，有的甚至基本未能涉及。这种状况，既为民国教育史的研究提出了更高的要求，也为进一步的深入研究留下较大的空间。

与学术界对民国教育史的研究持谨慎、执着而又稳步推进的态势不同，社会上对民国教育的关注从 20 世纪末开始，可以说热浪滚滚、持续升温。有学者统计，“在百度搜索引擎上以‘民国教育’为检索词，截止到 2012 年 11 月 20 日，搜索到的结果竟然有近 300 万条之多”③。坊间各种文章、著述及教育家传记、回忆录等大量刊布和结集出版，甚至包括民国时期的一些中小学教科书也以精美的形式一再重印。贯穿于这些海量的对民国教育关注的各种文献的主旋律，是对民国时期教育的高度赞扬和称颂。2008 年 12 月发表在“天涯论坛”上的一篇帖子，题目即是《民国时期的中国教育，一直走在世界的前沿》。文章从教育完全

① 田正平主编：《中国教育通史·中华民国卷》（上），北京：北京师范大学出版社，2013 年，本卷导言第 1 页。

② 于述胜：《中国教育制度通史》（第七卷），济南：山东教育出版社，2000 年，第 1 页。

③ 胡金平：《民国教育热的背后：一种想象性的社会记忆》，《教育发展研究》2014 年第 15—16 期。

免费、教育经费、教师薪水、多样化的教育格局、不惜代价办教育等五个方面，反复论证当时的中国教育走在世界前沿。尽管文章的内容并非建立在严格的史实基础之上，也没有提供任何有根据的统计数据，但是，该帖子却不胫而走，直至今天，仍然持续地被大量转发。这只是众多的对民国时期教育极力推崇和颂扬的显例之一。为什么会出现这种现象？恐怕至少有两方面的原因值得考虑。其一，与社会各界对当代中国教育改革中出现的诸种问题的焦虑有直接关系。带着现实的感受，人们希望通过回顾、梳理、考察民国时期相应的教育问题，启迪智慧，开阔眼界，总结经验，汲取教训。于是，民国教育就成为被社会各界广泛关注的一片“热土”。耕耘者各自怀揣不同目的，有的是希望从中获得创办一流大学的启示，以使中国的高等教育更快地跻身“世界一流大学的行列”；有的是呼唤渐行渐远的某种“精神”或“情怀”，借以批评当下学术界的浮躁与腐败；有的试图通过比较体制方面的异同而引发相关的联想；有的则企盼为革除当下的某些积弊寻求“一剂良方”。当然，更不乏有些人将自己想象中的“教育愿景”投射到那段逝去的历史，论说和言语间更多的是情感的诉求和理想化的憧憬。说实话，所谓民国时期的教育，总共也就是三十八年，如此短暂的时间，居然会给后人留下那么多想象与重构的空间，在充分体现历史的“魅力”的同时，也生动地说明了那是一个在中国教育早期现代化进程中极其重要的时代，是一个由于迄今为止尚有许多问题没有被人们正确认知因而极易让人产生各种“想象”与“移情”的时代。可以说，对于这段教育历史的关注，已经远远超出了学术研究本身的范围。其二，从更深的层次考察，上述民国教育热的背后，可能潜伏着一种对被20世纪六七十年代极左思潮所形塑的民国教育图景的不满情绪和逆反心理。长期以来，由于众所周知的原因，教育史上的“昨天”（民国教育）与它赖以存在的环境被不加区别地描绘成一个充满妖魔鬼怪的黑暗世界，种种反映事实真相的史料被一张又一张无形或有形的网络所过滤、筛选。于是，民国时期的教育以一幅专制集权、崇美媚外、毒害青年、扼杀人性的荒诞不经的图像，通过教材、课堂、学术论著及其他传播方式广为流传，其影响亦远远超出学术界，几乎成了全社会的“共识”。三十多年来随着改革开放的深入，许多人为的障碍逐渐消除，大量被屏蔽和过滤的史料重见天日。民国时期的教育究竟如何？人们自然而然地追问，不到四十年的民国教育培养出那么多大师、大家，那一时期的教育究竟是怎么搞的？民国时期的教育有哪些“高招”和“法宝”可供今天借鉴？著名的“钱学森之问”更是激发了人们对这些问题的思考。平心而论，综观21世纪以来有关民国教育的各种论文、著述、回忆录等，其中不乏严肃的学术著作和论文，有许多成果可以说无论在论题的选择、史料的发掘利用，抑或是在分析框架的建构和观点的提炼方面，都体现出很高的学术水准。但是，也确实有一些作品，更多的是一种感情的宣泄或寄托，很少提供有价值的新材料、新观点，立论往往失之偏颇；更有一些著述，对民国教育的许多问题缺乏具体的实事求是的分析，而是一味地“拔高”，给人的感觉是，那个时期的教育样样都好，多年前的“黑暗地狱”，如今变成了人人向往的“光明天堂”。

上述社会现象给我们的启示是，民国教育作为中国教育早期现代化的一个重要历史阶段，它是我们的“昨天”。实际上，我们今天遇到的、讨论的、感到困惑的许多教育问题，也都是民国时期的人们曾经遇到过、讨论过、感到困惑的问题。所以，对民国教育的研究，能为我们处理和解决这些问题提供有益的借鉴。长期以来我们曾经把这段历史的研究视为禁区，与中国古代教育史、中国近代教育史的研究状况比较，这段离现实最近的历史，恰恰最不受重视、成果最为匮乏、形象最为模糊；近年以来，这块“禁区”变成了“热土”，人们出于各种动机、带着各种问题，试图从民国教育中寻求答案、解疑释惑，在这种情况下，急功近利的心态、“削足适履”的后见之明和个人情感的流露时有所见。“禁区”也好，“热土”也罢，从学术研究和社会需求的角度讲，都不是一种正常的现象。说到底，民国时期的教育既不是“天堂”，更不是“地狱”，客观的史实只能有一个，而解释、分析、评价却可能多种多样。这就要求我们，在认真总结民国教育史研究过程中“冷”“热”两方面经验教训的基础上，有组织地加强对民国教育史的深入研究，这既是学科建设、学术发展的需要，又是回应社会需求、为当代中国教育改革提供有益借鉴的需要。

（二）

众所周知，中国教育的早期现代化是在 19 世纪 60 年代拉开序幕的。如果以 1862 年京师同文馆的创办作为中国近代新式教育的滥觞，至 1912 年中华民国成立，传统教育的变革和新式教育的推进已经经历了整整半个世纪。五十年间，无论是在教育理念、教育制度、教育模式层面，抑或是在知识体系、课程设置、教学形式和方法层面，都发生了缓慢、深刻而不可逆转的变革。尽管阻力重重，但经过自强运动、维新运动和清末最后十年的新政改革，仍然开启了教育早期现代化的诸多门径：各类新式学堂的创办，培养目标的多元化，大量西学课程的引进，留学生的走出国门，书院的改造与改制，科举制度的不断修补、改革及停废，近代学校制度的颁行，中央教育行政机构的独立建制，等等。据统计，1912 年全国专科以上学校一百一十五所，学生四万零一百一十四人；全国中等学校八百三十二所，学生九万七千九百六十五人；全国小学校八万六千三百一十八所，学生二百七十九万五千四百七十五人。① 中华民国的教育，就是在这个基础上起步的。

中华民国时期的教育，以 1927 年为界，三十八年间大致可以分作两个阶段。

辛亥革命推翻了清王朝的统治，这是中国历史发展进程中的一次重大飞跃。它标志着在中国延续两千多年的封建君主专制制度的终结和资产阶级共和制度的诞生，是中国从传统社会向近代社会转变过程中的重要里程碑。同样，中华民国的建立，使中国教育早期现代化进入一个新的历史时期：封建专制政体的崩溃，使得由它所支撑的价值观念、社会心理、道德规范以及与此相适应的传统教育的各个层面统统失去了依托，由此催发了民初教育的新气象。无所不包的普遍王权的一元结构突然解体，在造成权威丧失、价值迷津的同时，也诱发了保守顽固势力的拼死反抗，袁世凯在教育领域的倒行逆施，对民初教育的反动，掀起了一股短暂的复辟逆流。但是逆流毕竟不是主流，从一定意义上讲，正是这股逆流引发了国人对数千年积淀而成的文化传统的总体性思考与批判，引发了中西文化的激

① 教育部教育年鉴编纂委员会编：《第二次中国教育年鉴》（四），上海：商务印书馆，1948 年，总第 1400、1428、1455 页。

烈论争，促进了观念形态的深刻变革，于是有新文化运动和五四运动的发生。中国教育早期现代化的基本内涵诸如追求民主、崇尚科学、强调实用、求新知于世界等，生动鲜明地在理性思考和实践活动两个层面凸现出来。1912—1927年间，中国教育早期现代化留下了之字形发展、螺旋式上升的轨迹，在艰难曲折中显现出历史的选择和进步。如果说此前五十年间传统教育的变革和新式教育的推进是在封建专制政体的框架之内进行的话，那么辛亥革命后的这种变革和推进则是在民主共和观念逐渐深入人心、封建专制制度无可挽回的历史大趋势下展开的。

1912年1月3日，蔡元培出任中华民国首任教育总长。1月9日，教育部正式成立。至1913年9月“二次革命”失败，蔡元培和他的继任者们，在革故鼎新的重大历史转折时期，适应政体转变，废除清末教育宗旨，确立“注重道德教育，以实利教育、军国民教育辅之，更以美感教育完成其道德”的培养共和国新国民的教育方针；召开全国临时教育会议，讨论议决民国教育发展的大政方针，进行教育决策民主化的尝试；制定颁布“壬子—癸丑学制”，对“癸卯学制”进行制度改造。在前后不到两年的时间里，采取了这些重大举措，顺应社会发展潮流，为民国教育发展奠定了第一块基石。

1915年兴起的新文化运动和其后的五四运动，对民国时期教育的影响是深远、持久且多重层面的。新文化运动的骁将们几乎毫无例外地把批判的矛头指向封建教育的核心——尊孔读经，其措辞之激烈、揭露之无情、批判之深刻，都是前所未有的。如果说辛亥革命后对封建教育的冲击和废除更多的是凭借政权的力量，主要是进行了制度层面的改革，尚未来得及从教育观念、教育思想上进行深入清理的话，那么，新文化运动、五四运动正是力求弥补这艰苦而又十分必要的一课。

与上述批判高潮相呼应，中国的知识界、教育界表现出前所未有的学习、追赶世界先进教育潮流的活跃趋势。在中国教育早期现代化的历史进程中，西方教育的影响，始终是一个极其重要的因素。教育早期现代化每跨出一步，都伴随着西方教育不同层面影响的扩大和加深。如果说在中国教育早期现代化的启动阶段，传统教育的改革主要以增设新的课程、引进新的教学内容为标志，更多地受西方教育物质层面的影响，19世纪末20世纪初传统教育的改革集中地体现在近代学制的建立，更多地受西方教育制度层面影响的话，那么，在新文化运动中兴起并得到蓬勃发展的教育改革运动，则主要是受西方教育理论、教育思想的影响。人们在探讨导致中西教育差别的本质内涵、寻求中国教育根本出路的过程中，把形形色色的西方教育理论、学说、思潮统统拿了过来，形成了近代以来教育思想界最为活跃的一个时期。这种多姿多彩、众说纷纭的思想氛围，不仅为人们提供了批判旧教育、发展新教育的理论武器，而且从根本上锻炼和提高了我国教育界的理论素养。

1915年以后，我国教育界初步形成了一支为数可观、具有多元化色彩、知识结构比较合理的教育理论人才和实践人才队伍。这支队伍的组成大致可分为三个层面。一是出身于封建士大夫营垒、在维新运动时期实现了自我转变的老一辈文化教育界人士。从清末废科举、兴学堂、创办新式教育以来，他们大都站在时代前列，做出过积极贡献，在新的社会历史条件下，他们中的大多数，仍然追随时代步伐，努力更新自己的知识和观念，在自己所能理解和接受的范围内，以不同的方式，直接或间接地促成、支持教育上的各种改革活动。二是民国肇始，积极参与废除封建教育制度、创建新教育体系，在革故鼎新中勋劳卓著的一批以留日学生为核心的半新半旧的知识分子。在新形势下，他们锐意进取，不断追求，对自己亲手制定或参与制定的民初教育宗旨、“壬子—癸丑学制”，不居功，不护短，又以积极的姿态呼唤新的改革高潮。三是1915年以后陆续回国的欧美留学生。他们的年龄大多在二十五至三十五岁，出国留学少则二三年，多则五七载，出身名校，师从名家，学有专长，受过全面的西方教育熏陶和科学方法训练，取得了学士、硕士、博士学位。这批人血气方刚，视野开阔，承袭的负担少，思想敏锐，富于朝气，对国内教育现状极为不满，要求变革的愿望最强烈。上述三个层面的人们，广泛地分布在中央和各省市的教育行政部门，各大学、专门学校、中等学校和各种文化教育出版机构、教育社团组织。从总体上看，他们的教育理论素养、他们的知识结构、他们对中国国情的认识以及对世界教育发展趋势的理解，均可以说达到了前所未有的水平。他们同气相求，此呼彼应，成为左右中国教育方向的主力军。

以1917年9月7日教育部公布《修正大学令》为标志，中国近代高等教育体制的演进进入到一个新的阶段。《修正大学令》规定：设两科以上者得称大学，但单设一科者得称为某科大学。1922年颁布的“壬戌学制”吸收了上述规定，而这些规定在1924年2月公布的《国立大学条例》中又得到进一步的肯定。这些规定不仅打破了清末学制中关于在京师设立大学必须八科俱全、在省城设立大学必须三科以上的成案，而且也突破了民初《大学令》中所规定的大学至少需设两科以上的要求，反映了20世纪20年代中国社会经济发展对高等教育的需求。而1917年后蔡元培对北京大学卓有成效的改革，改革中所体现出来的现代大学理念、大学精神、管理体制以及所做的种种努力和尝试，更是对整个中国思想文化和教育学术都产生了广泛、深刻的影响和巨大的辐射力。大学成为现代知识分子安身立命之所，成为新知识、新思潮、新文化的生产者、倡导者、发源地。1926年，蔡元培在一篇文章中指出，中国大学取得了显著进步，这既表现在数量的扩大方面，“十倍于民国元年”，也反映在内容的提高方面。他从科目设置、教学内容、师生观念以及开展科学研究等多个角度进行对比，得出结论：“不能不说今日的大学，比十五年前已经进步得多了。”① 当然，蔡在充分肯定这一时期大学发展所取得的成绩的同时，也不无忧虑地指出了存在的严重问题，这些我们将在后面讨论。

从1915年开始酝酿至1924年教育部颁布《国立大学条例》大致完成的20世纪20年代的学制改革，前后历经近十年。与清末新政时期“癸卯学制”和民国初年“壬子—癸丑学制”的制定、修订相比，这次学制的修订真正发展成为一场名副其实的教育改革运动。不仅具有酝酿时间长、视野开阔、民间参与成为主体、涉及面广、所形成的“壬戌学制”影响持久等特点，而且正是在这次改革过程中，中国教育的发展模式完成了由取道日本向取法欧美，特别是美国的转变，这个转变影响了此后中国教育的国际取向。而在改革过程中从理论和实践两个层面体现出来的民间社会力量参与的积极性、主动性、多样性和主体作用发挥的有

① 中国蔡元培研究会编：《蔡元培全集》（第五卷），杭州：浙江教育出版社，1997年，第412—413页。

效性，在中国教育早期现代化的历史进程中，既是空前的，又可能是绝后的。

（三）

1927年南京国民政府的建立，标志着民国教育的发展进入新阶段。如果说此前十五年间中国教育的发展是在中央政府走马灯似的更迭、缺乏威权，社会动荡、各地军阀混战不已的大背景下，民间社会力量充分介入和展现，以思想理论上的多元化、实践形态上的多样性为特征向前推进的话，那么南京国民政府建立后，中国教育的发展则是在“一个政党、一个主义、一个领袖”的政治框架逐步形成、日趋强化的过程中，在中央政府的主导下以完善立法和制度建设，强调集权和统一，致力于各级各类教育的规范化、标准化为特征进行探索和推进的。

1928年5月，中华民国大学院在南京召集第一次全国教育会议，提议以“三民主义的教育”为中华民国教育宗旨。1929年4月，国民政府公布《中华民国教育宗旨及其实施方针》，确定“中华民国之教育，根据三民主义，以充实人民生活，扶植社会生存，发展国民生计，延续民族生命为目的，务期民族独立，民权普遍，民生发展，以促进世界大同”[①]。1931年6月，国民政府公布《中华民国训政时期约法》，以根本法的形式进一步确认：“三民主义为中华民国教育之根本原则。”[②]与民国初年蔡元培主持制定的“五育并重”的教育方针和1922年“壬戌学制”制定过程中形成的“七项标准”相比较，三民主义教育宗旨的确立，明确地把教育的发展与国家的发展目标紧紧地联结在一起。

从国民政府成立到抗日战争全面爆发前的十年，是民国教育稳步发展、经费支持较有保障、各级各类教育事业取得显著成绩的十年。鉴于北京政府时期中央政府弱势、教育法令法规滞后、全国教育秩序松散的实际情况，国民政府在制定颁布三民主义教育宗旨及其实施方针的同时，加强教育法律、法规、制度和有关政策的制定、修订和完善，从制度建设上进行本土化探索。在1927—1937年间，先后颁布

---

① 宋恩荣、章咸选编：《中华民国教育法规选编》（修订版），南京：江苏教育出版社，2005年，第35—36页。

② 宋恩荣、章咸选编：《中华民国教育法规选编》（修订版），南京：江苏教育出版社，2005年，第37页。

的重要法令、法规、政策有：《中华民国大学院组织法》《大学区组织条例》《教育部组织法》《教育会规程》《大学组织法》《专科学校组织法》《大学规程》《专科学校规程》《学位授予法》《大学研究院暂行组织规程》《小学法》《小学规程》《实行义务教育暂行办法大纲》《中学法》《中学规程》《中学学生毕业会考规程》《职业学校法》《职业学校规程》《师范学校法》《师范学校规程》《私立学校规程》《整顿学风令》《整顿教育令》，等等。上述法律法规的制定颁布，在比较完备的现代教育法律法规体系的基础上，建立了一个比较完整的包括初等、中等、高等教育和师范、职业、成人、社会教育、教育管理在内的国民教育体系。尽管在实施过程中大打折扣，但是，由于中央政府的权威日益强化，这一整套法律法规体系在保障各级各类教育正常运作的过程中，仍然发挥了重要的积极作用。

完成教育主权的回收。民国成立后，北京政府曾经针对外国宗教团体的在华办学活动，多次发布通告，要求外国教会学校向中国政府注册立案。20 世纪 20 年代中期，全国范围内更掀起声势浩大的反对教会教育、收回教育权的社会运动。但是，由于中央政府本身的不稳定和缺乏威权，直至国民政府成立，除燕京大学曾于 1927 年 2 月向北京政府教育部申请立案之外，外国宗教团体在华所办学校多持观望态度。国民政府成立后，先后公布《私立学校条例》《私立学校董事会条例》和《私立学校规程》等通令、通告，明确规定：“外国人及宗教团体设立之学校”均属“私立学校”；“私立学校须经教育行政机关立案，受教育行政机关之监督及指导”；“私立学校如系外国人所设立，其校长或院长须以中国人充任”；“私立学校如系宗教团体所设立，不得以宗教科目为必修科，亦不得在课内作宗教宣传，学校内如有宗教仪式，不得强迫或劝诱学生参加，在小学并不得举行宗教仪式”。[①] 在国民政府的敦促下，各宗教团体所办学校纷纷向中国教育行政部门注册立案。以高等教育而言，至 20 世纪 30 年代初，除圣约翰大学外，其他教会所办高等学校全部完成了向中国政府的注册立案。正如有的学者所指出的：“在中国教会大学的历史上，20 世纪 20 年代的事件结束了一个时代，教会

① 教育部：《私立学校规程》，载〔日〕多贺秋五郎：《近代中国教育史资料·民国编》（中），东京：日本学术振兴会，1974 年，第 573 页。

学校不再是外国人管理的宣传外国教义的学校了。……教育成了学校的主要目的，传播福音只能在政府控制的教学计划所容许的范围内进行。”①

整顿各级各类教育，提升教育质量。十年间国民政府在教育方面的另一大举措即是整顿各级各类教育、提升教育质量，并且取得了显著成效。以对高等教育的整顿为例，国民政府成立之初，全国高等教育正处在所谓“大学热”时期。1931年国际联盟教育考察团来华考察，在其考察报告书中，对中国高等教育的现状做了如下评述：“中国人对于高等教育之信仰——几成为对于高等教育之狂热——致使二十五年之内，竟有五十余所大学之创设，此种信仰之本身，确有值得特别羡慕者。但此种迅速创立之制度，纵具有真实之优点，其品质上之缺点，自不可免。”② 为改变高等学校“数量增加，质量低下”的状况，国民政府对高等教育进行了整顿，其中取消单科大学、限制滥设大学，加强对私立院校及教会学校的控制与管理，调整院系结构、限制文科、注重实用科学和提高教育效能等是整顿的重点。为此出台了一系列的法规政策，目的是全面加强政府对高等教育的控制以“限制数量、提升质量”。规范和控制相结合是这一时期国民政府整顿高等教育政策的主要特征。此次整顿呈现以下特点：第一，整理方式以“裁、并、改、停”为主；第二，整顿内容明确，主线突出，贯彻始终；第三，政府整顿高等教育的法规和政策在执行过程中，既有刚性的一面，亦有一定的灵活性。通过此次整顿，改变了20世纪20年代以来高等教育发展中的无序状况，提高了高等教育的整体水平。当然，在这一过程中也进一步确立和加强了国民党在全国高等院校中的渗透和影响。

1937年抗日战争全面爆发，深刻的民族危机打乱了中国教育早期现代化的正常进程，战前初步形成的稳定的教育发展局面被破坏。随着日寇侵略的步步进逼，各级各类教育受到严重破坏，特别是集中于平津地区和东南沿海地区的大批高等学校损失更为惨重。据战后教育部统计，战时全国各级学校与教育人员直接、间接所受损失合计美金九点六亿余元。其中，建筑物被破坏三十一万余间，

---

① 〔美〕杰西·格·卢茨：《中国教会大学史》，曾钜生译，杭州：浙江教育出版社，1988年，第248页。
② 国际联盟教育考察团编：《国际联盟教育考察团报告书》，台北：文海出版社，1986年，第160页。

图书损失七千二百五十九万余册，仪器标本损失九十七万余件，各类器具损失二千九百八十四万余件，其他物品不计其数。① 战前的一百零八所高等学校中，校舍遭到日军占领或轰炸，被迫迁移或停顿者达九十四所，其中十四所被全毁，二十五所被迫停顿。② 多所大学被迫颠沛流离、辗转内迁，日本帝国主义的野蛮行径，使中国的教育事业遭受空前的巨大损失。

1938 年 3 月 29 日至 4 月 1 日，国民党在武汉召开临时全国代表大会，制定了《中国国民党抗战救国纲领》，临时代表大会通过了《战时各级教育实施方案纲要》，内容包括九大方针和十七个要点，用以指导战时教育。国民政府教育部据此制定了战时各级各类教育实施方案及改善要点，对学制、学校设置、师资、教材、课程与科系、训育、体育、管理、经费、学校建筑、行政机构、学术研究及审议、留学制度、边疆教育、社会教育等做了具体规定。1939 年 3 月 4 日，蒋介石在第三次全国教育会议上致辞，指出教育要以适应抗战救国需要为中心，以“革命救国的三民主义为我国教育的最高基准，以实现抗战救国纲领”，强调“教育是一切事业的基本”，并提出“平时要当战时看，战时要当平时看”，认为“战时”与“平时”并非截然分开。③ 3 月 7 日，大会议决通过临时提案《蒋委长在本会议训词为我国教育之最高指导原则案》④ 作为大会的重要决议和今后国内教育的指导方针。“战时须作平时看”的指导方针的确立，明确了政府抗战时期教育工作的总基调，兼顾抗战与建国、目前与长远的双重任务。遵循这一方针，国民政府在全面抗战期间采取多种应变措施，取得积极成效。至抗日战争胜利，全国各级各类教育在迅速医治战争创伤的同时，取得了长足的发展。据统计，1936 年，全国有专科以上学校一百零八所，学生四万一千九百二十二人；全国中等学

---

① 教育部统计处编：《全国各级学校及教育机关战时财产损失数量统计表》，中国第二历史档案馆编：《中华民国史档案资料汇编：教育（一）》（第五辑第二编），南京：江苏古籍出版社，1997 年，第 383—400 页。

② 教育部统计处：《全国高等教育概况之比较表》，载杜元载主编：《革命文献·抗战时期之高等教育》，台北：“中央文物供应社”，1972 年，第 85 页。

③ 《蒋委员长讲：教育的当前任务》，《新华日报》（重庆），1939 年 3 月 5 日；《全国教育会议详记·第四日蒋委长莅会勉教育界》，《申报》（上海），1939 年 3 月 22 日。

④ 《全国教育会议昨闭幕：通过蒋委长莅会训词为最高指导原则》，《申报》（上海），1939 年 3 月 10 日。

校三千二百六十四所，学生六十二万七千二百四十六人；全国小学校三十二万零八十所，学生一千八百三十六万四千九百五十六人。至 1945 年抗战结束，全国专科以上学校增至一百四十一所，学生八万三千四百九十八人；全国中等学校增至五千零七十三所，学生一百五十六万六千三百九十二人；全国国民学校及小学校数虽然有所下降，但在校学生却增至两千一百八十三万一千八百九十八人。① 这期间，全国专科以上学校在校学生数、全国中等学校在校学生数均增长一倍左右，全国国民学校及小学在校学生数增长近百分之二十。

抗日战争胜利后，全国人民渴望和平安定，教育事业百废待兴。国民政府教育部于 1945 年 9 月召开全国教育善后复员会议，讨论制定各项政策，并先后颁布《国立各级学校迁校办法》及对收复区各类学校教师、学生的甄审和处理办法。教育复员工作大致在 1947 年 4 月完成。但是，随着内战爆发，战火连绵、经济崩溃、物价上涨、通货膨胀，国家财政极度困难，教育经费急剧缩减，中国教育早期现代化的进程再次受挫。1949 年 10 月，中华人民共和国宣告成立，国民党失去了在大陆的统治地位。

（四）

通过上面简短的回顾，可以看出，三十八年间中国教育的发展，与 1862 年以来中国教育早期现代化的前半个世纪相比，应该说，在推动传统教育的变革和促进新式教育的成长方面，这一时期确实做出了重要贡献，取得了很大的成绩。据统计，1947 年全国专科以上高等学校二百零七所，在校学生十五万五千零三十六人②，分别是 1912 年高等学校数和高等学校在校学生数的一点八倍和三点九倍。1946 年全国中等学校五千八百九十二所，在校学生一百八十七万八千五百二十三人③，分别是 1912 年中等学校数和中等学校在校学生数的七点一倍和十九点二倍。1946 年全国国民学校和小学二十九万零六百一十七所，在校学生两千三百八十一万三千七百零五④，分别是 1912 年小学校数和小学在校学生数的三点

①②③④ 教育部教育年鉴编纂委员会编：《第二次中国教育年鉴》（四），上海：商务印书馆，1948 年，总第 1400、1428、1455，1402，1428，1455 页。

四倍和八点五倍。这仅是就新式学校数和在校学生数的一个粗略统计，至于在教育观念转变、制度建设探索、培养人才质量等方面，更有着前五十年无法比拟的进步。以人才培养为例，民国时期的教育有着特殊的贡献，一大批具有国际水准的优秀人才在战乱动荡的环境中脱颖而出，直至中华人民共和国成立后的相当一段时间内，仍然是国家建设的骨干力量，在政治、经济、科学技术、文化教育的各个领域发挥着无可替代的作用。这批人才的涌现，与民国时期学校教育，特别是高等教育的办学体制、大学理念、制度环境、精神追求、师资质量、校园氛围等密切相关。经过 20 世纪 30 年代初期的整顿，私立高等学校不仅在体制上一直得到保证，而且，私立专科以上学校在民国高等教育的整个格局中仍然是三分天下有其一。如上所述，至 1947 年，全国共有专科以上学校二百零七所，其中，私立者七十九所，占百分之三十八点二，而私立专科以上学校在校大学生数则占大学生总数的百分之三十七点五。[①] 有的研究者指出：民国时期“中国的大学已经逐渐发展成熟，它在保持中国的传统特色和与世界大学制度互相接轨这两者之间已经成功地找到平衡点”[②]。论者从文化冲突的视角立论，这种看法不无深刻之处。

但是，三十八年间的中国社会除 1937 年全面抗战开始前的十年各方面较为稳定之外，其余的大部分时期，不是政局动荡、军阀混战不已，就是列强入侵、内战连绵，这样一种社会背景，又从总体上制约着这一时期教育的发展。在 1927 年之前的十几年间，政局走马灯似的你方唱罢我登场，教育总长、次长的人选换了四十余次，几乎每年都要更换三位教育总长，而 1922 年一年之内，总长、次长即各换了七次。这种状况下，中央政府政令难出都门，教育法令、法规、政策的制定不仅滞后，且缺乏连续性、长远性和全局性考虑。中央政府的动荡和弱势，在客观上为民间力量的介入和发挥作用提供了空间，为教育理论和教

---

① 教育部教育年鉴编纂委员会编：《第二次中国教育年鉴》（第十四编），上海：商务印书馆，1948 年，总第 1402 页。

② 〔加〕许美德：《中国大学 1895—1995：一个文化冲突的世纪》，许洁英译，北京：教育科学出版社，2000 年，第 91 页。

育思想界的五彩缤纷提供了土壤，为教育实践中多样化探索提供了可能性。但是，毋庸讳言，这种状态也大大削弱了教育早期现代化的实际成效。众所周知，在现代化进程中，国家政权起着异常重要的作用。它是现代化的倡导者、设计者、推动者和实行者。推动现代化的首要条件是有效地动员物质资源和社会资源，其中动员社会各个阶层和群众的支持又是最重要的因素。这就需要有一个拥有高度威权与组织能力的政府。教育作为国家系统的组成部分，作为社会控制的重要工具，这一时期的中央政府无法有效地予以掌控，不仅难以集中必要的人力物力发展教育事业，甚至也难以将教育事业整合、规范到国家政权建设的轨道上来。所以，这一时期教育的发展在取得重要成绩的同时，也存在许多问题，如教育经费的严重短缺、教育发展的无序状态、教学内容的脱离中国实际以及沿江、沿海口岸城市和少数大城市与广大农村、边远地区的强烈反差，等等。由于军阀间的连年混战，本来就短缺的教育经费常被随意挪用，有的省份的军阀甚至不惜下令全省小学停办一年而将其经费用于扩充自己的势力。至于因政府欠薪而引发的教师罢教、学生罢学风潮，在20世纪20年代前期，几乎成了学界的常态。前面曾经论及，1917年教育部公布《修正大学令》推动中国高等教育的发展进入一个新阶段。但是，由于缺乏相应的制度和政策跟进，在各种利益追求的驱动下，短期内许多并不具备条件的学院和专科学校纷纷升格为大学，还冒出许多完全不具备条件、纯粹以营利为目的的私立大学。有资料显示，1924年一年之内北京地区就新增十三所私立大学，上海地区新增八所私立大学。① 对于此种乱象，陆费逵在《中华教育界》上撰文《滥设大学之罪恶》，指出，“年来大学之兴，大有蓬蓬勃勃之象。然夷考其实，则国立大学，本已名不副实。高专升格，除最少数外，尤不免形同儿戏。各省为名高而悬一大学招牌与夫私立者之徒慕虚名不求实际，不惟等诸自郐，抑且制造许多罪恶”②。文中他列举了滥设大学的五大罪状。这种发展的无序状态，其根源当然在于中央政府对大局的失控。1917年，赴美留学多年的胡适，归国不久，就对国内教育状况表示深深的忧虑：“我

① 《国内教育新闻·京沪之新大学》，《中华教育界》1924年第14卷第3期。
② 陆费逵：《滥设大学之罪恶》，《中华教育界》1924年第14卷第4期。

有十几年没到内地去了，这回回去，自然去看看那些学堂。学堂的课程表，看来何尝不完备？体操也有，图画也有，英文也有，那些国文、修身之类，更不用说了。但是学堂的弊病，却正在这课程完备上。例如我们家乡的小学堂，经费自然不充足了，却也要每年花六十块钱去请一个中学堂学生兼教英文唱歌。又花二十块钱买一架风琴。我心想，这六十块一年的英文教习，能教什么英文？教的英文，在我们山里的小地方，又有什么用处？至于那音乐一科，更无道理了。……所以我在内地常说：'列位办学堂，尽不必问教育部规程是什么，须先问这块地方上最需要的是什么。譬如我们这里最需要的是农家常识，蚕桑常识，商业常识，卫生常识，列位却把修身教科书去教他们做圣贤！又把二十块钱的风琴去教他们学音乐！又请一位六十块钱一年的教习教他们的英文！列位且自己想想看，这样的教育，造得出怎么样的人才？……'"① 胡适的这段话指出了当时教育界过分注重形式上的模仿而脱离中国国情、脱离农村实际的普遍现象。至于全国各地教育发展的不平衡和地区、城乡间的巨大反差更是不争的事实，一方面是沿海、沿江口岸城市和一些大城市的教育改革、教育实验搞得风生水起、热热闹闹，各种教育理论、教育学说争奇斗艳、众说纷呈；另一方面，广大农村和边远地区的学堂冷冷清清，师生们甚至不知道新式教育为何物。论者多以"腐朽与神奇并存、五彩缤纷与光怪陆离同在"来形容这一时期全国各地教育发展的巨大差异，应该说不无道理。当然，这种状况的形成有着更深层次的原因，实际上，"在近百年的发展进程中，中国教育早期现代化始终走着城市和乡村分途行进的二元路线"②。民国最初十几年教育的发展，进一步延续且加重了这种趋势。所以，20 世纪二三十年代，在中国知识界掀起了一股到乡村搞民众教育和乡村建设的热潮，从一定意义上可以看作是对日益加深的地区间、城乡间教育发展鸿沟的一种反动。

1927 年南京国民政府建立，1928 年东北易帜，国民革命军完成北伐，全国

---

① 胡适：《归国杂感》，载欧阳哲生编：《胡适文集（2）》，北京：北京大学出版社，1998 年，第 473 页。

② 田正平、陈胜：《中国教育早期现代化问题研究——以清末民初乡村教育冲突考察为中心》，杭州：浙江教育出版社，2009 年，第 1—2 页。

在形式上结束了分裂局面。国民政府在确立三民主义教育宗旨，强调集权和统一，制定、完善一系列教育法令法规，加强制度建设，整顿教育秩序，提高教育质量，进行本土化探索的同时，大大强化了国民党对全国教育事业的控制，强化了政治和意识形态对教育的渗透，力图把教育纳入国民党一党专制的轨道。先后在北京政府和国民政府时期完成小学教育的何兆武回忆说："我做小学生时，北伐以后就有政治学习，'党义'和革命史是学校里的公共课，要背三民主义。……国民党有意识形态的灌输，开口三民主义、闭口三民主义，但在这之前完全不是这样，北洋军阀没有意识形态的统治，这是和国民党时期最大的一点不同。"[①] 事实上，正是从1927年南京国民政府成立开始，中国教育早期现代化走上了一条由政党政治主导的道路，国民党的纲领、路线、方针通过政府的法令、法规和一系列政策，规定和制约着国家教育的发展方向。在抗日战争全面爆发后，国民政府一方面在民族救亡中提出"平时要当战时看，战时要当平时看"的教育指导方针，采取诸多举措维护和发展教育事业；另一方面则在民族主义的旗帜之下，进一步强化国民党对各级各类教育的全面控制。所以，将民国时期教育作为一个整体看，1927年前，政府威权缺乏，思想控制松懈，民间力量彰显，教育思想、理论、学说多元而活跃，办学实践探索多样而缺乏宏观秩序。1927年后，在政府主导下强化教育法制建设、制度建设，强调规范化、制度化，强调集权、统一下的本土化探索，而教育理论和教育思想界的活跃局面变得沉闷而单调。从一定意义上可以说，教育被改造成为一种政党斗争的工具，其结果，同样削弱和降低了中国教育早期现代化的成效。

正是由于以上多种因素的综合作用，当我们就中国教育早期现代化的历史进程从纵向上做比较时，呈现在我们面前的民国时期三十八年间教育领域所取得的成绩，是相当可观的，放在当时的社会背景下看，甚至可以说是来之不易的。但是，换一种角度，如果把这些成绩与中国社会对教育的需求做比较来考量，或者是放在世界范围内做横向的断面比较，那就是另外一种景象：1946年全国小学

---

① 何兆武口述、文靖执笔：《上学记》，北京：生活·读书·新知三联书店，2013年，第9—10页。

生入学率是百分之五十四点五二[①]，而日本义务教育入学率在此前半个世纪的1894年即达百分之六十一点七，至1908年更上升至百分之九十七点八[②]。在一个近五亿人口的国度里，识字人口的比例如此低下，这一基本事实告诉我们，无论如何，对民国时期中国教育早期现代化的成绩不能估计过高，当然，这种状况，说到底是与中国社会早期现代化的整体水平相匹配的。

（五）

"民国教育史专题研究丛书"是来自全国十所大学的十一位教育史从业者，出于共同的学术兴趣自愿结合在一起完成的一个项目。鉴于目前学术界关于民国教育史研究的实际状况和当前我国教育改革的现实需要，我们采取"以问题为导向、以专题研究为形式"的方式开展工作。所谓"以问题为导向"，即是说打破一般大型通史性著作以各级各类教育立卷的写作惯例，既不是按照学前教育、小学教育、中学教育、高等教育，职业教育、师范教育、成人教育、社会教育、留学教育等教育类型面面俱到地展开，也不是按照教育方针（宗旨）、教育制度、教育行政、教育人物（思想）、各级各类教育实践这样一种中小型通史性著作的常见框架来组织。所谓"以问题为导向"主要有两层含义：一是选择那些在民国教育发展进程中发挥过重要作用，且学术界较少关注而又与当今的教育改革有紧密联系的问题作为研究对象；二是选择那些在民国教育发展进程中发挥过重要作用，虽然学术界已有相当的成果面世，但仍有较大的拓展空间，特别是很可能蕴含着当前教育改革急需从中汲取经验教训的那些问题作为研究对象。简而言之，学术价值和现实需求两个维度的高度契合，是我们决定哪些问题入选、哪些问题暂时放弃的考虑原则。所谓"以专题研究为形式"，是说丛书的每一种著作，都是围绕我们筛选出来的某个问题而展开，力求全方位地把该问题来龙去脉的基本事实梳理清晰，对其在历史进程中得以产生的背景、所发生的流变、所发挥的作

① 教育部教育年鉴编纂委员会编：《第二次中国教育年鉴》（第十四编），上海：商务印书馆，1948年，总第1483页。

② 王桂：《日本教育史》，长春：吉林教育出版社，1987年，第185页。

用、所产生的影响及意义给予合理的解释和说明。在这里，事实是第一位的，历史著作的本质特征首先是真实，只有在真实地再现历史原貌的基础上，因果关系的分析与评判才有意义和价值。

出于上述考虑，我们选择了十二个问题作为研究对象，这些问题，有的是属于教育理论层面，有的是属于教育制度层面，有的是属于教育实践层面，当然，更多的是融理论、制度与实践为一体而展开；有的是高等教育方面的问题，有的是基础教育方面的问题，有的是社会教育、乡村教育方面的问题。上述问题既涉及教育思想、教育管理、教育行政、中外教育交流等宏观领域，也涉及教育考试、教育社团、课程、教材、教师生活等微观领域。粗略地看，似乎各专题之间缺乏内在逻辑、相互之间没有多少联系，但是，如果认真地考察目前学术界民国教育研究的现状和我国当代教育改革的实践，就会理解我们这种结构安排的良苦用心。在前人研究的基础上，真实呈现历史、开拓新的领域、充实薄弱环节、反映现实需要，是全书结构的内在逻辑和我们努力追求的理想目标。说得远一点，作为教育史从业者，对历史了解的同情和对现实的强烈关注始终是我们从事一切研究工作最根本的动因和态度。我们期望这一合作成果能对推动民国教育史的研究做出有益的贡献，我们更期盼着学界前辈和朋友们的批评指正。

“民国教育史专题研究丛书”计划分两辑出版。第一辑的作者及专题如下（以作者姓氏笔画为序，下同）：

1. 王建军（广东理工学院教授）：《民国高校教师生活研究》

2. 石鸥（首都师范大学教授）：《民国中小学教科书研究》

3. 曲铁华（东北师范大学教授）：《民国乡村教育研究》

4. 张礼永（华东师范大学副教授）：《民国教育社团研究》

5. 周慧梅（北京师范大学副教授）：《民国社会教育研究》

6. 侯怀银（山西大学教授）：《民国教育学术研究》

7. 熊贤君（杭州师范大学教授）：《民国义务教育研究》

“民国教育史专题研究丛书”第二辑的作者及专题如下：

8. 王伦信（华东师范大学教授）：《民国私立学校研究》

9. 王建军（广东理工学院教授）：《民国教育视导研究》

10. 朱宗顺（浙江师范大学教授）：《民国特殊教育研究》

11. 程斯辉（武汉大学教授）：《民国学校管理研究》

12. 熊贤君（杭州师范大学教授）：《民国教育行政研究》

“民国教育史专题研究丛书”是“十三五”国家重点图书出版规划项目，2019年国家出版基金资助项目，团队全体同人感谢湖南教育出版社社长黄步高先生、总编辑刘新民先生给予的大力支持和多方面指导，感谢教育理论编辑室主任李军先生和他的专业而又敬业的团队为全书付出的辛勤劳动。“民国教育史专题研究丛书”由我忝为主编，得到了课题组各位朋友的真诚相助。在几年的合作过程中，大家就课题的指导思想、编写原则、基本观点、各子课题的框架乃至体例和史料等方面的问题进行过多次讨论、协商、沟通。但是，丛书毕竟包括了十二种独立成书的著作，各书的论域不同，海内外已有的研究基础不一，因此，在取材范围、研究视角、解释框架以至一些观点的提炼和表述上，难免会有不同的风格和理解处理的方式，作为学术著作，应该说是正常的。书中存在的缺点和不足之处，我应该承担自己应负的责任。我们热切地期盼着广大读者的批评指正。

田正平

丁酉冬月于浙江大学西溪校区

目　录

图表目录

导论：民国学校管理研究之学术史回顾

一、选题缘由

选择并开展民国学校管理研究，首先是由其具有的学术价值、历史价值与现实价值决定的。

民国时期，是中国学校由古代传统旧学经过清末新式学堂之后向现代学校转型的关键时期。从学校管理的角度来考察，学校名称、学校类型、学校任务、学校设置标准、学校内部机构设置、学校校长、学校教职员之称谓与管理、学校学生管理、学校内部运行制度、学校经费管理、学校与外部的关系、学校立法，等等，都是在这一时期明确并形成了体系的。因此，对民国时期形成的现代学校之管理进行研究无疑具有丰富的学术价值和历史价值。

具体而言，开展民国国立大学管理、私立大学管理、教会大学管理研究与具体案例分析，对中国高等教育史、中国高等教育管理史具有丰富价值，对高等教育学、高等学校管理学的研究具有基础性、支撑性作用。

开展民国时期中小学管理研究与具体案例分析，同样对中国基础教育发展史具有丰富价值，可以为基础教育管理学提供历史支撑。

开展民国时期师范学校管理研究与具体案例分析，无疑对丰富中国师范教育发展史及中国教师教育发展史具有重要意义，对教师教育学的建设也有参考作用。

开展民国时期职业学校管理研究与具体案例分析，对中国职业教育发展史的丰富、对职业教育学的建设有助推作用。

开展民国时期民族学校管理研究，对于中国民族教育发展史的丰富、对民族教育学的建设会起到有益的作用。

对民国时期杰出的学校管理者的办学治校活动、经验、思想进行回顾、总结、分析，有助于中国教育思想史研究的丰富，有助于学校管理学的发展。

整体看，开展民国时期学校管理的研究，其学术意义与历史价值毋庸置疑。同时，关于民国时期学校管理活动、制度、思想的研究，对当下学校管理借鉴历史的经验、教训，提升学校管理水平具有现实意义。

更为重要的是，在已有的关于民国教育史的研究中，虽有一些涉及民国学校管理方面的内容，但基本处于分散、不系统的状态，还没有以“民国学校管理研究”为名出版的著作。正如本丛书总主编田正平教授所言，选题要把握学术界的研究现状：“当今学术界的研究现状，这也是必需考虑的一个维度。有些选题看起来有意义、有价值，但别人已多次做过或最近刚有成果问世，这样的选题只好忍痛割爱。”

其次，是学术兴趣与研究积累使然。

学习与研究中国教育史，尤其是中国近现代教育史是我的专业兴趣。在20世纪80年代兴起的管理学热潮中，教育管理学的研究与专业建设受到了人们的关注与重视。在北京师范大学本科学习期间，陈孝彬教授是我们的学校管理学老师，他高超的教学艺术和对教育管理的独特见解使我对学校管理学产生了浓厚的兴趣。在硕士毕业离开北师大时，我拜访陈老师，请他指点今后的学术道路，他说学校管理学与教育行政学的发展需要有相应的教育管理史的研究做支撑，中国教育史的研究中，还没有关于中国教育管理发展历史的系统研究，你可以在教育管理学与中国教育史之间寻找交叉点。陈老师的指点，让我茅塞顿开，遂有意将研究中国教育管理史作为主攻方向。当我将这一想法告知我的硕士导师高奇教授时，她予以鼓励与支持，并告诫我，根据自己的研究方向，可以先从中国近现代教育管理发展历史开始研究。凭着初生牛犊不怕虎的勇气，在老师们与学友们的鼓励下，我于1989年出版了《中国近代教育管理史》一书，尽管该著作比较粗糙，但著名教育史学家毛礼锐先生还是在序中做出了这样的评价：“据我所知，《中国近代教育管理史》是我国迄今为止第一部比较全面的研究中国近代教育管理史的力作。本世纪30年代，薛人仰先生著有《中国教育行政制度史略》一书，是一本以介绍我国历史上各时期教育行政组织机构的著作。1983年台湾出版雷国鼎著的《中国近代教育行政制度史》，但它只限于介绍中国近代教育行政制度产生、变化与发展的一般情况，对我国近代各类新式学堂的管理、职业教育、师范教育、留学教育、女子教育管理以及著名教育家的教育管理实践与思想等，均未涉足。程斯辉同志在吸收前人成果的基础上多有开拓创新，不仅填补了许多空白，而且着意于近代学校管理的发展与教育行政管理的变革、著名教育家教育管理实践与思想方面展开研究，既发掘了许多新史料，又运用了现代管理科学的新理论和新方法，从广度和深度把中国近代教育管理史的研究推到一个新水平。”[①]《中国近代教育管理史》虽然得到了毛礼锐先生的肯定与鼓励，但由于当时水平所限，也由于受传统的中国近代史分期的影响，无论是教育行政方面，还是各级各类教育管理方面，都只涉及了中华民国临时政府时期与北洋政府时期，南京国民政府时期的内容基本没有涉及，即使对有关教育管理人物进行了研究，也主要只有蔡元培、张伯苓等极少数人物。因此，当时关于中国近代教育管理史的研究，以当下将鸦片战争到中华人民共和国成立之前这一历史阶段视为近代的主流学术观点来看，就留下了许多应该研究而没有研究的内容，实为遗憾。尽管后来我应孙绵涛教授之邀参与他主编的《当代教育管理科学丛书》，在撰写《中国教育管理模式研究》一书的过程中试图弥补对中华民国教育管理研究不足的缺陷，也萌生了对中华民国学校管理史进行研究的想法，但一直未能成行。后来我在华中师范大学攻读博士，与导师余子侠教授商议开展中国近代大学校长研究，并将其作为博士论文的选题，北京大学校长蔡元培、蒋梦麟、胡适，清华大学校长梅贻琦，武汉大学校长王世杰、王星拱、周鲠生，浙江大学校长竺可桢，南开大学校长张伯苓，厦门大学校长林文庆，金陵大学校长陈裕光，辅仁大学校长陈垣，金陵女子大学校长吴贻芳等都成为了研究对象，他们的业绩与思想主要产生于中华民国时期。2010 年人民教育出版社刘立德博士支持出版《中国近代大学校长研究》一书的过程中，曾建议我将 1989 年出版的《中国近代教育管理史》进行丰富补充，然后再版。这些都使我有了开展中华民国学校管理研究的冲动，但因工作等多方面的原因，撰写“中华民国学校管理史”的愿望又被掩藏起

① 程斯辉编著：《中国近代教育管理史》，武汉：武汉工业大学出版社，1989 年，第 3 页。

来了。

其三，是田正平教授信任、相邀与鞭策使然。田正平教授是我国著名的教育史学家，他在我的心目中是一位和蔼、仁慈、睿智而严格的老师，在我的学术道路上，他给予了许多指点与帮助。他应湖南教育出版社之邀，出山主持《民国教育史专题丛书》，确定丛书的编撰目的是："鉴于目前学术界关于民国教育史研究的实际状况，本项目拟从专题研究入手，约请对民国教育某一领域有深入积累和研究的专家，开展专题式的研究工作，以期推进学术界对民国时期教育的认识和反思，并为当代中国教育改革提供有益的借鉴。"《民国教育史专题丛书》确定了10多个选题，其中《民国学校管理研究》是得到编委会成员一致认同的选题。田老师提出参与丛书撰著的专家队伍要有相应的个人学术积累和学术兴趣，对某个领域有专门研究，学术声誉好；整个团队成员有大致相同的学术思想和理论框架。考虑到我在中国近代教育管理史研究上的学术积累与学术兴趣，田老师邀请我撰著《民国学校管理研究》，因前述原因，我便高兴地领受师命，承接了田老师给我的任务。然而真正开始撰写民国学校管理研究时，却遇到了许多困惑：如何处理已有研究成果与创新突破的关系，如何在丰富的教育史料中选择真正体现学校管理实践的资料并进行准确的分析，如何把握政府对学校的制度管理与学校管理个案之间的关系，如何选择有代表性的学校管理人物进行研究，在对学校管理人物的研究中如何将他们的学校管理活动与教育教学活动进行区分，如何将他们的学校管理思想与教育思想进行区分，等等，这些都是难题。尤其是民国时期虽然在中国历史上是很短的一个阶段，但政权更迭频繁，且战争不断，教育发展面临的形势实属特殊，教育管理面临的环境也异常复杂，如何把握政权更迭过程中的承接转换、如何评价学校管理的举措与影响，不是一件容易的事。困惑之中，田老师不断地指点迷津，督促鞭策，方有了呈现给读者的书稿。

二、学术史回顾

（一）从有关中国教育史研究的著作中看民国学校管理的研究

关于民国学校管理史的研究，从改革开放以来出版的有关中国教育史、中国教育专题史、中国教育管理史等领域著作的出版情况看，大致形成了以下特点：一是在中国教育史研究的整体框架下将民国教育史作为重要的内容加以研究，其中涉及民国教育管理的内容；二是在中国教育专题史著作中对民国教育史开展研究，其中涉及民国教育管理的内容；三是在中国教育管理史的整体研究框架下对民国教育管理进行的研究；四是在民国教育史的研究中对民国教育管理进行研究；五是在与民国教育管理直接相关的著作中对民国学校管理相关内容进行的研究。

从第一点来看，伴随改革开放，中国教育史的研究出现了新局面。以"中国教育史""中国教育发展史""中国教育通史"等为书名的著作出版了数十部，在这些著作中，民国教育史作为重要内容被作者所重视。值得介绍的是，毛礼锐、沈灌群二位先生主编的《中国教育通史》（6 卷本，由山东教育出版社于 1985 年至 1989 年陆续出版发行）中第 5 卷主要为民国教育的内容；1994 年湖南教育出版社出版了由王炳照、阎国华二位教授主编的《中国教育思想通史》（8 卷本），其中第 6 卷、第 7 卷对辛亥革命以来中华民国的教育思潮进行了详细的介绍分析。但由于这两部著作的作者是基于教育发展整体的视角进行的研究，故他们的研究中对民国各级各类教育与学校管理的内容虽有所涉猎，但所占比例甚少。2000 年山东教育出版社出版了由李国钧、王炳照总主编的《中国教育制度通史》

（8卷本），其中第7卷是对民国教育制度的研究，该卷作者于述胜教授在研究中华民国临时政府与北洋政府的教育制度之后，以“三民主义教育制度”“新民主义教育制度”为题，研究了国民党政府的教育方针政策、初等教育制度、中学教育制度、师范教育制度、职业教育制度、大学教育制度、教育行政制度、教育视导制度、教育立法制度与教育法规、教育经费制度、私立学校制度等；研究了中国共产党领导区域内教育方针政策与各级各类教育制度以及教育行政制度、教育经费制度、学校管理制度等。从某种意义上讲，《中国教育制度通史》第7卷可以看成是“民国教育管理制度史”，但因其主要基于的是宏观视角，故对民国时期的具体学校如何管理没有选取案例进行考察，同时没有选取民国时期的学校管理人物进行研究。

从第二点来看，改革开放以来，随着中国教育史研究的深入，有关中国教育研究的专题史成果陆续出版，这些专题史有中国高等教育史、中国师范教育史、中国职业教育史、中国留学教育史、中国女子教育史、中国中学教育史、中国考试发展史、中国少数民族教育史以及地方教育史等。就中国高等教育史而言，有熊明安先生著的《中国高等教育史》（重庆：重庆出版社，1988年版），曲士培先生著的《中国大学教育发展史》（太原：山西教育出版社，1993年版），高奇教授著的《中国高等教育思想史》（北京：人民教育出版社，1992年版），郑登云编著的《中国高等教育史　上册》（上海：华东师范大学出版社，1994年版），刘少雪著的《中国大学教育史》（太原：山西教育出版社，2007年版），张耀荣主编的《广东高等教育发展史》（广州：广东高等教育出版社，2002年版），周洪宇主编的《学位与研究生教育史》（北京：高等教育出版社，2004年版），等等，这些书的作者对民国时期的高等学校管理以及相应的高等学校管理人物都有关注，但因不是基于学校管理的视角，故民国的高等学校管理没有成为他们研究的重点。

中国师范教育史研究的著作主要有刘问岫先生编写的《中国师范教育简史》（北京：人民教育出版社，1984年版），崔运武著的《中国师范教育史》（太原：山西教育出版社，2006年版）等，他们对近代以来尤其是民国时期的师范教育都做了重点介绍，涉及民国师范教育的管理内容，因不是基于师范教育管理的视角进行的研究，故只是对民国时期的师范学校管理研究具有一定的参考价值。

中国职业技术教育史的研究著作主要有原国家教委职业技术教育司组织编写的《中国职业技术教育简史》（北京：北京师范大学出版社，1994年版），李蔺田主编的《中国职业技术教育史》（北京：高等教育出版社，1994年版），谢长法著的《中国职业教育史》（太原：山西教育出版社，2011年版）等，这些书的作者将近代以来的实业教育、职业教育作为重点进行了研究，其中对民国时期的职业教育或职业技术教育的管理制度等进行了考察分析，同样因历史考察的视角不是基于职业技术教育管理的，故他们的研究对开展民国职业技术教育管理与职业学校管理研究的价值在于借鉴。而吴洪成所著的《中国近代职业教育制度史研究》（北京：知识产权出版社，2012年版）基于职业教育管理视角对近代以来的职业教育制度进行考察分析，从某种意义上也可将其著作看成是中国近代职业教育管理研究，因此对于我们开展民国时期的职业学校管理研究，具有重要参考价值。

在中国教育专题史中，江铭主编的《中国教育督导史》（北京：人民教育出版社，1994年版），熊贤君著的《中国女子教育史》（太原：山西教育出版社，2006年版），谢长法著的《中国留学教育史》（太原：山西教育出版社，2006年版），谢长法主编的《中国中学教育史》（太原：山西教育出版社，2009年版），吴明海主编的《中国少数民族教育史教程》（北京：中央民族大学出版社，2006年版），刘海峰等著的《中国考试发展史》（武汉：华中师范大学出版社，2002年版）等著作都对民国时期的视学制度、女子教育管理、留学教育管理、中学教育管理、少数民族教育管理、高等学校招生考试制度等有所研究与分析。尤其是进入21世纪之后，一些学者结合自己对地方教育（主要是省域教育）的了解，开展了地方教育史的研究。如李东福、宋玉岫、杨进发合作出版了《山西教育史》（太原：山西人民出版社，2010年版），张彬主编出版了《浙江教育史》（杭州：浙江教育出版社，2006年版），徐传德主编出版了《南京教育史》（北京：商务印书馆，2012年版），熊贤君主编出版了《湖北教育史（上卷）》（武汉：

湖北教育出版社，1999 年版）、《湖北教育史（下卷）》（武汉：湖北教育出版社，2003 年版）等。在这些地方教育史著作中，对民国时期的教育都进行了相应的记载与分析，如熊贤君教授在《湖北教育史（上卷）》中，对中华民国时期湖北军政府的教育改革、北京政府时期湖北的教育行政、武汉国民政府时期湖北教育改革、抗战时期的湖北教育等进行了考察分析，对地处湖北的国立武汉大学、私立中华大学进行了个案分析，这些对民国学校管理研究的深入具有重要的参考价值。

就第三点来看，20 世纪 80 年代兴起的管理学研究与管理专业建设，带动了教育管理学的研究与教育管理专业建设，与此同时也带动了教育管理史、尤其是中国教育管理史的研究，相关成果不断涌现。如熊贤君教授出版了《中国教育管理史》（武汉：华中师范大学出版社，1989 年版），刘德华教授主编出版了《中国教育管理史》（开封：河南教育出版社，1990 年版），孙培青教授主编出版了《中国教育管理史》（北京：人民教育出版社，1996 年版），梅汝莉教授主编出版了《中国教育管理史》（北京：海潮出版社，1995 年版），李才栋等主编出版了《中国教育管理制度史》（南昌：江西教育出版社，1996 年版），王建军、薛卫东出版了《中国教育管理史教程》（广州：广东高等教育出版社，1998 年版），刘兆伟等编著出版了《中国教育管理史》（哈尔滨：黑龙江人民出版社，2002 年版），黄仁贤出版了《中国教育管理史》（福州：福建人民出版社，2003 年版），孙云龙、张玉阁主编出版了《中国教育管理思想史》（大连：东北财经大学出版社，2014 年版），此外，还有专门研究中国近代教育管理发展历史的著作出版，如程斯辉出版的《中国近代教育管理史》（武汉：武汉工业大学出版社，1989 年版），熊贤君出版的《中国近代教育行政史》（北京：人民教育出版社，2014 年版）等，在上述十余部著作中，除熊贤君教授的《中国教育管理史》未将中华民国教育管理列入其中外，其余的著作都将民国时期的教育管理作为重要的内容加以研究。如梅汝莉教授主编的《中国教育管理史》分上下两编，其下编近代教育管理（1840 年—1949 年），虽然涉及清末学制建设与新式学堂的管理，但主要研究的是民国时期的教育行政体制、学校教育制度与民国时期的普通学校管理、职业学校管理、师范学校管理、高等学校管理，同时也研究了民国时期革命根据地和解放区的教育管理。这些研究一方面将民国时期的教育管理置于整个中国教育管理发展历史的长河中进行考察，进而使人们能够把握民国教育管理在中国教育管理发展历史中的地位，同时又为相对独立地审视民国教育管理的发展历史提供了一些材料与分析视角。但整体看，这些著作对民国教育管理的研究、对不同类型学校管理的选择还不够全面，如没有涉及边疆民族学校的管理问题。此外，还存在案例选择较少、学校管理人物的选择代表性不够等问题。

就第四点来看，在中国教育史研究不断发展的进程中，民国教育史的专门研究逐渐受到关注与重视，20 世纪 90 年代末，李华兴主编出版了《民国教育史》（上海：上海教育出版社，1997 年版），熊明安出版了《中华民国教育史》（重庆：重庆出版社，1997 年版），他们的研究著述，实际涉及到的内容主要为民国教育管理范畴。如熊明安教授的《中华民国教育史》中，民国时期政府教育改革举措、教育方针政策、学校制度建设、教育行政机构、学生管理措施、教育经费制度、教育视导等均是其梳理、总结与研究的内容，从中可以看出一部中华民国教育史中教育管理内容之重。同时，还有些以“中国现代教育史”为名的著作，其主要研究的内容就是民国时期的教育，如高奇先生主编出版的《中国现代教育史》（北京：北京师范大学出版社，1985 年版），全书共十四章，除后三章内容兼及新中国时期，前十一章写的都是民国时期的教育；李剑萍、杨旭出版的《中国现代教育史》（北京：人民教育出版社，2011 年版），虽然是基于中国教育早期现代化视角，兼及清末新式学堂产生，主要内容还是对中华民国临时政府与北洋时期教育的研究。这些研究对后续开展中华民国学校管理研究都有参考价值。

就第五点来看，在对中国近代、现代教育发展历史的研究中，出现了对中国近现代教育历史上——主要是民国时期——具体学校的研究与学校管理人物——校长——的研究，这些研究可谓是民国教育管理史研究领域，尤其是民国学校管理史研究领域中具体的、直接的成果。其中关于教会学校的研究、关于私立学校的研究，尤其是关于大学校长的研究，为民国高等学校管理研究、尤其是为民国高等学校管理人物研究乃至高等学校管理案例研究提供了丰富的资料与分析成果。这方面最突出的成果当属章开沅、余子侠二位先生主编出版的《中国著名大学校长书系》，该书系共选 17 位校长分别加以研究，每位校长单独成书，17 位校长中有 16 位主要是民国时期办学治校有成的校长。其研究成果是：金林祥著：《思想自由 兼容并包——北京大学校长蔡元培》（济南：山东教育出版社，2004 年版）；王运来著：《诚真勤仁 光裕金陵——金陵大学校长陈裕光》（济南：山东教育出版社，2004 年版）；吴洪成著：《生斯长斯 吾爱吾庐——清华大学校长梅贻琦》（济南：山东教育出版社，2004 年版）；孙邦华著：《身等国宝 志存辅仁——辅仁大学校长陈垣》（济南：山东教育出版社，2004 年版）；余子侠著：《工科先驱 国学大师——南洋大学校长唐文治》（济南：山东教育出版社，2004 年版）；梁吉生著：《允公允能 日新月异——南开大学校长张伯苓》（济南：山东教育出版社，2003 年版）；张彬著：《倡言求是 培育英才——浙江大学校长竺可桢》（济南：山东教育出版社，2004 年版）；程斯辉、孙海英著：《厚生务实 巾帼楷模——金陵女子大学校长吴贻芳》（济南：山东教育出版社，2004 年版）；黄书光著：《国家之光 人类之瑞——复旦公学校长马相伯》（济南：山东教育出版社，2004 年版）；冒荣著：《至平至善 鸿声东南——东南大学校长郭秉文》（济南：山东教育出版社，2004 年版）；刘筱红、金珂著：《追求卓越 坚守自由——北京大学校长胡适》（济南：山东教育出版社，2012 年版）；许小青著：《诚朴雄伟 泱泱大风——中央大学校长罗家伦》（济南：山东教育出版社，2012 年版）；吴骁、程斯辉著：《功盖珞嘉“一代完人”——武汉大学校长王星拱》（济南：山东教育出版社，2012 年版）；张亚群著：《自强不息 止于至善——厦门大学校长林文庆》（济南：山东教育出版社，2012 年版）；夏泉等著：《忠信笃敬 声教四海——暨南大学校长何炳松》（济南：山东教育出版社，2012 年版）；王东杰著：《建立学界 陶铸国民——四川大学校长任鸿隽》（济南：山东教育出版社，2012 年版）。还需指出的是，随着对民国时期大学校长个案研究的深入，一些学者开始对近代大学校长群体进行研究，融个案考察与群体分析为一体，以期对中国近代大学校长的群体特征与个人风格有准确的把握，这些成果有程斯辉著的《中国近代大学校长研究》（北京：人民教育出版社，2010 年版），吴立保著的《大学校长与中国近代大学本土化研究》（北京：中国社会科学出版社，2010 年版），肖卫兵著的《中国近代国立大学校长角色分析》（福州：福建教育出版社，2013 年版）等。但在中国大学校长研究取得重要成果时，也不难发现对中国近代历史上著名的中小学校长、师范学校校长、职业学校校长的研究却很少。这一方面与这些校长留存的资料较少，给研究增添困难有关，另一方面也可能与这些校长对整个教育产生的影响有一定的局限性、较长时间人们只关注和重视高等学校人物有关。

（二）从有关硕士、博士论文的选题中看民国学校管理的研究

考察有关民国学校管理研究的学术史，除了要关注上述著作类重要成果外，改革开放以来尤其是进入 21 世纪之后的硕士论文、博士论文中的相关研究成果也是必须加以关注的。这些论文的相关研究，无疑蕴含着民国教育管理史的研究从选题内容到分析视角、到方法运用等方面的发展动态。

从 21 世纪以来这一领域的硕士、博士论文选题看，中华民国时期的教育管理、学校管理成为重要的研究内容，不仅涉及对民国时期的教育行政管理、教育制度、教育政策、教育宗旨的研究，而且涉及对民国时期的高等教育管理与高等学校管理、职业教育管理与职业学校管理、师范教育管理与师范学校管理、基础教育管理与中小学管理、特殊教育管理、学前教育管理、体育管理、地方区域教育管理等方面的研究，更有涉及民国时期教会学校管理、学校管理人物等方面的研究，同时，关于民国时期的教师管理、学生管理、教材管理的研究也受到关注。

关于民国时期教育行政的研究，相关的硕士论文有 2010 年王艳芝撰写的《民国教育部研究（1912—1916）》；相关的博士论文有 2005 年广少奎撰写的《南京国民政府教育部及其行政制度研究》，2008 年刘建撰写的《中国近代教育行政体制研究》，2008 年崔恒秀撰写的《民国教育部与大学关系之研究（1912—1937）》等。这些研究对理解民国时期政府与学校的关系有积极价值，但遗憾的

是缺乏对地方政府与学校关系的研究。

关于民国教育制度与教育立法、教育政策、教育宗旨的研究，相关的硕士学位论文有2002年胡仁智撰写的《南京国民政府前期教育立法的历史考察》，李东玉2015年撰写的《1927—1937年中国教育制度现代化研究》等；相关的博士学位论文有2005年但昭彬撰写的《话语权与教育宗旨之共变》，2010年苏国安撰写的《南京国民政府时期学校教育政策研究》，2014年秦凌撰写的《民国时期教育立法研究（1912—1949年）》、樊涛撰写的《民国时期农村学校教育制度变迁研究》，2016年慈玲玲撰写的《民国时期乡村基础教育政策研究》等。这些研究有助于从宏观层面把握民国时期的教育制度、教育立法、教育政策、教育宗旨对学校管理的影响。

关于民国时期高等教育管理与高等学校管理的研究，相关的硕士论文有2002年陈妙玲撰写的《中国高等教育管理体制的近代化》，2004年朱春玲撰写的《民国早期（1912年—1927年）大学教育管理研究》，2006年庞海江撰写的《近代大学教师群体透析》，2007年韩淑娟撰写的《近代中国私立大学的融资模式研究》、陈晶撰写的《中国近代大学人才培养目标的演进（1860年—1930年）》，2008年陈洁撰写的《近代中国学位制度探析》、王中海撰写的《中国近代大学内部权力研究》，2009年陈庭来撰写的《中国近代女子大学学生管理研究》，2011年郝平生撰写的《中国近代大学教学体系的演进》、马长亮撰写的《我国大学初创期管理制度研究》，2014年肖树翠撰写的《中国近代私立大学董事会制度研究》，2015年李良立撰写的《1895—1949年我国高校院系设置的演变研究——基于四所百年老校的案例分析》，2016年马璐瑶撰写的《中国近代大学初创时期立校章程文本研究——以〈天津中西学堂章程〉为例》、侯焕玲撰写的《袁世凯与中国近代高等教育》，2017年沈辉撰写的《基于校训的中国近代大学组织文化分析》、吕博撰写的《中国近代大学传统复兴式校园形态研究》、贺壮丽撰写的《文化涵化视域下的民初高等教育制度变迁研究》、高振元撰写的《私立大夏大学与近代中国政治（1924—1951）》等；相关的博士论文有2004年苗素莲撰写的《中国大学组织特性历史演变研究》，2005年邓小林撰写的《民国时期国立大学教师聘任之研究》，2006 年黄启兵撰写的《我国高校设置变迁的制度分析》，2008 年余伟良撰写的《二十世纪的中国学位制度研究》，2011 年徐斯雄撰写的《民国大学学术评价制度研究》，2012 年夏兰撰写的《民国时期现代大学制度演变研究》、陈元撰写的《民国时期我国大学研究院所研究》，2013 年周文佳撰写的《北洋政府时期高等教育政策研究》、韩立云撰写的《民国时期北京大学人才培养模式研究（1917—1937）》，2014 年李涛撰写的《民国时期国立大学招生研究》、李红惠撰写的《民国时期国立大学学术休假制度研究》、许衍琛撰写的《近代中国大学社会服务研究》，2015 年王瑜撰写的《近代高等教育法研究》，2016 年王丽娟撰写的《民国国立大学学科价值取向流变研究》、张珂撰写的《民国公立大学与政府关系研究（1912—1937）》、乔浩风撰写的《中国近代大学研究院所的发展及其职能研究（1902—1945）》等。

这些研究表明，硕士生与博士生们对民国时期的高等教育管理与学校管理保持了较大的兴趣，对民国时期高等教育管理与高等学校管理的方方面面都给予了关注：既有宏观的高等教育管理体制、高等教育政策、高等教育立法、大学制度、大学与政府之关系的研究，也有微观而具体的关于民国时期高等学校学科建设问题、教师管理问题、大学生管理问题、大学内设的研究院所、学术休假制度、大学人才培养、大学社会服务、大学设置问题、大学董事会、大学章程、大学个案的研究；既有关于公立大学管理的研究，也有关于私立大学管理的研究。整体看，这些研究有助于全面认识民国时期的高等教育管理与高等学校管理，但从这些研究看，还是给后继者的研究留下了空间，如关于民国高等学校经费管理的研究、关于民国高等学校与地方关系的研究等。

关于民国时期职业教育管理的研究，相关的硕士论文有 2003 年廖承琳撰写的《民国时期职业教育制度化研究》，2008 年苏刚撰写的《民国时期职业教育立法研究》等；相关的博士论文主要有 2006 年王为东撰写的《中国近代职业教育法制研究》，2010 年李艳玲撰写的《民国时期中国职业指导思想研究》、任平撰写的《晚清民国时期职业教育课程史论》，2012 年罗银科撰写的《民国时期农村职业教育研究：基于农业教育的分析》，2015 年夏英撰写的《在挣扎中前行：中国近代职业教育课程史》等。这些研究对于把握民国时期职业教育制度、职业教育立法、职业教育课程等与职业学校管理的关系很有帮助，但从这些选题中同样可以看出对民国时期具体的职业学校管理的研究涉及甚少。

关于民国时期师范教育管理的研究，相关的硕士论文主要有2016年张丹撰写的《中国近代女子师范教育变迁研究》；相关的博士论文主要有2009年王向文撰写的《民国时期湖南师范教育研究》，2013年周宁之撰写的《近代中国师范教育课程研究》，2015年苏刚撰写的《民国时期乡村师范教育制度变迁研究》，2016年段彪瑞撰写的《民国山西师范教育研究（1912—1937）》等。这些研究有助于认识民国时期的女子师范教育管理、师范教育的课程设置、地方师范教育管理、乡村师范教育制度与师范学校管理的关系，但民国时期师范学校管理的具体案例考察分析，如高等师范学校管理的案例、师范学校管理的案例等是值得后继者加以重视的，同时民国时期著名的师范学校管理人物也是值得进一步加以研究的。

关于民国时期的学校管理人物的研究，相关硕士论文主要有2010年毕景艳撰写的《民国时期教育家型校长研究》，2017年张东亚撰写的《从士子精神到民国大学校长精神源生内核与时代演变》、杨瑒撰写的《民国画坛三杰中西融合美术教育管理理念探究》，2018年梁民华撰写的《傅斯年大学师生管理思想研究》等；相关的博士论文主要有2007年程斯辉撰写的《中国近代大学校长研究》，2010年吴舸撰写的《蔡元培高等教育管理思想研究》，2011年肖卫兵撰写的《中国近代国立大学校长结构及其角色研究》，2013年秦俊巧撰写的《南京国民政府时期教育家办大学研究》、张玥撰写的《抗战时期国立大学校长的治校方略研究》、饶正慧撰写的《民国时期著名大学校长领导力研究》，2015年肖全民撰写的《雷沛鸿办学实践研究——基于教育家办学的视角》，2016年杨习超撰写的《近代中国教会大学中籍校长角色冲突研究》等。这些研究对于认识民国时期的高校管理人物，尤其是从群体视角来把握民国时期著名大学校长的特征有重要意义。但整体看，对民国时期著名大学校长的个案研究还不够，尤其是对一所著名大学发展历史上前后出现的多位校长的研究值得进一步关注，对其前后所起的不同作用和所处的地位的比较分析需要加强。

关于教会学校管理的研究，相关的硕士论文主要有 2007 年谢文博撰写的《中国近代教会大学校园及建筑遗产研究》，2013 年张波撰写的《中国近代教会大学参与乡村教育研究》，2016 年张凤兰撰写的《中国近代教会大学的办学特点及其启示》，2017 年黄祎婷撰写的《中国近代教会大学人文教育的评介及启示研究》等。这些研究对于认识教会大学的管理具有意义，但这些研究也表明教会大学管理的个案研究、教会大学之外的教会学校管理的研究还有很大空间，民国时期教会学校办学治校有名的校长的研究还有很大的空间。

关于民国时期的国人办私立学校管理的研究，这里指对私立大学之外的私立学校，诸如私立中学管理、私立小学管理以及私立师范学校管理等开展的研究。相关的硕士论文主要有 2016 年张豆撰写的《近代上海私立中学章程与管理制度研究》等。从查阅到的甚少的关于民国时期私立学校管理研究的论文看，关于民国时期私立学校管理的研究还有进一步开拓的价值，如国人办私立中小学管理及其举办者的研究都是在后续的研究中可以选择的内容。

关于民国时期中小学管理的研究，硕士论文主要有 2009 年巩丽宏撰写的《抗战前十年北平地区中学教育研究》，2010 年柏荣撰写的《民国初期著名中学管理实践研究》，2012 年尹洪雨撰写的《民国前期小学校学生管理的若干问题研究（1912—1927）》、李苏撰写的《南京国民政府时期小学学生管理的演变（1927—1949 年）》、张晓彤撰写的《民国前期普通中学学生管理问题研究（1912—1927 年）》，2015 年李诗燕撰写的《民国时期支配阶级眼中的中小学教师身份认同研究》等；相关的博士论文主要有 2001 年王伦信撰写的《清末民国时期中学教育研究》，2008 年陈学军撰写的《我国近代中学组织结构演变研究——基于组织制度理论的考察》，2011 年王运明撰写的《1928—1937 年山东中等教育研究》，2013 年李银慧撰写的《中国近代中学教育思想研究》，2015 年刘京京撰写的《民国时期中学生生活研究（1912—1937）》，2017 年张媛媛撰写的《中国近代实验小学发展史研究》等。其中，张媛媛对中国近代的实验小学的研究，对认识近代以来的小学发展与管理具有重要价值。中国实验小学，萌芽于清末民初，兴起于“五四”新文化运动时期，在南京国民政府早期完成制度化，在抗日战争及解放战争时期为适应战时需要进行了特殊化改造。张媛媛分析了中国近代实验小学的产生、发展、变革历程，并列举各时期典型的实验小学，生动再现其教育实验活动，并展现了实验小学相关的管理举措。这些成果是21世纪以来关于民国时期学校管理研究新进展的重要标志，以往的研究多集中于民国时期高等学校管理的研究，关于民国时期中小学管理的研究成果很少。上述成果中，既有关于中学的研究，也有关于小学的研究，既有关于中小学教师管理的研究，也有关于中小学学生管理的研究，既有关于中小学教育思想的研究，也有关于中小学办学实践的研究，这些对于把握民国时期中小学管理无疑有很大的价值。但是从这些研究中也能够发现，对民国时期中小学管理的案例研究与民国时期中小学管理人物的研究很少，这是后续研究中需要重视的领域。

关于民国时期学前教育管理的研究，主要有2016年樊乐乐撰写的硕士论文《中国近代学前教育课程设置研究——以学制为中心的历史考察》，论文涉及民国时期学前教育的课程制度与课程管理的相关内容。从数量很少的关于民国时期学前教育管理研究的论文看，近代以来幼稚园管理，后来的幼儿园管理领域都留下了值得研究且研究不够的空白点。

关于民国时期特殊教育管理的研究，主要有2015年王晓燕撰写的硕士论文《中国近代特殊教育制度化研究》，论文对近代特殊教育制度化过程等进行了梳理分析。关于民族教育管理的研究，主要有2013年王娜撰写的硕士论文《藏族近代职业教育制度变迁研究》。从对民国时期特殊教育管理研究、民族教育管理研究很少的状况看，这两个领域还有很大的研究空间，不仅包括民国时期特殊教育制度、特殊教育学校管理、特殊教育管理人物等方面，还涵盖了民国时期民族教育制度、民族学校管理、民族教育管理人物诸方向。

在对民国时期学校管理进行研究的过程中，关于学校管理的重要而具体的内容，如教师管理、学生管理、教材管理等受到关注。民国教师管理问题研究的相关硕士论文有2010年王江荷撰写的《清末民初（1862—1918）教师群体近代化历史演进考略》；相关的博士论文有2009年汪丞撰写的《理想与现实——中国近代小学教师任用制度研究》，对民国时期的教师主要是小学教师的任用制度进行了系统的考察分析。2011 年孟令战撰写的《民国时期教学自由权研究》，2014 年汪明帅撰写的《我国近代教师权利变迁研究》，主要对民国时期“国家－教育”关系下的教师权利空间、教师法律地位、法定教师权利以及实践中的教师权利等进行了分析思考。关于民国时期学生管理问题的研究，主要论文有 2014 年向华撰写的博士论文《民国前期学生自治研究》，对民国前期的学生自治组织进行了系统的考察分析；2017 年张杰撰写的博士论文《南京国民政府时期高校学生管理研究》，则对国民政府时期的高校学生管理进行了系统的考察探析。关于民国时期教材管理、教材制度的研究，主要博士论文有 2004 年毕苑撰写的《中国近代教科书研究》，2011 年史晖撰写的《转型与重构：中国近代课程制度变迁研究》、王昌善撰写的《我国近代中小学教科书编审制度研究》等。其中王昌善从整体上梳理了我国近代中小学教科书编审制度发展的历史沿革，分析了其构成的基本要素、形成原因、实施效果和经验教训，其研究成果对充实研究民国中小学教科书的编撰与管理具有较重要的参考价值。此外还有 2017 年张绪忠撰写的《民国历史教科书研究——以文化为中心的考察》等。值得一提的是，民国时期的学校体育及其管理问题也成为研究对象，2010 年吴文华撰写了硕士论文《中国近代普通学校体育研究（1878—1922）》；2017 年王荷英撰写了博士论文《北洋政府时期不同教育宗旨下的学校体育研究》，对不同教育宗旨下的学校体育状况进行了考察分析。此外，民国时期地方教育管理、考试制度等方面的研究也成为选题内容。如 2009 年刘军撰写的博士论文《抗战前十年湖北县级教育研究（1927—1937）》，就对 1927 年至 1937 年间，湖北省依据中央颁布的有关义务教育、职业教育、师范教育、民众教育、特种教育、教育行政、教育视导等方面的各项法令规章制度推进湖北县级教育发展的情况进行了考察分析；2017 年刘克桥撰写的博士论文《民国时期河南学校教育研究》，对民国时期河南学校教育的设置、发展、变化进行了考察分析；2006 年胡向东撰写的博士论文《民国时期中国考试制度的转型与重构》系统地考察了民国时期的招生考试制度。这些研究对深入认识民国时期的学校管理内容有积极的意义。

（三）从21世纪以来重要期刊论文看民国学校管理的研究

为把握关于民国时期学校管理研究的学术动态，我们整理了近十年即2008年以来发表的相关论文190余篇（CSSCI论文），它们涉及的相关研究内容主要如下。

1. 近代国立大学管理研究

这方面的研究涉及中国近代大学的起源、办学理念、大学运行的制度、大学教学管理、大学人员管理、大学与社会的关系、大学的学科建设等方方面面，有助于加深对近代以来尤其是民国时期大学管理的认识。

（1）关于大学理念的研究

蔡先金在考察中国近代大学的起源的基础上指出："按照近代'大学（university）'概念去理解，中国近代第一所大学应该是1895年清廷创办的北洋大学堂，但也不能忽视1898年举办的京师大学堂在近代大学起源期的重要意义。至于教会大学中最早起始于1882年的登州文会馆，由于教育主权问题，是不能作为中国近代大学起源来看待的。"[①] 周谷平教授认为："1898年建立的京师大学堂，虽有大学之形却缺大学之实。所谓的'形'是指京师大学堂从日本间接移植了现代大学相关制度、导入相关教学内容，而其'实'，却依然受传统理念的影响，没有摆脱旧式官僚养成所的实质。1902年的《钦定京师大学堂章程》和1904年的《京师大学堂章程》均体现了这一点。直到民国初年蔡元培主持制订的《大学令》，才标志着中国近代大学理念由传统向现代转型的开始。"[②] 张亚群教授认为："中国近代大学通识教育理念来源于西方大学教育理念、传统儒家教育理念及教育改革实践，具有丰富内涵。近代教育家群体注重人格修养，崇尚通才教育，融会中西文化，重视教育教学诸环节的整体育人作用。在办学实践中，

---

① 蔡先金：《"大学"之名与中国近代大学起源考辨》，《高等教育研究》第38卷第1期，2017年。
② 周谷平、张雁：《中国近代大学理念的转型——从〈大学堂章程〉到〈大学令〉》，《高等教育研究》第10期，2007年。

一些著名大学校长更新大学理念，变革大学课程标准，优化课程结构；实行主辅修制，注重基础学科建设，广纳各科贤才，开发教学资源；拓展教育路径和方式，整体推进通识教育。这些举措拓展了通识教育的发展空间，促进了创新人才的培养。其办学经验对当今大学通识教育变革具有重要启迪。”①

这些研究思考对于认识中国近代大学的起源，中国近代大学从传统实现向现代的转型，中国近代大学实现西方影响下的本土化等问题有澄清价值。

（2）关于大学运行制度研究

这方面的研究涉及中国近代大学实行的学术休假制度、评议会制度、董事会制度、教授治校制度等。

对中国近代大学实现的学术休假制度的思考。田正平教授认为：“北京大学学术休假制度肇始于1914年胡仁源校长拟定的《北京大学计划书》。第一次世界大战结束后，国际教育运动兴起，以1918年10月所公布之《大学校长等派赴外国考察规程》为标志，北京大学的学术休假制度初步确立。南京国民政府对高等教育进行了大力整顿，使得高等教育国际化水平显著提升。1934年12月，北京大学公布《国立北京大学教授休假研究规程》，学术休假制度基本定型。因日本发动侵华战争，时局动荡，有关规程并未得到有效执行。”②

对中国近代大学实现评议会制度的思考。张正峰认为：“我国近代大学评议会制度确立了代议制式的决策机制，是我国近代大学教授治校制度的重要组织形式。1925年，为了抗议教育总长章士钊解散北京女高师，北京大学评议会决定召开会议讨论脱离教部。在讨论中赞否两派发表了不同的主张。后经过几次论争，最终蒋梦麟执行了评议会最初之议决案。不过，在此‘脱离教部’事件中，赞否两派的主张都是为了维护各自的人情关系和利益。可见，评议会这种代议制决策机制由于受到中国人情社会的影响，在实践中存在着无法超越的困

---

① 张亚群：《中国近代大学通识教育理念及其实践经验探析》，《华中师范大学学报》（人文社会科学版）第56卷第4期，2017年。

② 田正平、王恒：《民国时期北京大学学术休假制度考述——基于高等教育国际化的视角》，《教育研究》第38卷第5期，2017年。

境。”[①] 蔡磊砢认为：“通过大量史料梳理了中国近代教育评议会制度的历史发展，归纳了中国近代教育机构中三种评议会的制度形态。通过对比分析，总结了集权式管理模式、民主自治管理模式和教授治校管理模式下评议会制度的差异。”[②]

对中国近代大学实行董事会制度的思考。张正峰认为：“在20世纪20年代，我国公立大学将美国大学董事会制度引入到实践层面，产生了不同的反响。董事会制度的设立，一方面适应了当时的形势要求，为有些学校的发展提供了支持；另一方面也带来了董事会与政府、校长、教授在治校上的矛盾。而正是后者导致了它的失败。”[③]

对中国近代大学实行教授治校制度的思考。张正峰认为：“清政府在1904年颁布的《大学堂章程》中就产生大学教授治校制度的萌芽，中华民国所颁布的《大学令》在历史上第一次建立了大学教授治校制度，但是，直到蔡元培出任北京大学校长，建立评议会和教授会制度才真正标志着我国近代大学教授治校制度的确立。”[④] “但是，由于法令中没有明确教授代表的人数，从而无法确保其在评议会或校务会议中的主导权。至于当时有些大学建立的校级教授会，也仅仅是作为评议会或校务会议的附属机构而不是最高决策机构。因此，我国近代大学教授治校制度设计无法真正实现教授治校。”[⑤] 周川教授认为：“中国近代大学的‘教授治校’制度，虽然有工作效率等方面的局限性，但它有助于确立教授在大学里的主人翁地位，实现治校民主，维持学校正常秩序，卫护大学的自治和独立，具有深远的历史意义。”[⑥]

对中国近代大学运行具体制度的研究，是中国近代大学管理研究不断深入的

---

① 张正峰：《中国近代大学评议会制度实践的困境》，《现代大学教育》第4期，2011年。

② 蔡磊砢：《中国近代评议会制度与三种教育管理模式》，《清华大学教育研究》第36卷第2期，2015年。

③ 张正峰：《中国近代公立大学董事会制度：一次失败的美国大学制度借鉴》，《清华大学教育研究》第30卷第6期，2009年。

④ 张正峰：《中国近代大学教授治校制度确立的历史考察》，《黑龙江高教研究》第9期，2010年。

⑤ 张正峰：《中国近代大学教授治校的制度设计及其局限》，《高教探索》第1期，2012年。

⑥ 周川：《中国近代大学“教授治校”制度的演进及其评价》，《高等教育研究》第35卷第3期，2014年。

体现，有助于人们在认识中国近代大学如何运行的同时，思考当今的大学应该构建怎样的运行机制。

（3）关于大学教学管理研究

这方面的研究主要涉及中国近代大学的学科设置、教科书管理等。

关于中国近代大学学科设置的思考。闫广芬教授认为："中国大学自近代产生之日起便承担着艰巨的社会责任。培养新式人才是大学与生俱来的历史使命，学科是以'人才'为中介而连接起大学与社会的重要纽带，它的设置是教育领域变革中的重中之重。作为近代中国创办的第一所大学，北洋大学的学科设置无疑为继起者之规式，在其经历了初设时期设律例、工程、矿冶、机械四科到民国期间取消法科、专办工科的发展历史中，社会的需求与权力的制约成为左右其学科变迁的主要因素。学科设立的实用原则遮蔽了知识与真理本身的发展路径，这不但最终成为北洋大学的发展瓶颈，更为我们今日的教育改革敲响警钟。"① 项建英认为："清末大学教育学科从日本引进后，模仿日本学科设置主要在高等师范，形成了'单轨制'发展模式。到民初，大学教育学科开始转向学习美国，从封闭趋于开放，综合性大学大规模参与教育学科的建设，其设置模式也由'单轨制'走向'双轨制'。与此同时，由于近代中国特殊的国情，教育学科又在教会大学、私立大学、独立教育学院和独立师范专科学校等高等院校设置，出现'多元化'趋势，最终确立了'双轨制'主导下的'多元化'格局。"② 尚小明聚焦史学科系的发展，认为：近代中国大学的史学科系，始建于 20 世纪初，京师大学堂'中国史学门'是最早设置的一个史学科系建制单位。伴随着大学教育的逐步展开，史学科系数目亦随之增长，但由于少数地区集中了多数大学，史学科系在布局上也相应呈现极端不均的特点。这不仅造成师资过于集中于某些大学，而且影响其他大学史学科系的发展。另一方面，由于教育部从 20 世纪 30 年代起严格实行限制文、法等科发展的政策，加之战乱、经费短缺、生源不足、师资匮乏等因

① 闫广芬、王红雨：《社会需求与权力制约：近代中国大学学科设置与变迁——一个关于北洋大学的案例研究》，《现代大学教育》第 1 期，2015 年。

② 项建英：《论近代中国大学教育学科设置模式嬗变》，《江苏高教》第 3 期，2009 年。

素影响，致使许多大学不得不采取史学与文学，史学与哲学，或史学与政治学、社会学、地理学等合科设系的办法。这种做法，与当时学术分科发展的趋势其实是相背离的，也是近代中国一些大学的史学与相关学科发展不够充分的一个表现。①

大学学科的设置、建设是大学管理的核心内容，对中国近代大学学科设置、建设的研究无疑对当下大学学科的建设有重要参考意义。基于大学学科建设发展史开展中国近代大学主要学科建设的研究，无疑是能够进一步拓新的领域。

关于中国近代大学教科书管理的思考。李金航认为："教科书中国化运动旨在克服引进教科书的弊端，编制适合中国国情的教科书。它改变了大学教学完全依赖引进教科书的状况，促进了中国近代大学教科书发展。历史证明：教科书只有坚持传承、发扬中华民族优秀传统文化，适应社会需要，才能充分发挥其人才培养的职能。"② 肖朗教授认为："近代中国按现代大学学科体系大规模编印出版大学教材始于商务印书馆'大学丛书'。'大学丛书'的编印出版有力地促进了近代中国大学教材的建设，推动了近代中国学术事业的发展，而且商务印书馆通过编印出版'大学丛书'首创大学教材联合编审的方式及机制，对近代中国大学教材的建设和发展产生了重要而深远的影响。考察商务印书馆'大学丛书'的编印出版及其意义影响，将有助于学界进一步了解和把握近代中国大学教材建设和发展的历史进程，为当今我国大学教材的改革和创新提供有益的借鉴。"③

教科书是教育教学内容的载体，一切好的教育教学形式与方法必须以教育教学内容为旨归。研究近代中国大学的教科书建设与管理问题，不仅对认识近代大学的人才培养很有意义，对当代加强与改进大学教科书建设也具有启示。

（4）关于大学人员管理研究

这方面的研究涉及大学校长管理、教师管理以及学生的管理等内容。

---

① 尚小明：《近代中国大学史学科系设置考察》，《史学月刊》第 8 期，2011 年。

② 李金航、周川：《近代大学教科书中国化运动及启示》，《现代教育管理》第 5 期，2015 年。

③ 肖朗、吴涛：《商务印书"大学丛书"与近代中国大学教材建设》，《高等教育研究》第 34 卷第 12 期，2013 年。

关于中国近代大学校长管理的思考。肖卫兵研究了国立大学校长的法律地位，认为“中国近代国立大学校长是由政府或最高领导人任命的、具有简任官及以上官等的群体，总辖国立大学全部事务，享有国立大学教职员中的最高待遇”①。

关于大学教师管理的思考。蔡磊砢“以京师大学堂、民初以及蔡元培掌校三个不同时期的北京大学为例，通过明确教师选聘标准、设立聘任委员会和制定聘任程序，描述中国近代大学教师聘任的制度化过程”，认为“大学教师的聘任权力由校长一人独揽转由教授群体集体掌控，教师主体则从拥有科举功名的官员转变为拥有留学背景、学有专长的学者。这与聘任者的阅历及其理念以及留学生群体的回归有着密不可分的关系”②。

关于大学学生管理的思考。金国认为：“纵观中国近代高校的学生管理，有两点值得关注：一是‘自治’，即学生自治；另一是‘他治’，即学校对于学生的规束。‘民国’教育方针的重新厘定和早期出国人士的‘海归回游’等导致了学生自治的普及，但实际操作中学生自治存在着法律松弛、难以管理和界限不明、干预校政等问题，因此在自治同时也要实施能明确学生自治限度，具有严格的日常管理和严格教学管理的‘他治’，体用一致，二者不可或缺。”③ 田正平教授关注了民国时期互换研究生的现象，认为：“作为世界教育发展的一种共识，高等教育国际化在民国时期已经初露端倪。20 世纪 30 年代，随着中国高等教育的稳步发展，国外大学开始与中国大学或其他研究机构交换研究生。1935 年，清华大学与德国远东协会和学术交流中心签署了研究生交换协议，并制定了研究生交换简章。从 1935 年到 1937 年，中德双方至少成功地进行了两次研究生交换，总计互派了 14 名学生。交换过程总体上比较顺利，但有一些小的变数和波折。清华大学与德国大学的研究生交换，虽然规模小、时间短，但它开辟了中国高等教

---

① 肖卫兵、周川：《中国近代国立大学校长的法律地位探析》，《现代大学教育》第 3 期，2012 年。

② 蔡磊砢：《中国近代大学的教师聘任及其影响因素分析：以民国前后的北京大学为例》，《教育学术月刊》第 3 期，2014 年。

③ 金国：《中国近代高校学生管理中的“自治”与“他治”述评》，《高校教育管理》第 2 期，2013 年。

育国际化的新途径，推动了中国高等教育国际化的深入发展。”①

这些研究为中国近代大学校长管理的分析、中国近代大学教师管理与学生管理的分析，提供了新思考与新认识，对民国大学管理研究富有启迪；也为当今社会如何改进对大学校长的管理、大学教师的管理、大学生的管理提供了新启示。

（5）关于大学与社会关系研究

这方面的研究主要体现在对高校与中央政府关系、高校与社会关系的关注。

关于高校与中央政府关系的思考。田正平教授认为：“在南京国民政府初期对高等院校的整顿过程中，中央政府与地方实力派之间的关系对整顿工作产生了明显影响。一般来讲，当中央与地方实力派处于对立状态时，地方高校的整顿工作难以顺利进行，而当中央与地方之间的关系较为融洽时，学校整顿工作则进展顺利。这表明影响当时高等院校整顿工作的因素是多方面的，中央与地方之冲突对整顿工作具有不可忽视的影响。”②

关于高校与社会关系的思考。李卓以“沪东公社”为例，考察了民国大学的社会工作：“1917 年，由沪江大学葛学溥主导创建的‘沪东公社’，首开中国社会工作教育之先河。尽管在创建之初带有浓厚的宗教色彩，但它开展的大众教育、社会改良和慈善救济活动，却无不体现出西方社会工作的思想。如对弱势群体的观照，建立中国第一家社区服务机构；关注时代问题，不断扩展服务对象与服务领域；‘三位一体’共同推进，实务工作、专业教育和学术研究紧密结合，树立大学的社会形象和社会责任。‘沪东公社’所秉承的价值理念和开展的服务实践，在一定程度上反映了西方社会工作思想在近代中国的萌芽与发展过程，值得当代学者仔细研究和学习，以汲取历史经验发展当代中国社会工作。”③ 肖朗教授则探讨了大学和教育学会的关系，认为“两者之间的互动对中国近代教育学

---

① 田正平、王恒：《民国时期的研究生交换研究——以清华大学和德国大学的研究生交换为中心》，《社会科学战线》第 8 期，2016 年。

② 田正平、陈玉玲：《中央与地方之冲突：国民政府初期对地方高校的整顿——以四川大学、山西大学校为中心的考察》，《高等教育研究》第 34 卷第 6 期，2013 年。

③ 李卓、王如月、郭占锋：《社会工作思想在近代中国的发端与实践——以沪江大学创办的“沪东公社”为例》，《华东理工大学学报》（社会科学版）第 32 卷第 2 期，2017 年。

术的发展产生了重大而深远的影响。具体表现在：①对流：大学与教育学会的教育学人通常处于频繁而密切的对流状态；②散布：教育学会拟定研讨的“中心问题”，联络各地的大学教育院系开展学术研究；③聚合：大学教育学人会聚一堂，通过教育学会这一平台传播和推广研究成果；④合作：大学与教育学会凭借不分主次、彼此平等的合作关系开展各种形式的学术活动，实现了‘双赢’”①。

在现有的相关研究中，关注中国近代大学与政府关系的较少，关注近代大学与社会关系的更少，以上这些研究是对以往研究欠缺的有益补充。

（6）关于大学个案研究

傅宏星以东南大学西洋文学系为中心，考察了近代中国大学西洋文学系的创立与发展：“上世纪20年代初，梅光迪、吴宓等留美学人在国立东南大学创建了第一个西洋文学系，以传授纯正西洋古典文学为职志，并倡导新人文主义理想，不仅深受学生欢迎，符合当时学术界对外国文学的知识需求，而且在客观上也终结了由京师大学堂开启的重语言而轻文学的近代中国大学的外语教育模式。不幸的是，由于主政者在人事方面缺乏必要的克制与沟通，在学科方面又刻意拔高一方而压制另一方，物极必反，从而激化了东大内部的派系斗争，使西洋文学系的创办逐渐演变成了一场‘悲剧式’的变革。其中英语系以张谔为首的语言派势力虽然充当了反对者的角色，但对于建立科学规范的外语科系设置无疑又起到了一种相反相成的作用。”② 这种研究是对中国近代大学个案研究的一种突破。以往多将大学作为一个整体进行个案分析，而上述研究将中国近代大学中具有历史意义的系科设置作为个案进行考察，表明对中国近代大学进行个案研究，可以从大学整体深入到大学内部进行具体事件、具体学科、具体人物的个案研究。

2. 近代教育家群体与著名大学校长的研究

这方面的研究主要得益于“教育家办学”要求提出之后形成的高关注度。近代教育家个体与群体的生成，近代教育行政首脑如教育部长、教育厅长对教育的

① 肖朗：《近代中国大学与教育学会的互动及其影响》，《高等教育研究》第32卷第6期，2011年。

② 傅宏星：《近代中国大学西洋文学系的创立与人文理想考识——以东南大学西洋文学系为中心（1922—1924）》，《华中师范大学学报》（人文社会科学版）第54卷第4期，2015年。

管理，近代著名大学校长的共性特征等成为研究者探究的内容。

（1）从群体视角对教育人物进行的研究

周洪宇教授认为："教育家群在中外教育史上是一个重要的教育现象，分别形成了以学派为核心的教育家群、以地缘为核心的教育家群、以血缘为核心的教育家群、以某个时代为核心的教育家群、以共同愿景或某种社团为核心的教育家群……教育家'群生现象'的产生，既缘于厚重的历史责任感和使命感，外部环境相对宽松，民间私学发达，师门或家庭影响较大等外在大环境的催生；又出于个体的优势条件，厚重的个人学术积累，勇于探索的践履精神和良好的人格修养等内在个体素养的驱动。历史上的教育家'群生现象'，对于当今我国的'教育家成长''教育家办学'和'教育家群'的产生所具有的重要启示价值突出表现为注重政策空间和精神空间的构建，注重学派及学术品格的培育。"①

对中国近代大学教授群体的关注。陈媛认为，"近代中国大学教授群体是遗传与环境的产物。西学东渐的推力、聘任制度的拉力、群落形态的张力和角色认同的活力是近代中国大学教授群体演变的基本动力"②，"通过回望近代中国大学教授群落的特征和形成机制，提出引领风潮型、学术本位型、经世致用型、中西荟萃型几个典型教授群落，探析了大学制度、大学个性、大学校长和教授群落的共生互动机制，得出重铸大学教授主体价值、激活大学教授学术社群和回归大学教授独立人格的重要启示"③。尚小明聚焦近代中国大学的史学教授群体，提出"就教育背景来看，近代中国大学的史学教授略可分为三代。第一代为科举时代的人，第二代为新式学堂或学校教育时代的人，第三代为大学教育发展时代的人"④ 的观点。

田正平教授考察近代教育厅长群体后指出，就选任资格而言，教育厅长基本符合法定的'对党国有特殊功劳''学识''经验'三项标准；教育厅长的任命方

① 周洪宇、鲍成中：《论教育家的"群生现象"及启示》，《中国教育学刊》第8期。2016年。

② 陈媛、周治军：《论近代中国大学教授群体的演变动力》，《江苏高教》第4期，2008年。

③ 陈媛：《近代中国大学教授群落现象及启示》，《江苏高教》第3期，2011年。

④ 尚小明：《近代中国大学史学教授群像》，《近代史研究》第1期，2011年。

式极为多样，远远超出法定的任命方式；在地方政局不稳、党政派系冲突不断、学界派系斗争重重等因素制约下，教育厅长的任期颇为短暂，这对各省教育事业发展造成诸多不良影响。① 田正平教授还对民国时期的教育总长群体进行了研究，通过对民国教育总长产生过程和任职情况的考察，发现“教育总长的选任基本上秉承了‘学问’和‘道德’并重原则；政治派系的力量消长直接影响了教育总长的去留；而半殖民地半封建社会下的军阀割据和混战则是教育总长频频易人的根本原因”②。

从群体视角对近代教育人物开展的研究，是对以往只重视历史上教育人物个体研究的突破，为中国近代教育人物的研究、为近代著名校长的研究拓展了新视野。

（2）关于教育家的个体研究

田正平教授在研究蔡元培之后指出：“蔡元培为适应政体转变、清除封建流毒、确立民国教育宗旨和发展各级各类教育而采取的种种举措，既考虑到了民初社会的现实环境，又着眼于国家民族的未来发展，大局在胸、高瞻远瞩，为民国教育发展奠定了基础。在蔡元培‘公忠体国’道德风范和‘能者在职’用人原则的影响下，教育部吸纳了一大批以归国留学生为主体的思想新、有学识、朝气蓬勃的热心教育人士，形成了民主、高效、廉洁的办事风气，这是民初教育改革取得重大成效的保障。”③ 但吴民祥提出：“中国近代大学的学术诉求，缺乏相应的外缘条件与学者内在的人格因素。蔡元培的大学理念，在实践中面临多重矛盾。这些矛盾在急剧动荡的近代中国变得异常尖锐，表现为诸多悖论。蔡元培的‘不合作主义’正是各种矛盾激化的结果，显示了中国近代大学学术诉求所遭遇的困境。”④

田正平教授还研究了三任教育总长的傅增湘，认为：“他一方面近承范源濂

---

① 田正平、张寅：《南京国民政府初期教育厅长群体研究》，《高等教育研究》第35卷9期，2014年。

② 田正平、阎登科：《北洋政府时期教育总长群体考察》，《社会科学战线》第1期，2012年。

③ 田正平：《蔡元培与民初教育改革》，《高等教育研究》第32卷第7期，2011年。

④ 吴民祥：《蔡元培的“悖论”——中国近代大学的学术诉求及其困境》，《清华大学教育研究》第31卷第3期，2010年。

执政思路，在用人及施政上延续已有局面，保证了教育部的平稳运行；另一方面远绍蔡元培余绪，任内连续三次召开全国性专门教育会议，商讨民国教育发展大计，并据此修正和完善各项教育法规，把教育部施政水平推进到新的阶段。傅增湘三次任期内教育部的种种作为，不仅对当时教育事业发展有积极的推动作用，而且对民国教育的后续发展也产生了重要影响。”① 田正平教授在系统研究竺可桢之后，认为：“作为20世纪三四十年代的一所国立大学，囿于当时的政治生态、社会生态和学术生态，浙江大学的崛起特别是抗战期间的迅速发展，固然与主持校政者高瞻远瞩的世界眼光、深厚的传统文化积淀、对大学使命的正确认知和先进的教育理念有关，但更为重要的原因是竺可桢在纷繁复杂的政治生态中坚持的‘只问是非、不计利害’的做人处事原则和精神境界。竺可桢在坚持自己办学理念的前提下，协调好政治与学术的关系，积极而有效地化解政治因素的负面影响，充分调动和利用政治资源，为实现理想和抱负服务。从一定意义上讲，正是这种精神境界引导浙江大学跨越发展进程中的各种困难。”② 他更进一步指出，通过阅读《竺可桢日记》，“我们可以看到，在竺可桢身上所体现出来的一位大学校长的家国情怀，他的追求真理、培育英才、转移风气、报效国家的办学理念，他的克己奉公、清正廉洁、襟怀广阔、平易近人的道德情操，不仅是中国教育史上的一份弥足珍贵的遗产，更是21世纪建设高等教育强国的征途中，我们亟待认真发掘、充分利用的宝贵的本土资源。这些基于一所大学的发展所体现出来的理念和情操，折射的是现代大学在中国这块土地上成长、发展所应遵循的基本规律和她的主持者必须具备的基本素质，对于正在致力于建设世界一流大学的中国高等教育而言，可以给我们提供诸多方面的启示和借鉴”③。对国立浙江大学建设和发展的另一位贡献者——郑晓沧，田正平教授认为：“从1929年8月应邀到

---

① 田正平、阎登科：《民国三任教育总长傅增湘》，《浙江大学学报》（人文社会科学版）第42卷第8期，2012年。

② 田正平：《“只问是非、不计利害”：从〈竺可桢日记〉看一位大学校长的精神境界》，《高等教育研究》第37卷第4期，2016年。

③ 田正平：《一位大学校长的理念与情操——〈竺可桢日记〉阅读札记》，《教育研究》第36卷第12期，2015年。

国立浙江大学任教，至1950年10月国立浙江大学改名为浙江大学，整整21年间，郑晓沧为国立浙江大学的建设和发展做出了不可磨灭的贡献。他辅助校长竺可桢办学，创建国立浙江大学教育学系并先后任教育学系主任、国立浙江大学教务长、代理校长、师范学院院长、龙泉分校主任、研究院院长等职。在抗日战争时期最艰苦的岁月里，他与学校不离不弃、休戚与共，为学校的发展贡献了自己的聪明才智。而郑晓沧在其教育实践中体现出来的教育思想，以及他为人处世中表现出来的敦厚谦和、尽职尽责、勤奋好学、积极乐观的情操和境界，不仅是浙江大学，也是我国高等教育界的一份宝贵的精神财富。”①

周洪宇教授研究了郭秉文，认为：“郭秉文是‘五四’时期中国教育界的领袖人物之一，他曾长期担任南京高等师范学校、国立东南大学校长，并在世界教育会联合会、中华教育改进社、中华教育文化基金董事会等当时国内外诸多重要教育组织中出任要职。他不仅大力传播与应用实用主义教育思想，直接领导和参与了20世纪20年代轰轰烈烈的教育改革运动，而且注重引进和起用留美优秀人才，为教育改革积聚力量，并积极参与国际教育改革运动，为中国教育改革运动谋求外部助力，是推动中国现代教育改革的先驱。”②

这些研究不仅有助于加深对近代历史上著名教育人物的认识，更重要的是，其结果表明对个体教育人物的研究可以是多元的。不仅近代学校的校长值得研究，近代历史上的教育部长、教育厅长、教育局长值得研究，近代教育领域著名的教师、学者也同样值得研究。他们在近代历史环境中的成长、取得的业绩及其原因都具有探究价值。这些研究无疑有助于加深对近代学校管理的认识。

（3）关于中国近代大学校长的办学特点研究

程斯辉教授总结了中国近代著名大学校长在办学过程中形成的八大特色：“即把握大学使命，彰显大学精神，办理想、境界高远的大学；尊重学术研究规

① 田正平、潘文鸯：《郑晓沧与国立浙江大学》，《浙江大学学报》（人文社会科学版）第47卷第3期，2017年。

② 周洪宇、陈竞蓉：《艰难的改革家：中国现代教育改革先驱郭秉文》，《高等教育研究》第35卷第10期，2014年。

律，维护学术尊严，办兼容并蓄、思想自由的大学；重视学校管理的建章立制，办运行有序的法制化大学；注重教授治校与学生自治，构建富有活力的、民主的大学；严格培养过程管理，努力办高品质的大学；既重视开源，更重视节流，办节约型大学；集中力量，形成优势，办有特色的大学；通盘筹划学校发展，创建环境优美、校风纯正的大学。”① 通过考察中国近代著名大学校长的教育质量观，程斯辉发现“近代著名大学校长秉持系统的教育质量观。这种系统的教育质量观是由学校质量观、人才质量观、教师质量观、学生质量观、课程质量观、管理服务质量观、校园环境质量观所构成的有机整体，其中学校质量观和人才质量观是纲领，学生质量观是核心，教师质量观是关键，课程质量观是基础，管理服务质量观与校园环境质量观是保障”②。他同时认为：当前，国家对教育家办学有着急切的呼唤。在教育领域，大学校长是最有条件成长为教育家的人物，然而，是大学校长并不一定就能成为教育家。因为教育家是那些在前人教育实践的基础上进行过富有成效与特色的教育实践并为其所处时代培养出许多有用之才的人，以及那些在前人教育思想的基础上提出过独到的教育理论并产生过一定社会影响的人。在近代大学校长群体中，那些优秀的校长是当之无愧的教育家。他们之所以成长为教育家，与近代社会转型对教育提出的新要求、国家民族危机赋予教育的新使命、政治管理相对松弛为教育改革提供的新环境、思想文化解放运动给教育变革注入的新活力以及中西文化教育的交流碰撞为教育发展提供的新借鉴有密切的联系，但根本是由这些校长多方面的能力、中西相容的知识结构、优良的性格和堪为人世楷模的道德品质决定的。当代大学校长如何实现向教育家的转变，近代一些大学校长成长为教育家的历程具有丰富的启示。③

吴立保从大学校长的视角总括了中国近代大学本土化发展的经验，认为：“首先，‘士志于道’是中国大学精神的表述，大学校长的办学理念与大学之道的

---

① 程斯辉：《中国近代著名大学校长办学的八大特色》，《高等教育研究》第2期，2008年。

② 程斯辉、李汉学：《中国近代著名大学校长的教育质量观探析》，《大学教育科学》第1期，2018年。

③ 程斯辉：《中国近代大学校长成为教育家的当代意义》，《河北师范大学学报》（教育科学版）第5期，2007年。

耦合，是推动中国近代大学本土化发展的重要因素。其次，制度建设是中国近代大学本土化发展的基点。第三，精神建构是中国近代大学本土化发展的核心。第四，文化自觉是中国近代大学本土化发展的重要文化使命。第五，和而不同是大学本土化发展应具有的全球视野。”① 王运来教授认为：“面对纷乱的时代困局与深重的民族危机，中国近代大学校长能固守教育，去追求一种超越现实的独立人格，铁肩担道义，以一种超然的姿态冲破和摆脱各种权势与功名的羁绊，崇尚并保持一种‘无所依赖与依附’的精神追求，进而捍卫了作为公共知识分子与民族知识分子具有的自在性、自为性与自由性的主体性。”②

这些研究不仅能够加深对近代大学校长的认识，有助于把握近代大学校长的整体状况，更重要的是对当下如何加强校长队伍建设、提升大学校长群体素质有重要的历史镜鉴意义。

3. 近代教会大学管理研究

这方面的研究体现在对中国近代教会大学作用的反思，关于教会大学管理政策、教会大学的课程设置、教会大学的学生管理、教会大学的自主招考的思考，关于教会大学校长、教会大学社会服务的研究等方面。

（1）关于教会大学的历史作用研究

田正平教授认为：“教会大学作为受到不平等条约保护、在特殊历史条件下出现的中外教育交流的载体，在中国大陆存在了 70 多年。而这一时期正是中国教育从传统向现代转换的重要时期。70 多年间，教会大学为中国教育现代化培养了一批人才，促进了近代女子教育的发展。在传统封建教育衰败、瓦解直至被废除的历史过程中，教会大学所起的作用，总的来看，是加速而不是延缓了这个过程。对于近代新式教育的产生发展而言，教会大学以多种方式为推进这个过程作出了一定的贡献。”③

（2）关于教会学校管理政策研究

---

① 吴立保：《中国近代大学本土化的历史经验——基于大学校长的视角》，《江苏高教》第 1 期，2010 年。

② 王运来、王飞：《自在·自为·自由——论中国近代大学校长的本性》，《江苏高教》第 3 期，2015 年。

③ 田正平：《教会大学与中国教育现代化》，《文史哲》第 3 期，2007 年。

杨思信认为，民国政府教会学校管理政策的演变大体分为三个阶段：民初十年，北洋政府试图改变晚清“不干涉亦不承认”的消极政策，通过颁布一系列立案法规督促教会学校立案，但教会方面却对其置之不理；20世纪20年代收回教育权运动发生后，教会教育备受社会各方的诟病，这本来给政府严格管理教会学校、统一教育权带来良机，但由于北洋政府的很快倒台而未能实现；1927年南京国民政府成立后，对教会学校的管理进入国民党主导的时期。国民党政府陆续颁布了一批法令，最终形成了以“私立”“中国人控制”“教育与宗教分离”为基本原则的教会学校管理体制。①

（3）关于教会大学课程设置研究

项建英认为：“近代中国教会大学把教育学科作为最早设置的学科之一，主要原因是教育学科不仅有利于传教士推进基督教传播、满足教会学校对师资的需求，同时也有利于教会大学毕业生就业。教育学科设置后迅速崛起，形成了若干基本特征：一是学科弥漫着宗教色彩；二是学科关注中国教育现实问题；三是学科率先导入并推行西方先进的教育理念。”② 岳爱武认为：“20世纪20年代以前，早期的教会大学从内容到形式，均以宗教为核心，圣经和教义问答是学生的主要必修课程，而诸如声光化电、政史艺地等世俗课程则鲜有教授。从20世纪20年代起，教会大学为适应中国特定的社会历史环境，自觉或非自觉地进行了一系列的改革，逐渐将自身融入到中国近现代职业教育发展的历史进程中，不仅实现了外国教育资源的中国转化，而且促进了中国职业教育学科的发展，并对中国职业教育近代化产生了重要影响，具有鲜明的时代特征。”③

（4）关于教会大学学生管理研究

赵厚勰认为：“民国时期教会学校的学生日常管理主要包括对学生学习活动的管理、对学生日常生活的管理和对学生宗教活动的管理……严格的学生学习活动管理保证了较高的教育质量，家庭化的日常生活管理造就了学生爱校如家的情

---

① 杨思信：《民国政府教会学校管理政策演变述论》，《世界宗教研究》第5期，2010年。

② 项建英：《论近代中国教会大学教育学科的缘起及其特征》，《高教探索》第1期，2010年。

③ 岳爱武、吴远：《中国近代教会大学职业教育发展的缘起及其特征》，《现代大学教育》第5期，2011年。

怀，持续的宗教活动管理影响了学生的品格养成。”①

（5）关于教会大学自主招生的研究

近代教会学校形成了自主招考运作模式。虞宁宁认为，“20世纪二三十年代，教会大学建立了独立灵活的招生考试组织体系、民主公开的招生考试程序和科学合理的考生分类方法，开始形成独具特色的运作模式”，并启示“大学自主招考应建立健全规范的制度，在民主决策、公开公正的基础上，凸显学校的个性特征；应以生为本，实现人才选拔目标和考生求学意愿的最佳平衡；要加强招考数据的实证分析，服务于招考改革和人才培养活动，实现选才与育才的有效衔接”②。

（6）关于教会大学的校长研究

黄俊伟研究了20世纪20年代前后中国教会大学的一批具有基督教信仰的华人大学校长：“这批大学校长的教育理念与实践有三个共同取向：一是以理性文化反省为视角，把大学发展定位视为沟通中西文化的桥梁，主张取人之长，补己之短；二是倡导大学学科专业设置应符合国家现时需要，强调学用一致、知行合一；三是重视学生独立人格的养成，营造良性互动的大学育人氛围。”③

（7）关于教会大学的社会服务研究

社会服务是教会大学适应近代中国社会发展重要方面之一。章潇提出：“以医疗卫生、农业推广、社会教育为载体，基督教大学的本土化进程不断推进。虽然在开展社会服务的过程中，基督教大学不可避免地存在困惑与矛盾，但它毕竟借此与中国社会建立了较为密切的联系，同时也为其他大学的变革与发展提供了启示与借鉴。”④

（8）关于教会大学图书馆研究

---

① 赵厚勰、陆佳：《民国时期教会学校学生日常管理探析》，《湖北大学学报》（哲学社会科学版）第43卷第4期，2016年。

② 虞宁宁、张亚群：《中国近代教会大学自主招考运作模式及其启示》，《大学教育科学》第1期，2015年。

③ 黄俊伟：《中国近代教会大学的教育理念述评——以华人校长为例》，《现代大学教育》第5期，2010年。

④ 章潇、孙秀玲：《社会服务：近代中国基督教大学的本土化探索》，《河北师范大学学报》（教育科学版）第13卷第7期，2011年。

吴民祥认为，与近代教会大学相伴而生的教会大学图书馆“首先扮演着西学东渐的角色，但是面对中华文化强大的包摄力与自我认同，不断做出调整。主要表现在：馆藏文献不再以宗教书籍为主，门类和数量有所增加；出版学术书刊，服务乡村建设与研究；培养图书馆专门人才，推动民众教育；在抗战的特殊环境中参与民族解放运动。近代教会大学图书馆的‘中国化’，体现了中西文化冲突过程中的去‘文化涵化’现象，其功能经历了由‘传教士’到‘教育家’再到‘社会家’的演变过程，不失为中西文化交流与碰撞的一个缩影”①。

这些研究有助于还原中国近代教会大学的真实面貌，让人们实事求是地认识近代教会大学的历史贡献与存在的局限性，这对民国学校管理史开展的相关研究也有助益。

4. 近代私立大学管理研究

这主要是针对近代国人办私立大学开展的研究，涉及这些私立大学的创办、取得的成果、招生、内部机构设置等方面。

（1）关于私立大学的创办与取得成绩的因素研究

田正平教授指出：“近年来，关于哪一所大学是中国近代国人自办的第一所私立大学的问题，众说纷纭。被认为是中国近代‘第一所私立大学’的有复旦大学（其前身震旦学院）、南开大学、中国公学、武昌中华大学、南洋公学、正蒙学院等。”田正平教授认为：“从‘私立’和‘大学’这两个关键词入手，通过对有关史实的梳理考辨，‘南洋公学’是中国近代国人自办的最早的私立大学。”② 对于国人办私立大学取得成就的原因，王彦才认为：“办学者‘专心办学’‘无私奉献’‘百折不挠’‘勤俭办学’的精神，政府的支持和资助，社会捐助是这些私立大学办学成功的主要原因。”③

（2）关于私立大学的招生办法研究

---

① 吴民祥：《由“普世价值”到“中国化”：近代教会大学图书馆功能演变》，《中国图书馆学报》第41卷第3期，2015年。

② 田正平、陈桃兰：《中国近代私立大学创建考辨》，《现代大学教育》第4期，2007年。

③ 王彦才：《中国近代私立大学办学成功的原因分析》，《黑龙江高教研究》第9期，2010年。

刘森认为："中国近代私立大学自主招生模式，是在较为宽松的政策环境下形成的，具有自身的特色，对选拔人才发挥了重要作用。与同期公立大学相比，私立大学自主招生具有选拔方式灵活、题型多变、推荐制广泛应用、生源质量差异较大等特点。"①

（3）关于私立大学内部机构设置研究

蒋宝麟以上海大同大学为例，探究了学人社团和校董会在学校管理中的重要作用："立达学社是大同大学的创办者和经营者，对大同大学的内部治理起决定作用。1928年，大同大学在南京国民政府立案，开始设立校董会。但校董会只是为依照国家规定而设，在大学治理中的作用有限。立达学社、校董会形成表里共生关系。大同大学极力保持本校权力结构、制度和经费筹措方式的独特性和适用性，但又能设计出一套适应机制以应付国家权力，以保证学校的生存和发展。"②

这些研究不仅有助于人们全面地认识近代国人办私立大学，对民国学校管理史的相关研究有参考意义，更重要的意义在于对当今时代众多的私立性质大学发展有历史启示价值。

5. 近代中小学教育管理研究

这方面的研究主要涉及中国近代中小学教育目的、办学特色、近代中学与大学的关系以及中小学教员管理等方面。

（1）关于中小学教育目的研究

胡金木认为："近代中国教育启蒙的主题逐渐从培养'器物技艺'层面上的救亡'造材'转换到'思想文化'层面上的觉醒'立人'。"但令人遗憾的是，"由于社会混乱与专制统治的影响，近代中国教育的启蒙立人之理想一次又一次停留于观念层面"③。

---

① 刘森：《中国近代私立大学自主招生政策及其实践探析》，《河北师范大学学报》（教育科学版）第15卷第5期，2013年。

② 蒋宝麟：《学人社团、校董会与近代中国私立大学的治理机制——以上海大同大学为中心（1912—1949）》，《华中师范大学学报》（人文社会科学版）第54卷第1期，2015年。

③ 胡金木：《从"造材"到"立人"：近代中国教育启蒙的主题转换》，《大学教育科学》第5期，2012年。

（2）关于中小学的办学特色研究

程斯辉、代小芳从学校管理的角度考察了民国时期的著名中学，归纳出民国时期的著名中学八个方面的特色："校长学高身正；机构设置精兵简政；教学管理遵循规律；教师管理以师为本；学生管理严慈相济；经费管理开源节流；危机管理沉着坚韧；对外关系多方拓展。这些学校管理特色不仅标志着民国著名中学的管理水平，也深刻地影响着其后的历史发展。"①

（3）关于中学与大学预科的联系及其相互作用研究

刘军认为："大学预科是中学与大学之间的一个特殊教育层级，它既是中等教育的延伸，又是进入大学本科前的准备……在中等教育尚不发达的时期，大学预科受中等教育发展规模、程度的影响颇深，反之，大学预科也在一定程度上制约、影响了中等教育的发展，尤其是在大学预科从学制中被撤除后。"②

（4）关于中小学教员管理研究

郝锦花考察了民国时期乡村小学教员的收入情况，发现民国时期乡村小学教员的收入是极其微薄的，与城市教员相比有较大悬殊，甚至不及城市工人之平均工资和乡村私塾先生的实际收入。可以说，清末民初乡村小学教员待遇之菲薄，乡村新式教育事业之举步维艰，是历届政府普遍漠视乡村教育的必然结果③。

上述研究成果显然有助于加深对民国时期中小学的认识，对于民国学校管理史研究中开展民国中小学管理的探索具有借鉴价值。当然，这些研究对于当今中小学管理的改进也是有历史启迪的。

---

① 程斯辉、代小芳：《民国时期著名中学的管理特色初探》，《教育理论与实践》第38卷第2期，2018年。

② 刘军：《中国近代大学预科发展与中等教育关系研究》，《华东师范大学学报（教育科学版）》第30卷第1期，2012年。

③ 郝锦花、田正平：《民国时期乡村小学教员收入状况考察——中国教育早期现代化问题研究之一》，《教育与经济》第2期，2007年。

三、《民国学校管理研究》写作构想

撰写民国学校管理研究，在时间维度上是明确的，即从1912年中华民国成立始，至1949年国民党政府退守台湾、中华人民共和国成立之间这一历史时期。因管理与拥有权力的主体密不可分，因此民国学校管理史的研究需要回答三个基本问题：

一是民国时期的政府作为学校管理的主要权力主体是如何管理学校的，即政府是如何对学校管理进行制度设计以保障学校运行的。

二是民国时期的学校作为具体的施教主体是如何进行管理的，即学校是如何将政府管理学校的制度、方针、政策等加以落实，如何进行资源配置、保障人才培养的。

三是民国时期的校长作为学校最主要的管理者是怎样办学治校的，他们中优秀的代表在贯彻落实政府的学校管理制度、方针、政策过程中是如何进行独到的思考和创新性实践的。

此外，从民国学校管理研究的时间维度上要求，必须对不同历史阶段，如南京临时政府时期、北洋政府时期、南京国民政府时期具体的学校管理制度、举措以及成效进行考察分析、总结，进而回答不同历史阶段的继承与创新，以及不同历史阶段所具有的不同特征，以揭示民国学校管理发展历史所蕴含的规律性。

对第一个问题的回答，主要基于政府管理学校的视角，对民国不同历史时期政府管理学校的制度、方针、政策进行梳理，在进行具体制度介绍的过程中，分析其特点及其产生的作用，同时总结其前后阶段发生的变化，由此把握政府管理学校的制度演化特征。

对第二个问题的回答，主要是选取一些典型的学校进行管理实例分析，探究在当时背景下学校是如何管理的。

对第三个问题的回答，主要是基于学校管理者视角，选取有代表性的学校管理人物，即他们有独到的教育思想主张，同时又是办学治校的实践者，对他们所进行的学校管理进行探究，以总结他们的学校管理得与失、揭示其所具有的历史借鉴价值。

对上述问题的回答，构成了《民国学校管理研究》的主要内容，具体以上下两编的形式加以呈现。

鉴于现有相关研究取得的成果与存在的一些不足，考虑政府在管理学校过程中主要是对学校设置及任务、学校内部机构建置、学校校长及人员管理、学校财务管理、学校教学管理、学校与地方关系、学校督导考评等七个方面进行规定，即确定相应的制度与规范来保障学校的运行，因此，我们努力从这七个方面来考察和分析民国历史上不同时期政府对学校的管理。但因学校类型涉及到大学、中小学、师范学校、职业学校、边疆民族学校等，尤其是大学中又有国立大学、私立大学（国人办）、教会大学之分，政府对不同类型学校的管理实际采用不同的策略，有不同的制度设计，故我们将民国时期的国立大学管理、私立大学管理、教会大学管理、中小学管理、师范学校管理、职业学校管理、民族学校管理单独成章撰写，这七章内容，构成上编。根据每章涵盖的内容实际，不一定强求严格地根据临时政府时期、北洋政府时期、南京临时政府时期三个阶段来行文，有的将临时政府与北洋政府合为一个阶段来进行考察。在考察时不强求按照七个方面面面俱到，有七个方面的内容，则从七个方面进行整理分析；没有七个方面的内容，则根据实际加以确定。同时尽可能在每章之后选择有代表性的学校进行学校管理的案例考察分析，但也不强求每一章下都要严格地选择学校案例来分析。这是因为在对民国时期学校管理人物进行研究时，有的代表人物对学校的管理就有典型案例的意义，如蔡元培管理北京大学、梅贻琦管理清华大学、王星拱管理武汉大学，显然具有民国时期国立大学管理典型案例的意义；又如张伯苓管理南开大学，则具有民国时期私立大学管理典型案例的意义。故在国立大学管理、民族学校管理二章下我们没有选择案例学校加以分析。

民国历史上学校管理取得的成就离不开杰出的学校创办者与学校管理者的贡献。我们选择蔡元培、梅贻琦、陶行知、张伯苓、郭秉文、王星拱、陈宝泉、雷沛鸿、廖世承、经亨颐这十位民国时期杰出的学校管理人物，对其办学治校实践与学校管理思想进行研究分析，因每个人物都有丰富的学校管理实践与学校管理思想主张，他们或对民国时期的公立大学管理、私立大学管理产生了巨大影响；或对师范教育管理与师范学校的发展产生重大影响；或对中小学教育管理与中小学教育的发展产生了积极影响；或对地方教育管理与地方学校的发展产生了重大影响；或对不同类型学校的创办与管理进行了积极的探索、对民国学校管理的创新产生了重要影响。故将这些代表人物单独成章加以研究，由此形成十章内容，这十章构成下编。

要指出的是，本书的上下两编虽有相对的独立性，但实际上是有内在联系的。下编的民国学校管理人物的办学活动与学校管理实践是在当时时代背景下的活动与实践，尽管其学校管理思想主张与实践有很多创新性，但依然受当时政府对学校管理的制度、政策的影响。同时，民国时期不同阶段的政府对学校管理进行的制度设计与政策安排，又在很大程度上依赖当时学校管理者的贯彻落实。因此，民国学校管理研究虽为上下两编，实可以看成是一个整体。

还要说明的是，民国时期尤其是南京国民政府管制阶段，在中国境内出现了中国共产党领导的苏区、边区、解放区，在这些区域产生了独特的革命教育体系，也出现了日本侵华占领区的殖民教育。从管理视角看，中国共产党领导的革命学校是独立于国民政府管辖之外的；日占区的殖民学校也没有接受国民政府的管理，故在《民国学校管理研究》中没有将其纳入考察研究范围，当然篇幅所限也是一个原因。

对于民国学校管理研究的成书，我的另一构想是将其写成既具有史料价值、又有史论价值的著作。就史料价值而言，中华民国时期的教育史资料非常丰富。但整体看，基于专题式的、有逻辑性的资料还有进一步进行整理的价值，故我们在对民国时期的国立大学管理、私立大学管理、教会大学管理、中小学管理、师范学校管理、职业学校管理、民族学校管理进行研究时，要求将相应的关键史料进行呈现，能够为后续研究者进行相应的研究提供史料便利，至少可以提供参阅线索。就史论价值而言，我们努力在占有相应史料的基础上对民国时期的学校管理问题进行分析思考，以求有自己的解读与观点，进而能够引发参阅者的思考。

为实现上述设想，必须付诸努力；任何有意义的事都不是可以轻易完成并取得成功的。

上编　民国学校管理研究

上编主要回答两个基本问题：一是民国时期的政府作为学校管理的主要权力主体是如何管理学校的，即政府是如何对学校管理进行制度设计，以保障学校运行的。二是民国时期的学校作为具体的施教主体是如何进行管理的，即学校是如何将政府管理学校的制度、方针、政策等加以落实，是如何进行资源配置、保障人才培养的。因此，我们将民国时期的国立大学管理、私立大学管理、教会大学管理、中小学管理、师范学校管理、职业学校管理、民族学校管理单独成章撰写，这七章内容，构成上编。每章主要从学校设置及任务、学校内部机构建置、学校校长及人员管理、学校财物管理、学校教学管理、学校与地方关系、学校督导考评这七个方面来考察和分析民国历史上不同时期政府对学校的管理。从政府管理的视角出发，对民国不同历史时期政府管理学校的制度、方针、政策进行梳理；同时尽可能在每章之后选择有代表性的学校进行学校管理的案例考察分析，探究在当时背景下学校是如何管理的。

第一章　国立大学管理

民国时期是我国高等教育发展的一个极为重要的时期。尽管这一时期战事频繁、当权者不断更迭，大学却获得了一个变革和发展相对宽松的外部环境。从整体看，民国时期的政府对发展高等教育是重视的，无论南京临时政府、北洋政府还是南京国民政府，都制定颁布了不少关于高等教育的法规，以实现对大学的宏观管理。民国时期的高等教育机构包括大学、专门学校及独立学院，可统称之为大学。因此，本章广义地涵盖了国立大学、国立专科学校及国立独立学院的管理。

根据历史发展的时间节点，一般将整个民国历史分为南京临时政府时期、北洋政府时期和南京国民政府时期三个阶段，因此，我们将依这种阶段划分来考察政府对国立大学的管理。

一、南京临时政府时期管理国立大学的制度

1912 年 1 月，中华民国临时政府于南京成立，任命蔡元培为中华民国临时政府教育总长、范源濂为次长，蔡元培就任后就开始谋划教育的全面改革。尽管南京临时政府存在时间很短，随后被袁世凯篡权，但蔡元培留任教育总长，北上继续领导教育改革至 7 月辞职。蔡元培辞职后，其教育改革思想继续发挥着影响，因此，1912 年 9 月教育部颁布的《教育宗旨令》《学校系统令》，1912 年 10 月颁布的《专门学校令》《大学令》，乃至 1913 年 1 月颁布的《大学规程》等都打上了南京临时政府的烙印。故可以从这些法规中来考察分析南京临时政府对大学的管理。

（一）学校设置及任务规定

大学的设置与任务，涉及政府对大学的办学目的、办学任务的要求，也涉及政府对大学设置的标准、大学设置的类别、大学名称的规定以及大学修业年限的制度安排等内容。

一是关于学校宗旨的规定。《教育宗旨令》规定："包括国立大学在内的学校都应注重道德教育，以实利教育、军国民教育辅之，更以美感教育完成其道德。"①《专门学校令》第一条指出："专门学校以传授高等学术、养成专门人才为宗旨。"②《大学令》第一、六条规定："大学以教授高深学术、养成硕学闳材

① 宋恩荣、章咸选编：《中华民国教育法规选编》（修订版），南京：江苏教育出版社，2005 年，第 1 页。
② 骆威：《南京国民政府时期的高等教育立法》，南京：南京大学出版社，2016 年，第 200 页。

和应国家需要为宗旨。”[①] 大学的大学院则旨在研究学术的蕴奥。

二是关于学校设立、变更及废止的规定。《专门学校令》第八条指出：“专门学校可设预科和研究科；专门学校的设立变更及废止，需呈报教育总长并得其认可。”[②]《大学令》要求“同时可附设大学预科，且预科不得独立”[③]。

三是关于学校类别、设科及校名的规定。《专门学校令》第二、三条规定：“国立高等专门学校可分为法政、医学、药学、农学、工业、商业、美术、音乐、商船等专门学校类别。”[④]《大学令》第二、三条指出：“大学分文、理、法、商、农、工、医七科，且以文理二科为主；其中兼设文理二科、设文科兼法商二科、或设理科兼医农工三科或二科及一科的，才可称为大学。”[⑤]

四是关于修业年限的规定。《学校系统令》明确指出：“大学本科三年或四年毕业，预科则三年；专门学校本科三或四年毕业，预科一年。”[⑥]《大学令》第八条对大学修业年限的规定与《学校系统令》的规定一致，同时补充“大学院则不设年限”[⑦]。《大学规程》第二条指出：“大学除法、医两科修业年限为四年外，其余各科均为三年。”[⑧]

这一时期对大学办学宗旨的规定，最突出的特征是强调大学要传授高深学术、培养专门人才，实现了中国大学从培养官吏到传授与研究高深学问的历史性转变。同时，有关大学的设置、内部学科设置的规定，大学类别乃至校名的相关规定，修业年限的规定等都促使中国大学从传统向现代转型。

---

① 宋恩荣、章咸选编：《中华民国教育法规选编》（修订版），南京：江苏教育出版社，2005 年，第 384 页。

② 骆威：《南京国民政府时期的高等教育立法》，南京：南京大学出版社，2016 年，第 200 页。

③ 宋恩荣、章咸选编：《中华民国教育法规选编》（修订版），南京：江苏教育出版社，2005 年，第 384 页。

④ 骆威：《南京国民政府时期的高等教育立法》，南京：南京大学出版社，2016 年，第 200 页。

⑤ 骆威：《南京国民政府时期的高等教育立法》，南京：南京大学出版社，2016 年，第 201 页。

⑥ 宋恩荣、章咸选编：《中华民国教育法规选编》（修订版），南京：江苏教育出版社，2005 年，第1—2 页。

⑦ 宋恩荣、章咸选编：《中华民国教育法规选编》（修订版），南京：江苏教育出版社，2005 年，第 384 页。

⑧ 张宪文等主编：《中华民国史大辞典》，南京：江苏古籍出版社，2001 年，第 73 页。

（二）学校内部机构设置规定

大学内部机构设置，主要涉及政府对大学内部机构建置的安排、人员配置的规定，涉及政府对大学内部的行政权力、学术权力、事务权力及其关系的安排。

临时政府时期关于国立大学内部机构设置的规定主要体现于 1912 年 10 月的《大学令》。其中《大学令》第十二、十六至十九条规定："大学设校长一人总辖全校事务，各科设学长一人主持一科事务。"[①] "设评议会，由大学校长任议长，各科学长及各科教授互选代表任会员，负责审议学科设置及废止、讲座开设、大学内部规则、教育总长和大学校长咨询事件和审查大学院学生的筹集及请求授予学位学生是否合格等事项。"[②] "设各科教授会，由该科学长为议长，该科教授任会员，负责审议学科课程、学生试验事项、教育总长和大学校长咨询的事件和审查大学院学生该科成绩、提交论文请求授予学位的学生是否合格等事项。"[③] 上述规定是对我国国立大学实行学位制的首次规定。

这种关于大学内部机构设置的安排，体现了大学民主管理的特征，同时也凸显民国大学的学术管理特征。

（三）学校校长及教职员管理规定

对学校校长及教职员的管理，主要涉及政府对大学校长的任用与权责安排，涉及教职员的聘用、标准、职责及相关待遇的规定等。

---

① 宋恩荣、章咸选编：《中华民国教育法规选编》（修订版），南京：江苏教育出版社，2005 年，第 385 页。

② 宋恩荣、章咸选编：《中华民国教育法规选编》（修订版），南京：江苏教育出版社，2005 年，第 384—385 页。

③ 宋恩荣、章咸选编：《中华民国教育法规选编》（修订版），南京：江苏教育出版社，2005 年，第 384—385 页。

这时对大学校长的规定就是确立了大学校长“总辖学校全部事务”① 的权力，同时明确了大学教师设教授、助教授、讲师三种类别。这对于大学校长与教师各负其责、分工合作促进大学的建设发展有重要的规范价值。

一是关于校长的规定。《大学令》第十二条指出：“大学设校长一人总辖学校全部事务。”②

二是关于教职员的规定。《大学令》指出：“大学各科设学长一人主持各该科事务；设教授、助教授，必要时可延聘讲师。”③ “各科教授可选出代表组成评议会参与审议学校相关事项；教授出任学科教授会会员，参与审议相关事项。”④

（四）学生管理规定

对大学生的管理，主要体现在政府对大学招生与入学资格的要求，对大学生日常学习的要求，对大学生道德品行修炼的要求，对大学生毕业标准的要求等。

由于当时的大学建设总体处于初创阶段，能够上大学者为社会精英，故受政府重视，也受社会关注。因此，这时政府对大学生的管理总体上是极为重视的，并确定了很高的标准来强化对大学生的管理。这一时期颁布的相关法规涉及大学生管理的主要有以下方面：

一是关于入学资格的规定。《大学令》第四、五、七条规定：“大学预科学生须中学毕业或经测验具有同等学力；大学各科学生须预科毕业或经测验具有同等

---

① 中国第二历史档案馆编：《中华民国史档案资料汇编：教育》（第三辑），南京：江苏古籍出版社，1991年，第66—67页。

② 宋恩荣、章咸选编：《中华民国教育法规选编》（修订版），南京：江苏教育出版社，2005年，第384页。

③ 宋恩荣、章咸选编：《中华民国教育法规选编》（修订版），南京：江苏教育出版社，2005年，第384页。

④ 宋恩荣、章咸选编：《中华民国教育法规选编》（修订版），南京：江苏教育出版社，2005年，第384—385页。

学力；大学所设大学院的学生则为各科毕业或经测验具有同等学力者。”① 《大学规程》还规定：“当中学毕业生超过预科招生定额时，应进行竞争测试。”②

二是关于学生日常管理的规定。这主要包括学生日常行为规范与道德品行两个方面。在对学生日常行为的要求上，1912 年 9 月教育部公布的《学校管理规程令》指出：“学生应服从校长教员及学监所施的训告；学生应在校长允许和职员的督率下，在课余设游艺、体育、音乐等有益身心活动会；学生如对于教授上及校务事宜确有意见，可上书或面陈于本校职员听候采择，但不得固执己见，借端要挟以致妨碍学业；学生违背学校规则应给予相当儆戒；学生有因犯校规退学者，非实已悔改，不得再入他校。”③ 1912 年 9 月颁布的《学校仪式规程》第六条指出：“学校举行仪式时，学生须穿校服，并按仪式要求进行活动。”④ 《大学规程》第二十五条规定：“大学院的学生经院长许可后可在大学内出席和担任教授或实验事项。”⑤

在对学生道德品行的要求上，《学生操行成绩考查规程》规定：“国立大学等学校学生的操行由校长、教员及学监随时予以审察和记录在册。”⑥ 还同时就操行考查要点、成绩评定等级、评定办法、成绩使用结果等作了明确规定。《注重德育整饬学风令》规定了对学生违反学规等情况的处理。

三是关于学生学业考查的规定。《学生学业成绩考查规程》规定：“学生的学业成绩分为平时成绩和试验成绩，其中试验有学期试验、学年试验和毕业试验，

① 骆威：《南京国民政府时期的高等教育立法》，南京：南京大学出版社，2016 年，第 201 页。
② 王杰、祝士明编著：《学府典章：中国近代高等教育初创之研究》，天津：天津大学出版社，2010 年，第 340、348 页。
③ 王学珍、张万仓编：《北京高等教育文献资料选编（1861～1948）》，北京：首都师范大学出版社，2004 年，第 300 页。
④ 中国第二历史档案馆编：《中华民国史档案资料汇编：教育》（第三辑），南京：江苏古籍出版社，1991 年，第 62—63 页。
⑤ 王杰、祝士明编著：《学府典章：中国近代高等教育初创之研究》，天津：天津大学出版社，2010 年，第 349 页。
⑥ 中国第二历史档案馆编：《中华民国史档案资料汇编：教育》（第三辑），南京：江苏古籍出版社，1991 年，第 66—67 页。

此外还有入学和编级试验等。”[①] 法令还就每种试验的考查时间、成绩评定办法、参试条件、违规处理办法等作了详细规定。

四是关于学生毕业的规定。《大学令》第九、十一条规定：“大学预科生修业期满并经测验及格的，授予毕业证书，升入本科；大学各科的学生修业期满并经测验合格的，授予毕业证书，可称为学士；大学院学生有新发明之学理或重要著述，经大学评议会或其所属学科的教授会认为合格的，可遵照学位令授予学位。”[②]《学生学业成绩考查规程》和《学生操行成绩考查规程》也对国立大学学生等因学业成绩或操行成绩不能毕业的情形作了规定。

五是关于学生退学入学等的规定。《学生学业成绩考查规程》第七条规定：“学生评定成绩及格的毕业或升级，不及格的留级，留级两次仍不及格的则予以退学；专门以上学校的学年试验和毕业试验，如主要科目中有一科分数不及格的学生，不得升级或毕业。”[③]《大学规程》第六条指出：“因不得已之事故自请退学的学生在二年级以内仍请进入原级修习的，可免除测试；但对欲进入原级以上修习的，则须经测验合格。”[④]《学生操行成绩考查规程》第五条指出：“学生学业成绩未及格，所差分数不及十分之一但操行成绩达乙等以上的可以升级或毕业；学业成绩仅能及格而操行成绩在丁等的，经教员会评议或校长决定后，可不予升级或毕业。”[⑤]

上述关于大学生管理的规定，对保障大学的招生质量、督促大学生的在校学习、规范大学生的日常行为、提高大学生的毕业质量都有积极作用。

---

① 中国第二历史档案馆编：《中华民国史档案资料汇编：教育》（第三辑），南京：江苏古籍出版社，1991年，第67—69页。

② 宋恩荣、章咸选编：《中华民国教育法规选编》（修订版），南京：江苏教育出版社，2005年，第384页。

③ 中国第二历史档案馆编：《中华民国史档案资料汇编：教育》（第三辑），南京：江苏古籍出版社，1991年，第68—69页。

④ 王杰、祝士明编著：《学府典章：中国近代高等教育初创之研究》，天津：天津大学出版社，2010年，第340页。

⑤ 中国第二历史档案馆编：《中华民国史档案资料汇编：教育》（第三辑），南京：江苏古籍出版社，1991年，第66—67页。

（五）学校财物管理规定

关于大学财物管理的规定，主要涉及政府对大学经费获取如学费征收的规定，以及大学经费使用的相关要求。同时，与大学经费管理相关的大学办学条件建设要求、设备配置要求等，也在此部分加以介绍。

这一时期政府关于国立大学财务管理的规定比较简单，国立大学经费如何保障、如何使用等在相关的法规中未见体现，涉及的主要是学生学费的征收问题。1912 年 9 月的《学校征收学费规程》指出："高等专门学校征收学费每月银圆二元至二元五角；大学征收学费每月银圆三元；学费每学期征收一次，于入学前缴清；同时为鼓励学生，可对成绩最优者分别减免学费，具体减免学费章程由校长确定，并须呈经管辖官厅认可。"①

（六）学校教学管理规定

政府关于大学教学管理的相关规定，主要体现在大学系科设置、课程设置、选科与学分要求等方面，也涉及大学学期安排、休假制度等方面，还涉及大学中有关教材的使用要求等。

一是关于课程设置的规定。《大学规程》就大学文科的哲学、文学、历史学、地理学等，大学理科的数学、理论物理学、化学等，法科的法律学、政治学等，商科的银行学、保险学等，医科的医学、药学等，农科的农学、农艺化学等和工科的土木工学、机械工学等专业门类的具体课程开设作了详细说明；就大学预科的文法商所在的第一部、理工农和医学的药学所在的第二部、医科的医学门类所在的第三部所应开设的课程作了具体规定；同时该法令还规定，"大学讲座的种类及数目由校长提出评议会决定，并呈教育长认可；学生应选修的科目由校长订

① 中国第二历史档案馆编：《中华民国史档案资料汇编：教育》（第三辑），南京：凤凰出版社，2015 年，第 65 页。

定并呈报教育总长”[①]。

二是关于教学及休假时间的规定。1912 年 9 月的《学校学年学期及休业日期规程》指出：“国立大学等学校以 8 月 1 日为学年始、翌年 7 月 31 日为学年之终，因特别情事须另定学生入校始期的，经部令规定或由本校声明理由并经教育总长许可，可变通办理；一学年分为三学期，元月 1 日起至 3 月 31 日为一学期，4 月 1 日起至 7 月 31 日为一学期，8 月 1 日起至 12 月 31 日为一学期；暑假 30 日以上、50 日以下，起止日期由各校视地方气候自定，其中高等专门学校或大学可延长 20 或 30 日；年假为 7 日以上、14 日以下；春假 7 日，自 4 月 1 日起至 7 日止，其中地方寒冷的学校可酌情放寒假而缩短年假、暑假、春假的时长；国民纪念日、孔子诞日、地方纪念日、本校纪念日等各种纪念日、日曜日均休假 1 日。”[②]《大学规程》第十五条指出：“大学各科目的教授时间由校长确定并报教育总长。”[③]

这些关于大学教学管理的规定，使大学教学管理涉及的课程设置权、讲座种类与数目确定权、学生选科权等得到相应的明确，对于规范大学的教育教学行为，使大学基本的教学活动步入正轨，进而保障大学教学质量具有很好的作用。

（七）学校与地方关系规定

这方面主要是政府对大学与地方关系的制度安排，也体现在政府对大学服务地方发展安排等方面。

《学校管理规程令》第四条明确指出，国立大学的学校内部管理细则应呈报

---

① 王杰、祝士明编著：《学府典章：中国近代高等教育初创之研究》，天津：天津大学出版社，2010 年，第 340—348 页。

② 中国第二历史档案馆编：《中华民国史档案资料汇编：教育》（第三辑），南京：凤凰出版社，2015 年，第 63—64 页。

③ 王杰、祝士明编著：《学府典章：中国近代高等教育初创之研究》，天津：天津大学出版社，2010 年，第 348 页。

教育总长。[①]《专门学校令》第三条指出，国立专门学校由教育部管辖。这些规定都说明了国立大学归属教育部管辖，地方一般无权过问国立大学的管理事务。

整体看，虽然临时政府存续时间较短，关于国立大学等的管理制度还比较粗糙，在校长与教职员的薪俸待遇等方面还存在制度“空白”，甚至有些关于大学的制度未来得及实施，但其致力于发展近代新式教育的努力不容忽视。实际情形是，这一时期的国立大学管理制度，依然为当时的高等教育发展提供了指导，而且首次对大学毕业生颁授学位作出了规定，具有重要的历史意义。

二、北洋政府时期管理国立大学的制度

1912 年 3 月至 1927 年初，以袁世凯为首的北洋军阀在中国政治格局中占主导地位。其中，1912 年 3 月至 1916 年 6 月为袁世凯统治时期，袁世凯死后，中国进入了军阀割据时代。伴随着当权者的更迭，这一时期曾任教育部总长的人数多达 33 人，包括蔡元培、范源濂、傅增湘、黄炎培、王九岭等学界名流。

北洋政府关于高等教育的管理制度主要有 1917 年 1 月的《修正大学令》、5 月的《国立大学职员任用及薪俸规程》、1922 年 11 月的《学校系统改革案》（又称“壬戌学制”“新学制”）、1924 年 2 月的《国立大学校条例》等。其中有关国立大学的制度规定及变化如下。

① 王学珍、张万仓编：《北京高等教育文献资料选编（1861～1948）》，北京：首都师范大学出版社，2004 年，第 300 页。

（一）学校设置及任务规定

一是关于学校宗旨的规定。《修正大学令》第一条和《国立大学条例》第一条重申了国立大学的宗旨为“教授高深学术、养成硕学闳材、应国家需要”[①]。这与南京临时政府时期有关学校宗旨的规定一致。

二是关于学校设立及名称的规定。《修正大学令》第二、三条规定，“大学分文、理、法、商、医、农、工等科；设二科以上的可称为大学，单设一科的称某科大学”[②]；《国立大学条例》规定，“国立大学各科分设各学系；国立大学设大学院以研究学术之蕴奥；同时国立大学应附设各项专修科和学校推广部，并暂设预科”[③]。

三是关于修业年限的规定。1917年的《修正大学令》第八条规定：“大学本科修业年限为四年，预科为二年。”[④] 1922年的新学制规定：“大学校修业年限四至六年。各科得按其性质之繁简，于此限度内斟酌定之，医科大学校及法科大学校修业年限至少五年，专修科的修业年限则不等。”[⑤] 1924年的《国立大学校条例》附则第一条规定：“国立大学预科所收的旧制中学及初级中学校毕业生，其中学制四年毕业的修业年限为二年，三年制毕业的为三年。”[⑥]

相比临时政府时期，北洋政府时期关于国立大学的设置及任务的管理规定主要有以下变化：“壬戌学制”取消了预科设置，使大学不再担任普通中等教育的

---

① 潘懋元、刘海峰编：《中国近代教育史资料汇编·高等教育》，上海：上海教育出版社，2007年，第381页。

② 潘懋元、刘海峰编：《中国近代教育史资料汇编·高等教育》，上海：上海教育出版社，2007年，381—382页。

③ 中国第二历史档案馆编：《中华民国史档案资料汇编：教育》（第三辑），南京：凤凰出版社，2015年，第174页。

④ 潘懋元、刘海峰编：《中国近代教育史资料汇编·高等教育》，上海：上海教育出版社，2007年，第381页。

⑤ 宋恩荣、章咸选编：《中华民国教育法规选编》（修订版），南京：江苏教育出版社，2005年，第35页。

⑥ 中国第二历史档案馆编：《中华民国史档案资料汇编：教育》（第三辑），南京：凤凰出版社，2015年，第175页。

任务，利于其集中力量提高大学教学质量；1924年之后改为暂设预科，使大学的设置更加符合实际情况。取消了大学以文理二科为主的限制，大大放宽了大学设立的条件。增加了对大学附设专修科和推广部的规定。整体上大学的修业年限有所延长。

（二）学校内部机构设置规定

这一时期关于大学内部机构设置的规定，涉及大学董事会、大学内部会议机构、组织机构及相应的人员配置等。总体上看，形成了大学董事会负责重大决策、大学校长负责组织实施、大学教授负责业务与评议的大学内部管理格局。

一是关于学校董事会的规定。《国立大学校条例》第十三条指出："国立大学应设董事会，由例任董事、校长、部派董事和聘任董事组成，负责审议学校进行稽核及预决算及其他重要事项。"①

二是关于校长等学校组织机构及人员设置的规定。《修正大学令》第十一至十三条规定："大学设校长一人总辖大学全部事务；各科设学长一人主持一科事务，其中单科大学则不设学长；设正教授、教授、助教授；必要时可延聘讲师。"②《国立大学校条例》规定："国立大学设校长一人总理学校事务，设正教授、教授以及讲师；学校各科、各学系、大学院以及图书馆、观测所、实习场和实验社等均设主任一人，必要时学校还须设教务长一人。"③

三是关于学校会议机构设置的规定。《修正大学令》第十四、十五条规定："大学设评议会，由校长任议长，各科学长和正教授、教授的互选代表组成会员，负责审议各学科的设立与废止、学科课程、大学内部规则、学生试验及风纪事

---

① 王学珍、张万仓编：《北京高等教育文献资料选编（1861～1948）》，北京：首都师范大学出版社，2004年，第522页。

② 陈元晖主编：《中国近代教育史资料汇编·学制演变》，上海：上海教育出版社，2006年，第829页。

③ 王学珍、张万仓编：《北京高等教育文献资料选编（1861～1948）》，北京：首都师范大学出版社，2004年，第522—523页。

项、教育总长或校长咨询事件等，其中前两项事务的审议应由各该科评议会自行议决。”①《国立大学校条例》第十四、十六、十七条规定：“国立大学设评议会，由校长及正教授、教授互选代表组成，负责评议学校内部组织及各项章程及其他重要事项；设教务会议，由各科各学系及大学院主任组织，负责审议学则和全校教学训育事项；各科各学系及大学院设教授会，由各该科该学系级该大学院正教授和教授组织，负责规划课程、课程规划实施事项。”②

相比临时政府时期，这一时期关于国立大学内部机构设置的规定主要有以下变化：一是增加了关于国立大学设置董事会的规定；二是增加了关于教务会和学系学院教授会的规定，且各教授会的职务分工更加明确具体；三是丰富了学校教职员的设置规定。

（三）学校校长及人员管理规定

这一时期有关大学校长的规定进一步明确了大学校长的任命程序、明确了大学校长的权力，如人事聘用权等。在大学教师类别的设置与划分上，比以前更加丰富，同时也对大学教师与职员的待遇作出了明确而清晰的规定，在待遇上体现了对大学教师的尊重。

一是关于校长及教职员设置及任用的规定。1914 年 7 月的《教育部直辖专门以上学校职员任用暂行规程》第一、三条指出：“大学校长由大总统任命；直辖专门以上学校的专任教员由校长延聘并开具详细履历经教育总长认可；兼任教员、学监主任及庶务主任、学监及事务员、分科学长及预科学长均由校长延聘并开具详细履历详报教育总长。”③ 同时该法令规定了校长、学监主任、庶务主任、

---

① 潘懋元、刘海峰编：《中国近代教育史资料汇编·高等教育》，上海：上海教育出版社，2007 年，第 381－382 页。

② 王学珍、张万仓编：《北京高等教育文献资料选编（1861～1948）》，北京：首都师范大学出版社，2004 年，第 523 页。

③ 潘懋元、刘海峰编：《中国近代教育史资料汇编·高等教育》，上海：上海教育出版社，2007 年，第 799－800 页。

学监、教员等的任职资格。1917年5月的《国立大学职员任用及薪俸规程》规定："国立大学职员包括：校长、学长、正教授、预科教授、助教、讲师、外国教员、图书馆主任、庶务主任、校医和事务员，其中校长由大总统任命，学长由校长呈请教育总长任命并呈报大总统，正教授、教授、讲师、外国教员、图书馆主任、庶务主任及校医均由校长聘任并呈报教育总长；正教授、助教延聘一年为试教时期，期满若双方同意，可订立长期契约；助教、事务员由校长延用，并汇报教育总长；职员除讲师外，不得兼他处职务。"① 1924年的《国立大学校条例》第十一、十二条规定："国立大学设校长一人，总辖校务，由教育总长聘任；设正教授、教授，由校长延聘；各科、各学系及大学院，各设主任一人，由正教授或教授兼任；必要时应设教务长一人，由正教授或教授兼任；学校图书馆、观测所、实习场、实验室等各设主任一人，由正教授或教授兼任。"②

二是关于校长及教职员薪俸待遇的规定。1917年5月的《国立大学职员任用及薪俸规程》对不同等级教职员（含校长）的俸薪标准作了规定，其中校长分三级，月薪依次为600、500、400元；学长分四级，月薪依次为450、400、350、300元；图书馆主任、庶务主任、校医分五级，月薪依次为200、180、160、140、120元；一等事务员分四级，月薪依次为100、90、80、70元；二等事务员分四级，月薪依次为60、50、40、30元。如表1.1所示。

表1.1 1917年5月《国立大学职员任用及薪俸规程》职员俸薪等级表（单位：元/月）③

	校长	学长	图书馆主任、庶务主任、校医	一等事务员	二等事务员
第一级	600	450	200	100	60
第二级	500	400	180	90	50

① 中国第二历史档案馆编：《中华民国史档案资料汇编：教育》（第三辑），南京：凤凰出版社，2015年，第165—167页。

② 王学珍、张万仓编：《北京高等教育文献资料选编（1861～1948）》，北京：首都师范大学出版社，2004年，第522—523页。

③ 中国第二历史档案馆编：《中华民国史档案资料汇编：教育》（第三辑），南京：凤凰出版社，2015年，第165—166页。

续表

	校长	学长	图书馆主任、庶务主任、校医	一等事务员	二等事务员
第三级	400	350	160	80	40
第四级		300	140	70	30
第五级			120		

注：独立一分科之校长，其薪俸按照学长级支给，其最高级可至月薪500元。

包括正教授、本科教授、预科教授、助教、讲师和外国教员在内的国立大学教员，其薪俸标准则为：正教授、本科教授、预科教授和助教各分为六级。正教授月薪依次为400、380、360、340、320、300元；本科教授月薪依次为280、260、240、220、200、180元；预科教授月薪依次为240、220、200、180、160、140元；助教月薪依次为100、90、80、70、60、50元。讲师和外国教员不分级别，讲师工资每小时2～5元，外国教员薪资另定。如表1.2所示。

表1.2　1917年5月《国立大学职员任用及薪俸规程》教员俸薪等级表（单位：元/月）①

	正教授	本科教授	预科教授	助教	讲师	外国教员
第一级	400	280	240	100	每小时二元至五元	薪数别以契约定之
第二级	380	260	220	90		
第三级	360	240	200	80		
第四级	340	220	180	70		
第五级	320	200	160	60		
第六级	300	180	140	50		

三是关于校长及教职员晋级的规定。一是关于国立大学教职员晋级的规定。《国立大学职员任用及薪俸规程》第八至十二条规定："国立大学的校长、学长非连续任职二年，不能晋一级；正教授、教授、助教、图书馆主任、庶务主任、校

① 中国第二历史档案馆编：《中华民国史档案资料汇编：教育》（第三辑），南京：凤凰出版社，2015年，第166—167页。

医、事务员非连续任职一年不能晋一级；图书馆主任、庶务主任、校医和事务员等能否晋级，由校长考察其办事成绩及勤惰确定；正教授、本科教授、预科教授和助教能否晋级，须由校长参酌其教授成绩、每年实际授课时间多寡、所担任学科性质、著述及发明、社会声望等各项情况确定。”① 二是关于公费考察学习的规定。《国立大学职员任用及薪俸规程》第十三条规定：“国立大学的校长、学长和正教授每连续任职五年以上，可赴外国考察一次，时间以一年为限，除仍支原薪外，并酌情支付往返川资。”三是关于教职员奖励的规定。1914 年 7 月的《教育部直辖专门以上学校职员薪俸暂行规程》第十一至十三、十七条指出：“服务 5 年以上确有成绩的大学校长，可给予全年津贴 1000 元，大学分科学长及预科学长则给予全年津贴 600 元，大学学监主任给予全年津贴 400 元；大学专任教员服务 5 年以上并支最高级薪俸而确有成绩的，可给予全年津贴 600 元。”②

四是关于校长及教职员退休养老的规定。《国立大学校长职员任用及薪俸规程》第十四条指出：“职员在本校前后任职满若干年，若因病废或年满 60 岁自请退职者，给予终身恤金；具体薪资根据任职年限的长短，按退休时月薪的不同百分比计算，其中满 10 年者，支 10%；满 15 年者，支 20%；满 20 年者，支 30%；满 25 年者，支 40%；满 30 年或 30 年以上者，支 50%；薪资支付期限自退职之翌月起，至死之月止。”③

从上述内容可以看出，这一时期对国立大学人员的相关规定有以下变化：增加了对正教授、各部门处室主任及职员的设置及任用规定，其中值得关注的是倡导教授兼任学校管理工作；增加了关于校长及教职员薪俸待遇、退休养老以及晋级和公费考察学习的规定。这些规定明确表明，当时对以大学教授为主的教职员是很尊重的，因为从当时的实际情形看，大学教授的待遇比较高。不过遗憾的

① 潘懋元、刘海峰编：《中国近代教育史资料汇编·高等教育》，上海：上海教育出版社，2007 年，第 801—802 页。

② 潘懋元、刘海峰编：《中国近代教育史资料汇编·高等教育》，上海：上海教育出版社，2007 年，第 798—799 页。

③ 潘懋元、刘海峰编：《中国近代教育史资料汇编·高等教育》，上海：上海教育出版社，2007 年，第 802 页。

是，这些待遇规定在当时出现了落实的困难，教师时常拿不到工资。

（四）学生管理规定

一是关于学生入学资格的规定。1916 年 9 月的《大学分科外国学生入学规程》第四条规定："外国学生入学大学分科须在学年开始前由其本国公使函送我国教育部，经部指令欲入学校考验合格。"① 《修正大学令》第四、五、七条规定："大学预科学生须中学毕业或中学毕业同等学力测验获得及格证书，并经入学选拔测试达到要求；大学本科学生须预科毕业或经预科同等学力测试及格；大学院学生须大学本科毕业。"②《国立大学校条例》第五条规定："国立大学招收高级中学毕业或具有同等资格、经入学测试达到成绩要求的学生；大学院则招收大学毕业及具有同等程度的学生。"③

二是关于学生日常管理的规定。《大学分科外国学生入学规程》第四、八条指出："外国学生选修科目时应在科目开始之前进行，但经一次考验入学而欲选修本门其他科目时，可免去考验；对于本国学生应遵守而有未经校长特许解免的规程明令以及特为外国学生施行的规程，外国学生必须遵守。"④

三是关于学生毕业的规定。《大学分科外国学生入学规程》第二、三条指出："外国学生全修分科某门应修科目，修业期满并经测验及格的应授予毕业证书，选修数科的，应授予各该科修业证书；获取毕业证书的外国学生与本国本科生一样，一律称学士。"⑤《修正大学令》第九、十条规定："大学预科生修业期满经

---

① 潘懋元、刘海峰编：《中国近代教育史资料汇编·高等教育》，上海：上海教育出版社，2007 年，第 380 页。

② 潘懋元、刘海峰编：《中国近代教育史资料汇编·高等教育》，上海：上海教育出版社，2007 年，第 381 页。

③ 王学珍、张万仓编：《北京高等教育文献资料选编（1861～1948）》，北京：首都师范大学出版社，第 2004 年：第 522 页。

④ 潘懋元、刘海峰编：《中国近代教育史资料汇编·高等教育》，上海：上海教育出版社，2007 年，第 380 页。

⑤ 潘懋元、刘海峰编：《中国近代教育史资料汇编·高等教育》，上海：上海教育出版社，2007 年，第 380 页。

测验及格，授予毕业证书；大学本科学生修业期满经测验及格，授予毕业证书，并称某科学士。”[①]《国立大学校条例》第七条规定：“大学院学生有研究成绩的，依照学位规程授予学位。”[②]

四是关于学生退学的规定。《大学分科外国学生入学规程》第七条指出：“外国学生自愿退学的，须由其国公使函致我国教育部予以证明，始准其退学。”[③]

这一时期关于国立大学的学生管理，在前期有关规定的基础上，进行了一些补充与完善，其中主要是对外籍学生在中国大学学习涉及的入学考试、毕业、退学等作出了较详细地规定，强调了对中国本土学生与外籍学生的同等要求，同时强化了大学要进行考试招生的要求。

（五）学校财物管理规定

这一阶段在大学财物管理规定上，强调对外国大学生的学费征收管理，同时就大学内的条件设施建设提出了明确要求。1916 年的《大学分科外国学生入学规程》第六条规定：“在校膳宿的外国学生与本国学生一样，一律征收学费、膳宿费。”[④] 关于大学的设施设备建设要求，1924 年的《国立大学校条例》第十条规定：“国立大学校设图书馆、观测所、实习场、实验室等。”[⑤] 这是民国以来第一次对国立大学的设施建设作出的明确规定[⑥]，对于改善大学的办学条件有推进作用。

---

① 潘懋元、刘海峰编：《中国近代教育史资料汇编·高等教育》，上海：上海教育出版社，2007 年，第 381 页。

② 王学珍、张万仓编：《北京高等教育文献资料选编（1861～1948）》，北京：首都师范大学出版社，2004 年，第 522 页。

③ 潘懋元、刘海峰编：《中国近代教育史资料汇编·高等教育》，上海：上海教育出版社，2007 年，第 380 页。

④ 潘懋元、刘海峰编：《中国近代教育史资料汇编·高等教育》，上海：上海教育出版社，2007 年，第 380 页。

⑤ 王学珍、张万仓编：《北京高等教育文献资料选编（1861～1948）》，北京：首都师范大学出版社，2004 年，第 522 页。

⑥ 中国第二历史档案馆编：《中华民国史档案资料汇编：教育》（第三辑），南京：凤凰出版社，2015 年，第 174 页。

（六）学校教学管理规定

北洋政府时期关于国立大学教学的管理规定主要体现在两个方面：一是明确提出大学要实行选科制，二是在课程实施上教授会要具体负责。1922 年颁布的《学校系统改革案》中，其二十三条明确规定“大学校实行选科制”①。1924 年颁布的《国立大学校条例》指出：“国立大学各科、各系及大学院设教授会，由本科本系及大学院的正教授、教授组成，负责规划本科本系或大学院的课程及课程实施事宜。”②

与临时政府时期相比，北洋政府时期关于国立大学教学管理规定主要有以下变化：增加了大学实行选科制的规定，但对选科制的实施办法还未有具体规定；补充了教授会负责本科系及大学院课程规划和实施的规定，“增加了大学管理课程的自由度，也使所设课程更接近了当地的社会经济生活”③。

（七）学校督导考评规定

这一时期关于国立大学等的督导考评规定主要见于 1913 年 1 月的《视学规程》、3 月的《视学处务细则》等。《视学规程》第一至三条规定：“全国设立八个视学区，每学区派视学二人，对区域内包括普通高等教育在内的普通教育等进行定期和临时视察。”④ 第六条规定：“视学主要视察学区内教育行政状况，学校的教育、经济及卫生状况，学校职员的执务情况，教育总长特令视察事项等；对与教育法令相抵触事项、部议决定事项、学校的教授管理事项、教育总长特令指

---

① 宋恩荣、章咸选编：《中华民国教育法规选编》（修订版），南京：江苏教育出版社，2005 年，第 35 页。

② 熊明安：《中国高等教育史》，重庆：重庆出版社，1988 年，第 448 页。

③ 王炳照主编：《中外教育管理史》，长沙：湖南师范大学出版社，2000 年，第 153 页。

④ 宋恩荣、章咸选编：《中华民国教育法规选编》（修订版），南京：江苏教育出版社，2005 年，第 101—102 页。

示事项等，视学应对教育主管者提出意见；在必要时，视学可以变更学校的教授时间、测验学生的成绩、调阅各项簿册。”① 同时该法令还规定：“视学所至各地应先与地方长官省视学及国立学校校长等接洽讨论，借知该地方学务的历史、现在实况及未来计划，在此基础上进行视学督导活动。”②《视学处务细则》就视学进行学区视学督导活动的具体活动要求作了指导性规定。

五四运动之后，北洋政府对国立大学的督导考评规定更为明确具体。1920年12月制定了《专门以上学校视察委员会规程》，1921年2月又出台了《专门以上学校视察委员会视察细则》。其中《专门以上学校视察委员会规程》第一至三条指出：“由教育总长指派部员组成专门以上学校视察委员会，负责视察国立大学等专门以上学校的学校状况、所设学科的实施状况等事项以及教育总长特命视察事项；视察委员视察时可对学校主管者及学科主任教员发表意见，必要时可变更学校教授时间、试验学生成绩、调阅各项文书簿册等文件；视察委员在部时应随时调阅专门以上学校所送的报告表册文件，并开会讨论一切。”③《专门以上学校视察委员会视察细则》第二条指出：“对于国立大学等专门以上学校的学校状况、所开设学科的实施状况，应由视察委员会进行定期视察。”④

综上所述，北洋政府时期虽然军阀间混战不断，但政府对高等教育比较重视，关于国立大学等在内的高等学校的管理制度也得到了改进，使我国国立大学的设置、组织管理等各项活动逐渐有法可依。尤其是“新学制”和1924年的《国立大学校条例》等法规的颁布，标志着近代高等教育制度在我国的基本形成。同时，“在这一时期我国对包括国立大学等在内的高等学校的国立模式逐渐从学习和模仿日本向学习和模仿美国过渡，其中1924年的《国立大学校条例》则是

---

① 宋恩荣、章咸选编：《中华民国教育法规选编》（修订版），南京：江苏教育出版社，2005年，第101—102页。

② 宋恩荣、章咸选编：《中华民国教育法规选编》（修订版），南京：江苏教育出版社，2005年，第101—102页。

③ 潘懋元、刘海峰编：《中国近代教育史资料汇编·高等教育》，上海：上海教育出版社，2007年，第812—813页。

④ 潘懋元、刘海峰编：《中国近代教育史资料汇编·高等教育》，上海：上海教育出版社，2007年，第814页。

这一过渡的重要标志"[①]。

三、国民政府时期管理国立大学的制度

1927年4月南京国民政府成立。为控制高等教育，加强对国立大学的管理，国民政府陆续制定和颁布了一系列相关的法规制度，具有代表性的有1927年6月的《大学教员资格条例》、1929年7月的《大学组织法》（1934年4月修正）和8月的《大学规程》、1933年6月的《学校毕业证书规程》、1935年4月的《学位授予法》和5月的《学位分级细则》、1942年7月的《大学及独立学院教员人数暂行标准》、1948年1月的《大学法》等。具体来说，这一时期关于国立大学的相关管理规定主要表现如下。

（一）学校设置及任务规定

一是关于教育宗旨及任务等的规定。《大学组织法》第一条指出："大学应遵照1929年4月26日国民政府公布的中华民国教育宗旨及其实施方针，研究高深学术，养成专门人才。"[②] 1938年的《战时各级教育实施方案纲要》规定："战时

---

① 梁明伟：《中国大学学术管理研究：基于组织、制度和文化的视角》，北京：中国政法大学出版社，2013年，第212页。

② 中国第二历史档案馆编：《中华民国史档案资料汇编：教育》（第五辑第一编），南京：凤凰出版社，2015年，第171—172页。

大学教育应为研究高深学术，培养能治学、治事、治人、治业之通用与专才之教育；农工商医等专门学院应施行高深专门技术教育，养成高级技术人才，应以国家物质建设之需要，为施教之对象；文、理、法、教育等学院，应注重各项基本学问之广博研究，再由博返约，养成能治学、治事、治人之技能，应以国家文化建设、经济建设、社会建设之需要，为施教之对象；研究院作为创造发明整理学术之机关，其纯粹学术及应用学术之创造发明应顾及国家需要，分别缓急先后，其应用学术之研究，应与主管教育机关及事业机关相联系，而以实际问题为对象。"① 1940年5月的《专科以上学校分布原则》指出："教育部所设各国立大学除一般学术研究外，须负研究所在地点及邻近区域内社会文化及生产建设等问题的责任。"②

二是关于学校设置的规定。首先关于学校院系及设科的规定。《大学组织法》第四至八条规定："大学分文学院、理学院、法学院、教育学院、农学院、工学院、商学院、医学院；具备三学院以上者才能称为大学，不合此条件者，为独立学院；大学各学院及独立学院应附设专修科，同时大学应设研究院。"③《大学规程》对《大学组织法》作了补充，其中第二条指出："遵照大学教育注重实用科的原则，大学必须包含理学院或农、工、商、医学院之一。"④ 第五至六条指出，大学各学院或独立学院各科应分若干学系，并对大学各学院及独立学院各科应分设的学系作了具体描述；第二十二条指出："大学各学院各科得分别附设师范、体育、市政、家政、美术、新闻学、图书馆学、医学、药学及公共卫生等专修科。"⑤《大学研究院暂行组织规程》第一、二条指出："大学设研究院以招收大学本科毕业生研究高深学术和供给教员讲究便利；研究院分文、理、法、教育、

---

① 中国第二历史档案馆编：《中华民国史档案资料汇编：教育（一）》（第五辑第一编），南京：江苏古籍出版社，1997年，第24页。
② 中国第二历史档案馆编：《中华民国史档案资料汇编：教育（一）》（第五辑第二编），南京：江苏古籍出版社，1997年，第711页。
③ 宋恩荣、章咸选编：《中华民国教育法规选编》（修订版），南京：江苏教育出版社，2005年，第395页。
④ 骆威：《南京国民政府时期的高等教育立法》，南京：南京大学出版社，2016年，第216—217，219页。
⑤ 骆威：《南京国民政府时期的高等教育立法》，南京：南京大学出版社，2016年，第216—217，219页。

农、工、商、医各研究所。”[①]《专科以上学校分布原则》指出：“国立大学工农商医各学院的设置，就各省需要分区设置为原则，并会同建设及生产事业机关辅导本区域内同性质的专科学校及高级职业学校；对于重复及不需要的院系应加以调整。”[②] 1938年3月的《战时各级教育实施方案纲要》指出：“战时学校的设立与科系的设置应规定其明显目标与研究对象，务求学以致用，人尽其才，庶几收地尽其利，物尽其用，货畅其流之效。”[③] 1948年1月的《大学法》第四、六、七条规定：“大学分文、理、法、医、农、工、商等学院，国立大学还可附设师范学院；大学各学院及独立学院分设学系；办理完善成绩优良的大学或独立学院各学系可设研究所。”[④]

其次关于大学内设研究院名称的规定。《大学研究院暂行组织规程》第二、三条指出：“大学研究院具备三研究所以上，得称研究院，在未成立三研究所以前，各大学所设各研究所不得冠用研究院名称；各研究所依其本科所设各系分若干部，称某研究所某部。”[⑤]

再是关于大学设立条件等要求的规定。《大学组织法》第二条指出：“国立大学由教育部审察全国各地情形设立。”[⑥]《大学规程》第十一条规定：“大学须有相当校地、校舍、运动场、图书馆、实验室、实习室及其图书、仪器、标本、模型等设备；各学院的开办费（包含建筑设备费等）和经常费应满足最低限度要求

---

① 宋恩荣、章咸选编：《中华民国教育法规选编》（修订版），南京：江苏教育出版社，2005年，第399页。

② 中国第二历史档案馆编：《中华民国史档案资料汇编：教育（一）》（第五辑第二编），南京：江苏古籍出版社，1997年，第712页。

③ 宋恩荣、章咸选编：《中华民国教育法规选编》（修订版），南京：江苏教育出版社，2005年，第682页。

④ 宋恩荣、章咸选编：《中华民国教育法规选编》（修订版），南京：江苏教育出版社，2005年，第417页。

⑤ 宋恩荣、章咸选编：《中华民国教育法规选编》（修订版），南京：江苏教育出版社，2005年，第399页。

⑥ 宋恩荣、章咸选编：《中华民国教育法规选编》（修订版），南京：江苏教育出版社，2005年，第395页。

（如表 1.3 所示），且大学每年的扩充设备费，至少应占经常费 15%。”①《大学研究院暂行组织规程》第五条规定：“大学除本科经费外有确定充足经费专供研究之用，有可供研究工作之需的图书仪器建筑等设备研究工作之需、师资优越，才能设研究院研究所。”② 1940 年的《专科以上学校分布原则》规定：“教育部应就全国政治经济生产建设各方面的需要以及各地文化教育、人口、面积、物产、交通、风俗习惯等情形，指定重要及适宜地点设立院系完备与设备充实的国立大学，且此种大学的设置，数目不宜过多，并应就全国地域予以适宜分布；在不合此要求重要区域设立三学院之国立大学或独立学院应以一所为原则，若该区域已有省立大学或学院或成就优良的已立案私立大学，则可暂缓设立国立大学或学院。”③

表 1.3　1929 年 8 月《大学规程》国立大学各学院开办费及每年经常费最低限度标准④

院别或科别	开办费	每年经常费
文学院或文科	100,000 元	30,000 元
理学院或理科	200,000 元	150,000 元
法学院或法科	100,000 元	80,000 元
教育学院或教育科	100,000 元	80,000 元
农学院或农科	150,000 元	150,000 元
工学院或工科	300,000 元	200,000 元
商学院或商科	100,000 元	80,000 元
医学院或医科	200,000 元	150,000 元

注：性质相类之学院或科同时并设者，其开办费可酌情减少，各学院或各科第一年的经常费，至少要有各额定数目的 2/3。

最后是关于大学附设实习机构的规定。《大学行政组织补充要点》规定：“大

① 宋恩荣、章咸选编：《中华民国教育法规选编》（修订版），南京：江苏教育出版社，2005 年，第 388 页。

② 宋恩荣、章咸选编：《中华民国教育法规选编》（修订版），南京：江苏教育出版社，2005 年，第 399—400 页。

③ 中国第二历史档案馆编：《中华民国史档案资料汇编：教育（一）》（第五辑第二编），南京：江苏古籍出版社，1997 年，第 711 页。

④ 宋恩荣、章咸选编：《中华民国教育法规选编》（修订版），南京：江苏教育出版社，2005 年，第 388 页。

学农学院附设农场林场，工学院附设工厂，医学院附设医院。”①

三是关于修业年限的规定。《大学组织法》第二十一条指出：“大学除医学院五年毕业外，其余均为四年。”②《大学规程》第二十五条指出：“大学专修科修业年限为二年或三年，其中医学专修科修业三年后还须实习一年。”③《大学研究院暂行组织规程》第八条指出：“在学位法颁布前，研究生的研究期限为至少二年。”④ 1948 年的《大学法》第二十九条明令：“大学除医学院修业年限为五年外，其余均为四年，同时医学生及师范生必须另加实习一年。”⑤

四是关于学校奖励的规定。1939 年 7 月的《切实推进导师制办法》第一条指出：“包括国立大学在内的中等以上学校奉行导师制著有成绩的，应予以奖励。”⑥

相较之前，这一时期关于国立大学的设立原则、要求等的规定越来越明确和切合实际。主要有以下变化：教育宗旨突出了对专门人才的培养，同时强调结合国家发展实际，如根据抗战需要来培养人才，也强调结合地方实际来培养人才；对大学与学院的称谓进行了明确的界定，补充了大学科系院所等组织机构的相关规定，并且教育学院成为大学设校的基本院校之一；增加了对大学设立研究院和附设实习机构的规定，对于大学设研究院与研究所的条件进行了明确的界定；补充了设立大学在实验设备及教育经费方面的规定，使大学的设立建立在必要的条件基础之上；统一了大学修业年限，补充了医学院学生毕业的实习期要求；增加了有关国立大学等奖励的规定。这些对这一时期国立大学的设置起到了规范作用。

---

① 中国第二历史档案馆编：《中华民国史档案资料汇编：教育（一）》（第五辑第二编），南京：江苏古籍出版社，1997 年，第 700 页。

② 骆威：《南京国民政府时期的高等教育立法》，南京：南京大学出版社，2016 年，第 215 页。

③ 宋恩荣、章咸选编：《中华民国教育法规选编》（修订版），南京：江苏教育出版社，2005 年，第 390 页。

④ 宋恩荣、章咸选编：《中华民国教育法规选编》（修订版），南京：江苏教育出版社，2005 年，第 400 页。

⑤ 宋恩荣、章咸选编：《中华民国教育法规选编》（修订版），南京：江苏教育出版社，2005 年，第 419 页。

⑥ 中国第二历史档案馆编：《中华民国史档案资料汇编：教育（一）》（第五辑第二编），南京：江苏古籍出版社，1997 年，第 215 页。

（二）学校内部机构设置规定

一是关于学校组织机构及职务人员设置的规定。《大学组织法》规定：“大学设置校长一人，各学院设院长一人，各学系设系主任一人，职员、事务员以及教员若干。”[①]《大学研究院暂行组织规程》第六条规定：“大学研究院设院长一人由校长兼任，各研究所及所属各部分别设主任一人。”[②] 1939 年 5 月的《大学行政组织补充要点》规定：“大学教务、训导、总务三处应分别设教务长、训导长及总务长各一人，秉承校长分别主持全校教务、训导及总务事宜；教务处应分设注册、出版等组及图书馆，各组及图书馆应设主任一人、组员或馆员若干；训导处应分设生活指导、军事管理、体育卫生等组，各组应设主任一人，训导员、军事教官、医士、护士及体育指导员若干；总务处应下设文书、庶务等组，各组应设主任一人、组员若干；大学设会计室，设会计主任一人，佐理员、雇员若干；校长室设秘书一人；大学农学院附设农场林场，工学院附设工厂，医学院附设医院，应各设主任一人，由教授或副教授兼任，分别秉承各学院院长掌管各该场或厂及医院事务，并分别设技术员、事务员及护士等若干人。”[③] 1939 年的《大学及独立学院各学系名称》对大学及独立学院各学系的名称进行了统一规定，如表 1.4 所示。1948 年的《大学法》第八至十六、十八条规定：“大学设校长一人综理校务；各学院设院长一人综理院务；各学系设系主任一人办理系务；设教务、训导、总务三处，分别设教务长、训导长、总务长一人，秉承校长分别主持全校教务、训导及总务事宜；各处所分设的组馆设主任一人；规模完善的图书馆设馆长一人；校长办公室设秘书一至二人；设会计主任一人、佐理员及雇员若干，依法办理岁计会计事宜；各组馆及附设各机构可各设职员若干；设教授、副教授、

---

① 骆威：《南京国民政府时期的高等教育立法》，南京：南京大学出版社，2016 年，第 214—215 页。

② 宋恩荣、章咸选编：《中华民国教育法规选编》（修订版），南京：江苏教育出版社，2005 年，第 400 页。

③ 中国第二历史档案馆编：《中华民国史档案资料汇编：教育（一）》（第五辑第二编），南京：江苏古籍出版社，1997 年，第 699—700 页。

讲师、助教授，负责教育教学事务。”[①]

表 1.4　1939 年大学及独立学院各学系名称表[②]

学院	学系
文学院	中国文学、外国文学、哲学、历史学及其他各学系
理学院	数学、物理学、化学、生物学、地质学、地理学、心理学及其他各学系
法学院	法律、政治、经济、社会学及其他各学系
农学院	农艺、森林、畜牧、兽医、蚕桑、园艺、植物病虫害、农业化学、农业经济及其他各学系
工学院	土木工程、水利工程、机械工程、航空工程、电器工程、矿冶工程、化学工程、纺织工程、建筑工程及其他各学系
商学院	银行、会计、统计、国际贸易、工商管理、商学及其他各学系。（文学院或法学院也可设商学系）

二是关于大学会议组织的规定。1929 年的《大学组织法》第十五至十八条规定：“大学设校务会，由校长任主席，全体教授、副教授代表若干、各学院院长、各学系主任组成，并由校长延聘专家列席，负责审议大学的预算、课程与内部各种规则、学院学系的设立与废止、学生试验及训练事项、校长交议事项等，同时校务会议可下设各种委员会；大学各学院设院务会议，由院长、系主任、事务主任组织，院长任主席，负责计划本院学术设备事项和审议本院一切进行事宜；各学系设系教务会议，由系主任和本系教授、副教授、讲师组织，系主任任主席，负责计划本系学术设备事项。”[③]《大学行政组织补充要点》指出：“大学设校务会议，由校长、教务长、训导长、总务长、各学院院长、各系科主任、会

① 宋恩荣、章咸选编：《中华民国教育法规选编》（修订版），南京：江苏教育出版社，2005 年，第 417—418 页。

② 宋恩荣、章咸选编：《中华民国教育法规选编》（修订版），南京：江苏教育出版社，2005 年，第 403 页。

③ 骆威：《南京国民政府时期的高等教育立法》，南京：南京大学出版社，2016 年，第 214—215 页。

计主任及全校教授和副教授代表组织，校长任主席，校长延聘专家列席；设训导会议，由校长、训导长、教务长、主任导师、全体导师、训导处各组主任组织，校长任主席，讨论一切训导事务；设总务会议，由总务长及下设各组主任组织，总务长任主席，负责讨论一切总务事项；设图书出版以及其他各种委员会。”[①] 1943 年 11 月的《学生自治会规则》指出：“国立大学等学校设立自治会作为学校内部学生课外活动的唯一组织，由校长及主管训导人员对该会负指挥监督责任，由学校选聘教职员担任该会各种活动的指导职责；学生自治会之权利机关为会员大会，在会员大会闭会期间为理事会，理事会分设服务、学艺、健康、风纪、事务五部，各部设总干事一人，干事若干人。”[②] 1948 年的《大学法》第十九至二十五条规定：“大学设校务会议，由校长、教务长、训导长、总务长、各学院院长、各学系主任及教授代表组织，校长任主席，负责审议预算、学院学系研究所及附设机构的设立变更与废止、教务训导及总务上的重要事项、大学内部各种重要章则、校长交议及其他重要事项；设行政会议，由校长、教务长、训导长、总务长及各学院院长组织，校长任主席，协助校长处理有关校务执行事项；设教务会议，由教务长、各学院院长及各学系主任组织，教务长任主席，讨论教务上重要事项；各学院设院务会议，由院长及各学系主任及本院教授、副教授代表组织，院长任主席，讨论本院学术设备及其他有关院务事项；各学系设系务会议，由系主任及本系教授、副教授、讲师组织，系主任任主席，讨论本系教学研究及其他有关系务要项；各处分设处务会议，由各处主管人及各组馆主任组织，各处主管人任主席，讨论各处主管重要事项；大学应设训育委员会，由校长、教务长、训导长为当然委员，和校长聘请三至十五名教授共同组织该会，校长任主席，训导长任秘书，负责规划有关训导的重要事项。”[③]

---

① 中国第二历史档案馆编：《中华民国史档案资料汇编：教育（一）》（第五辑第二编），南京：江苏古籍出版社，1997 年，第 700 页。

② 宋恩荣、章咸选编：《中华民国教育法规选编》（修订版），南京：江苏教育出版社，2005 年，第 170—171 页。

③ 宋恩荣、章咸选编：《中华民国教育法规选编》（修订版），南京：江苏教育出版社，2005 年，第 418—419 页。

国民政府时期对国立大学等学校内部组织机构及人员设置的规定越来越明细和完备，关于学校各种会议机构的规定也越来越丰富和成熟。概括来说这一时期的规定主要有以下变化：一是补充和完善了国立大学内部各组织机构及人员设置的规定，并统一了大学及独立学院各学系的名称；二是增加了关于学校设立校务会议、院务会议、系教务会议、训导会议、总务会议、学生自治会、各种委员会等的规定，以往大学实施的评议会、教授会制度在这一时期被校务会议、院务会议等取代，说明在对国立大学的管理上强化了行政性，弱化了学术性，同时民初以来确定的教授治校的精神也明显地被削弱；三是确立了校长综理校务，教务长、训导长、总务长负责学校具体事务的"三长"管理体制，大学行政管理进一步强化。

（三）学校校长及教职员管理规定

一是关于校长及教职员任用的规定。1929 年的《大学组织法》第九、十一至十四、十九条规定："大学设校长一人综理校务，国立大学校长由国民政府任命，其不经国民政府特准不得兼任其他官职；大学各学院设院长一人综理院务，由校长聘任；各学系设主任一人，办理该系教务，由院长商请校长聘任；各学院教员由院长商请校长聘任，且兼职教员不得超过全体教员的三分之一；大学职员与事务员由校长任用。"① 1938 年 3 月的《中等以上学校导师制纲要》规定："由校长指定专任教师充任导师，并指定主任导师或训育主任一人，综理全校学生训导事宜。"② 1939 年的《大学行政组织补充要点》规定了包括国立大学在内的大学内部各组织机构人员设置，包括教务长、总务长、训导长，其下各组主任、职员，附设各场/厂及医院主任、职员等，具体如前所述。1942 年 7 月的《大学及独立学院教员人数暂行标准》规定了国立大学等教员人数标准，指出其教员人数

① 骆威：《南京国民政府时期的高等教育立法》，南京：南京大学出版社，2016 年，第 214—215 页。

② 宋恩荣、章咸选编：《中华民国教育法规选编》（修订版），南京：江苏教育出版社，2005 年，第 142 页。

按学系专任教员（指专任教授、副教授及讲师）、助教和共同必修科专任教员三种订定；其各科系各专科教员人数按该学系分系必修及选修各分数暨实习或实验情形，参酌大学及独立学院聘任待遇暂行规程中规定的教授、副教授及讲师每周授课时数加以确定，并依据各学院各学系教员人数制定了具体执行标准。① 1940年的《学生军事训练实施方案》规定："国立大学等学校的军训教官，按照学生人数配派，以 150 人至 200 人，分派教官一员为原则；同校教官二员以上时，应指定一员兼主任教官；同时为密切学校军训与训育工作的联系，应由军训教官兼训育职务、出席训育或训导会议；主任教官应出席教务会议，在遇到有关军训事项时列席校务会议。"②

二是关于教员名称的规定。1927 年的《大学教员资格条例》第一条规定："大学教员分四个等级，其中一等称教授，二等称副教授，三等称讲师，四等为助教。"③

三是关于教员任用资格的规定。《大学教员资格条例》指出："大学助教须国内外大学毕业获学士学位，有相当成绩，在国学上有所研究；讲师须国内外大学毕业获硕士学位，有相当成绩，助教满一年以上而有特别成绩，并在国学上有所贡献；副教授须在外国大学研究院研究若干年获博士学位，有相当成绩，从事讲师工作一年以上而有特别成绩，并于国学上有特殊贡献；教授须任副教授教学工作二年以上并有特别成绩；其中没有学位但在学术上有特别研究的，经大学评议会决议也可充任助教或讲师。"④ 1930 年 10 月的《大学及独立学院教员资格审查暂行规程》完善了《大学教员资格条例》，第三至七条规定了助教、讲师、副教授、教授的资格要求，指出："助教须国内外大学毕业并获得学士学位而成绩优良，或专科学校及同等学校毕业，曾在学术机关研究或服务二年以上著有成绩

---

① 宋恩荣、章咸选编：《中华民国教育法规选编》（修订版），南京：江苏教育出版社，2005 年，第 403—409 页。

② 中国第二历史档案馆编：《中华民国史档案资料汇编：教育（一）》（第五辑第二编），南京：江苏古籍出版社，1997 年，第 217 页。

③ 骆威：《南京国民政府时期的高等教育立法》，南京：南京大学出版社，2016 年，第 212 页。

④ 骆威：《南京国民政府时期的高等教育立法》，南京：南京大学出版社，2016 年，第 212—213 页。

者。讲师须在国内外或研究院所研究并有硕士或博士学位或同等学力证书而成绩优良者，或任助教四年以上著有成绩，并有专门著作者，或曾任高级中学或其同等学校教员五年以上，对于所授学科确有研究，并有专门著作者，或对于国学有特殊研究及专门著作者。副教授须在国内外大学或研究院所研究得有博士学位或同等学力证书而成绩优良，并有有价值之著作者；任讲师三年以上著有成绩，并有专门著作者；具有讲师第一款资格继续研究或执行专门职业四年以上者，对于所习学科有特殊成绩，在学术上有相当贡献。教授须任副教授三年以上若有成绩，并有重要之著作者；或具有副教授第一款资格，继续研究或执行专科职业四年以上，有创作或发明，在学术上有重要贡献者。此外，凡在学术上有特殊贡献者而资格不合于副教授或教授的规定，经教育部学术审议委员会出席委员四分之三以上议决，可任教授或副教授。”① 1941 年 6 月的《部聘教授办法》第二、三、五条指出：“部聘教授条件为：在国立大学或独立学院任教授十年以上，教学确有成绩且声誉卓著，对于所任学科有专门著作并有特殊贡献者。由教育部提经学术审议委员会全体会议出席委员三分之二以上可决后聘请。部聘教授任期五年，期满后符合条件者可续聘。”②

四是关于教员资格审查的规定。《大学教员资格条例》规定：“大学教员必须接受审查。由大学评议会负责审查大学教员的履历、毕业文凭、著作品和服务证书，中央教育行政机关派代表一人列席。”③ 1930 年的《大学及独立学院教员资格审查暂行规程》规定：“大学教员资格审查由各校院呈送教育部提交学术审议委员会审查。审查须呈验履历表、毕业证书或学位证书、著作品、服务证明书、其他足证明资格的文件。审查合格后，由教育部给予载明等别的证书。”④

五是关于教员薪俸待遇的规定。《大学教员资格条例》第二十条指出：“大学

---

① 王学珍、张万仓编：《北京高等教育文献资料选编（1861～1948）》，北京：首都师范大学出版社，2004 年，第 629 页。

② 宋恩荣、章咸选编：《中华民国教育法规选编》（修订版），南京：江苏教育出版社，2005 年，第 650—651 页。

③ 骆威：《南京国民政府时期的高等教育立法》，南京：南京大学出版社，2016 年，第 213 页。

④ 王学珍、张万仓编：《北京高等教育文献资料选编（1861～1948）》，北京：首都师范大学出版社，2004 年，第 629 页。

教员以专任为原则，不能专任的其薪俸以钟点计算。”① 1941 年的《部聘教授办法》规定：“部聘教授以第三级教授月薪为最低薪，由教育部拨发指定服务学校转发。”② 1943 年 10 月的《国立专科以上学校教员支给学术研究补助费暂行办法》第二至四条指出：“由教育部呈请行政院拨专款对经教育部审查合格的国立各专科以上学校教员发放学术补助费，其中教授每人月支 500 元，副教授每人月支 380 元，讲师每人月支 250 元，助教每人月支 130 元。”③ 1943 年 11 月的《教师节纪念办法》第三条提出：“为纪念教师节，各级教育行政机关应提倡改善教师待遇，并举办学生慰劳教师游艺会。”④ 1947 年 1 月的《后方各省国立专科以上学校优待收复区及光复区籍教员暂行办法》补充规定了抗战胜利后对收复区及光复区籍教员的优待办法：“凡在后方各省（即川、康、滇、黔、甘、新六省）的国立专科以上学校服务的收复区及光复区籍教员，每年得准教员总数的半数于假期中还乡一次，并酌量路程远近补助其往返旅费；有眷属在学校所在地的，除本人外并补助其眷属三人以下往返旅费；还乡后不返校服务的教员和不重返学校所在地的眷属，不得支领返校旅费；后方各省国立专科以上学校现有教职员宿舍及眷属宿舍，应尽先配给复区教员及其眷属居住；新聘复区教员，由校补助其本人及眷属三人以下的到校旅费；以上所需经费由各校专案呈请教育部核发。”⑤

六是关于教员奖励的规定。1939 年的《切实推进导师制办法》第二条指出：“包括国立大学在内的中等以上学校的导师中对学生训导著有成绩的，由校长呈请教育主管行政机关予以奖励。”⑥ 1940 年 4 月的《教员服务奖励规则》（1945 年

---

① 骆威：《南京国民政府时期的高等教育立法》，南京：南京大学出版社，2016 年，第 213 页。

② 宋恩荣、章咸选编：《中华民国教育法规选编》（修订版），南京：江苏教育出版社，2005 年：第 650—651 页。

③ 宋恩荣、章咸选编：《中华民国教育法规选编》（修订版），南京：江苏教育出版社，2005 年，第 650—651 页。

④ 宋恩荣、章咸选编：《中华民国教育法规选编》（修订版），南京：江苏教育出版社，2005 年，第 169 页。

⑤ 中国第二历史档案馆编：《中华民国史档案资料汇编：教育（一）》（第五辑第三编），南京：江苏古籍出版社，2000 年，第 34—35 页。

⑥ 宋恩荣、章咸选编：《中华民国教育法规选编》（修订版），南京：江苏教育出版社，2005 年，第 215—216 页。

6月修正）第二至五条指出，“对各级公立学校及已立案私立学校连续服务10年以上且成绩优良并经检定或审查合格的校长及教员，经查明属实的分别授予‘智’‘仁’‘勇’服务奖状”；并就奖状授予条件作了具体说明。① 1943年的《教师节纪念办法》第三条提出：“各级教育行政机关为纪念教师节应对著有劳绩的优良教师予以表扬。”② 1944年7月的《教育部著作发明及美术奖励规则》指出：“教育部对包括国立大学教职员等在内的本国学者近三年以内的著作、科技发明及美术作品予以奖励。”③

这一时期关于国立大学校长及教职人员管理的规定的变化主要有：第一，明确了大学教员的称谓。教授、副教授、讲师、助教成为大学教师基本的职级设置。补充并完善了大学教员任用资格标准，对不同职级教师的资格审查、责任、奖励等的规定趋于细致。第二，大学校长的权力进一步明确，内部形成了大学校长总揽校务，各学院院长主管院务，教务长、总务长、训育长负责学校行政事务的内部管理格局。第三，大学管理职员岗位的设置更加完备。第四，增加了关于部聘教授任用办法的规定、改善教师待遇的规定和战后优待收复区及光复区大学教员的规定。这些变化对加强和改进政府对大学校长、教师、职员的管理起到了规范作用。尤其是其中一些规定是在抗战环境中出台的，当属不易，对于稳定教师队伍、调动教师工作积极性是有促进作用的。不过遗憾的是，也是因为战争环境，有些关于大学教职员的管理规定，如待遇问题并未得到很好的落实，抗战胜利后国民党发动内战，在国民党统治区，国民党政府虽然对大学教职员的管理也进行了一些谋划，但很快就无力组织实施了。

---

① 宋恩荣、章咸选编：《中华民国教育法规选编》（修订版），南京：江苏教育出版社，2005年，第668页。

② 宋恩荣、章咸选编：《中华民国教育法规选编》（修订版），南京：江苏教育出版社，2005年，第169页。

③ 宋恩荣、章咸选编：《中华民国教育法规选编》（修订版），南京：江苏教育出版社，2005年，第172—173页。

（四）学生管理规定

一是关于招生入学的规定。首先是学生入学资格的规定。1929 年的《大学组织法》第二十条指出：“大学入学资格须曾在公立或已立案私立高级中学以及同等学校毕业，经入学试验及格。”①《大学规程》第三条重申了此规定，并补充规定：“大学或独立学院可酌收特别生，其须符合前述学校毕业要求，并在第一年内补受入学测验及格，才能改为正式生。”②《大学研究院暂行组织规程》第七条指出：“大学研究院招收国外本科毕业、国立、省立及立案私立大学和独立学院毕业，并经公开考试及格的学生，不得限于本校毕业生。”③ 1948 年的《大学法》第二十六条指出：“大学入学资格应为曾在公立或已立案私立高级中学或同等学校毕业，或具有同等学力，经入学实验及格。”④

其次是招生管理的规定。1938 年 6 月的《国立各院校统一招生办法大纲》规定：“从 1938 年起，国立各大学及独立学院除专修科外的一年级新生，由教育部设统一招生委员会在全国统一招考录取后分发到各院校。”⑤ 1939 年又制定了《二十八年度国立各院校统一招生办法大纲》和《公立各院校统一招生委员会章程》。至此，形成了中国高等学校的统一招生考试制度，即组织统一报考、统一考试、统一命题、统一评分标准和录取标准。全国高校统一招生持续了三年，1941 年后，改为各大学或地区单独招生、联合招生、委托招生、会考或升学联合考试的办法。教育部对高校招生只提出一些原则性的要求，不再参与具体的招生事务。

---

① 骆威：《南京国民政府时期的高等教育立法》，南京：南京大学出版社，2016 年，第 215 页。

② 骆威：《南京国民政府时期的高等教育立法》，南京：南京大学出版社，2016 年，第 216 页。

③ 宋恩荣、章咸选编：《中华民国教育法规选编》（修订版），南京：江苏教育出版社，2005 年，第 400 页。

④ 宋恩荣、章咸选编：《中华民国教育法规选编》（修订版），南京：江苏教育出版社，2005 年，第 419 页。

⑤ 中国第二历史档案馆编：《中华民国史档案资料汇编：教育》（第五辑第二编），南京：凤凰出版社，2015 年，第 703—704 页。

1941年2月的《专科以上学校学生学籍规则》（1947年3月修正）第四、五条规定："大学可酌情收录特别生，但需以边疆、华侨和外国籍学生为限；其招收新生转学生应于招考前三个月拟定，各科系招生名额连同招生简章呈报教育部核准前，不得先行招生；学校新生入学注册时应呈缴保证书，保证人须具有正当职业并负学生在校期间的一切责任"；同时该法令第二十七、三十至三十二条明令："报考大学研究所的研究生应缴验大学或独立学院毕业证书；大学等招收同等学力学生应不超过新生录取总额的5%；大学或独立学院附设的专修科招收同等学力学生应不超过新生录取总额的10%；非以同等学力资格录取的新生不得改为同等学力资格入学。"①

二是关于学生日常管理的规定。首先是学生日常训练的规定。1938年的《战时各级教育实施方案纲要》提出："战时中等以上学校一律采用军事管理方法，以养成清洁、整齐、确实、敏捷的美德、劳动服务的习惯和负责任守纪律的团体生活。"② 1938年3月的《中等以上学校导师制纲要》规定，对中等以上学校学生实行导师制，"将每一学级学生分成若干组，每组人数以五人至十五人为度，每组设导师一人，对学生的思想、行为、学业及身心摄卫，在体察个性基础上，施以严密之训导，使其正常之发展和养成健全人格；并就导师制实行中的具体事项作了简要说明。"③ 1938年9月的《高中以上学校新生入学训练实施纲要》详细规定了大学新生入学训练目标、时间及事项安排。1940年的《学生军事训练实施方案》规定，"国立大学等学校学生的军事训练应参照陆军军队内务规则，不分年级均实行军事管理"④，同时规定，"专科以上学校修业年限三年以上的第一、二、三学年均需实施平时训练，每周二小时，学、术科各一小时；修业年限

① 宋恩荣、章咸选编：《中华民国教育法规选编》（修订版），南京：江苏教育出版社，2005年，第411—412，414页。

② 宋恩荣、章咸选编：《中华民国教育法规选编》（修订版），南京：江苏教育出版社，2005年，第682—683页。

③ 宋恩荣、章咸选编：《中华民国教育法规选编》（修订版），南京：江苏教育出版社，2005年，第142—143页。

④ 中国第二历史档案馆编：《中华民国史档案资料汇编：教育（一）》（第五辑第二编），南京：江苏古籍出版社，1997年，第217—218页。

为二年的，其学生平时训练为每周三小时，第一学年学科一小时、术科二小时，第二学年学科二小时、术科一小时，每年野外演习至少四次，每次二小时以上，实弹射击三次”①。

再是学生学业表现的规定。1941 年的《专科以上学校学生学籍规则》规定：“学生成绩分为学期成绩和毕业成绩两种，均以六十分为及格；学期试验与平时成绩合并核计为学期成绩，各学期成绩、毕业论文成绩与总考成绩合并核计为毕业成绩；学生学期成绩不及格科目的总分不满该学期修习学分总数三分之一，不及格科目在五十分以上的，可以补考一次，补考成绩及格的以六十分计算，不及格的须重读；学生学期成绩不及格科目不满五十分，不得补考，应令重读，必修科目二种以上重读二次不及格者，应令退学；学生学期成绩不及格的科目的学分达该学期修习学分总数三分之一以上的，不得补考，且次学期修习学分应减少四分之一；学校毕业总考科目为各科系组各年级所习主要专门科目三种，平均成绩不及格的不得毕业。不及格科目可补考一次，仍不及格只能参加一次下届毕业总考。”②

三是关于学生转学休学复学退学等的规定。1929 年的《大学规程》第四条指出：“大学或独立学院学生转学须学科程度相同，有原校修业证明书，并在学期开始前经试验及格；未立案私立大学或独立学院学生不得转学公立及已立案私立大学或独立学院；大学各学院及独立学院各科的最后一年级不得接收转学学生。”③ 1941 年的《专科以上学校学生学籍规则》第五、十三至十五、二十三至二十六条规定：“大学转学生入学注册时应呈缴保证书，保证人须具有正当职业并负学生在校期间的一切责任；大学转学生应于报名时呈验原校发给的转学证明书，学生转学以转入与原肄业院系科组性质相同者为原则，且须接受编级试验；大学等学校学生因故请求休学的，由学校核准后可休学一学期或一学年，必要时

① 中国第二历史档案馆编：《中华民国史档案资料汇编：教育（一）》（第五辑第二编），南京：江苏古籍出版社，1997 年，第 217—218 页。

② 宋恩荣、章咸选编：《中华民国教育法规选编》（修订版），南京：江苏教育出版社，2005 年，第 414—415 页。

③ 骆威：《南京国民政府时期的高等教育立法》，南京：南京大学出版社，2016 年，第 216 页。

可请求延长，但总共不得超过二学年；休学生复学时应在原肄业院系科组及相衔接的年级肄业，若休学时学期成绩尚未结束则复学时仍应编入原级，并且复学时需接受编级试验；学生因故请求退学或转学的由学校核准后发给修业证明书或转学证明书。”① 第三十七至三十九条指出：“学生学期成绩不及格科目不满五十分的不及格予以重读后，若二种以上专修科目重读二次仍不及格的予以退学；学生因学期成绩不及格致次学期修习分数减少四分之一后，若次学期成绩不及格分数仍达该学期修习分数总数的三分之一，则予以退学；学生学期成绩不及格科目的学分达该学期修习学分总数二分之一以上的予以退学。”② 1946 年 2 月的《中等以上学校战时服役学生复学及转学办法》规定，对抗战期间肄业而“在军队服役、在军事技术机关服务、参加政府认可的游击队或挺进队工作、报效空军、知识青年从军、应政府征调担任军事工程及医务工作、应政府征调充任通译人员、从事军中政治工作或担任其他与抗战有关工作的专科以上学校学生，其退役退职复学时，各原校应准其复学，不受休学年限的限制；学生复学或转学后，其原为公费生的仍给予公费，非公费生的申请后得给以公费待遇；其申请复学转学时应呈缴服务证件及服役主管机关核发的退职或退役证明书。”③ 1946 年 3 月的《国立专科以上学校战区学生还乡转学办法训令》第五至八条规定：“志愿还乡转学的战区学生应于 1946 年 7 月底以前申请并由所在学校发给转学证明书，持此证明书其可向志愿各校申请转学，不受年级限制；对志愿返乡而家庭经济困难不能供给旅费的战区学生，经所在学校严加考核证明属实的，应在 1946 年 7 月底以前向所在学校申请并由学校造册转呈教育部审核做法返回原籍旅费；收复区各校对申请还乡转学的战区学生应在可能范围内给予便利并尽量考收；战区学生还乡转学不能录取的，准其回院校继续肄业，但不发给回校旅费；原属借读的战区学

① 宋恩荣、章咸选编：《中华民国教育法规选编》（修订版），南京：江苏教育出版社，2005 年，第 412—415 页。
② 宋恩荣、章咸选编：《中华民国教育法规选编》（修订版），南京：江苏教育出版社，2005 年，第 412—415 页。
③ 宋恩荣、章咸选编：《中华民国教育法规选编》（修订版），南京：江苏教育出版社，2005 年，第 691—692 页。

生应回本校复学。”①

四是关于学生实习的规定。《大学规程》第二十条规定：“大学农、工、商学院学生，须自第二学年起于寒暑假期间，在校外相当场所实习若干时期，无此项实习证书者不得毕业；医学专修科学生修完三年科课目后须再实习一年。”② 1948年的《大学法》第二十七条规定：“大学的医学生及师范生必须另加实习一年始能毕业。”③

五是关于学生毕业的规定。关于本科生毕业的规定，《大学组织法》第二十二条规定：“大学生修业期满经考核成绩及格，由大学发给毕业证书。”④《大学规程》第九条要求大学生不得提早毕业；第二十五条指出：“专修科学生修业期满经考核成绩及格，由大学或学院给予毕业证书。”⑤ 1933年的《学校毕业证书规程》第一条指出：“各级学校学生修业期满且成绩及格，由各级学校授予毕业证书，其中专科以上学校毕业证书由教育部验印。”⑥ 1935年4月的《学位授予法》第三条规定：“凡曾在公立大学或已立案私立大学或独立学院修业期满，考试合格，并经教育部复核无异的，由大学或独立学院授予学士学位。”⑦ 关于研究生毕业的规定，《大学研究院暂行组织规程》第八条指出：“大学研究院研究生修业期满考核成绩及格的由大学发给研究期满考试及格证书。”⑧ 1935年4月的《学位授予法》第四至七条规定：“依照本法获得学士学位，曾在公立大学或已立

---

① 宋恩荣、章咸选编：《中华民国教育法规选编》（修订版），南京：江苏教育出版社，2005年，第693页。

② 宋恩荣、章咸选编：《中华民国教育法规选编》（修订版），南京：江苏教育出版社，2005年，第389—390页。

③ 宋恩荣、章咸选编：《中华民国教育法规选编》（修订版），南京：江苏教育出版社，2005年，第419页。

④ 骆威：《南京国民政府时期的高等教育立法》，南京：南京大学出版社，2016年，第215页。

⑤ 宋恩荣、章咸选编：《中华民国教育法规选编》（修订版），南京：江苏教育出版社，2005年，第388、390页。

⑥ 中国第二历史档案馆编：《中华民国史档案资料汇编：教育（一）》（第五辑第一编），南京：江苏古籍出版社，1994年，第78—79页。

⑦ 宋恩荣、章咸选编：《中华民国教育法规选编》（修订版），南京：江苏教育出版社，2005年，第402页。

⑧ 宋恩荣、章咸选编：《中华民国教育法规选编》（修订版），南京：江苏教育出版社，2005年，第400页。

案私立大学或独立学院的研究院或研究所继续研究两年以上，经该院所考核成绩合格，由该院所提出为硕士学位候选人，候选人考试合格并经教育部复核无异的，由大学或独立学院授予硕士学位；依照本法获得硕士学位，在前述研究院或研究所继续研究两年以上，经该院所考核成绩合格，提出于教育部审查许可的，在学术上有特殊著作或发明以及曾任公立或已立案私立大学或独立学院教授三年以上的，均可为博士学位候选人，候选人经博士学位评定会考试合格的，由国家授予博士学位。”① 1940 年 5 月的《学生军事训练实施方案》第四条指出：“大学学生等军训成绩不合格的不得毕业。”② 1941 年的《专科以上学校学生学籍规则》第四十五条申明：“专科以上学校毕业总考科目为各系科各年级所习的主要专门科目三种，其平均成绩不及格的不能毕业；不及格科目可补考一次，若仍不及格可参加下届毕业总考一次；毕业成绩及格的由学校先行发给临时毕业证明书，待正式毕业证书经教育部验印后再行换领。”③ 1948 年的《大学法》第二十七、二十九条指出：“大学生修业期满，有实习年限的经实习完毕，经考核合格的由大学发给毕业证书，除专修科学生外，分别授予学士学位。”④

六是关于学生奖助的规定。1931 年的《关于中等以上学校设置奖学金案》规定：“自 1932 年起，在全国专科以上学校设置奖学金每年 500 名，每名每年给国币 400 元，由国库支出；学生考选由教育部主办。”⑤ 1934 年的《大学研究院暂行组织规程》第十一条指出：“对成绩优异的研究生给予奖学金，奖励名额及金额由学校自行确定。”⑥ 1936 年的《各级学校设置免费学额及公费学额规程》

---

① 宋恩荣、章咸选编：《中华民国教育法规选编》（修订版），南京：江苏教育出版社，2005 年，第 402 页。
② 中国第二历史档案馆编：《中华民国史档案资料汇编：教育（一）》（第五辑第二编），南京：江苏古籍出版社，1992 年，第 17 页。
③ 宋恩荣、章咸选编：《中华民国教育法规选编》（修订版），南京：江苏教育出版社，2005 年，第 415 页。
④ 宋恩荣、章咸选编：《中华民国教育法规选编》（修订版），南京：江苏教育出版社，2005 年，第 419 页。
⑤ 中国第二历史档案馆编：《中华民国史档案资料汇编：教育》（第五辑第一编），南京：凤凰出版社，2015 年，第 186 页。
⑥ 宋恩荣、章咸选编：《中华民国教育法规选编》（修订版），南京：江苏教育出版社，2005 年，第 400 页。

规定：“国立大学在内的各级学校应设置免费学额和公费学额以奖助家境清贫、体格健全、资禀颖异、成绩优良的学生；免费学额免除学费和体育费、图书费、实验费及其他类似费用的缴纳；公费学额除免收学费外，给予最低限度之膳宿、制服、书籍等费；大学应设置全校学生数10%以上的免费学额，在1936年至少应设置5%，以后逐年增设，至1939年应一律达到10%的标准；公立专科以上学校在1936年至少应设置全校学生数2%的公费学额，以后逐年酌量增设。”① 1943年的《教师节纪念办法》第三条提出，为纪念教师节，教育部应对专科以上学校等发表奖学金名单。②

七是关于学生惩戒的规定。1938年的《中等以上学校导师制纲要》规定：“当导师认为学生不堪训练时可请求校长准予其退训，对退训学生从本校导师中自选一人进行训导，若再经退训则由学校除名。”③ 1938年的《高中以上学校新生入学训练实施纲要》指出：“在新生入学训练期间，对于思想不正确及见解错误的学生由指导员对其多作个别谈话，以对其进行潜移默化的影响；如发现新生的思想行为确有不堪造就的，应按其情节轻重令退学或编为试读生，试读生经一学期之考核确有改悟表现的由其所属导师提出训导会议核准为正式生。”④ 1941年的《专科以上学校学生学籍规则》第三十七、四十三条规定：“学生学期成绩不及格科目不满五十分，不得补考，应令重读，必修科目二种以上重读二次不及格者，应令退学；学生在肄业期间有违反学校规则或其他违法不端事情，应按情节轻重予以申诫、记过、勒令退学或开除学籍的处分；专科以上学校不得招收其他院校开除学籍的学生。”⑤

---

① 中国第二历史档案馆编：《中华民国史档案资料汇编：教育》（第五辑第一编），南京：凤凰出版社，2015年，第85—86页。

② 宋恩荣、章咸选编：《中华民国教育法规选编》（修订版），南京：江苏教育出版社，2005年，第169页。

③ 宋恩荣、章咸选编：《中华民国教育法规选编》（修订版），南京：江苏教育出版社，2005年，第143页。

④ 中国第二历史档案馆编：《中华民国史档案资料汇编：教育（一）》（第五辑第二编），南京：江苏古籍出版社，1997年，第159—160页。

⑤ 宋恩荣、章咸选编：《中华民国教育法规选编》（修订版），南京：江苏教育出版社，2005年，第415页。

这一时期国立大学关于学生管理的规定，与此前的北洋政府时期相比，明显的变化是加强了对大学生的管理，同时根据形势需要采取了不少新举措，主要有：第一，在大学招生上探索了统一考试招生办法，同时又根据实际鼓励大学自主招生、联合招生，使大学招生在考试的前提下趋于灵活；第二，补充了关于大学招收特别生、大学研究院招收研究生的入学资格规定，在高校招生考试发展史上具有历史价值；第三，根据抗战的需要，加强了对大学生的政治训练与军事训练，这实际是对大学生控制的加强；第四，强化了对大学生学习质量的要求，其中强调大学生在校学习的科目考试在五十分以下要重修，这对于提高大学生的学习质量有很好的督促作用；第五，增加了关于硕士博士研究生的毕业规定，补充了有关学位制度的规定，这就使传统关于大学生的管理要求主要体现在本专科生上的格局有了突破；第六，补充了国立大学等学校学生转学、休学、复学、退学等的规定，补充了关于国立大学等学校学生学业成就、惩戒、实习及奖助的规定，这就使这一时期关于大学生的管理规定趋于完善。

（五）学校财物管理规定

一是关于学校设施设备的规定。1929 年的《大学规程》规定：“大学须有相当校地、校舍、运动场、图书馆、实验室、实习室及图书、仪器、标本、模型等设备。”① 1936 年 7 月的《学校卫生设施标准》（1944 年 7 月修正）规定了专科以上学校的卫生设施标准，要求“充实学校的卫生设施以防治教职员学生及工友的疾病，改善校内环境卫生以保障校园生活安全和增进个人健康，养成学生对卫生的正确观念以期通过个人努力领导家庭社会，促进民族健康；并对专科以上学校的卫生设施作了简要规定，指出学校视学生人数多寡分别设置卫生室或诊疗室、医院，准备诊治疾病应用的工具器械及药品、健康记录、显微镜，及检验痰、大小便与计算血球、血色素的设备，处置垃圾及扑灭蚊蝇的设备与检查环境卫生的

---

① 宋恩荣、章咸选编：《中华民国教育法规选编》（修订版），南京：江苏教育出版社，2005 年，第 388 页。

表格，预防接种应用的设备，体重及伸长测量器具，寄宿者满二百人以上的学校还应有疗养室一间，并内置二张以上病床和疗养应有的设备”①。1938年的《战时各级教育实施方案纲要》要求“战时各级学校的体育实施应尽力普及，建筑应求朴实合用，仪器与实习用具等设备应尽量充实，以期达到规定标准”②。

二是关于各项经费的规定。1929年的《大学规程》首次就国立大学等的各学院开办费（包含建筑设备费等）和经常费以及每年的扩充设备费作了规定，具体如前所述。《大学研究院暂行组织规程》第五条将“本科经费外有确定充足经费专供研究之用”③ 作为大学设置大学院的条件之一。1936年的《各级学校设置免费学额及公费学额规程》第六条指出：“各级公立学校设置公费学额的经费应以在学校经常费内撙节开支为原则。”④ 1936年的《学校卫生设施标准》明确指出：“专科以上学校应将学校卫生经费列入预算。”⑤ 1937年8月的《总动员时督导教育工作办法纲领》指出：“战时中央及各省市教育经费应照常发放，万不得已须予以紧缩时，自中央应由财教两部协商呈准行政院核定后办理；中央及各地主管教育行政机关对战区内学校的经费得为财政紧急处分，并酌量变更其用途，必要时可根据实际需要对其全部主管教育经费作权宜处置。”⑥ 1938年的《战时各级教育实施方案纲要》指出：“对于中央以及地方的教育经费，一方面应有整个的筹集与整理方法，并设法逐年增加，另一方面应务必使用得当，毋使虚糜。”⑦ 1939年8月的《大学理工学院与经济、交通及军备工厂合作办法》规定：“大学理工学院与经济、交通及军备工厂因合作必须增加的经费由双方呈请各该

---

① 王东胜、黄明豪主编：《民国时期健康教育文集》，南京：江苏人民出版社，2008年，第66页。

② 宋恩荣、章咸选编：《中华民国教育法规选编》（修订版），南京：江苏教育出版社，2005年，第682—683页。

③ 宋恩荣、章咸选编：《中华民国教育法规选编》（修订版），南京：江苏教育出版社，2005年，第399页。

④ 中国第二历史档案馆编：《中华民国史档案资料汇编：教育（一）》（第五辑第一编），南京：江苏古籍出版社，1994年，第86页。

⑤ 王东胜、黄明豪主编：《民国时期健康教育文集》，南京：江苏人民出版社，2008年，第66页。

⑥ 宋恩荣、章咸选编：《中华民国教育法规选编》（修订版），南京：江苏教育出版社，2005年，第681页。

⑦ 宋恩荣、章咸选编：《中华民国教育法规选编》（修订版），南京：江苏教育出版社，2005年，第683页。

主管机关，按照实际情形会呈行政院酌情予以补助。”[①] 1943 年的《学生自治会规则》第二十条指出：“学生自治会经费由会员充之，必要时可请学校补助。”[②]

相较之前，这一时期关于国立大学等学校财务管理的规定主要有以下变化：补充完善了对学校卫生设施设备的要求及卫生标准等的具体规定；首次对国立大学等各学院的开办费作了具体规定。这些对于保障大学的办学基础具有重要作用。

（六）学校教学管理规定

一是关于课程设置的规定。《大学规程》第八、二十三条指出：“大学各学院或独立学院各科，除党义、国文、军事训练以及第一第二外国文为共同必修科目外，须在一年级开设基本科目；专修科以党义、军事训练、国文、外国文为共同必修科目。”[③] 1938 年的《高中以上学校新生入学训练实施纲要》指出：“应对国立大学等学校新生进行政治训练、修学指导、道德修养、小组讨论、校史章则、军训、体育、音乐等科目的训练。”[④] 1939 年 6 月的《专科以上学校实施战时教程》要求：“战时全国公私立专科以上学校应依照科目性质酌量增设特殊科目，其中文科可增设民族文学和抗战史料，法商科可增设日本问题、战时经济和战时法令，教育科可增设战时教育问题和军事心理学，理科可增设国防化学和国防地理，工科可增设军事工程、军事电讯和汽车修造，农科可增设战时食粮问题，医科可增设战时教护；各校院还可斟酌其人材设备及社会需要增加其他有关抗战建

---

① 中国第二历史档案馆编：《中华民国史档案资料汇编：教育（一）》（第五辑第二编），南京：江苏古籍出版社，1997 年，第 708 页。

② 宋恩荣、章咸选编：《中华民国教育法规选编》（修订版），南京：江苏教育出版社，2005 年，第 172 页。

③ 宋恩荣、章咸选编：《中华民国教育法规选编》（修订版），南京：江苏教育出版社，2005 年，第 388、390 页。

④ 中国第二历史档案馆编：《中华民国史档案资料汇编：教育（一）》（第五辑第二编），南京：江苏古籍出版社，1997 年，第 160—162 页。

国的科目。”[①] 1940 年的《学生军事训练实施方案》第二至四条规定，大学除女生免受军训而以战时妇女勤务为必修学科外，男生须以军事训练为必修科；并规定了军事训练的目标和要旨。[②]

二是关于课程实施的规定。首先是学分制的规定。1929 年的《大学规程》规定：“大学各学院各科课程应采用学分制，但学生每年所修学分须有限制，不得提早毕业；聪颖勤奋之学生，除应修学分外，可于最后一学年选习特种课目以资深造，其试验及格时，由学校给予特种奖励。”[③] 1932 年 1 月的《施行学分制划一办法》统一规划了大学学分制实行办法，指出“凡采取‘绩点’或其他名称者应一律改称学分；凡需课外自习的科目，以每周上课一小时满一学期者为一学分；实习及无需课外自习之科目，以二小时为一学分；大学四年修业期间须习满 132 学分；各院系学生前两年以至多修 40 学分，至少修 36 学分为限；后两年以至多修 36 学分，至少修 30 学分为限”[④]。

再是辅修制度的规定。1929 年的《大学规程》第五、七、八条规定：“国立大学等大学各学院分若干学系，学生从第二年起应认定某学系为主系，并选定他学系为辅系，并对各科学院的必修科目设置作了概括规定。”[⑤]

最后是训育的规定。1931 年 7 月的《“忠孝仁爱信义和平”八字制匾悬挂的训令》要求“国立大学等须横列‘忠孝仁爱信义和平’八字，一律蓝底白字，自行制成悬挂，以资启迪”。[⑥] 1938 年的《战时各级教育实施方案纲要》规定：“战时应订定各级学校训育标准并切实实行导师制，使学生在品格修养、生活指导及

① 中国第二历史档案馆编：《中华民国史档案资料汇编：教育（一）》（第五辑第二编），南京：江苏古籍出版社，1997 年，第 704—705 页。

② 中国第二历史档案馆编：《中华民国史档案资料汇编：教育（一）》（第五辑第二编），南京：江苏古籍出版社，1997 年，第 216—217，220 页。

③ 中国第二历史档案馆编：《中华民国史档案资料汇编：教育》（第五辑第一编），南京：凤凰出版社，2015 年，第 175—177 页。

④ 中国第二历史档案馆编：《中华民国史档案资料汇编：教育》（第五辑第一编），南京：凤凰出版社，2015 年，第 186—187 页。

⑤ 骆威：《南京国民政府时期的高等教育立法》，南京：南京大学出版社，2016 年，第 216—217 页。

⑥ 中国第二历史档案馆编：《中华民国史档案资料汇编：教育》（第五辑第二编），南京：凤凰出版社，2015 年，第 76 页。

公民道德的训练上有导师负责，并重新树立师道尊严。”① 1939年9月的《训育纲要》规定“专科以上学校实施训育应以自信信道、自治治事、自育育人和自卫卫国为目标”②，并提出了具体要求。

三是关于教材的规定。《战时各级教育实施方案纲要》规定：“应对战时各级学校的教材进行整理使之成为一贯之体系，适应抗战与建国的需要；整理体育教材使之与军训相连贯，以矫正过去的缺点。”③ 1938年的《高中以上学校新生入学训练实施纲要》规定：“包括国立大学新生在内的高中以上学校新生入学训练的教材应注意锻炼目力、足力、臂力、肺量及敏捷、活泼、持久等能力，并对各科目教材大纲内容作了简要说明。”④ 1940年的《学生军事训练实施方案》规定：“国立大学等学校学生军事训练的教材由政治部会同教育部订定。”⑤

四是关于考试的规定。《大学规程》第十三条指出，大学有入学试验、临时试验、学期试验和毕业试验四种试验⑥，并就每种试验的组织方式、时间安排等作了明确规定。1941年的《专科以上学校学生学籍规则》规定，学生转学及休学后复学时须参加编级试验，具体如前所述。

五是关于教学及休假时间安排的规定。1931年的《修正学校学年、学期及休假日期规程》规定：“国立大学等学校一学年分为二学期，每年8月1日至翌年1月31日为第一学期，2月1日至7月31日为第二学期；除休假日期外，大学第一学期136日，第二学期135日（闰年136日）；大学暑假以70日为限，从

---

① 宋恩荣、章咸选编：《中华民国教育法规选编》（修订版），南京：江苏教育出版社，2005年，第682页。

② 宋恩荣、章咸选编：《中华民国教育法规选编》（修订版），南京：江苏教育出版社，2005年，第149—152，158—159页。

③ 宋恩荣、章咸选编：《中华民国教育法规选编》（修订版），南京：江苏教育出版社，2005年，第682页。

④ 中国第二历史档案馆编：《中华民国史档案资料汇编：教育（一）》（第五辑第二编），南京：江苏古籍出版社，1997年，第159—162页。

⑤ 中国第二历史档案馆编：《中华民国史档案资料汇编：教育（一）》（第五辑第二编），南京：江苏古籍出版社，1997年，第218页。

⑥ 宋恩荣、章咸选编：《中华民国教育法规选编》（修订版），南京：江苏教育出版社，2005年，第389页。

6月23日至8月31日；年假3日，1月1日至1月3日；寒假14日，1月18日至31日；春假7日，4月1日至4月7日；寒暑假期起始日期，在严寒酷暑的省市境内，可按地方情形，酌量变更，但休假日期不得超过规定总数；孔子诞生纪念日、国庆纪念日、总理诞辰纪念日、中华民国成立纪念日、总理逝世纪念日、革命先烈纪念日、革命政府纪念日、国民誓师纪念日等休息一天，并于是日举行纪念式及演讲，学校本校纪念日休假每年至多不得超过两日；除周日和上述假日外，学校不得任意放假，且各种集会应在周日举行。”①

从上可以看出，这一时期关于国立大学的教学管理制度具体、丰富，甚至可以说细致，与前期相比主要有以下变化：第一，增加了关于国立大学等学校课程开设、课程目标、教材选用的规定，并对寒暑假、春假等作了新的规定；第二，补充完善了关于国立大学等学校课程实施和考试的相关规定，改三学期制为二学期制，增加了国立大学等实施学分制和关于学生训育的管理规定。国民政府时期政府对大学教学管理的细致规定，一方面为大学开展教育教学提供了依据，另一方面也使大学变成了简单的执行机构，大学在培养人才上的自主权弱化。

（七）学校与地方关系规定

国民政府时期，国立大学开始与地方发生较为紧密的联系，从政府颁布的有关规定看，其时有关大学与地方关系的管理规定主要表现在校厂合作和地方委托大学进行研究活动等方面。具体来说，主要表现如下：

一是关于校厂合作的规定。1939年的《大学理工学院与经济、交通及军备工厂合作办法》指出：“学校可聘请工厂技术人员担任教师、顾问或讲演；学校应分发高年级学生至工厂实地练习，厂方并应派员指导学生参加实际工作，其中兵工厂收受实习生，以确具永久服务兵工事业志愿及具有确实保证者为限；学校应担任工厂各项问题之实验、研究与推广，其问题与材料应由厂方供给，并尽量

---

① 中国第二历史档案馆编：《中华民国史档案资料汇编：教育》（第五辑第一编），南京：凤凰出版社，2015年，第66—67页。

协作；工厂如需要特种技术人员，得商由学校代为训练；学校为与工厂合作起见，得斟酌情形，移设其预备合作之部分于工厂附近或厂内，以资便利；学校遇必要时，可变通正常课业，集中时间，协助工厂实际工作，以应国防上之急切需要；双方因合作必须增加的经费由双方呈请各该主管机关，按照实际情形会呈行政院酌予补助。”①

二是关于委托研究的规定。1941 年 9 月的《政府机关委托大学教授从事研究办法大纲》规定：“各政府机关因实际需要可委托大学教授就制定范围进行研究；其中政府确知某教授堪任某项研究的，由委托机关函征原校同意后进行委托，同时函请教育部备案；某项研究并未确定堪任研究之教授的，函请教育部代为物色人选委托；受委托的教授，应于规定时间提出工作报告，应仍在院校服务并支领原薪，可充分利用原校的图书设备并请求学校予以其他便利，还可在一定时期内免除其全部或一部分教课时间，并于必要时有相当时期在校外工作；研究费及增聘教授费用则由原委托政府机关补助。”②

这些规定的出台，是近代以来中国大学发展过程中由重视人才培养、学术研究，发展到注重社会服务，注重大学与地方经济、社会建设发生联系的一个重要标志。

（八）学校督导考评规定

国民政府时期关于国立大学等高等学校的督导考评规定主要有以下内容：

一是关于国立大学教育经费的督导规定。1937 年 8 月的《总动员时督导教育工作办法纲领》指出：“战时中央及地方的教育经费应照常发放；在经费紧缩时，中央由财教两部协商呈准行政院办理，地方则由主管财教厅局会商呈准省市

---

① 中国第二历史档案馆编：《中华民国史档案资料汇编：教育（一）》（第五辑第二编），南京：江苏古籍出版社，1997 年，第 708 页。

② 中国第二历史档案馆编：《中华民国史档案资料汇编：教育（一）》（第五辑第二编），南京：江苏古籍出版社，1997 年，第 724 页。

政府核定后办理。”[①]

二是关于国立大学教育督导的规定。1931 年 7 月的《第三次修正教育部组织法》规定：“教育部设置督学四至六人负责视察和指导全国教育事宜。”[②] 同年 8 月的《教育部督学规程》规定：“教育部设督学四至六人就教育法令的推行、国立学校的教育事项、部长特命视察或指导事项等进行视察和指导。”[③] 1943 年 2 月的《教育部督学服务规则》第八至十二条就教育部督学视察国立大学等学校教育情况时的视察内容、处理办法等进一步作了规定。1945 年 9 月的《教育部处务规程》指出：“由高等教育第一科负责国立大学等专科以上学校的设立及变更、组织及行政、教育经费计划及支配、建筑设备等相关事项的督导考核；第二科掌管专科以上学校学生的学籍、学业成绩复核、免费公费及奖学金事项和毕业生的毕业资格审核、实习及服务指导事项；第三科负责专科以上学校的训育事项、课程及教材事项、教员资格审查及任用待遇的计划事项、体育卫生事项、学术研究及奖励事项、学位授予、学术机关团体的指导事项等。”[④] 1945 年 10 月的《教育部训育委员会组织条例》规定：“教育部设立训育委员会，负责研究三民主义教导、训育计划的制订督导与考核、训导人员的培养与指导、军事教育的督导与考核、学生自治团体的指导、训育学术研究等事项。”[⑤] 1948 年 5 月的《教育部基本教育研究实验委员会组织规程》第二条指出：“由教育部所设的基本教育研究实验委员会负责督导并考核全国各地基本教育实验区的研究实验工作。”[⑥]

这一时期在北洋政府时期的基础上，逐渐建立起关于国立大学等的督导制度，

---

① 宋恩荣、章咸选编：《中华民国教育法规选编》（修订版），南京：江苏教育出版社，2005 年，第 681 页。
② 李国钧、王炳照总主编：《中国教育制度通史》（第 7 卷），济南：山东教育出版社，2000 年，第 219 页。
③ 宋恩荣、章咸选编：《中华民国教育法规选编》（修订版），南京：江苏教育出版社，2005 年，第 115 页。
④ 宋恩荣、章咸选编：《中华民国教育法规选编》（修订版），南京：江苏教育出版社，2005 年，第 178—179 页。
⑤ 宋恩荣、章咸选编：《中华民国教育法规选编》（修订版），南京：江苏教育出版社，2005 年，第 90 页。
⑥ 宋恩荣、章咸选编：《中华民国教育法规选编》（修订版），南京：江苏教育出版社，2005 年，第 99 页。

不断补充和完善了关于国立大学等专门以上学校的督导考评规定，主要表现为：增加了关于国立大学等高等学校教育经费的督导管理规定；补充了关于国立大学等各种督学或督学组织及其职务权限范围的规定。这些都使政府对高等学校的督导依据比较明确、责任比较清楚、内容比较明晰。

综上所述，虽然 1937 年至 1945 年的全面抗战和 1946 年以后的解放战争使中国社会遭受了极大的战争破坏，但国民政府始终比较重视高等教育的发展和人才的培养，陆续制定和颁布了一系列高等学校的管理制度，加强了对高等学校的管理和控制。整体上来说，这一时期国立大学的管理制度不断丰富，并逐渐规范化。但遗憾的是，受时局的影响，很多管理制度未能得到切实有效的实施。

要指出的是，虽然民国时期经历了政权的频繁更迭，但国立大学管理的总体方向得到了基本维持，历届政府在继承前一阶段国立大学管理制度的基础上，针对特定历史时期的特定任务，对国立大学提出新的发展目标和管理要求，对国立大学管理的内部制度设计也不断改进，这就使国立大学在动乱的外部环境中保持了相对稳定的发展状态。

第二章　私立大学管理

民国时期是私立大学发展的一个特殊时期，彼时的私立大学是指由私人或私法人及社会团体所办的大学，包括国外教会团体开办的教会大学。但后人一般把中国人自己创办的私立大学称为国人办私立大学，从而与教会大学相区分。在此我们所探讨的私立大学同样仅指这一时期国人所办的私立大学（也包括国人办的高等专科学校），教会大学将另章探讨。

一、政府管理私立大学的制度

民国时期，私立大学在我国出现并不断发展。为了有效进行管理，历届政府都陆续制定和出台了一些法案对之进行规范和引导。尤其是国民政府时期，政府加强了对私立大学的管理，除沿用民初相关法规之外，还提高了开办私立大学的要求；到抗战前后，又逐渐将一些著名私立大学收归国有。根据不同历史时期政府对私立大学的管理情况，下面主要从南京临时政府和北洋政府时期、国民政府时期来进行考察。

（一）南京临时政府和北洋政府时期管理私立大学的制度

在南京临时政府和北洋政府时期，政府层面对私立大学的管理，主要可以通过1912年9月的《教育宗旨令》、1912年10月的《大学令》、1913年1月12日的《大学规程》、1913年1月16日的《私立大学规程》、1917年9月27日的《修正大学令》、1922年的《学校系统改革案》及1926年10月的《私立学校规程》[①] 等法规进行考察分析。

1. 学校设置及任务规定

私立大学的设置需符合政府确定的设学宗旨与目标要求，同时要达到相应的办学标准，遵循政府对大学的一般规定，要履行较严格的办学手续，须由教育总长认可方可设置。具体的规定如下：

---

① 实际上，这一制度和是年的《私立学校校董会设立规程》均由广东国民政府颁布，但由于其时国民政府尚未建立全国性政权，国家在形式上仍处于北洋政府统治下，因而把此两部法规作为北洋政府时期的制度。

(1) 关于学校宗旨及任务等的规定

1912 年 9 月的《教育宗旨令》规定，包括私立大学在内的学校都应注重道德教育，并以实利教育、军国民教育和美感教育相辅以促成道德养成。① 1912 年 10 月的《大学令》第一条指出，大学以教授高深学术、养成硕学闳材和应国家需要为宗旨。② 1917 年的《修正大学令》第一条重申了大学的宗旨，即为教授高深学术、养成硕学闳材、应国家需要。③ 对于私立专科学校，则规定以教授应用学科养成技术人才为宗旨。

(2) 关于学校设立变更及废止的规定

一是关于设立标准的规定。1913 年 1 月的《私立大学规程》规定了比较具体的私立大学办学标准：如校地——须有宽广的面积，于道德卫生上均无妨碍；校舍——除教室和事务室外，还须有图书室、实习室、实验室、器材标本室、药品室等；文科还应设历史博物室、人类模型室、美术室；理科应设附属气象台、植物园、动物园、临海实习所；商科应设商品陈列所和商业实践室；医科应设附属医院；农科应设农事试验场、演习林、家畜医院；工科应设实习工厂等。④

二是关于设立程序等的规定。1913 年教育部就通过颁布一系列法令，要求私立大学必须向教育部办理立案手续，以呈请教育总长认可。立案的手续分两步，第一步由设立大学的私人或私法人开具呈请书，呈请教育总长。呈请书中须开具下列事项：办学目的、名称、位置、学则，学生定额、地基房产的所有者及其平面图，经费及其维持办法，开放年月等，另需附学校代表人的履历。第二步，将呈请书呈报教育部。经教育部同意后，承认该校为试办学校。试办期内及试办满一年后，由教育部随时派员作专门视察。经多次详细考察后，确实管理合格，成绩良好的，准予立案。1915 年 7 月的《私立专门以上学校认可条例》第

---

① 宋恩荣、章咸选编：《中华民国教育法规选编》(修订版)，南京：江苏教育出版社，2005 年，第 1 页。

② 宋恩荣、章咸选编：《中华民国教育法规选编》(修订版)，南京：江苏教育出版社，2005 年，第 384 页。

③ 潘懋元、刘海峰编：《中国近代教育史资料汇编·高等教育》，上海：上海教育出版社，2007 年，第 381 页。

④ 骆威：《南京国民政府时期的高等教育立法》，南京：南京大学出版社，2016 年，第 203—204 页。

一至三条指出，遵照《私立大学规程》及《公立、私立专门学校规程》呈请教育总长认可的私立专门以上学校，在开办前应遵照《私立大学规程》第一至三条或《公立、私立专门学校规程》第二至四条详具事项表册，呈请教育总长核办；呈请核办时，应遵照私立专门以上学校及学会请求注册费征求条例，随文缴纳注册费。① 1925 年 11 月的《私立专门以上学校及学会请求注册费征收条例》规定，包括私立大学在内的私立专门以上学校请求教育部认可注册的，应于呈请注册时随文缴纳请求注册费国币 100 元，否则概不收受。②

三是关于学校设立类别、设科及名称的规定。1912 年的《大学令》第二至四条及第二十条指出，大学分文、理、法、商、农、工、医七科，且以文理二科为主；其中并设文理二科，设文科兼法商二科，或设理科兼医农工三科或二科一科的，才可称为大学；大学可设预科，大学预科须附设于大学，不得独立；私人或私法人可设立大学。③ 1913 年 6 月 10 日，教育部特颁布告："本部体察目前情形，为私人办学力图便利起见，应即量予变通，准其附设（专门部）。"④ 1926 年的《私立学校规程》第一条指出，凡私人或私法团设立的学校为私立学校，外国人设立及教会设立的学校也为私立学校。⑤

四是关于学校变更废止等的规定。1913 年的《私立大学规程》第十三条指出，私立大学因事废止须详具理由和学生处置办法，并呈请教育总长认可。⑥ 1915 年的《私立专门以上学校认可条例》第六条指出，批准试办的私立大学等私立专门以上学校在试办期间，教育总长认为办理不合格的，可令其停止试办。⑦

---

① 中国第二历史档案馆编：《中华民国史档案资料汇编：教育》（第三辑），南京：江苏古籍出版社，1991 年，第 163 页。

② 天津市地方志编修委员会办公室、天津图书馆编：《〈益世报〉天津资料点校汇编》（一），天津：天津社会科学院出版社，1999 年，第 1071 页。

③ 宋恩荣、章咸选编：《中华民国教育法规选编》（修订版），南京：江苏教育出版社，2005 年，第 384—385 页。

④ 朱有瓛主编：《中国近代学制史料》（第三辑下册），上海：华东师范大学出版社，1992 年，第 19 页。

⑤ 朱有瓛、高时良主编：《中国近代学制史料》（第四辑），上海：华东师范大学出版社，1993 年，第 785 页。

⑥ 骆威：《南京国民政府时期的高等教育立法》，南京：南京大学出版社，2016 年，第 204 页。

⑦ 中国第二历史档案馆编：《中华民国史档案资料汇编：教育》（第三辑），南京：江苏古籍出版社，1991 年，第 163 页。

(3) 关于学校修业年限的规定

1912年的《学校系统令》指出，大学本科三或四年毕业，预科三年。[①] 1912年的《大学令》第八条指出，包括私立大学在内的大学的修业年限为三或四年，预科为三年。[②] 私立大学规定的修业年限要遵循教育部颁布的有关法令法规。

需要特别指出的是，在这一时期，教育部自1913年1月公布《私立大学规程》之后，加强了对当时的私立大学的整顿，要求私立大学根据规程呈报材料到教育部备查；同时教育部派员视察学校，根据办学成绩决定是否准予正式立案办学。但一些私立学校对此未予重视，即使上报材料也有不符办学要求者。针对这一情况，教育部于1913年12月发布《教育部取缔私立大学之布告》，布告指出："原以私立大学得辅助国立大学教育高等人才，以为国家社会之栋干，故特宽予期限，俾得遵照部章逐渐改良，以副国家兴学育才之至意。乃自布告颁行以来，京外各私立大学未另行报部者仍复不少；其中即有一二报部之学校，披阅其表册，或仅设预科、别科，或仅设专门部；其余如学生资格非常冒滥，学校基金毫无的款，种种敷衍不可胜言。似此纯骛虚声，徒淆视听，贻误青年，良匪浅鲜。现在政府大政方针，对于高等教育一项，有严行监理诸私立大学之言；本部职司教育，自当本此方针力求整顿，以戢学界之颓风，而谋士林之幸福。嗣后各私立大学，无论报部与否及开办之久暂，凡一经本部派员视察，即行分别优劣，以定立案之准驳，决不稍事姑息。"[③] 通过整顿，私立大学的发展逐渐走上轨道。

2. 学校内部机构设置规定

这一时期关于私立大学内部机构设置的要求，整体上看与对公立大学的要求区别不大，但对私立大学设置董事会则有了一些特殊规定，如外国人不能担任校董、更不能任董事长等。

---

① 宋恩荣、章咸选编：《中华民国教育法规选编》(修订版)，南京：江苏教育出版社，2005年，第1页。

② 宋恩荣，章咸选编：《中华民国教育法规选编》(修订版)，南京：江苏教育出版社，2005年，第384页。

③ 潘懋元、刘海峰编：《中国近代教育史资料汇编·高等教育》，上海：上海教育出版社，1993年，第371页。

（1）关于学校董事会的规定

1926年10月的《私立学校校董会设立规程》要求私立大学等私立学校成立校董会，校董人员每两年改选三分之一；同时该规程第十三条明确指出，外国人不得任校董，如有特别情形，可酌量充任，但本国人董事应占多数，而且外国人不得任董事长或董事会主席。①

（2）关于校长等学校组织机构及人员设置的规定

1917年的《修正大学令》第十一至十三条规定，大学等设校长一人总辖大学全部事务；各科设学长一人主持一科事务，其中单科大学则不设学长；设正教授、教授、助教授；必要时可延聘讲师。②

（3）关于学校会议机构设置的规定

1912年的《大学令》第十六至十九条规定，大学设校长一人总辖全校事务，各科设学长一人主持一科事务；设评议会，由大学校长任议长，各科学长及各科教授互选代表任会员，负责审议学科设置及废止、讲座开设、大学内部规则、教育总长和大学校长咨询事件等事项；各科设教授会，由该科学长为议长，该科教授任会员，负责审议学科课程、学生试验事项、教育总长和大学校长咨询事件等事项。③ 1917年的《修正大学令》第十四、十五条规定，大学设评议会，由校长任议长，各科学长和正教授、教授的互选代表组成会员，负责审议各学科的设立与废止、学科课程、大学内部规则、学生试验、风纪事项、教育总长或校长咨询事件等，其中若仅涉及一科或数科的审议应由各该科评议会自行议决。④

3. 学校校长及人员管理规定

这一时期关于私立大学的校长与教职员的管理规定，除要求遵循诸如《大学

---

① 朱有瓛、高时良主编：《中国近代学制史料》（第四辑），上海：华东师范大学出版社，1993年，第785页。

② 璩鑫圭、唐良炎编：《中国近代教育史资料汇编·学制演变》，上海：上海教育出版社，1991年，第815页。

③ 宋恩荣、章咸选编：《中华民国教育法规选编》（修订版），南京：江苏教育出版社，2005年，第384—385页。

④ 潘懋元、刘海峰编：《中国近代教育史资料汇编·高等教育》，上海：上海教育出版社，2007年，第381—382页。

令》等法规要求之外，对于私立大学的校长比较强调教员出身，即对其教育专业化提出了更高的要求；同时强调外国人不能出任中国境内私立学校校长。对于私立大学的教员在任职资格上除强调其学术水平外，尤其强调教员对学生的训育责任。

（1）关于校长的规定

关于校长设立的规定。1912 年的《大学令》第十二条指出，大学设校长一人总辖学校全部事务。1917 年的《修正大学令》规定，如前所述，大学设校长一人综理大学全部校务。

关于校长任职资格的规定。1913 年的《私立大学规程》第八条规定，私立大学校长除应具备该法令所规定的私立大学教员资格外，还须担任大学教员一年以上；如无合格人选也可经教育总长认可延聘相当的人充任。① 1926 年的《私立学校规程》第八条指出，私立大学等私立学校不得以外国人为校长，如有特殊情形可另聘外国人为顾问。②

关于校长职务权限的规定。1912 年 9 月的《学校管理规程》第三至五、第七条规定，私立大学等学校的校长、教员及学监负训育学生的责任；校长应按照学校种类与状况订定管理细则；学校课余开设游艺、体育、音乐会等须经校长允许；对学生违背学校规则的行为，校长应分别轻重给予相当的儆戒。③ 1912 年 10 月的《学生操行成绩考查规程》第一条指出，各学校校长、教员及学监应随时审察学生的操行，并默记于册；第七条指出，专门以上学校的操行考查规程由校长酌察学校情形，进行特别规定。④ 1913 年 6 月的《注重道德整饬学风令》明确要求，京师各学校校长等对学生不守学规等情况应随时斥退，以示惩戒。

（2）教职员管理规定

---

① 骆威：《南京国民政府时期的高等教育立法》，南京：南京大学出版社，2016 年，第 204 页。

② 朱有瓛、高时良主编：《中国近代学制史料》（第四辑），上海：华东师范大学出版社，1993 年，第 785 页。

③ 王学珍、张万仓编：《北京高等教育文献资料选编（1861～1948）》，北京：首都师范大学出版社，2004 年，第 300 页。

④ 中国第二历史档案馆编：《中华民国史档案资料汇编：教育》（第三辑），南京：江苏古籍出版社，1991 年，第 66—67 页。

关于教员资格的规定。1913 年的《私立大学规程》第八条对教员资格作了明确规定：须毕业于国内外大学或经教育部认可之私立大学，并有研究者，或有精深之著述，经中央学会评定者；如无合格人选也可经教育总长认可延聘相当的人充任。[①]

关于教职员聘任的规定。1912 年的《大学令》第十二至十四条指出，大学各科设学长一人主持各该科事务；设教授、助教授，必要时可延聘讲师。[②] 1917 年的《修正大学令》第十一至十三条指出，私立大学各科设学长一人主持各该科事务，其中独设一科的大学则不设学长；设正教授、教授、助教授，必要时还可延聘讲师。[③]

关于教职员类别及职务的规定。1912 年的《学校管理规程》第三条规定了私立大学等学校教员对学生的训育责任；第五条规定学校课余开设的游艺、体育、音乐会等由职员予以督率。[④] 1912 年 10 月的《学生操行成绩考查规程》规定了教师对学生操行的审察责任。

关于教职员养老恤金等的规定。1926 年 11 月的《学校职教员养老金及恤金条例》第二至八条指出，凡连续服务 15 年以上、年满 60 岁而自请退休或由学校请退的，或未满 60 岁、身体衰弱或因公受伤致残不胜任服务又未任其他职务的应领取养老金；连续服务满 10 年的以及因公致死与因公受伤、受病致死的，死亡时应对其有关亲属发放恤金；其中服务年限的计算以连续在一校为限，若经主管教育行政机关调用他校，或经院校校长许可并专案呈准的，可合并计算服务年限；该条例还就养老金及恤金发放标准分别作了说明；同时该条例第十二条明确指出，私立学校遇有应发养老金或恤金时，由各该校视经费情形酌量支给。[⑤]

---

① 骆威：《南京国民政府时期的高等教育立法》，南京：南京大学出版社，2016 年，第 204 页。

② 宋恩荣、章咸选编：《中华民国教育法规选编》（修订版），南京：江苏教育出版社，2005 年，第 384 页。

③ 潘懋元、刘海峰编：《中国近代教育史资料汇编·高等教育》，上海教育出版社，2007 年，第 381 页。

④ 王学珍、张万仓编：《北京高等教育文献资料选编（1861～1948）》，首都师范大学出版社，2004 年，第 300 页。

⑤ （国民政府）大学院编：《近代中国史料丛刊续辑（655 大学院公报）》（第 1 期至第 2 期），南京：文海出版社，1928 年，第 19—21 页。

（3）学生管理规定

对于私立大学学生的管理，政府制定的对于所有大学学生的规定，诸如招生入学、升学转学退学、毕业标准、日常管理、操行要求等方方面面的要求，私立大学都要加以贯彻落实。整体上看，私立大学的学生没有例外。1912 年的《大学令》第九、第十条规定，私立大学等大学的预科生修业期满并经测验及格的，授予毕业证书，升入本科；各科的学生修业期满并经测验合格的，授予毕业证书，可称为学士。[①] 1912 年的《学生学业成绩考查规程》和《学生操行成绩考查规程》对私立大学学生等因学业成绩或操行成绩不能毕业的情形作了规定。1912 年的《学生操行成绩考查规程》规定私立大学等学校学生的操行由校长、教员及学监随时予以审察和记录在册，并就操行考查要点、成绩评定等级、评定办法、成绩使用结果等作了明确规定。[②] 对于学生的奖惩，1913 年的《私立大学规程》第九、十二条指出，私立学校的学则应包括儆戒等事项；校长认为教育上有重要关系时，可依照《学校管理规程》第七条对学生实施儆戒或命其退学。[③]

4. 学校财物管理规定

关于私立大学的财务管理，因政府不负责经费供给，故政府没有关于私立学校财务管理的专门要求。但对于私立大学征收学费之事，须以政府所制定的相关规定为参考依据。如 1912 年 9 月的《学校征收学费规程》指出，高等专门学校征收学费每月银圆二元至二元五角；大学征收学费每月银圆三元；学费每学期征收一次，于入学前缴清；同时为鼓励学生，可对成绩最优者分别减免学费，具体减免学费章程由校长确定，并须呈经管辖官厅认可。[④] 1916 年的《大学分科外国学生入学规程》第六条规定，在校膳宿的外国学生与本国学生一样，一律征收学

---

① 宋恩荣、章咸选编：《中华民国教育法规选编》（修订版），南京：江苏教育出版社，2005 年，第 384 页。

② 中国第二历史档案馆编：《中华民国史档案资料汇编：教育》（第三辑），南京：江苏古籍出版社，1991 年，第 66—67 页。

③ 骆威：《南京国民政府时期的高等教育立法》，南京：南京大学出版社，2016 年，第 204 页。

④ 中国第二历史档案馆编：《中华民国史档案资料汇编：教育》（第三辑），南京：凤凰出版社，2015 年，第 65 页。

费、膳宿费。[①] 对于私立大学办学所需的设施设备，政府则有明确要求。1913 年的《私立大学规程》还特别强调私人或私法人设立大学时，要报告“经费及维持之方法”，呈请教育总长认可。[②]

5. 学校教学管理规定

私立大学在教学管理上，要遵循政府颁布的相应法规，在学科设置、课程设置上除要参照诸如 1913 年的《大学规程》中的要求，还要以 1913 年的《私立大学规程》为准，在制定私立大学的学则时，应包含学科、学科目、学科程度等。1926 年的《私立学校规程》第十条明令，私立大学等私立学校一律不得以宗教科目为必修科。[③] 1922 年的新学制规定，私立大学等大学实行选课制。[④] 1926 年的《私立学校规程》第十、十一条规定，私立大学等不得在课内作宗教宣传；学校如有宗教仪式，不得强迫学生参加。[⑤]

关于私立大学的教学及休假时间，1912 年 9 月的《学校学年学期及休业日期规程》指出，私立大学等学校以 8 月 1 日为学年始、翌年 7 月 31 日为学年之终，因特别情事须另定学生入校始期的，经部令规定或由本校声明理由并经教育总长许可，可变通办理；一学年分为三学期，1 月 1 日起至 3 月 31 日为一学期，4 月 1 日起至 7 月 31 日为一学期，8 月 1 日起至 12 月 31 日为一学期；暑假 30 日以上、50 日以下，起止日期由各校视地方气候自定，其中高等专门学校或大学可延长 20 或 30 日；年假为 7 日以上、14 日以下；春假 7 日，自 4 月 1 日起至 7 日止，其中地方寒冷的学校可酌情放寒假而缩短年假、暑假、春假的时长；民国纪念日、孔子诞日、地方纪念日、本校纪念日等各种纪念日、日曜日均休假 1

---

① 潘懋元、刘海峰编：《中国近代教育史资料汇编·高等教育》，上海教育出版社，2007 年，第 380 页。

② 潘懋元、刘海峰编：《中国近代教育史资料汇编·高等教育》，上海：上海教育出版社，2007 年，第 369 页。

③ 朱有瓛、高时良主编：《中国近代学制史料》（第四辑），上海：华东师范大学出版社，1993 年，第 785 页。

④ 宋恩荣、章咸选编：《中华民国教育法规选编》（修订版），南京：江苏教育出版社，2005 年，第 35 页。

⑤ 朱有瓛、高时良主编：《中国近代学制史料》（第四辑），上海：华东师范大学出版社，1993 年，第 785 页。

日。[①] 1913 年的《私立大学规程》第十一条指出，私立大学各科的授业时间由校长订定并呈报教育总长。[②]

6. 学校与地方关系规定

南京临时政府与北洋政府时期，虽然有关制度规定私立学校应接受主管教育行政机关监督和指导，私立学校的设立、立案、变更、废止等事项也必须呈报主管教育的行政机关，但由于包括私立大学在内的私立专门以上学校的主管教育行政机关为教育部，因此可以说彼时的私立大学在管理上一般不与地方发生联系。

7. 学校督导考评规定

随着私立学校包括私立大学的发展，政府在规范和加强对私立大学管理时，比较重视利用视学督导制度来强化对私立大学的考察督导。1913 年 1 月的《视学规程》第一至三条规定，全国设立八个视学区，每学区派视学两人，对区域内包括普通高等教育在内的普通教育等进行定期和临时视察。1913 年 3 月的《视学处务细则》对学区视学督导活动的具体要求作了指导性规定。1920 年 12 月的《专门以上学校视察委员会规程》指出，由教育总长指派部员组成专门以上学校视察委员会，负责视察私立大学等专门以上学校的学校状况、所设学科的实施状况等事项以及教育总长特命视察事项；视察委员视察时可对学校主管者及学科主任教员发表意见，必要时可变更学校教授时间、试验学生成绩、调阅各项文书簿册等文件；视察委员在部时应随时调阅专门以上学校所送的报告表册文件，并开会讨论一切。[③] 1921 年 2 月的《专门以上学校视察委员会视察细则》第二条指出，对于私立大学等专门以上学校的学校状况、所开设学科的实施状况，应由视察委员会进行定期视察。[④]

---

① 中国第二历史档案馆编：《中华民国史档案资料汇编：教育》（第三辑），南京：凤凰出版社，2015 年，第63—64 页。

② 骆威：《南京国民政府时期的高等教育立法》，南京：南京大学出版社，2016 年，第 204 页。

③ 潘懋元、刘海峰编：《中国近代教育史资料汇编·高等教育》，上海：上海教育出版社，2007 年，第812—813 页。

④ 潘懋元、刘海峰编：《中国近代教育史资料汇编·高等教育》，上海：上海教育出版社，2007 年，第814 页。

这一时期，随着私立学校的不断发展，政府逐渐开始重视对私立大学进行规范和引导，并先后制定和颁布了一些法规制度。从整体上看，临时政府时期在私立大学管理上做出了具有近代意义的伟大尝试，但由于处在初步探索中，不仅缺少专门的私立学校管理制度，且散见于其他法规制度中的相关规定也比较粗浅，在校长及教职员薪俸待遇等方面的规定更是存在一些“空白”；北洋政府时期，政府逐渐加强对私立大学的管理，陆续出台了一系列有关私立大学等私立专门以上学校的管理制度，制定有关于私立大学等私立学校的专门性法规制度，还有包括私立大学等高等学校在内的综合性法规制度；这些制度规定补充和完善了有关私立大学的管理制度，基本上形成了政府对私立大学的近代管理体制，促进了私立大学的发展。美中不足的是，当时关于私立大学的制度规定在很多方面还较笼统、杂乱，有待进一步明确、规范和系统。

（二）国民政府时期管理私立大学的制度

国民政府时期，政府重视对私立大学的管理，陆续制定了一系列管理制度，加强对私立大学的管控。概括来说，这一时期政府出台的有关私立大学的专门管理制度主要有：1927 年 12 月的《私立大学及专门学校立案条例》、1933 年 10 月的《私立学校规程》、1934 年 5 月的《私立专科以上学校补助费分配办法大纲》等，以及 1927 年 6 月的《大学教员资格条例》、1929 年 7 月的《大学组织法》(1934 年 4 月修正）和 8 月的《大学规程》、1931 年 6 月的《修正学校学年、学期及休假日期规程》、1933 年 6 月的《学校毕业证书规程》、1935 年 4 月的《学位授予法》和 5 月的《学位分级细则》、1936 年 5 月的《各级学校设置免费学额及公费学额规程》、1942 年 7 月的《大学及独立学院教员人数暂行标准》及 1948 年 1 月的《大学法》等。

1. 学校设置及任务规定

（1）私立大学的设学宗旨要符合国家规定

1934 年的《大学组织法》第一条指出，大学应遵照 1929 年 4 月 26 日国民政府公布的中华民国教育宗旨及其实施方针，研究高深学术，养成专门人才。[①] 抗日战争爆发以后，私立大学的办学宗旨要服从政府确定的战时教育方针：1938年的《战时各级教育实施方案纲要》规定，战时大学教育应为研究高深学术，培养能治学、治事、治人、创业之通才与专才之教育；农工商医等专门学院应施行高深专门技术教育，养成高级技术人才，以国家物质建设之需要，为施教之对象；文、理、法、教育等学院，应注重各项基本学问之广博研究，再由博返约，养成能治学、治事、治人之技能，应以国家文化建设、经济建设、社会建设之需要，为施教之对象。[②]

（2）国民政府时期，关于私立大学的设立变更及废止有了严格的规定

一是关于设立标准的规定。1929 年的《大学规程》第十一、十二条规定，包括私立大学在内的各大学须有相当校地、校舍、运动场、图书馆、实验室、实习室及其图书、仪器、标本、模型等设备；各学院的开办费（包含建筑设备费等）和经常费应满足最低限度要求（如表 2.1 所示），且大学每年的扩充设备费，至少应占经常费 15%。[③] 1933 年 10 月修订的《私立学校规程》第二、三条指出，私立学校的开办变更及停办须经教育部核准；私立大学须经教育部立案，受教育部监督与指导。[④]

表 2.1　私立大学等各学院开办费及每年经常费最低限度标准

院别或科别	开办费	每年经常费
文学院或文科	100,000 元	30,000 元
理学院或理科	200,000 元	150,000 元

---

① 宋恩荣、章咸选编：《中华民国教育法规选编》（修订版），南京：江苏教育出版社，2005 年，第 395 页。
② 中国第二历史档案馆编：《中华民国史档案资料汇编：教育（一）》（第五辑第二编），南京：江苏古籍出版社，1997 年，第 24 页。
③ 宋恩荣、章咸选编：《中华民国教育法规选编》（修订版），南京：江苏教育出版社，2005 年，第 388 页。
④ 宋恩荣、章咸选编：《中华民国教育法规选编》（修订版），南京：江苏教育出版社，2005 年，第 125 页。

续表

院别或科别	开办费	每年经常费
法学院或法科	100,000 元	80,000 元
教育学院或教育科	100,000 元	80,000 元
农学院或农科	150,000 元	150,000 元
工学院或工科	300,000 元	200,000 元
商学院或商科	100,000 元	80,000 元
医学院或医科	200,000 元	150,000 元

注：性质相类之学院或科同时并设者，其开办费可酌情减少，各学院或各科第一年的经常费，至少要有各额定数目的 2/3。

二是关于设立程序的规定。1933 年修订的《私立学校规程》第二十六至二十八条申明，私立专科以上学校应由该校校董会将学校的名称、所在地、校地及校舍情形、经费来源及经常开办各费预算表、组织编制及课程、参考书或教科书目录、图书馆全部图书目录、实验室全部仪器与标本目录及其价值、校长或院长及教职员履历表等备具呈文及附属书类，呈由该管省市教育行政机关，经主管教育行政机关对其所列各项进行切实调查和开具意见后，转呈教育部核办。①

三是关于学校设立类别、设科及名称的规定。1928 年 2 月的《私立学校条例》第一条指出，私立或团体设立的学校为私立学校，外国人及教会学校设立的学校也属私立学校。② 1933 年的《私立学校规程》第十条指出，私立大学等私立学校的名称应明确标示学校种类，不得以省市县等地名为校名，并且须冠以私立二字。③ 1934 年修正的《大学组织法》第四至八条规定，私立大学等分文学院、理学院、法学院、教育学院、农学院、工学院、商学院、医学院；具备三学院以上者才能称为大学，不合此条件者为独立学院；大学各学院及独立学院应附设专

① 宋恩荣、章咸选编：《中华民国教育法规选编》(修订版)，南京：江苏教育出版社，2005 年，第 128—129 页。

② 朱有瓛、高时良主编：《中国近代学制史料》(第四辑)，上海：华东师范大学出版社，1993 年，第 786 页。

③ 宋恩荣、章咸选编：《中华民国教育法规选编》(修订版)，南京：江苏教育出版社，2005 年，第 125 页。

修科，同时应设研究院。[①] 1929 年的《大学规程》第五至六条指出，包括私立大学在内的大学各学院或独立学院各科应分若干学系，并对大学各学院及独立学院各科应分设的学系作了具体描述。1933 年的《私立学校规程》第一、四、五条指出，私人或团体设立的学校为私立学校；私立学校不得设立分校；非遇必要时私立专科以上学校不得附设中学或小学。[②]

四是关于学校立案的规定。1927 年 12 月的《私立大学及专门学校立案条例》第一至四条明确指出，私立大学须向中华民国大学院立案，且在立案前须试办 3 年以上；其立案由校董会备具呈文及附属书类交各省区教育行政机关，由其详细调查后转呈大学院，并开具详细意见以备审核；其中申请立案学校须在经费、设备、教职员方面满足相关要求。[③]

五是关于学校变更废止等的规定。1927 年的《私立大学及专门学校立案条例》规定，已立案私立大学如欲变更或停办须呈由各省区教育行政机关转呈大学院核准。[④] 1928 年的《私立学校条例》第四、九条指出，私立大学等私立专门以上学校的设立变更及停办须经主管教育行政机关——中华民国大学院许可；当私立大学等办理不善或违背法令时，政府可予以解散。[⑤] 1933 年的《私立学校规程》要求私立专科以上学校的变更及停办须经教育部核准；当其办理不善或违背法令时，教育部可撤销其立案或令其停办。[⑥] 1934 年的《大学组织法》第三条指出，私立大学等的设立变更及停办都须经教育部核准。[⑦]

六是关于大学附设实习机构的规定。1939 年 5 月的《大学行政组织补充要

---

① 宋恩荣、章咸选编：《中华民国教育法规选编》（修订版），南京：江苏教育出版社，2005 年，第 395 页。
② 宋恩荣、章咸选编：《中华民国教育法规选编》（修订版），南京：江苏教育出版社，2005 年，第 125 页。
③ 上海法学编译社编：《法令大全下册》（增订），上海：上海法学编译社，1929 年，第 677—678 页。
④ 上海法学编译社编：《法令大全下册》（增订），上海：上海法学编译社，1929 年，第 680 页。
⑤ 上海法学编译社编：《法令大全下册》（增订），上海：上海法学编译社，1929 年，第 671—672 页。
⑥ 宋恩荣、章咸选编：《中华民国教育法规选编》（修订版），南京：江苏教育出版社，2005 年，第 125 页。
⑦ 宋恩荣、章咸选编：《中华民国教育法规选编》（修订版），南京：江苏教育出版社，2005 年，第 395 页。

点》规定，私立大学等各大学的农学院附设农场林场，工学院附设工厂，医学院附设医院。[①]

这一时期为鼓励私立大学的发展，政府还制定了对私立大学的奖励补助与惩处政策。其中，关于学校的奖励。1934 年的《私立专科以上学校补助费分配办法大纲》规定，教育部从 1934 年起设立私立专科以上学校补助费额，主要对办理成绩优良而经费困难未得公私机关充分补助的立案私立专科以上学校予以奖助。[②] 1939 年 7 月的《切实推进导师制办法》第一条指出，对私立大学等中等以上学校奉行导师制著有成绩的，应予以奖励。[③] 关于学校的惩处。1927 年的《私立大学及专门学校立案条例》第六条指出，已立案私立大学如措施不当或成绩不良时，可由大学院撤销其立案。[④]

相较之前，这一时期政府对私立大学设置及任务的管理制度主要有以下变化：一是在宗旨与任务上越来越强调与国家需求相适应的学术研究和专门人才培养；二是增加了对私立大学各学院开办经费、经常费等的规定；三是增加了关于私立大学名称的规定，补充了有关私立大学院系所及附属机构设置的规定；四是试行大学院制度期间，私立大学的主管教育行政机关由教育部改为中华民国大学院；五是增加了关于私立学校奖惩的规定。这些对私立大学的发展整体看是有益的。

2. 学校内部机构设置规定

对于私立大学内部的机构设置，这一时期除董事会有专门的要求外，其他方面均须遵循政府对大学的一般要求。

（1）关于学校董事会的规定

1928 年的《私立学校条例》第三条指出，私立大学等私立学校须由设立者

---

① 中国第二历史档案馆编：《中华民国史档案资料汇编：教育（一）》（第五辑第二编），南京：江苏古籍出版社，1997，第 700 页。

② 宋恩荣、章咸选编：《中华民国教育法规选编》（修订版），南京：江苏教育出版社，2005 年，第 397 页。

③ 中国第二历史档案馆编：《中华民国史档案资料汇编：教育（一）》（第五辑第二编），南京：江苏古籍出版社，1997 年，第 215 页。

④ 上海法学编译社编：《法令大全下册》（增订），上海：上海法学编译社，1929 年，第 679 页。

推举校董组成校董会，负经营学校之全责。[①] 1928年2月的《私立学校校董会条例》第一条重申了私立大学等私立学校以校董会为设立者代表，并负经营学校之全责；第二、四、十二条指出，私立大学等私立专门以上学校的校董会由设立者开具董事会名称、目的等相关事项并呈省区教育行政机关转交大学院；校董会负责学校经费筹划、预决算审核、财产保管、财务监察及其他财务事业，选任校长负责学校行政；有特别情形的才可由外国人充任校董，但名额最多不得过半，且董事长或董事会主席须由中国人充任。[②] 1933年修订的《私立学校规程》第十一至十四、十六、十九条指出，私立学校以校董会为设立者代表，第一任校董由设立者聘请相当人员组织，其中设立者为当然董事，设立者过多时应互推一至三人为当然校董；校董会校董不超过十五人，并互推一人为董事长；校董会至少应有四分之一校董由曾研究教育或办理教育者充任，且现任主管教育行政机关及其直接上级教育行政机关人员不得兼任校董；特别情形下可由外国人充任校董，但名额不得超过三分之一，且董事长须由中国人充任；私立专科以上学校的校董会呈请立案时应由该管教育行政机关转呈教育部核办；校董会主要负责学校经费筹划、预决算审核、财务的保管与监察等，选任校长或院长负责学校行政事务，学年终结时将学校的校务状况、前一年度所办重要事项、收支金额及项目、校长与教职员及学生一览表等连同财产项目分别经报或转报主管教育行政机关备案。[③] 1934年的《大学组织法》规定，私立大学设董事会，其董事会组织及职权由教育部规定。[④]

（2）关于学校组织机构及人员设置的规定

1928年的《私立学校条例》第五、六条指出，私立大学等私立学校的校长

---

① 上海法学编译社编：《法令大全下册》（增订），上海：上海法学编译社，1929年，第671页。

② 王学珍、张万仓编：《北京高等教育文献资料选编（1861～1948）》，北京：首都师范大学出版社，2004年，第588页。

③ 宋恩荣、章咸选编：《中华民国教育法规选编》（修订版），南京：江苏教育出版社，2005年，第126—127页。

④ 宋恩荣、章咸选编：《中华民国教育法规选编》（修订版），南京：江苏教育出版社，2005年，第397页。

对校董完全负责并执行校务；且校长必须由中国人充任。[①] 1934 年的《大学组织法》规定，私立大学等的各学院设院长一人，各学系设系主任一人，职员、事务员以及教员若干。[②] 此后，1939 年 5 月的《大学行政组织补充要点》中要求大学教务、训导、总务三处应分别设教务长、训导长及总务长各一人，秉承校长分别主持全校教务、训导及总务事宜，这同样适应于私立大学。为加强对私立大学学生的管理，1943 年 11 月的《学生自治会规则》指出，私立大学等学校要设立自治会作为学校内部学生课外活动的唯一组织，由校长及主管训导人员对该会负指挥监督责任，由学校选聘教职员担任该会各种活动的指导职责；学生自治会之权利机关为会员大会，在会员大会闭会期间为理事会，理事会分设服务、学艺、健康、风纪、事务五部，各部设总干事一人，干事若干人。[③]

这一时期，政府关于私立大学内部机构设置的制度规定主要发生了以下变化：第一，针对私立大学校董会设置、职责及人员组织的规定更加详细具体，强调校董事会经营学校的全责，使董事会成员有了压力感；第二，补充对私立大学校长的规定，明确了私立大学的校长对董事会负责并执行董事会决策的私立大学内部管理体制，同时增加关于学校院系处室等组织机构及其管理人员的规定，私立大学的内部管理趋于完备；第三，增加了关于校务会议、院系会议、训导会议、总务会议、学生自治会议等会议组织的规定，同时有关各会议机构的规定也更加详备，私立大学内部的民主管理得以显现。

3. 学校校长及人员管理规定

（1）关于校长的规定

校长设立及废止等的规定。1927 年的《私立大学及专门学校立案条例》要求，私立大学校长应由中国人充任。[④] 1928 年的《私立学校校董会条例》第四条

---

① 上海法学编译社编：《法令大全下册》（增订），上海：上海法学编译社，1929 年，第 671 页。

② 骆威：《南京国民政府时期的高等教育立法》，南京：南京大学出版社，2016 年，第 214—215 页。

③ 宋恩荣、章咸选编：《中华民国教育法规选编》（修订版），南京：江苏教育出版社，2005 年，第 170—171 页。

④ 曹义孙、胡晓进编著：《三十年中国法学教育大事记（1919—1949）》，北京：中国政法大学出版社，2011 年，第 106 页。

指出，校董会选任校长并经主管教育行政机关认可，完全负责学校行政事务；如校长失职，校董会可随时予以改选。[①] 1933 年修订的《私立学校规程》第七、十九条指出，外国人设立的私立中等以上学校需以中国人充任校长或院长；由校董会选任校长或院长负责学校行政；主管教育行政机关认为校董会所选的校长或院长不称职时可令校董会另选，另选仍不称职可由主管教育行政机关暂行遴任。[②]

校长职务权限的规定。1928 年的《私立学校条例》规定了私立大学校长的职责：对校董负责和执行校务。1928 年的《私立学校校董会条例》重申了校长的职务权限为完全负责学校行政事务。1933 年的《私立学校规程》第七、十九条规定，私立学校的校长应专任，不得兼任其他职务；学校行政由校董会选任校长或院长完全负责。[③]

（2）关于教职员管理规定

对于私立大学的教职员，其任职资格要符合政府制定的相关规定，如 1927 年的《大学教员资格条例》指出，大学助教须由国内外大学毕业获学士学位，且有相当成绩，在国学上有所研究；讲师须由国内外大学毕业获硕士学位，有相当成绩，助教满一年以上而有特别成绩，并在国学上有所贡献；副教授须在外国大学研究院研究若干年获博士学位，有相当成绩，从事讲师工作一年以上而有特别成绩，并于国学上有特殊贡献；教授须任副教授教学工作二年以上并有特别成绩；其中没有学位但在学术上有特别研究的，经大学评议会决议也可充任助教或讲师。[④] 1927 年的《私立大学及专门学校立案条例》指出，私立大学的教职员应能合格胜任，且专任教员应占总数的三分之一以上。[⑤] 1930 年 10 月的《大学及

---

① 王学珍、张万仓编：《北京高等教育文献资料选编（1861～1948）》，北京：首都师范大学出版社，2004 年，第 588 页。

② 宋恩荣、章咸选编：《中华民国教育法规选编》（修订版），南京：江苏教育出版社，2005 年，第 125、127 页。

③ 宋恩荣、章咸选编：《中华民国教育法规选编》（修订版），南京：江苏教育出版社，2005 年，第 125、127 页。

④ 骆威：《南京国民政府时期的高等教育立法》，南京：南京大学出版社，2016 年，第 212—213 页。

⑤ 曹义孙、胡晓进编著：《三十年中国法学教育大事记（1919—1949）》，北京：中国政法大学出版社，2011 年，第 106 页。

独立学院教员资格审查暂行规程》对助教、讲师、副教授、教授的资格进行了明确要求。私立大学要保障教职员的待遇，1944 年 6 月的《学校教职员退休条例》第二十条指出，私立大学等私立学校的教职员应领的退休金由所在学校依照本条例，根据学校经费情况酌量支付；当退休金经费不足时，由教育主管机关补助。① 1944 年 6 月的《学校教职员抚恤条例》第十八条指出，私立大学等私立学校教职员的抚恤金由所在学校参照该条例，依学校经费情况酌量支给；当抚恤金经费不足时由主管教育行政机关补助。② 私立学校的教师做出成绩同样可得到政府的奖励。1939 年 7 月的《切实推进导师制办法》第二条指出，对私立大学等中等以上学校中对学生训导著有成绩的导师，应由校长呈请主管教育行政机关核准予以奖励。③ 1940 年 4 月的《教员服务奖励规则》（1945 年 6 月修正）第二至五条指出，对在各级公立学校及已立案私立学校连续服务十年以上、成绩优良并经检定或审查合格的校长及教员，经查明属实的，分别授予“智”“仁”“勇”服务奖状；并就奖状授予条件作了具体说明。④

（3）关于学生管理规定

在私立大学学生管理上，这一时期政府的主要思路就是将其纳入一般大学的管理规定之中，同时从升学、转学、毕业等方面制定要求，强化私立大学的立案要求，明确立案与不立案的差别。如 1929 年的《大学规程》第四条指出，大学或独立学院学生转学须学科程度相同，有原校修业证明书，并在学期开始前经试验及格；未立案私立大学或独立学院学生不得转学公立及已立案私立大学或独立学院；大学各学院及独立学院各科的最后一年级不得接收转学学生。⑤ 1927 年的

---

① 宋恩荣、章咸选编：《中华民国教育法规选编》（修订版），南京：江苏教育出版社，2005 年，第 665 页。

② 宋恩荣、章咸选编：《中华民国教育法规选编》（修订版），南京：江苏教育出版社，2005 年，第 667 页。

③ 中国第二历史档案馆编：《中华民国史档案资料汇编：教育（一）》（第五辑第二编），南京：江苏古籍出版社，1997 年，第 215—216 页。

④ 宋恩荣、章咸选编：《中华民国教育法规选编》（修订版），南京：江苏教育出版社，2005 年，第 668 页。

⑤ 骆威：《南京国民政府时期的高等教育立法》，南京：南京大学出版社，2016 年，第 216 页。

《私立大学及专门学校立案条例》明确指出，未立案私立大学的肄业生及毕业生不得与立案学校的学生享受同等待遇。[①] 1933 年的《私立学校规程》第三十七条再次申明，未依照该规程完成立案手续的私立大学等私立学校的肄业生与毕业生不得与已立案学校的学生享受同等待遇。[②]

对于私立大学学生的管理，政府在强化日常行为训练的同时，在抗战阶段则要求采用军事化管理的方式。如 1938 年的《战时各级教育实施方案纲要》提出，战时中等以上学校一律采用军事管理方法，以养成清洁、整齐、确实、敏捷的美德、劳动服务的习惯和负责任守纪律的团体生活。[③] 与此同时，还要求在学生管理上实行导师制，1938 年 3 月的《中等以上学校导师制纲要》规定，对中等以上学校学生实行导师制，将每一学级学生分成若干组，每组人数以五人至十五人为度，每组设导师一人，对学生的思想、行为、学业及身心摄卫，在体察个性基础上，施以严密之训导，使其正常发展以养成健全人格。1940 年的《学生军事训练实施方案》规定，私立大学等学校学生的军事训练应参照陆军军队内务规则，不分年级均实行军事管理；同时规定，专科以上学校修业年限 3 年以上的第一、二、三学年均需实施平时训练，每周二小时，学、术科各一小时；修业年限为二年的，其学生平时训练为每周三小时，第一学年学科一小时、术科二小时，第二学年学科二小时、术科一小时，每年野外演习至少四次，每次二小时以上，实弹射击三次。[④]

国民政府时期，关于私立大学校长及学校人员的管理制度主要有以下变化：一是补充了校长废止的规定，完善了有关校长任职及权限的规定。二是对教员资格作了分类规定，且资格规定越来越详明，越来越突出能力要求；增加了对教职

① 曹义孙、胡晓进编著：《三十年中国法学教育大事记（1919—1949）》，北京：中国政法大学出版社，2011 年，第 106 页。

② 宋恩荣、章咸选编：《中华民国教育法规选编》（修订版），南京：江苏教育出版社，2005 年，第 131 页。

③ 宋恩荣、章咸选编：《中华民国教育法规选编》（修订版），南京：江苏教育出版社，2005 年，第 682—683 页。

④ 中国第二历史档案馆编：《中华民国史档案资料汇编：教育（一）》（第五辑第二编），南京：江苏古籍出版社，1997 年，第 217—218 页。

员构成及聘任的相关规定和有关教师资格审查的规定。三是补充规定了教职员的分类与职务要求；增加了有关教职员薪俸和提高待遇的规定；补充了关于教职员养老金及抚恤金发放办法的规定；增加了关于教职员解聘与奖励的规定。四是将学生的升学、毕业要求作为督促私立大学进行立案的具体手段，补充了私立大学学生毕业等方面的限制性规定。五是不断严格学生的日常管理、学业考查等各项管理制度，尤其是随着时局变化，增加了军事管理与军事训练的内容。六是在学生奖励与惩处方面，实行公立大学与私立大学一视同仁的政策。

4. 学校财物管理规定

（1）关于教育经费的规定

1927年的《私立大学及专门学校立案条例》第三条指出，申请立案的私立大学应有确定资产或资金，其租息足以维持学校常年经费，或者在确定资产资金之外有其他确定收入足以维持学校常年经费，或没有确定的资产资金而另有其他确定收入并足以维持学校常年经费。① 1929年的《大学规程》首次就私立大学等各学院开办费（包含建筑设备费等）和经常费以及每年的扩充设备费作了规定，具体如前所述。1933年修订的《私立学校规程》第二十九条指出，私立专科以上学校的资产或资金的租息连同学费外的其他确定收入应足以维持学校每年的经常费。②

（2）关于学校设施设备的规定

1927年的《私立大学及专门学校立案条例》第三条指出，申请立案的私立大学应有相当校地、校舍、运动场、图书馆、实验室等各类设备。③ 1929年的《大学规程》规定，大学须有相当校地、校舍、运动场、图书馆、实验室、实习室及图书、仪器、标本、模型等设备。④ 1936年7月的《学校卫生设施标准》

① 上海法学编译社编：《法令大全下册》（增订），上海：上海法学编译社，1929年，第677—678页。
② 宋恩荣、章咸选编：《中华民国教育法规选编》（修订版），南京：江苏教育出版社，2005年，第129页。
③ 上海法学编译社编：《法令大全下册》（增订），上海：上海法学编译社，1929年，第678页。
④ 宋恩荣、章咸选编：《中华民国教育法规选编》（修订版），南京：江苏教育出版社，2005年，第388页。

（1944 年 7 月修正）规定了专科以上学校的卫生设施标准，要求充实学校的卫生设施以防治教职员、学生及工友的疾病，改善校内环境卫生以保障校园生活安全和增进个人健康，养成学生对卫生的正确观念以期通过个人努力领导家庭社会，促进民族健康；对专科以上学校的卫生设施作了简要规定，指出学校视学生人数多寡分别设置卫生室或诊疗室、医院，准备诊治疾病应用的工具器械及药品、健康记录、显微镜，及检验痰、大小便与计算血球、血色素的设备，处置垃圾及扑灭蚊蝇的设备与检查环境卫生的表格，预防接种应用的设备，体重及伸长测量器具，寄宿生满二百人以上的学校还应有疗养室一间，并内置二张以上病床和疗养应有的设备。①

这一时期，政府对私立大学财务管理的制度规定主要有以下变化：增加了学费以外其他各项经费的相关规定，强调私立大学要有维持运转的经常费；补充完善了关于学校设施设备的规定。

5. 学校教学管理规定

（1）关于课程设置的规定

1928 年的《私立学校条例》第八条明令，私立学校不得以宗教为必修科目。② 1929 年的《大学规程》第八、二十三条指出，大学各学院或独立学院各科，除党义、国文、军事训练以及第一第二外国文为共同必修科目外，须在一年级开设基本科目；专修科以党义、军事训练、国文、外国文为共同必修科目。③ 1933 年修订的《私立学校规程》第三、八条规定，私立大学等私立学校组织课程及其他一切事务均须遵照其时教育法令办理，且不得以宗教科目为必修课。④ 1938 年的《高中以上学校新生入学训练实施纲要》指出，应对私立大学等学校新生进行政治训练、修学指导、道德修养、小组讨论、校史章则、军训、体

---

① 王东胜、黄明豪主编：《民国时期健康教育文集》，南京：江苏人民出版社，2008 年，第 66 页。
② 上海法学编译社编：《法令大全下册》（增订），上海：上海法学编译社，1929 年，第 672 页。
③ 宋恩荣、章咸选编：《中华民国教育法规选编》（修订版），南京：江苏教育出版社，2005 年，第 388、390 页。
④ 宋恩荣、章咸选编：《中华民国教育法规选编》（修订版），南京：江苏教育出版社，2005 年，第 125 页。

育、音乐等科目的训练。[①] 1939 年 6 月的《专科以上学校实施战时教程》要求，战时全国公私立专科以上学校应依照科目性质酌量增设特殊科目，其中文科可增设民族文学和抗战史料，法商科可增设日本问题、战时经济和战时法令，教育科可增设战时教育问题和军事心理学，理科可增设国防化学和国防地理，工科可增设军事工程、军事电讯和汽车修造，农科可增设战时食粮问题，医科可增设战时教护；各校院还可斟酌其人材设备及社会需要增加其他有关抗战建国的科目。[②] 1940 年的《学生军事训练实施方案》第二至四条规定，大学除女生免受军训而以战时妇女勤务为必修学科外，男生须以军事训练为必修科，并规定了军事训练的目标和要旨。其目标在于：造成体魄坚强、人格高尚、学识丰富与行动积极，能为民族牺牲、为国家奋斗的中国国民；造成态度庄严、操作勤敏、负责任、守纪律、明礼仪、知廉耻的现代国民；造成思想统一、精诚团结、爱国爱群、共同奋斗，以复兴中华民族、完成国民革命为自任的忠勇国民。要旨为：以精神教育确定学生爱国爱群、服从总裁的信念，坚定其牺牲小我以成大我的决心；以学术训练灌输学生现代必备的军事学术与技能；以军事管理养成学生确实迅速、静肃秘密的习惯，使其生活方式与战斗方式形同一致；以野营演习启发学生接近自然、艰险不避的志趣，达到征服自然、利用万物之目的；以诸般勤务，锻炼学生劳动服务互助的德性与处理修理整理之能力。[③]

（2）关于课程实施的规定

一是关于选科及学分制等的规定。1928 年的《私立学校条例》明确指出，私立大学等私立学校不得在课内做宗教宣传；不得强迫学生参加宗教仪式。[④] 1929 年的《大学规程》规定，大学各学院各科课程应采用学分制，但学生每年

---

① 中国第二历史档案馆编：《中华民国史档案资料汇编：教育（一）》（第五辑第二编），南京：江苏古籍出版社，1997 年，第 160—162 页。

② 中国第二历史档案馆编：《中华民国史档案资料汇编：教育（一）》（第五辑第二编），南京：江苏古籍出版社，1997 年，第 704—705 页。

③ 中国第二历史档案馆编：《中华民国史档案资料汇编：教育（一）》（第五辑第二编），南京：江苏古籍出版社，1997 年，第 216—217，220 页。

④ 上海法学编译社编：《法令大全下册》（增订），上海：上海法学编译社，1929 年，第 672 页。

所修学分须有限制，不得提早毕业；聪颖勤奋之学生，除应修学分外，可于最后一学年选习特种课目以资深造，其试验合格时，由学校给予特种奖励。[①] 1932 年 1 月的《施行学分制划一办法》统一规划了大学学分制实行办法，指出凡采取"绩点"或其他名称者应一律改称学分；凡需课外自习的科目，以每周上课一小时满一学期者为一学分；实习及无需课外自习之科目，以二小时为一学分；大学四年修业期间须习满 132 学分；各院系学生前两年以至多修 40 学分，至少修 36 学分为限；后两年以至多修 36 学分，至少修 30 学分为限。[②] 1933 年修订的《私立学校规程》重申了《私立学校条例》的规定，明令私立大学等私立学校不得在课内进行宗教宣传；宗教团体设立的私立学校内如有宗教仪式，不得强迫或劝诱学生参加。[③]

二是关于辅修制度的规定。1929 年的《大学规程》第五、七、八条规定，私立大学等大学各学院分若干学系，学生从第二年起应认定某学系为主系，并选定他学系为辅系，并对各科学院的必修科目设置作了概括规定。[④]

（3）关于教材的规定

1938 年的《战时各级教育实施方案纲要》规定，应对战时各级学校的教材进行整理使之成为一贯之体系，适应抗战与建国的需要；整理体育教材使之与军训相连贯，以矫正过去的缺点。[⑤] 1938 年的《高中以上学校新生入学训练实施纲要》规定，包括私立大学新生在内的高中以上学校新生入学训练的教材应注意锻炼目力、足力、臂力、肺量及敏捷、活泼、持久等能力，并对各科目教材大纲内

① 中国第二历史档案馆编：《中华民国史档案资料汇编：教育》（第五辑第一编），南京：凤凰出版社，2015 年，第 175—177 页。

② 中国第二历史档案馆编：《中华民国史档案资料汇编：教育》（第五辑第一编），南京：凤凰出版社，2015 年，第 186—187 页。

③ 宋恩荣、章咸选编：《中华民国教育法规选编》（修订版），南京：江苏教育出版社，2005 年，第 125 页。

④ 骆威：《南京国民政府时期的高等教育立法》，南京：南京大学出版社，2016 年，第 216—217 页。

⑤ 宋恩荣、章咸选编：《中华民国教育法规选编》（修订版），南京：江苏教育出版社，2005 年，第 682 页。

容作了简要说明。[①] 1940 年的《学生军事训练实施方案》规定，私立大学等学校学生军事训练的教材由政治部会同教育部订定。[②]

（4）关于教学及休假时间的规定

1931 年的《修正学校学年、学期及休假日期规程》规定，私立大学等学校一学年分为二学期，每年 8 月 1 日至翌年 1 月 31 日为第一学期，2 月 1 日至 7 月 31 日为第二学期；除休假日期外，大学第一学期 136 日，第二学期 135 日（闰年 136 日）；大学暑假以 70 日为限，从 6 月 23 日至 8 月 31 日；年假 3 日，1 月 1 日至 1 月 3 日；寒假 14 日，1 月 18 日至 1 月 31 日；春假 7 日，4 月 1 日至 4 月 7 日；寒暑假期起始日期，在严寒酷暑的省市境内，可按地方情形酌量变更，但休假日期不得超过规定总数；孔子诞生纪念日、国庆纪念日、总理诞辰纪念日、中华民国成立纪念日、总理逝世纪念日、革命先烈纪念日、革命政府纪念日、国民誓师纪念日等休息一天，并于当日举行纪念式及演讲，学校本校纪念日休假每年至多不得超过两日；除周日和上述假日外，学校不得任意放假，且各种集会应在周日举行。[③]

与南京临时政府和北洋政府时期相比，国民政府时期关于私立大学教学管理的制度规定主要有以下变化：一是完善了学校课程开设的制度，增加了关于开设党义、军事训练以及战时特殊科目的规定，强化了意识形态课程的设置。二是增加了有关实行学分制、辅修制的规定；补充了有关战时私立大学在内的学校教材的制度。三是将包括私立大学在内的大学一学年三学期改为两学期；更改学年教学和放假时间安排，延长了假期时长。

6. 学校与地方关系规定

国民政府时期，关于私立大学与地方关系的制度规定主要体现在私立大学作

---

① 中国第二历史档案馆编：《中华民国史档案资料汇编：教育（一）》（第五辑第二编），南京：江苏古籍出版社，1997 年，第 159—162 页

② 中国第二历史档案馆编：《中华民国史档案资料汇编：教育（一）》（第五辑第二编），南京：江苏古籍出版社，1997 年，第 218 页。

③ 中国第二历史档案馆编：《中华民国史档案资料汇编：教育》（第五辑第一编），南京：凤凰出版社，2015 年，第 66—67 页。

为高等教育机构，与地方进行合作，为地方提供服务方面，具体来说主要表现在政府制定的大学服务地方的相关规定，如1939年颁布的《大学理工学院与经济、交通及军备工厂合作办法》、1941年颁布的《政府机关委托大学教授从事研究办法大纲》等，私立大学同样要贯彻落实。

与南京临时政府和北洋政府时期相比，国民政府在私立大学与地方关系的管理制度方面最大的变化就是从无到有，这也是当局应私立大学直到抗战时期才逐渐与地方进行合作、利用自身的人才和科研优势直接与地方提供服务的现实情况而为的管理对策。

7. 学校督导考评规定

国民政府时期有关私立大学督导考评的制度规定主要有以下内容：

1928年的《私立学校条例》第二条指出，包括私立大学在内的私立学校应受教育行政机关的监督与指导。① 1931年8月的《教育部督学规程》规定，教育部设督学四至六人就教育法令的推行、私立大学等的学校教育事项、部长特命视察或指导事项等进行视察和指导。② 1933年修订的《私立学校规程》相关规定指出，私立大学由教育部监督及指导。③ 1945年9月的《教育部处务规程》指出，由高等教育司第一科负责包括私立大学在内的专科以上学校的设立及变更、组织及行政、教育经费计划及支配、建筑设备等相关事项的督导考核；第二科掌管私立大学等专科以上学校学生的学籍、学业成绩复核、免费公费及奖学金事项和毕业生的毕业资格审核、实习及服务指导事项；第三科负责私立大学等专科以上学校的训育事项、课程及教材事项、教员资格审查及任用待遇的计划事项、体育卫生事项、学术研究及奖励事项、学位授予、学术机关团体的指导事项等。④

较之以前，国民政府关于私立大学督导考评方面的管理制度不断完善和成

---

① 上海法学编译社编：《法令大全下册》（增订），上海：上海法学编译社，1929年，第671页。

② 宋恩荣、章咸选编：《中华民国教育法规选编》（修订版），南京：江苏教育出版社，2005年，第115页。

③ 宋恩荣、章咸选编：《中华民国教育法规选编》（修订版），南京：江苏教育出版社，2005年，第125页。

④ 宋恩荣、章咸选编：《中华民国教育法规选编》（修订版），南京：江苏教育出版社，2005年，第178—179页。

熟，基本形成了比较科学的教育督导体制。具体来说，这一时期的私立大学督导考评制度主要有以下变化：改视学为督学，由部设督学负责私立大学等高等教育学校的督导考评事务；增加了教育部高等教育司分科分工负责督导考核私立大学等高等学校有关教育事项的规定；增加了有关训育委员会对训育计划制订、军事教育实施进行督导考核的规定。

综上，国民政府时期虽然历经了较长时期的战乱，教育体系遭受了极大的战争破坏，但政府始终比较重视高等教育的发展和高等人才的培养，注意加强对高等教育学校的管理。其中，为了加强对私立大学的管理，国民政府一方面陆续制定了各种有关私立大学的管理制度，另一方面则对现有管理制度不断进行修正，使得有关私立大学的管理制度不断丰富、走向成熟。遗憾的是，受战乱局势的影响，很多关于私立大学的管理制度未能得到较好实施或根本未来得及实施。

二、私立大学管理实例

民国时期，涌现出了一批成就卓著的私立大学，促进了近代以来我国高等教育的发展。如南开大学、厦门大学、中华大学等都属其时引人瞩目的私立大学。在此，以中华大学和厦门大学为例，对其学校管理进行总结记述。

（一）私立中华大学的管理

1. 陈时与中华大学的创办

在中华民国前期，湖北有一位主持校政数十年、化难排险、惨淡经营、毁家兴学、获得“北张（指南开大学校长张伯苓）南陈”之美誉的著名教育家，这就是湖北武昌私立中华大学的创办者陈时。他以极其顽强的意志和坚强的毅力，战胜了办学征途中说不完道不尽的艰难困苦，开中华民国南京临时政府成立后私人办理大学之先河。1912 年，陈时说服家人，捐出田产、资金及藏书，创办了中华大学，这是中华民国建元来开办的第一所私立大学。

陈时（1891—1953），字叔澄，湖北黄陂县人。1891 年生于一个仕宦家庭。其父陈宣恺是清末进士，任湖北圻州府学官、湖北省参议会议员。陈时自幼聪颖好学，天资过人。光绪三十三年（1907），他东渡扶桑留学，先后在日本庆应大学、中央大学、早稻田大学和东京弘文学院学习。就读期间，结识了孙中山、黄兴、章太炎、康有为、梁启超等先进人物，并于 1909 年加入同盟会。他在《民报》上发表数篇鼓吹革命的文章，撰写了《政党论》一书。在日本留学期间，他感时忧世，认为日本能在短期内各种事业都突飞猛进，是与教育事业的蓬勃兴旺分不开的；陈时又反观中国社会的现实，认为中国贫穷落后，最重要的原因是由于民智未开，因而坚信“人才是国家的财富，教育是治国之本”。特别是在考察了日本教育家福泽谕吉和大隈重信创办的两所私立学校之后，更加坚定了他归国办大学的志向。福泽谕吉先生宣传启蒙思想、终生献身日本教育事业的事绩对青年陈时影响很大，他归国后不从政，不当官，坚持办学四十年如一日，其中就可以看见福泽谕吉和大隈重信对他的思想观念与言行的影响。

1911 年春，陈时在日本获法学学士归国。不久，武昌起义爆发，他积极参与起义斗争，担任军政府财政司秘书。中华民国临时政府成立后，政府开私人办学之禁。他说服了父亲和伯父，阐述了他的抱负是在中国创办大学，要倾尽家资兴办学校。在他的劝说之下，父亲陈宣恺先后拿出了田地 200 亩、白银 3000 两、官票 5000 串、家藏书籍 3000 余部，几乎耗去了陈家的全部资产。《武昌中华大学二十周年纪念特刊》中对陈时倾资办学做了如下描述：

时家本非素丰，以高曾矩矱，每喜作慈善事，修桥梁道路，建寺观。民国成立，以教育为陶冶共和国民要图，其时时自日本归已期年，有游美肄业馆之约，将赴海外留学。舟经渤海，以先母终日涕泣而返棹，先父乃令从事教育，愿捐家产之大半，仅留生活所需，复值先伯母衰龄乏嗣，令不肖曰："设汝能为予承禋祀者，将以薄产，助汝办学。"同堂叔父及诸昆季，皆表赞许。两家幸福之供给，皆愿牺牲为本校作基础，此时不忍不赌生命以从事者也。[①]

就这样，他办起了中国现代最早的一所私立大学。这是继国立北京大学、省立山西大学、国立北洋大学之后，办理的中华民国第四所大学，现代第一所私立大学。

1912 年 5 月 13 日，私立武昌中华大学在武昌首义之区，租借武昌府后街和昙华林正式开办。私立中华大学设大学预科和法政别科、英文专修科；又设女生部，分师范、职业两个专修科。当年 10 月，湖北都督黎元洪划拨粮道旧署给中华大学作为永久的校舍。1913 年 4 月，呈请北京政府教育部更名为中华大学。1914 年 7 月，教育部派人视察并备案。1915 年 3 月，经教育部立案，正式认可为大学。陈宣恺为中华大学正式代表，陈时为代理人。1917 年，陈宣恺去世，陈时继任中华大学代表人兼校长职务。[②]

私立中华大学是一所附设有中学和小学，设置有文、理、商三科的综合性大学。他为什么要创办这样一所"一条龙"性质的设科比较齐全的大学呢？据曾经就读于中华大学的胡起祥回忆说，陈时认为，小学和中学是大学的基础，大学教育质量的好坏，完全取决于中、小学教育的质量，所以他在重视大学教育的同时，尤其注重中、小学教育。[③] 正是基于从基础抓起的认识，陈时无论遭遇何种艰难困苦，都始终坚持要把包括中小学在内的中华大学办好。他为创办这所体系完整的大学煞费苦心，耗尽心力。每当经费拮据，学校揭不开锅盖时，就常常有人向陈时建议说，把中学和小学停下来，集中精力办大学。对于这一些意见，他都毫不犹豫地予以否定。

1926 年春，中华大学"成""德""达""材"四栋学生宿舍同时动工兴建。

---

① 汪文汉主编：《华中师范大学校史 1903—1993》，武汉：华中师范大学出版社，1993 年，第 21 页。

② 武昌中华大学武汉校友会编：《陈时先生诞辰一百周年暨中华大学创立八十周年纪念专集》，1992 年，第 6 页。

③ 政协武汉市委员会文史资料研究委员会编：《武汉文史资料》，第 43 辑，1991 年。

9 月，中华大学因时局变化而停办。次年初，中华大学发起复校运动，学校重新开学。根据教育部的《大学组织法》，凡称大学者必须有三个不同性质的学院，否则不能称之为大学。陈时的重要左右臂膀严士佳、邓翔海、胡治熙和正在病中的陈时举行了一次“榻前会议”，有的人认为学校力量不足，暂时只办文、理两学院。陈时当即斩钉截铁地说：“非办大学不可，否则宁可不办!”大家都统一了意见，办起了商学院。中华大学在改组为文、理、商三个学院之时，增设了经济、农艺两个学系和市政、师范两个专修科。建筑了新大楼暨校友总会房屋两栋、实习工厂两座、农场两个。因此，在贯彻《大学组织法》的过程中，中华大学不仅没有被改成学院，反而得到了一个扩充、更新、建设的大好机会。

中华大学创办后，在国内产生了比较大的影响。国内外众多学有专长的学者来校任教，培养了一大批建设人才。国内很多学生争相报考中华大学，山东、山西、福建、河南各省督，江西、广东、广西各省教育司，吉林、黑龙江各省提学使，各县知事，纷纷来函电保送学生。远道而来的学子南迄琼州岛，北至萨拉齐，遍及大半个中国。河南还在开封办起了中华大学河南分校，此足见其影响之一斑。

2. 私立中华大学的教学质量保障

对于办学而言，首重者莫过于教学质量。中华大学租借来简陋的校舍后，陈时便集中精力通过提高学校的教学质量来扩大学校的声誉。

陈时为中华大学制定的校训是：“成德达材，独立进取。”中华大学的教学处处体现了这一校训的精神，要把学生培养成德才兼备，具有独立、进取精神的优秀人才。在中华大学设立之初，根据社会需要设置系科与课程。初办时设文、法、商三科，文科分为中国哲学门、教育哲学门；法科有经济学门；商科有交通学门。后来，改“门”为学院的建制，实行学院和系两级体制。文学院设中国文学系、外国语文系、教育学系、法律学系，另附设师范专修科；理学院设数学系、物理学系、化学系，另附设农艺学系。商学院设经济学系、会计学系、银行学系和工商管理学系。每一系都按课程标准开设了全部的基础课程，并辅以选修课。如教育学系的必修课程有：教育概论、教育原理、教育史、普通心理学、教育心理学、儿童心理学、青春心理学、遗传学、学校卫生学、教育社会学、小学教育、中等教育、师范教育、乡村教育、职业教育、社会教育、教育行政、课程编制、教育统计、比较教育、教学法、教育哲学、现代教育思潮、视察指导。选修课程有：幼稚园教育、社会心理学、教室管理、教育测验、智力测验、新兴教育、体育等。课程设置全面，既有必修课，又有选修课，使学生不仅有比较扎实的专业基础知识，又学得主动灵活。

中华大学以陈时和严士佳的关系，聘请来了一大批学有专长的教师，其中一些是从欧洲、美国、日本等国家和地区留学归来的饱学之士。“五四”以后，陈时请来了黄侃、刘博平等著名教授来校任教，高质量的教师中还有学术造诣很深的学者、著名社会活动家，如施洋、黄负生等。严士佳是湖北黄冈人，他在清华大学毕业后，留学美国哥伦比亚大学，专攻职业教育，获教育硕士学位，是当时世界著名教育家杜威的学生。归国后，严士佳决心投身于“教育救国”运动，以教育挽救中华民族的危亡。他出任中华大学教务长，利用他在美国留学的学缘和中国学术界的种种关系，充实了中华大学的教授阵容，聘请来了清华大学及留学归国的学者任教。一批素质很高的教师队伍，不仅保证了中华大学的教学质量，还活跃了全校的学术气氛，提高了学校的声誉。

为了活跃学生的思想，优化学校人文环境，陈时努力实践教育独立、学术独立的思想，在办学过程中贯彻兼容并蓄的主张，博采众家之长，广招八方之贤，经常请国内外著名学者来校讲学。其中，先后来中华大学讲学的有康有为、梁启超、章太炎、胡适、蔡元培、顾维钧、张群、陈立夫、张君劢、陶行知、马寅初等。① 外国学者来校做演讲者，最主要的有北美教育考察团，世界学生联盟，美国著名学者杜威、何尔康、孟禄，德国著名教育家杜里舒，职业教育专家培伦子，印度著名诗人、亚洲第一位诺贝尔文学奖得主泰戈尔等。抗战期间，陈时还利用重庆学者云集的优势，聘请了许多著名学者来中华大学任教、讲学、演讲，如卢前主讲中国文学史，太虚法师主讲佛学入门，余家菊主讲儒家哲学，陈启天

---

① 武昌中华大学武汉校友会编：《陈时先生诞辰一百周年暨中华大学创立八十周年纪念专集》，1992 年，第 18 页。

主讲法家哲学，郭沫若主讲甲骨文，张君劢主讲魏晋玄学。此外，陈启天还来到中华大学演讲《唯生论》，杨杰演讲《抗战必胜，建国必胜》，冯玉祥演讲《爱国主义和抗战胜利》，马寅初演讲《新人口论》，邹韬奋演讲《政治民主化》，范长江演讲《抗战形势》等。值得一提的是，著名外交家顾维钧用流利的英语演讲德、意、日法西斯虽凶横一时，而当时却像一只关在囚笼中的野兽，处于世界人民的包围夹击之下，作垂死挣扎，引起了广大师生一阵阵热烈的掌声。[1] 中华大学既有一批造诣颇深的教师队伍，又经常请名人来校讲演，使学校的学术空气十分浓厚，学生思想十分活跃，涌现了一大批优秀青年，培养了一批以恽代英、黄负生、刘子通、林育南、肖鸿举、谢立运、唐际盛、曹学谓等为代表的才华横溢的学者和社会活跃分子。

中华大学的教学质量为社会学界所认可。对这一点，教育部曾作过考察，认为教学质量是比较高的。视察报告说：视察时，大学商科授英文、商业史，教员稽岑孙，讲解明了。……预科三年级生授国文，教员方彦恂，讲述文体源流，颇有条理。……预科二年级生授本国地理，教员顾宗袠，讲授东三省之交通形势，绘图说明，尚属详细。……又调阅预科一年级生入学试卷，大致尚属平顺。综观该校编制，教授尚无不合。[2]

该校的不足是“商科学生修业已历一年，照章应设之商品陈列所、商业实践室，均尚未设备”。这无疑是中华大学办学经费不足造成的，并不是中华大学有意不遵章办学，也不是中华大学不谙商学人才培养规律，不注重实践、实验环节。

正因为中华大学教学质量保障得力，教学质量很高，在中华大学 20 周年校庆时，国民政府政界、军界、学界要员如林森、居正、冯玉祥、张学良、张群、蔡廷锴、熊式辉、杨虎城、蔡元培、王正廷、黄炎培、胡适、梅贻琦、王世杰、王星拱、马相伯等 163 位为校庆题词，此足见中华大学在学界、政界的影响。

---

① 武昌中华大学武汉校友会编：《陈时先生诞辰一百周年暨中华大学创立八十周年纪念专集》，1992 年，第 8 页。

② 《教育部视察中华大学报告》（1916 年 12 月），《教育公报》第四年（1917 年 4 月），第 6 期“报告”。

3. 私立中华大学的管理与办学特色

中华大学校董会是1929年5月经教育部批准立案的。当年12月，教育部批准学校立案。于是，中华大学根据教育部制定的《私立学校规程》制定了《校董会章程》。《章程》规定："本会设校董九人，候补校董五人。以在学术界及社会上负有重望，热心促进本大学之发展者，得由本会聘为名誉校董，或名誉董事长。"1928年4月选出的第一届校董会成员有：校董兼主席习文德，前湖北省党部委员；校董兼副主席涂允檀，前汉口社会局长；校董兼秘书胡竞存，日本明治大学研究科毕业；校董兼财务委员姚名帛，律师、中华大学教授；校董有黄建中、李治东、汪奠基、陈时。此外，还有几位候补校董。这些校董都是社会名流，在社会各界均有极为广泛的影响，选他们参与校董会，主要是为了利用他们的社会地位和影响，筹集教育经费，对于学校的发展是有好处的。校董中有一大批当时政界人士，这是因为当时社会黑暗，中华大学经费不充足，经不起大风大浪，受不了大折腾，有必要请来一些权要人士撑腰，做"保护伞"。

校董会的职权是：（1）选任学校正副校长，及校长、副校长任满或失职时的改选；（2）选任本会职员；（3）筹管基金；（4）计划扩充校务；（5）审议重要校务及预决算；（6）监察本大学之财务；（7）其他关于本校重要事项。校董会的设立，不仅扩大了中华大学的社会影响，也在一定程度上为校长分忧解难，分担了校长的一部分责任，使校长能将主要精力集中到学校的内部管理和教师招聘及教学研究上来。

中华大学在行政管理方面也制定了规章，使管理有章可循，有法可依。中华大学的行政管理规章集中体现在《中华大学组织大纲》上。"大纲"规定，学校以董事会为最高机关，负经营学校之全责。本校设校长一人，由校董会选定，分呈教育部暨湖北省政府教育厅备案，任期五年，但得连选连任。校长对外代表全校，对内总揽一切校务。根据这一规定，中华大学创办到1917年，由陈宣恺任校长；自1917年到1945年，是中华大学发展的最关键时期，由陈时任校长。此后，陈时改任常务董事长，继任校长者有刘文岛、王震寰、王治焯（代）、邹昌炽（代）、严士佳[①]。

中华大学早期的行政管理机构比较简单，由校长管理具体校务，校监辅佐校长。1921年春进行学校组织系统调整，在校长之下设总务处和教务处。由林立和李式金[②]分任总务长和教务长，经调整后，设有秘书室、教务处、总务处三个机构。其中，秘书室下设机要股、文书股、统计股、出版股；内有秘书二人，帮办秘书一人；教务处设教务长一人，下设注册股、考勤股、图书股、体育股、军事训练股、童子军股，各股设主任一人，办事员若干人；总务处设总务长一人，下设庶务股、会计股、舍务股、卫生股。各股设主任一人，办事员若干人。此外，还有各种会议制度，如校务会议、院务会议、教务会议、总务会议、训育会议等。中华大学还有一些委员会，如政治训育委员会、中小学训育委员会、学制课程委员会、考试委员会、经济审查委员会、建筑委员会、图书委员会、学生事业委员会、体育委员会和各种临时委员会等。

经费自始至终是困扰中华大学的问题。陈时担任中华大学校长后，最重要的工作就是筹措经费。中华大学的家底很薄，长期没有固定资金，当时只有陈宣恺和陈朴生先后捐出的田产300石，以100石为开办费，100石为修建房屋费，100石为学校及陈家费用。自中华大学创办至1915年，1/3的学生享受公费，其间经费收入仅够每学期的4个月，每月差2000串。[③] 中华大学的教师工资也是当时湖北高等学校中比较低的。其专任教师最高者仅为120串[④]，最低为100串，兼任每小时1～5圆。职员最高工资为60串，最低为20串，工友为4～6串。1920年起，开始改为银币单位，1923年教员最高者为200圆，最低者为50圆。职员

---

① 严士佳从1949年3月至1951年任中华大学校长。1951年，中华人民共和国教育部进行高等学校院系调整，中华大学并入华中师范学院和武汉大学。他任改制委员会副主任委员，湖北政协委员，华中师范学院教授、教育系工会副主席，主讲教育系中国教育史课程。

② 林立，别字卓然，哲学博士，1921年3月任中华大学教务长，大革命时期曾任沪江大学校长；李式金，号杆西，湖北黄陂人，清末秀才，毕业于张之洞创办的两湖书院，是湖北当时知名的书画家之一。李出任中华大学的总务长，实际上还代陈时撰写所有应酬文字、往来书信、学校的文告等。大革命后退职。

③《陈时自述》，中华大学档案卷471号，存华中师范大学档案馆。

④ 当时每串另加200文大约折合现洋1圆。

最高者为100圆，最低为40圆。工友最高为10圆，最低为4圆。[①] 教员工资尽管不高，但是中华大学一方面尽量让他们到外校兼课，另一方面以情动人，“以诚相见，以礼相待”，使很多教员能安心在中华大学工作。如邹昌炽、成序庠和罗季林都是留学美国归来者，陈校长拟请他们做中华大学教师队伍的基本支柱，约定每月工资200圆，但是不能兑现；后来160圆，还是不能兑现；最后降到120圆，仍有困难。于是罗不得不另谋他就。[②]

为了使中华大学走出困境，陈时把主要精力用到了募捐上。他深深地感到，武汉的商界不如南开大学所在地的天津，有钱人对文化教育事业兴趣不大，募捐往往“十叩柴扉九不开”。在漫长的岁月里，中华大学是在极其艰苦的困境中度过的，有时陈时简直是度日如年。民国初年，陈时偕中华大学校友、广东人梁绍文到南洋群岛向华侨募捐，成果不大；陈时四处求援，有时有一些效果，有时大失所望。他募捐有一个原则，绝不要不干净的钱，绝不低三下四、摧眉折腰乞讨。一次，陈时拿着捐簿请汉口巨富徐荣廷写捐，徐写下了500圆，竟将捐簿往地上一扔，结果陈时愤然拒收。陈时对捐来的经费，十分爱护，精打细算，节约开支，从不因自己募来了很多钱，就为自己行一些方便，既不拿学校的一分薪水，也不搞任何过分的享受。他的起居特别简朴，所住的是昙华林旧居，却不愿多花分文予以整修。有一次，陈时听到替中华大学修建校舍的营造厂老板说要为他盖两座新楼房，他执意不肯，说：“我是一个办教育的人，有时候身无分文，有时候腰缠万贯，如果为了自己的奢侈享受，把办学校的钱中饱私囊，我这个校长还当得下去吗？住差一点不要紧，只要学校办得下去就行了。否则是会被社会人士唾弃的。”[③]

正因为陈时这一种廉洁自律、勤俭办学的精神，才使中华大学在艰苦的办学环境中渡过了一个又一个难关。

经过陈时等中华大学开创者的长期探索，中华大学形成了自身的办学特色：

---

① 汪文汉主编：《华中师范大学校史1903—1993》，武汉：华中师范大学出版社，1993年，第33页。

② 政协武汉市委员会文史资料研究委员会编：《武汉文史资料》第16辑，1984年。

③ 政协武汉市委员会文史资料研究委员会编：《武汉文史资料》第20辑，1985年。

第一，闯出了一条在贫穷的国家办大学的新路。陈庆中在《中华大学校长陈时的一生》一文中指出，中华大学之所以在那个时代能得以生存下来，是因为陈时认识到，在中国这样一个人口众多，底子很薄的国家办私立大学，应当自始至终贯彻“想穷办法，办穷教育”“用穷办法办大学”的原则。办学少了金钱是万万不能的，但是金钱并不是万能的。陈时找到了解决经费问题的办法——广联一批献身教育的志士仁人，如严士佳、邹昌炽、鲁润玖等笃信“教育救国”功能、立志献身教育的同仁，他们“风雨同舟数十年，含辛茹苦乐育才”。有这样一批基干队伍，脚底下怎么会有走不通的道路呢？以此办学，何难之有？

第二，不同于一般大学的是，中华大学是小学、中学、大学俱全的“一条龙”性质的大学，这是中华大学的一个特色。它不同于国内外许多大学，既没有沿袭西方孤零零地办一所大学的所谓“大学模式”，也没有沿袭先办小学，再办中学，然后再升格办大学的传统模式，而是开始就创办预科，继办本科，充分地显示了陈时兴学育才的胆识和魄力。陈庆中在一篇文章中说，中华大学第一期毕业生英才辈出，纷纷成为社会的一流人才，说明陈时的办学模式不落前人窠臼，办学思路具有创造性。①

第三，推行平民教育和职业教育。据胡起祥回忆，陈时办中华大学是因为他有一股强烈的平民精神推动。他有感于平民教育是建国的根基，是普及教育的初步，于1923年秋发起组织湖北平民教育促进会，并于是年11月23日约请中华平民教育促进总会熊朱其慧女士、陶行知、晏阳初等人来到武汉三镇各机关、团体和学校演讲。28日，武汉三镇举行规模盛大的平民教育大游行。这一次游行，1923年11月29日的《申报》进行了报道，陈时与湖北省教育厅长等走在游行队伍的最前面。

尽管中华大学经费十分困难，但仍以千元作为七甲办理乡村教育的费用，并承诺代办七甲民众教育。中华大学还开办了规模颇大的平民教育试验学校、平民

---

① 武昌中华大学武汉校友会编：《陈时先生诞辰一百周年暨中华大学创立八十周年纪念专集》，1992年，第4页。

夜校。陈时还在1924年4月8日的开学典礼上演讲平民教育的经过和意义。他支持家境极为困难的胡起祥一面工作，一面学习。1924年陈时担任中华职业教育社的干事长，并在汉口举办了西部八省职业教育产品展览。他还参加了在武汉地区召开的第四届全国职业学校联合会和中华职业教育社征求会员大会，推动了武汉地区职业教育的发展。

第四，重视大学生身体素质的提高。1924年，第三届全国运动会在武昌举行，中华大学校长陈时被推举为全运会副会长和筹备委员会委员长。在“三运会”筹备过程中，中华大学向全国展示出了体育实力，陈时也表现出了非凡的组织才干。武昌“三运会”被有识之士称为“最革命之处”。它有如下三个特点：一是第一次由中国人组织竞赛，运动会文件、成绩公布都用中文，裁判长、单项裁判都由中国人担任，打破了前两届全由洋人操纵竞赛的局面；二是第一次设置女子竞赛项目，来自上海、湖北、吉隆坡的女运动员参加了篮球、排球等项目的比赛，宣告女子跨入了体育运动的竞技场；三是第一次设置了中国传统体育运动——“武术”，体现了这次运动会的民族特色。①

第五，实行教育独立，学术独立。陈时主张教育独立，学术独立，并在他所创办的中华大学进行了实践。1922年，湖北省女师发生“五鬼闹判”风潮，杨子烈、徐全直、夏之栩、庄有义、陈碧兰五人被勒令退学，陈时却叫她们五人住在他家，每日由陈潭秋等为她们补课。还有一次，武昌高师某君因所谓的“左倾”被勒令退学，有人找陈时为此生办转学手续，陈时说：“叫他转学中华高中好了，我是不怕这些事的。”美术教员王霞宙是共产党员，1929年被捕，其爱人是中华大学的学生，经陈时营救才免于一死。1919年秋，恽代英在武昌街头办“利群书社”，所有家具都是向中华大学借的。有一次晚会，请陈时讲话，他口辞敏捷，逞其雄辩之才，不用讲稿，都是精妙好文，说“我们异途同归，振兴中华”。② 在某种程度上说，陈时是借教育独立、学术独立、不干预政治为由，保

① 武昌中华大学武汉校友会编：《陈时先生诞辰一百周年暨中华大学创立八十周年纪念专集》，1992年，第38—39页。

② 政协武汉市委员会文史资料研究委员会编：《武汉文史资料》第16辑，1984年。

护进步的学生。

（二）私立厦门大学的管理

厦门大学由著名爱国领袖陈嘉庚于1919年开始出资筹办，1921年2月开始正式招生，由此正式开启了学校的办学历程。厦门大学是中国近代教育史上第一所华侨创办的大学，也是国内最早招收研究生的大学之一，在民国期间被誉为“南方之强”。1937年7月1日，厦门大学经南京国民政府同意始改私立为国立，开始国立办学历史；同年9月因日军侵袭迁校鼓浪屿，后迁至闽西长汀，直至1946年6月才开始迁回厦门。1949年10月由厦门军管会接管。在此，主要探讨的是1921年至1937年7月间的厦门大学内部管理情况。

1. 校长特征

在民国期间，厦门大学主要历经了四任校长：第一任校长由邓萃英兼任，从1919年10月至1921年7月；第二任校长为林文庆，其于1921年7月4日接掌厦门大学，直至1937年7月，前后历时16年整；第三任校长为著名物理学家、清华大学教授萨本栋，任期从1937年7月6日至1945年9月19日，历时八年有余；之后则由汪德耀博士继任第四任校长至厦门解放。厦门大学在私立办学期间的校长主要具有以下特点：

（1）以专任久任为原则

从私立厦门大学的校长更迭情况可知，邓萃英校长之所以辞却校长职务，是因为其当时兼掌北京高等师范学校，不能同时兼顾两校，引起设立人陈嘉庚的不满，加之后来二人在学校建设及校务管理上矛盾尖锐，无法形成统一意见，邓萃英遂辞去校长职务。继任的林文庆在厦门大学的校长任期长达16年，几乎历经了厦大的整个私立办学历史时期。

（2）学高为范，博学多识

邓萃英早年毕业于全闽师范学堂，后留学日本东京高等师范学校，毕业后赴美哥伦比亚师范学院深造。林文庆曾留学英国爱丁堡大学医科，先后获得医学内科学士和外科硕士学位，后又于剑桥大学进修一年有余；1930年被香港大学授予名誉法学博士学位。可见，厦门大学的校长人选具有国内外的受教育经历，具有高深学识和开阔的教育视野，对于他们把握高等教育发展趋势，引领大学发展无疑具有积极作用。

（3）艰难中维系学校发展

一是在经费困窘中极力支撑学校发展。由于私立厦门大学主要系陈嘉庚个人捐资而成，受陈嘉庚财力状况的影响较大。在初始的8年内，受益于陈嘉庚企业的巨大成功，厦大的经费也比较充裕；但在1928年之后，随着其企业经营状况的日益恶化，学校的经费受到影响，并逐渐陷入严重的发展困境。在这种情况下，林文庆带领全校师生与陈嘉庚一起想方设法从各方争取经费支持，如学校在1930年获得政府补助4万元，并从1932年5月起每月都会获得政府补助2500元，从1934年秋开始每年获教育部补助9万元；同时福建省政府也多次给予厦大一定的补助费；在基金会组织方面，厦大曾获中华教育文化基金会经费支持，其中1930年补助7500元，1931至1933年每年补助3万元，1934、1935年分别补助2万、3万元；1934至1936年获中英庚款董事会补助3万元；校长林文庆带领教职员开展捐薪活动，先后分别筹得捐薪7375.25元、14517.25元；他甚至于1934年12月亲赴南洋并募款33万元。二是在学潮中极力维持学校的稳定和发展。在1924年和1926年，厦门大学曾先后发生了两次学潮，严重影响到学校的发展。在学潮造成的危机中，林文庆积极采取各种措施，加强了学校的管理，使厦大的发展逐步稳定下来。

（4）高风亮节，矢志尽瘁于教育

在厦大的民国发展史上，校长林文庆为学校发展做出了巨大牺牲和无私的奉献。首先从其个人牺牲来看，当陈嘉庚于1921年邀请其就任厦大校长时，他已在新加坡的政治、社会、医学和经济等方面获得了较大成功，拥有崇高的地位，被公认为当时“新加坡两驾半马车中的一驾”①；同时他当时已是著名医生和成

① 李元瑾：《林文庆的思想：中西文化的汇流与矛盾》，新加坡亚洲研究学会，1991年，第157、211页。

功的实业家，资产约合新币200多万元，因此回国出任厦大校长对他来说不仅意味着社会地位的牺牲，也意味着巨额的经济损失。但本着发展祖国教育、为国培养人才的信念，他毅然出掌厦大。在厦大初始的几年内，他不领薪水，完全是义务性服务；在学校遭遇经费困难时，他曾多次为学校捐献薪水。对此，陈嘉庚非常感激和佩服，赞誉他具有的“救人”精神和美德。其次，他用自身的智慧加强和正规化了厦大的管理，使学校在他的任期内获得了快速发展。

2. 教职员管理

在民国期间，私立厦门大学为了保障和促进学校的发展，在教职员的管理上主要采取了以下措施：

（1）重金礼聘教职员

一是重金诚聘名师。无论厦大设立人陈嘉庚还是校长林文庆，都十分重视选聘优秀教师。如陈嘉庚先生认为“最难者教师”，办好学校的“第一问题”就是要有合格的师资队伍，明确提出“要严选教师”，对优秀教师须优待。校长林文庆上任伊始就多方延揽教师，鉴于厦门偏处非国家文化、经济中心的东南一隅，一般教师不愿前来任教的现实，他遂采取重金礼聘师资的方案，明确规定：教授月薪最高400圆，讲师可达200圆，助教可达150圆，且从不拖欠。[①] 这种待遇在当时全国的私立大学中是比较优厚的，于是一批著名教授、学者如林语堂、沈兼士、鲁迅、顾颉刚、张颐、姜立夫、庄泽宣等相继前来，充实了厦大的师资队伍，也极大提升了学校的师资力量。二是重金聘请职员。私立厦大在重金礼遇教员的同时，对学校职员也给予高薪，如校长林文庆曾在其重金礼聘教职员的方略中明确规定：书记、事务员中能起草各种公文并能写普通文信的月薪为50至70圆，能起草公文并能懂少许英文的月薪为40至50圆，只能作誊录的月薪为25至35圆，且从不拖欠。这种待遇相较其时的其他私立大学也很优厚。[②]

（2）优待教职员

---

① 洪永宏编著：《厦门大学校史》（第一卷），厦门：厦门大学出版社，1990年，第67页。

② 洪永宏编著：《厦门大学校史》（第一卷），厦门：厦门大学出版社，1990年，第67页。

为了鼓励教职员长期在校服务，校长林文庆在厦大制定和实行了诸多优待政策，如1926年的《厦门大学优待教职员规则》《教职员养老金规则》。其中《教职员优待规则》明确规定：服务满15年因病不能继续服务的教职员，经医生证明，可由校长向董事会请给恤金，并按其停止服务时所得薪俸的25%计算；服务满20年但其资格未能享受养老金，又因病不能继续服务的，由校长向董事会请给恤金，并按其停止服务时薪俸的30%计算；但均以3年为限，对满3年而转任他项职务的即停止其恤金发放。教职员服务满10年的，其子女入本校肄业可享受免纳学费的权利，但注册、膳费、实验费、运动费等仍应照章缴纳。同时该规则规定了对教职员将部分薪俸交本校保管的具体处理办法。①

（3）重视师资培养

这主要是指培养本校学生作学校未来的师资来源。整体看，厦大师资还是比较紧缺，为了获得必要而充足的优质师资，校长林文庆曾在《厦门大学校旨》中明确指出："本校学生成绩优良者将来毕业后或能得留学外国奖学费优待，以为养成将来本校教授之材。"②

（4）艰难中维系教职员队伍

在私立厦大初期，由于经费充足，学校对教职员的待遇规定一般都能予以很好执行，但到了后期，受经济危机影响，设立人兼主要资助者陈嘉庚不能有效支持学校经费，学校遂陷入经费紧张的困境。在这种情况下，虽然学校给教职员的待遇标准有所下降，厦大在陈嘉庚及林文庆校长的引导下，努力通过各种募款保证教职员的利益，以维系教职员队伍的稳定；同时对教师采取尽力挽留、有缺必补的方法，使全校师资素质一直保持了较高水平。

3. 学生管理

在民国期间，私立厦门大学在学生管理上主要有以下举措：

（1）严格管理学生

一是严格招生管理。厦大录取新生的要求很严格，如1927年厦大规定本科

---

① 厦门大学校史编委会编：《厦大校史资料》（第一辑），厦门：厦门大学出版社，1987年，第82页。

② 洪永宏编著：《厦门大学校史》（第一卷），厦门：厦门大学出版社，1990年，第26页。

新生的报考条件为“具有本大学预科毕业程度（如各大学预科、各专门学校毕业或高级中学毕业），品行端正”；预科新生的报名资格则为“四年制中学毕业或三三制高级中学肄业一年以上，品行端正”；本预科新生报考时须缴纳履历书和符合条件的毕业或修业证书，同时规定了本科和预科新生入学所需考试的科目及作答要求；新生入学考试合格后还须进行体检，其中体检不合格的不能入学；新生入学还须上缴由正、副保证人签名并盖印的保证书，由保证人对所保证之人在学校的一切事务负责。

二是严格管理在校学生的学业成绩评定及毕业考试。在学业成绩方面：厦大各课程的考试分为平时试验和学科试验两种：成绩分甲（最优）、乙（优等）、丙（及格）、丁（补考）、戊（重修）五种；最终成绩由教师根据平时试验和学科试验的成绩决定；缺课时数在总授课总时数五分之一以上的学生不得参加学科试验；凡两学期连续的学科，如学生第一学期的最后成绩为丁等，可准其继续修习第二学期的功课，但若第二学期的最后成绩在丙等以上则其全学年的成绩为及格，若第二学期的最后成绩仍为丁等，则其须补考全年功课。在毕业考试方面：厦大要求本科生修满规定的课程并及格外，须在第四学年开始时通过国语、英语口试及特别国文、英文笔试，并于最后一学期内通过所习主课的毕业试验及毕业论文，才能毕业；预科生修满规定的课程并及格外，须通过各种试验才能毕业。其毕业证书由学校颁发，其中本科生获得毕业证书后称为某科学士，但对毕业后出现有损学校名誉的不法行为的毕业生则可由学校取消其学士称谓和毕业证书。厦大在招生和学生毕业上的严格管理提高了学校的生源质量和教学质量，一度为学校赢得了“办理完善，成绩斐然”的美誉。

三是严格规范在校生的日常行为。在校长林文庆任职期间，私立厦门大学对学生的管理以严格著称，如学校制定了详细的《厦门大学学生通则》，内容广涉入学、升学、休学、退学、转学、转科、交费、考试及成绩评定办法、毕业证书及学士称号、图书借阅、学生组织及各种会社、开会、学生卫生、宿舍纪律等诸多方面。同时，学校各科还制定有《学则》，对学生的学业表现及毕业考试等作了严格要求，具体如前所述。就连在体育锻炼方面，学校也明确要求学生须每日早操十五分钟，每星期参加课外活动二小时，且每人须至少选习一种运动项目。①

（2）关爱学生

一是在建校初期就注意不断充实学校的各种设施设备建设，如篮球场、足球场、排球场等各类球场，田径赛场，游泳池及游泳场，各种活动器械等，基本满足了学生等在校学习、生活及体育锻炼等方面的需求。二是努力创设条件促进学生成长。如为了培养学生的科研精神和促进他们的科研能力，学校极力网罗各种专门人才以从事科学教授与研究。三是给予贫寒学生以奖助。为了鼓励学生、尤其是家庭清寒的学生努力学习，学校设立了陈嘉庚奖学金，专门奖励那些品学兼优的清寒学生。

（3）尊重学生，倡导学生自治

学校虽然制定了各种严格的管理制度，制定了严格的惩戒规则，对学生进行约束和限制，但学校在严格管理中还注意尊重学生，把学生作为独立的主体看待，倡导他们自治，以培养他们独立自主的精神和能力。如学校不仅极力提倡学生自治，允许学生自行组织学生会掌理一切学生自治事宜；还由学监指导学生自治和各种学生会的组织。②

4. 学校组织管理

民国期间，私立厦门大学在内部组织管理上实行校董会下的校长负责制，并通过一系列组织建设逐渐加强了学校管理，取得了一定的成效，主要表现如下：

（1）实行校董会下的校长负责制

学校在筹建伊始就组建了校董会，作为学校的最高权力机构，主要负责筹划学校经费与基金、审查学校预决算、管理学校基金捐款及产业等财产、处理学校其他财务事项、选任校长、讨论校长提议及学校其他重要事务。③ 校董事会设有名誉校董、永久校董、当然校董及校董四种，其中学校创办人陈嘉庚为永久董事，之后凡捐款百万元以上的可推为永久董事；捐款五万元以上或对学校有特殊

① 厦门大学校史编委会编：《厦大校史资料》（第一辑），厦门：厦门大学出版社，1987 年，第 228 页。
② 厦门大学校史编委会编：《厦大校史资料》（第一辑），厦门：厦门大学出版社，1987 年，第 228 页。
③ 福建省档案馆编：《福建华侨档案史料》（下），北京：档案出版社，1990 年，第 1375—1376 页。

功勋的可推为名誉董事；学校校长为当然董事；其他有学识经验或捐助巨款的可由董事会推为董事。[1]

（2）学校内部组织机构及人员设置

私立厦大校董会下设校长一人，由董事会聘请，负责综理学校一切事务。校长之下设校长办公处、教务处、总务处、编译处，其中除校长办公处设秘书二人负责协助校长处理事务外，其他各处均设主任1人负责处理各该处应管事项，并分别设教务、事务、编译员及书记若干人。值得一提的是，私立厦大的校长虽然被授权可以全权处理学校事务，但实际上校长林文庆在治理学校的过程中须领会和贯彻设立人的办学思想，遇有重大事项也须向陈嘉庚请示，其校长职权是有限的。

（3）设立各种会议机构

私立厦门大学主要设有三种会议，即由校长任主席，各学部主任和代表一名组成的评议会；由校长任主席，教务处主任、各学部主任、教授组织的教务会议；由校长任主席，校长办公室秘书、各处主任、各学部主任组织的事务会议。1930年之后，根据新制定的《厦门大学大纲》，学校改评议会为校务会议，主要由校长、学校秘书、各学院院长及教授代表一名，各学系主任，事务处主任，注册部主任及附设高中部的主任组成，校长任主席；校务会议主要负责大学的预算、课程、各种规程及建筑设备事项，院系的设立及废止，学生试验及训育事项，校长交议事项。与之相对应，各学院设院务会议，由校长、系主任及教授组成，院长任主席，负责学院相关事务的议决及处理。同时，学校根据工作需要设置了有关财政、财务、建筑、编译、图书、训育、入学审查、毕业成绩审查、职业介绍、俭学金审查、周刊等共十一种委员会，各委员会由校长指定人员或由院长、教授推选人员组成；并根据需要组织各种临时委员会，以协助校长处理有关事务。

5. 教育教学管理

私立厦门大学在教育教学上采取了一系列改革举措，促进了学校教育教学质

---

① 洪永宏编著：《厦门大学校史》（第一卷），厦门：厦门大学出版社，1990年，第10页。

量的提高。

（1）改革课程设置

一是将国文及外文课程置于全部课程的首要位置。校长林文庆认为学生不应“为爱国运动而抛却自己的职务”，也不能为了学习新科学而忘却了旧文化，因为这是“救中国的不二法门”①，所以学校尤其重视国文和外文课程的教授和学习。二是注重知识的多元化，在各个院系实行课程交叉。三是在必修课程的设置上注意基础理论与专业知识的结合。四是在选修课的开设上力求内容丰富、门类齐全。②

（2）改革课程教材

在校长林文庆的倡导下，私立厦大重视国文教育，不仅将国文置于全校课程之首，还采用国文编写各种教科书用于课程教学。对此林文庆校长曾指出，学校的目的在于“养成各种之国文学专门人才以供教授之用，并拟用国文编撰各种教科书及参考书，使我青年子弟将来得以本国文字直接研究高深学问，不必专仰给于西国书籍”③。

（3）重视德育和体育运动

一是重视对学生进行思想道德教育。为了加强对学生的思想品德教育，校长林文庆认为传统的儒家经典对于涵养“智仁勇”等旧道德、养成君子人格具有重要意义，因此要求学生学习儒家经典，以养成具有高尚道德品格的人。二是重视学生的体育运动。学校不仅极力完善和完备各种体育设施设备如各种球场、田径赛场、游泳场、各种运动器械等；还专门设置了体育委员会、训育委员会，并聘请专职的体育、音乐、美术教师进行体育、文娱和艺术方面的教学，对学生的各种体育和文娱活动进行专门指导，如学校曾于1931年10月聘请厦门精武体育会的刘金泉先生任国术指导员，1934年聘请国术教师苏显忠担任学校正式组建的厦大国术团指导。

---

① 厦门大学校史编委会编：《厦大校史资料》（第一辑），厦门：厦门大学出版社，1987年，第232页。
② 洪永宏编著：《厦门大学校史》（第一卷），厦门：厦门大学出版社，1990年，第98—99页。
③ 厦门大学校史编委会编：《厦大校史资料》（第一辑），厦门：厦门大学出版社，1987年，第226页。

（4）加强教育教学管理制度建设

一是在各科制定《学则》，对学生的学业表现及毕业考试进行严格要求，具体如前所述。二是组织各学院制定专门的《学院学则》，就各学院的办学宗旨、系科设置、学制年限、课程设置、学分选修、毕业论文等作出详细规定，从而使教师的教学和学生的学习有章可循。

6. 学术管理

厦门大学自建校以来就十分重视科学研究。首先，校长林文庆认为："我国科学之知识尚属幼稚，故本校之目的在设一极有精神之科学研究机关。"凡科学如无专门研究之精神必不能有进步，故本校希望各教员及学生均能极深研究，使将来之厦门大学"成为我国南部之科学中心点"①。他在1922年对师生讲话中曾提出，今后数年要以全部精神注重于科学院之建筑及设备，"并拟极力罗致各种专门人才，尽毕生之力以从事于科学之教授及研究。将来厦门大学或成为我国南部之科学中心点……"②

其次，根据学校的地理环境等实际情况及当时全国教育发展状况，根据实用性的要求，开设生物学院和教育学院。其中生物学院设备齐全，标本冠名全国，不仅在生物学上有重大贡献，如其历年新发现的品种如陈嘉庚水母、林文庆海星、丁文江黄鱼等有数十种；在渔业和医学上也贡献极大，如发现了文昌鱼、海参、牡蛎、矽藻等经济生物，其中文昌鱼富有国际价值，欧美各大学生物学实验用的文昌鱼，多产于厦门并由厦大供给，国内大中学所收存的生物标本也有很多由厦大在厦门采集提供。同时，该学院还曾与中华教育文化基金董事会合办暑期生物研究会，产生了深远的影响。

教育学院则拥有一批著名教育学者，如雷通群、孙贵定、钟鲁斋、杜佐周、姜琦、钟道赞等人。他们为国家培养了许多教育学人才，也提升了学校及闽南地区的教育水平，促进了闽南文化发展。同时他们还在教育教学之余积极开展学术研究活动，并取得了诸多重要的学术成果，如杜佐周的《教育与学校行政原理》、

---

① 洪永宏编著：《厦门大学校史》（第一卷），厦门：厦门大学出版社，1990年，第26页。

② 厦门大学校史编委会编：《厦大校史资料》（第一辑），厦门：厦门大学出版社，1987年，第226页。

雷通群的《教育社会学》、钟鲁斋的《小学各科新教学法之研究》、姜琦与杨慎宜合译的《视学纲要》等。这些学术成果中的不少被国内大学作为课本或参考书使用，也为学校赢得了中华教育文化基金董事会和中英庚款董事会的经费补助。此外，由于教育学院的学术成就，厦大一度驰名于欧美、远东和印度。[①]

7. 财物管理

民国期间，私立厦门大学的财物管理主要表现为以下方面：

（1）经费管理

一是经费的筹集。在厦门大学私立办学期间，学校的经费筹划任务主要由校董会负责，而除每年的学杂费收入外，实际上学校的经费一直都主要来源于个人捐款，特别是厦大设立人兼永久校董陈嘉庚的个人捐款。当陈嘉庚的企业于世界经济危机影响下受到影响而使学校面临重大经费危机时，学校师生曾努力向多方争取援助，开辟多种筹资渠道和方式，如海外华侨捐款、海外公司企业等捐款、争取政府和教育部的经费补助、教育基金会的经费支持、学校教职工捐薪等，使学校渡过难关。

二是学校经费开支管理。根据厦大的相关制度规定，除学校经费的筹划外，学校基金捐款及产业的管理、学校预算的通过和决算的审查等主要由校董事会负责；而学校经费开支的预算则由校务会议负责。

（2）学校设施设备管理

厦门大学在发展初期，受益于陈嘉庚企业经营上的巨大成功，经费比较充裕，因此学校的各种硬件设施发展迅速。如在 1922 年后学校硬件设施有了很大改善：1922 年 2 月名为“映雪”的教学楼竣工，5 月名为“集美楼”的教学楼竣工，7 月名为“群贤楼”的中间主楼竣工，于是在演武场上一座座教学楼、图书馆、教职员宿舍和学生宿舍等建筑先后落成。而学校的其他各种基础设施设备也得到了发展。如在体育方面：在建校初，陈嘉庚就在学校中因循地势留出一大片空地作为体育运动场；在林文庆出任校长后，学校更加重视体育设施建设，如各

① 李元瑾：《林文庆的思想：中西文化的汇流与矛盾》，新加坡亚洲研究学会，1991 年，第 33、157 页。

种球场、田径赛场、游泳池、海滨游泳场以及各种运动器械都力求齐备。在图书仪器方面，林文庆校长提出："各种书籍与试验室的设置亦甚重要；倘书籍不齐，仪器缺乏，虽有良好之高等专门教师，终不能有所发挥。故本校对于书籍及仪器之设置，拟特加注意，不稍存吝啬之心。"① 这些基础设施设备的建设建成及购置为学校发展奠定了必要的物质基础，基本上满足了学校师生的教学、生活及锻炼需求，也使学校一跃成为当时国内办学条件最好的私立大学之一。

① 洪永宏编著:《厦门大学校史》(第一卷)，厦门：厦门大学出版社，1990 年，第 26—27 页。

第三章　教会大学管理

近代教会大学早在19世纪末就在我国出现，它是由来华传教士在近代签订的各种不平等条约的保护下创办，以宣传基督教及西方文化为内容、以培养传教士和帝国主义在华代言人为目的的高等学校。作为列强侵华的一种特殊形式，其虽开设在中国境内，但在20世纪20年代之前却不受中国政府管辖。随着我国近代知识界民族意识和教育主权意识的逐渐觉醒以及国人爱国热情的日渐高涨，从1922年开始多次爆发“非基督教运动”。在此背景下，1925年11月26日北洋政府颁布了《外国人捐资设立学校请求认可办法》，开始对包括教会大学在内的教会学校进行监管。

一、政府管理教会大学的制度

如上所述，1925 年 11 月 26 日北洋政府颁布的《外国人捐资设立学校请求认可办法》，是中国政府对包括教会大学在内的教会学校进行监管的开始。要指出的是，1919 年 3 月 26 日教育部曾发布了一个专门针对外国人在华所设学校的公告，公告指出，对于不以传布宗教为目的，且不列宗教科目的教会大学等外国人在华所设专门以上学校，可准其依照《私立专门学校规程》或《私立大学规程》及专门以上同等学校待遇法，呈请查核办理。[①] 这一公告虽提出外国人在华办学不得传布宗教、可享有中国政府对私立学校的相关待遇，但还不是中国政府对教会大学进行管理的正式法规性文本。因此，下面将主要从北洋政府后期与南京国民政府时期这两个阶段来考察政府对教会大学的管理。

（一）北洋政府时期管理教会大学的制度

作为近代西方列强文化侵华的重要产物，教会大学虽在中国开办，但它自诞生伊始就不受中国政府的领导和管理。五四运动之后，随着国人民族意识、教育主权意识的日渐觉醒和“反基督教运动”的频繁爆发，1925 年 11 月，北洋政府颁布了《外国人捐资设立学校请求认可办法》，1926 年 10 月颁布了《私立学校规程》等规章，开始对教会大学提出管理要求。

1. 学校设置及任务规定

（1）关于学校宗旨及任务的规定

1925 年 11 月的《外国人捐资设立学校请求认可办法》规定，教会大学等外

---

① 朱有瓛主编：《中国近代学制史料》（第三辑上册），华东师范大学出版社，1990 年，第 599 页。

国人在华所设学校不得以传布宗教为宗旨。[①]

（2）关于学校性质的规定

1926年10月的《私立学校规程》[②] 第一条明确指出，外国人设立及教会设立的学校为私立学校。[③]

（3）关于学校设立、变更、废止等的规定

1925年的《外国人捐资设立学校请求认可办法》要求包括教会大学在内的外国人在华所设学校必须向教育部门备案认可，须由中国人任校长等。[④] 1926年的《学校立案规程》第五、六条规定，已经立案的教会大学等学校如欲变更或废止，须呈经主管教育行政机关核准；奉准设立的学校须在成立后的3个月内依照该规程呈请立案。[⑤]

（4）关于学校名称的规定

1925年的《外国人捐资设立学校请求认可办法》规定，包括教会大学在内的外国人在华所设学校的校名应冠以私立字样。[⑥]

从上可见，北洋政府对教会大学不得以传播宗教为目的的规定，保证了教会大学作为学校的根本性质；对教会大学私立性质的定位，包含了教会大学要接受中国政府对私立学校管理的要求，同时强调教会大学须由中国人出任校长，既是对中国教育主权的一种彰显，也有助于提高在教会大学工作的众多中国籍教职员工的地位。但遗憾的是，这时已是北洋政府末期，其对国家的管理能力已经衰弱，上述有关规定在当时基本没有得到落实。

2. 学校内部机构设置规定

这一时期关于教会大学的内部机构设置，政府明确教会大学董事会职责的同

---

① 开封市地方史志编纂委员会编：《开封市志》（第六册），北京：北京燕山出版社，2001年，第141页。

② 实际上，这一制度和是年的《私立学校校董会设立规程》均由广东国民政府颁布，但由于其时国民政府尚未建立全国性政权，在形式上全国仍处于北洋政府统治下，因而把此两部法规作为北洋政府时期的制度。

③ 朱有瓛、高时良主编：《中国近代学制史料》（第四辑），上海：华东师范大学出版社，1993年，第785页。

④ 开封市地方史志编纂委员会编：《开封市志》（第六册），北京：北京燕山出版社，2001年，第141页。

⑤ 舒新城：《中国教育指南1926年》，上海：商务印书馆，1928年，第278页。

⑥ 开封市地方史志编纂委员会编：《开封市志》（第六册），北京：北京燕山出版社，2001年，第141页。

时，强调在董事会成员的构成上中国人要超过半数，以突出教会大学重大事项决策时中国人的作用。

1925 年的《外国人捐资设立学校请求认可办法》规定：外国人捐资设立的各种学校中，中国人董事须超过董事会董事的半数。[①] 1926 年 10 月的《私立学校校董会设立规程》指出，教会大学等私立学校的校董会由学校设立者依法开列相关事项，经主管教育行政机关核准设立；作为设立者的代表，校董会负责学校经费的筹划、预决算的审核、财产的保管、财务的监察等财务事项；外国人不得任校董，但有特别情形的可酌量充任，但中国人董事须占多数，且不得由外国人任董事长或主席。[②] 1926 年的《学校立案规程》第一条指出，私立专科以上学校应由校董会依照相关规定开列各种事项，并将呈文及附属书类交教育厅，由其转呈国民政府教育行政委员会进行立案。[③]

3. 学校校长及人员管理规定

（1）校长任用规定

关于校长任用的规定，这一时期政府发布相关管理办法反复强调包括教会大学在内的外国人在华所设学校的校长须为中国人[④]；私立学校不得以外国人为校长[⑤]；若有特别情形，可聘外国人为顾问。私立学校包括教会大学的校董会选任校长要经主管教育行政机关认可，校长负责学校行政事务；若所选校长确有失职行为，可随时予以改选。[⑥] 由中国人出任校长成为教会大学立案注册的基本要求。

（2）教员管理规定

这一时期出台的有关管理办法，对教会大学教员资格的规定主要强调教职员须由符合法定资格者充任。[⑦] 关于教员的待遇，1925 年的《外国人捐资设立学校请求认可办法》中则明确要求，教会大学等外国人在华设立的学校应平等对待中

---

① 朱英主编：《近代史学刊》（第 14 辑），北京：社会科学文献出版社，2015 年，第 222 页。
② 舒新城：《中国教育指南 1926 年》，上海：商务印书馆，1928 年，第 278，280—281 页。
③ 舒新城：《中国教育指南 1926 年》，上海：商务印书馆，1928 年，第 276—277 页。
④ 开封市地方史志编纂委员会编：《开封市志》（第六册），北京：北京燕山出版社，2001 年，第 141 页。
⑤ 舒新城：《中国教育指南 1926 年》，上海：商务印书馆，1928 年，第 277 页。
⑥ 舒新城：《中国教育指南 1926 年》，上海：商务印书馆，1928 年，第 280 页。
⑦ 舒新城：《中国教育指南 1926 年》，上海：商务印书馆，1928 年，第 277 页。

外教师。[①]

(3）学生管理规定

1919 年关于外国人在华所设学校的公告指出，外国人在华所设专门以上学校的毕业生可享受与各公私立学校毕业生同等的待遇。[②] 为了督促教会大学在中国立案注册，接受中国政府的监管，1926 年的《学校立案规程》第七条指出，未经呈准立案学校学生的在学及毕业资格一律无效。[③]

4. 学校财物管理规定

北洋政府时期有关教会大学财物的管理规定主要体现在学校经费和设施设备管理等方面。在经费管理方面，1926 年的《学校立案规程》第二条指出，已设立学校如欲立案须具有确定的资产或资金，其租息足以维持学校常年经费；或在确定资产资金外有其他确定收入并足以维持学校常年经费；或无确定资产资金但另有其他确定收入并足以维持学校常年经费。[④] 在设施设备管理方面，1926 年的《学校立案规程》要求已设立学校欲立案的，须有相当的校地、校舍、运动场及校具、教具等。

5. 学校教学管理规定

对于教会大学的教学、课程设置等，政府反复强调外国人在华所设学校不能传布宗教，不能设置宗教科目。如 1925 年的《外国人捐资设立学校请求认可办法》就明确规定，包括教会大学在内的外国人在华开设学校的课程必须遵照部定标准，不得将宗教科目列入必修科。[⑤] 教会大学不得在课内做宗教活动，也不得强迫学生参加宗教仪式。

6. 学校督导考评规定

由于要加强对教会大学的监管，这一时期政府采取了对教会大学进行督导的

---

① 程良龙：《中外合作办学历史·政策·现状》，北京：北京交通大学出版社，2014 年，第 41 页。
② 朱有瓛主编：《中国近代学制史料》（第三辑上册），上海：华东师范大学出版社，1990 年，第 599 页。
③ 舒新城：《中国教育指南 1926 年》，上海：商务印书馆，1928 年，第 278 页。
④ 舒新城：《中国教育指南 1926 年》，上海：商务印书馆，1928 年，第 277 页。
⑤ 苏西：《鼓浪屿宗教》，厦门：厦门大学出版社，2011 年，第 84 页。

措施。1926年的《私立学校规程》第八、十六条规定，私立学校须接受教育行政机关的监督与指导；凡外国人捐资设立或资助的学校，须由政府派一名代表常驻该校监督及指挥一切校务。[①]

综上所述，北洋政府后期，中央政府逐渐从延续清末对教会大学的消极应对态度转变为开始主动或被动制定办法、采取政策予以监管。从1919年针对有关外国人在华所设学校的公告到1925年的《外国人捐资设立学校请求认可办法》，再到1926年的《私立学校规程》和《私立学校校董会设立规程》，有关教会大学的管理政策越来越严格。但受经验、局势等因素限制，这一时期关于教会大学的管理制度还处于初步尝试阶段，有关规定比较笼统、不完善，还存在不少“空白”有待补充；这些制度规定也未能得到有效实施。但北洋政府开启对教会大学的监管，是对当时社会期待的回应，对国民政府时期的教会大学管理产生了重要影响。

（二）国民政府时期管理教会大学的制度

南京国民政府时期，政府沿袭以往，把在华教会大学归入私立大学范畴，先后制定和颁布了一系列相关的综合性或专门性的法规制度，如1927年12月的《私立大学及专门学校立案条例》、1929年4月的《取缔宗教团体私立各学校办法》和8月的《私立学校规程》、1930年2月的《查察教会学校应行注意各点》等，加强了对教会大学的管理。

1. 教会大学设立的有关规定

（1）关于教会大学等私立学校的设立、变更、废止等相关规定

1929年4月的《取缔宗教团体私立各学校办法》规定，凡以宗教团体名义捐资设立学制系统内的各级学校的，应遵照私立学校规程办理。[②] 1933年教育部修订的《私立学校规程》第二、三条规定，教会大学等私立专科以上学校的开办

---

① 舒新城：《中国教育指南1926年》，上海：商务印书馆，1928年，第275—276页。

② 中央教育科学研究所编：《中国现代教育大事记》，北京：教育科学出版社，1988年，第178—179页。

变更及停办须经教育部核准；私立大学须经教育部立案。[①]

（2）关于教会大学变更废止的相关规定

1927年12月的《私立大学及专门学校立案条例》第六、七条规定，已立案私立大学措施失当或办学成绩不良时，大学院可撤销其立案；已立案私立大学欲变更或停办时，须呈由各省区教育行政机关并转呈大学院核准。[②] 1928年2月的《私立学校条例》第九条指出，私立学校如办理不善或违背法令，政府可予以解散。[③] 1930年2月的《查察教会学校应行注意各点》明令，各省市教育厅随时查考已立案及未立案的教会学校，如发现不符指定情事的应即随时取缔，以重教育、保国性。[④] 1933年修订的《私立学校规程》第二、三、九条指出，教会大学等私立专科以上学校的变更与停办须经教育部核准；教会大学等私立学校办理不善或违背法令时，主管教育行政机关可撤销其立案或令其停办，对于开办三年尚未立案的，主管教育行政机关可令其停办并撤销其校董会。[⑤] 根据1929年政府公布的《大学规程》《大学组织法》的法规，符合条件的教会大学，即具备三学院以上者才能称为大学，不合此条件者要改为独立学院。

相较前一时期，国民政府在教会大学设置等方面的制度规定进一步完善了对教会大学接受教育行政机关管理的要求；补充了关于教会大学变更、废止的规定；增加了有关学校名称是称之为大学还是学院的规定等。

2. 教会大学内部机构设置规定

国民政府时期有关教会学校内部机构设置的制度规定主要如下：

（1）关于校董会的规定

---

① 宋恩荣、章咸选编：《中华民国教育法规选编》（修订版），南京：江苏教育出版社，2005年，第125页。

② 上海法学编译社编：《法令大全》（下十八年一月增订），上海：上海法学编译社，1929年，第679—680页。

③ 大学院编：《近代中国史料丛刊续辑（656）大学院公报》（第三期至第四期），台北：文海出版社，1928年，第9页。

④ 朱庆葆等：《教育的变革与发展》，南京：南京大学出版社，2015年，第160页。

⑤ 宋恩荣、章咸选编：《中华民国教育法规选编》（修订版），南京：江苏教育出版社，2005年，第125页。

对于教会大学董事会，在国民政府成立之初，强调学校设立董事会，其组织与职权由教育部确定。到 1933 年教育部颁布《私立学校规程》时，对于教会大学等在内的私立学校董事会的设置，有了较详细的规定：私立学校以校董会为设立者代表，第一任校董由设立者聘请相当人员组织，其中设立者为当然董事，设立者过多时应互推一至三人为当然校董；校董会校董不超过十五人，并互推一人为董事长；校董会至少应有四分之一校董由曾研究教育或办理教育者充任，且现任主管教育行政机关及其直接上级教育行政机关人员不得兼任校董；特别情形下可由外国人充任校董，但不得超过三分之一，且董事长须由中国人充任；私立专科以上学校的校董会呈请立案时应由该管教育行政机关转呈教育部核办；校董会主要负责学校经费的筹划、预决算的审核、财务的保管与监察等，选任校长或院长负责学校行政事务，学年终结时将学校的校务状况、前一年度所办重要事项与收支金额及项目、校长与教职员及学生一览表、财产项目等分别呈报或转报主管教育行政机关备案。

（2）关于教会大学内部组织机构及人员设置相关规定

这一时期颁布的《大学组织法》《大学研究院暂行组织规程》等，对其都有约束作用，即要在遵循这些法规的基础上，根据学校的情况设置组织机构，进行人员配置。教会大学内部会议机构的设置，同样要遵循当时《大学组织法》等法规的规定，要设校务会议议决重大事项，同时校务会议可下设各种委员会；大学各学院设院务会议，各学系设系教务会议等，形成会议决策机制。

国民政府时期在教会大学内部机构设置方面的制度变化主要如下：补充完善了关于校董会组织及人员构成的规定；进一步明确了校董会需要开展的职务活动；增加了有关学校内部组织机构及人员设置的规定、关于学校会议机构设置的规定。这些都表明国民政府对教会大学的管理在向国立大学看齐。

3. 教会大学校长及人员管理规定

国民政府时期有关教会大学校长及学校其他人员的管理规定主要如下：

（1）关于校长的规定

关于校长任用的规定。1927 年的《私立大学及专门学校立案条例》指出，符合立案条件的私立大学的校长应由中国人充任。[①] 1928 年的《私立学校条例》第六条规定，私立学校的校长须以中国人充任。[②] 1929 年的《私立学校规程草案》规定，教会大学的校长必须由国人出任，且校长人选须经过中国政府的认可。[③] 1933 年的《私立学校规程》第七、十九条规定，教会大学等私立学校的校长应专任，不得兼任其他职务；外国人设立的中等以上学校须由中国人出任校长或院长；校董会所选校长或院长应经主管教育行政机关认可，如所选的校长或院长失职可由校董会随时改选；另选仍不称职可由主管教育行政机关暂行遴任。[④] 到南京国民政府后期还提出了设立副校长的要求。如 1948 年的《大学法》第八条指出，教会大学等私立大学的校长由董事会聘任，并呈报教育部备案；学校还应设副校长一人以辅助校长处理校务。[⑤]

在强调中国人出任教会大学校长的同时，政府要求校长要专任，不得兼职。如 1933 年的《私立学校规程》第七、十九条规定，教会大学等私立学校的校长应专任，不得兼任其他职务；对于学校的行政由校董会选任校长或院长完全负责。[⑥] 到 1948 年出台《大学法》时，继续强调教会大学等在内的大学校长除担任本校教课外，不得兼任他职。[⑦] 这些规定有助于教会大学的校长全身心的投入到学校管理中，对于提高教会大学的办学质量有积极作用。

（2）教职员管理规定

关于教职员聘用的规定。1927 年的《私立大学及专门学校立案条例》指出，

---

① 上海法学编译社编：《法令大全》（下十八年一月增订），上海：上海法学编译社，1929 年，第 678 页。

② 大学院编：《近代中国史料丛刊续辑（656）大学院公报》（第 3 期至第 4 期），台北：文海出版社，1928 年，第 8 页。

③ 兰军：《近现代中外高等教育跨境合作办学的历史考察》，载《高校教育管理》，2010 年第 3 期。转引自陈大立：《中外合作办学法律问题研究》，厦门：厦门大学出版社，2014 年，第 22 页。

④ 宋恩荣、章咸选编：《中华民国教育法规选编》（修订版），南京：江苏教育出版社，2005 年，第 125、127 页。

⑤ 宋恩荣、章咸选编：《中华民国教育法规选编》（修订版），南京：江苏教育出版社，2005 年，第 417—418 页。

⑥ 宋恩荣、章咸选编：《中华民国教育法规选编》（修订版），南京：江苏教育出版社，2005 年，第 125、127 页。

⑦ 宋恩荣、章咸选编：《中华民国教育法规选编》（修订版），南京：江苏教育出版社，2005 年，第 418 页。

符合立案条件的私立大学的教职员要能合格胜任，且专任教员应占教员总数的三分之一以上。① 1933 年的《私立学校规程》第二十九条指出，私立专科以上学校立案时其教职员应合格胜任，专任教员应占全数的三分之二以上。② 此外，教会大学的教职员聘用，要遵循 1934 年的《大学组织法》、1939 年的《大学行政组织补充要点》等文件的规定，但整体上看，教会大学在聘用教职员上有很大的自主权。

关于教员资格的规定。一是关于教员任职资格的规定。1927 年的《私立大学及专门学校立案条例》指出，符合立案条件的私立大学的教职员任用要求，要遵循 1927 年的《大学教员资格条例》、1930 年《大学及独立学院教员资格审查暂行规程》等所作出的规定。二是关于教员资格审查的规定。1927 年的《大学教员资格条例》规定：大学教员必须接受审查；由大学评议会负责审查大学教员的履历、毕业文凭、著作品和服务证书，中央教育行政机关派代表一人列席。③ 1930 年的《大学及独立学院教员资格审查暂行规程》规定，大学教员资格审查由各校院呈送教育部提交学术审议委员会审查；审查须呈验履历表、毕业证书或学位证书、著作品、服务证明书、其他足证明资格的文件；审查合格后，由教育部给予载明等别的证书。④ 此外，教会大学关于教职员类别及职务的设置、关于教员的薪俸待遇，也要以教育部颁布的相关法规为依据。1944 年 6 月的《学校教职员退休条例》第二十条指出，教会大学等私立学校教职员应领的退休金由所在学校依照本条例，根据学校经费情况酌量支付；当退休金经费不足时，由教育主管机关补助。⑤ 1944 年 6 月的《学校教职员抚恤条例》第十八条指出，教会大学等私立学校教职员的抚恤金由所在学校参照该条例，依学校经费情况酌

---

① 上海法学编译社编：《法令大全》（下十八年一月增订），上海：上海法学编译社，1929 年，第 678 页。

② 宋恩荣、章咸选编：《中华民国教育法规选编》（修订版），南京：江苏教育出版社，2005 年，第 129 页。

③ 骆威：《南京国民政府时期的高等教育立法》，南京：南京大学出版社，2016 年，第 213 页。

④ 王学珍、张万仓编：《北京高等教育文献资料选编（1861～1948）》，北京：首都师范大学出版社，2004 年，第 629 页。

⑤ 宋恩荣、章咸选编：《中华民国教育法规选编》（修订版），南京：江苏教育出版社，2005 年，第 665 页。

量支给；当抚恤金经费不足时由主管教育行政机关补助。[①]

关于教职员奖励的规定。1940年4月的《教员服务奖励规则》（1945年6月修正）第二至五条指出，对各级公立学校及已立案私立学校连续服务十年以上且成绩优良并经检定或审查合格的校长及教员，经查明属实的分别授予“智”“仁”“勇”服务奖状；并就奖状授予条件作了具体说明。[②]

整体上看，南京政府对教会大学教职员的管理和对国立大学教职员的管理没有多少差异，强调在任职资格上应具有基本标准，并要接受相应条件的审查。但在教师薪俸待遇等方面，政府则没有提出明确具体的规定，认可教会大学有相应自主的权利。

（3）学生管理规定

对于教会大学学生的管理，在南京国民政府成立后的最初几年，由于要求教会大学在中国立案注册并接受中国政府的监管，因此在招生上政府明确告示：对未经教育部准予设立及立案的学校，学生应切勿贸然投考以致半途后悔。[③] 同时强调入学学生须曾在公立或已立案私立高级中学以及同等学校毕业，经入学试验及格。[④] 对于学生的升学转学问题，1929年的《大学规程》明确规定未立案私立大学或独立学院学生不得转学公立及已立案私立大学或独立学院；大学各学院及独立学院各科的最后一年级不得接收转学学生。[⑤]

关于学生毕业的规定。1929年的《勿投考未经教育部核准设立及立案之私立学校》严肃申明，对未经教育部准予设立及立案的学校，因其无法律根据，其学生即使有幸毕业也不能与合法学校的毕业生受同等待遇。[⑥] 因此，教会大学学生的毕业同样要遵循教育部颁布的相应法规要求，如大学生修业期满经考核成绩

---

① 宋恩荣、章咸选编：《中华民国教育法规选编》（修订版），南京：江苏教育出版社，2005年，第667页。

② 宋恩荣、章咸选编：《中华民国教育法规选编》（修订版），南京：江苏教育出版社，2005年，第668页。

③ 舒新城、孙承光编：《中华民国之教育》，上海：中华书局，1931年，第131页。

④ 骆威：《南京国民政府时期的高等教育立法》，南京：南京大学出版社，2016年，第215页。

⑤ 骆威：《南京国民政府时期的高等教育立法》，南京：南京大学出版社，2016年，第216页。

⑥ 舒新城、孙承光编：《中华民国之教育》，上海：中华书局，1931年，第131页。

及格方能由大学发给毕业证书，一般情况下，大学生不得提早毕业。1933年颁布的《修正私立学校规程》依然还在申明，未依照该规程完成立案手续的私立大学等私立学校的肄业生与毕业生不得与已立案学校的学生享受同等待遇。①

教会大学的学生，在实习、学业考查、惩戒、奖励等方面都被纳入教育部的相关文件中，接受与公立大学相应的约束。如对学生的有关资助，1936年的《各级学校设置免费学额及公费学额规程》规定，包括教会大学在内的各级学校应设置免费学额和公费学额以奖助家境清贫、体格健全、资禀颖异、成绩优良的学生；免费学额免除学费和体育费、图书费、实验费及其他类似费用的缴纳；公费学额除免收学费外，给予最低限度之膳宿、制服、书籍等费；大学应设置全校学生数10%以上的免费学额，在1936年至少应设置5%，以后逐年增设，至1939年应一律达到10%的标准。②

整体上看，南京国民政府时期在教会大学校长及人员管理方面的制度变化主要有：逐渐严格了校长的任用，补充了关于校长专任和改选的规定，完善了有关校长职务权限的规定；丰富和完善了关于教员任职资格和待遇的规定，补充了关于各类教职员聘用、人数构成、分类及职务范围的规定，增加了关于教员资格审查和教职员奖励的规定；进一步明确了立案学校与未立案学校的学生待遇差别，补充了关于学生入学资格及其条件的规定、有关学生升学转学的规定，增加了学生毕业、实习、学业考查及成就、奖惩等方面的规定。

4. 教会大学财物管理规定

国民政府时期，有关教会大学财物的管理规定主要表现在学校经费和设施设备两方面。这些规定主要体现在南京国民政府颁布的相关法规中，如1927年修订的《私立大学及专门学校立案条例》、1933年修订的《私立学校规程》、1934年的《私立专科以上学校补助费分配办法大纲》，有关内容在本书第二章私立大

① 宋恩荣、章咸选编：《中华民国教育法规选编》（修订版），南京：江苏教育出版社，2005年，第131页。

② 中国第二历史档案馆编：《中华民国史档案资料汇编：教育（一）》（第五辑第一编），南京：江苏古籍出版社，1994年，第85—86页。

学管理的相关部分已有介绍，在此就不再赘述。但要指出的是，1936 年 7 月的《学校卫生设施标准》（1944 年 7 月修正）规定了专科以上学校的卫生设施标准，要求充实学校的卫生设施以防治教职员学生及工友的疾病，改善校内环境卫生以保障校园生活安全和增进个人健康，养成学生对卫生的正确观念，以期通过个人努力领导家庭社会，促进民族健康；并对专科以上学校的卫生设施作了简要规定。这些对教会大学都有约束作用，即教会大学同样要遵循。

相比前一时期，国民政府在教会大学的财务管理方面主要有以下制度变化：完善了关于学校立案所需经费的规定，增加了有关各学院开办费、经常费等的规定和教育部给予学校经费补助等的规定，补充完善了关于学校及学院设施设备条件的规定。

5. 教会大学教学管理规定

教会大学的教学管理涉及课程设置、课程实施，涉及课程实施过程中哪些是必修科目、哪些为选修科目，成绩是采用绩点制还是学分制，还涉及主辅修制、课程考试、休假制度等方方面面。这些在南京国民政府颁布的相关法规中都有相应的条款。如 1928 年的《私立学校条例》、1929 年的《大学规程》、1933 年的《私立学校规程》、1939 年的《专科以上学校实施战时教程》等，教会大学均须遵照执行。由于与此相关的内容在本书的第一章、第二章都有所介绍，故在此不再重复。

相比之前，国民政府时期在教会大学教学管理的制度规定方面主要发生了如下变化：补充了关于宗教之外其他课程设置的规定，增加了战时开设特殊科目的规定，增加了实行选科制、学分制及辅修制的规定，补充了有关考试的规定和关于教学与休假时间安排的规定。

6. 教会大学与地方关系规定

国民政府时期有关教会大学与地方关系的规定主要特点就是要求地方政府、尤其是地方教育行政机构要加强对教会学校的管理，当然包括对教会大学的监管。

1930 年的《查察教会学校应行注意各点》明令，各省市教育厅应对已立案及未立案的教会学校随时查考，查看中等以上学校是否遵守不以宗教科目为必修课，设宗教为选修科的有无强迫选修等情形，查看其课外有无强迫学生参加宗教仪式情事，等等；如果发现教会学校有不符指定情事的应即随时取缔，以重教育、保国性。[①] 1937 年 6 月的《外人举办专科以上学校购地限制办法》规定，外国人在我国开办专科以上学校的，其购置地产须经所在地省市政府内政部及教育部核准，且所购地产应专用于扩充学校本部校舍而不得用于办理附属机关，也不得用作宗教及其他一切非教育事业，如有违此项限制经查出，可由主管行政机关取缔或按原价收回。[②]

随着教会大学的发展，其与地方联系也日益密切，政府开始制定和颁布了一些相关的法规制度，对二者之间的关系予以规范和引导。可以说，这一时期在教会大学与地方关系的管理制度方面发生了从无到有的变化。

7. 对教会大学的督导考评

南京国民政府时期，为了加强对教会大学的监管，政府将教会大学纳入教师督导考评范围，教会大学申请立案注册，要派员实地调查，对符合条件达到要求者方能准予立案。到 1931 年 8 月教育部颁布《教育部督学规程》，明确规定教育部所设督学要就教育法令的推行、包括教会大学在内的学校的教育事项、部长特命视察或指导事项等进行视察和指导。

南京国民政府时期，对教会大学的督导考评较之以前有了一些变化：将教会大学纳入督导对象之中，同时明确了督导的一些具体项目，增加了教育部分科分工负责督导考评教会大学等专科以上学校相关事宜的规定。

综上所述，南京国民政府时期是一个不断收回教育主权、全面管理教会大学的重要时期。在这一时期内，政府陆续制定和颁布了一系列法规制度，从学校设立到立案注册、从学校内部组织机构设置到各种人员的管理、从财务管理到教学管理再到督导考评，不断补充和完善了有关教会大学各方面的管理规定，有效地规范和引导了教会大学的在华发展，变教会大学为我国自己的高等人才培养机构，为社会培养了不少高水平优秀人才。

---

① 朱庆葆等：《教育的变革与发展》，南京：南京大学出版社，2015 年，第 160 页。
② （国民政府）教育部：《教育法令汇编》（第三辑），南京：正中书局，1938 年，第 70 页。

二、教会大学管理实例

民国时期，教会大学在中国蓬勃发展起来，在政府比较有效的管理下，教会大学成为能够与国立大学竞争的学校，其中的佼佼者有南京的金陵大学与金陵女子大学、上海的圣约翰大学与沪江大学、广州的岭南大学、北京的燕京大学与私立辅仁大学等。在此，以辅仁大学、金陵大学、金陵女子大学为例，就当时教会大学的管理进行考察分析。

（一）辅仁大学的管理

（北京）辅仁大学是由罗马教廷在1925年创设于北京的一所天主教大学，属私立大学。其前身为北京公教大学附属辅仁社，相当于大学预科；1927年6月改称私立北京辅仁大学，并在同年9月升格为本科，真正开始了大学发展历程。1931年向南京中央政府教育部正式立案，1950年10月由中央人民政府接管，1952年院系调整时并入北京师范大学。民国期间，辅仁大学建校以后很快就因卓越的办学质量而声名远播，一度与当时的北大、清华、燕京三所大学并称“北平四大名校”。

1. 校长特征

民国期间，私立北京辅仁大学共历经两任校长，即奥图尔（Rev. George Barry O'Toole）和陈垣。综观两位校长的任职情况可知，辅仁大学的校长特征主要体现在以下方面：

（1）高学历人士就任校长

辅仁大学校长奥图尔神父早年就学圣约翰大学，获文学硕士学位，后留学意大利罗马大学，并获哲学博士学位，是俄亥俄州西栋希大学教授[①]；陈垣校长则为前清秀才，光华高等医学校毕业，曾留学日本，是我国著名史学家。高等教育背景及国外留学经历，使他们教育理念先进，教育视野开阔，为之后任职校长、掌管大学提供了有力支撑。

（2）校长经历丰富

奥图尔校长在就任辅仁校长前，曾任圣文森学院哲学、社会学教授，西栋希大学生物学教授。陈垣曾主编《时事画报》《震旦日报》副刊《鸡鸣录》，先后任教新会篁庄小学、广东振德中学、光华高等医学校，出任众议院议员、北平平民中学校长、北京政府教育部次长、京师图书馆馆长、北京大学研究所国学门导师、辅仁社社长等职。

（3）一度实行正副校长制

辅仁大学同时设置正副校长具有一定的历史渊源，首先是成立于1925年的北京公教大学在成立后不久就开始实行正副校长制度，如当时的校长为奥图尔，在1926年9月则设副校长一职，由陈垣出任。1927年公教大学改为私立北京辅仁大学后，校长、副校长的组织设置也被沿袭下来，而陈垣继续就任副校长，一直到1929年6月转任该校校长。之后，辅仁大学取消了副校长设置，改设秘书长一职。

2. 教职员管理

民国期间，辅仁大学在教职员管理上主要有以下举措：

（1）重视教师队伍建设

辅仁大学重视学校的师资建设，校长陈垣认为，一个人的灵魂的塑造，个性的发展，科学知识的掌握，道德品质的成长，离开教师的教导和关怀，都是不可想象的。[②] 教师的工作，影响是深远的，而他的成绩往往是在若干年后布满在全

---

① 周川主编：《中国近现代高等教育人物辞典》，福州：福建教育出版社，2012年，第711页。

② 陈垣：《青年们，到教育战线上来！——给投考高等院校青年的信》，载《光明日报》，1959年5月20日。

国各地的各项工作之中的。[①] 基于对教师重要性的认识，辅仁大学通过各种途径招揽优秀师资人才：

一是通过院系领导聘任教师。在陈垣治下，学校给予院长系主任以师资聘请权力，由各学院院长系主任具体负责教师聘任工作，充分发挥他们在人才延揽中的作用，如此“校中延聘教员，例由系主任主持，校长不过画诺而已”[②]。

二是校长亲自从名校网罗师资人才。校长陈垣充分利用学校的后发优势，积极从国内办学较早的知名大学聘请名教授就任辅仁大学，如语言学大师刘复、沈兼士，金石学家马衡，历史学和文学史家朱希祖，教育学专家刘钧，历史学家邓之诚、陆懋德，目录学与版本学家赵万里，数学家王仁辅，语言学家魏建功、罗常培等都曾被聘请到校任教。

三是利用教师关系延请良师。辅仁大学积极利用学校教师的人脉关系为学校招揽优秀人才，充实教师队伍，如马衡、刘钧等著名教授就是由刘复从北大带到辅仁的。

四是吸纳各色留学归国学者。在陈垣就任校长期间，辅仁大学吸纳了不少国外留学人才，著名教育学家张怀、心理测验专家王征葵、著名中西交通史学家张星烺、著名历史学家姚士鳌、经济学家张重一、经济学家赵锡禹等40余名留学归来的教师、名家构成了学校师资队伍的核心。其中，这些教师的留学国别有英、美、德、意、日、比利时、奥地利等；留学学校广涉哈佛大学、哥伦比亚大学、斯坦福大学、普林斯顿大学、纽约大学、剑桥大学、伦敦大学、巴黎大学、里昂大学、东京大学、鲁汶大学、柏林大学、哥廷根大学等；专业涵盖了哲学、历史学、语言学、教育学、经济学、社会学、化学、物理学、生物学、医学、数学等；学位有学士、硕士、博士，甚至双学位博士。[③]

五是不拘一格从社会招纳贤才为师，这主要是指从社会招揽一批虽没有大学文凭但在某一方面确有专才或真才实学的人来校任教。在辅仁创校初期，有很多

① 陈垣：《教师工作使我永远年青》，载《人民日报》，1959年5月22日。

② 陈智超编注：《陈垣来往书信集》，上海：上海古籍出版社，1990年，第335页。

③ 孙邦华：《身等国宝志存辅仁——辅仁大学校长陈垣》，济南：山东教育出版社，2004年，第108页。

知名教师、学者就是校长陈垣从各处发现并物色到校的，如著名目录学家、古典文献学家及史学家余嘉锡和一代书法大师、著名文物鉴定家兼中国古典文献学家启功，便是这其中的典型代表。

六是吸收本校学生留校任教。辅仁大学还注意吸收本校优秀毕业生留校任教，如北师文学院教授、北京辅仁大学校友会副会长郭预衡，曾为全国人大常委会副委员长的王光英，刘少奇妻子王光美，心理学家张厚粲，北师博士生导师张至善等都是由辅仁大学毕业后留校任教的。

（2）注重青年师资培养

辅仁大学重视对青年教师进行各方面的培养：一是指导青年教师的教学。在辅仁大学，校长陈垣不仅是校长，也是青年教师专业成长的导师。他经常主动召见青年教师，与他们闲谈，并在谈话中抓住他们遇到的问题进行指点，使他们发现自身的不足并加以改进。二是营造竞争环境，促青年教师成长。辅仁大学在校长陈垣的倡导下，经常举行全校学生作文展览和进行国文课的全校统一考试，通过展览和考试，激励教师不断进取，努力提高教学水平。[①] 三是指导青年教师的科研发展。辅仁大学在陈垣治下，不仅要求教师“应当讲课与科研并重，应不断以科研成果充实教学，也应不断以讲授实践推动科学研究”[②]。同时，他还积极指导青年教师在教育教学中发现问题、研究问题、解决问题和撰写文章。如启功在科研上就曾深得陈垣的指导，并获益颇多。

（3）严格师质要求，优待教职工

一是以才取师。虽然辅仁大学的绝大多数教师都具有高等教育学历，但其在聘用教师的过程中并不拘泥于学历，更看重的是教师的才能：只要在某一方面确有真才实学堪为人师，即使没有高等教育文凭，学校也会予以聘用并给以高薪，如前述的启功、余嘉锡。而对于已聘请的教师，一旦发现其不称职即予以解聘。二是优待学校教职员。在辅仁大学，有约30％的教职员为外籍人士，且大都为

---

① 辅仁大学校友会编委会《风云录》编辑组编：《风云录》，北京：北京师范大学出版社，1985年，第109页。

② 刘乃和：《励耘承学录》，北京：北京师范大学出版社，1992年，第36页。

神职人员，其生活开支主要由教会负担，因此学校主要承担其所聘任的教职员的薪俸津贴等各项开支。学校对所聘教师给予高薪，并制定了一套分层级、配置合理的工资分配制度，实行职务岗位薪津制，使他们在较好的生活保证下安心工作。同时学校还在日常管理中积极关心他们，给他们提供各种优越的环境与条件，如为了促进教职员的科研，学校建立了文理科研究所。

3. 学生管理

民国时期，辅仁大学在学生管理方面主要有以下措施：

（1）严格管理学生

一是严格招生。辅仁大学实行严格的招生标准，其虽然不以国籍和宗教信仰作为衡量学生的标准而“广收教内外学生”，却要求学生在入校时具有相当程度的国学基础。[①] 同时学校通过《入学考试简章》严格规范招生，如1934年学校规定新生发榜时分正取生和备取生，仅当正取生有缺时才能从备取生中按顺序补录；要求所有学生入学报名时呈缴证书，所有申请先准报名、随后补交证书等情事，概不通融；一切私人函件证明资格请准报名均无效。[②] 二是严格规范学生。辅仁大学制定了各种规则制度对学生的生活及学习习惯进行规范，如学校在1929年7月正式制定了《辅仁大学学则》，1934年8月对此进行了补充和完善，形成了《修正辅仁大学学则》，之后又分别于1941年、1944年进行了修订，内容广涉学制、学力、入学资格、入学考试、考试及成绩、缺席、转学休学退学、奖惩等方面，对学生在校生活与学习的方方面面作出了详细而具体的规定。三是严抓学生培养质量。辅仁大学以质量为标准，狠抓人才培养工作，不仅聘请诸多国内外知名专家学者进行教学，还通过各种具体的考核措施敦促学生努力学习。如学校重视学生的国文教育，不仅聘请国学名家来校任教或讲学，校长陈垣亲自负责全校国文课程的教学安排并完成各系一年级的国文教学任务[③]，而且倡导在全校举行学生作文展览会、国文课期末会考。同时学校还实行严厉的淘汰制，学

---

① 柯小卫：《当代北京什刹海史话》，北京：当代中国出版社，2014年，第54—55页。

② 北京辅仁大学校友会编：《北京辅仁大学校史》，北京：中国社会出版社，2005年，第96页。

③ 柯小卫：《当代北京什刹海史话》，北京：当代中国出版社，2014年，第55页。

生入校后由于课程不及格遭淘汰退学的为数甚多，如 1926 年历史系录取了 30 人，而 1930 年毕业时只剩下 10 人；而化学系与物理系淘汰情况更甚，往往一班有 60 人，到毕业时则只有 20 余人。①

（2）关爱学生

一是设立各种奖学金资助贫困学生完成学业。辅仁大学开设有完备的奖学金，其中包括教会设立的奖学金，数目不一，高的可达百元，用以奖励品学兼优的学生和资助优秀的贫困学生完成学业。如辅仁学生程舜英在从大二开始就是靠奖学金坚持学业直至毕业的②，寒门学子刘若庄在就读辅仁大学时，也是依靠每年获得的高额奖学金顺利完成了学业③。二是爱才惜才，不拘一格帮助学生学业深造。辅仁大学爱护学生还表现在学校及教师对优秀学生爱护有加，总是提供各种条件帮助其成长成才。如辅仁学生王裕光大学毕业时，因成绩第一不仅受到由校长亲自颁发奖章和证书的特别优待，还被学校著名教授萨本铁推荐到北平协和医院生理系进修。④ 而辅仁大学学生郭玉才因文章才华出众，在考取本校史学研究生时，虽然只作答了四道考题中的两道，却受到陈垣的青睐，给了他 70 分的成绩，予以破格录取。⑤

（3）多管齐下，丰富学生课外生活

一是组织各种体育活动，增强学生体质。辅仁大学不仅把体育作为必修课，还通过各种体育训练会组织各项运动，给师生提供锻炼身体的机会。这不仅增强了他们的体能，也提高了他们的竞技水平，使学校经常在北平高校间的运动比赛中取得较好成绩。二是组建各种社团，丰富学生在校生活。如学校设立国剧社、话剧社、歌咏队、管乐队、弦乐队等文艺社团，这些社团经常组织文艺活动，极大丰富了师生的校园生活。三是创办各种刊物，成立各种研究社团，促进师生学术研究。辅仁大学先后出版了多种刊物，如《辅仁学志》《华裔学志》《辅仁文

---

① 北京辅仁大学校友会编：《辅仁往事》（第五辑），2010 年，第 143 页。
② 北京辅仁大学校友会编：《辅仁往事》（第三辑），2008 年，第 138 页。
③ 北京辅仁大学校友会编：《辅仁校友通讯》（第 31 期），北京辅仁大学校友会，2010 年，第 138 页。
④ 北京辅仁大学校友会编：《辅仁校友通讯》（第 31 期），北京辅仁大学校友会，2010 年，第 138 页。
⑤ 北京辅仁大学校友会编：《辅仁往事》（第五辑），2010 年，第 314 页。

苑》《辅仁生活》《辅仁杂志》《民俗学志》《辅仁校刊》《辅大》（半月刊）《辅仁周刊》《沪滨》（半月刊）《春笋》《晓声》（月刊）《细流》《教育与心理》《磐石杂志》《辅仁大学一览》（年刊）等，这些刊物有纯学术性的、纯文学性的、学术性和文学性相结合的、综合性的；有中文的、外文的；有教师举办的、学生举办的。多样的刊物为师生提供了进行学术实践和展示研究成果的平台，提高了其研究的热情，也繁荣了学校的学术研究。

4. 学校组织管理

民国时期，辅仁大学实行董事会领导下的校长负责制，其内部组织管理主要表现在以下方面：

（1）校董会及校董设置

辅仁大学于1927年制定《校董会章程》，并建立校董会，负责制定或修改本校组织大纲、监督本校实行组织大纲所规定事项、聘任校长及副校长、表决学校提议延聘的总务长与教务主任及教授、核定学校每年预算及决算和筹备一切建筑扩充添置经费事项等。①

依照《校董会章程》，校董会组织成员为十五人：校长、副校长为当然董事；教职员代表三人，公教各团体所选派的相关公教司牧及司铎八人，另由董事长聘请二人组成。其中中国董事须占多数，且由中国籍董事就任董事长。②

（2）学校管理组织及人员设置

一是在校长及副校长之外，辅仁大学设立校务处、教务处、训导处及事务处等，并分别设校务长、教务长、训导长、事务长等，对校长负责，并负责各有关该管事务；各处又分设相关职能机构，并设课长或组长，对主管各长负责，实行对部门或机构的负责制；设学院或学系，并设院长或系主任，遵校长意旨管理所在院系事务。随着学校的发展，学校对行政机构一方面作出调整，另一方面则不断予以完善，具体情况如下：

1927年，学校设副校长、秘书长辅助校长管理，设总务长、教务长、训育

① 北京辅仁大学校友会编：《北京辅仁大学校史》，北京：中国社会出版社，2005年，第6页。

② 北京辅仁大学校友会编：《北京辅仁大学校史》，北京：中国社会出版社，2005年，第6页。

部主任、会计部主任、注册部主任、图书馆馆长，并在注册部下设了注册、宣传、通信、出纳、杂务、保管六课；设中国文科系主任、外国文科系主任；预科，本科设中国文学系、史学系（附考古学）、英文学系与哲学系，各学系及其主任由校长负责管理。[①]

1929年之后，学校逐渐取消副校长，设校务长、秘书长辅助校长处理校务，校长下仅设教务长、事务长，教务长下设文学院、理学院、教育学院及附属中学，各学院又分设各学系；事务长下设注册部、训育部、图书部、仪器部、体育部、文牍部、会计部、庶务部、编译部等部主任。[②]

1934年之后，除校长外，学校设校长办公室，并设秘书长一人；校长办公室下设教务、事务、训育三处，文学院、理学院、教育学院三院及研究所、图书馆与其他附属机构，其中各学院分设各学系，有些学系如国文学系又分设有关各组，各院所及图书馆也由校长办公室负责。[③]

1944年之后，学校的行政组织调整为：在校长下设校长办公室、校务办公室、秘书长办公室，其中校务办和秘书长办分别设校务长、秘书长；下设教务、训导、事务三处，设图书馆、出版部、东方人类学博物馆、校医室，各处如图书馆又分设各组；下设文科研究所、理科研究所、文学院、理学院、教育学院、农学院及其他附设机构，各研究所又分设各部，各院分设各学系，学系又分设各组。[④]

上述行政组织虽然不断丰富和完善，但始终秉承精简机构、节约人员及经费的精神，各级组织管理人员及职员多由学校教师兼任；而且在实际的学校管理中，这些组织机构及其工作人员卓有成效地管理了学校方方面面的大小事务，保证了学校的有序运行，也使校长陈垣有时间、精力负担一定的教学任务和从事学术研究。

（3）会议组织的设立

---

① 北京辅仁大学校友会编：《北京辅仁大学校史》，北京：中国社会出版社，2005年，第66页。
② 北京辅仁大学校友会编：《北京辅仁大学校史》，北京：中国社会出版社，2005年，第67页。
③ 北京辅仁大学校友会编：《北京辅仁大学校史》，北京：中国社会出版社，2005年，第68页。
④ 北京辅仁大学校友会编：《北京辅仁大学校史》，北京：中国社会出版社，2005年，第69页。

辅仁大学从1929年之后开始注意在学校设立有关会议组织，作为学校民主管理机构。如1929年之后，学校设校务委员会，该委员会下又分设考试、图书、仪器、出版委员会，同时在教务长下设教务会议；1934年之后逐渐设立校务会议，该会议组织下分设行政会议和教务会议，在校长办公室则设招考、图书、仪器、编辑、建筑委员会；1944年之后，学校会议组织进一步调整，将校务会议、行政会议、教务会议并设。①

上述各会议组织一般都由相关部门领导及有关教授、副教授所选代表组成，负责各有关事务的议决。如依照1934年的《辅仁大学组织大纲》，其时的校务会议由校长、教务长、院长、秘书长、事务长、各系各部主任以及全体教授与副教授所选代表若干人组成，负责议决学校预算并呈报校董会、议决学校行政机关与学院或学系的设立与废止、议决校长交议的事项。②

5. 教育教学管理

由于辅仁大学成立时，正处于国人民族意识和教育主权意识日渐觉醒并不断高涨、“非基督教运动”频繁爆发的时期，因而政府逐渐开始重视对教会学校进行管理，其在内部组织设立及学校管理上不仅受到西方主要是美国教育管理模式的影响，也受到民国相关学校管理制度的影响。反映在教育教学管理上，主要有以下方面：

（1）积极推进教育教学改革

一是实行教育与教会分离。身处全国性的“非基督教运动”风潮迭起的历史时期，辅仁大学从创立之始就积极向当局政府立案，并为此参照其时政府的相关制度规定设置学校组织机构、开设课程、构建师资，如依照1927年的《私立学校条例》在学校设置正、副校长。因此，辅仁大学虽由天主教创办和主办，在很大程度上要受制于美国的教会组织，但学校却坚持教育与宗教分离的方针，没有开设宗教课程。③

---

① 北京辅仁大学校友会编：《北京辅仁大学校史》，北京：中国社会出版社，2005年，第67—69页。

② 北京师范大学校史编写组编：《北京师范大学校史》，北京：北京师范大学出版社，1982年，第232页。

③ 北京辅仁大学校友会编：《辅仁往事》（第五辑），2010年，第179页。

二是改革师资结构，改进外语教学。初期，辅仁外语教学多由外籍教师担任，但这些教师多为美籍本笃会教士，没有专修过语言文学。1933 年圣言会接办辅仁后，学校在西语系新任系主任英千里的主持下，说服财务，积极从当时北京知名高校聘请英语名师如清华的王文显、吴可读（Pollard-Urquart），师大的鲍明钤、常玉璋来校兼课，不仅完善了外语课程，也极大改进了外语教学。①

二是与时俱进改革教材。在进行外语教育教学改革的同时，辅仁大学在英千里主持下对相关教材进行了改革，如文学断代史改用 Ker 等人编著的本子，使西语系的外语教材焕然一新，也极大提高了教学质量。②

（2）注重理论与应用相结合

辅仁大学不仅注重理论知识的教授，也注重学生实践操作能力的锻炼。一是积极支持教师把学术研究与应用技术结合起来、把学术研究与服务社会结合起来。如物理系开展了真空技术研究，其物理学实验室做真空技术实验的液态空气机成为当时北京独一无二的，制成了在医疗上具有很大用途的液态空气，为北京协和医院等提供液态空气；生物学系微生物学研究室进行了预防斑疹伤寒疫苗的研制，并成功研制斑疹伤寒疫苗，不仅服务了社会，还为学校赢得了很高社会声誉，也促进了学校相关学科的建设。

二是在课程设置上注意理论与应用的结合，如在西语系的课程设置上，本着文学理论知识与外语应用能力并重的训练原则，设置了由文学、英语和第二外语三部分组成的本系课程，使学生在文学与语言的知识与能力方面都奠定了坚实的基础，该系毕业的学生的工作能力在国内外得到肯定。③

（3）重视国学教育

辅仁大学非常注重对学生进行国学教育，学校不仅在校长陈垣的倡导下明确提出，“国文与外国文为研究一切学问必需之工具”，还将“国文”设为学校文理科各专业一年级学生的共同必修课，要求“各系一年级学生有国文较劣者，一律

---

① 北京辅仁大学校友会编：《辅仁往事》（第三辑），2008 年，第 59—60 页。

② 北京辅仁大学校友会编：《辅仁往事》（第三辑），2008 年，第 61 页。

③ 北京辅仁大学校友会编：《辅仁往事》（第三辑），2008 年，第 59 页。

须补国文一年”[1]。当时，辅仁大学一年级的国文课每周有二个学时，共四个学分，而校长陈垣不仅亲自负责教材的编选、教师的遴选、课程的结业考试，还亲自授课。可以说，学校对国文的重视程度在当时的高校中是极少见的。

（4）倡导均衡发展

辅仁大学不只教授学生知识，还注重培养学生实践能力和学术科研能力的发展。如前所述，辅仁大学不仅把体育列为必修课，积极组织各种体育训练会及体育活动，使学生通过体育锻炼获得健康体魄，还设立各种文艺团体，通过丰富的文娱活动为学生的课外生活增加趣味，培养其生活品味和人生情趣。学校还通过前述的各种实验活动以及创办学术期刊为学生提供把理论知识转化为实践应用的机会，增强其实践操作的能力、服务社会的能力以及进行学术科研的能力。学校通过上述各种措施，努力促进学生均衡发展，使其成为懂知识有能力、有学识有品位、知智体用兼备的和谐的人。

6. 学术管理

民国期间，辅仁大学在学术管理上有以下可圈点：

（1）校长以身为范，引领学术发展

在辅仁大学，不只鼓励师生进行学术研究和科研活动，校长陈垣本人也始终积极进行学术研究。实际上，陈垣校长自1917年转入学术研究，一直到1949年的这三十多年，是他学术研究的黄金期。[2] 也就是说，在私立北京辅仁大学时期，他一直处在学术研究的鼎盛期。综观这一时期，陈垣在管理学校之余，充分利用闲散时间进行学术研究，并在中国宗教史、历史文献学、元史等方面都做出开拓性的研究，取得了丰硕的研究成果，并成为“国宝”级的国学大师。

（2）积极鼓励师生进行研究活动

一是在辅仁大学，校长陈垣不仅明确要求教师“应当讲课与科研并重，应不断以科研成果充实教学，也应不断以讲授实践推动科学研究”[3]，还经常指导青

---

① 陈智超编注：《陈垣来往书信集》，上海：上海古籍出版社，1990年，第355页。

② 北京辅仁大学校友会编：《辅仁往事》（第三辑），2008年，第326页。

③ 刘乃和：《励耘承学录》，北京：北京师范大学出版社，1992年，第36页。

年教师进行科研。二是学校注重培养本科生的科研能力，各院系一、二年级“授以各种基础科目”，三、四年级“即导以自动研究各项专题”[①]。有些院系甚至把培养学生研究能力作为其课程目的之一，如文学院的社会经济学系明确表示，其“课程之设备，于明理、致用二端双方并重。讲授方面，不但注重于基本知识之灌输，现代科学方法之训练，尤其着重于启发学生自动研究之能力，使学生修业期满之后，无论应世或作更高深之研究，皆有相当之准备”[②]。

（3）积极创造条件，营造浓郁的科研氛围

一是为了推进辅仁大学的科学研究，积极拟建中国语言文学研究所、史学研究所、哲学研究所、社会学及人种（类）学研究所、教育学研究所等五个研究所，并计划招收研究生；于1937年正式获批成立文理科研究所，即文科研究所、理科研究所，随后开始招收研究生，并培养了一批文理科研究人才。二是延请一大批知名教授学者或硕学鸿儒到校任教和指导学生科研，如余嘉锡、陈援庵、沈兼士、伦明、朱希祖、马衡、沈尹默、罗昌等都曾到校任教，使学校大师云集，极大地带动学校的科研发展。三是创办多种期刊，如前述《辅仁学志》《华裔学志》《辅仁文苑》《辅仁杂志》《民俗学志》《辅仁校刊》《辅大》（半月刊）《辅仁周刊》《教育与心理》《磐石杂志》等，为师生提供了学术研究的平台，也进一步浓郁了学校的学术氛围。

7. 财物管理

（1）经费管理

从经费来源上看，辅仁大学的经费主要有两种来源：一是教会拨款，这也是1940年之前学校经费的最主要来源。由于辅仁大学是天主教会办的学校，前期经费由梵蒂冈教廷直接拨给[③]；1933年2月美国的圣言会接办后，学校经费也转由该会筹措。1940年之后，随着太平洋战争的爆发，美国圣言会筹措经费渐趋

---

① 《北平辅仁大学文学院概览》（民国24年度），辅仁大学秘书处，1935年，第1页。转引自王炳照主编：《中国教育史专题研究》，北京：北京师范大学出版社，2009年，第360页。

② 《北平辅仁大学文学院概览》（民国24年度），辅仁大学秘书处，1935年，第75页。转引自王炳照主编：《中国教育史专题研究》，北京：北京师范大学出版社，2009年，第360页。

③ 北京辅仁大学校友会编：《辅仁往事》（第三辑），2008年，第254页。

困难，对学校的经费支持日益缩减，也使得学校的经费越来越紧张。二是学费收入，这也是民国期间学校的一项长期而比较稳定的收入。作为教会大学，辅仁大学一直都收取学费，而且一向都比较高，如1940年学校的学费为每学期50元。①

后期，随着学校从教会获得经费越来越困难，学校师生开始积极设法从各处募款。一是定期举办返校节筹集款项。辅仁大学从1939年开始举行返校节进行募款，如1940年5月18日举行的返校节得到校友捐款3000元、义演筹款1500元。② 二是通过募捐委员会筹款。太平洋战争爆发之后，在学校当局、《文协》编委和校友会的支持下成立了募捐委员会，通过举办各种文艺活动进行教育募捐，如1942年早春在辅仁男院三楼举行文艺募捐招揽，同年暑期由相关人员组织美术系同学赴天津永安饭店举办画展募捐。③ 三是依托校友会组织募捐。校友会在学校困难时期的募款中发挥了重要作用，如校友会曾在1943年的第五次返校节中举行开彩抽奖募捐大会，又在同年冬天为学校粥厂举行募捐义演，并为粥厂筹款8000多元。④

从经费开支保管来看，学校的各项经费开支等主要由学校的董事会负责。如前所述，1927年的《校董会章程》规定，由董事会负责核定学校预决算和筹备一切建筑扩充添置经费事项等。同时学校还成立了相关课组及职员专门负责具体的经费开支事项，如1927年学校设有会计部主任，并在注册部主任下设出纳课；1929至1933年后设有专门的会计部；1934至1943年在事务处下设会计课；1944年之后在总务处下设有会计组。⑤

（2）设施设备管理

一是重视建筑设施建设。辅仁大学虽然建校较晚，但在各种设施设备的准备与设施建设上却毫不含糊，自建校以来就注意根据学校发展需要增设房舍、扩充和添置设施。如学校在1929年兴建包括教室、宿舍、科学实验室、图书馆、办

① 北京辅仁大学校友会编：《辅仁往事》（第三辑），2008年，第136页。
② 北京辅仁大学校友会编：《辅仁往事》（第三辑），2008年，第107页。
③ 北京辅仁大学校友会编：《辅仁往事》（第三辑），2008年，第108页。
④ 北京辅仁大学校友会编：《辅仁往事》（第三辑），2008年，第108—109页。
⑤ 北京辅仁大学校友会编：《北京辅仁大学校史》，北京：中国社会出版社，2005年，第66—69页。

公室及大礼堂的新校舍；1930年新校舍建成后又租用新楼南面宿舍房屋及大片空地，开辟成为宿舍并增建四间新平房作为第四宿舍；1934年因学生宿舍不够用在新楼南面增建一所可容纳三百多人的宿舍楼。①

二是不断完备各种教育设施设备。辅仁大学注意各种图书资料、仪器设备等的筹备，如自图书馆建成以来，就不断增添各类图书资料，截至1944年，馆藏中西书籍多达128444种，校长陈垣还亲自过问文史图书的购置，并多次购置私人收藏的善本、孤本、抄本等。② 学校还注意不断根据发展需要筹建试验院所和增加试验仪器，如学校1939年冬根据需要在主楼东北部兴建理化实验室。

三是由专门部门及人员管理各种建筑设施设备。辅仁大学校长领导下的后勤部门是学校的管家，各种“钱、财、物、建”、校产家当都由以事务长为首的后勤部门统筹管理；同时其还制定了相关的财务管理制度，如《房屋维护修缮办法》《公物保管条例》等。③

（二）金陵大学的管理

作为民国期间具有代表性的著名教会大学，金陵大学源于美国教会美以美会于1888年在南京建立的汇文书院、基督教会于1891年在南京建立的基督书院和长老会于1894年在南京创建的益智书院。基督书院和益智书院于1906年合为宏育书院，1910年又与汇文书院合并为私立金陵大学。新中国建立后，金陵大学改为公立，并在1952年并入南京大学，结束了办学历史。金陵大学是南京地区创办最早的教会大学及新式学堂，在当时被评为“中国最好的教会大学”，一度有“江东之雄”“钟山之英”的美誉。作为由教会创办的著名私立大学，金陵大学在民国时期采取诸多办学举措，促进了学校的繁荣发展。综观这些管理措施，主要可从以下几方面来看。

---

① 北京辅仁大学校友会编：《北京辅仁大学校史》，北京：中国社会出版社，2005年，第20、22页。

② 北京辅仁大学校友会编：《北京辅仁大学校史》，北京：中国社会出版社，2005年，第34页。

③ 北京辅仁大学校友会编：《北京辅仁大学校史》，北京：中国社会出版社，2005年，第102页。

1. 校长特征

民国时期，金陵大学主要历经了两任校长，即包文（A. J. Bowen）和陈裕光。从这两任校长的选任及就职情况，可以窥知金陵大学的校长特征。

（1）选任校长的标准要求

一是对校长人选的宗教背景要求。作为教会学校，金陵大学要求校长为宗教人士，如首任校长包文是一位虔诚的传教士；陈裕光则来自基督教徒家庭，并先后在教会学校汇文书院、金陵大学接受教育，1915 年自金陵大学毕业，可谓与宗教具有深远的渊源。二是对校长的文化素养要求。为了切实提高学校办学质量以与中国人自己兴办的大学竞争，民国时期的金陵大学注重校长人选的文化素养，如校长包文毕业于美国讷克司大学文学系，具有远见卓识；校长陈裕光毕业于金陵大学，曾赴美留学俄亥俄克利夫兰克司应用科学专门学校和哥伦比亚大学研究院，并先后获得化学硕士和哲学博士学位，后来还曾获哥伦比亚大学名誉奖章和南加州大学名誉教育博士。三是校长应具有使命感和敬业精神，这是保障学校在中国立足并获得长足发展的重要前提。如校长包文是金陵大学的创始人，陈裕光则不仅来自教会家庭，还由教会学校毕业，接受过多年的教会学校教育，他们都对学校有深厚的感情，在管理学校的过程中，可谓鞠躬尽瘁。

（2）双重约束校长管理权限

金陵大学的校长在管理学校的过程中，其权限相较于国人所办私立大学的校长来说受到很大约束和限制。同当时的许多在华教会大学一样，虽然其实行董事会领导下的校长负责制，校长集职务、权力、责任于一身，具有办学自主权，但这种自主权却要受到双重约束。一是学校校长由校董会产生和任命，自然要受到校董会的管理和制约；二是学校作为西方宗教组织在华传播宗教文化的重要机构，不仅在思想和文化上受宗教组织的影响，而且学校的各种经费主要来源于该宗教组织，因此作为学校负责人的校长必然要受到西方宗教组织差会的控制。如校长陈裕光曾回忆说，20 世纪 30 年代之前的金陵大学，不仅经济命脉掌在美国教会手中，校长、主管财务的人员也都直接由美国教会指派；在其就任校长之后的岁月中，学校的经济大权也仍由美国教会掌控，其很少过问。①

（3）校长久任其职

如包文自金陵大学成立以来就一直出任校长一职，直至1927年辞职，在金陵大学任校长长达17年。陈裕光则从1927年直至金陵大学改为国立之后的1951年都在校长任上，历时24载。这种任职上的稳定也为时任校长提供了充分施展个体抱负、实现主体教育理想及信念的舞台。

2. 教职员管理

民国时期，金陵大学在教职员的管理上主要有以下举措：

（1）多管齐下，广揽优良师资

为了提高本校师资质量，增强与国立大学竞争的实力，金陵大学与多数在华教会大学一样，采取了多种措施扩充和改良学校师资。一是向差会寻求师资援助，请求差会派遣教育家来华工作。这是学校发展早期解决师资问题的主要途径之一。如在20世纪20年代初期，美国教会曾派一位教授来校专门教授棉花育种试验。② 二是聘请外国专家到校任教。如曾获美国普利策小说奖和诺贝尔文学奖的美国女作家赛珍珠曾在金陵大学任教十余年。③ 三是本校优秀毕业生留校任教。如著名图书馆学家与我国近代图书馆事业奠基人刘国钧、图书馆学家与目录学家李小缘、我国早期教育电影事业与电化教育开拓者及教育理论家与实践家魏学仁、一代影视大师孙明经等，都是从金陵大学毕业后留校任教的。四是鼓励教师赴国外留学。如刘国钧曾赴美威斯康星大学加修图书馆学课程，获得博士学位后回校就任教授及图书馆主任；李小缘曾赴美学习，后回校就任教授；魏学仁曾赴美留学，获博士学位后回校就任物理系教授兼金大教务长。五是提高华人教师的工资、待遇及地位，吸引国内学界名流到校任教。如1934年国学研究班成立后，一代国学大师兼文学家及史学家的胡小石、著名诗人胡翔冬、近代著名语言

---

① 洪银兴、陈骏主编：《大学之魂：南京大学精神传统文存》，南京：南京大学出版社，2012年，第200—201页。

② 洪银兴、陈骏主编：《大学之魂：南京大学精神传统文存》，南京：南京大学出版社，2012年，第203页。

③ 吴玫主编：《影像南大：南京大学百年图传》，南京：南京大学出版社，2015年，第106页。

文学家黄侃、戏曲理论家兼诗词曲作家及教育家的吴梅等都被延请到校就任指导教师。

值得注意的是，在很长一段时期内，金陵大学的各级行政领导都主要是美国人，教师也以美国人居多，就连聘请的中国教员也大都具有留美背景。[①] 直到1920年之后，尤其是学校向国民政府立案之后，这一教职员构成情况才逐渐有了较大改变：继任校长陈裕光进行内部改革，将科系领导职务逐渐改由中国人担任，教职员工中的国人比例也大大增加。[②]

（2）严格管理教职员

一是严格选聘教职员。优秀的教师是学校发展的根基，优秀的职员则是学校工作进展顺利的保障。为了保障学校的师资水准和管理成效，金陵大学在选聘教职员的过程中，非常重视教职员的能力水平，对新进教职员进行严格考核。创办初期，学校教师数量少且学术水平参差不齐，为了建立一支足以担当传授高深学问重任的师资队伍，学校组织了聘任委员会以审查教师资格，从而为学校招揽了不少文理农医等方面的专家学者，极大提升了学校师资水准。二是严格管理教职员职称晋升。每年由校长指派升级审查委员对教职员在前次升级以后的研究工作之成就、教授之学程及内容、担任的职务与课外活动、工作缺席及告假情况、著作、社会工作之成绩等各项工作成绩进行汇总，并加具意见，在董事会年会召开之前转交董事会会议议决。[③] 三是严格要求教师的教学与日常言行。如为了促进对学生品格的教育，金陵大学不仅要求主要由导师做学生的思想工作，还要求导师多与学生接触、对学生的学业思想和行为负责，同时要其注意自身的言行，要以身作则、行为生范，不断陶冶和提升学生的思想品格。[④]

（3）优待教职员

一是给予优秀教职员较高待遇。金陵大学制定了《金陵大学教职工的职称分

---

① 南京大学高教研究所校史编写组编：《金陵大学史料集》，南京：南京大学出版社，1989年，第3页。

② 洪银兴、陈骏主编：《大学之魂：南京大学精神传统文存》，南京：南京大学出版社，2012年，第201页。

③ 南京大学高教研究所校史编写组编：《金陵大学史料集》，南京：南京大学出版社，1989年，第149页。

④ 吴玫主编：《影像南大：南京大学百年图传》，南京：南京大学出版社，2015年，第97页。

类和薪水等级条例》，将教师分为教授、副教授、讲师和助教四个等级，职员则在此基础上增加了助理，对不同等级教职员的薪俸及晋级工资增加情况做了具体规定。其中，学历越高、业务能力越强的教职员职称越高，薪俸收入也越高。二是鼓励教师不断提升业务水平。如为了鼓励各层级教师不断提升自身，学校制定了《金陵大学现任讲师以上教员初次休假、出国进修暂行办法》《金陵大学现任教授休假进修暂行办法》，鼓励教职员出国学习。① 同时学校通过制定不同等级教职员的薪俸差别来激励教职员不断提升业务能力。三是对教师进行学术成就奖励。为了鼓励教师从事科学研究工作，金陵大学规定对那些在自己从事领域做出成绩并显示出有前途的教师，给以休假年让其进行学术研究或旅行访问，这对教师个人专业水平的提高极有好处。有不少教师在国外进修后，很快将国外大学的特点和长处带回学校，由此又充实、改进了金陵大学的整个教学工作。

（4）不断充实中国教职员

金陵大学建校伊始就注意不断补充中国教员和职员，如校长包文认为，“中国人的教育应当由中国人主持”，为此学校不仅聘请中国人就任教授，还动员中国教员参与学校的管理和决策，如到 1925 年时，不仅中国人在金大的校董会和教职员工中超过一半人数，学校的文理与农林科长也都由中国人出任。②

3. 学生管理

金陵大学在学生管理上主要体现在严慈相济。

（1）严格学生管理

一是实行严格的淘汰制，保证学生质量。为保证学校培养符合学校要求的教徒和领袖人物，包括金陵大学在内的教会大学普遍实行严格的淘汰制，如金陵大学各院系每年录取的 200 余名新生，经过四年学习后能够顺利毕业的仅 100 人左右。

二是严格学生日常行为规范。金陵大学对学生在校内外的各种日常行为规范

① 南京大学高教研究所校史编写组编：《金陵大学史料集》，南京：南京大学出版社，1989 年，第 152—153 页。

② 吴玫主编：《影像南大：南京大学百年图传》，南京：南京大学出版社，2015 年，第 93 页。

都做了详细规定，如在学生的在校操行方面要求：学生不得在校内吸烟、饮酒、赌博或有其他不道德行为；在自修时间内学生不得喧哗致妨害他人读书；不得有任何欺诈行为，否则须分别处罚并将事实存案备查，再犯则登入教务处记录中及该生成绩簿内，若三次违犯则永远革除；在预备功课、实验、背诵或考试时挟带、抄袭、抢代或偷阅他人文稿，均在欺诈之列，但遇特别情形经教授特许者不在此例；其有被人抄袭无法防御者，须立即报告该班教授，否则一经查出，二人同受罚。① 在行为礼仪方面，明确指出个人事项，个人清洁，乃君子之表，并对日常个人卫生习惯及各种场合的行为注意事项作了详细说明。②

三是严格管理学生的课外活动。为了鼓励学生多参加课外活动，学校专门设立了学点制，明确对学生的活动要求。如金大的“学点制”为鼓励“课外活动之有教育价值者”，规定“凡欲得一学点至少须有十小时之相当工作，欲得半点须有七小时之工作”；且实际操作中，学点制具有必修性质，“学生除在预科所得之六体育学点以外，每读本科四学分即有一学点之必修……预科学生成绩在三等以上者，除体育学点外得修本科学点，毕业其学点不足必修数者，应以学分补之，每缺一学点须补一学分”。按此规定，以学生毕业至多需要160学分算，金大学生课外活动必修40个学点，即需参加400小时的课外活动，平均每年参加100小时。③

（2）关爱学生

金陵大学在对学生各方面进行严格管理的同时，还注意在学习与生活中关心、爱护学生。其中，一是关心学生的学业发展及毕业前途。为了使其学生获得国际认可，方便学校毕业生留学，金陵大学建立伊始就在校长包文努力下在美国纽约教育局立案并得到美国承认，凡金陵大学毕业学生可同时接受纽约大学的文凭和学位，还可不经考试直接升入相关国外大学的研究院深造，并获得相应学

① 南京大学高教研究所校史编写组编：《金陵大学史料集》，南京：南京大学出版社，1989年，第138页。

② 南京大学高教研究所校史编写组编：《金陵大学史料集》，南京：南京大学出版社，1989年，第145—147页。

③ 《南大百年实录》编辑部编：《南大百年实录·金陵大学史料选》（中卷），南京：南京大学出版社，2002年，第183页。

位，如著名教育家陶行知曾在金陵大学毕业后赴伊利诺伊大学深造，后又转学哥伦比亚大学深造。同时在实行选科制的过程中，学校不仅能对各门课程的内容、授课时数、学分数等详细介绍，还实行系主任审批制，由老师指导学生选课，帮助学生科学选课，增加学生的学习自主性，也使他们通过学科的交叉、渗透学习扩大视野。

二是积极为学生创造学术科研条件。为了给学生创造有利的学术科研活动条件，学校与美国康奈尔大学建立关系，由康奈尔大学在五或十年内每年派送具有专项学术素养并为试验场专家的专门教授一人到金陵大学教习植物接种法，以培养学生的专业技能和学术能力。①

三是对学生进行奖优助困。金陵大学设有多种奖学金及奖学贷金以奖助成绩优良而家境贫寒的学生，如校长包文在就任校长期间，不仅设立了奖学金以奖励优秀学生，还经常私下用自己的俸禄资助遇到困难的学生及教职工。

四是危难中悉心呵护学生。金陵大学对于病困中的学生悉心关照，如在学校迁居四川成都期间，曾有学生因病晕倒在校园，被陈裕光校长撞见，就招学生一起把其送至自己家中照料②；对受到政治牵累的学生，学校也极力予以关照及呵护，如校长包文曾为因参加学潮而被开除的著名病理学家侯宝璋极力争取并写信鼓励他；在解放前夕，学校还多次设法保出因积极参加反战活动的师生③。

（3）重视对学生的品格教育

金陵大学非常重视对学生思想品格的教导和培养，除了制定有专门的操守规范，学校还通过其他各种途径及措施涵养和陶冶学生的品格。其中，一是通过约束和规范教师的日常教育教学行为加强对学生品格的教育和陶冶；二是在学生中倡行“自控、自尊、自我教育”，提升学生对自身品格的教育与涵养。④

---

① 南京大学高教研究所校史编写组编：《金陵大学史料集》，南京：南京大学出版社，1989年，第30页。
② 张宏生、丁帆主编：《走近南大》，成都：四川人民出版社，2000年，第276页。
③ 洪银兴、陈骏主编：《大学之魂：南京大学精神传统文存》，南京：南京大学出版社，2012年，第207页。
④ 吴玫主编：《影像南大：南京大学百年图传》，南京：南京大学出版社，2015年，第97页。

4. 学校组织管理

金陵大学是由美国教会合办的教会大学，在管理上首先要受美国的教会团体差会管辖；而在学校内部，其管理组织设置情况主要如下：

（1）董事会组织及董事设置

根据金陵大学的相关管理制度规定，学校设校董会负责批准建立新的系科；批准学校开设的课程；选举任命校长和司库；任命学校行政人员和教学人员；决定由托事部支付工资的人员以外的其他教职工的工资待遇；提供合适的校舍和办公教学设备；根据学校的财政预算，决定学费的金额，并通过学校的行政管理机构按预算收纳和分配学费；负责为学校提供足够的师资力量和办学经费以及执行有利于提高学校管理效率的其他职责。①

校董会的人员构成主要为：一是在中国的教会团体代表，其中浙江—上海浸礼会分会选派二人，美以美会华中分会、中华基督教会华东分会、中华基督教会各选派代表三人；二是金陵大学校友会选派代表四人；三是有合作关系的布道师团代表，其中卫理公会与圣公会华中布道团、美国长老会江岸布道团、中华基督教布道团、美国浸礼会布道团华东教区各派代表二人；四是金陵大学校长；五是前述董事公推五人作为校董会增选委员。② 校董会还设主席、副主席、司库、秘书各一人，由校董会年会选举产生，分别行使有关职权。③

（2）组织机构及人员设置

金陵大学初始时期设科较为简单，仅设文科、师范科和国语科，之后陆续增设农科、林科、医科等，并进行科系调整，改为院系机构。根据相关组织管理规定，除校长外，学校的组织机构及人员设置主要为：

各院设院长一人，负责主持计划全院教学行政工作、督导全院各系执行教学计划、提出全院各系主任人选的建议；学院下设有若干系科组，并各设主任一

① 南京大学高教研究所校史编写组编：《金陵大学史料集》，南京：南京大学出版社，1989 年，第 103—104 页。
② 南京大学高教研究所校史编写组编：《金陵大学史料集》，南京：南京大学出版社，1989 年，第 103 页。
③ 南京大学高教研究所校史编写组编：《金陵大学史料集》，南京：南京大学出版社，1989 年，第 104 页。

人，遵从教务长和院长的领导，负责计划并主持本系的教学行政工作、督导执行本系的教学计划、提出有关本系教职员任免的建议等。此外，学校自1939年起设教务、训导、总务三处，三处分别设教务长、训导长、总务长一人，其中训导长由校长兼任，秘书处和事务处合为总务处，设总务长一人；同时理学院因事务繁多，特设副院长一人。[①]

（3）会议机构的设立

在上述管理组织之外，金陵大学还设立了多种会议组织为学校民主管理机构。一是设校务委员会作为最高委员会，由校长、各院院长、各系主任、各处主任及副教授代表、直辖各附属机关的主任组成，负责编造学校预决算及决定其他财政事务、审核学系及课程的设置和废止、审议有关学校建设和添置设备的提议、决定制定或废除学校内部的规章制度、处理学校内部其他重要事务。校务委员会中，在校长陈裕光的倡议下，创设了常务委员会作为常设机构，由精于专业、擅长管理的各院著名学者、重要行政骨干组成委员，学生代表参加会议，负责处理学校重大事项；同时校务委员会还根据工作需要设立了各种专门委员会，如友好关系委员会、一般会议委员会、图书管理委员会、博物馆管理委员会、出版委员会、体育运动和体育锻炼委员会、招生委员会等，负责决定相关的专门事务。

二是在校务委员会之下，各学院还相应设立了院务委员会，由院长、系主任组成，负责计划本院学术设备事项及进行事宜；院务委员会下设纪律委员会、课外活动委员会、学生功课委员会。各系设系务委员会，由系主任、教授、副教授、讲师组成，负责计划本系学术设备事项。此外，学校还设全体教职员会议，由校长召集，每学期召开一次，以报告相关校务事项。

这些委员会的人员构成，或由教职员组成，或由学生组成，或由教师和学生共同组成，使得委员会在分担大量学校行政管理职能的同时，大大缩小了专职管理人员的编制。

---

① 《南大百年实录》编辑组编：《南大百年实录·南京大学史料选》（下卷），南京：南京大学出版社，2002年，第145—146页。

值得注意的是，金陵大学创立后的相当长时期内，其校董会董事及校内各级领导都主要由美国人出任。立案后，学校的理事会改为校董会，中国籍校董的比例也有所增加，占校董总数的三分之二，美国人则占三分之一；各院院长、系主任及各级领导逐步改由中国人担任。教职员工中，中国人的比例也大大增加。①

5. **教育教学管理**

金陵大学在教育教学的管理上，主要表现出以下特点：

（1）因时因势积极推进教育教学改革

一是完善学科，尝试国际办学。如包文任校长后，先后设立医科、农科、师范专科，使学校逐渐成为一所综合大学。②

二是改革课程设置。作为教会大学，金陵大学建立后在课程设置上以宗教为主，把宗教列为必修课，在教育教学中也时时处处灌输宗教思想与内容。立案后，学校在陈裕光校长的治理下，取消宗教课，并倡行师生自愿信仰宗教。

三是实行选科制和主辅修制。金陵大学从 1915 年开始实行选科制，以扩大学生的知识范围，发展学生的特长。学校把课程分为三类：公共必修、专业必修及选修，其中公共必修课是所有同学都必须修习的课程，如英语、体育等；专业必修课是学系规定的必修课程，同一学系学生的专业必修课相同；此外的其他课程则属于选修范围，允许学生根据各自爱好加以选择。同时，允许学生在主系之外选择一个与主系关系较为密切的辅系进行学习。

四是实行学分制。金陵大学在承认学生差异性的基础上，允许学有余力的学生增加学习分量和深度，提前修满学分的可提前毕业，允许学习有困难的学生适当减少学习分量，延长学习年限。但为了避免盲目与冲动，学校规定：每学期的功课普通只需 20 学分，除“补读学分”外，每学期累计不得超过 25 学分；欲多得学分者须受许多限制：“前一学期成绩总均在二等以上及各课成绩均在三等以上者，可多读三学分；但本学期该生成绩均降至二点五等以下者，其所读之学分

---

① 洪银兴、陈骏主编：《大学之魂：南京大学精神传统文存》，南京：南京大学出版社，2012 年，第 201 页。

② 吴玫主编：《影像南大：南京大学百年图传》，南京：南京大学出版社，2015 年，第 93 页。

无效，其有任何学程成绩在三等以下者，亦不得给与各该学程所应有学分；凡多读学分之学生月课成绩有在三等以下者，其顾问得令其退一学程，学生在毕业前之末学期中不得多读学分。”① 这些措施在调动学生学习的积极性、使其主动学习的同时，又能够根据自身情况做出科学合理的学习安排。

（2）科学管理教育教学

一是注意教和育并重。金陵大学在教育教学中注意教和育的均衡推进，努力做到不偏颇。如校长陈裕光曾在1948年的建校60周年校庆讲话中指出，教育包含两种意思，一为教导学识，一为陶养品格。二者并重，不可或缺。若仅有学问，而无人格，则于事于人，无所裨益。故本校除启发知识外，亦常以琢磨品性，阐明宗教伦理为职志。②

二是协调发展中西文化。为了处理好学习西方文化与弘扬中国优秀传统文化的关系，避免盲目崇洋，学校一方面重视西方文化的学习，强化学生英文的学习，如不仅要求新生入学考试要考查英文的听、读、作文、语法、字量；在教学中，除国文等课程不得不使用中文外，其他课程如文娱活动，全部采用英文，连助教指导试验、运动场上运动员的口语、学生助威的啦啦队，也无例外。另一方面则在校长陈裕光的倡导下主张中西文化沟通交流，注意中文教育，不仅设立国文系，把国文列为必修课，还购买了大量国学典籍，使学校成为教会学校中重视国文教育的先驱。③ 此外，为了平衡中西文化学习，学校把历史、人文社会学等与西方哲学、法令、教育学等列为必修或选修科目，还创办了中国文化研究所，以弘扬中国优秀传统文化，进一步促进中外文化交流。

三是注意教学、实践、科研相结合。金陵大学不仅注重教学，把教学与实践结合起来，提高学生的实践操作、服务社会与实际研究能力，如学校结合农学院实际，推行“三一制”，把教学、研究与推广结合起来，师生足迹遍布全国十多

---

① 张宪文主编：《金陵大学史》，南京：南京大学出版社，2002年，第28页。

② 洪银兴、陈骏主编：《大学之魂：南京大学精神传统文存》，南京：南京大学出版社，2012年，第194页。

③ 吴玫主编：《影像南大：南京大学百年图传》，南京：南京大学出版社，2015年，第93页。

省的农村，不仅受到各地农民的欢迎，也收到了良好的教学效果；学校还引导学生积极开展实践调查，如农业经济系学生曾对全国十几个省进行过人口调查、水灾调查。①

6. **学术管理**

为了促进学校学术发展，金陵大学主要有以下举措：

（1）与国外大学合作，促进学术交流

学校不仅通过延请国外著名专家学者来校任教，还通过与国外高校合作促进师生对外学术交流与学习，如学校曾与美国康奈尔大学建立密切关系，由康奈尔大学定期派学术有素的专门教授到校任教。

（2）建立各种期刊，鼓励师生进行科学研究

金陵大学建校伊始就创立了校刊《金陵光》，后曾陆续创办了《金陵周刊》《金陵月刊》。② 这些学术期刊为金陵大学的师生提供了学术交流与探讨的“阵地”，也是他们不断获取学术进步的源泉，如《金陵学报》由当时学校中国文化研究所的李小缘教授主事，经常发表教授学者的学术专著以及学生的优秀文章。③

（3）建立专门的科研院所，为师生科研提供便利

金陵大学建立了专门的科研院所，吸引学界名流到校任教和带动本校科研发展，也利于提高学生的科研能力，培养专业学术人才。以金陵大学中国文化研究所为例，不仅培养了许多优秀科研人才，还产出了许多学术成果。它自 1930 年建立，到 1947 年，其研究人员所承担的研究课题广涉历史学、考古学、目录学、东方学、国画研究等领域，课题多达 30 项，先后出版书籍《天一阁藏书考》《词源疏证》《古今伪书考补正》等近 20 种，不仅带动了学校的专业发展，也增强了学校的科研氛围。

7. **财物管理**

金陵大学在财物管理上的举措主要表现在以下方面：

---

① 洪银兴、陈骏主编：《大学之魂：南京大学精神传统文存》，南京：南京大学出版社，2012 年，第 203—204 页。

② 吴玫主编：《影像南大：南京大学百年图传》，南京：南京大学出版社，2015 年，第 98 页。

③ 张宏生、丁帆主编：《走近南大》，成都：四川人民出版社，2000 年，第 220—221 页。

（1）教育经费管理

多渠道筹措教育经费。金陵大学的经费主要由托事部和校董会负责筹措，其中托事部负责 65%，校董会负责 35%。从来源上看，主要有以下形式：一是差会拨款，这也是其各项经费来源中最持久、最稳定也是最重要的一笔收入。它来自各教会在其国内的募捐，主要是为传教士在中国开辟传教事业用，也是教会大学早期经费的最主要来源，直到 20 世纪 30 年代西方资本主义国家遭遇的严重经济危机使差会募款极度困难时，其数量才有所下降。二是捐款，这是由私人和团体以捐助形式无偿提供的援助，是教会大学一项重要的经费来源渠道，如金陵大学在 1928 年获得霍尔基金会的教育基金 30 万美元。[①] 三是学校基金的利息收入，这也是学校经费的一项重要收入，如 1932 年学校获得利息收入 117692 元。[②] 四是学费收入，这在 1930 年代后逐渐成为教会大学经费来源的重要渠道之一。金陵大学成立之后一直都在收取学费，如 1922 年的学费收入为 90675 元，1923 年为 97450 元[③]，1946 年则为 1000 万元[④]。五是政府补助。1934 年之前政府对教会学校补助很少。1934 年，政府开始设立专款对办学成绩优良且经济确有困难的教会学校给予延聘教师、添置设备费的补助，如金陵大学在 1935 年获得教育部充实设备、添置讲习经费补助 3 万元，1946 年获教育部津贴 6200 元。[⑤]

严格经费保管与使用。作为教会大学，金陵大学经费的管理及使用都非常严格，其基金由托事部在美国保管，每年的息金等均由美国总部按期汇拨，交学校会计发放，每年的决算也都有托事部委托的法定会计师稽核。[⑥] 具体来说主要有以下方面：

一是明确规范各种经费的使用。金陵大学各种经费的使用都有严格的规范，以学校基金为例，主要分为捐赠基金、特别基金、房屋基金、流通基金四类，其

---

① 章开沅、[美] 林蔚主编：《中西文化与教会大学——首届中国教会大学史学术研讨会论文集》，武汉：湖北教育出版社，1991 年，第 146 页。

② 南京大学高教研究所校史编写组编：《金陵大学史料集》，南京：南京大学出版社，1989 年，第 237 页。

③ 张宪文主编：《金陵大学史》，南京：南京大学出版社，2002 年，第 45—46 页。

④ 金陵大学总务处编：《私立金陵大学要览》，1947 年，第 7 页。

⑤ 南京大学高教研究所校史编写组编：《金陵大学史料集》，南京：南京大学出版社，1989 年，第 240 页。

⑥ 南京大学高教研究所校史编写组编：《金陵大学史料集》，南京：南京大学出版社，1989 年，第 237 页。

中捐赠基金不可用完，也不可抵押为现金使用或贷给任何友好团体、宗教或者慈善机构，只可在保留或存放不动的情况下用于投资；特别基金是为某一用途而捐赠的款项、赠送的财产、礼物等，其本金和利息都可使用，且根据捐赠的要求，该基金可用完或用于投资。①

二是由专门组织和人员负责经费的管理与使用。如由托事部司库负责保管学校基金和证券；助理司库负责审查托事部就学校经济事务的管理而制定的各项规章制度的执行情况、托事部所签各合同的履行情况，负责学校在西方购买的各种物资器材、将收集的所有款项以学校的户头开存折存入指定银行、保管各种账簿、公布学校财政状况与收支情况、检查学校行政人员等就学校基金和证券收支所做的报告。同时，助理司库还负责审核所有在美国提出的不利于校方的账目、要求等，在它或司库根据预算的拨款或条款调整与决定钱的数目之前，任何人不能从校托事部的财务部门提走任何款项；如其在审查账目时怀疑它的正确性或发现拨款数目和供给物资数目不符，将把账簿呈交财政、校产和投资委员会决定。② 此外，学校还专门成立有财政预算委员会负责审查学校的簿记和账册，并就学校所得资金开支情况、下一年度预定开支项目、工资支付详情、领取工资人员的详细情况以及各系、科、室的各项开支等制定成下一年度财政预算，提请托事部在 4 月或者 5 月召开的会议进行审查，以便在 7 月 1 日开始的新的财政年度执行。③

三是实行严格的财务监督。包括金陵大学在内的教会大学对经费的使用都本着合理使用、节约使用的原则，每一笔开支都需由校董会司库或助理司库签字，并凭签条报销；如果开支超出了院系的拨款数目，还需提交申请给财政、校产及投资委员会审查。同时各项经费开支除受到前述司库及助理司库的审查、监督

---

① 《南大百年实录》编辑部编：《南大百年实录·金陵大学史料选》（中卷），南京：南京大学出版社，2002 年，第 127 页。

② 《南大百年实录》编辑部编：《南大百年实录·金陵大学史料选》（中卷），南京：南京大学出版社，2002 年，第 126—130 页。

③ 《南大百年实录》编辑组编：《南大百年实录·金陵大学史料选》（中卷），南京：南京大学出版社，2002 年，第 126—130 页。

外，捐助人、差会、学校财政委员会也有权进行监督。

（2）设施设备管理

积极筹建设施设备。在金陵大学建立初期，为了改善学校设备简陋、师资缺乏窘况，校长包文凭借其出色的教育理念和个人能力，筹集到巨额资金，购置土地重建校舍，极大改善了学校设施设备面貌。① 如金陵大学于1919年建成当时南京最高建筑之一的北大楼作为文学院，1921年建成三层楼东大楼作为理学院（又称科学馆）和单层大空间建筑的教堂作为学校的大礼拜堂，1925年建成四层的西大楼作为农学院的教学实验楼（又称裴义理楼），1936年还兴建了三层楼作为图书馆。②

此外，金陵大学重视图书馆建设。早在20世纪20年代初其农业经济系就成立了年工业图书研究部，广泛收集中国古今的农业书籍及各种图册，并编纂了《先农集成》《农业索引》，为搜集、整理我国农业文献做了大量工作。图书馆对地方志的收藏，更是不遗余力，金大的中国文化研究所成立后，其所附设的博物室藏有殷墟甲骨数百片，包括《老残游记》作者刘鹗陪嫁女儿的甲骨片，还有一些如海内仅存的南唐画家王齐翰（晋卿）所作的《挑耳图》，图上有北宋、南宋至清末各代名家的题跋。③

努力维护学校设施设备。一是设专职机构及人员管理学校设施设备。如学校设房屋和场地总管，负责学校所属房屋的建造和维修、房屋冬季取暖等事项；设校产管理处，并设主任一人，负责管理有关校产事项。此外学校还设图书馆馆长一人，负责管理所有图书阅览室、各科和学校图书馆及其他书库，并对所藏图书的管理和安全负责。同时学校还组织图书管理委员会负责扩大图书馆活动范围、制定图书馆房屋的建筑规划及图书馆设备的种类等事务，成立博物馆管理委员会负责接收标本、安排展出及征求对学校和社会有用而具有教学价值的展品，成立

① 吴玫主编：《影像南大：南京大学百年图传》，南京：南京大学出版社，2015年，第93页。

② 吴玫主编：《影像南大：南京大学百年图传》，南京：南京大学出版社，2015年，第100—103页。

③ 洪银兴、陈骏主编：《大学之魂：南京大学精神传统文存》，南京：南京大学出版社，2012年，第205页。

出版委员会负责征集学校出版的各种出版物副本交图书馆保管等事项。[①] 二是在艰难困境中维护图书设备。如 1937 年淞沪会战打响之后，学校被迫迁移，在校长陈裕光的组织下，全校师生员工在迁校过程中尽力搬运、转移图书馆藏书。[②]

（三）金陵女子大学的管理

金陵女子大学（Ginling College）（以下简称金女大）是由美国教会美北长老会、美以美会、监理会、美北浸礼会和基督教会于 1913 年在南京联合创建的中国第一所女子大学，1915 年正式开学，首任校长为德本康夫人（Mrs Laurence Thurston）。1927 年后金女大校务转由中国人管理，1930 年学校在国民政府教育部立案，并更名金陵女子文理学院。抗战时期，金女大于 1937 年迁址四川成都华西坝，1946 年返回南京。1951 年学校与金陵大学合并，主体并入南京大学，剩余部分则并入南京师范大学。在民国期间，尤其在吴贻芳接掌学校后，积极采取各种管理举措，使金女大逐渐成为中国近代史上最有名的女子教会大学。

1. 校长特征

金女大共历经了两任校长：德本康夫人（Mrs Laurence Thurston）和吴贻芳。综观二任校长，她们的任职展现出以下特征。

（1）校长学养深厚、教育理念先进

从学养来看，德本康夫人于 1896 年毕业于美国马萨诸塞州的蒙特霍利女子大学（Mt. Holyoke College），之后先后在美国新泽西州的高中、土耳其 Marash 学院任教，1904 至 1906 年任外国教会学生自愿海外传教运动秘书，1906 至 1911 年在我国湖南长沙的湘雅医学院任教，1913 年参与创建金女大并担任首任校长。继任校长吴贻芳早年毕业于金女大，曾任教北京高等师范学校教师兼英文部主

---

① 《南大百年实录》编辑组编：《南大百年实录·南京大学史料选》（下卷），南京：南京大学出版社，2002 年，第 141—143 页。

② 洪银兴、陈骏主编：《大学之魂：南京大学精神传统文存》，南京：南京大学出版社，2012 年，第 206 页。

任，1922 年获巴勃尔奖学金赴美留学密歇根大学，1928 年获生物学博士学位后回国出任金女大校长。良好的高等教育背景，丰富的生活阅历尤其是对教育工作的尽心尽力，是她们共同的特点。

从教育理念来看，她们都具有与时俱进的教育理念。金女大创建的目的是应形势需要，造就女界精神领袖以为社会之用。对此，首任校长德本康夫人认为学校的办学宗旨就是要“训练基督徒妇女领袖”，并在 1928 年的离职演讲中重申此宗旨。继任校长吴贻芳则根据当时国内形势，认为学校的办学就是要“培养人才，从事于中国的各种工作……学校于国学科学同时并重，既培养了中国学者的思想，又能得到科学家的方法，然后到社会上去，才能应各种的新需要，运用自己所学，贡献给各种工作”[①]。

（2）校长久任其职

首任校长德本康夫人参与筹建学校，在 1915 年学校建成时出任校长，直至 1928 年辞去校长职务，在校长职上历时 13 年；继任校长吴贻芳在 1928 年 7 月正式开始主持学校校务，直至 1951 年学校与金陵大学合并，前后历时 23 年。

（3）校长倾情教育，为学校发展鞠躬尽瘁

一是校长热心教育。德本康夫人自 1896 年毕业后几乎一直在从事教育工作；在金女大，她从 1913 年参与筹建金女大并被推为校长到 1928 年辞去校长职务、转任学校顾问兼教师、建筑监督人，直到 1936 年，前后在校服务 23 年。综观她的一生，她把终身都献给了教育事业。吴贻芳校长在 1915 年从金女大毕业后，除 1922 至 1928 年在国外留学外，一直在教育领域工作，在金女大她出掌学校 23 年，是一个长期奋斗在教育事业一线的人。二是她们在掌管金女大的过程中，都为学校发展殚精竭虑，做出了极大贡献。如在德本康夫人治下，学校从初始的租用房屋作校舍、师资匮乏、设施设备极其简陋的状况，逐渐成为设施比较完备的学校，拥有了别致的校舍、宿舍、图书馆、科学馆等建筑设施，体育场、图书资料、实验器材等教育设备也不断完善。

---

① 载《金陵女子大学校刊》，1928 年第 11 期。

2. 教职员管理

金女大对教职员的管理主要表现在以下方面：

（1）设法充实和优化师资队伍

金女大注重教师队伍的建设，在管理中总是想法设法聘请教员，充实学校教师队伍，并不断提高师资水平。初期，学校师资极度匮乏，严重影响到课程的开设，就连校长也亲自任教多门功课。针对这种情况，学校一方面向美国的教会组织申请派员，如蔡路得、黎富思、薛浦来（Mary Shipley）和蒂亚·布朗（Lydia B. Brown）于1917年由教会派来分别任教化学、生物、英国文学兼历史、音乐，而1924年学校迁入新校址后，教会更是派了不少相关专才教师到校任教和访问教授到校指导新学科的筹备与设立。[①] 另一方面则从各处聘请专业水平较高的人到校任教，如生物教师惠特默（Harrier E. Whirmer）、音乐教师苏德兰（Miss Sutherland）等都是学校所聘的专业上颇有造诣的教师。随着学校的发展，学校更是设法改善和提升师资水平：一是加大对中国教员的聘请，不断增加教师队伍中中国教师的比例。二是与邻近学校如金陵大学共用优秀师资，提升学校的师资水平。三是注重对本校师资的培养，以提高师资水平。为提高本校教师水平，学校不仅利用与国外大学的密切关系，经常选送优秀教师和学生出国深造，提高教师队伍的学历层次和整体教学水平，如刘恩兰教师曾赴美克拉克大学攻读地理学并获硕士学位，李德忱曾赴哥伦比亚大学学习两年。四是积极鼓励和支持教师参加各种国内外的学术交流会和报告会，或在校内举行各种学术演讲，从而加强学术交流，提高学术水平。

（2）严格管理教师

一是严格以质择师。金女大在任用教师的过程中，注意教师是否具有相应能力，而对于教会指派的教师，如觉得不是恰当人选，便会毫不留情面地予以辞退。二是重视教师的人格素养。基于教师人格对学生的重要影响，学校不仅在延请教师时注重考察其是否愿意遵从教会大学的理想，具有基督徒的人格，还在每

---

① 张连红主编：《金陵女子大学校史》，南京：江苏人民出版社，2005年，第36—38页。

学期举行教师进修会，以促进教师的灵性修养。

（3）关爱教员

一是设法改善教职员生活。随着学校发展，教职员人数不断增加，为了改善他们的生活，使他们安心工作，金女大在校长吴贻芳的主持下分别筹建教职员宿舍两栋，改善了教职员的住宿条件。① 同时学校还注意在生活中关心教职员。如抗战期间，校长吴贻芳曾把海外校友为她筹集的用以保重身体的寿款用来改善教师的伙食。②

二是努力提高教职员尤其是中国教职员的待遇。初期，学校实行两种工资标准，外籍教师参照传教士标准支付薪资，而中国教员薪资则比较低③；随着学校发展和教员不断增加，学校努力提高教职员待遇，并在1920年代后期制定了正式教师的薪俸标准，而且在薪俸之外给予教师优厚的津贴，如每月200元的生活补贴、按每月物价指数及薪额补贴20%，以及薪贴、米贴、日用品津贴、房贴等，使教员的待遇高于国立大学，也极大改善了华人教员的待遇。

三是鼓励教职员利用假期进修，提高自身素质和教学水平。④ 如学校初期对外籍人员实行每六年回国休假一次的制度，使其有时间放松身心，或赴国外讲学、深造，同时兼办校务。如华群（明妮·魏特琳）教授曾利用返美休假时间获得哥伦比亚大学硕士学位，1925年又利用休假机会进入芝加哥大学教育系进修并在选课学习和撰写报告的同时，负责在美购买图书、甄选教职员及策划新课程等学校事务。⑤

3. 学生管理

金女大在学生管理上主要采取了以下举措：

（1）严格管理学生

---

① 张连红主编：《金陵女子大学校史》，南京：江苏人民出版社，2005年，第108—109页。

② 孙建秋编著：《金陵女大（1915—1951）：金陵女儿图片故事》，桂林：广西师范大学出版社，2010年，第51页。

③ 朱峰：《基督教与近代中国女子高等教育：金陵女大与华南女大比较研究》，福州：福建教育出版社，2002年，第120页。

④ 德本康夫人、蔡路得著，杨天宏译：《金陵女子大学》，珠海：珠海出版社，1999年，第16页。

⑤ 张连红主编：《金陵女子大学校史》，南京：江苏人民出版社，2005年，第52页。

一是逐渐扩大招生范围，严格择优招录学生。金女大在招生上，最初的生源主要来自信教家庭的女子和教会女子中学的学生，家境也多是比较富裕的地主、资本家、政府官吏和一些自由职业者家庭，同时招考的方式也比较灵活，如吴贻芳便是经过推荐作为特别生进金女大读书半年后，经测试转为正式生的。随着办学声誉的提高和教会女中及中国女子教育的发展，报考金女大的人数逐渐增多，为了招到更多优秀学生，保证生源的质量，学校在吴贻芳校长的主张下，逐步增加面向普通公立、私立中学毕业生招生的人数，从而改变生源结构，使教会中学毕业生的比例明显下降；还扩大招生的地域范围，如在1925至1926年，在校生中45.5%来自江苏省，其余则来自全国其他省份。①

二是严格要求入学条件。金女大对学生的起点要求比较高，要求学生入校前必须完成高中语文、英语、数学、科学、历史和宗教课程，并举行公开招考，对学生进行综合、词汇、理解能力、语法、英文写作、中文写作等六门考试，按考试成绩择优录取。

三是严格学籍管理制度。金女大制定有严格的学籍管理制度，对学生注册、转学、休学、缺席、旷课、作息、毕业等许多方面都作了明确而详细的规定，要求学生必须遵照执行，教学管理人员包括教师要贯彻落实。以学生毕业为例，学校在吴贻芳掌校后尤为注意培养学生的科研能力，从1935年开始规定学生必须写毕业论文，要求学生“读满应读的学分，成绩总平均达七十分，才能在本主修系论文指导教师指导下，在四年级第一学期选定题目，通过专题研究、社会实践或科学实验写出毕业论文。论文必须是个人自己的创作，不得抄袭他人的论著。到第二学期的第二星期交初稿，第八星期交正式稿，经系主任签字通过，认为已达到毕业要求，才能获得毕业文凭，接受学士学位”②。

四是严格考试及评分制度。为督促学生的课程学习，培养良好的学风，使学生掌握真才实学，学校制定了严格的考试规则，规定“纸张、笔记本、书籍等一

---

① 朱峰：《基督教与近代中国女子高等教育：金陵女大与华南女大比较研究》，福州：福建教育出版社，2002年，第270页。

② 孙岳等编：《吴贻芳纪念集》，南京：江苏教育出版社，1987年，第107页。

概不得携入试场；参加同样考试之学生，必须分开座位；学生如有舞弊嫌疑及事实，本处得提交训导处按照情形分别惩办；学生有被人抄袭无法制止者，须立即报告监考员，否则，施受双方同等处罚；平日考试舞弊，照期考考场办理”。同时学校还明确规定：每门课程的总成绩由平日成绩和期考成绩两部分构成，二者分别占三分之二、三分之一；其中九十至一百分为超等，八十至八十九分为优等，七十至七十九分为中等，六十至六十九分为劣等，不满六十分者为不及格。[①] 不及格学生能否补考由授课教员决定；五十分以下的学生“非重读不给学分”。同时指出：“凡学生成绩低劣，不能达到毕业标准，或操行成绩不合本校训导标准者，本校得于任何学期终了时，予以警告或转学、休学、退学等处分；受警告之学生，在第二学期中即令为试读生，试读一学期，以观其有无显著之进步，有则仍改为正式生，否则，须受更严厉之处分。”[②]

五是严格规范学生日常行为。为了规约学生在校行为，促使学生在学校中养成良好的学习和生活习惯，形成健全的人格和优良的学风，金女大制定了相应的规章制度，如《私立金陵女子文理学院学生手册》等。这些规则从各个方面对学生做出了明确要求。如在操行上，要求学生不得有妨害学校秩序或学校声誉及其他方面的不道德言行；若学生不自敦品励行，无论校章是否有规定，都须就情节轻重分别予以导师训诫、训导处警告、训导会议会询、开除学籍的惩戒；学生在寝室、教室、实验室内如有违反者，需由相关教职员加以训诫或交由训导处执行；学生受惩戒除由训导处通知有关各处外，还要将存案备查；受过严重惩戒的学生不得领取学校任何奖学金，毕业时也不发给训导证书；每学期终了由学生导师及教师对学生进行操行成绩评定，并交训导处登记，训导处通过后通知教务处载明成绩簿并呈报教育部。[③] 同时规则还要求教师遵照举止仪容、银钱使用、消遣方法、言行诚实、工作认真不懈、爱护公物和尊重他人利益、慎言择行、合作

① 《私立金陵女子文理学院学生手册》，1940 年，第 5—6 页。
② 《私立金陵女子文理学院学生手册》，1940 年，第 7 页。
③ 《私立金陵女子文理学院学生手册》，1940 年，第 19—20 页。

精神、任事负责可靠、富于同情和乐于助人十条标准对学生进行操行评定[①]。

（2）重视对学生的道德培养

金女大重视学生的品德教育，以培养对他人、对社会有用的人。一是学校以“厚生”作为校训，告诫学生：人生的目的，不光是为了自己活着，而是要用自己的智慧和能力来帮助他人，造福于社会，这样不但有益于别人，自己的生命也因之更丰富。而吴贻芳出掌学校后，进一步提出学校要为国家培养有学问、有道德、有服务社会本领的人才。

二是在办学中重视对学生的人格教育，把培养学生健全的人格放在核心地位。校长吴贻芳明确提出，“要使学生能够人格完全与否，全在教职员方面平时所与以耳濡目染的模范之良否”[②]；要求教师要做好人格示范。

三是通过把道德及人格培养与爱国教育结合起来。如校长吴贻芳常向学生强调，学校办学的宗旨，就是要把大家培养成具有高尚理想，不图个人私利，掌握一定专业基础知识，对工作认真负责，与同学相互合作，对社会有精诚服务的态度，对国家从爱国主义出发，在各自的岗位上，尽到自己应尽的义务的人。[③]

四是鼓励学生参与社会实践，以锻炼其服务精神。如吴贻芳认为参与社会服务和社会实践是进行人格教育和养成健全人格的重要途径，在办学过程中鼓励学生积极参与到对国家有益的社会改造活动中去，服务他人和社会。

（3）关爱学生

一是关心学生的在校学习与生活。金女大积极关心学生在校的学习与生活，不仅实行“导师制”，让每位学生找一位导师，规定每位导师可带八到十余名学生，通过小组活动等方式帮助学生解决学习、生活中的各种问题，也增强师生间的沟通交流，密切师生关系；还对新生格外予以照顾，在每年秋季举行“新生入

---

① 程斯辉、孙海英：《厚生务实 巾帼楷模——金陵女子大学校长吴贻芳》，济南：山东教育出版社，2004年，第189—190页。

② 程斯辉、孙海英：《厚生务实 巾帼楷模——金陵女子大学校长吴贻芳》，济南：山东教育出版社，2004年，第37页。

③ 朱学波：《吴贻芳》，江苏文史资料编辑部，1993年，第59页。

学周”，由教务处、总务处、校长室、学生组织等在这几天里分别介绍学校各种情况和规则，带新生参观图书室，游览校园，帮助她们了解如何利用图书资料，熟悉环境。[①] 同时，为了使新生尽快适应学校和增强不同年级学生间的交流，学校创设了“姊妹班制”，将一、三年级学生，二、四年级学生结为姊妹班，规定：每人各有姊妹一或二人作为学业与精神上互相激励、帮助的伙伴；新生入住的宿舍里一定有一个三或四年级的“姐姐”同住，以使“妹妹”很快适应新生活、“姐姐”学会照顾别人，促使学生养成团结互爱的精神。

二是关心学生毕业后的发展。金女大对学生非常负责，即使她们毕业了，学校也积极关注和关心她们的工作情况，经常派教师了解毕业生的任教情况，并给予她们指导和帮助。如华群教授通过走访远近学校熟悉祖国的中学教育及女子学校情况，从而对本校学生毕业后工作的地方了如指掌；还常利用各种机会去听取毕业学生讲课，了解她们是否能够胜任教学工作。[②]

三是设置和争取各种奖项，促进学生学业发展。金女大设有奖学金以奖励学行兼优的学生，设助学金扶助家境贫寒的学生完成学业，同时学校还积极为优秀的贫寒学生争取各种奖助金以帮助她们继续学业。如在 1934 年金女大学生吕锦媛因其校发生变故不能给她续供三、四年级的奖学金而面临失学危机时，校长吴贻芳多方努力，为其争取到了由美国韦尔斯利女校捐助的一份奖学金。[③]

（4）注重学生社团建设，创新学生管理模式

金女大一直比较重视学生社团建设，以期通过开展有组织、健康的活动锻炼学生各方面的能力。一是积极组建各种社团，锻炼学生的参与和实践能力。如德本康夫人任校长时，学校成立了学生自治会负责协助学校管理学生，使学生遵守各项管理规定，并为学生营造健康、快乐的学校生活和加强学生的学术成就等；成立女青年会促进学校丰富团体生活，加强个人与团队的生活锻炼，团结立志献

---

① 孙岳等编：《吴贻芳纪念集》，南京：江苏教育出版社，1987 年，第 111 页。

② 张连红主编：《金陵女子大学校史》，南京：江苏人民出版社，2005 年，第 44 页。

③ 孙建秋编著：《金陵女大（1915—1951）：金陵女儿图片故事》，桂林：广西师范大学出版社，2010 年，第 48 页。

身社会的同志，从而实现养成学生的完全人格、建设完美社会的宗旨。① 吴贻芳任校长时，不仅完善了对学生社团的各项管理规章，还在各系科组建学会、研究会等，实现了学生社团的组织多样化和运行的规范化、制度化。

二是注意对社团进行引导和建设。吴贻芳就任校长后，学校进一步加强了对学生社团的管理，注意对社团的活动与建设加以引导。此举不仅完善了学生社团的内部组织建设，也扩大了其活动范围，如 1933 年的学生自治会下设研究、游艺、平民教育、国货、出版、文书、庶务兼会计等股，其中研究股下又设有政治、社会、学术等研究会和演讲会，游艺股设有戏剧、音乐等会，平民教育股则主要办理工人夜校，利用晚上教授国语、珠算、算术、公民等科。② 同时，学校还安排教职员参与和指导学生社团的活动，1938 年之后，学校将学生自治会改为“厚生团”，并由校长亲自出任顾问。

4. 学校组织管理

金女大在建立以来就实行董事会领导下的校长负责制，但由于学校师资规模较小——如在 1915 年 9 月开学时只有九名教职员，其中还有二人为兼任——之后随着学校发展，虽然增加了不少教师，但直到 1928 年向中国政府申请立案时，学校的组织建设都还不完善；机构设置也不稳定，除日常教学与行政事务外，处于因人而变的状况。1930 年立案后，学校的组织管理才逐渐健全和稳定。因此这里将主要探讨立案后的学校组织管理情况，具体主要有以下方面：

（1）校董会及董事设置

金女大校董会成立于 1913 年夏，由美国北长老会、南卫理公会、北卫理公会、北浸礼会、基督会、美以美会等教会组织各选派三人组成。校董会是学校内部管理的最高权力机构，对作为设立人的美国有关教会组织负责。

（2）学校组织机构及人员设置

1914 年 11 月，校董会组建了学校管理委员会，管委会正式通过金陵女子大

① 《金女大基督教青年会章程之草案》，中国第二历史档案馆，全宗 668，卷宗 197。

② 程斯辉、孙海英：《厚生务实巾帼楷模——金陵女子大学校长吴贻芳》，济南：山东教育出版社，2004 年，第 165 页。

学的校名，并任命德本康夫人和另外三名女士一起筹建女子大学。在学校运行过程中，管委会主要负责批准学校资产及其使用，规定学生入学条件；同时成立了临时校舍委员会、土地委员会、建筑委员会、公共设施委员会等。这些临时机构实际上发挥了学校管理组织的作用。1915 年学校建成后，管理委员会继续存在和发挥管理作用。而除校长外的其他学校内部管理组织及人员设置则比较简单，且常因人而变，处于变化中。这种状况一直持续到学校立案后。

立案之后的金女大组织设置情况如下：由董事会聘请院长（即校长）[①] 一人，负全校行政责任；院长室设秘书一人，襄助院长办理一切事务；院长下设教务、训导、总务三处，各处设主任一人，由教授兼任，分掌各该处该管事项；其中教务处又设注册组及图书馆，并各设主任一人、组员及馆员二至三人；训导处设学生生活指导、课外活动、体育卫生等三组，各组设主任一人，组员及医师、护士等一至二人，并请讲师以上专任并住校的女教员担任导师；总务处设文书与事务二组，各组设主任一人、组员一至二人。

此外学校还设有会计室，会计室设主任、会计各一人，负责办理审计及出纳事项；而统计则暂不设专人，由各处室自行办理；各学系科，则有系科主任及教授、副教授、讲师、助教等；学校还设有乡村服务处、儿童实验所等附设服务机构。

上述各级管理组织的设置不只精简，而且其各处室科系的领导与职员都主要由学校教师兼任，在困难时期甚至有教师身兼数职的情况。如蔡路得曾任教务主任兼化学系主任，张芗兰曾任教教育学课程并兼掌训导主任一职。这使得学校不只组织设置精简，而且人员精练，既保障了教师对学校管理的参与，又有效节约了管理成本。

（3）会议机构的设立

金女大实行以校长为中心的教授治校制度，由校长负责学校重大事务，通过

---

① 1930 年后，金女大改称“金陵女子文理学院”，而人们习惯称其为金陵女子大学，故此处的“院长”也即是指该校的校长。

各种会议组织让教师参与学校各项日常行政工作，以达到民主决策、集中管理之效。[①] 学校立案后，逐渐健全民主管理的会议机构，并注意吸收职员与学生参与管理。总的来说，这些会议组织设立情况为：

一是设校务会议为最高会议机构，由校长、各处馆室系科主任、生活指导委员会与事务委员会负责人、教授与讲助教代表各二人、学生代表二人组成，校长任主席，每月召开一次会议，负责院系学科设立、废止及变更事项、预决算的初步审议、章则的制定、修正与废止、决议校长交议事项与校内各部门请议事项以及校内其他重要事项；当讨论有关附属机关事项时，附属机关之主管人可以临时列席。[②] 同时，在校务会议下设有常务委员会，由校长、教务主任、秘书、生活指导及事务两委员会负责人、校务会议推选的教授代表（文理各一人）二人、讲助教代表一人、学生代表一人组成，校长为主席，每周召开一次会议，讨论相关事项。

二是设全体教职员会议，由校长召集，主要负责报告校务或征询意见；各系科事项的商讨则召开系科会议，由系科主任任主席。

三是在前述行政组织设学生生活指导委员会、事务委员会、卫生委员会等各种议事机构，由校长选聘有关人员主持，负责各有关专门事务的处理，如学术刊物等的出版事宜就由专门的委员会负责办理。

5. 教育教学管理

(1) 重视教育教学改革

一是主辅修制的实施与废止。为扩大学生的知识面，对学生进行多方面的训练，金女大从 1925 年开始实行主辅修制，设立主辅修科，学生可根据自己爱好及特长选一个主修系和一个辅修系。1939 年，因教育部强调学科的高度专业化，要求取消辅修系，学校遂取消主辅修制。

二是实行积点制、学分制和弹性学制。金女大实行学分制，规定：一、二年

---

① 张连红主编：《金陵女子大学校史》，南京：江苏人民出版社，2005 年，第 54—55 页。

② 《金陵女子大学组织大纲》，中国第二历史档案馆，全宗 668，卷宗 23。

级时，每一学分需每星期上课一小时及课外预备一小时半；三、四年级时，则需每星期上课一小时及课外预备二小时；每星期实验三小时作一学分计；学生修完一定学分才能毕业。如 1915 年，学校规定：学生毕业时须修完 20 学分的国文课、16 学分的英文课程、10 学分的宗教课程。① 进入 1930 年代后，学校将学分制与绩点制合并使用以进一步提高学生成绩。这一制度规定，学校各门课程以 60 分为及格，学生得到学分，但 60 分不能拿到绩点，要拿到绩点须更高的成绩；绩点标准根据各门课的学分多少和考试分数而定；学生毕业时应学分和绩点都达到相应要求。② 在实行学分制的过程中，学校“允许经济困难学生读一个阶段后，离校工作一段时期，积一些钱后再来读满所要求的学分，而不会因离校失去学籍；成绩优良者在读好必修课程之余，还可选读其他课程”③。同时，“因健康或其他关系宜少读学分的，学校可减少其功课，准其四年以上修毕大学课程”④。

（2）加强教学管理

一是主张文理兼修，扩展知识面。金女大初始只有文、理两科，随着学校发展，科系设置不断完善：1924 年 9 月，学校文、理各有四个系；到 1927 年，则文、理分别有七个系和四个系。为了扩展学生的知识面，学校要求文科学生选修一定学分的理科课程，理科生选修一定学分的文科课程。以文科为例：一年级课程全部是必修的；四年大学的必修课程除主修、辅修者外，还开设有中文、英文、中国历史、教育学、心理学、音乐、美术概论等，使学生在各方面都有一定的知识。⑤

二是重视基础知识的训练。学校重视学生对基础知识的积淀，反映在课程上就是随着师资发展而不断完善课程的开设，对专业基础课程的设置更是如此。这使得金女大毕业生的基础知识都比较扎实，为其毕业后的学业深造奠定了坚实的

---

① 张连红主编：《金陵女子大学校史》，南京：江苏人民出版社，2005 年，第 60 页。
② 孙岳等编：《吴贻芳纪念集》，南京：江苏教育出版社，1987 年，第 107 页。
③ 孙岳等编：《吴贻芳纪念集》，南京：江苏教育出版社，1987 年，第 107 页。
④ 《私立金陵女子文理学院学生手册》，1940 年，第 5 页。
⑤ 孙岳等编：《吴贻芳纪念集》，南京：江苏教育出版社，1987 年，第 107 页。

基础。如其医、护预科学生考协和医学院和高级护士学院时，每考必中，且入学后能很快适应新的学习。①

三是强化外语教学。金女大明确规定：一、二年级必修英语，在二年级读完后举行一次英语考试以测验学生的英语理解和运用能力；除主修或辅修英语的学生可免试英语外，学生英语测验及格才准升入三年级，测试不及格的须在三年级补读一年英语，再参加考试，如仍不及格则须自动退学。② 同时，普通英语课上学生每学期须读若干本英语名著；英语系四年级学生的作文，教师批改后还要做个别辅导，非常认真；除中文外，教师讲课多用英语，参考书也以英语为多；记笔记、答考题、写报告也多用英语；每学期还有英语演讲会、辩论会。

四是强调教学方法。金女大重视方法的运用，在教学上提倡启发式和问题研讨式，如校长吴贻芳要求教师不要局限于教科书，要引导学生广泛阅读相关参考书，从而培养其自主学习的习惯、独立思考与分析的方法及获取知识的能力。同时学校还倡导在人格教育中实施因材施教，如吴贻芳在《基督教教育之特殊贡献》中提出："要注重特殊的个人教育，对于学生的训育和化导，一个一个要特别的注意；要知道今后的教育，是重在质而不在量的，每一人有一人的价值和性格，应视其人而'因材施教'。"③

五是重视实践锻炼。金女大人才培养的一大特色就是重视实践锻炼。校长吴贻芳的"培养人才、服务社会"思想重要体现之一就是大力提倡学生参与课外实践锻炼。在她治下，社会系重视理论与实践的结合，常就某些专题举行社会调查活动，进而做分析研究。理科教学中则注重实验，如蔡路得老师在教学中注意从新生开始就系统、有序地训练学生独立操作能力，并严谨实验操作要求以培养学生严谨对待科学的态度。④ 同时，学校注意训练学生的社会服务能力，如为了训练学生从教的能力，学校附设了一所实验中学作为学生毕业前的教学实验场所。

---

① 孙岳等编：《吴贻芳纪念集》，南京：江苏教育出版社，1987 年，第 107 页。

② 孙岳等编：《吴贻芳纪念集》，南京：江苏教育出版社，1987 年，第 107 页。

③ 程斯辉、孙海英：《厚生务实 巾帼楷模——金陵女子大学校长吴贻芳》，济南：山东教育出版社，2004 年，第 38 页。

④ 孙岳等编：《吴贻芳纪念集》，南京：江苏教育出版社，1987 年，第 107—108 页。

六是注重体育锻炼。金女大一向重视体育。为了锻炼学生身体，增强其体质，学校不仅建设专门的体育活动场所，不断完善各项体育设施设备，还把体育设为必修课，其中一、二年级每周有四节体育课，三、四年级每周两节。学校体育课纪律严明，要求学生按教师要求进行徒手操、田径、球类活动等各种体育训练，并规定体育不及格的学生不能毕业。此外学校还开展各种课余体育活动，如班级间每学期举行的球类比赛、每年秋末举行的全校运动会与春季举行的室内外体育表演等，如1936年春，金女大举行了有基本体操、国术、韵律运动、太极剑等比赛项目的室内运动会。

6. **学术管理**

金女大重视学校的学术建设，在民国时期，学校主要通过以下措施鼓励师生的学术活动：

（1）举办学术报告，活跃学术空气，开阔学生视野

一是聘请各界专家、名人到校演讲。在吴贻芳治校期间，学校非常重视对外学术交流，经常聘请国内外知名学者到学校演讲、作报告。如1933年，外交部情报司司长李迪俊、国防设计委员会专员王文山、华中大学校长韦卓民、外交部参事林东海、全国经济委员会农业处副处长兼燕京大学社会学系主任许士廉曾到校演讲或致辞；1934年，陈立夫、金陵大学农学院副院长章之汶、财政部赋税司司长高秉坊、曾任武汉大学校长的石蘅青、实业部矿业司司长兼钢铁专家黄金涛、中央大学艺术科主任徐悲鸿、全国经济委员会专员暨曾任金女大政治系主任的徐国懋曾到校演讲；1935年，陈鹳云、中央大学教育学院吴南轩教授、美国政治学名教授霍尔康、波兰公使魏登涛夫人以及金女大毕业生郝映青都到校做了演讲；1936年，中央大学政治学教授王季高演讲《国际局势与中国地位》，美国密歇根大学天文学教授罗佛司演讲并放映天文知识影片，行政院秘书吴景超演讲《妇女运动之过去及其将来》；抗战胜利后，许多知名人士，如名作家姚雪垠、美国驻华大使司徒雷登、英国牛津女子学院院长葛玉雅女士等，都先后到校发表演讲。这些人物既有政界、教育界、学术界名流，也有国内知名人士、国际知名学者；演讲内容广涉国际、国内时势，社会关注的热点话题以及学科前沿知识等。

二是举办校内学术讲座。在邀请各界专家、名人等到校演讲或报告的同时，校内的许多教师也不定期地举行学术报告，介绍自己的研究成果与人生、社会经历。如1933年10月，国文教授龙铁文、数理系教授李国鼎老师分别在校内做了《文学与哲学》《从时间说到超人的宇宙》的演讲。[①] 上述受邀人员的演讲、报告常常与本校教师的报告相辅相成，构成了一个以金女大为大本营、校内外学术交流的网络。

（2）鼓励和支持教师走出学校参与国内外学术活动

为提高教师的学术素养，促进对外交流学习，金女大积极鼓励和支持教师到校外参与国内外各种学术交流活动，如社会学系主任龙冠海教授、穆桂曼教授于1937年2月出席了治国社会学第六届年会，并分别提交论文《中国各大学社会学课程调查》《介绍促进中国社会工作之训练》；一些教授还参加国际学术会议，扩大了学校在国际上的影响力。

（3）聘请教育界著名专家、学者到校任教，带动学校师生学术进步

学校在发动本校教师推荐聘请合格师资人才的过程中，有一条推荐标准为：对于所任学科有专门著作并具有特殊贡献[②]，即学术能力强的教师是学校招揽的对象之一。

7. 财物管理

金女大对学校财物的管理主要有以下几方面内容：

（1）经费管理

积极筹措经费。作为教会学校，金女大由教会直接提供办学经费，但由于设立学校的教会同时需资助如前述的金陵大学等其他大学，故学校自成立起就努力寻求各种捐款及资金支持。总的来说，其经费来源主要有以下几项。一是教会拨款，这也是学校经费的一项重要来源。如在学校成立时，美国的南北浸礼会、基督教友会、南北美以美会、监理会及美北长老会的董事部就分别捐款1万元用于

---

① 张连红主编：《金陵女子大学校史》，南京：江苏人民出版社，2005年，第111页。

② 《各学科部聘请教授候选人名单》，中国第二历史档案馆，全宗668，卷宗37。

学校建筑楼房和购置设备，并承诺每年提供至少600美元的常年经费用于一般开支。[①] 二是征收学杂费等。民国时期的教会学校普遍都征收较高的学费。对于金女大来说，进入20世纪20年代后，随着学生人数的增加，每年收取的学杂费、膳食费已经成为学校经费的主要来源之一，在整个学校收入中仅次于捐款。[②] 如1926年，学校的年度经费收入总计79441元，而学费为13759元、手续费为9168元。[③] 而且随着学校声名鹊起，逐渐吸引了一部分旁听生，她们也要缴纳费用，纳费标准“以旁听课程之时间计算，例如每周旁听课2小时则半年纳费2元，如中途辍听，所缴之费不得退还”[④]。三是教会学校捐助。金女大通过与其他教会学校的交流与合作也为学校带来了经费收入，如学校在1916年与美国的史密斯女子学院结为姊妹学校后，每年从该校获得1000美元捐款，五年后增至2500美元，即使战争期间也未中断，并最终增为每年4000美元。[⑤] 四是其他各项收入。主要包括教育基金捐赠、政府补助、国内外其他教会组织及宗教人士的捐款、校友捐助等。

严格管理和节约使用经费。金女大在美国注册，其全部财产、捐款由学校委员会通过美国的托事部托管，资金及礼物则给董事部管理；董事部还负责照看学校所有财产、收集学费、准备年度预算并呈交托事部等各项事宜。[⑥] 同时为了节约使用经费，学校的管理组织及人员设置都比较精简，人员也多由教师兼职，甚至有不少教师身兼数职。

（2）设施设备管理

尽可能完善和扩充学校设施设备。一直以来，金女大都比较注意学校建筑设施及各种教育设备的筹建与不断完备。如在成立早期，学校由于经费紧张而无力

---

① 张连红主编：《金陵女子大学校史》，南京：江苏人民出版社，2005年，第17页。

② 张连红主编：《金陵女子大学校史》，南京：江苏人民出版社，2005年，第53页。

③ 朱峰：《基督教与近代中国女子高等教育：金陵女大与华南女大比较研究》，福州：福建教育出版社，2002年，第235页。

④ 《私立金陵女子文理学院学生手册》，1940年，第14页。

⑤ 张连红主编：《金陵女子大学校史》，南京：江苏人民出版社，2005年，第53页。

⑥ 张连红主编：《金陵女子大学校史》，南京：江苏人民出版社，2005年，第53页。

建设校舍，只能被迫租用绣花巷的李鸿章花园充当临时校舍，但学校积极从各处筹资用于校舍及相关设施设备建设。如从1919年夏开始，校长德本康夫人就开始利用休假等时间积极为学校筹集建校资金，并在1921年从合作委员会、洛克菲勒纪念基金及个别募集等渠道筹得60万美金，之后得到史密斯学校等的捐赠，最终修建了有体育馆、科学馆和文学馆三座主楼，配备有体育馆、科学馆、图书馆等的陶谷校区。[①]

充分利用学校教育资源，使物尽其用。这主要表现为：学校力所能及地招收特别生和旁听生，扩大教育服务范围，提高资源利用率。这既满足了这些学生的需要，也为国家培养了更多的人才。如金女大招收特别生和旁听生。特别生为"凡不欲为本校正式学生及得学位而仅欲选修数项学程者"，但"必须经过本校入学考试，所选课程得照给学分"[②]。旁听生分为两类，一类是正式学生选修其他课程，另一类是非金女大之学生"欲申请为旁听生者"，但这类旁听生要具有高中毕业资格，经学校教务会议核准。后者不得在学校住宿，只能随班旁听功课，不得向教员发问和请改课卷，不给予学分。旁听生要缴费，收费标准"以旁听课程之时间计算，例如每周旁听课2小时则半年纳费2元，如中途辍听，所缴之费不得退还。"[③]

8. 社会关系管理

处于新旧文化冲突、中西文化差异、民族主义与西方宗教传播的矛盾都跌宕冲突的民国时期，男权教育盛行环境中，作为一所由女性出掌学校的女子教会大学，金女大要生存并发展下去尤为艰难。因此，尤其是在吴贻芳就任校长之后，学校积极协调各方关系，努力营造较好的外部生存环境。具体来说主要表现在如下方面：

（1）协调与政府的关系

一是积极协调政校关系，促成学校立案。在学校申请立案的过程中，面对学校

---

① 张连红主编：《金陵女子大学校史》，南京：江苏人民出版社，2005年，第30—32页。

② 《私立金陵女子文理学院学生手册》，1940年，第13—14页。

③ 《私立金陵女子文理学院学生手册》，1940年，第14页。

创办人坚持宣传宗教、培养基督化人才的教会办学理想与中国政府要求教会学校“不得以宗教宣传为目的”“不能设宗教为必修课”要求的冲突，如何在保障学校宣教性质的同时实现向政府注册是一个极大挑战。校长吴贻芳一方面竭力做通校董会及美国教会当局的工作，修改学校办学宗旨的表述方式；另一方面则与教育行政当局积极沟通，最终在1930年12月促成了学校在教育部的核准立案，完成了注册。

二是积极争取政府支持。在办学过程中，学校在校长吴贻芳的领导下，注重与政府关系的打理，经常邀请教育部及其他政府部门官员到校讲学或做演讲，以营造有利的发展环境。如在1934年6月，蒋介石及其夫人宋美龄曾被邀请到校参加毕业典礼并做了非正式讲话。①

（2）协调与教会组织的关系

作为教会大学，金女大办学经费主要由美国相关教会组织提供，其要接受美国相关教会组织及其在华代表的管理和制约，如何协调学校与二者的关系也是学校的一项重要工作。对此，金女大主要采用了以下方法：一是校长以基督徒的身份活动，获得了宗教组织的信任。首任校长德本康夫人是虔诚的基督徒，也是学校创办人之一，她在华的教育活动实际上代表了作为创办人的相关教会组织，因此在其任内，学校与国内外相关教会的关系比较密切融洽。1928年吴贻芳出任校长后，由于其也是基督徒身份，并务实地以基督教教义为现实服务，以期服务社会改造社会，从而赢得了广大基督教徒和基督教组织的尊重和信任。

二是校长以教会组织领导人身份出现，有助于协调学校与一些教会组织的关系。作为基督徒，校长吴贻芳曾作为相关宗教组织代表出席和参与一些宗教组织活动，如她曾作为中国基督教全国协进会（National Christian Council of China）的活跃分子，在1934年2月代表该组织赴美参会，受国际妇女会邀请在会上做了演讲，并获得了在史密斯学校演讲的机会，通过这些演讲直接或间接宣传了金女大；她还经常受邀参加联合海内外宣教会议的发展会议，通过与美国的教会组织及教会大学交流，寻求加强合作的方式以及对办学的支持。从1935年开始，

① 德本康夫人、蔡路得著，杨天宏译：《金陵女子大学》，珠海：珠海出版社，1999年，第95页。

她被推为中国基督教全国协进会执行委员会主席后，任职达 12 年之久，其间她经常出席国际间基督教协会的组织会议。这些活动的参与不仅使她能较好地融入教会组织并参与有关决策，有利于她协调学校与教会组织的关系，还能通过在活动中宣传学校，为学校争取了很多基督教团体的支持。

（3）协调与其他教会学校的关系

金女大比较注意与其他教会学校之间的联系与合作，如学校成立不久就加入了中华基督教教育会的高等教育委员会。吴贻芳继任校长后更是注意与其他教会学校间的联系，如 1933 年 4 月她曾亲往九江儒励（Rulison）学校参加其 26/66 周年庆祝活动。与其他教会学校的联系为学校发展带来了很大便利，其中尤以与邻近的金陵大学之间的联系为最。两校之间的密切联系，使得两校可以实现师资共用、共同举办宗教活动、学生跨校选课并互相承认成绩；而在抗战期间，正是由于与其他教会学校间的联系，学校得到了上海、武昌、四川等地教会大学的帮助，从而得以在艰难中保持独立和维持弦歌不辍。但学校也注意在与其他教会学校交流与合作的过程中保持独立性，如在与金陵大学的交流合作中，全校教职工和学生团结一致以保存女子大学身份，不为外力所动，并针对现实问题，灵活采取各种措施，如两校组成联合唱诗班共同参与星期日教堂服务，成立相互沟通的委员会以安排高级课程，对两校学生互相听课进行合理调配等，在密切合作中保留了自身独立性与女校办学特色。

（4）协调与校友的关系

学校从 20 世纪 20 年代开始就重视和关注学校毕业生，与她们保持长期而密切的联系，具体来说有以下几点：

一是注意对毕业后参加工作的毕业生给予真诚的关注，并提供必要的指导与帮助。如派遣教师到毕业生工作地方考察其工作情况，1932 年毕业的学生黄续汉就受到母校华群教授的考察，看其是否胜任工作。校长吴贻芳也经常利用出访及参加社会活动的机会了解毕业校友的情况，从而使金女大的教育继续延伸。

二是采取措施，加强与校友的联络。学校不仅利用 1924 年 6 月创办的《金陵学刊》介绍毕业同学的去向与变化，还通过 1933 年创办的《金陵女子文理学院院刊》刊登校园新闻、师生文章、社团信息、校友消息等，构建校友了解学校、情系学校、眷恋学校的纽带。此外，还在毕业生相对集中的地区组织起校友会，为宣传学校、联络校友、增进母校情结等发挥作用，使学校与校友之间的联系有了稳定的组织网络。

三是发挥校友在学校管理、支持学校发展等方面的作用。金女大把毕业生视为学校发展的宝贵财富，一方面注意吸收优秀校友参与学校管理，为学校发展贡献才智——如校董会主席徐亦蓁、校长吴贻芳都是金女大校友；另一方面则积极发挥校友资源，为学校发展提供资金及其他便利，如在抗日胜利后，师生就是得益于沿途校友的帮助才渡过了从成都返回南京复校的艰难旅途。另在困难时期，来自校友们的捐赠也一度成为学校办学经费的一个重要来源。

第四章　中小学校管理

整个民国时期，中小学校是在不稳定中发展，在勉力维持中艰难前进的。在不稳定的时局中，民国各个阶段的政府都比较重视教育的发展，一般都把促进中小学教育发展作为施政方针的重要组成部分，并制定了许多制度措施规范中小学校的管理。

一、政府管理中小学校的制度

（一）南京临时政府时期管理中小学的制度

中华民国自1912年1月建立伊始，就开始了对中小学教育的全面改革与深入管理。临时政府陆续颁布了一系列关于中小学校管理的制度，如1912年1月颁布《普通教育暂行办法通令》（以下简称《暂行办法通令》）和《普通教育暂行课程之标准》（以下简称《课程标准》，该法规制度自颁布一直沿用至1922年新学制颁布），2月颁布《普通教育暂行办法》。南京临时政府存在时间很短，随后政权被袁世凯篡夺，但因蔡元培留任教育总长，北上继续领导教育改革至7月辞职，蔡元培关于教育改革的思想继续发挥着影响，因此1912年9月出台的《学校系统令》《中学校令》《小学校令》、11月发布的《小学校教则及课程表》、12月公布的《中学校令施行规则》等都打上了南京临时政府的烙印。从这些制度规定，可以看出南京临时政府是如何突破清末封建教育的影响，对中小学教育进行改革与管理的。

1. 学校设置及任务规定

1912年的《暂行办法通令》规定，包括中小学在内的从前各项学堂改称学校；各州县中小学校视地方财力开办，并以能保证开学为主；新学制颁行前的普通教育学校实行每年两期制，从阳历三月至暑假为第一学期，暑假后至次年二月底为第二学期。[①] 自此，中小学的名称改用“学校”称谓，并实行每学年两学期制。同年9月，教育部颁布的《教育宗旨令》，对包括中小学在内的学校系统的

① 舒新城编：《近代中国教育史料》，北京：中国人民大学出版社，2012年，第209页。

教育宗旨作了规定，指出要“注重道德教育，以实利教育、军国民教育辅之，更以美感教育完成其道德”。[①] 之后，政府又通过一系列相关法规制度对中小学设置及任务作了补充规定，具体如下：

（1）中学设置及任务规定

一是关于中学任务的规定。如《中学校令》第一条规定，中学校的教育宗旨为“完足普通教育、造成健全国民”；《中学校令施行规则》则进一步明确了中学修身、国文、外语、历史等各科的教育宗旨及任务。二是关于中学校设立及名称的规定。《中学校令》指出：“（省立中学校）由省行政长官规定地点及校数”“各县于设立法定应设学校外尚有余力时，得依本令之规定，或一县或联合数县设立中学校，为县立中学校”“专教女子之中学校称为女子中学校”“私人或私法人得依本令之规定设立中学校，为私立中学校”；同时，“中学校之设立、变更、废止须经教育总长认可”[②]。《中学校令施行规则》补充规定，设立中学须开具学校名称、位置、学则、学生定额、学生纳费额、开校年月、经费及维持之方法、校长与教员的姓名及履历等方面资料；要求中学由私立改县立或省立、由县立改省立时，由省行政长官核定，报告教育总长认可[③]。三是关于中学修业年限的规定，《学校系统令》和《中学校令》均规定中学的修业年限为 4 年。四是关于中学日常设备的规定，《中学校令施行规则》对中学日常办学应准备的教育教学设施设备以及包括校长在内的教职员的住宅、学校搬迁等作了详细规定[④]。

（2）小学设置及任务规定

一是关于小学任务的规定。1912 年 9 月，《学校系统令》对不同年段小学以及高小补习科的任务作了具体规定，指出：初等小学毕业后可升入高等小学校或实业学校；高等小学校毕业后得升入中学校、师范学校或实业学校；初、高等小

---

① 宋恩荣、章咸选编：《中华民国教育法规选编》（修订版），南京：江苏教育出版社，2005 年，第 1 页。
② 宋恩荣、章咸选编：《中华民国教育法规选编》（修订版），南京：江苏教育出版社，2005 年，第 317 页。
③ 宋恩荣、章咸选编：《中华民国教育法规选编》（修订版），南京：江苏教育出版社，2005 年，第 323 页。
④ 宋恩荣、章咸选编：《中华民国教育法规选编》（修订版），南京：江苏教育出版社，2005 年，第 321—323 页。

学校设立补习科，为毕业生欲升入他校者补修学科，兼为职业上之预备。[①] 同年9月的《小学校令》要求小学“留意儿童身心之发育，培养国民道德之基础，并授以生活所必需之知识技能”[②]。二是关于小学设立及变更、废止的规定。《小学校令》要求初等小学校由城镇乡设立，若乡之财力不足，得以二乡以上协议联合设立，城镇乡乡学校联合的，得设学务委员办理教育事宜，并划分若干区，分设初等小学校；高等小学校由县设立，校数及位置由县行政长官规划并咨询县议事会意见；城镇乡除应设初等小学校外财力有余者，可设立高等小学校；城镇乡得以协议组织学校联合，以设立高等小学校；同时规定城镇乡设立的高等小学校以及私立小学、高等小学的设立、变更及废止须经县行政长官许可。[③] 三是关于小学修业年限的规定。《小学校令》和《学校系统令》规定初等小学四年，高等小学三年，小学补习科则二年。四是关于小学名称的规定。《小学校令》规定了小学命名方法，指明初等小学校与高等小学校并置一处的称初等高等小学校，城镇乡负担经费的称某城镇乡立初等小学校或高等小学校，县负担经费的称某县立高等小学校，私人或私法人负担经费的称私立初等小学校或高等小学校。[④]

从上可以看出，临时政府对中小学设置、变更、任务、名称、类型、修业年限等所作出的具体规定，促使清末封建的基础教育管理体制向近代新式教育管理体制转换，对于推进中国中小学向现代学校转型有重要意义。

2. 学校校长及人员管理规定

（1）校长管理规定

南京临时政府在对中小学设置与任务等方面进行规定时，认识到了中小学发展需要有好的校长，因此，在相关制度中，对中小学校长的称谓、任用权限、职权、待遇、惩戒等都进行了设计，使中小学校长在行使职权时基本做到有章可循。

---

① 宋恩荣、章咸选编：《中华民国教育法规选编》（修订版），南京：江苏教育出版社，2005年，第1页。

② 王新生、孙启泰主编：《中国军阀史词典》，北京：国防大学出版社，1992年，第34页。

③ 朱有瓛主编：《中国近代学制史料》（第三辑上册），上海：华东师范大学出版社，1990年，第112页。

④ 朱有瓛主编：《中国近代学制史料》（第三辑上册），上海：华东师范大学出版社，1990年，第111页。

中学校长管理规定。一是关于中学校长称谓的规定。《暂行办法通令》规定，各类学校的“监督、堂长，应一律统称为校长”[①]。自此，“校长”一词成了中学等学校最高管理者的称谓。二是关于中学校长任用的规定。《中学校令施行规则》规定“省立中学校校长，由省行政长官任用”“县立中学校校长，由县知事呈请省行政长官任用”“私立中学校校长由设立人任用，但须呈报省行政长官”。[②] 三是关于中学校长职责权限的规定。《中学校令》规定了中学校长对学费的管理权限，指出：“中学校征收学费额，依部订规程之标准，由校长定之；其有因特别理由免收或减收学费者，必经省行政长官许可。”[③] 继之，《中学校令施行规则》指出中学校长对中学生的不当行为有惩戒权力，对性行不良难望悛改者、成绩过劣难期造就者、陆续旷课至百日以上者及无正当事故接续旷课一月以上者，得命其退学，对学生申请退学有许可权。[④] 四是关于中学校长待遇的规定。《中学校令》规定中学校长的俸给依照部订规程的标准，由省行政长官确定。[⑤]

小学校长管理规定。一是关于小学校长任职的规定。《小学校令》规定小学校校长由“本科正教员”[⑥] 兼任；城镇乡立小学校校长的任用由城镇总董乡董或学校联合长呈由县行政长官确定；县立高等小学校校长则由县行政长官确定，并呈报省行政长官。[⑦] 二是关于小学校长惩戒的规定。《小学校令》规定了小学校长惩戒的适用，指出当其违背教育法令、怠废职务或行为有损名誉时，城镇乡立

---

① 舒新城编：《近代中国教育史料》，北京：中国人民大学出版社，2012 年，第 209 页。

② 宋恩荣、章咸选编：《中华民国教育法规选编》（修订版），南京：江苏教育出版社，2005 年，第 321 页。

③ 宋恩荣、章咸选编：《中华民国教育法规选编》（修订版），南京：江苏教育出版社，2005 年，第 317 页。

④ 宋恩荣、章咸选编：《中华民国教育法规选编》（修订版），南京：江苏教育出版社，2005 年，第 324 页。

⑤ 宋恩荣、章咸选编：《中华民国教育法规选编》（修订版），南京：江苏教育出版社，2005 年，第 317 页。

⑥ 此处的“本科正教员”源于 1912 年 9 月 28 日的《小学校令》对小学教员的分类，该法令把小学教员分为三类，其中教授小学校教科的教员为本科正教员，专门教授手工、图画、唱歌、体操、农业、缝纫、英语、商业科目的教员为专科正教员，辅助本科正教员的则为副教员。详见章咸、张援编：《中国近现代艺术教育法规汇编（1840—1949）》，北京：教育科学出版社，1997 年，第 66 页。

⑦ 朱有瓛主编：《中国近代学制史料》（第三辑上册），上海：华东师范大学出版社，1990 年，第 114—115 页。

小学校校长由城镇总董乡董或学校联合长呈请县行政长官对其予以训诫、减俸或免职处分，县立高等小学校长由县行政长官予以上述处分，其中减俸和免职处分还应呈报省行政长官；私立小学校校长有前述情形的，则由县行政长官停止其职务，并呈报省行政长官。①

（2）教员管理规定

中学教员管理规定。一是关于中学教员任用的规定。《中学校令》对中学教员的任用资格作了规定，明确指出“中学校教员以经检定委员会认为合格者充之”②。之后，《中学校令施行规则》作了补充，规定省立中学校教员由校长任用并呈报省行政长官，县立中学校教员由校长任用并呈县行政长官转报省行政长官；同时对中学教员的人数规模作了规定，指出凡四学级的中学应有教员八人以上，如学级增多，则每增一学级平均应加一人半以上。③ 二是关于中学教员待遇的规定。《中学校令》明确了中学教员的俸给支付，同前述有关中学校长的规定。

小学教员管理规定。一是关于小学教员任用的规定。《小学校令》明确了小学教员的任用资格，要求由师范学校或教育总长指定的学校毕业或者经小学教员检定委员会检定合格，并受有许可状者充任，当师资不敷时可由未受许可状者充任“副教员”；同时明确了其任用程序，指出各级公立小学教员均由校长任用，但城镇乡立小学须报城镇总董乡董或学校联合长并由其呈报县行政长官，县立高等小学须呈报县行政长官。④ 二是关于小学教员惩戒的规定。《小学校令》对小学教员的惩戒作了规定，指出当其违背教育法令、懈怠职务或行为有损名誉时，所受处分与小学校长同；若其被处禁锢以上刑罚，或获丧失信用或败坏风俗方面罪名而被处罚金或褫夺公权时，其许可状即无效；若其出现不当行为或其他玷污师资的行为，情状较重的，县行政长官呈请省行政长官核明后可褫夺其许可状；

---

① 朱有瓛主编：《中国近代学制史料》（第三辑上册），上海：华东师范大学出版社，1990年，第115页。

② 宋恩荣、章咸选编：《中华民国教育法规选编》（修订版），南京：江苏教育出版社，2005年，第317页。

③ 宋恩荣、章咸选编：《中华民国教育法规选编》（修订版），南京：江苏教育出版社，2005年，第321页。

④ 朱有瓛主编：《中国近代学制史料》（第三辑上册），上海：华东师范大学出版社，1990年，第114—115页。

同时指出小学教员不服上述处分时可呈诉省行政长官，经处理后仍有不服的可呈诉教育总长。[①]

当时要发展中小学，面临的突出问题是师资问题。南京临时政府在制定相关制度时虽然强调中小学教师的任用资格要达到合格要求，要有教师资格许可状，但也提出当教师队伍紧缺时，没有获得教师资格许可状者也可作为“副教员”充用。应该说这是符合当时实际、实事求是的。

（3）学生管理规定

中学生管理规定。一是关于中学生入学的规定。《中学校令施行规则》明确指出中学入学资格为高等小学毕业并通过国文、算术两科测验，或者有同等学力并经国文、算术、历史、地理、理科等科目测验达到高等小学毕业程度；中学新生应在学年开始的30日内入学，如有缺额，应在第二或第三学期开始的10日内通过招考插补。同时法令规定了转学入学和退学后入学的要求，指出接收转学入学者以学校是否有缺额为限，须出具之前所在学校开具的在学证书及成绩表，并经编级测验合格；因特别事故申请退学不满一年而申请入学的可免入学测验，并编入本学年以下的年级。[②] 二是关于中学生规模及年级编制的规定。《中学校令施行规则》要求中学的学生数须控制在400人以下，有特别情事可增至600人；按学年进行学级编制，每一学年的人数不得超过前一学年，每学级应在50人以下。[③] 三是关于中学生日常管理的规定。《中学校令施行规则》对中学生的惩戒适用作了规定，指出中学生有不正当行为的，校长可予以儆戒，若出现行为不良难以悛改、成绩过劣难以造就、陆续旷课百日以上、无正当事故持续旷课一月以上等情形，校长可令其退学；同时在学业上要求没有修完一学年课程以及学年考

---

① 朱有瓛主编：《中国近代学制史料》（第三辑上册），上海：华东师范大学出版社，1990年，第115—116页。

② 宋恩荣、章咸选编：《中华民国教育法规选编》（修订版），南京：江苏教育出版社，2005年，第323—324页。

③ 宋恩荣、章咸选编：《中华民国教育法规选编》（修订版），南京：江苏教育出版社，2005年，第321页。

试不及格的不得升级，修完中学全部课程并经测试合格的，授予毕业证。①

小学生管理规定。一是关于小学生入学的规定。《暂行办法通令》准许初等小学男女同校。② 之后，《小学校令》补充了小学入学的资格要求，指出儿童满6周岁次日起至满14周岁止为学龄期，儿童达学龄后应接受初等小学教育，未满6周岁则不能入小学；高等小学校入学儿童为初等小学毕业或有相当程度者。③ 二是关于小学生日常管理的规定。《小学校令》指出对儿童身体所不能学习的一些科目，得免其学习；入学小学儿童患传染病及有可虞之情状者，或性行不良、妨碍他儿童之教育者，校长可停止其出席；同时校长教员认为教育上不得已时，可惩戒儿童，但不得使用体罚。④ 三是关于小学毕业生称谓的规定。《暂行办法通令》规定废止旧时出身奖励，初、高等小学毕业的称初、高等小学毕业生。⑤

这一时期关于中小学生的管理，政府在强调严格要求、适度惩戒的同时，明确提出不可使用体罚，这显然是对封建专制教育中存在体罚学生做法的一种否定。

3. 学校财物管理规定

临时政府时期有关中小学财物管理的规定主要是《小学校令》《中学校令》和《中学校令施行规则》。其中规定了中学收费和设施设备要求，指出公立中学由校长依照部订规程的标准确定学费征收额，有特别因由免收或减收学费的须经省行政长官许可，私立中学则由设定人确定学费征收额并报告省行政长官；中学可兼用博物、物理、化学特别教室，并应备有资产、器物、消耗品、银钱出纳、经费预决算的簿记以及图书、器械、标本、模型等方面的簿记。⑥ 《小学校令》

---

① 宋恩荣、章咸选编：《中华民国教育法规选编》（修订版），南京：江苏教育出版社，2005年，第324页。

② 舒新城编：《近代中国教育史料》，北京：中国人民大学出版社，2012年，第209页。

③ 朱有瓛主编：《中国近代学制史料》（第三辑上册），上海：华东师范大学出版社，1990年，第114页。

④ 朱有瓛主编：《中国近代学制史料》（第三辑上册），上海：华东师范大学出版社，1990年，第113—115页。

⑤ 舒新城编：《近代中国教育史料》，北京：中国人民大学出版社，2012年，第209页。

⑥ 宋恩荣、章咸选编：《中华民国教育法规选编》（修订版），南京：江苏教育出版社，2005年，第317，321—322页。

特别就小学收费及设施设备要求作了规定，指出小学的场地、校舍、校具、体操场等，除非常灾变之外不得挪作他用；同时要求城镇乡立初等小学不收学费，视地方情形若经县行政长官认可的也可征收学费，其补习科及高等小学则需收取学费，所收学费作为城镇乡或学校联合或本区的收入。[①] 由此可以看出，这一时期对中小学的财务管理制度还比较简略、概括，对中小学设施设备的具体要求、各项财产的管理等都还没有涉猎，也可见这一时期中小学教育改革的仓促。

4. 学校教学管理规定

（1）中学教学管理规定

一是关于中学课程及学科开设的规定。初期，《暂行办法通令》规定中学为普通教育，文、实可以不分科。[②] 之后，《中学校令施行规则》补充规定中学开设修身、国文、外国语、历史、地理、数学、博物等科目；女子中学加设家事、园艺、缝纫科目，但园艺得缺之；外国语则以英语为主，并视地方特别情形任择法、德、俄语中的一种予以开设。[③] 同时，该法令还对中学各科的教学要求及每学期开设时间、学时安排等分别作了规定。二是关于中学教科图书的规定。《暂行办法通令》规定中学等学校的各种教科书务必合乎共和民国宗旨，清学部颁行的教科书一律禁用；民间通行的教科书中所出现的尊崇清政府及旧时官制、军制等内容由原书局自行修改；学校教员发现教科书中有不合共和宗旨的内容，可随时删改或呈请民政司或教育部通知原书局改正。[④] 之后《审定教科用图书规程》进一步补充规定，教科用图书应依据小学教育令、中学教育令等自行编辑为教员用、学生用两种，并呈请教育部审定；教科用图书在出版前需将印本或稿本呈请教育部审定，经审定后由教育部送登《政府公报》，宣布书名、册数、定价、适于何种学校使用等，其后由各省组织图书审查会在教育部审定图书内择定适宜图

---

① 璩鑫圭、唐良炎编：《中国近代教育史资料汇编·学制演变》，上海：上海教育出版社，1991 年，第 655、658 页。

② 舒新城编：《近代中国教育史料》，北京：中国人民大学出版社，2012 年，第 209 页。

③ 宋恩荣、章咸选编：《中华民国教育法规选编》（修订版），南京：江苏教育出版社，2005 年，第 318 页。

④ 舒新城编：《近代中国教育史料》，北京：中国人民大学出版社，2012 年，第 209 页。

书，通告所辖各校采用。[①] 三是关于中学教学及休假时间的规定。《中学校令施行规则》要求中学每学年的教授日数在220日以上，但遇传染病、非常灾变及其他特别情事而临时休业的情况不受此限，其中试验以及修学旅行不计入教授时间。[②]

（2）小学教学管理规定

一是关于小学课程设置的规定。1912年1月，《暂行办法通令》要求小学废除读经科，加重手工科，初等小学算术科从第三学年起增加珠算，高等小学体操科注重兵式。[③] 同年9月，《小学校令》明确要求初等小学校开设修身、国文、算术、手工、图画、唱歌、体操等科目，女子加设缝纫课，不得已时，可暂缺手工、图画、唱歌等一科或数科；高等小学应增加本国历史、地理、理科等科，男子加课农业，视地方情形，可改设农业为商业，也可加开英语或其他外国语，不得已时可暂不开设手工、唱歌等科。[④] 同年11月，《小学校教则及课程表》就初、高等小学各科教学的内容、程度、目标以及各学期各科课程安排进一步作了补充规定。[⑤] 二是关于小学教科图书的规定。《暂行办法通令》对小学等学校的教科图书提出了要求，具体如前所述。之后，《审定教科用图书规程》规定了初、高等小学教科用图书的编辑、审定与发行，具体与中学同，并由各省组织图书审查会择定供所辖区域内学校使用。三是关于小学教学及休假时间的规定。《小学校令》规定小学除补习科外，在日曜日外，每年休业日不得超过90天；遇有特别情事，县行政长官经省行政长官许可后，可增加休业日数；遇传染病预防或非常灾变时，县行政长官可命临时闭校并报省行政长官；遇其他急迫情事时，校长可

---

① 宋恩荣、章咸选编：《中华民国教育法规选编》（修订版），南京：江苏教育出版社，2005年，第100—101页。

② 宋恩荣、章咸选编：《中华民国教育法规选编》（修订版），南京：江苏教育出版社，2005年，第321页。

③ 舒新城编：《近代中国教育史料》，北京：中国人民大学出版社，2012年，第209页。

④ 章咸、张援编：《中国近现代艺术教育法规汇编（1840—1949）》，北京：教育科学出版社，1997年，第65—66页。

⑤ 宋恩荣、章咸选编：《中华民国教育法规选编》（修订版），南京：江苏教育出版社，2005年，第200—205页。

临时闭校，并报县行政长官。[①]

从上述中小学教学管理规定、尤其是有关教科书的规定可以看出，这一时期的教育改革力度比较大也比较彻底，充分彰显了临时政府欲摆脱清朝旧制与以往陈腐做法的限制，全面而彻底地革新学校教育以与国际接轨，实现中小学教育近代化的愿望。

5. 学校与地方关系规定

关于中小学校与地方的关系，主要表现在学校办学经费的筹集、地方对中小学教育的管理等方面。

（1）中学与地方关系的规定

一是关于中学教育经费的地方政府支给的规定。这主要见于《中学校令》，其要求省立中学经费由省经费支给，县立中学经费则由县财力承担。[②] 二是关于地方政府管理中学的规定。临时政府成立后，国家成立教育部，内设普通教育司分管中学、小学等学校，确立了国家对中小学等学校的中央管理体制。[③] 而在统一的相关制度出台之前，主要由地方法规调整二者之间的关系，其中有不少地方在省都督府民政司下设立教育科，管理全省教育行政事宜。如江苏省 1912 年 1 月的《省立学校管理通则》和 4 月的《江苏暂行视学规程》规定，省立学校由都督府管辖，县立学校由民政长官管辖；县视学负责监督指导所属市乡规划地方学务、监督市乡所定学校位置及校数是否适当、监督所属市乡内经常费内教育所占份额、辖区内教育法令施行状况、中小学等学校教授管理训育的状况与编制学级支配教员及学科课程状况等。[④]

（2）小学与地方关系的规定

一是关于小学经费地方县乡负担的规定。如前所述，根据《小学校令》精

---

① 朱有瓛主编：《中国近代学制史料》（第三辑上册），上海：华东师范大学出版社，1990 年，第 113 页。

② 宋恩荣、章咸选编：《中华民国教育法规选编》（修订版），南京：江苏教育出版社，2005 年，第 317 页。

③ 孙培青主编：《中国教育管理史》（第二版），北京：人民教育出版社，2013 年，第 343—344 页。

④ 熊贤君：《中国近代义务教育研究》，上海：华中师范大学出版社，2006 年，第 290 页。

神，城镇乡立小学经费由城镇乡负担，县立小学经费由县负担，私立小学经费则由创办者负担；同时城镇乡立小学征收的学费作为城镇乡或学校联合或所在区的收入。二是关于县乡管理小学的规定。《小学校令》指出，城镇总董乡董及学校联合长在县行政长官指挥下掌管本城镇乡或学校联合之小学；县行政长官掌管县高等小学；同时城镇乡或学校联合之区长，在城镇乡总董乡董或学校联合长的指挥下，辅助管理本区教育事务。[①] 同时，各地方也对小学的地方管理作了相关规定，具体与中学同。

综观临时政府时期对中小学管理的规定，临时政府虽然存续时间较短，很多教育制度甚至未来得及实施，但其致力于发展近代新式教育的尝试不容忽视。整体来说，这一时期关于中小学的教育管理制度主要具有以下特点：取消了读经讲经、中学文实分科、男女在受教育上的差别，课程也比较完备，是历史上的一大进步；但小学教育年限过长，延缓了学生接受中等、高等教育的时间，同时中学教育年限太短，上不能为高等教育提供合格的生员，下不足以为学生提供就业的必要条件[②]。关于中小学的管理，虽然明确了地方政府负责，但地方教育行政机构不完备，欠缺稳定性，对中小学管理的有效性不够。整个中小学管理制度体系比较粗糙，在中小学校内部管理机构的设置、学校设备等财务的管理、校长及教员薪俸待遇等方面规定比较欠缺甚至呈现“空白”。但是，这一时期关于中小学的制度规定是临时政府在中国发展近代中小学新式教育上的一次重要尝试。

（二）北洋政府时期管理中小学的制度

这一时期，由于军阀混战，政府无暇严格控制学校教育，同时受新文化运动所带来的新思想和新社会需求的影响，中小学在民初教育管理的基础上获得了比

---

① 璩鑫圭、唐良炎编：《中国近代教育史资料汇编·学制演变》，上海：上海教育出版社，1991 年，第 658 页。

② 李国钧、王炳照总主编：《中国教育制度通史》（第七卷），济南：山东教育出版社，1999 年，第 29—30 页。

较充分的发展，中小学管理在体制上也有了不少改进。这一时期有关中小学的教育法规制度主要有1913年3月的《中学校课程标准》、1915年1月的《颁定教育要旨》《特定教育纲要》、7月的《国民学校令》《高等小学校令》、11月的《预备学校令》、1918年4月的《省视学规程》《县视学规程》、1920年9月的《选科标准》、1922年11月的《学校系统改革案》（以下简称“新学制”）、1923年的《课程标准纲要》、1924年3月的《县教育局规程》等。

1. 学校设置及任务规定

(1) 中学设置及任务规定

关于中学办学宗旨及方针等的规定。1914年的《教育部整理教育方案草案》提出，要变通以前官治的教育，注重自治的教育；力避以前形式的教育，注重精神的教育；摒弃以前枝节的教育，企图全部的教育。[①] 旋即1915年的《颁定教育要旨》提出，中小学等学校要遵循爱国、尚武、崇实、法孔孟、重自治、戒贪争、戒躁进的教育方针。[②] 1919年，《教育宗旨研究案》则提出包括中小学在内的学校应以养成健全人格，发展共和精神为教育宗旨。[③] 同年10月，《废止教育宗旨宣布教育本义案》修正规定：施行教育不应特定于某一个宗旨或主义，从而束缚教育者，今后应废止教育的宗旨，回归教育本义。[④] 待到1922年，“新学制”重提学校教育要求，指出新学制的建立要适应社会进化需要，发挥平民教育精神，谋求个性发展，注意国民经济力，注意生活教育，使教育易于普及，多留各地方伸缩余地。[⑤]

关于中学设立的规定。1915年，《特定教育纲要》要求根据具体情况，每县

---

① 宋恩荣、章咸选编：《中华民国教育法规选编》（修订版），南京：江苏教育出版社，2005年，第4页。
② 宋恩荣、章咸选编：《中华民国教育法规选编》（修订版），南京：江苏教育出版社，2005年，第16—23页。
③ 朱有瓛主编：《中国近代学制史料》（第三辑上册），上海：华东师范大学出版社，1990年，第106页。
④ 朱有瓛主编：《中国近代学制史料》（第三辑上册），上海：华东师范大学出版社，1990年，第107—108页。
⑤ 宋恩荣、章咸选编：《中华民国教育法规选编》（修订版），南京：江苏教育出版社，2005年，第32—33页。

或数县设立中学一所。[①] 1922年的“新学制”补充规定中学分初、高两级，初级中学可以单独设立；高级中学应与初级中学并设，特别情况下也可单设。[②]

关于中学修业年限的规定。1922年的“新学制”规定了中学的修业年限，指出中学年限六年，初级三年，高级三年；依设科性质，可改为初级四年，高级两年或初级两年，高级四年。[③]

（2）小学（含预备学校）设置及任务规定

关于小学宗旨、方针、学制标准等的规定。《教育部整理教育方案草案》和《颁定教育要旨》对小学办学方针作了规定，具体与中学同。1915年的《国民学校令》《高等小学令》《预备学校令》规定了各段各类小学的宗旨，指出国民学校以注意儿童身心发育、施以适当陶冶并教以国民道德基础及国民生活所必需的普通知识技能为旨归；高等小学以增进国民学校的学业、完成初等普通教育为旨归；预备学校以注意儿童身心发达、实施初等普通教育、预备升入中学为宗旨。[④]

关于小学校名称及任务的规定。《特定教育纲要》规定，初等小学改称“国民学校”以符合义务教育之义，高等小学改称“预备学校”专为升学之预备。[⑤] 之后《国民学校令》补充规定，自治区设立的国民学校称区立国民学校，私人设立的称私立国民学校。[⑥]

关于小学性质的规定。1915年，《国民学校令》《高等小学校令》规定，区设国民学校为区立，私人设立的则为私立；高等小学为县立；各自治区应设国民学校外确有余款时，可一区或多区联合设立高等小学；以私人经费设立的高等小

---

① 舒新城编：《近代中国教育史料》，北京：中国人民大学出版社，2012年，第220页。

② 宋恩荣、章咸选编：《中华民国教育法规选编》（修订版），南京：江苏教育出版社，2005年，第34页。

③ 宋恩荣、章咸选编：《中华民国教育法规选编》（修订版），南京：江苏教育出版社，2005年，第34页。

④ 宋恩荣、章咸选编：《中华民国教育法规选编》（修订版），南京：江苏教育出版社，2005年，第207、209、215页。

⑤ 舒新城编：《近代中国教育史料》，北京：中国人民大学出版社，2012年，第217页。

⑥ 宋恩荣、章咸选编：《中华民国教育法规选编》（修订版），南京：江苏教育出版社，2005年，第209页。

学为私立高等小学。[①]

关于小学设立要求的规定。《特定教育纲要》规定小学实行双轨制，国民学校为一般儿童设立，实际为平民学校；预备学校为升学而设，与贵族学校类似。[②] 继之《国民学校令》要求自治区应在辖区内划分学区设立国民学校，学校数以足够容纳本区学龄儿童为限。[③] 此外，根据《国民学校令》和《高等小学校令》，各性质国民学校和高等小学的设立、变更、废止均须经县知事认可。《预备学校令》则要求预备学校由中学附设，且须经省行政长官核定并报教育总长认可。[④]

关于小学修业年限的规定。1915 年，《国民学校令》《高等小学校令》《预备学校令》规定了小学的修业年限，指出国民学校为四年，高等小学为三年；预备学校分为前后两期，前期四年，后期三年。[⑤] 1922 年的“新学制”则将小学年限调整为六年，其中初级四年，高级两年，并可依地方情形延长。[⑥]

这一时期关于中小学校设置及任务的规定方面变化主要有以下几点：一是小学实行双轨制，中学实行文实分科。二是增加了对中小学教育方针的规定，使得中小学办学方向更加具体明确；同时中小学教育宗旨经历了曲折倒退，从有到废止、最终回归教育本义的过程。三是初等小学改称国民学校，并且强制实行义务教育；高等小学以增加学业、完成初等普通教育为宗旨。四是增加了中学附设预科学校的规定。五是增加了对中小学的学制标准要求，将小学年限由七年缩短为六年，并具有适当的弹性；中学年限则由四年延长到六年，并分为初、高两级，实行“三三”分段。由此可以看出中小学的学制体系逐渐由原来的主要采用日本

---

① 宋恩荣、章咸选编：《中华民国教育法规选编》（修订版），南京：江苏教育出版社，2005 年，第 209、215 页。

② 孙培青主编：《中国教育管理史》（第二版），北京：人民教育出版社，2013 年，第 354 页。

③ 宋恩荣、章咸选编：《中华民国教育法规选编》（修订版），南京：江苏教育出版社，2005 年，第 209 页。

④ 宋恩荣、章咸选编：《中华民国教育法规选编》（修订版），南京：江苏教育出版社，2005 年，第 207 页。

⑤ 宋恩荣、章咸选编：《中华民国教育法规选编》（修订版），南京：江苏教育出版社，2005 年，第 207、210、215 页。

⑥ 宋恩荣、章咸选编：《中华民国教育法规选编》（修订版），南京：江苏教育出版社，2005 年，第 33 页。

学制形式，走向美式的“六三三”学制形式；其余则基本上延续了临时政府时期的做法。

上述制度规定是对临时政府时期相关制度精神的延续与发展。其中，中小学修业年限的变化说明北洋政府努力在近代新式教育的改革实践中寻找比较切实可行的方案；但有关中小学宗旨及任务的规定几经变化与反复，又充分反映出其对近代中小学教育认识的模糊不清，对中小学是否彻底除旧布新的摇摆不定。

2. 学校校长及人员管理规定

（1）中学校长及人员管理规定

中学校长、教员管理规定。1914 年，《教育部整理教育方案草案》提出了各学校校长教员务期久任的任职要求。

中学生管理规定。一是关于中学生学业管理的规定。1923 年的《课程标准纲要》要求，初中按规定修满 180 学分才能毕业，高中普通科修满 150 学分才能毕业。[①] 此外，1922 年的“新学制”提出对特殊学生的教育要求，提倡注重天才教育，对天才学生可变通年期与教程，使其智能尽量发展；对身体或精神有缺陷者应予以相当的特种教育。[②] 二是关于中学生日常管理的规定。为严格对学生的管理，这一时期普遍要求学校设立训导处，以道德格言为训育目标或信条，各学校推行级任制，在每一年级都设有专任教师负责训导学生；提倡学生自治，鼓励学生建立各种自治会与自治组织。[③]

（2）小学校长及人员管理规定

小学校长管理规定。一是关于小学校长任职要求的规定。《国民学校令》规定了国民学校校长的任职资格，指出其应由正教员兼任，但四级以上学校得做变通处理。[④] 此外，根据《高等小学校令》和《预备学校令》的规定，高等小学校

---

① 宋恩荣主编：《近代中国教育改革》，北京：教育科学出版社，1994 年，第 185 页。

② 宋恩荣、章咸选编：《中华民国教育法规选编》（修订版），南京：江苏教育出版社，2005 年，第 35 页。

③ 孙培青主编：《中国教育管理史》（第二版），北京：人民教育出版社，2013 年，第 382 页。

④ 宋恩荣、章咸选编：《中华民国教育法规选编》（修订版），南京：江苏教育出版社，2005 年，第 212 页。

长和预备学校主任应由本科正教员兼任。[①] 二是关于小学校长任用程序的规定。根据1915年的《国民学校令》《高等小学校令》《预备学校令》，区立国民学校校长的任用，由区董陈由县知事确定；高等小学校长的任用由县知事确定，并详报该管长官；预备学校主任由中学校长任用并报该管长官定之。[②] 三是关于小学校长惩戒处分的规定。根据《国民学校令》《高等小学校令》的有关规定，公立国民学校、高等小学的校长违背教育法令、懈怠职务或行为有损名誉时，由县知事视情况给予训诫、减俸或免职处分；私立国民学校、高等小学校长出现前述情况时，由县知事停止其职务；其中对于减俸、免职及停职处分，还应详报该管长官。[③]《预备学校令》则规定预备学校主任出现前述应处分情况时，由中学校长陈请该管长官予以相应惩戒处分；京师预备学校主任由京师学务局处理；特别行政区预备学校主任则由该区行政长官核定，并报教育总长。[④]

小学教员管理规定。一是关于小学教员任用的规定。1914年，《教育部整理教育方案草案》要求担任小学教员须受过师范教育，能够胜任小学相关学科教学任务，且以久任为原则。[⑤] 1915年，《国民学校令》《高等小学校令》《预备学校令》对初、高等小学及预备学校教员的任用资格、程序等作了规定，指出初、高等小学以及预备学校的教科者为本科正教员，专任手工、图画、唱歌、体操等科目的为专科正教员，辅助正教员的则为助教员；教员须师范学校或教育总长指定学校毕业或经检定合格，且须有许可状，小学教员不足时可允许未受许可状者为助教员；教员由校长任用（预备学校则由中学校长任用）并上报县知事认

---

① 宋恩荣、章咸选编：《中华民国教育法规选编》（修订版），南京：江苏教育出版社，2005年，第208、216页。

② 宋恩荣、章咸选编：《中华民国教育法规选编》（修订版），南京：江苏教育出版社，2005年，第208、212、216页。

③ 宋恩荣、章咸选编：《中华民国教育法规选编》（修订版），南京：江苏教育出版社，2005年，第212—213、216—217页。

④ 宋恩荣、章咸选编：《中华民国教育法规选编》（修订版），南京：江苏教育出版社，2005年，第208页。

⑤ 宋恩荣、章咸选编：《中华民国教育法规选编》（修订版），南京：江苏教育出版社，2005年，第8页。

可。[1] 二是关于小学教员（含校长和预备学校主任）待遇的规定。1915 年，《国民学校令》《高等小学校令》《预备学校令》指出，区立国民学校教员（含校长）的薪俸及其他费用以教令规定；高等小学校教员的薪俸由县知事根据教育总长规定的标准确定；预备学校教员（含主任）的薪俸依教育总长规定的标准确定。[2] 三是关于小学教员惩戒的规定。根据《国民学校令》《高等小学校令》《预备学校令》的有关规定，公立国民学校、高等小学校教员违背教育法规、懈怠职务或行为有损名誉时，由县知事视情况给予训诫、减俸或免职处分；私立国民学校、高等小学校教员出现前述情况则由县知事给予停职处分；预备学校教员出现前述情况则由校主任报中学校长陈请该管长官予以训诫、减俸或免职处分，京师预备学校的教员则由京师学务局处理，特别行政区预备学校的教员则由该区域行政长官核定并报告教育总长；同时国民学校、高等小学校教员被处以徒刑以上刑罚、失财产信用被控实而尚未清结的，其许可状即无效；对行为不当或有玷污师资的其他行为，情节较重的，由县知事褫夺其许可状并上报该管长官。[3]

小学生管理规定。一是关于小学生入学的规定。《国民学校令》《高等小学校令》《预备学校令》规定了各种小学的就学要求，指出儿童年满 6 周岁至 13 周岁止为学龄期，儿童达学龄期后须入国民学校；因患病残不能入学的可免除监护人责任，因病弱、发育不全、贫困或其他不得已情况不能及时就学的可延缓就学，国民学校未毕业工作的，雇主不得妨碍其就学；高等小学入学者须国民学校毕业合格或修完国民学校教科，预备学校的入学儿童为学龄儿童。[4] 同时《国民学校令》进一步申明，学龄儿童应在区立或代用国民学校就学，经区董认可得在家庭或他处肄习国民学校之教科，儿童在国立或省道县立学校的附属国民学校及预备

---

① 宋恩荣、章咸选编：《中华民国教育法规选编》（修订版），南京：江苏教育出版社，2005 年，第 207—208、212、216 页。

② 宋恩荣、章咸选编：《中华民国教育法规选编》（修订版），南京：江苏教育出版社，2005 年，第 208、212、216 页。

③ 宋恩荣、章咸选编：《中华民国教育法规选编》（修订版），南京：江苏教育出版社，2005 年，第 208、212—214、216—217 页。

④ 宋恩荣、章咸选编：《中华民国教育法规选编》（修订版），南京：江苏教育出版社，2005 年，第 207、211、216 页。

学校修业四年的，等同于在国民学校就学。① 二是关于小学生日常管理的规定。在学业管理上，《国民学校令》和1922年的“新学制”规定了小学生的学业管理要求，前者指出学校所开课程除修身、国文、算术外，因儿童体质不能学的，可予以免学②；后者则补充了对天才儿童和有缺陷儿童实施特殊教育的要求，具体与中学同。在日常纪律管理上，1913年的《注重德育整饬学风令》提出，如学生不守学规，应随时予以斥退以示惩儆③；1915年的《国民学校令》《高等小学校令》《预备学校令》进一步修正指出，国民学校、高等小学的校长、教员和预备学校主任、教员在不得已时可儆戒儿童，但不得予以体罚。④

概括来说，这一时期对包括校长在内的小学教员的薪俸等待遇仍没有统一的具体规定，多由地方自行安排。其他方面的变化主要如下：一是明确要求中小学校长和教师应以久任为原则，同时规定小学校长由教员兼任，这与以前不同。二是关于国民学校校长的任用资格，增加了四级以上学校可作变通处理的规定。三是在校长任用方面，初、高等小学校长改由县知事确定并报该管长官；增加了预备学校校长由中学校长任用的规定。四是增加了学龄儿童无特殊原因必须接受国民学校教育的规定，同时增加了国民学校未毕业从事工作儿童不受雇主妨碍学业的规定。五是增加了京师学务局负责处理京师国民小学及预备学校教育事务的规定和关于特别行政区预备学校主任、教员惩戒处理的规定；增加了预备学校学生惩戒的规定。六是增加了对天才儿童、身体或精神有缺陷儿童等特殊儿童受教育的规定。七是中学生毕业要求改为学分制。从上述变化可知，这一时期对中小学校长、教员和学生的管理在逐渐走向规范化，同时，在严格的规定中也不乏弹性规定和对校长、教员及学龄儿童的权益保障，使冰冷的制度带上了一丝人性关怀的暖色。

---

① 宋恩荣、章咸选编：《中华民国教育法规选编》（修订版），南京：江苏教育出版社，2005年，第211页。

② 宋恩荣、章咸选编：《中华民国教育法规选编》（修订版），南京：江苏教育出版社，2005年，第210页。

③ 宋恩荣、章咸选编：《中华民国教育法规选编》（修订版），南京：江苏教育出版社，2005年，第3页。

④ 宋恩荣、章咸选编：《中华民国教育法规选编》（修订版），南京：江苏教育出版社，2005年，第208、212、216页。

3. 学校财物管理规定

北洋政府时期关于中小学校财物管理的规定主要体现在以下方面：

（1）关于中小学教育基金管理的规定

1914年，《教育部整理教育方案草案》规定地方固有的学务存款以及学务特别捐，均作为学务基本金，不得挪用；各县小学，均应就地筹款开办。[①] 1915年，《地方学事通则》补充规定自治区原有学款及以前的教育公款、公产应一律作为该区的教育基金。[②]

（2）关于中小学设备管理的规定

1915年的《国民学校令》和《高等小学校令》规定，国民学校和高等小学校的设备由县知事根据教育总长所作规定进行规范；学校的场地、校舍、校具、操场等，在非常灾变之外不得他用。[③]

（3）关于小学学费管理的规定

根据《国民学校令》《高等小学校令》《预备学校令》的制度精神，区立国民学校不收学费，但根据地方情况并经县知事认可，也可收取学费，高等小学、预备学校征收学费；具体学费数额由教育总长确定。[④]

相比临时政府时期，这一时期的中小学财务管理规定主要有以下变化：1）增加了对中小学教育基金管理和小学就地筹款设立的规定；2）增加了对预备学校征收学费的规定。这些规定明确了中小学的教育经费来源，有利于保障中小学的发展。

4. 学校教学管理规定

（1）中学教学管理规定

关于中学课程及学科开设的规定。1913年，《中学校课程标准》对现行全国中

① 宋恩荣、章咸选编：《中华民国教育法规选编》（修订版），南京：江苏教育出版社，2005年，第5—6页。

② 刘建：《中国近代教育行政体制研究》，上海：上海教育出版社，2014年，第147页。

③ 宋恩荣、章咸选编：《中华民国教育法规选编》（修订版），南京：江苏教育出版社，2005年，第211、216页。

④ 宋恩荣、章咸选编：《中华民国教育法规选编》（修订版），南京：江苏教育出版社，2005年，第207、213、217页。

学所开设各科的学期、学周、课时数、教学内容等执行标准作了统一安排。[①] 之后政府又提出了中小学增加读经科，中学实行文、实分科的要求；到 1920 年，在广泛征集地方意见及各地做法的基础上，就中学如何实行选科制制定了统一的标准，要求将国文、数、理、化、英文等学生负担较重的课程作为必修，且进度以渐不以骤为；增加图画、手工、音乐等学生负担较轻的课程为必修，其他课程则为选修；选修课程从第三年开设。[②] 至此，选科制与分科制开始在中学逐渐盛行。同时，针对多年来分科制实施中的问题，教育部在 1922 年颁行“新学制”，规定初级中学可视地方需要兼设职业科，高级中学分为普通、农、工、商、师范、家事等科，得根据地方情况单设一科或兼设数科；中等教育实行选科制。[③] 继之，政府又颁布《课程标准纲要》，对新学制的课程设置作了安排，指出初级中学设社会、文言、算学、艺术、体育、自然科；高级中学实行综合中学制，开设以升学为目的的普通科和以就业为目的的农、工、商、师范、家政等职业科，其中普通科又细分为两组，第一组注重文学和社会科学，第二组注重数学和自然科学，职业科的必修课程与中学相同，专修和选修课程则由学校依据实际情况确定。[④]

关于中学教科书的规定。1914 年，《教育部整理教育方案草案》要求中小学校修身、国文科的教科书采取经训，以保存固有的美德。[⑤] 次年，《特定教育纲要》作了补充完善，要求中学读经科选读《礼记》中的《曲礼》《少仪》《大学》《中庸》《儒行》等篇章以及《左氏春秋》有关章节；中小学国文教科书除编定的之外，应读《国语》《国策》和选读《尚书》，以增加学生的政治知识；还提出由

---

① 璩鑫圭、唐良炎编：《中国近代教育史资料汇编·学制演变》，上海：上海教育出版社，2007 年，第 729—731 页。

② 熊明安主编：《中国近现代教学改革史》，重庆：重庆出版社，1999 年，第 111 页。

③ 宋恩荣、章咸选编：《中华民国教育法规选编》（修订版），南京：江苏教育出版社，2005 年，第 34 页。

④ 李建求：《世界走向中国：西方科技与教育在近代中国的传播与发展》，广州：广东科技出版社，2003 年，第 373 页。

⑤ 璩鑫圭、唐良炎编：《中国近代教育史资料汇编·学制演变》，上海：上海教育出版社，2007 年，第 736 页。

教育部编辑中小学教科书，并采用学案形式。[1]

关于中学教学要求的规定。《教育部整理教育方案草案》要求中小学注重训育，以孔子为模范人物，不应只偏重知识方面，还应注重学生个性的陶冶和做事习惯的培养。[2] 1923年，《课程标准纲要》对学科教学时间作了规定：中学课程教学采用学分制，每周上课一小时为一学分，其中初中应完成必修科164学分，选修科16学分，并规定了每一必修科目的学分标准；高中普通科应完成公共必修科、分科专修的必修与选修科、纯粹选修科共计150学分，并规定了两组的公共必修、专业分科专修与选修、纯粹选修的学分要求及所开科目的学分标准。[3]

（2）小学教学管理规定

关于小学课程及学科开设的规定。1915年，《国民学校令》《高等小学校令》《预备学校令》对小学的各种课程及学科设置做了规定：国民学校开设修身（含读经）、国文、算术、手工、图画、唱歌、体操，女子加开缝纫科目，不得已时可暂缺手工、图画、唱歌一科或数科；高等小学在国民学校基础上增加本国历史、地理、理科，男子加开农业，女子加开家事；根据地方情况可改农业为商业，还可另开外国语；预备学校前期开设课程与国民学校相同，后期则与高等小学基本相同，只是男子加开外国语；此外，区立或私立国民学校、高等小学校经区董或设立人报县知事认可，县立高等小学经县知事确定，可增减所开科目，两种小学还可开设补修科。[4] 之后，"新学制"准许小学依据地方情况在较高年级增设职业准备教育。[5] 1923年，《课程标准纲要》对小学课程及学科设置作了调整，规定小学开设国语、算术、公民、卫生、历史、地理、自然、园艺、公用艺术、形象艺术、音乐、体育等科目，其中初级小学把公民、卫生、历史、地理合

---

① 舒新城编：《近代中国教育史料》，北京：中国人民大学出版社，2012年，第217—220页。

② 璩鑫圭、唐良炎编：《中国近代教育史资料汇编·学制演变》，上海：上海教育出版社，2007年，第737页。

③ 宋恩荣主编：《近代中国教育改革》，北京：教育科学出版社，1994年，第185页。

④ 宋恩荣、章咸选编：《中华民国教育法规选编》（修订版），南京：江苏教育出版社，2005年，第207、210、215页。

⑤ 宋恩荣、章咸选编：《中华民国教育法规选编》（修订版），南京：江苏教育出版社，2005年，第34页。

改为社会科，把自然、园艺合改为自然科。[①]

关于小学教科图书的规定。1914年，《教育部整理教育方案草案》提出小学的修身、国文教科书应采取经训。1915年，《特定教育纲要》提出中小学教科书由教育部编辑；初等小学读经或修身（含读经）科讲读《孟子》，高等小学则讲读《论语》；小学还应增读《国语》《国策》，选读《尚书》。[②] 之后，《国民学校令》《高等小学校令》《预备学校令》统一了小学教科图书选用标准，要求国民学校、高等小学和预备学校的教科用图书采用教育部编行或审定的；对同一学科有多种教科书的，由县知事召集有关各校校长通过会议择定，预备学校则由学校主任商承中学校长确定；初、高等小学补修科的教科图书则由各学校校长选定。[③]

关于小学教学要求的规定。1914年，《教育部整理教育方案草案》提出小学应注重训育，注意对学生人格的熏陶和做事习惯的培养；以孔子为模范人物，不能只偏重知识。继之，《特定教育纲要》要求中小学把诚心、爱国、尽责任、重阅历的积极行为与勿破坏、勿躁进、勿贪事的消极行为编入德目，着重教授。[④] 实施新学制后，政府又提出了小学推行语体文和国语的要求。[⑤]

关于小学休假时间安排的规定。1915年，《国民学校令》《高等小学校令》《预备学校令》统一规范了小学的休假时间安排，规定各小学除周日之外每年休假不得超过90天，补修科可不受此限制；如遇传染病预防或非常灾害，区董可命学校临时关闭并报告县知事，其他急迫事情下可由校长临时闭校并报告区董转陈县知事。[⑥] 之后，政府在《课程标准纲要》中把小学的授课时间具体化为以分钟计，明确要求初级小学前两年每周至少授课1080分钟，后两年应每周至少

---

① 宋恩荣主编：《近代中国教育改革》，北京：教育科学出版社，1994年，第184页。

② 舒新城编：《近代中国教育史料》，北京：中国人民大学出版社，2012年，第217、219—220页。

③ 宋恩荣、章咸选编：《中华民国教育法规选编》（修订版），南京：江苏教育出版社，2005年，第207、210、215—216页。

④ 舒新城编：《近代中国教育史料》，北京：中国人民大学出版社，2012年，第219页。

⑤ 李建求：《世界走向中国：西方科技与教育在近代中国的传播与发展》，广州：广东科技出版社，2003年，第373页。

⑥ 宋恩荣、章咸选编：《中华民国教育法规选编》（修订版），南京：江苏教育出版社，2005年，第207、210、216页。

1260分钟，高级小学则每周至少1440分钟。[①]

对比临时政府时期，这一时期在中小学教学管理上主要有以下变化：一是在课程开设上中小学均增加了读经；小学阶段废止了修身科，增加了公民、卫生两科，改图画、手工为工用艺术和形象艺术，初级小学还增加了社会、自然科；增加了国民学校和高等小学可增减所开科目的规定。二是在中学改行文、实分科，实行选科制，中学课程必修与选修相结合，并辅以学分制度。三是逐渐开始重视对学生的职业训练，小学高年级增设职业准备教育，中学增加了职业科。四是在教科书方面，虽然仍采用国定制与审定制相结合，但国民学校和预备学校增加了教育部编行教科书；对于一科多书情况下的教科书选择，小学改由县知事组织学校校长会议确定，预备学校则由校主任商承中学校长确定；补修科的教科书改由各学校校长择定；中小学教科书增加了经训内容。五是教学及休假时间安排方面，因传染病或非常灾害时直接由区董决定闭校并告知县知事，也无须告知省级行政长官；其他急迫情况下校长决定闭校时，不再直接报告给县行政长官，而是报告区董，再由区董报告给县知事。同时，小学教学时间安排更加具体化，新学制后开始具体到以分钟计；中学学科教学时间逐渐开始实行学分制。可以说，这一时期关于中小学教学的管理规定在很多方面都有了很大进步，当局努力在摒弃封建传统教育教学管理模式、与国际接轨的过程中，寻求切合中国实际的管理方案。但是，在一些方面却还不够彻底，特别是与时局的变化相联系，存在复古、倒退的现象，如在中小学恢复读经科。所幸袁世凯死后新文化运动兴起，中小学的教学还是实现了与时俱进。

5. 学校与地方关系规定

北洋政府时期，有关中小学与地方关系的规定主要表现在如下方面：

（1）关于中小学办学经费地方负担的规定

1914年，《教育部整理教育方案草案》规定，地方固有学务存款、学务特别

① 宋恩荣主编：《近代中国教育改革》，北京：教育科学出版社，1994年，第184页。

捐助均应作为学务基金，不得挪用。[①] 1915 年，《特定教育纲要》进一步补充规定，各县小学除原由省款或县款支给的学校外，均应就地筹款开办，独立或联合设立中学的经费则由省款暨县款支出。[②] 此后，《国民学校令》《高等小学校令》对小学办学经费的来源作了专门规定，指出：区立国民学校的各种经费由自治区负担，若自治区财力不足则由县补助或以县经费支付，若县财力不能负担则由省或特别区域予以补助；区立国民学校征收学费的，学费应作为自治区收入；县立高等小学的经费由县经费负担，区立高等小学的经费由相关自治区经费负担，私立高等小学经费由设立人承担。[③]

（2）关于地方政府管理中小学的规定

1915 年，《国民学校令》《劝学所规程》《学务委员会规程》分别规定了区董、劝学所工作人员、学区学务委员对辖区内有关教育事务的管理权限，并就该职权的运行作了具体说明。1917 年，《教育厅暂行条例》补充了中小学的省级管理体制，规定各省设立教育厅，由教育总长委任厅长一人，秉承省长执行全省教育行政事务，监督所属职员和办理地方教育的各县知事；教育厅设省视学，由厅长委任四至六人，负责视察全省教育事宜。[④] 1923 年，《县教育局规程》补充中小学的县级管理体制，规定每县设立教育局，设局长一人、视学及事务员若干人，由局长商承县知事主持全县教育行政事务，督导县域市乡的教育事务；县教育局设立董事会，参与管理以下教育事宜：审议县教育方针与计划、筹划县教育经费与保管县教育财产、审核县教育预决算、议决县教育局长。县教育局在辖区内进行学区划分，并在每个学区设教育委员一人，在教育局长指挥下办理本学区的教育事务。[⑤]

与临时政府时期相比，北洋政府时期在中小学与地方关系的规定上主要有以

---

① 宋恩荣、章咸选编：《中华民国教育法规选编》（修订版），南京：江苏教育出版社，2005 年，第 5 页。
② 舒新城编：《近代中国教育史料》，北京：中国人民大学出版社，2012 年，第 220 页。
③ 宋恩荣、章咸选编：《中华民国教育法规选编》（修订版），南京：江苏教育出版社，2005 年，第 213、215 页。
④ 宋恩荣、章咸选编：《中华民国教育法规选编》（修订版），南京：江苏教育出版社，2005 年，第 57 页。
⑤ 刘建：《中国近代教育行政体制研究》，上海：上海教育出版社，2014 年，第 141—142 页。

下变化：一是补充了对地方学务基金的规定；将县设中学的办学经费改由县和省共同负担；同时增加了县和省或特别区域对区立国民学校予以经费补助的规定。二是将“城镇乡或学校联合之区长在城镇乡总董乡董或学校联合长的指挥下辅助管理教育事务”改为“由区董依照县知事的指挥进行管理”，增加了劝学所管理县域及自治区教育事务、学务委员会协助管理学区教育事务的规定，补充了未设县地方和京师地方对中小学教育事务的管理规定。三是增加省、县相关政府对地方教育事务的管理规定，初步形成了地方政府对中小学教育事务的管理体制。这些制度上的变化，进一步明晰了地方在中小学发展中的责任，也保障了中小学发展的必要经费来源，同时地方有效参与管理中小学的制度体系已渐具雏形。

6. 学校督导考评规定

这一时期，国家开始关注各级学校的视学督导，陆续颁布了一系列法规制度，如1913年的《视学规程》、1915年的《学务委员会规程》等。

首先，《视学规程》要求全国设立八个视学区，每学区派视学二人就学区内的教育行政状况，中小学等学校的教育、经济、卫生状况等事项进行定期和临时视察，对与教育法令相抵触事项、部议决定事项、中小学等学校的教授管理事项、教育总长特令指示事项等向当地教育主管者提出意见，必要时还可变更中学校等学校的教授时间、测验学生的成绩、调阅各项簿册。[①] 1915年，《国民学校令》《学务委员会规程》补充规定了县知事对区立、私立国民学校的督导和学务委员对学区内教育事务的管理。次年，《学务委员会规程施行细则》进一步补充规定了学务委员的职责，其主要负责调查和督导学区内学龄儿童的就学事项，督导办理学校设备与建筑、学务经费预决算、学务基本财产及积存款项的处理、学校学额分配及教科目增减、学校图表调查及编制等教育事项。[②] 1918年，《省视学规程》《县视学规程》补充规定了省县督导体制，要求由省教育行政长官委任

---

① 宋恩荣、章咸选编：《中华民国教育法规选编》（修订版），南京：江苏教育出版社，2005年，第101—102页。

② 朱有瓛等编：《中国近代教育史资料汇编·教育行政机构及教育团体》，上海：上海教育出版社，2007年，第162页。

省视学四至六人，视察全省之内的教育行政、中等以下学校的教育状况[①]；各省设县视学，由省教育行政长官在每县委任一至三人为县视学，秉承县知事视察县域教育法令施行、学务计划执行、学龄儿童就学状况，视察域内各学校的设备编制及管理、课程教授与学业成就、训育学风及操行成绩、卫生体育与生徒健康等方面情况，并赋予县视学视察中的灵活处置权。[②]

由上可知，北洋政府时期已经逐渐意识到对中小学教育事务进行督导考评的重要性，不仅规定了国家对中小学督导考评的事务范围，还逐步通过法规制度构建了国家视学督导体制，而 1918 年的《省视学规程》和《县视学规程》则标志着省市两级相互独立的地方视学体制的基本确立。遗憾的是，这一时期所构建的各级视学督导体制内部并未系统化。

综观北洋政府时期出台的关于中小学校的一系列管理制度可知，这一时期虽然政权更迭频繁，但在教育方面接续临时政府时期，制定和颁布了不少教育法令法规。其中对中小学的制度管理虽然出现了一些曲折，甚至开历史的倒车，如初期规定中小学尊孔读经、小学实行双轨制等，但整体上来说，对中小学的管理制度越来越具体、明晰、全面，越来越关注学生的发展需求，这些都表明其时对中小学的制度管理在不断走向成熟。尤其值得一提的是，1922 年新学制的颁行，增加了中学发展的灵活性，使学生既能准备升学，也能尽快就业，解决了教育中升学与就业的矛盾，也适应了中国发展资本主义的时代要求；同时给予地方一定的办教育权力，充分发挥地方办学的积极性，富有民主、自由精神。[③] 遗憾的是，直至北洋政府时期结束，政府都未就中小学内部机构设置作出统一的制度规定。

---

① 孙培青主编：《中国教育管理史》（第二版），北京：人民教育出版社，2013 年，第 372 页。

② 朱有瓛等编：《中国近代教育史资料汇编·教育行政机构及教育团体》，上海：上海教育出版社，2007 年，第 163—164 页。

③ 孙培青主编：《中国教育管理史》（第二版），北京：人民教育出版社，2013 年，第 379 页。

（三）国民政府时期管理中小学的制度

南京国民政府通过制定一系列的学校法令、规程、标准、章程，以严厉的措施和行政高压手段，加强了对中小学等各级各类学校的管理。[①]

1. 学校设置及任务规定

（1）中学设置及任务规定

关于中学宗旨及方针等的规定。1927 年，《中学规程》要求中学以根据三民主义完足小学基础训练，增进学生的知识技能，适应民族生活需要为宗旨。[②] 1928 年的《中学暂行条例》再次确认了此宗旨精神。之后 1929 年的《中华民国教育宗旨及其实施方针》（以下简称《教育宗旨及方针》）、1931 年的《中华民国训政时期约法》（以下简称《训政约法》）和《三民主义教育实施原则》（以下简称《实施原则》）等法规制度都明确要求包括中小学在内的各级学校应遵循三民主义的教育宗旨，并对中小学等的教育宗旨等作了更为明确的规定和必要的修正。如《教育宗旨及方针》规定普通教育的目的是培养儿童及青年“忠孝、仁爱、信义、和平”的国民道德，养成国民生活技能，增进国民生产能力；并要求女子教育“注重陶冶健全的德性，以保持她们的母性特质，从而建设良好的家庭生活及社会生活”[③]。这些制度规定确立了“三民主义”教育宗旨在国民政府时期教育领域的主导地位。

此外，1930 年之后的教育法规制度还规定中学实行双轨制，1932 年的《中学法》指出，中学旨在发展青年身心，培养健全国民为研究高深学术及从事各种职业做准备。[④] 1935 年，《中国国民党第五次全国代表大会宣言》（以下简称《第

---

① 孙培青主编：《中国教育管理史》（第二版），北京：人民教育出版社，2013 年，第 388 页。
② 安树芬、彭诗琅主编：《中华教育通史》（第七卷），北京：京华出版社，2010 年，第 147 页。
③ 宋恩荣、章咸选编：《中华民国教育法规选编》（修订版），南京：江苏教育出版社，2005 年，第 35—36 页。
④ 宋恩荣、章咸选编：《中华民国教育法规选编》（修订版），南京：江苏教育出版社，2005 年，第 325 页。

五次宣言》）进一步明确要求改良中小学制度，使中学为升学学生和不升学学生谋取利益；要使贫寒子弟能普遍接受教育，学生能获得立身致用的实学。[①] 上述规定确立了中学双轨制的施行。

关于中学设立的规定。1927 年，《中学规程》规定中学分初级、高级，初级中学可单设；中学由省区、市县设立，也可由私人或私法团以私财设立；除省立中学外，中学的设立变更及废止须先由市县教育行政机关转呈省区教育行政机关核准。[②] 之后，1928 年的《中学暂行条例》、1932 年的《中学法》和几经修正的《中学规程》相继就中学设立作了补充和修正：《中学法》规定中学可由省、隶属行政院的市县以及私人或团体设立，且初、高级中学可混合设立；《中学规程》则要求省、行政院直辖市立中学由省市教育行政机关经教育部核准后设立，县市立中学及联立中学由主管教育行政机关报省教育厅核准后设立并交教育部备案，私立中学应经省市教育行政机关核准后设立并报教育部备案。[③]

关于中学名称的规定。南京国民政府教育部明确要求初高中合并设立的称中学，单独设立的称初级或高级中学；省立中学以所在地地名命名，县市立中学称某县市立中学，有多所同类公立中学时以数字予以顺序区别或以该区域较小地名命名，联立者须称某某县联立中学，私立中学不得直接以地名命名，应采用专有名称。[④]《私立学校规程》还要求私立中小学校应明确表明学校种类，不能以省市县等地名为校名，校名必须冠以私立字样。[⑤]

关于中学修业年限的规定。1927 年，《中学规程》规定初级、高级中学的修

---

① 宋恩荣、章咸选编：《中华民国教育法规选编》（修订版），南京：江苏教育出版社，2005 年，第 50—51 页。

② 《武汉国民政府资料选编》编辑组编：《武汉国民政府资料选编》，武汉：武汉国民政府资料编辑，1986 年，第 427 页。

③ 宋恩荣、章咸选编：《中华民国教育法规选编》（修订版），南京：江苏教育出版社，2005 年，第 325、367—368 页。

④ 宋恩荣、章咸选编：《中华民国教育法规选编》（修订版），南京：江苏教育出版社，2005 年，第 367—368 页。

⑤ 国家教育委员会政策法规司编：《部分国家和地区私立学校法规选编》，北京：北京师范大学出版社，1993 年，第 209 页。

业年限均为三年。[①] 1928 年，《中学暂行条例》补充了中学依设科性质可定为初级四年、高级两年的规定。[②] 之后《中学法》等各种有关中学的法规都确认了此“六三三”学制年限。

（2）小学设置及任务规定

关于小学宗旨、方针等的规定。1928 年，《小学暂行条例》第一条规定，小学应根据三民主义，按照儿童心身发展程序，培养其基本知识技能，以适应社会生活。[③] 1931 年，《实施原则》进一步明确小学要使儿童的身心融育于三民主义教育中、个性和群性平均发展、掌握适于实际生产的初步知识和技能。[④] 之后，《小学法》《实施义务教育暂行办法大纲施行细则》（以下简称《义务教育细则》）再次强调了小学教育的三民主义宗旨，并突出了小学适应生活需求的要求，增加了培养学生道德基础和国民意识及国家观念的要求。[⑤] 此外，1933 年的《中国童子军总章》明确指出童子军旨在发展儿童的做事能力，养成良好习惯，使其人格高尚、常识丰富、体魄健全，成为智仁勇兼备的青年。[⑥] 这些规定确定了小学的三民主义教育宗旨，也把小学的人才培养与战争年代的国家发展需求结合在一起。

关于小学设立的规定。1928 年，《小学暂行条例》规定小学由市县或市县的教育分区设立，私人或团体得设立小学；小学设立、变更及停办须由市县教育行政机关转呈省区教育行政机关核准。[⑦] 之后，《小学法》明确说明省市县、区坊乡镇、私人或团体、师范学校均可设立小学；《小学规程》补充了外国人不得在华设立教育中国儿童的小学，以及私立小学不能设立分校的限制性要求。《小学

---

① 《武汉国民政府资料选编》编辑组编：《武汉国民政府资料选编》，武汉国民政府资料编辑组，1986 年，第 427 页。

② 中国蔡元培研究会编：《蔡元培全集》（第十八卷），杭州：浙江教育出版社，1998 年，第 468 页。

③ 上海法学编译社编：《法令大全》（下册），上海：上海法学编译社，1929 年，第 665 页。

④ 郑登云编著：《中国近代教育史》，上海：华东师范大学出版社，1994 年，第 346 页。

⑤ 宋恩荣、章咸选编：《中华民国教育法规选编》（修订版），南京：江苏教育出版社，2005 年，第 238、286 页。

⑥ 宋恩荣、章咸选编：《中华民国教育法规选编》（修订版），南京：江苏教育出版社，2005 年，第 118 页。

⑦ 上海法学编译社编：《法令大全》（下册），上海：上海法学编译社，1929 年，第 665—666 页。

规程》与1935年《实施义务教育暂行办法大纲》（以下简称《义务教育大纲》）《义务教育细则》还就义务教育学校的设立作了规定，指出各省县市应划分小学区实施义务教育，普通小学及其他小学可设短期小学班，各地也可设简易小学和短期小学。全面抗战时期，1940年的《国民教育实施纲领》（以下简称《国民纲领》）和1944年的《国民学校法》调整了国民学校的设立规范，要求每保设立一所，特殊情况下可两保或三保联合设立一所，每一乡镇应设一所中心学校负责国民教育；补充了私人及团体设立小学和师范学校附属小学办理国民教育的规定。[①] 值得一提的是，这一时期还对侨民小学、宗教小学及私立小学的设立作了专门规定。

关于小学名称的规定。1936年，《小学规程》规范了小学名称，规定相关专科以上学校为试验教育所设的小学称某某实验小学；省立小学以所在地地名命名；县市以下公立小学以区域较小地名命名，若一地有两所以上公立小学，可以数字顺序进行名称区分；私立小学不能以地名命名，应采专有名称。[②] 之后，《国民纲领》补充规定，单独设立和联合设立的国民学校分别称某保国民学校和某某保联立国民学校，乡镇所设中心学校称某乡镇中心学校。[③]

关于小学修业年限的规定。根据1928年的《小学暂行条例》和1932年的《小学法》，小学修业年限为六年，其中初级四年，高级两年。之后，《国民纲领》补充规定了国民学校的修业年限：国民学校小学部原则上年限四年，也可办理修学年限一年或两年的班级；乡镇中心学校小学部原则上年限为六年。[④]

这一时期的中小学校设置及任务规定主要有以下变化：一是中小学的办学宗旨越来越注重主体发展需求，并改行三民主义宗旨，彰显出这一时期的人才培养

---

① 宋恩荣、章咸选编：《中华民国教育法规选编》（修订版），南京：江苏教育出版社，2005年，第275、280—281页。

② 宋恩荣、章咸选编：《中华民国教育法规选编》（修订版），南京：江苏教育出版社，2005年，第264页。

③ 宋恩荣、章咸选编：《中华民国教育法规选编》（修订版），南京：江苏教育出版社，2005年，第275页。

④ 宋恩荣、章咸选编：《中华民国教育法规选编》（修订版），南京：江苏教育出版社，2005年，第275页。

带有强烈的统治阶级意志。二是逐渐将外国人及宗教团体在华所办学校纳入政府的学校管理体制，这是国家主权和民族教育主权上的一大进步。三是增加了对私立学校成绩优良者及华侨教育奖励及补助的规定，有利于推动私立学校和华侨教育的发展。四是对中小学名称的规定趋于统一，同时规定可以实验小学冠名，这对此后中小学的名称有很大影响。

2. 学校内部机构设置规定

国民政府时期，政府的教育法规开始逐渐涉及中小学内部组织机构的设置问题，具体表现如下。

（1）中学内部机构设置规定

关于中学日常管理组织的规定。1938 年，《国立中学教职员暂行服务细则》规定国立中学的管理组织设置，要求设校务委员指导训育小组及学生训育事项、主持相当科目的教学研究会；设总务教导二处，并下设文书组、会计组、庶务组、卫生组、教务组、训导组、体育组，各组设组长一人，协助教务主任、总务主任管理各组事项；年级设级任导师一人、导师若干，负责分组指导相关学生事务，设女生指导员协同级任分组导师指导女生事务。[①] 1946 年，《中等学校行政组织补充办法》修正和补充了有关中学日常管理组织的规定，要求初中设教导处，其下设教务、训导、体育、卫生等组，并根据情况设事务处；高中分设教务、训导、体育、事务各处，并教务处下设教学、注册、设备组，训导处下设训育、管理组，体育处分设体育、卫生组，事务处分设文书、庶务、出纳组；各处设主任一人，各组设组长一人，并明确了各组的职务范围。[②] 次年《中学规程》作了进一步修正和补充：中学设教导主任一人协助校长处理教务、训育事项；超过六学级的中学经核准可设教务、训育主任各一人，分别处理教务、训育事项；超过七学级的中学可设事务主任一人，处理教务和训育之外的事务；中学设校医

---

① 宋恩荣、章咸选编：《中华民国教育法规选编》（修订版），南京：江苏教育出版社，2005 年，第 646—648 页。

② 宋恩荣、章咸选编：《中华民国教育法规选编》（修订版），南京：江苏教育出版社，2005 年，第 365—366 页。

一人、会计一人、图书仪器药品等管理员二至三人，六学级以下的中学设事务员及书记二至四人，超过七学级的中学则每增加二学级平均增加事务员或书记一人。[①]

关于中学训育组织的规定。1936 年，《中等学校特种教育纲要》要求中学设训育指导委员会，由校长任主席，训育主任或教学主任任副主席，主持全校训育事宜；在学生中设立青年训练团，设团长一人，由校长担任，副团长一人，由训育主任或教导主任担任，同时设分团长、中队长、小队长各一人。[②] 之后，1944 年的《中等学校导师制实施办法》和 1947 年的《中学规程》对此作了补充，要求中学每学级设导师一人，由专任教员充任；训育指导委员会由校长和各主任、教员及校医组成。[③]

关于中学内部其他组织的规定。1941 年，《中等学校各科教学研究会组织通则》要求中学组织各科教学研究会，进行学科教学研究；研究会设主席一人，由校长（班主任）指定或由教员推选，学科教员为委员；校长（班主任）、教务或教导主任须参加学科研究会会议。[④] 1943 年，《学生自治会规则》要求中等以上学校学生成立自治会作为学生课外活动的唯一组织，在校长及主管训导人员指挥监督下活动；自治会设权力机关会员大会和理事会，理事会设理事十一至十七人、常务理事一至三人，并下设服务、学艺、健康、风纪、事务五部，各部设总干事一人、干事若干。[⑤] 1947 年，《中学规程》提出了设经费稽核委员会的要求，规定由专任教员推选三至五人组成，委员轮流任主席，负责审核收支账目及

---

① 宋恩荣、章咸选编：《中华民国教育法规选编》（修订版），南京：江苏教育出版社，2005 年，第 379 页。

② 宋恩荣、章咸选编：《中华民国教育法规选编》（修订版），南京：江苏教育出版社，2005 年，第 332 页。

③ 宋恩荣、章咸选编：《中华民国教育法规选编》（修订版），南京：江苏教育出版社，2005 年，第 379 页。

④ 宋恩荣、章咸选编：《中华民国教育法规选编》（修订版），南京：江苏教育出版社，2005 年，第 359—360 页。

⑤ 宋恩荣、章咸选编：《中华民国教育法规选编》（修订版），南京：江苏教育出版社，2005 年，第 170—171 页。

单据。[①]

（2）小学内部机构设置规定

关于小学日常管理组织的规定。1932 年的《小学法》和 1936 的《小学规程》规定小学设校长一人综理全校事务，单独或联合设立校医或看护，有六年级的还应酌设事务员，每学级设级任教员一人。[②] 之后，《国民学校法》补充要求中心国民学校和有六个以上学级的国民学校设教导主任一人，秉承校长主持学校教导事务。[③]

关于小学社团、研究会等的规定。1933 年，《小学公民训练标准》要求小学设公民训练委员会，共同议定公民训练的组织系统和具体方法。[④] 1936 年，《学校附设小学教育通信研究处办法大纲》规定著有成绩的省市立师范学校附属小学和省市立小学可在主管教育行政机关的指定下附设小学教育通信研究处，并设专职人员三人主持相关事务，以改进小学教育和便利小学教师进修。[⑤]《小学规程》则要求教员超过五人的小学由校长任主席、全体教员为会员，组织教育研究会。

这一时期，国民政府的教育管理开始涉及中小学内部组织机构及人员的设置并不断完善。规定内容涵盖了从校长、教导主任、训育主任、事务主任到事务员、书记、校医、会计、图书仪器管理员等各层级教职员；不仅有关于日常管理机构的规定，还有关于校董会、各种委员会与研究会、学生自治会等组织团体的规定。这些规定使中小学内部管理逐渐走上正规化、制度化的道路，促进了中小学的发展和人才培养。

---

① 宋恩荣、章咸选编：《中华民国教育法规选编》（修订版），南京：江苏教育出版社，2005 年，第 379—380 页。

② 宋恩荣、章咸选编：《中华民国教育法规选编》（修订版），南京：江苏教育出版社，2005 年，第 239、269 页。

③ 宋恩荣、章咸选编：《中华民国教育法规选编》（修订版），南京：江苏教育出版社，2005 年，第 282 页。

④ 宋恩荣、章咸选编：《中华民国教育法规选编》（修订版），南京：江苏教育出版社，2005 年，第 257 页。

⑤ 宋恩荣、章咸选编：《中华民国教育法规选编》（修订版），南京：江苏教育出版社，2005 年，第 262—263 页。

3. 学校校长管理规定

（1）中学校长管理规定

关于中学校长任职的规定。一是关于任职条件的规定。1928 年，《中学暂行条例》提出了中学校长专任的要求。1947 年，《中学规程》规定中学校长应品格健全，才学优良，并具有下列资格之一：国内外师范大学及大学教育学院教育科系毕业，或其他院系毕业曾习教育学科 20 学分，从事教育职务二年以上著有成绩；国内外大学本科、高等师范本科或专修科毕业，从事教育职务三年以上著有成绩；国内外专科学校或专门学校本科毕业，从事教育职务四年以上著有成绩。高中校长还应具有下列资格之一：曾任国立大学文、理或教育学院或科系教授或专任讲师一年以上，或曾任省及直辖市教育行政机关高级职务二年以上著有成绩，或曾任初级中学校长三年以上著有成绩。同时该法令还要求中学校长应住校与学生共同生活。① 二是关于任职程序的规定。1927 年，《中学规程》规定省立中学校长由省区教育行政机关直接委任；市县立中学校长由该主管机关选荐合格人员呈请省区教育行政机关委任；私立中学校长由校董会选举合格人员呈市县教育行政机关，并转呈省区教育行政机关核定。② 之后《各省市县中等以下学校校长及社会教育机关主任人员任免办法》《中学法》则先后对这些作了修正和补充，规定：省立中学校长由省教育厅提出合格人选，经省政府委员会议通过后任用；改区立中学为特别市立中学，其校长由特别市教育局长选荐合格人选呈请市政府核准任用；县市立中学校长由县市政府选荐合格人员呈请教育厅核准任用③；同时补充要求私立学校校长由校董会聘任，各中学校长的任用呈教育部备案④。

关于中学校长职务权限的规定。1927 年的《中学规程》和次年的《中学暂行条例》规定了中学校长在学校组织及行政方面的职责权限。之后，《中学法》

---

① 宋恩荣、章咸选编：《中华民国教育法规选编》（修订版），南京：江苏教育出版社，2005 年，第 371、380—381 页。

② 《武汉国民政府资料选编》编辑组编：《武汉国民政府资料选编》，武汉国民政府资料编辑组，1986 年，第 428 页。

③ 吴树滋编：《增订现行教育法令大全》，上海：世界书局，1933 年，第 278 页。

④ 宋恩荣、章咸选编：《中华民国教育法规选编》（修订版），南京：江苏教育出版社，2005 年，第 325 页。

增加了中学校长承担一定教学任务的要求。《国立中学教职员暂行服务细则》则更加明确了国立中学校长的职责，即主持校务、执行校务委员会议决案、督导教职员工作、主持和办理学校日常行政工作等。[①] 修正的《中学规程》补充规定了中学校长的训育责任。

（2）小学校长管理规定

关于小学校长任职的规定。一是关于任职条件的规定。1928 年，《小学暂行条例》《小学校长任免及待遇暂行条例》（以下简称《小学校长条例》）相继对小学校长的任职要求作了规定，要求小学校长“以专任为原则，但得由本校专任教员兼任”；须人格高尚、服膺三民主义，并具有下列资格：小学校应师范学校本科或高中师范科毕业曾任教二年以上，或中等学校毕业对初等教育素有研究并曾任小学正教员四年以上；初级小学应师范学校本科或高中师范科毕业，或乡村师范县立师范讲习所及师范简易科二年以上毕业并曾任教一年以上著有成绩，或有小学正教员许可证曾任教二年以上著有成绩。[②] 1936 年，《小学规程》对前述资格要求作了修改：小学校长须师范学校或大学教育专业毕业，或经检定合格并任教二年以上著有成绩；特定情况下，后一种情况的任教时长可以不满二年。[③] 二是关于任职程序的规定。1928 年，《小学暂行条例》《小学校长条例》规定县立小学校长由教育局长聘任呈请大学审查备案并报县备查；区立小学校长由教育委员推举教育局长聘委并呈请大学审查、报县备案；私立小学校长由校董会选举合格人员，并呈请市县教育行政机关核准备案。[④] 之后，《各省市县中等以下学校校长及社会教育机关主任人员任免办法》《小学法》对前述规定作了修正和补充，规定省立或隶属行政院的市的市立小学校长由教育厅或市教育行政机关任用；县市立、区立、坊立或乡镇立小学校长由县市教育行政机关选荐人员呈请县市政府

---

① 宋恩荣、章咸选编：《中华民国教育法规选编》（修订版），南京：江苏教育出版社，2005 年，第 646—647 页。

② 上海法学编译社编：《法令大全》（下册），上海：上海法学编译社，1929 年，第 667、688 页。

③ 宋恩荣、章咸选编：《中华民国教育法规选编》（修订版），南京：江苏教育出版社，2005 年，第 269—270 页。

④ 上海法学编译社编：《法令大全》（下册），上海：上海法学编译社，1929 年，第 667、687 页。

任用，并呈教育厅备案；私立小学校长改由校董会或设立人任用；附属小学校长由主管学校校长聘任，并呈主管教育行政机关备案。① 1944 年，《国民学校法》补充规定国民学校校长由县市政府或院辖市主管教育行政机关委任。

关于小学校长职务权限的规定。1928 年，《小学暂行条例》规定由小学校长全权负责学校行政及组织事务。之后，《小学法》和《小学规程》进一步明确了小学校长的职务权限：综理学校事务，承担一定教学任务，并指导教职员管理训教等事务。

关于小学校长待遇及奖励的规定。1928 年，《小学校长条例》就小学校、城镇小学及乡村小学校长的月薪标准作了详细说明。之后，《国民纲领》明确要求确保国民学校教员的薪俸应至少是所在地个人基本生活费的两倍，乡镇中心学校校长还应酌情提高。② 1943 年的《教育部设置优良中心国民学校、国民学校校长、教员奖励金办法》（以下简称《奖励金办法》）要求对国民学校校长、教员发放奖励金，并就奖励金发放的条件、标准及程序作了具体规定。③

这一时期关于中小学校长的管理规定越来越具体、详备和完善，主要表现为：第一，除了普通中小学校长及私立小学校长外，开始将私立中学、侨民中小学以及外国人在华所办中小学的校长纳入制度管理范畴。第二，增加了关于校长以专任为原则，不得兼任他职的要求；补充了关于校长任职的学历、品格、工作经历等方面的资格要求，出任校长的资格要求提高。第三，增加了关于校长的薪俸等各种待遇以及奖励的规定。第四，中小学校长的权责进一步明确，可以看出在政府设立的中小学中，校长权力主要体现在组织教育教学方面，其他权力如人权、财权等没有明晰的规定。整体上看，日益完善的管理规定使政府对中小学校长的管理越来越明细化和规范化，加强了政府对各类别中小学校长的管理力度。

---

① 宋恩荣、章咸选编：《中华民国教育法规选编》（修订版），南京：江苏教育出版社，2005 年，第 239 页。

② 宋恩荣、章咸选编：《中华民国教育法规选编》（修订版），南京：江苏教育出版社，2005 年，第 276 页。

③ 宋恩荣、章咸选编：《中华民国教育法规选编》（修订版），南京：江苏教育出版社，2005 年，第 659—660 页。

4. 学校教职员管理规定

（1）中学教职员管理规定

关于中学教职员资格的规定。1928 年的《中国童子军总章》和 1929 年的《高中以上学校军事教育方案》（以下简称《军事教育方案》）规定了中学军事训练教员的任职资格，指出：童子军教员由年满 21 岁，具有童子军学识与经验，愿意为童子军事业服务，依法申请并经检定合格的中华民国国民充任；高中军事教官由教育部咨请训练总监部从正式陆军学校毕业成绩优良的军官中进行考选，必要时可以加派军官或军士予以补充。[①] 之后，《中学规程》规定了中学教员的任职资格，要求他们须品格健全，所任教学科为其专习学科，同时高中教员应具有下列资格之一：经高级中学教员考试或检定合格，或国内师范大学毕业，或国内外大学本科、高等师范本科或专修科毕业且有一年以上教学经验，或国内外专科学校或专门学校本科毕业且有二年以上教学经验，或发表了有价值的专门著述；初中教员应具有下列资格之一：经初级中学教员考试或检定合格，或具有高中教员规定资格之一，或国内外大学本科、高等师范本科或专修科毕业，或国内外专科学校或专门学校本科毕业且具有一年以上教学经验，或与高中程度相当学校毕业、曾任中等学校教员三年以上并于所任教学科确有研究成绩。同时该法令还规定了任职中学教员的限制性条件。[②]

关于中学教职员任用的规定。1932 年，《中学法》规定中学教员由校长聘任并呈主管教育行政机关备案；他们一般应专任，特别情况下也可兼任，但不得超过教员总数的四分之一。[③] 之后，《中学规程》进一步就中学教员任用作了补充规定：由校长开具合格人员详细履历送交省、市教育行政机关核准后，由学校出具聘书予以任用，且以专任为主，特殊情况下可聘兼任教员，但不得超过教员人

---

① 宋恩荣、章咸选编：《中华民国教育法规选编》（修订版），南京：江苏教育出版社，2005 年，第 105、120—121 页。

② 宋恩荣、章咸选编：《中华民国教育法规选编》（修订版），南京：江苏教育出版社，2005 年，第 381 页。

③ 宋恩荣、章咸选编：《中华民国教育法规选编》（修订版），南京：江苏教育出版社，2005 年，第 325 页。

数的四分之一；其初聘任期以一学期为原则，续聘任期为一学年；同时要求初中专任教员每周应教学十八至二十四小时，高中教员应教学十六至二十二小时，兼任主任及训育职务的教员可予以酌减，但不得少于规定时长的三分之二；专任教员每日应在校至少七小时，同时专任和兼任教员应轮值指导学生自习。[①] 此外，1947 年的《国立学校暨学术机关聘用外籍人员规程》对国立中小学外籍人员的聘用作了规定，指出：由学校自行聘任并报教育部备查；需要教育部补助经费的，需经教育部核定后由学校延聘。[②]

关于中学教职员待遇的规定。1932 年，《中等学校教职员服务及待遇办法大纲》就中等学校待遇作了说明：废除钟点计薪制，改行月俸制，分别等级确定薪额，兼任教职员则按时计薪，并由省市厅局根据地方生活状况和比照现制较优办法确定具体执行标准；各省市应尽力推行年功加俸制及教职员养老金、恤金条例所定办法。[③] 1943 年教育部颁发《国立中等学校教职员薪级表》，统一了国立中学教职员的薪俸执行标准。此外，1944 年的《学校教职员退休条例》《学校教职员抚恤条例》和 1945 年的《学校教职员退休条例施行细则》《学校教职员抚恤条例施行细则》对中小学等学校教职员退休金、抚恤金的发放条件和标准等作了明确规定；1947 年的《国立学校暨学术机关聘用外籍人员规程》对国立中小学等所聘外籍人员的薪俸、旅费、休假费等的支付标准等作了具体规定。

关于中学教职员奖惩的规定。1931 年的《训政约法》和 1936 年的《宪法草案》要求国家对教育成绩优良且久任其职、有学术技术研究与发明的教职员给予奖励和补助。[④] 1940 年的《教员服务奖励规则》、1942 年的《教育部给予中等学校教员奖助金办法》《教育部奖励中等学校教员休假进修办法》规定对中学教职

---

① 宋恩荣、章咸选编：《中华民国教育法规选编》（修订版），南京：江苏教育出版社，2005 年，第 378—379 页。

② 宋恩荣、章咸选编：《中华民国教育法规选编》（修订版），南京：江苏教育出版社，2005 年，第 195—196 页。

③ 宋恩荣、章咸选编：《中华民国教育法规选编》（修订版），南京：江苏教育出版社，2005 年，第 639 页。

④ 韩剑飞编著：《中国宪政百年要览（1840—1954）》，太原：山西人民出版社，2008 年，第 373、388 页。

员实行服务奖励、奖助金与休假进修奖励制度，并对有关奖励的适用条件、标准等做了具体规定。1944年，《教育部著作发明及美术奖励规程》规定教育部对中小学教师等人员编著的教科书、通俗读物、著述或译著等学术著作、发明创造以及美术作品给予奖励，并就奖励的类别及数额等作了详细规定。①

关于中学教职员休假的规定。1947年，《中学规程》《国立学校暨学术机关聘用外籍人员规程》规定：中学教员在同一学校连续任职满九年可享受一年带薪休假，女教员生产期间可享六周带薪休假；国立学校外籍教职员服务满三年仍续聘的可享带薪及个人旅费补贴回国休假六个月，服务满六年仍续聘的可享带薪及全部旅费补贴率家属回国休假六个月。②

（2）小学教职员管理规定

关于小学教员资格的规定。1936年，《小学规程》规定小学级任或专科教员须由师范学校或高级中学师范科或大学教育专业毕业，或者经小学教员检定委员会检定合格；因地方特殊关系而延聘代用教员的，其代用教员应旧制中学及高中毕业，或师范学校及高中修业一年并任教小学一年以上，或师范讲习科毕业，或曾任教小学三年以上，或学有专长并任教小学一年以上。③

关于小学教职员任用的规定。1928年，《小学暂行条例》提出了小学教员专任的要求。之后，《小学法》《小学规程》补充规定小学教员由校长聘任并呈主管教育行政机关备案。④ 1944年的《国民学校法》对国民学校教职员的任用作了规定，指出：国民学校及中心国民学校的教导主任及教员均由校长聘任。《小学规程》还要求，小学教员初聘任期以一学年为原则，续聘任期为二学年。⑤

---

① 宋恩荣、章咸选编：《中华民国教育法规选编》（修订版），南京：江苏教育出版社，2005年，第172—173页。

② 宋恩荣、章咸选编：《中华民国教育法规选编》（修订版），南京：江苏教育出版社，2005年，第196、381—382页。

③ 宋恩荣、章咸选编：《中华民国教育法规选编》（修订版），南京：江苏教育出版社，2005年，第269—270页。

④ 宋恩荣、章咸选编：《中华民国教育法规选编》（修订版），南京：江苏教育出版社，2005年，第239页。

⑤ 宋恩荣、章咸选编：《中华民国教育法规选编》（修订版），南京：江苏教育出版社，2005年，第270页。

关于小学教职员待遇及奖励的规定。1928 年的《小学教员薪水制度之原则》规定，小学教员薪俸最低应是衣食住花费的两倍，同时根据教员的学历情况给予不同标准的薪俸，并随其经验的增加而增加薪俸。[①] 1936 年，《小学规程》在此基础上补充了小学教职员俸给登记表、年功加俸办法与养老金、恤金的执行办法，要求对进修确有成绩的小学教员给予加俸或其他奖励。[②] 之后于 1940 年颁行的《小学教员待遇规程》对前述待遇标准作了进一步修正，要求：小学教员的薪给以每年 12 个月计算，按月以国币发给，不得折扣或拖欠；最低薪额除依照前述当地个人衣食住所需生活费两倍的标准外，还应视资历高下、职务繁简、任期长短、成绩优否分别增加薪额；同时对其养老金、抚恤金、奖励、子女辅助等作了规定。[③] 继之，国民政府先后颁布《学校教职员退休条例》《学校教职员抚恤条例》《学校教职员退休条例施行细则》《学校教职员抚恤条例施行细则》等，就小学教职员退休金、抚恤金待遇及国立小学外籍人员的有关待遇作了专门规定，具体如前所述。此外，1943 年的《奖励金办法》就优良中心国民学校教员奖励金的发放条件、标准、程序等作了明确说明。

关于小学教职员休假及去职的规定。1936 年，《小学规程》规定小学女教员生产期间有六周产假，若教员在同一学校连续任职满十年可带薪休假一年；同时小学教员不受校长或主管教育行政人员变动的影响，当其出现确证违反刑法、行为不检或有不良嗜好、任意旷废职务、成绩不良、因身体残疾或有痼疾而不能任教等情况时才可予以解聘。[④] 1940 年，《小学教员待遇规程》对此作了修正和补充，规定小学教员婚假给假二星期；父母或配偶或承继祖父母丧给假一月；女教员生育给假二月；在一地连续服务满十年以上可休假一年或每年给假二星期，满

---

① 宋恩荣、章咸选编：《中华民国教育法规选编》（修订版），南京：江苏教育出版社，2005 年，第 638—639 页。

② 宋恩荣、章咸选编：《中华民国教育法规选编》（修订版），南京：江苏教育出版社，2005 年，第 270—271 页。

③ 中国第二历史档案馆编：《中华民国史档案资料汇编：教育（一）》（第五辑第二编），南京：江苏古籍出版社，1997 年，第 427—429 页。

④ 宋恩荣、章咸选编：《中华民国教育法规选编》（修订版），南京：江苏教育出版社，2005 年，第 270—271 页。

十五年以上者则每年给假二星期。[①]

这一时期的中小学教职员管理规定主要有以下变化：一是关于中小学教员资格的规定更加具体、完善，还增加了教员聘期和中学教师指导学生自习的规定。二是补充了对中小学教员薪俸、养老金、恤金等待遇及保障进修的具体规定，并统一了教职员待遇执行标准；增加了女教员产假的规定。三是增加了对中小学教员的奖励规定，尤其是首次规定奖励和保护中学教员的学术科研。在这些规定中，有了较明显的保护中小学教师权益的倾向，诸如中小学教师出现不违反刑法等情形，不能解聘。从上述规定及制度变化可以看出，国民政府时期关于中小学教职员尤其教师的管理规定得到了很大的完善，对教师的管理也更加严格，同时有关教师任用待遇及进修等各种利益的保障举措也有了很大改善，这也说明了国民政府对中小学师资建设的重视。

5. 学生管理规定

（1）中学生管理规定

关于中学生入学的规定。一是关于入学资格的规定。1927 年，《中学规程》规定初中收受小学毕业生，高中收受初中毕业生；程度相当且试验及格的，也可收受，但不得超过 20％。[②] 1928 年，《中学暂行条例》基本确认了该招生入学规定，但取消了程度相当学生的招收限制。1932 年，《中学法》进一步明确指出公立及已立案私立中小学毕业或同等学力者，经入学考试合格者均可进入相应的初中或高中学习。[③] 至 1947 年，《中学规程》再次对同等学力学生入学做了限制，规定初中不得超过录取总数的 30％，高中则不得超过 20％。[④] 此外，政府还明确规定男女受教育机会一律平等，这有利于消除中小学招生入学上的性别限制。二

---

① 中国第二历史档案馆编：《中华民国史档案资料汇编：教育（一）》（第五辑第二编），南京：江苏古籍出版社，1997 年，第 428 页。

② 《武汉国民政府资料选编》编辑组编：《武汉国民政府资料选编》，武汉国民政府资料编辑组，1986 年，第 428 页。

③ 宋恩荣、章咸选编：《中华民国教育法规选编》（修订版），南京：江苏教育出版社，2005 年，第 326 页。

④ 宋恩荣、章咸选编：《中华民国教育法规选编》（修订版），南京：江苏教育出版社，2005 年，第 376 页。

是关于编级及规模的规定。1947 年的《中学规程》规定，初高中学生依课程进度分为一、二、三年级，每年级二十五至五十人。[①]

关于中学生日常纪律管理的规定。1929 年，政府先后两次制定《学生制服规程》，规范中小学等的学生制服款式，其中要求男生佩帽章、女生佩襟章，制服材料全部采用国货。[②] 1937 年政府再次修正制服制度，要求初中生用童子军制服，女生还需用女生制服；高中男生用军训制服，女生用女生制服。[③] 除此之外，政府还颁布了其他学生纪律管理制度，主要如下：1937 年，《初级中学童子军管理办法》对初中生童子军训练的服装、请假、外出、食堂纪律，以及教室、操场、野外等场所行为规则等方面作了详细规定。《中等学校强迫课外运动试行办法》规定，中学生须参加每天下午的课外运动，且每生每天至少运动二小时以上；参加早操和课间操，以 15 分钟为度。[④] 1947 年，《中学规程》明令学生依照《制服规程》穿制服上学；其旷课或怠于自修及劳动作业等，应在操行成绩中减分。[⑤]

关于中学生奖助惩戒的规定。1931 年的《训政约法》和 1936 年的《宪法草案》要求中小学等公私立学校设置免费及奖励学额，奖励品学俱优却无力升学的学生。[⑥] 继之，《各级学校设置免费学额及公费学额规程》又作了修正与补充，规定各级学校设置免费及公费学额以奖励家境清贫、体格健全、资质颖异、成绩优良的学生；其中公费学额免收学费，并给以最低限度的膳宿、制服、书籍等的费用。[⑦] 此外，1934 年的《军事奖惩规则》对学生军训奖惩制度作了规定，指

---

① 宋恩荣、章咸选编：《中华民国教育法规选编》（修订版），南京：江苏教育出版社，2005 年，第 368 页。

② 《中华教育改革编年史》编写组主编：《中华教育改革编年史》（二），北京：中国教育出版社，2009 年，第 792 页。

③ 安树芬、彭诗琅主编：《中华教育通史》（第七卷），北京：京华出版社，2010 年，第 1514 页。

④ 宋恩荣、章咸选编：《中华民国教育法规选编》（修订版），南京：江苏教育出版社，2005 年，第 343 页。

⑤ 宋恩荣、章咸选编：《中华民国教育法规选编》（修订版），南京：江苏教育出版社，2005 年，第 371 页。

⑥ 韩剑飞编著：《中国宪政百年要览（1840—1954）》，太原：山西人民出版社，2008 年，第 373、388 页。

⑦ 赵伟主编：《中等职业教育学生资助体系研究》，北京：教育科学出版社，2012 年，第 37 页。

出：学生军训总成绩不及格的应责令补习或留级，但以一次为限，如再不及格则令其退学；对严守纪律、服从命令、学术卓著或从不缺席的学生，可予以传谕嘉奖、记功、军训成绩优良证书或奖金奖励；对违反纪律、不遵命令、学术劣等或无故旷课超过规定限度的学生，可给以警告、记过、留级或退学处罚。①

关于中学生测试的规定。一是关于测试要求的规定。1933 年，《中学学生毕业会考规程》规定中学应届毕业生经本校毕业考合格，需参加两周后由省或行政院直辖市或特别行政区教育行政机关组织委员会举行的毕业会考；高中会考公民、国文、算术、物理、化学、生物学、历史、地理、外国语，初中会考公民、国文、算术、理化、生物、史地、外国语。② 之后，《中学规程》进一步完善了中学考试制度，规定学生成绩主要分为学业、操行和体育三项，其中学业成绩分日常考查、临时测验、学期考试和毕业考试及毕业会考；日常考查方式有口头回答、演习练习、实验实习、读书报告等；临时测验于教学时间内随时举行，每科每学期至少二次；学期考试于学期末学科教学任务结束后举行，主要考查本学期所学课程内容，考前留一至二天备考时间；毕业考试则于三学年学业修完后，对初中或高中全部课程内容进行考核，考前留三至四天备考时间，同时参加毕业会考的学生可免毕业考试。③ 二是关于测试成绩的规定。1933 年，《中学学生毕业会考规程》规定会考各科的成绩采百分制，由学校毕业成绩和会考成绩按四比六合并计算，60 分及格。④ 之后《中学规程》详细规定了中学学科学期成绩、学期成绩、学年成绩、毕业成绩的合成及折算比例。三是关于测试结果的规定。1927 年，《中学规程》规定学生期满应修习的学分及必修科目时，试验及格后，经省

---

① 中国第二历史档案馆编：《中华民国史档案资料汇编：教育》（第五辑第一编），南京：江苏古籍出版社，1994 年，第 1284—1285 页。

② 宋恩荣、章咸选编：《中华民国教育法规选编》（修订版），南京：江苏教育出版社，2005 年，第 328—329 页。

③ 宋恩荣、章咸选编：《中华民国教育法规选编》（修订版），南京：江苏教育出版社，2005 年，第 373—374 页。

④ 宋恩荣、章咸选编：《中华民国教育法规选编》（修订版），南京：江苏教育出版社，2005 年，第 329 页。

区教育行政机关核准，得毕业；由省区教育行政机关加盖印信并分别发给毕业证书。[①] 旋即，《毕业证书条例》《中学暂行条例》对此作了修正和补充，明确规定各级学校学生的毕业证书由所在学校发放。在此基础上，1933 年的《中学学生毕业会考规程》进一步申明，中学生各科会考均及格才能毕业；有三科以上会考不及格的应留级，不能留级的由学校发给修业证明书，标明会考各科成绩并加盖“毕业会考不及格”印记；会考一科或二科不及格的，可参加两届同一科目的会考二次，及格则予以毕业，若仍有科目不及格则应考试全部会考科目。[②] 1947 年，《中学规程》补充要求操行成绩或体育成绩不及格的中学生不能升级或毕业，并就学业成绩表现不良需留级、附读、转学等情况作了详细说明。[③]

关于中学生转学、休学、复学、退学的规定。1927 年的《中学规程》和 1928 年的《中学暂行条例》对中学生转学作了规定，要求中学生转学须学科年级相同，有原学校修业证明书，在学期开始时经试验及格。[④] 1947 年的《中学规程》则进一步补充完善了中学生转学、休学、复学、退学的规定，指出：中学生学期或学年终了考试及格，须转学以及因成绩较差需要留级但本校无适当学级的，由学校发给转学证书；因身体或家庭因素可申请休学一学期或一学年，休学期满后可编入原来学期或学年衔接的学级复学；因身体或家庭原因需退学的，经保证人证明可准予退学。[⑤] 此外，抗战胜利后，教育部相继颁发了一系列法令，如《修正修复区中等学校学生甄审办法》《中等以上学校战时服役学生复学及转学办法》等，对因战争失学停学学生在战后的甄审、转学、复学等问题作了专门规定。

---

① 《武汉国民政府资料选编》编辑组编：《武汉国民政府资料选编》，武汉国民政府资料编辑组，1986 年，第 428 页。

② 宋恩荣、章咸选编：《中华民国教育法规选编》（修订版），南京：江苏教育出版社，2005 年，第 329 页。

③ 宋恩荣、章咸选编：《中华民国教育法规选编》（修订版），南京：江苏教育出版社，2005 年，第 375 页。

④ 《武汉国民政府资料选编》编辑组编：《武汉国民政府资料选编》，武汉国民政府资料编辑组，1986 年，第 428 页。

⑤ 宋恩荣、章咸选编：《中华民国教育法规选编》（修订版），南京：江苏教育出版社，2005 年，第 376 页。

(2) 小学生管理规定

关于儿童入小学的规定。一是关于入学方式、条件等要求的规定。1928 年，《小学暂行条例》规定儿童年满六周岁得入小学。[①] 1935 年，《义务教育大纲》《义务教育细则》补充要求：在学校数量足以接收当地学龄儿童的地方，身体健全的学龄儿童均应入学，对违反者及在第一期内年长失学者，政府可采必要行政处分强迫其入学；有疾病或其他原因一时不能入学的学龄儿童，可由家长或保护人具结请求缓学；有痼疾不堪受教育者，可由家长或保护人具结请求免学。[②] 之后，《宪法草案》中关于简易小学的制度提出了六到十二岁的学龄儿童一律接受基本教育并免交学费，学龄后儿童未受基本教育的免费接受补习教育的要求。[③]《小学规程》则补充规定：儿童特殊情况下可延缓至九岁入学，因身体或家庭因素可请求休学一学期或一学年，因身体或家庭原因经学校调查属实可转学或退学。[④] 之后，1937 年的《学龄儿童强迫入学暂行办法》、1940 年的《国民纲领》及 1944 年的《强迫入学条例》《国民学校法》承继上述制度精神，进一步就学龄儿童强迫入学及缓学、免学等作了规定。二是关于编级及规模的规定。1936 年，《小学规程》明确规定小学应依年龄智力等因素编制学级，每学级应二十五至四十人；初级小学的二部编制应根据具体情况实行半日制或间时制；同时要求小学不得以免收学费作为编制学级的标准。[⑤]

关于小学生奖助的规定。1928 年，《小学暂行条例》要求小学校长对贫困无力缴纳学费的学生酌情免除部分或全部学费。[⑥] 之后，《训政约法》《宪法草案》《各级学校设置免费学额及公费学额规程》相继完善了对小学品学兼优的贫寒学

---

① 上海法学编译社编：《法令大全》(下册)，上海：上海法学编译社，1929 年，第 668 页。

② 宋恩荣、章咸选编：《中华民国教育法规选编》(修订版)，南京：江苏教育出版社，2005 年，第 286—287 页。

③ 韩剑飞编著：《中国宪政百年要览 (1840—1954)》，太原：山西人民出版社，2008 年，第 388 页。

④ 宋恩荣、章咸选编：《中华民国教育法规选编》(修订版)，南京：江苏教育出版社，2005 年，第 268 页。

⑤ 宋恩荣、章咸选编：《中华民国教育法规选编》(修订版)，南京：江苏教育出版社，2005 年，第 265、269 页。

⑥ 上海法学编译社编：《法令大全》(下册)，上海：上海法学编译社，1929 年，第 668—669 页。

生实行免费及公费奖助的制度规定。1936年的《小学规程》还进一步明确要求征收学费的小学留出40%以上的贫寒儿童免费学额。[①]

关于小学生日常纪律管理的规定。这主要表现在小学制服管理方面。1929年政府先后两次制定《学生制服规程》，规范小学学生的制服款式，具体如前所述。[②] 1937年《学生制服规程》对前述制度作了修正，其中要求初小学生除特殊需要外，免用制服；高小学生因家庭经济关系多数不能置备时，可免用制服。[③] 此外，为鼓励儿童的兴趣和启发教育儿童，政府还颁布了《儿童节纪念办法》，规定各小学及社会教育机构应在儿童节时举行适宜儿童的活动，并就活动举行事项作了详细规定。[④]

关于小学生测试及毕业的规定。一是关于测试的规定。1933年，《小学公民训练标准》规定对小学生公民训练情况的考查采用教师平时观察记载与每周或每月定期考察相结合，并辅以比赛及名誉奖励，促进训练效果；同时应用儿童记载表、教师观察记载表、组或团比较表、报告家长表记录学生训练成绩。[⑤] 之后，《小学规程》补充规定小学生学业考查主要有平时考查、每月末的临时试验、学期末的学期试验、修业期满时的毕业试验，其中操行成绩以公民训练成绩为准。[⑥] 二是关于毕业的规定。1927年，《毕业证书条例》规定各学校学生修满规定学程考查成绩及格，由各该校发给毕业证书。[⑦] 之后，《小学暂行条例》《小学法》肯定和承继了此制度精神。[⑧]

---

① 宋恩荣、章咸选编：《中华民国教育法规选编》（修订版），南京：江苏教育出版社，2005年，第269页。

② 《中华教育改革编年史》编写组主编：《中华教育改革编年史》（二），北京：中国教育出版社，2009年，第792页。

③ 安树芬、彭诗琅主编：《中华教育通史》（第七卷），北京：京华出版社，2010年，第1514页。

④ 宋恩荣、章咸选编：《中华民国教育法规选编》（修订版），南京：江苏教育出版社，2005年，第114—115页。

⑤ 宋恩荣、章咸选编：《中华民国教育法规选编》（修订版），南京：江苏教育出版社，2005年，第258页。

⑥ 宋恩荣、章咸选编：《中华民国教育法规选编》（修订版），南京：江苏教育出版社，2005年，第268页。

⑦ 上海法学编译社编：《法令大全》（下册），上海：上海法学编译社，1929年，第741页。

⑧ 宋恩荣、章咸选编：《中华民国教育法规选编》（修订版），南京：江苏教育出版社，2005年，第239页。

这一时期在中小学学生管理规定上主要有以下变化：一是明确提出男女受教育机会平等，有利于改善女子受教育环境；补充和规范了中小学生的入学管理，不仅对中学同等学力学生的入学名额和小学学级规模作出了限制性规定，还规定了儿童强迫入学的强制性措施。二是增加了关于初中生童子军训练期间服装、请假、外出、各种场所行为要求、中学生着制服上学与操行表现等的规定，补充了中学生测试规定，使中小学生日常管理制度不断得到完善。三是制定严格学生管理的方针，加强对学生的暑期审查和对违规乱纪学生的惩戒；增加了强制中学生课外运动的规定，这与其他中小学生日常管理规定一起，构成了严格管理中小学生的制度体系。四是增加了奖助品学俱优却无力升学学生和儿童节应举办各种儿童活动的规定。五是提出了对中学生进行毕业会考的要求，期待通过毕业会考提高中学教学质量。这些变化，一方面表明南京国民政府教育部针对中小学教育特点，在规范中小学管理方面投入了较多的管理精力，另一方面也体现出中小学管理虽然会随政府、政局、政治以及社会的变化而变化，但在国民政府时期的整体趋势是中小学管理规范化程度提高，监管的力度加大。

6. 学校财物管理规定

（1）中小学教育经费管理规定

一是关于学校收费的规定。1928年，《小学暂行条例》规定初级小学原则上不收学费，但可视地方情形酌量收费，且每学期最多一圆；高级小学每学期收学费最多不超过三圆；私立小学每学期所收学费最多不超过初级、高级小学收费标准的三倍。[①] 之后《小学法》作了修正，规定公立小学初级每学期每人不超过一圆，高级则不超过二圆；私立小学初级每学期每人至多三圆，高级则至多六圆；若学生无力缴纳学费，可视情形免部分或全部。[②] 1936年的《小学规程》进一步修正，规定小学除特殊情况下经有关机关核准可向较殷实家庭募集图书、建筑临

---

① 上海法学编译社编：《法令大全》（下册），上海：上海法学编译社，1929年，第668页。

② 宋恩荣、章咸选编：《中华民国教育法规选编》（修订版），南京：江苏教育出版社，2005年，第239—240页。

时捐外，不得征收任何费用。[1] 1947 年，《中学规程》则对中学收费作了说明，规定中学征收学费、图书费和体育费分别作为学校有关项目支出的经费，私立中学可对寄宿学生收取住宿费，并对省市县等各级地方中学征收费用的标准作了指导性规定。[2] 二是关于中小学经费来源的规定。1935 年，《义务教育细则》规定市区义务教育经费由政府筹集，各县市的由省县分担，中央可酌情补给省市；《各省县市等筹集义务教育经费暂行办法大纲》对省县市筹集义务教育经费的来源作了说明。之后，《国民纲领》作了补充和完善，规定保立国民学校的经费由保自行筹集，不足部分由县市经常费支给；乡镇中心学校校长教员的薪俸由县市经费支给，办公及设备扩充费、基金由地方自筹；县市筹集国民学校和中心学校经费不足时，由省经费及中央补助经费予以补助；对贫瘠省份及特殊情况省份的国民教育，中央可增加经费补助。[3] 三是关于中小学经费使用的规定。1931 年，《地方教育经费保障办法》规定中小学等的各项支出由主管政府或主管教育行政机关制定最严格的标准予以限制，严防浮开滥用，并由各地方政府组织教育经费稽核委员会对学校及地方教育经费的预决算等一切账目进行稽核。[4] 1936 年，《小学规程》对小学开办费、经常费的各项开支所占比例作了明确划分，并要求收费小学设贫寒学生免费学额。[5]

（2）中小学教育设施设备管理规定

一是关于设施设备要求的规定。1931 年，《实施原则》对中小学的设备要求作了详细规定，要求在三民主义精神指导下，小学设备应接近儿童生活、注意与课程和训育相联系，采用科学方法，符合清洁、整齐、经济要求；除党义参考书

---

① 宋恩荣、章咸选编：《中华民国教育法规选编》（修订版），南京：江苏教育出版社，2005 年，第 269 页。

② 宋恩荣、章咸选编：《中华民国教育法规选编》（修订版），南京：江苏教育出版社，2005 年，第 377—378 页。

③ 宋恩荣、章咸选编：《中华民国教育法规选编》（修订版），南京：江苏教育出版社，2005 年，第 276 页。

④ 宋恩荣、章咸选编：《中华民国教育法规选编》（修订版），南京：江苏教育出版社，2005 年，第 110 页。

⑤ 宋恩荣、章咸选编：《中华民国教育法规选编》（修订版），南京：江苏教育出版社，2005 年，第 265、269 页。

和必备书籍外的一切书籍应根据经济情况，购置启发常识的书；图书设备应多选能激发儿童民族精神的书，多用浅显警动的标语及图书；尽学校可能多购儿童读物、理科仪器，设置校园，增加儿童学习机会；中学设备应整洁实用，校训应根据或采用孙中山的遗训，择其嘉言懿行；多购置相关图书仪器、有关党义的书报杂志及图表；童子军、军事训练、看护实习及各种团体活动的场所及器具应力求完备，学校的图书馆、运动场等设备应尽可能对民众开放。之后，《小学规程》《中学规程》分别对中小学场所及设施设备的规格要求作了进一步修正与补充，还提出了中学“工作材料使用国货并以本地产品为主”[①] 的要求。二是关于设施设备筹办的规定。1931 年，《繁盛都市推广小学教育办法》规定了繁盛都市筹备小学校舍的办法：经主管政府核准收用官荒或收买民地建设小学，由公私立中学附办小学，由主管政府劝令私人按小学校舍的最低标准建设大宗市房供小学租赁，也可借用庙祠、公所等的多余房屋。[②] 1935 年，《义务教育细则》补充了短期小学设施设备筹备办法：充分利用当地公所、庙祠等房屋，借用或租用民房，无所利用或租借时可暂建简单棚舍，设备参照普通小学办理；各学区应在十年内择地另建普通小学校舍。[③] 继之，《小学规程》明令小学必需的学习用品等由学校发放或由学校及地方教育行政主管机关组织合作社低价售予儿童；特殊情况下经主管教育行政机关核准，可向较殷实家庭募集图书。[④] 《中学规程》则详列了中学应准备的各种设施设备，并要求中学生用书及工作材料由学生自备，或由学校及当地教育行政机关组织学校消费合作社廉价发售。[⑤] 《国民纲领》则补充了保国民学校与乡镇中心学校设施设备的筹备办法：除前述利用公共房屋、借用民

---

① 宋恩荣、章咸选编：《中华民国教育法规选编》（修订版），南京：江苏教育出版社，2005 年，第 377 页。

② 宋恩荣、章咸选编：《中华民国教育法规选编》（修订版），南京：江苏教育出版社，2005 年，第 218—219 页。

③ 宋恩荣、章咸选编：《中华民国教育法规选编》（修订版），南京：江苏教育出版社，2005 年，第 289 页。

④ 宋恩荣、章咸选编：《中华民国教育法规选编》（修订版），南京：江苏教育出版社，2005 年，第 269 页。

⑤ 宋恩荣、章咸选编：《中华民国教育法规选编》（修订版），南京：江苏教育出版社，2005 年，第 372—373、377 页。

房、就近设立外，两种学校的教室与课桌应两部合用，中心学校的图书仪器标本模型以及教学用具应分别设置完全；中心学校应设简单诊疗室，保国民学校应设简单药箱。[①] 三是关于设施设备管理的规定。1928 年，《教育部组织法》规定由教育部审查核定各级学校所用图书仪器及其他教育用品。[②] 1941 年，《国立编译馆组织条例》对此作了修正，改由国立编译馆负责各级学校教科图书等的编译，依令审查中等以下学校图书、课外读物，并依教育部命令审查中等以下学校应用标本、仪器及其他教育用品。[③] 此外，1931 年的《训政约法》要求国家对学校的历史文化及艺术方面的古迹古物予以保护或保存。[④]

这一时期的中小学财务管理规定更加详细具体，并主要有下列变化：一是增加了对党义书籍及课外读物的规定，开始提出了中学相关场所、设备对民众开放的要求，补充了对中小学的课外读物、标本、仪器等进行审查、对其文物古迹予以保护或保存的规定。二是增加了禁止学校经费浪费的管理规定和对小学收费的禁止性规定，对学校各项经费开支项目的规定也更加明确具体。三是补充了学校经费筹集的具体规定和小学收费标准的限制性规定，对学校经费的各项开支也作了规定。可以说，这一时期关于中小学校财务的管理规定趋于健全，到民国后期，中小学财务管理制度已经比较成熟，各项规定都具有较强的实践指导性，其中有关学校设施设备的制度规定也更加符合相关学段的学习要求。

7. 学校教学管理规定

（1）中学教学管理规定

关于中学课程开设的规定。1927 年，《中学规程》规定中学可用选科制。紧接着，《中学暂行条例》将中学科目分为必修和选修两种；《军事教育方案》把军事教育列为高中男生的必修科目。到 1929 年 8 月，根据课程实施情况，《中学课

---

① 宋恩荣、章咸选编：《中华民国教育法规选编》（修订版），南京：江苏教育出版社，2005 年，第 277 页。

② 宋恩荣、章咸选编：《中华民国教育法规选编》（修订版），南京：江苏教育出版社，2005 年，第 97 页。

③ 宋恩荣、章咸选编：《中华民国教育法规选编》（修订版），南京：江苏教育出版社，2005 年，第 87 页。

④ 张晋藩：《中国宪法史》，北京：中国法制出版社，2016 年，第 472 页。

程暂行标准》宣布取消初中的选修科目，并增设职业科。1932 年，《初中各科课程标准》《高中各科课程标准》在前述暂行标准的基础上作了修正：改学分制为时数单位制；改“党义”为“公民”，并增加道德、政治、法律、经济等内容；改“工艺”为“劳作”；取消高中选修科目。① 全面抗战期间，《国立中学增设职业科办法》要求国立中学根据地方和抗战建国的需要开设职业科，补充职业教育内容。1947 年，《中学规程》作了进一步的修正：中学可根据地方需要开设职业科，并具体罗列了初、高中应开课程科目。

关于中学课程目标的规定。1941 年，《高中各科课程标准“目标”》《初中各科课程标准“目标”》分别就高、初中国文、数学、历史、地理、物理等的课程目标作了具体规定。

关于中学课程教学的规定。一是关于教学要求的规定。1931 年，《实施原则》提出：中学课程编制应将课程教学与训育实施相关联，理论探讨与实际作业及实际生活相沟通，注意初中的童子军和高中的军事训练以及女子的看护学习；训育的实施应注意贯彻三民主义精神、培养爱国精神、训练勤劳刻苦习惯及职业兴趣、养成潜心学问的兴趣、保持与生活和家庭及社会的接触与联系、训练青年对四权的运用和青年协力互助精神及对家庭的责任感。② 之后为应对抗战需求，政府先后颁布《中等学校特种教育纲要》《国立中学课程纲要》，分别对国难时期中等学校在精神训练、体格训练、课外分组教学科目以及劳动服务等方面的要求，国立中学在精神、体格、学科、生产劳动、特殊教学及战时后方服务等课程上的训练要求作了具体规定。此外，教育部颁布了《中等以上学校导师制纲要》《实施导师制应注意之各点》等法令，对中学如何实施导师制进行训育作了详细说明。抗战胜利后，《中学规程》要求中学除体育、军事训练之外的课程采用分组教学方法，不得合班教学。二是关于教学及休假时间安排的规定。1927 年，《中学规程》规定中学以每年 8 月 1 日为学年开始，翌年 7 月 31 日为学年终结；

---

① 徐承德、虞朝东：《南京百年城市史（1912—2012）·教育卷》，南京：南京出版社，2014 年，第 100 页。

② 郑登云编著：《中国近代教育史》，上海：华东师范大学出版社，1994 年，第 347—348 页。

一学年分为二学期，8月1日至春节、春节至7月31日各为一学期；每学年暑假四十五日，寒假十四日，春假三日，纪念日及星期日均休假一天，其中寒假、暑假、春假起止日期在校历内规定。[①] 旋即《中学暂行条例》将第一学期终结日和第二学期的开始日分别改为1月31日和2月1日。1931年，《修正学校学年学期及休假日期规程》对前述时间安排作了进一步的修正：中学暑假从6月30日至8月24日，以五十六天为限；年假三日，从1月1日至1月3日；寒假十四日，从1月18日至1月31日；春假七日，从4月1日至4月7日。法令还对中学纪念日、周日等休假日及每学期教学时间作了规定。[②] 此外，1929年的《军事教育方案》对高中男生军事教育时间作了安排，规定军事教育时限为二年，其中每学年每周三小时，暑假需连续实施三个星期。[③] 1947年，《中学规程》则补充规定：中学毕业年级学生应在不妨碍课业时间的情况下利用假期参观旅行；该年级除法定休假日外不得休假，周六下午不得停止授课。[④]

关于中学教科图书的规定。1927年，《中学规程》规定中学教育用书须采用国民政府教育行政委员会审定的版本，教育编印讲义须适合各科要旨及课程标准。[⑤] 是年12月的《教科图书审查条例》规定：中小学教科图书非经中华民国大学院审定不得发行或采用；小学及中等学校所用教科图书，如大学院认为不适当的，得通令各省区教育行政机关转所属各学校不得再用，并禁止发行；教科书须适合教育目的、学科程度与教科题材，并分为教员用和学生用两种。[⑥] 之后，《中学法》《中学规程》均明令中学教科图书由部编或部审。《中学规程》还要求

---

① 《武汉国民政府资料选编》编辑组编：《武汉国民政府资料选编》，武汉国民政府资料编辑组，1986年，第428—429页。

② 王学珍、张万仓编：《北京高等教育文献资料选编（1861—1948）》，北京：首都师范大学出版社，2004年，第641页。

③ 宋恩荣、章咸选编：《中华民国教育法规选编》（修订版），南京：江苏教育出版社，2005年，第105页。

④ 宋恩荣、章咸选编：《中华民国教育法规选编》（修订版），南京：江苏教育出版社，2005年，第371、376页。

⑤ 《武汉国民政府资料选编》编辑组编：《武汉国民政府资料选编》，武汉国民政府资料编辑组，1986年，第427页。

⑥ 河南教育厅编辑：《河南教育特刊》（全一册），河南教育厅，1918年，第37—38页。

中学各科教学活用校本，采用地方性或临时性补充教材，并注重实验及实习；除外国语外，采用中文教科书，并用国语教授。①

（2）小学教学管理规定

关于小学课程目标的规定。1931 年，《实施原则》要求小学的课程以三民主义的重要观念为中心；注重以伦理知识及实践增长儿童忠孝、仁爱、信义、和平的德行，以自然科学知识的教授使儿童爱好、利用、改造自然和破除对自然现象的迷信，注意实际生活的知识和实习，并根据地方情况通过特殊课程或教材培养儿童适合实际生活的初步技能②；之后，《小学课程标准》规定小学公民科要使儿童认识个人与社会的关系，培养良好道德习惯，获得参加社会活动的必要知识。③

关于小学课程开设的规定。1928 年，《小学暂行条例》规定小学开设三民主义、公民、国语、算术、历史、地理、卫生、自然、乐歌、体育、童子军、图画、手工等科；高级小学视地方情形加设职业或其他科目。④ 到 1932 年 10 月，《小学课程标准总纲》（以下简称《小学课标》）就小学教育目标、开设科目及科目开设的学级、课时安排作了详细规定。之后，国民政府又陆续颁布系列法规制度，修正和完善了小学课程开设制度。如《义务教育细则》要求短期小学开设国语、常识、算术及公民训练，第二期可适当提高程度，并酌情增加其他科目。⑤

关于小学课程教学的规定。一是关于教学要求的规定。1932 年，《小学课标》规定小学教学应注重"做"，并根据教材内容分别采用"练习教学""思考教学""欣赏教学""发表教学"等方法。⑥ 之后，《小学公民训练标准》提出小学

---

① 宋恩荣、章咸选编：《中华民国教育法规选编》（修订版），南京：江苏教育出版社，2005 年，第 370—371 页。

② 郑登云编著：《中国近代教育史》，上海：华东师范大学出版社，1994 年，第 346 页。

③ 汪家熔：《民族魂——教科书变迁》，上海：商务印书馆，2008 年，第 155 页。

④ 上海法学编译社编：《法令大全》（下册），上海：上海法学编译社，1929 年，第 666 页。

⑤ 宋恩荣、章咸选编：《中华民国教育法规选编》（修订版），南京：江苏教育出版社，2005 年，第 286 页。

⑥ 宋恩荣、章咸选编：《中华民国教育法规选编》（修订版），南京：江苏教育出版社，2005 年，第 236—237 页。

公民训练要注重实践、注意人格感化和学校环境建设、多用积极的活动和个别训练、注意与家庭联络、多给予团体组织训练机会等。[①]《小学规程》则重申了小学训育的实施要求：以公民训练为中心，利用课内外各种活动并联络家庭及本地公共机关加以积极指导；为训练儿童团体生活，应做各种集团活动，并指导其组织简单易行的自治团体；为促进效率，应随时联络家长讨论教训的实际问题。[②] 二是关于教学及休假时间安排的规定。1928年，《小学暂行条例》对小学教学及休假时间安排作了详细规定，具体与《中学暂行条例》同。1931年，《修正学校学年学期及休假日期规程》作了修正：小学暑假从7月3日至8月21日，以五十日为限；年假、寒假、春假与中学同，还对纪念日、周日等休假日及每学期的教学时间作了规定。[③] 之后，《乡村小学充实儿童学额办法》《义务教育细则》相继作了修正与补充：乡村小学可根据实际情况缩减暑假及年假时间，补放农忙假；义务教育的短期小学每日上下午各教学半日或全日间时教学至少各三或四小时；乡村短期小学可缩短其他假期改放农忙假。[④]

关于小学教材的规定。小学教科图书等教育用品的审核由教育部负责。1932年，《小学课标》《小学法》补充要求小学各科教材根据学科目标和社会、地方需要及儿童经验进行选择，文字教材一律使用语体文而不能用文言文；教材的组织应尽量使各科联络成为单元，减少割裂、掺杂、重复等现象；教科图书注重地方乡土教材。[⑤] 在前述基础上，《小学规程》作了修正和补充：小学乡土教材由学校或当地主管教育行政机关编辑并呈请上级教育行政机关审定；通用教材由教育部依照课程标准规定另订，地方特殊部分则由各省市主管教育行政机关订定并呈

---

① 宋恩荣、章咸选编：《中华民国教育法规选编》（修订版），南京：江苏教育出版社，2005年，第258页。

② 宋恩荣、章咸选编：《中华民国教育法规选编》（修订版），南京：江苏教育出版社，2005年，第267页。

③ 王学珍、张万仓编：《北京高等教育文献资料选编（1861—1948）》，北京：首都师范大学出版社，2004年，第641页。

④ 宋恩荣、章咸选编：《中华民国教育法规选编》（修订版），南京：江苏教育出版社，2005年，第218、288页。

⑤ 宋恩荣、章咸选编：《中华民国教育法规选编》（修订版），南京：江苏教育出版社，2005年，第236、239页。

教育部备案；实验小学可将各科教材组织为联合的各个单元，不分科目进行总合教学，并将新的教材要目呈教育部备案。①

这一时期关于中小学教学的规定更加具有学科指导性，课程要求突出适合学生发展需求与学段特点，主要有以下变化：一是增加了调整课程开设使之更切合实用的要求；补充了开设特殊课程、使用乡土教材的规定与中学生参观旅行不得妨碍课业时间的规定。二是增加了教育部教科用书编辑委员会负责中小学教科书编辑、检定等的规定；补充了教育部美术教育委员会、音乐教育委员会关于中小学等美术、音乐课程及教材等方面事项处理的规定。三是提出中学生进行军事训练和中小学加强训育实施的要求，并增加了有关导师制的规定。四是开始注意中小学教科书的统一和改良，补充了对小学和初中国定本教科书规格要求的规定。这一系列制度的改进和完善，推进了中小学教学改革的近代化，保障和提高了民国中小学的教育质量，也在一定程度上提高了国民整体文化素质。但以三民主义为教育宗旨，倡导军事训练、训育及导师制，实质上是在实行“党化教育”，加强了国民政府对中小学人才培养的控制。

8. 学校与地方关系规定

（1）关于中小学经费地方负担、保障的规定

一是关于教育经费来源的规定。1935 年，《义务教育大纲》规定义务教育经费由地方负担，可酌情补助边远贫瘠及有特殊情况的省份。之后，《国民学校法》对各国民学校经常费、开办及设备费、基金等的筹集作了规定。《中学规程》明令省（市）立中学教育经费由省（市）款支给，县立或联立中学由县或联立各县的县款支给；贫困地方成绩优良的县立中学可受省款补助，成绩优良的私立中学可享受公款补助。② 二是关于教育经费保障的规定。1931 年，《地方教育经费保障办法》要求各省市县政府切实保障地方教育经费，不得挪借或移作他用，对新

① 宋恩荣、章咸选编：《中华民国教育法规选编》（修订版），南京：江苏教育出版社，2005 年，第 266—267 页。

② 宋恩荣、章咸选编：《中华民国教育法规选编》（修订版），南京：江苏教育出版社，2005 年，第 369 页。

增地方捐税酌定提留作为地方教育经费；地方教育所占统征捐税的比例不得减少，应随统征数额增加按比例同时增加，因捐率或办法变更而减少的教育经费由主管政府预先制定确实相当的款项作抵补，并规定了其他情况的保障措施。① 1933年，《各省市中等学校设置及经费支配办法》提出，到1937年，中学应约占各省市中等教育经费的40%。② 之后，《宪法草案》修正规定中小学等的教育经费应占省区及县市预算总额的30%，由国库补助贫困省区。《中学规程》提出中学各项经费开支由经费稽核委员会公开和审核。

（2）关于地方教育行政机构管理中小学的规定

1927年，《中学规程》规定中学校历由各省区教育行政机关制定颁布，非有特别情形并经省区市县教育行政机关核准，学校不得自由变更。③ 继之，《中学暂行条例》将校历更改的核准机关改为省区教育行政机关。之后，《小学规程》《中学规程》分别对小学、中学管理作了规定，要求：小学、实验小学及师范学校附属小学省立的由省教育厅管辖，市立的及私立小学由市教育行政机关管辖，县区乡镇立小学及县域私立小学由县教育行政机关管辖，其他教育机关特设的小学由当地主管教育行政机关监督指导；省直辖市立中学的设立、变更及停办由省市教育行政机关经教育部核准办理，县市立及联立中学由主管教育行政机关经省教育厅核准办理并转报教育部备案，私立中学由省市教育行政机关核准办理并转报教育部备案。④

这一时期在中小学校与地方关系规定上主要有以下变化：一是对学校教育经费的保障措施作了更为细致明确的规定，同时增加了保障学校经费的限制性规定和对成绩优良的学校给予经费补助、对成绩优良的私立学校和侨民学校予以奖励的规定。二是对地方管理中小学的规定更加详细具体，省教育行政机关、县市教

---

① 宋恩荣、章咸选编：《中华民国教育法规选编》（修订版），南京：江苏教育出版社，2005年，第109—110页。

② 张晓东、吴文华：《民国时期职业教育研究》，郑州：郑州大学出版社，2015年，第35页。

③ 《武汉国民政府资料选编》编辑组编：《武汉国民政府资料选编》，武汉国民政府资料编辑组，1986年，第429页。

④ 宋恩荣、章咸选编：《中华民国教育法规选编》（修订版），南京：江苏教育出版社，2005年，第264、367—368页。

育行政机关的责任进一步明确。三是增加了中学教育研究会参与研究中学事务的规定。管理制度的完善和改进，为地方参与中小学教育事务提供了更有效的指导，也进一步规范了地方对中小学教育事务的参与；同时有关学校办学的奖助规定，能有效激励贫困地区学校尤其是私立学校和侨民学校的发展。

9. 学校督导考评规定

国民政府相继出台了一系列法规完善中小学督导考评制度，具体主要表现如下：

（1）关于中小学督导考评事务的规定

1931年的《省市督学规程》《教育部督学规程》规定省市督学和教育部督学应就地方教育行政和教育经费事项、学校教育以及义务教育事项、地方教育人员服务及考成事项等进行定期视察和指导，特殊情况下予以临时视察；在视察中可随时调阅学校及其他教育机关的各项簿册，到校检查学生名额、测验学生成绩；必要时可临时更改学校授课时间；如遇违反法令事件，应随时予以纠正。[①]《各县市设立中等学校程序》规定了省教育厅及县市教育局或教育科对县市中学的督导职责。1935年，《义务教育细则》要求各级义务教育委员会负责考核辖区内义务教育办理成绩。继之，1937年的《全国义务教育委员会组织规程》补充规定，全国义务教育委员会负责视察和考核各省市办理义务教育的成就、调查和统计各省市义务教育办理情况，委员会设义务教育视导员十五到二十人，分驻各省市区视察和指导义务教育的实施。[②]之后，政府又相继颁布多部法规，修正和完善中小学教育督导考评制度。1945年的《教育部国民体育委员会组织条例》《教育部训育委员会组织条例》和1948年的《教育部基本教育研究实验委员会组织规程》就教育部设立体育委员会、训育委员会、基本教育研究实验委员会以分别负责督导中小学体育、训育及基本教育研究实验的相关事务作了专门规定。

---

① 宋恩荣、章咸选编：《中华民国教育法规选编》（修订版），南京：江苏教育出版社，2005年，第112—113、115—116页。

② 宋恩荣、章咸选编：《中华民国教育法规选编》（修订版），南京：江苏教育出版社，2005年，第65—66页。

（2）对地方教育管理人员进行督导考评的规定

为了促进教育主管机关及其工作人员对中小学等学校事务的管理，教育部于1931年5月颁布《县长市长（行政院直辖市除外）办理教育行政暂行考成规程》，就县长、市长筹划整理和保障地方教育经费、办理义务教育、中小学等的学校数和学生数增减、学校内容优良与否等情况予以考核，并根据实际考成结果分别予以奖励和惩戒处分。[①] 1940年，《国民纲领》明令：各省市主管人员办理国民教育的业绩由教育部在学年终结时进行严格考核，各县市由省教育厅予以考核，区乡镇保则由省教育厅制定考成办法严格考核。[②]

相较之前，国民政府时期关于中小学的督导考评规定主要在以下方面有所变化：一是关于各级督导视学的制度规定更加完善，同时增加了关于义务教育督导、体育和训育督导的专门规定。二是补充了对中小学教育主管政府官员教育业绩的考评规定和有关组织对学校经费开支等进行稽核的规定。随着督导考评制度的不断补充和完善，有关中小学督导考评的各级管理机构不断完备和规范，相互间的联系也逐渐加强，形成了教育部、省市、省市以下的三级教育视导体制，只是省市及其以下的教育视导机构还比较简陋。

综观国民政府时期，地方教育行政管理机构虽变动较多，但在整体上趋于完备；中小学的教育管理制度不断修正和补充完善，管理措施趋于严格，对保障中小学的运行起到应有的作用。但南京国民政府时期对中小学的管理也存在一些弊端，备受时人诟病，如对中学生实行的会考制度就遭到许多批评。同时，由于战争等原因，南京国民政府对中小学管理的许多设想在地方基层实践时，往往打了很大的折扣，难以全部落实。

---

① 宋恩荣、章咸选编：《中华民国教育法规选编》（修订版），南京：江苏教育出版社，2005年，第110—111页。

② 宋恩荣、章咸选编：《中华民国教育法规选编》（修订版），南京：江苏教育出版社，2005年，第278页。

二、中小学校管理实例

民国时期，在各级政府管理中小学校的相关法规制度的规范与推进下，一批中小学校管理人员尤其是校长，结合地方及学校实际情况，在办学治校上进行了诸多探索，取得了比较成功的实践，促进了学校的快速发展。如江苏的扬州中学、湖南长沙的明德中学、上海的浦东中学和江苏无锡的无锡师范附属小学等，在此以它们为例，对其具体管理实况进行探究。

（一）扬州中学的管理

扬州中学，始于1902年创建的仪董学堂、扬州府中学堂、光绪年间的尊古学堂，是一所具有百年历史的中学名校。它曾数易其名，1927年6月改称江苏省立扬州中学。在民国时期，因教学成就卓著，被誉为江东名校[①]，与苏州中学、上海中学、浙江省立杭州高级中学并称为“江南四大名中”，与北师大附中、南开中学并称全国三大中学名校。在民国期间，扬州中学在学校管理上采取了一系列措施，主要表现在以下方面：

1. 校长特征

（1）学识渊博，视野开阔

扬州中学历任校长都具有较高学历，学养丰富，视野开阔。如叶惟善校长是甘泉廪生，毕业于江阴南菁高等学堂，曾奖励贡生；李更生曾就学江北高等学堂；周厚枢毕业于国立南京高等师范数理化科，曾先后留学美国路易斯安那州立大学、美国麻省理工学院，1932年春还曾率领江苏省教育考察团赴日考察教育

① 刘棨琮：《民国教育人物外传》，上海：华欣文化事业中心，1975年，第63页。

一个月；严立扬曾就读于南京师范高等学堂、东南大学。

（2）工作阅历丰富

如叶惟善就任扬州中学前身江苏省立第八中学校长前，曾任清末两淮师范学堂堂长、江都县督学、县署第三科科长、劝学所所长、省立第八师范校长等职。[①] 周厚枢出掌扬州中学前，曾任国立广东大学、河南中州大学、国立东南大学教授。严立扬就任校长前曾先后任教于淮安中学、常州中学、南京中学、江苏省立苏州中学、常州中学等校。

（3）勤俭持校，以身作则

严立扬在抗战期间接手校长职务，他在任六年，始终住在校内一所简陋的小屋中，较少回家，长期与师生同吃食堂；对子女上学所应享的公费待遇不搞特殊并提高条件要求。[②] 周厚枢在任期间，从不用公家经费送礼或修理住宅，其宴请教师的花销一律自费，为广大教职员工做了榜样示范，在他的带动下，学校事务安排井然、清正祥和，学校教职员因公出差都实销实报，也没有人因家庭事务劳累校工。

2. 教师管理

（1）尊师纳才，优化师资队伍

为了改善和提高学校师资，扬州中学历任校长都注重教师的聘任。如周厚枢访贤求才，广揽人才，优化教师队伍。他经常为聘请某一名师而多次亲自上门拜访或函电商洽，有时甚至会亲自寻访数十次，当请到欲聘教师时他就会如获至宝，兴奋异常。周厚枢为学校聘请的教师多为一时俊彦，不仅擅长学科知识，还具有丰富的教学经验，并且品格优良。[③] 据黄纬禄院士回忆，当时的扬州中学千方百计聘请名师，提高名师待遇，为其提供舒适的住所，对其礼遇有加，学校领导甚至为聘请名师而“三顾茅庐”，直至请到欲聘之人，为学校积累了一批才学

---

① 赵统：《南菁书院志》，上海：上海书店出版社，2015 年，第 626 页。

② 中国人民政治协商会议四川省合川县委员会文史资料委员会编：《合川县文史资料选辑》（第七辑），第 145 页。

③ 刘棨琮：《民国教育人物外传》，上海：华欣文化事业中心，1975 年，第 65 页。

优良、德高望重的名师，从而积淀了学校教学质量的根基，使学校办学成就卓然，引人注目，甚至引起不少名牌高校的重视。① 校长李更生渴求名师贤才，曾为省立八中网罗了朱自清、相菊潭、张震南、徐淑漠等一大批人才，使八中一时群贤荟萃，师资雄厚。

（2）关怀教师，稳定师资队伍

李更生宽厚待师，礼遇名师，曾为了挽留名师董伯度继续任教，在董母生病时冒雪赶往常州为其寻医看病，并对其行跪礼；几年后则在扬州寻求居所，将董母接至扬州与子团聚，彻底打消了董伯度调离的想法。② 周厚枢经常每隔一两天就邀请几位教师到家里聚会，由夫人亲自下厨招待，校长与教师边吃边聊，交流学校教学、训导、课外活动等方面的意见，融洽了学校与教师的关系，调动了教师的工作积极性，使他们安于其校其职、乐于教学，为学校留住了一批好老师。③

（3）要求教师，加强师资队伍

一是重视教师实际业务水平。如扬州中学虽然重视教师的资历，但更重视其实际业务能力。为保障师资水准，学校实行严格的聘任制，对新教师的初始聘期为一学期或一年，期满后根据其实际教学成效决定是否续聘。④ 二是注重教师的道德品格建设。扬州中学要求教师不断提高专业服务志趣，乐于教导学生，并富有同情心和同理心，能够言行自重而格高，引导学生向上向善。如校长叶惟善任用教师尤为重视师德，他认为教师“资格虽好，学识虽富，教学不热心，等于零；众望不孚，其人言行必有不是之处，岂能为人师表!”⑤ 校长严立扬掌校期间，曾因某公民课教师随意对学生发泄情绪引发学生不满而将其辞退。三是重视教师的学术素养建设。如在周厚枢任校长时期，要求教师不仅要教书育人，还要进行科研。周校长经常督促教师阅读书籍杂志、关注教学领域的学术动态，以便

① 黄道群：《黄纬禄院士传记》，北京：中国宇航出版社，2015 年，第 18 页。
② 潘洪建、刘华编著：《扬州地方教育家研究》，南京：南京大学出版社，2014 年，第 95 页。
③ 潘洪建、刘华编著：《扬州地方教育家研究》，南京：南京大学出版社，2014 年，第 100 页。
④ 潘洪建、刘华编著：《扬州地方教育家研究》，南京：南京大学出版社，2014 年，第 176 页。
⑤ 赵统：《南菁书院志》，上海：上海书店出版社，2015 年，第 627 页。

随时更新教学内容；鼓励新教师与学识丰富的老教师交流学习。①

3. **学生管理**

（1）严慈相济

扬州中学对学生管理严格，不仅对学生实行半军事化管理，统一学生服装和寝室生活用具，严格规范学生内务；还通过积分扣分制度严格对学生日常纪律行为的规约，规定对违反校规行为予以扣分，每学期累计扣分达到200分以及违反道德规范的学生予以开除。② 学校为加强对学生的管理，实行严格的训育制度、班主任责任制、名牌制等，要求所有课堂、早操、课间操及晚自习都实行教师点名制，缺席的人员名单将被送交教务处，由专人负责统计并予以公开扣分处理。③

在严格管理学生的同时，学校也悉心关怀学生。在学生绝食驱逐无故向学生发泄情绪的某公民课教师事件中，学校查清真相后不仅辞退了该教师，校长严立扬还亲自下厨安排绝食学生喝豆浆、吃蛋花，予以细心照料，使他们尽快恢复身体健康；在1941年的罢考事件中，严立扬校长为学生前途考虑，在教务处连续三天三夜不吃不动，表明自己及学校立场，劝说学生不能因小事误了前途，最终打动学生参加会考，并取得80%以上的大学入学率。④

扬州中学在学生管理中还有一个重要特点就是尊重学生，对学生一视同仁，公平对待。如曾有一位省领导的儿子在路上抽烟被教师发现，学校没有因为其是官员子弟而网开一面，当即对其予以开除。⑤

（2）以考促学

扬州中学的考试比较频繁，如黄纬禄院士在校期间，学校有临时考、段考、月考、期考、复习考等，且所有考试都予以计分，学生为功课而倍加努力，否则

---

① 潘洪建、刘华编著：《扬州地方教育家研究》，南京：南京大学出版社，2014年，第176—177页。

② 黄道群：《黄纬禄院士传记》，北京：中国宇航出版社，2015年，第17页。

③ 扬州中学：《扬州中学建校九十周年纪念册（1902—1992）》，1992年，第74页。

④ 中国人民政治协商会议四川省合川县委员会文史资料委员会编：《合川县文史资料选辑》（第七辑），第144页。

⑤ 扬州中学：《扬州中学建校九十周年纪念册（1902—1992）》，1992年，第77页。

就会面临留级或退学压力，也由此形成了扬州中学学生“头悬梁锥刺股”的学习精神。①

4. **教学管理**

扬州中学在教学管理方面勇于开拓创新，进行教学改革，试行新制度、新方法，走在中学教改的前列。

（1）省立八中时期的教学管理

一是进行分科教学，试行能力编级制。学校改单轨制为双轨制，根据学生特点分文、理科组，依学生能力进行编级。对于文科组，校长亲自任教国文，经常与教师召开国文研究会，共同研究改进教学内容、教学方法，同时补充国内外名师、充实图书；对于理科组，则加强实验室等理科设备建设，加强学生动手实验能力，同时设法聘请经验丰富的理科教师教学，邀请国内外学者校友到校讲学以介绍和传播新知识。② 这些实践尝试极大提高了学校教学质量，当时每年考取东南大学、上海交大的学生中，八中最多，这使得省立八中一举成为全省最优秀的中学之一，声名远播。二是加强学生实践锻炼。在校长李更生的带领下，学校注重实践教学，提倡“动的教育”，注重“从事上磨炼学生”。如为了提高音乐、美术、体育等课程教学效果，学校组织学生成立铜管乐队，不仅购置铜管乐器，还聘请专人指导；组织学生成立油画小组，请专家指导，培养和提高学生对美术的兴趣；组织学生参加各种体育比赛、演出活动等，还组织学生参加野营活动。通过这些活动，极大锻炼了学生自主活动和参与实践活动的能力。

（2）扬州中学时期的教学管理

这一时期，在校长周厚枢的带领下，学校教学采取了一系列行之有效的教学与管理改革举措，促进了扬州中学的飞跃式发展。

一是实行导师制。将学生按每组 20 人进行分组，由学生选择教师与之共同生活，并随时由导师对他们进行指导，导师则在师生相处中了解学生个性特点，

---

① 黄道群：《黄纬禄院士传记》，北京：中国宇航出版社，2015 年，第 19—20 页。

② 潘洪建、刘华编著：《扬州地方教育家研究》，南京：南京大学出版社，2014 年，第 97—98 页。

从而因材施教，并对学生施以潜移默化的影响，促进学生快速进步。

二是复习考试制度。规定学生在寒暑假中对过去一学期或学年所学科目进行复习，并完成任课教师指定的假期读物及印发的假期作业，在下期或下学年到校注册时交卷查验，并在开学两周后举行各科复习考试，将考试成绩作为下一学期或学年该科成绩的一部分，从而督促学生熟练掌握所学知识和养成假期学习的自觉性。①

三是举行成绩展览会。为激励师生共同努力、不断进步，扬州中学每年都要举办成绩展览会，将教师的讲义、补充教材及习题和学生的笔记、练习、作文、读书札记、周记、实验报告、图表、工艺品等学业成果陈列出来，广邀各界专家人士如省教育厅厅长、科长、督学，各级私立中学的校长与教师，本校的教职员、学生、家长，地方人士等参观并给予指导意见。

四是试行科学教育。扬州中学在我国中等教育界首倡科学教育，时任校长周厚枢则是在我国倡导科学教育的先驱。他认为其时的教育重点应在发展科学，因此学校尤其重视数理化教学，不仅建立了一座宏伟的科学馆，而且对各种理化生物所需的仪器、标本、模型等实验用品极力备齐，这在教育界实属罕见。②

五是精简课程、注意与大学的衔接。为提高学生的学习程度，扬州中学一方面对课程内容进行精简和压缩，将普通高中三年的课程压缩成两年，只要学生完成此两年的课程即可准予毕业；另一方面，学校在高三年级引入许多大学一年级的相关课程，从而开设系列“高等”课程，增加学生学习深度。③

六是重视教材建设。扬州中学重视教材建设，一方面秉持与时俱进原则，慎重选择各科教材，如鉴于其时国内中学教育的落后，数理化各科教材普遍采用英美的英文原本或影印本教材；同时鼓励教师根据教学实际和自身教学经验编写讲义、补充教材和习题等，对试用效果较好的讲义、教材等则编著成书，供学校教

---

① 潘洪建、刘华编著：《扬州地方教育家研究》，南京：南京大学出版社，2014 年，第 179—180 页。

② 刘棨琮：《民国教育人物外传》，上海：华欣文化事业中心，1975 年，第 66 页。

③ 黄道群：《黄纬禄院士传记》，北京：中国宇航出版社，2015 年，第 18 页。

学长期使用。① 另一方面则深化教材内容和容量，提升学生的学识水平。扬州中学的教材比一般中学要深，其很多高中课本如大代数、解析几何、物理等都采用美国高等学校的原版教材。如扬州中学毕业的黄纬禄院士及其他校友，都认为他们在中学所学的很多知识是大学的，以致他们到大学后可以很轻松地“应付”学习。

七是倡行生活教育。周厚枢首先在扬州中学尝试生活教育。根据生活教育的理念与精神，扬州中学根据学校女子生活部的设立主旨，在课程方面增加管理家庭必备的技能、家庭谋生技能、持家理财技能等方面内容；在学校生活中，由学生自主管理所有日常事务以锻炼其婚后理家能力。

5. 事务管理

一是精简学校组织机构和管理人员。扬州中学的组织机构及工作人员设置极为精简，如在扬州中学时期，学校初高中共有事务员二人、会计一人、文书一人、教务训育助理二人，工人不足十人，若遇繁杂事务则由全校师生及校长共同处理。

二是成立各科研究会。研究会由师生共同参加，就学生学习中的问题，可以学生之间相互探讨，也可师生之间沟通交流，活动会要就所讨论内容及结论形成书面报告。②

6. 设施设备管理

扬州中学历来重视设施设备建设，把设施设备的筹建与筹备作为学校发展必要的基础准备。甚至校长周厚枢曾明确提出，学校物质设备与精神训练犹如车之两轮、鸟之两翼。③ 在这种认识及理念的指引下，学校不断改进设施设备，于1927年之后学校曾先后筹建了科学馆、工程馆、体育馆、女子生活部校舍、千人自修室、学生宿舍等，并筹备和补充了诸多图书、实验仪器等教学用具。时任安徽省主席程天放在参观扬州中学时曾盛赞扬中图书、仪器、体育等设备丰富，

---

① 潘洪建、刘华编著：《扬州地方教育家研究》，南京：南京大学出版社，2014 年，第 178—179 页。
② 潘洪建、刘华编著：《扬州地方教育家研究》，南京：南京大学出版社，2014 年，第 177 页。
③ 扬州中学：《江苏省扬州中学》，北京：人民教育出版社，1997 年，第 57 页。

认为安徽及上海的一般大学都不能与之相比。[①] 据黄纬禄院士回忆，当时扬州中学的物理、化学、生物等实验所用设备一应俱全，无论在数量还是种类上都堪与一般大学相媲美，健全的设备使学生在大学前就积累了一些动手实践经验。[②]

（二）明德中学的管理

明德中学是明德学校体系中的中坚。明德学校是由小学、中学、专业学部、大学等组成的学校系统，其中明德中学建立最早，继之后，明德小学、明德商业等专修科、明德银行专科、明德大学等陆续创立。自 1926 年始，明德开始长期专办中学。因此，在论及民国时期明德学校的管理时主要以明德中学为例。

明德中学由我国近代著名教育家胡元倓创建于 1903 年，是湖南省最早的私立新式学堂。由于办学成就卓著，明德中学曾于 1917 年位列全国十所基础教育最佳学校榜首，获教育总长范源濂赠匾“成德达材”，此后一直持誉“北有南开，南有明德”，声名远播海内外。作为私立性质的新式学校，明德中学采取了诸多有力的管理措施，可从以下几个方面来看：

1. 明德中学的校长

（1）学识渊博

民国时期，明德中学共历经胡元倓和胡迈两任校长以及数位代校长，如俞劭、何经渭、谢真、胡少熚等。其中，胡元倓是中国近代与张伯苓齐名的伟大教育家。他出生于书香之家，1897 年入选拔贡，1902 年考取湖南首批官费留学生，赴日留学于东京弘文学院速成师范科。胡迈系胡元倓侄子，自幼丧父，一直跟随胡元倓生活，生活在气息浓郁的书香家庭，他出国留学于日本东京帝国大学。俞劭、何经渭、谢真等都受过高等教育，其中谢真还曾留学日本东京高师。可以说，他们不少人都具有国外高等教育经历，知识渊博，视野开阔。

---

① 潘洪建、刘华编著：《扬州地方教育家研究》，南京：南京大学出版社，2014 年，第 182 页。
② 黄道群：《黄纬禄院士传记》，北京：中国宇航出版社，2015 年，第 18 页。

(2) 久任其职

作为明德的设立人，胡元倓自明德设立伊始就出任校长，并久任其职直至1941年冬去世。胡迈继胡元倓之后，出掌明德一直到1960年，任职长达20年。

(3) 倾情教育

明德校长以及代理校长都热心教育，在掌管明德的过程中矢志不渝奉献教育，最突出的表现就是在艰难困境中维系学校。经费是决定私立学校存续的生命线，民国时期私立学校经常因经费限制而陷入发展困境，如1914年2月北京私立东三省中学因“学款源竭”、经费困顿而停办。[①] 因此明德校长都比较重视艰难时期的经费筹措，如胡元倓常为学校经费奔走于各地，甘愿受冷眼、屈长膝，压千险、排万难。[②] 在抗战期间和学校复员后，明德中学经费极其艰难，胡迈校长充分利用各种关系，在各地成立校友会为明德募得建校基金数百万元。[③]

2. 组织设置及人员配备

明德学校自成立伊始就组织简单、人员精简。由《湖南明德学堂规则》可知，明德学校初期除校长外，只设有教务、教员、舍务、庶务、书记、会计、校医七类职员，中学设事务员一人负责师生的管理与教学事务以及对考试组的管理责任，舍务设学监负责宿舍管理和学生休息、运动、自修等事务。[④] 1920年谢真代为主持校务时，曾对学校教务组织进行改革，设教务、训育、事务、体育四科，以具有现代学校内部组织雏形的组织机构设置，促进了学校德育、体育等各方面的发展。[⑤]

3. 教师管理

(1) 广延名师

明德学校重视师资建设，想方设法从各地各界聘请硕学明俊，为学校积聚了一大批优秀师资。如苏曼殊、刘师陶、胡庶华、金岳霖、吴芳吉、辛树帜、周谷

---

① 耿申等编：《北京近代教育纪事》，北京：北京教育出版社，1991年，第74页。
② 长沙市明德中学百年校庆办编：《百年明德磨血育人》，长沙市明德中学百年校庆办，2003年，第105页。
③ 陶旅枫、彭新卫编著：《明德人轶事》，长沙：湖南师范大学出版社，2013年，第44页。
④ 明德学堂编：《湖南明德学堂规则》，1906年，第7页。
⑤ 陶旅枫、黄政海编著：《明德学校史》，长沙：湖南师范大学出版社，2013年，第103页。

城、傅任敢等，都曾在明德任教。有时为了请到知名教师学者或挽留名师，学校校长甚至不惜屈节，多次拜谒甚至下跪，如胡元倓曾为了请到留日同学陈介任日语翻译而长跪不起。此外，学校还广邀专家名人如章太炎、蔡元培、晏阳初、张伯苓、徐特立、杜威等到校演讲，开阔学生的视野。[①] 民国期间，明德中学的教师大都具有较高学历，有不少还曾留学国外，如公民课教师曾约农曾留英多年，日语翻译陈介曾留学日本，教务主任邬朝宪为美国华盛顿大学的教育学硕士；还有一些教师原本是大学教授，如胡绍奎、舞汀原老师原是国立师范学院的英语教授。

（2）敬重教师

在明德学校，“只慕学识，不问关系”，无论教师有无派系、系何种派系，只要学高身正，学校都对其特别尊重，礼遇有加之外，也要求学生尊重教师，不准学生有忤逆或侮辱教师的行为。如胡元倓校长闻悉学生文强“篡改”教师吴芳吉的对联并在学生中广为传播时勃然大怒，认为吴老师是大家都敬仰的老师，学生应该予以尊敬而不能肆意妄为，于是决定给予其挂牌除名处理，以正视听。[②]

（3）宽厚待师

明德学校把教师放在学校发展的重要位置，给予教师高于其他学校的工资，甚至有教师的工资比校长高，即使在因教育经费紧张导致拖欠教师工资现象普遍的危机时刻，明德学校也较少拖欠教师工资。对于优秀教员，学校还积极给予生活上的悉心关怀，如吴芳吉在明德中学时，学校特别为其安排居室，敦促他把家人都接来；明德教员辛树帜准备出国深造却无力承担费用时，校长胡元倓亲自为其争取到政府特殊经费支持。同时，在日常管理中，明德中学还注意维护教师利益，如在1942年的“考试风波”中，当某学校董事因教师给自己孩子打分不及格给学校施压，要求解聘当事教师而引发全校师生反对风潮时，校长胡迈不惜请求调动士兵荷枪实弹赶赴学校解决校董与学校及教师之间的纠纷，驳回该校董的

① 湖南省地方志编纂委员会编：《湖南名校志》，长沙：湖南人民出版社，2000年，第287页。
② 徐林主编：《明德岁月》，长沙：湖南师范大学出版社，2013年，第10—11页。

要求，坚持涉事学生留级的结果，坚决维护学校教师的决定和利益。[①]

4. 学生管理

（1）严格管理学生

明德学校有严格要求学生的优秀传统。一是日常纪律上齐备规矩，严格执行。如要求学生服装用品整齐划一，平时必须身着校服；学生上下课及每天早晚点名时需按相关标准敬礼。学校对学生外出管理严格：走读生进出校门实行门牌制，且中午需在校就餐；对寄宿制学生更是实行门禁，寄宿学生从周一到周六下午五点后一律不准出校门，周日晚上须回校上晚自习。如果寄宿学生有事外出，必须领取假牌交门房，返校后交于原处，若逾期不回则根据情况施以惩罚。对学生的日常行为表现、缺课、请假等情况，由监督、教务、舍务、教员随时予以检查登记，并在月末汇总核定分数。然后依据学校的赏罚制度对学生进行奖惩。[②] 即使在抗战期间，学校也不放松对学生的管理，要求男生光头，女生短发，高中生穿军服、戴军帽、打裹腿，初中生穿童子军服、戴船形帽、打领带；所有学生早上五点半起床，洗漱完毕到操场升旗、做早操，对每天的课时安排作了明确规定；宿舍方面则统一使用白被单，要求每天方方正正地叠被子等。[③]

二是学习上明标准、严要求

学生主要有月考、学期考、学年评定和毕业考试，四种考试的成绩有明确的计量标准，规定60分以下为不及格，60分以上为合格，80分以上为优等，100分为满分；其中月考不及格的停一星期的例假，学年考不及格的不准升级，连续三次月考不及格或者连续两学年不能升级的给予退学处分，毕业成绩不及格的不能毕业。[④] 严格要求使明德学生普遍成绩优良，在湖南省历届毕业会考中，平均成绩位居第一；1932年其高中毕业生中被清华、北大、中央大学、上海交大、南开大学、武汉大学等著名大学录取的占80%；为嘉奖其办学成绩，政府于

---

① 陶旅枫、彭新卫编著：《明德人轶事》，长沙：湖南师范大学出版社，2013年，第44页。

② 陶旅枫、彭新卫编著：《明德人轶事》，长沙：湖南师范大学出版社，2013年，第28—29页。

③ 徐林主编：《明德岁月》，长沙：湖南师范大学出版社，2013年，第37页。

④ 陶旅枫、彭新卫编著：《明德人轶事》，长沙：湖南师范大学出版社，2013年，第27页。

1931年特拨庚款15万元修筑了教学楼“乐诚堂”，蒋介石亲自题赠匾额“止於至善”①。

（2）关爱呵护学生。明德对学生虽然要求严格，但在学习和生活上却也常常为学生着想，像亲人一样关爱学生。如抗战期间，当流落到桂阳、囊中羞涩的明德学生找到胡迈校长时，胡校长不仅抽出时间会见他们，嘘寒问暖、招待他们，并在县田粮处给他们安排了临时的誊写工作，使他们的生活得到安顿。② 在战时的栖霞岭校区，有学生罹患胸膜炎，代理校长谢祖尧不仅请来中医为其医治疾病，还几番看望，为其特备半月的营养食物进行调理。③ 明德还设置了两种清寒奖学金，对成绩优良的贫寒学生给予免收学费及伙食费的奖励。

5. 教育教学管理

（1）支持传播进步思想

明德学校成立伊始就招揽了不少具有进步思想的教师，前期如黄兴、陈天华、苏曼殊、郑宪成等，甚至曾请黄兴任明德大学校长。进步教师在学校积极宣传进步思想，不仅成立革命团体，还创办进步报刊如《明德旬刊》向学生宣传新思潮，使明德一度成为新思想的摇篮，明德学生在“五四”以来的历次学生运动中都站在前列。④

（2）规范教育教学管理

为了促进教学改革，保证教学实效，明德中学采取了一系列措施，对教育教学活动进行科学化、规范化管理。具体来说：一是制定一整套教学管理制度，如《明德一览》《教务规程》《教务述要》等，明确初高中的学习及生活要求、学业考核、教师教育教学要求等规章与办法。二是创立晚自习教师辅导制度：开辟专门的晚自习教室，由教师轮流值班指导学生晚自习，教师在值班时可以备课、批改作业、为学生答疑解惑。

---

① 湖南省地方志编纂委员会编：《湖南名校志》，长沙：湖南人民出版社，2000年，第287页。

② 徐林主编：《明德岁月》，长沙：湖南师范大学出版社，2013年，第45页。

③ 徐林主编：《明德岁月》，长沙：湖南师范大学出版社，2013年，第38页。

④ 湖南省地方志编纂委员会编：《湖南名校志》，长沙：湖南人民出版社，2000年，第285页。

（3）重视教学方法改进

明德中学的各科教学都注重恰当运用各种教学方法，从而培养学生的学习兴趣，并提高课堂教学时效。如吴芳吉、刘永济老师分析课文做法独到，用魏碑书法写印，自作诗词，亲自为学生诵读；英语教师杨爱用采用直接讲授法，课堂提问和回答均采用英语进行；历史老师刘朴善用三角形状辅以线条演示历朝兴衰，并穿插故事情节，生动形象地展示教学内容，加深学生印象；化学老师袁鹤皋注重理论与实践相结合。①

（4）注重开展体育锻炼

明德学校重视发展体育运动，不仅聘请著名体育教师来校任教，还专门资助优秀学生何公望赴东南大学体育系深造，培养专门的体育师资；同时学校尽可能筹备各种体育场地和设施，使明德拥有长沙一流的体育设施设备。学校广泛开展各种体育活动、召开运动会和举行各种体育项目比赛，要求全校师生积极参与各种体育锻炼，养成健康体魄。学校规定排球、篮球为校球，要求学生加以精心练习，以在体育锻炼中培养团队合作精神。在抗战期间，明德中学到处搬迁，但依然重视学生的体育锻炼，高中开设军训打靶实习，初中进行野外露营活动，每年还会举行运动会。

（5）丰富校园文体活动

明德通过学生会号召学生参加校内管理生活，组织各种文体活动，参加校外各种学生爱国运动；同时学生会筹办《明德旬刊》，由学生编辑、撰稿，也为学生提供了丰富的知识文化内容和时事信息。此外学校还开办平民学校，由学生负责平民学校的日常管理工作和教学工作，锻炼了学生实践能力。战时学校搬迁到乡下后，每学期还会举行作文比赛、英语演讲赛、辩论赛、书法赛以及各种文艺表演会，丰富学生的课外生活。

（6）强调学生品格陶冶

明德注重对学生人格品行的教养，积极利用各种机会对学生进行熏陶和教

---

① 徐林主编：《明德岁月》，长沙：湖南师范大学出版社，2013年，第13—14、44页。

育，如学校每年开学时都由校长亲自向学生讲授校训“艰苦真诚”的意义和内涵，并于每周一举行全校师生教学生活讲评例会，由校长或代理校长结合校训和师生一周的实际表现情况进行评说，深化师生对校训的理解，提高他们的实践自觉性。

6. **经费管理**

（1）多方筹措经费

作为私立学校，明德学校收取较高的学费及膳宿费，但由于明德需高薪聘请名师、扩充学校场地及设备等，花费极大，因此学费收入根本难以维持学校正常运转和其他必要开支，学校需要从外部筹集大量经费。以 1930 年为例，在当年学校的常年经费中，中央拨款 2.4 万元，省拨款 1 万元，校产 0.2 万元，学费则 1.3 万多元，学费约占总经费的 26.51%。① 而明德学校从 1903 年筹建伊始，就与经费的私人筹集密不可分。其创始人兼当家人胡元倓在执掌学校的 38 年间，常常为筹款而奔走于政府、朋友、社会人士之间，甚至不达目的不罢休。如他经常向朋友熊希龄募款，有时熊不在，他就自带被褥睡在其家中等待。胡元倓还积极寻求政府拨款，如 1929 年他成功说服政府从中俄庚款中划拨 15 万元作为明德新校舍的建筑费用。② 他为筹款想方设法，四处奔走，“求乞”于人，被人称为“胡大叫化”。

（2）极尽经费效用

经费的筹集很是艰辛，但只要是涉及校舍、图书馆等场所的筹建和图书、仪器等设备的筹备，学校就毫不吝啬，胡元倓校长哪怕自己过得清贫一些，也绝不会贻误了学校发展。因此明德在几十年的发展中，校舍雄伟壮丽，校长胡元倓却一直住在三间又窄又矮的小土屋中，直到 58 岁才有了一辆别人赠送的六成新的人力车，一袭学生赠送的敝裘。

7. **设施设备管理**

明德学校重视学校教育教学设施与设备建设，其中在教学设施上，明德筹建

---

① 《明德中学现状调查》，载《国民日报》，1930 年 3 月 28 日。

② 王凤喈编著：《中国教育史》（下册），福州：福建教育出版社，2011 年，第 129 页。

了乐诚教学楼、图书馆、体育馆、理科实验室；在教学设备上，明德更是力求完备，如其图书馆早在20世纪的二三十年代就拥有藏书78000余册，既有中外书籍，又有百多种报纸杂志，既有诸子百家书册，又有近代书报杂志等；又如其实验室力求设备齐全，实验所用仪器、化学药品、生物标本等都尽力购置，有些甚至是从日本、德国进口的，其实验设备之齐全甚至堪与大学媲美。同时，为了规范管理和合理使用教育教学设施设备，明德不仅规定了实验要求、教室和体育场地使用要求等，还设专职人员管理图书馆、实验室仪器与药品等。

8. 社会关系管理

一所学校的社会关系更多的是校长的人脉关系。对明德学校来说，其社会关系主要有三种：一是校长及教职员的人际关系，二是明德校友，三是热心教育的社会人士及团体。对于学校的社会关系，明德学校一方面充分加以利用，另一方面则予以妥善维系，具体来说主要表现如下：

（1）充分利用关系网络，发挥关系之功用

学校初期，胡元倓借助朋友龙璋、龙绂瑞的关系获得刑部侍郎龙湛霖2000元资助开办了明德中学，之后又获得了乡绅军阀谭延闿的资助和清政府每月1000元的办学经费补助，使学校得以继续下去。在之后的发展中，明德领导人竭尽所能利用各种人际关系进行筹款，如明德曾多次获得谭延闿的捐助，并由其斡旋或做担保多次为学校争取到政府捐助及借、贷款；胡元倓曾在谭延闿、陈果夫等帮助下面见蒋介石，为学校争取到庚款返回款15万元，之后又在陈果夫、陈立夫等人支持下，打通各种关系，为学校争取到庚款返回款4万元。[①] 在后期，明德逐渐重视学生家长募捐，同时开始国外募捐、公开募捐。校长胡迈是一位政界人物，他在就任明德中学校长之前曾任湖南省参议员、行政院会计长、湖南省参政厅厅长、田粮处处长。这些政治职务为他筹集明德经费提供了极大便利。在抗战期间和学校复员后，学校经费尤其困难，他就充分利用各种关系于1943年主持成立了校友会，号召各地校友为校捐款，为学校筹集了数百万元建校基金。

---

① 陶旅枫、彭新卫编著：《明德人轶事》，长沙：湖南师范大学出版社，2013年，第64—65页。

此外，明德还积极利用各种关系网罗名师，如明德校长胡元倓经常利用校友关系要求明德学生毕业后回校服务一段时间，他还利用学校之间的关系、政府中的人际关系等为学校招揽郑扬新、谢祖尧、邬干于、俞慎初等优秀教师。因此，在某种程度上可以说，明德学校的存续与发展是建立在对各种社会关系的充分利用基础上的。

（2）想方设法维系社会关系

明德学校对于其资助人都经常通过各种方式回馈资助人，一是吸收资助人为学校董事，如明德中学任资助人龙湛霖为学校董事长；军阀谭延闿长期捐助明德，并从中斡旋或做担保人为明德争取经费支持，明德学校从 1905 年就请谭延闿任明德总理，为其仕途发展积累了社会声望，从而进一步密切了他与明德的关系。二是以人名命名学校建筑以感念资助人，如把学校筹建的礼堂命为四箴堂以纪念龙璋，把图书馆命名为慈卫图书馆以纪念谭延闿。[①]

（三）浦东中学的管理

浦东中学，位于上海浦东地区，由一代建筑营造业宗师杨斯盛毁家兴学创办于 1907 年，黄炎培曾担任首届校长兼校董。它是近代上海第一所现代意义上的完全中学，也是我国历史上唯一培养过国共两党领导人的中学，更是少有的自办学以来校名、校址、校训、校歌等都不曾变更的中学。在民国期间，因教学质量高，办学成就突出，跃居全国最好中学之列，在中学领域一度有“江南四大名校”[②] 和“北南开，南浦东”的美誉。浦东中学在民国期间的学校管理可从以下方面来考察：

1. 校长状况

（1）学高为校长

民国期间，浦东中学共历经了 14 任校长，其中校长朱叔源、沈履、张嘉寿任职时间较长，其他历任校长任期普遍较短，平均一年左右（上海沦陷后，校长

① 陶旅枫、黄政海编著：《明德学校史》，长沙：湖南师范大学出版社，2013 年，第 68 页。
② 其时的中学“江南四大名校”包括：上海中学、苏州中学、扬州中学、浦东中学。

汪曼云虽任期较长，却实行投敌政策，引起师生的极大不满，严重影响到学校的稳定发展），他们大都对浦东中学的发展做出了不可磨灭的贡献。综览浦东中学历任校长，他们普遍受过高等教育，具有较高学历，学识渊博，有些甚至有国外教育经历。如校长朱叔源系留日学生；沈履（沈茀斋）系美国芝加哥大学社会科学学士、威斯康星大学教学心理学硕士、哥伦比亚大学研究生，是我国著名学者、心理学家，中国心理学史创始人之一；李相勖毕业于清华大学教育系，1924年被保送至美国加利福尼亚大学"中等教育研究"专业，获硕士学位，是我国近代教育学家；顾珊臣系数学专家，曾赴德国考察教育。

（2）艰难中维系学校弦歌不辍

民国时期，面对动荡不安的时局，浦东中学的不少校长无论处于多么艰难的困境都努力维系学校的存续。如汪伪政权时期，浦东中学的校产遭毁，不少校董被迫离开，学校经费仅靠学费维持，时任校长张嘉寿带领学校教师在艰难中共同维持着学校教育；及至抗战胜利后，面对复校六里桥无望的惨淡窘境，张校长勉力维系浦东教育不断。①

2. 学校组织状况

作为私立中学，浦东中学自成立伊始就成立了校董会，是为负责校长聘任、经费管理等学校重大事项的管理机构。校董会一般设董事长一人，董事若干，如黄炎培、张伯初、秦锡田、朱经农、王云五等都曾任校董。学校设校长一人综理学校事务，其下设训育处等必要的组织机构及相关管理人员。学校还成立了各种研究会。如各学科教授研究会，由各学科教师参加组成，进行研究学习学科教学著作、讨论改进学科教学方法、审定学程标准与教授用书、编制教材纲要、编辑期刊、指导学生选择学习课程等活动。② 学校还定期组织开展校务会议，负责学科课程及课外活动的开设等学校事务。

---

① 中国人民政治协商会议上海市委员会文史资料工作委员会编：《解放前上海的中学》，上海：上海人民出版社，1988年，第216—218页。

② 中国人民政治协商会议上海市委员会文史资料工作委员会编：《解放前上海的中学》，上海：上海人民出版社，1988年，第209页。

3. **教师管理状况**

（1）严格选聘师资

浦东中学重视师资建设，其在选聘教师时，不仅看其是否有真才实学，还要求具有一定的教学经验。如学校的周翰澜、王季梅、张靖远、陆永秋等都学有专长，在业内久负盛名，能力堪与大学教授相较；即便外籍教师如孟保罗、葛麟书等也都具有丰富的教学经验。

（2）广邀各界名流讲学

学校经常邀请各界知名人士到校演讲，以增长学生知识，扩充其视野，如曾邀请陈独秀、恽代英、郭沫若、茅盾、杜威等。

4. **学生管理状况**

（1）跨域广泛招生

浦东中学招生范围广泛，不仅在本地招生，还经常招收外地学生，甚至学校还曾在高中本科班之外附设“特别班”，招收边区、内地旧制中学毕业生以及同等学力学生，以照顾文化落后地区与内地的学生。因此，浦东中学每年招收的学生中有一大部分都来自较远的地方。以 1925 年为例，学校所招收的学生尤其“特设班”学生，不仅有上海的，还有广西、广东、四川等地的①；1930 年学校学生除了本地的，还有来自云南、贵州、广东、广西、四川的以及华侨。此外，由于学校收费昂贵，且不断增长，如初始每学期为学费 15 圆、膳费 25 圆，1918 年学费增为 25 圆，1920 年学费为 30 圆，1924 至 1927 年学费增至 33 圆、膳费则为 34 圆，同时学生还需自理书籍等费用，且学生若中途退学不予退费。② 这也决定了该校为贵族学校，能够到此校上学的只能是极少数贵族子弟，即便是当地人也难以进入该校学习，这也限制了其在本地的招生名额。为招收一定数额的学生，其只能将招生范围扩大，某种程度上也使得其学生来源多样化。

（2）多管齐下，严格学生学习与生活管理

一是制定“勤、朴”校训和具有鼓励性的校歌，勉励学生养成遵守纪律和维

---

① 上海市浦东中学：《上海市浦东中学建校八十周年纪念刊 1907—1987》，1987 年，第 3 页。
② 上海市浦东中学：《上海市浦东中学建校八十周年纪念刊（1907—1987）》，1987 年，第 8 页。

护学校良好风气的习惯，奋发向上。二是严格纪律要求。浦东中学要求学生在例行假日外，除有要事向训育处请假才可外出之外，一律不得出校，违反此规定的予以退学处分；因病因事请假的还须出具医生或家长证明，对于手续不完备而自由缺席或请假逾期未归又不续假的，按无故缺席论处；上课迟到五分钟算作缺席；若一学期内无故缺席、迟到达五小时则给予记大过一次，达十小时则给予除名处分。[①] 此外，学校还专门制定了《浦中学生修养标准》，对学生提出互助、谦和、勤俭、勇敢、整洁、友爱等具体行为要求。三是严格管理学生体育活动。学校为鼓励学生积极参与体育活动，增强体格，要求学生体育课需身着短服，不得无故缺席，否则予以严惩；同时规定学生体育成绩不及格不能毕业，体育成绩在丙等以下的不能享受升学补助金。[②] 四是严格要求学生的学业表现。如浦东中学实行课程选修制后，对于一学期之内缺席时间达到所授课时四分之一及三分之一以上的学生给予降级或不给学分的处分；对一学年内不及格学科的学分超过学年总学分三分之一的勒令退学；体育、操行和劳工成绩有两学期不及格的，不得毕业。[③]

（3）采取措施激励学生厚学

一是给予升学奖励。为了鼓励学生积极升学，浦东中学于1918年规定对考取清华大学、北洋大学、北京大学、唐山工业专科学校和上海工业专科学校的学生，每年选取10人予以升学补助100圆，同时对国外留学的选取4人每年给予津贴300圆；1924年进行了修订，规定凡毕业后一年内考取北京大学、清华大学、同济大学、东南大学、南洋大学以及唐山大学的预科或本科的，每年选取10人予以升学补助100圆。[④] 二是给予学分奖励。在学校实行课程选修制的过程中，如学生达到了某一必修课的相当程度，可享受直接给予学分而免修该课程的奖励。

（4）关爱学生

一是在日常学习和生活中关心支持学生。如1922年当有学生组织创办期刊

① 上海市浦东中学：《上海市浦东中学建校八十周年纪念刊（1907—1987）》，1987年，第6页。
② 上海市浦东中学：《上海市浦东中学建校八十周年纪念刊（1907—1987）》，1987年，第6—7页。
③ 中国人民政治协商会议上海市委员会文史资料工作委员会编：《解放前上海的中学》，上海：上海人民出版社，1988年，第208页。
④ 上海市浦东中学：《上海市浦东中学建校八十周年纪念刊（1907—1987）》，1987年，第7页。

社，办理刊物《人》时，校长朱叔源积极给予支持，为他们提供场地等便利。二是积极指导学生成长。如为了丰富学生的阅读活动，开阔其文化视野，提高其自主进行学术研究的能力，学校在校长朱叔源的引领下积极筹建图书馆，购置大量图书。[①] 此外，学校还积极鼓励成立数理化研究会、英文研究会等各种学术研究团体，学生通过申请即可获得相关教师的指导。

5. 教育教学管理状况

（1）因时因势改革学制、课程

民国初期，浦东中学不仅根据其时国家政策及地方和学校的实际情况实行文理分科，还对学制进行调整：一是改革修业年限。先是于 1912 年将学制改为四年制，1919 年改为五年制，新学制颁行后改行“三三制”。二是倡行学期升学制。为减少留级学生的时间损失，学校改学年制为学期制，规定学生可以一学期升级一次；1923 年之后，又在学期升学制基础上辅以学分制，初高中生升学以学科为单位，其他则采用学分制，学生只要相应学科修满规定学分，并在规定修业年限内修够规定学分即可毕业。

在课程方面，浦东中学在文理兼修的基础上重视理科发展，并根据国家政策等各种实际情况予以灵活调整。一是分类实施教育，如 1924 年为了适应社会需要及照顾学生的个性爱好，学校在高中分设升学科为预备升入大学的学生做升学预备，设普科以接受不确定是否升学或从事何种职业的学生，设职业科为拟定未来职业发展的学生做职业准备。[②] 二是试行选修制。学校在初高中基础课基础上实行选修制，开设必修课和选修课，允许学生根据个人能力及兴趣爱好进行跨年级选课；同时，若学生在某一选修课程方面已达到相当程度，则可准予免修并直接给以学分。[③] 三是丰富课程体系。学校在实行选修课的基础上，增设珠算、打字、簿记学、银行学、心理学等课程，丰富选修课程体系，给学生充分的选择余

① 中国人民政治协商会议上海市委员会文史资料工作委员会编：《解放前上海的中学》，上海：上海人民出版社，1988 年，第 209 页。

② 上海市浦东中学：《上海市浦东中学建校八十周年纪念刊（1907—1987）》，1987 年，第 3 页。

③ 上海市浦东中学：《上海市浦东中学建校八十周年纪念刊（1907—1987）》，1987 年，第 5 页。

地，拓展学生的兴趣爱好；还拓展必修课范畴，如在教育领域内率先把医学常识和性教育作为必修课程。此外，在体育课程方面，浦东中学除早操外，广泛开设柔软体操、器械操、各种球类活动、田径运动等项目，扩充学生文化课外的活动范围。

（2）重视教材质量

为保证教学内容的深度和提高学生对知识的掌握程度，浦东中学的理科课程大多采用英文原版教材，即便是特设班的一些教材也采用英文原版。

（3）改革教学方法

浦东中学在教学方法上根据学制、课程进行相应改革，并根据学生情况进行调整。如学校在深刻认识“注入式教学法”弊端的基础上，倡导“自学辅导法”，把学习的主动权交给学生，由学生自己准备或向学校借用课本之外的教材纲要、参考用书等，学生在教师指导下自主研修学习。学校自1926年开始对学生进行智慧测验，不仅考核学生的学业状况，更以此作为了解学生学习特点和学习效果的途径，从而因材施教。

（4）充实课外活动，丰富学生生活

认识到课外活动关乎青年教育和良好公民的训练，浦东中学积极开设了丰富的课外活动，如演讲比赛、旅行参观、期刊筹办、各种体育活动以及平民教育等，增强学生的体格和锻炼学生的实践能力。

6. 经费管理状况

浦东中学的教育经费来源主要有三种：一是个人捐款，如袁世凯和黎元洪分别于1915年和1916年为学校捐款1000圆；二是政府拨款，如1913年学校加设工业班，招收一个班级的预科生，经呈请获江苏省补助款每年3000圆；三是学费收入，如前所述，浦东中学作为私立学校收取较高的学费，且随着社会经济的发展逐年增加。

7. 设备管理状况

（1）重视教育设施设备建设

浦东中学在运动设施方面，建有风雨操场、足球场、篮球场、排球场、垒球场、跑冰场、乒乓球房、弹子房、游泳池等，准备有单双杠、沙坑、铅球投掷区、秋千、轩轾天平板等[1]；在教学设施设备方面，建有可容纳千人的大礼堂、东西两栋上下均可容几十个教室的两层教学楼以及物理、化学、生物等学科实验室，还开辟有画室、木工教室等场所，对实验所需的仪器、药品、标本等设备更是力求齐备，保证学校实验课落到实处，锻炼学生的动手操作能力。

（2）加强对教育设施设备的管理

浦东中学对学校教学用实验室、仪器、药品等设有专职人员管理。

（四）无锡师范附属小学的管理

无锡师范附属小学（以下简称锡师附小），由无锡师范校长顾倬建于1913年，在民国期间先后历经了“三师附小阶段”（1913—1927年）、“锡中实小阶段”（1927—1932年）、“锡师附小阶段”（1932—1937年）、“抗战与复校阶段”（1937—1949年）。锡师附小筹办之后很快就以卓越的成就而闻名省内外，吸引着全国各地的教育人士与团体前来参观学习。

1. 组织管理

无锡师范学校的校长是锡师附小的当然校长，其直接决定附小的体制、课程设置、经费计划以及人事去留等事项。在锡师附小内部，则设主事一人，由校长从师范学校教员中指派人选，秉承校长意志综理附小事务，具体来说主要是领导附小教职员从事教育的实施研究，规划、督促、指导师范生的实习。[2] 主事下设总务处、单级部主任等分别管理附小相关事务，同时学校还设有童子军主事一至两人，管理童子军组织训练事项，如唐昌言、顾拯来曾于1915年任童子军主事。

2. 校长及主事

民国时期，锡师附小历任校长为顾倬、陈纶（谷岑）、曹刍（漱逸）、葛承训

---

① 上海市浦东中学：《上海市浦东中学建校八十周年纪念刊（1907—1987）》，1987年，第6页。

② 无锡市教育局、无锡地方志编纂委员会办公室编：《无锡教育新编校史选辑》，无锡市教育局，1985年，第18—19页。

（鲤庭）、李炳青（颜和）、潘仁（揖山）、张正三等人，历任主事有唐昌言、章表霆（天觉）、张正三等人。其中尤值一提的是校长顾倬、陈纶等以及主事唐昌言等人，综观锡师附小在民国时期的校长与主要有以下特点：

（1）学识渊博，阅历丰富

锡师附小的首任校长顾倬，是前清秀才，曾就学东林书院、南菁书院，1902年留学日本弘文学院师范科并数次赴日考察教育，历任东林学堂校长、上海中国图书公司编辑、治理提学使掾属等职。校长陈纶系苏州优级师范学堂毕业，1913年曾赴日本考察学习教育方法，是一代有名的老教育家，曾任教湖州中学、就任江苏省立第三师范学校教务主任。锡师附小首任主事唐昌言毕业于两江优级师范，1913年8月曾赴日本考察师范教育，他也是江苏省童子军的创始人，曾任教上海浦东中学、无锡竞志女校、湖州湖郡女校等。

（2）矢志附小

锡师附小不少校长都对小学教育尤其是师范附小教育有深刻认识，如顾倬校长认为师范附小担负着进行小学教育实验、指导师范生实习、实施儿童教育的使命，其发展状况直接关系着师范教育的成败。① 在这种认识下，锡师附小的校长积极探索教育教学改革，孜孜以求促进附小的发展。

3. 教师管理

锡师附小的教师主要由师范学校校长聘任。为保障附小的师资质量和教育成效，历任校长普遍重视教师的聘任，以求为附小汇聚雄厚师资，构筑附小发展之“魂”。如校长顾倬为延聘良师，杜绝情面，任人唯贤唯才，不仅谢绝官厅介绍，也不受亲友委托，从中小学优良教师和积学敦品人士中选取合适人员。

4. 教育教学管理

（1）首倡童子军教育

受英国办理童子军的影响，锡师附小主事唐昌言在附小倡建童子军，开设童子军课程，教育儿童学习绳子打结、救护、包扎等应急措施以适应战时需要，同

---

① 无锡市教育局、无锡地方志编纂委员会办公室编：《无锡教育新编校史选辑》，无锡市教育局，1985年，第18页。

时训练儿童进行各种表演、会操、露营、演习技能，为省、县运动会服务，负担会场秩序维持工作。锡师附小的童子军教育开全国之先，之后在全国各地传播开来，该校童子军也被编为“中国童子军第一团”。

（2）规范毕业实习指导

作为师范学校的实验及实习基地，锡师附小承担着无锡师范学校毕业生的实习指导工作。为了提高师范毕业生的实习成效，培养高质量的未来师资，锡师附小对之进行规范化管理：不仅由主事及教师专门对毕业生实习工作进行规划、指导及督促，学校还委派教师带领实习生到上海、南京、苏州等地的学校进行参观见习，提高他们的实习阅历。

（3）与时俱进改革教育教学

作为小学教育的实验基地，锡师附小注意时代和社会发展对教育的需求，积极把握教育动向，站在小学教育改革的前列。如民国元年，响应“癸丑学制”要求，锡师附小等学校在全国较早进行复式教学实践，并取得了一些经验和理论成果。① 在新文化运动中，学校教学由文言文改行语体文，并逐渐从效法日本转为学习美国；实行新学制后，锡师附小将小学修业年限由七年改为六年，分低、中、高三个阶段，并试行“设计教学法”“道尔顿制”。同时学校还改革音乐教学，进行五线谱教学，巧妙运用各种教具和精心设置教学环境，培养和提高学生五线谱视唱的能力技巧。② 在试行大学区制后，锡师附小裁撤了职业科，仅留普通小学班；对学生的考察采用“常态分配法”，分为“超、上、中、下、劣”五等；开设“天才班”，以智力测验选拔最好的学生，施以特殊教学，实验对天才学生的有效培养方法。③ 1932 年之后，锡师附小将六年制改为上下两段，同时为适应农村及边远地区的需求，学校在单级部之外附设了复式班，分别试验单级与复式教学的有效方法。

---

① 李光伯编著：《中国复式教学史》，南京：南京师范大学出版社，2014 年，第 355 页。

② 无锡市教育局、无锡地方志编纂委员会办公室编：《无锡教育新编校史选辑》，无锡市教育局，1985 年，第 20 页。

③ 无锡市教育局、无锡地方志编纂委员会办公室编：《无锡教育新编校史选辑》，无锡市教育局，1985 年，第 20 页。

5. 设备管理

（1）详备小学教育教学用具

这主要体现在锡师附小于 1919 年春筹建的“小学教育博物馆”上，该博物馆为三层楼房，用于陈列参考书、各地小学的优秀成绩、文史地数理化各科的教具，包括小学历史挂图、地理地图、各朝代服饰、已考据的历史事实、历代钱币及钞票、古代兵器、各种历史文献、动植物标本、教具、仪器等，详备小学教学所需用具，在全国亦属罕见，为小学直观教学提供了重要途径，也使无锡师范学校与附小的教育得到改进，对广大中小学教育教学亦有重要影响。①

（2）专人管理教育设备

如锡师附小设有专职人员管理“小学教育博物馆”，负责对外开放该博物馆和教学书籍、用品等的借用。

（3）因地制宜改善教学设施

锡师附小注意学校环境与设施建设，面对 1927 年学校中央公园出现的环境卫生问题，学校即行设计，将之改建为风景美丽宜人的园林。1933 年，为了方便学生课外阅读，学校建立了图书馆，并在馆内添置书橱、桌凳，制订了科学的管理方法。

---

① 无锡市教育局、无锡地方志编纂委员会办公室编：《无锡教育新编校史选辑》，无锡市教育局，1985 年，第 19 页。

第五章　师范学校管理

民国时期的师范学校管理，从政府层面讲，主要经历了民初南京临时政府时期、北洋政府时期、南京国民政府时期，不同时期的中央政府对师范学校的建设总体上是重视的，出台了不少加强和规范师范学校管理的规定，对师范学校的建设有重要的规范作用。从师范学校层面讲，由于有高等师范学校与师范学校的层次之分，故师范学校的管理也存在高等师范学校与师范学校的差异。因此，本章在介绍与分析民国不同时期政府对师范学校的管理制度之后，将选择高等师范学校与师范学校对其管理进行个案考察。

一、政府管理师范学校的制度

（一）南京临时政府与北洋政府时期管理师范学校的制度

1. 南京临时政府及北洋政府前期管理师范学校的制度

1912 年 1 月 1 日南京临时政府成立，中国社会发展开始了一个新的历程，中国教育的发展也掀开了新的一页，在对教育各个方面进行改革的实践中，师范教育是其重要组成部分。但不久袁世凯篡取革命果实，同年 3 月 11 日南京的中华民国临时政府解散，由北洋政府继承。袁世凯为了复辟帝制，肆意对正在确立的资产阶级新教育进行更改，但这时教育界的一些进步人士也继续为摆脱封建教育努力着，此后在“新文化运动”的推动下，中国师范教育出现了一些新气象，较之清末有了明显的改进。

（1）学校设置及任务规定

民国成立后，对教育宗旨和教育制度作了相应修改，师范教育体系也发生了改变。1912 年 9 月至 1913 年 8 月，教育部不断修正学制改革方案，最后形成“壬子・癸丑学制”，这是民国的第一个学制，较全面地反映了资产阶级对教育的要求。

按照“壬子・癸丑学制”的要求，初级女子师范学堂改为女子师范学校，优级师范学校改为高等师范学堂。师范学制仍旧分为两级：第一级为高等师范学校，培养中学、师范学校教师；第二级为师范学校，培养小学教师。

师范学校一般为省立（特殊情况下允许县立），也允许私立师范学校的存在，修业年限为预科一年，本科分为第一部（四年）和第二部（一年）。[①] 民初师范学校的数量不多，据《教育公报》统计显示，1915 年，民国四年，直隶、奉天、吉林等 23 省共有师范学校 141 所，学生数量 21137 人。[②]

高等师范学校由教育总长通令全国，划分六个高等师范区，每区设置一所高等师范学校，修业年限为预科一年，本科三年。至 1918 年，六个师范区已全部建好高等师范学校，分别是：北京高等师范学校（直隶区）、广东高等师范学校（广东区）、武昌高等师范学校（湖北区）、南京高等师范学校（江苏区）、四川成都高等师范学校（四川区）、沈阳高等师范学校（东三省区）。[③] 六大师范区的高等师范学校有责任协助本地区教育行政机关办好中等教育，不定期地视察辖区中学，了解教育情况，提出改进意见，不断提升师范教育的质量。在当时高等师范教育相对薄弱、师资相对紧缺的情况下，这六大师范区的建立，有效地整合了高等师范教育的资源，也有利于统筹安排高等师范教育资源。在一段时期内，为高等师范教育的发展提供了好的平台。六大师范区的划设，同时各省设置省立师范学校，形成了我国独立的师范教育体系。

（2）学校校长及人员管理规定

首先是师范学校校长与教职员管理。一是关于师范学校校长选任。教育部规定省立师范学校校长，由省行政长官任用；县立师范学校校长，由县行政长官呈请省行政长官任用；私立师范学校校长，由设立人任用，并报省行政长官。此外，针对以前师范学校教师因盲目学习西方教育原理闭门造车、不结合本国实际教学而培养出机械无用之人的弊端，1914 年 12 月，《教育部整理教育方案草案》中规定，师范学校的校长应该同时担任教育科目的教员，每年课余时间还需要视察本区域内教育的实施情况，并撰写调研报告，其所需费用由学校支出。[④]

---

① 中国第二历史档案馆编：《中华民国史档案资料汇编：教育》（第三辑），南京：江苏古籍出版社，1991 年，第 60 页。

② 陈元晖主编：《中国近代教育史资料汇编·实业教育 师范教育》，上海：上海教育出版社，2007 年，第 913—914 页。

③ 刘问岫：《中国师范教育简史》，北京：人民教育出版社，1985 年，第 33—34 页。

④ 宋恩荣、章咸选编：《中华民国教育法规选编》（修订版），南京：江苏教育出版社，2005 年，第 10 页。

二是关于师范学校教员的选任，规定各校教员均由各校校长选任。这一时期的有关法规制度，强调师范学校校长的专业性，提高师范学校校长的任用门槛，师范学校校长有任用教职员的权力，这对于师范学校校长行使自主权、发挥办学积极性很有裨益。

其次是师范学校学生管理。一是关于学生入学。高小毕业且年龄在14岁以上或有同等学力者可进入师范学校预科学习，一年后进入本科第一部学习；在中学校毕业或年龄在17岁以上或同等学力者，进入本科第二部学习。① 所有学生入学都需要进行入学考试，高等小学校毕业生考试科目为国文、算术二科；非由高等小学校毕业者考试科目为国文、算术、历史、地理、理科等，以高等小学校毕业程度为标准。学生入学后均需试习四个月。

二是关于学生编制。当时的师范学校学生定额一般在400人以下，按同一学年学生编制学级，一学级的学生数须在40人以下。②

三是关于师范生学费。民初就已经实行师范生免费政策，并且分为公费生、半费生和自费生三种，实施灵活。公费生免交学费，并由学校提供膳宿费。在享受优惠政策的同时，师范生也具有相应的义务：师范生毕业后需在所在省高等小学校及国民学校服务，其期限公费生为七年，半费生五年，自费生三年。③

四是关于师范生的训育管理。1914年12月，《教育部整理教育方案草案》，其中指出对“师范生采严格训育主义，俾将来克尽教师之天职”④，师范学校的学生今后都要为人师表，不仅要有学问和技能，同时也要有健康的人格和优良的品性，要对人有责任心，因此必须要对师范学校的学生采取严格的训育。他们认为“师范教育所最要者，为造就将来治人之人，能否治人，先问自治，故师范教育之训练，不论采用何种主义，当以养成生徒之自主能力为归”。

---

① 宋恩荣、章咸选编：《中华民国教育法规选编》（修订版），南京：江苏教育出版社，2005年，第436页。

② 宋恩荣、章咸选编：《中华民国教育法规选编》（修订版），南京：江苏教育出版社，2005年，第435页。

③ 宋恩荣、章咸选编：《中华民国教育法规选编》（修订版），南京：江苏教育出版社，2005年，第437页。

④ 宋恩荣、章咸选编：《中华民国教育法规选编》（修订版），南京：江苏教育出版社，2005年，第10页。

从上可见，为培养合格的小学、幼儿园师资，师范生在招生要求、毕业要求、专业能力培养、教师道德训练等诸方面，当局政府都给予了关注和重视。根据学生是否缴费将师范生进行分类，提出不同的服务要求，师范生在服务过程中发生变化要经过严格的核准等措施，这对保障紧缺的师资不流失有积极的价值。

再是高等师范学校校长及教职员管理。高等师范学校的职员设置与专科以上学校职员设置基本相同，但多了一个教务主任的设置，即校长、学长、教务主任、教员、学监主任、学监、庶务主任、事务员。高等师范学校校长由教育总长任命，教员及其他学校管理人员由校长任命。

关于校长与教师的薪资待遇，政府制定有相应的标准。1914 年 7 月公布的《教育部直辖专门以上学校职员薪俸暂行规定》对高等师范学校教职工薪资作出了具体规定，校长月支 400 圆，学长 300 圆，学监主任 180 圆等。教员薪资分为专任教员和兼任教员两种水平，专任教员月支 160 圆至 250 圆。兼任教员之薪俸，按授课时间实数支给之，每一小时薪俸 2 至 5 圆不等。[①] 此外，如果校长、教务主任、学监及主任、专任教员服务 5 年以上并且确有成绩者，会发放全年津贴 400 至 600 圆不等。

可见，当时对高等师范学校的校长及管理队伍、教师队伍的建设是很重视的，不仅高师校长由教育总长任命，而且还要呈报大总统。同时，赋予校长应有的权力，以发挥其治校办学的主动性、积极性，这一点值得肯定。从当时情形看，规定校长与教职员较高的薪资，对于优秀教师的延聘、保障教师的待遇有很好的作用。遗憾的是，当时较好的设计，因政局的不断变化而在落实中经常遭遇困难、出现变故。

最后是高等师范学校学生管理。一是关于学生入学。师范学校及中学校毕业或有同等学力者可进入高等师范学校，其中，非师范学校及中学校毕业者需要进行入学考试，以中学校毕业程度为标准，分为笔试和口试，全部通过后方可入学。

二是关于学生编制。高等师范学校学生定额一般在 600 人以下。预科学生定

---

① 李友芝等编：《中国近现代师范教育史资料》（第二册），北京师范学院，1983 年内部交流资料，第 217 页。

额150人；本科国文部、英语部、历史地理部每学级定额各10人；本科数学物理部、物理化学部、博物部每学级定额各20人。[①]

三是关于高等师范学校学生学费和毕业服务。高等师范学校学生几乎全部都为公费生，仅有少量自费生。公费生服务期限为六年，自费生三年。毕业生服务制度反映了资产阶级迫切要求发展教育事业的意志和愿望。

（3）学校教学管理规定

1913年3月19日，教育部公布了师范学校的课程标准，师范学校设置科目有：修身、教育、国文、习字、英语、历史、地理、数学、博物、物理化学、法制经济、图画、手工、农业、商业、乐歌、体操，具体课程标准见表5.1：

表5.1　1913年教育部公布师范学校课程标准[②]

学年 科目	预科		本科第一部							
	每周时数		每周时数	第一学年	每周时数	第二学年	每周时数	第三学年	每周时数	第四学年
修身	2	持躬处世待人之道	1	对国家和社会之责务	1	对家族及自己和人类及万有之责务演习礼仪法	1	伦理学大要 教授方法 沿袭礼仪法	1	伦理学大要 本国道德之特色
教育					4	普通心理学 伦理学大要	4	教育理论 哲学发凡 教授法 保育法	11	教育史 教育制度 学校管理 2 学校卫生 教育实习 9
国文	10	讲读 作文	5	讲读 作文 文字源流	4	讲读 作文 文法要略	3	讲读 作文 中国文学史 教授方法	2	讲读 作文 中国文学史

① 宋恩荣、章咸选编：《中华民国教育法规选编》（修订版），南京：江苏教育出版社，2005年，第425页。

② 陈元晖主编：《中国近代教育史资料汇编·实业教育师范教育》，上海：上海教育出版社，2007年，第819—821页。

续表

学年 科目	预科		本科第一部							
	每周 时数		每周 时数	第一 学年	每周 时数	第二 学年	每周 时数	第三 学年	每周 时数	第四 学年
习字	2	楷书 行书	2	楷书 行书	1	行书 草书 黑板写法 教授方法				
英语	4	发音 拼字 读法 译解 默写 会话 习字	5	读法 译解 默写 造句 会话 文法	5	读法 译解 会话 作文 文法	4	读法 译解 会话 作文 文法 教授方法	3	读法 译解 会话 作文 文法 文学要略
历史			2	本国史 上古 中古 近古	2	本国史 近世现代 外国史 东亚各国史 西洋古代史	2	外国史 西洋近世史 西洋现世史 教授方法		
地理			2	地理概论 本国地理	2	本国地理 外国地理 亚欧非	2	外国地理 美洲海洋洲 自然地理概论 人文地理概论 教授方法		
数学	6	算术	4	算术 簿记 代数	3	代数 平面几何	2	代数 平面几何 教授方法	2	立体几何 平三角大要
博物			3	植物 动物	2	动物 生理卫生	2	矿物 地理学大要 教授方法		
物理 化学					3	物理 力学 物性 热学	3	物理 音学 光学 磁学 电学 无机化学	2	无机化学 有机化学 大要

续表

学年 / 科目	预科		本科第一部							
	每周时数		每周时数	第一学年	每周时数	第二学年	每周时数	第三学年	每周时数	第四学年
法制经济									2	法制大要 经济大要
图画	2	写生画 临画 意匠画	2	写生画 临画 意匠画 几何画 黑板画练习	3	同前学年	4	同前学年		写生画 意匠画 黑板画练习 美术史
图画	2		3		3		4	教授方法 美术史	4	
手工				竹细工 木工		粘土石膏 细工 木工		小学习 各种细工 教授方法		粘土石膏 细工金工
农业 或 商业							3	栽培泛论 及各论 土壤肥料 农具 教授方法	3	桑蚕 序幕 森林 农产制造 农业经济
农业 或 商业							3	商业要项 商业算术 商业簿记 教授方法	3	商业簿记 商业地理 商品
乐歌	2	基本练习 歌曲	2	同前学年 乐典	1	同前学年 乐器	1	同前学年 教授方法	1	乐典 歌曲 乐器
体操	4	普通体操 游戏 兵式训练	4	同前学年	4	同前学年	4	普通体操 游戏 兵式训练 教授方法	4	普通体操 游戏 兵式训练
合计	34		35		38		42		38	

1916年1月，教育部对《师范学校规程》作了修正，其中对学科设置作了细微的修改，但大体不变。在此修正的规程中，第一条的第七至九项对教学法作出新的规定："七、教授时常宜注意于教授法，务使学生于受业之际，悟施教之方。八、教授上一切资料，务切于学生将来之实用，以克副《高等小学校令》暨《国民学校令》并其施行规则之旨趣。九、为学之道，不宜专恃教授，务使学生锐意研究，养成自动之能力。"① 但是此教学自动的主张在当时并未得到有效实施。

高等师范学校课程设置分预科和本科。预科科目为伦理学、国文、英语、数学、论理学、图画、乐歌、体操，其课程标准如表5.2所示：

本科各部学科设置包括共修科目和各部分科科目。共修科目为伦理学、心理学、教育学、英语、体操。本科各部分习之科目如下②：

国文部：国文及国文学、历史、哲学、美学、言语学。

英语部：英语及英文学、国文及国文学、历史、哲学、美学、言语学。

理部：历史、地理、法制、经济、国文、考古学、人类学。

数学物理部：数学、物理学、化学、天文学、气象学、图画、手工。

物理化学部：物理学、化学、数学、天文学、气象学、图画、手工。

博物部：植物学、动物学、生理及卫生学、矿物及地质学、农学、化学、图画。

研究科修习科目主要是选择以上各部科目中的二、三个为主要研究方向进行研究。

---

① 陈元晖主编：《中国近代教育史资料汇编·实业教育 师范教育》，上海：上海教育出版社，2007年，第821页。

② 宋恩荣、章咸选编：《中华民国教育法规选编》（修订版），南京：江苏教育出版社，2005年，第424—425页。

表 5.2 高等师范学校预科课程标准①

学期 / 科目	每周时数	第一学期	每周时数	第二学期	每周时数	第三学期
伦理学	1	人伦道德要旨	1	同前	1	同前
国文	4	讲读 文法 作文	4	同前	4	同前
英语	12	讲读 文法 作文 会话 翻译 默写	12	同前	12	同前
数学	4	算术 几何	4	代数 三角法 几何	4	同前
论理学	2	演绎法	2	归纳法	2	方法学
图画	2	临画 写生画	2	投影画法要略 透视画法要略 黑板画练习	2	水彩画
乐歌	2	声乐练习及理论	2	同前	2	同前
体操	3	普通体操及游戏 兵式训练	3	同前	3	同前
合计	30		30		30	

由此可见，民国初年师范教育课程思想摈除了清末“忠君尊孔”的教育宗旨，把西方资产阶级的民主思想融入教育体制，强调学习西方科学技术，把美感教育视作陶冶情操、培养师德的途径。课程设置基本完善，学科安排科学合理，课程内容丰富多样，且具有分层性。但在现实中，由于政局动荡和经济因素等的制约，课程设置并未完全按照规定实施。

综上所述，南京临时政府与北洋政府前期的师范学校已经成为一个独立的系

① 陈元晖主编：《中国近代教育史资料汇编·高等教育》，上海：上海教育出社，2007 年，第 833 页。

统，其学校管理制度已经基本完善，较清末有了质的飞跃。师范学校培养目标明确，课程设置整齐严密，具有较为浓烈的师范教育的特点。然而，这一时期的师范学校管理大多停留在制度层面，并未得到有效实施。

2. 北洋政府后期管理师范学校的制度

从五四运动到1927年，这一时期民国政府仍旧处于北洋军阀集团的控制中，军阀争权夺利，连年混战，无暇顾及对教育的管理，也因此促进了思想解放，教育领域内开展了一场声势浩大的“新教育”运动，并形成了1922年新学制，师范教育领域也发生了重大变革。

（1）学校设置及任务规定

1922年11月1日，《学校系统改革案》颁布，实行1922年新学制，即“六三三”学制。师范教育体制发生了变化。普通中学和大学与师范教育机构一同承担教师培养任务。

关于中等师范教育的改革。[①] 中等师范教育由师范学校和中学校共同完成。其中，师范学校修业年限改为六年，与之前相比增加了一年，并且规定师范学校后二年或后三年可以接收初级中学毕业生；中学校修业年限为六年，初中、高中各三年，高中分普通、农、工、商、师范、家事等科，其中师范科成为中等师范教育的重要渠道之一。

关于高等师范教育的改革。[②] 高等师范学校改为师范大学，修业年限为4年，接收高级中学毕业生，任务是培养中等学校师资、教育学术界及行政界领导人才和研究实验各种教育方法。这标志着中国近代的高等师范学校终于在学制系统中获得了与大学平等的地位。同时，为了补充中学教员的不足，还设有二年的师范专修科，附属于大学校教育科或师范大学校。

由此可见，师范教育不再是培养教师的唯一渠道，普通中学和大学与师范教

① 陈元晖主编：《中国近代教育史资料汇编·实业教育 师范教育》，上海：上海教育出版社，2007年，第845页。

② 陈元晖主编：《中国近代教育史资料汇编·实业教育 师范教育》，上海：上海教育出版社，2007年，第846页。

育机构一同承担教师培养任务，拓宽了教师培养的渠道；师范教育程度提高，师范学校由之前的五年制改为六年制，将高等师范学校改为师范大学；增加师范学校的办学灵活性，在保持以往可按需设立师范专修科、短期师范学校、师范讲习科的基础上，让高级中学可根据本地和学校自身情况决定是否设立师范科。此外师范学校还可以单设后二年或后三年的后期师范学校；将以前师范学校必修改为后三年可酌行分组选修制，充分尊重了学生的个性发展。

关于师范教育的办学情况。据统计，1922 年全国师范学校共有 202 所，学生 30783 人。[①] 从“新学制”公布到 1927 年，仅仅有两所高师成功改为了师范大学，分别是北京高等师范学校改为北京师范大学、北京女子高等师范学校改为北京女子师范大学，其余国立高师或改为大学或并入大学。

1922 年《学校系统改革案》颁布后，高等师范学校升格为师范大学，大学另设教育系，于是高等教育阶段的师范学校多改用自费制，不过免除学费而已。师范学校在新学制颁行以前，因地方教育经费拮据已多改用半费制。到高中师范科成立，除学费外，一切膳宿费等也都改由学生自己供给。

（2）学校教学管理规定

1922 年学制颁布之后，师范教育体制发生了变革，同时课程设置也作了相应的修改。高等教育阶段的师范大学、大学教育科、师范专修科的课程由各校自定，再呈报教育行政当局，并没有明确的统一规定。因此，这一时期高等师范教育呈现出混乱的状况，更无创新性可言。

对于中等教育段的六年制的师范学校，三年制的高中师范科，三年、二年、一年制的师范学校或师范讲习所的课程，1925 年全国教育会联合会曾拟订有草案数种，其中以下列课程标准最具代表性（如表 5.3 所示）。

---

① 陈元晖主编：《中国近代教育史资料汇编·实业教育 师范教育》，上海：上海教育出版社，2007 年，第 943 页。

表 5.3　三年制高中师范科课程表①

A. 必修科目表

科目	公共必修科目									师范必修科目									
	国语	外国语	人生哲学	社会问题	世界文化史	科学概论	体育	音乐	共计	心理学入门	教育心理	普通教学法	各科教学法	小学各科教材研究	教育测验与统计	小学校行政	教育原理	实习	共计
学分	16	16	4	6	6	6	10	4	68	2	3	2	6	6	3	3	3	20	48

B. 选修科目表

(a)

科目	第一组注重文言及社会科学							至少须选
	选修国语	选修外国语	西洋通史	地学通论	政治概论	经济概论	乡村社会学	
学分	8	6	4	4	3	3	3	20

(b)

科目	第二组注重数学及自然科学										至少须选
	算术(包括珠算)	代数	几何	三角	物理学	化学	生物学	矿物地质学	园艺学	农业大意	
学分	8	6	6	3	6	6	6	4	4	6	20

(c)

科目	第三组注重艺术及体育					至少须选
	图画	手工	音乐	体操	家事	
学分	8	8	8	6	8	20

① 中国第二历史档案馆编：《中华民国史档案资料汇编：教育（二）》（第五辑第一编），南京：凤凰出版社，1994 年。

（d）

科目	教育选修科目									至少须选
	教育史	乡村教育	职业教育概论	儿童心理学	教育行政	图书馆管理法	现代教育思潮	幼稚教育	保育学	
学分	3	3	3	4	3	3	3	6	3	8

与之前中等师范学校课程设置相比，新的课程设置具有以下几个突出特点：

1. 减少必修科目，增加选修科目，采用学分制和分组选修，以适应师范生个性发展的需要；

2. 废除了封建性的“读经”课程，增加人生哲学、社会问题等相关学科，同时取消习字；

3. 增加文化科学知识的科目；

4. 加大教育类课程的门类和分量，力求拓宽和注重师范专业的知识和能力训练，克服旧课程重在学历培养的弊端；

5. 品德教育、文体知识教育、艺术体育教育、职业教育、教育理论与教育实践比例合适，具有多种类、多层次的特点。

虽然这一课程标准并未得到政府教育部门的正式颁布，但是由于设置合理，因此各地师范学校均参照实行，成为这一时期实际实施的课程标准。

综上所述，北洋政府后期的师范学校管理主要以 1922 年新学制的颁布为分水岭。在 1922 年新学制颁布以前，培养中小学教员的任务主要由师范学校承担。1922 年新学制颁布后，教员培养渠道放宽，普通中学和大学与师范教育机构一同承担教师培养任务。多层次、多规格培训师资的初衷是好的，但是这种体制也导致了师范教育的独立性逐渐丧失。再加上缺乏专门的师范教育规程的约束，师范教育体系混乱。新学制的改革造成了许多中等师范学校消失或者纳入到普通中学中，中等师范教育规模的萎缩，反而加剧了小学教员供不应求的状态。但值得肯定的是，由于新文化运动和“新教育”运动的影响，这个时期的师范学校管理更加强调民主，课程设置分为必修和选修，较之前相比也更加科学化和灵活化。

（二）国民政府时期管理师范学校的制度

1. 国民政府前期管理师范学校的制度

1927年4月，蒋介石集团在南京建立了国民政府，为了加强统治，对教育给予了很大关注，尤其重视党化教育，对教育体制也开始进行一些改革以适应其统治需要。就师范教育而言，从1927年到1937年抗日战争全面爆发的这段时间可视为国民政府前期，是师范教育发展的一个重要时期。

（1）学校设置及任务规定

关于师范学校。1922年“新学制”中对师范教育的改革，普通教育也纳入到教师的培养计划中，造成了许多中等师范学校消失或者纳入到普通中学中，加上传统观念的影响以及现实中小学教师的待遇低下，许多学校取消了师范生的公费，使得诸多的高中内不设师范科，即便设立往往也难以找到足够的学生。因此，1922年“新学制”颁布实施后，导致中等师范教育规模的萎缩，加剧了小学教员供不应求的状态。针对这种现象，要求中等师范教育独立的呼声日益高涨。1929年4月国民政府公布的《中华民国教育宗旨及其实施方针》指出，“师范教育为实现三民主义的国民教育之本源，必须以最适宜之科学教育及最严格之身心训练，养成一般国民道德、学术上最健全之师资为主要之任务，于可能范围内使其独立设置，并尽量发展乡村师范教育”[①]，揭开了改革现行中等师范教育、建立新的师范教育体制的序幕。

1928年3月，《中学暂行条例》规定高级中学设“师范科”，修业年限为三年，入学资格为初中毕业生。1931年4月，教育部训令，县立初级中学，从1931年起应附设或改设“乡村师范”及职业科。[②]

1932年底，国民政府公布《师范学校法》，1935年6月又制定了《师范学校

① 宋恩荣、章咸选编：《中华民国教育法规选编》（修订版），南京：江苏教育出版社，2005年，第36页。

② 李友芝等编：《中国近现代师范教育史资料》（第二册），北京师范学院，1983年内部交流资料，第280页。

规程》，规定师范学校修业年限依旧为六年，招收初级中学毕业生；师范学校附设幼稚师范科，修业年限二年或三年，招收初级中学毕业生；师范学校附设特别师范科，修业年限一年，招收高级中学或高级职业学校毕业生。为了填补义务教育教师的极大空缺，各地方还可以根据需要设简易师范学校，修业年限四年，招收小学毕业生，或于师范学校及公立初级中学内附设简易师范科，修业年限一年，招收初级中学毕业生。①

在新的中等师范教育体制中，改变了以往师范学校私人也可设立的习惯，加强了国家对中等师范教育的直接管理。设置中等师范区，规定各省教育厅依据各该省情形，将全省分划为若干师范区，每一师范区内设师范学校及女子师范学校各一所，且师范学校招收学生，应先就区内各县招收。同时规定师范学校由省或直属于行政院的市设立，若地方需要，也可由县设立，办学经费分别由省、市或县财政提供。

1931 年 9 月国民政府公布《三民主义教育实施原则》，关于师范教育的目标作出如下规定：一是应根据三民主义的精神，并参照社会生活之需要，施以最新式科学教育及健全的身心训练，以培养实施三民主义教育师资。二是学校应与社会沟通，并造成“教”“学”“做”三者合一的环境，使学生对于教育事业，有改进能力及终身服务的精神。三是乡村师范教育应注重改善农村生活，并适应其需要，以养成切实从事乡村教育或社会教育的人才。② 强调师范教育为社会服务的重要作用。

据 1936 年全国师范学校统计，当时师范学校共有 814 所，学生 87902 人。③

关于高等师范学校。1922 年“新学制”改革后众多高等师范学校并入大学或升格为大学，高等师范教育规模缩小，造成了中等教育师资培养的无计划性，

---

① 李友芝等编：《中国近现代师范教育史资料》（第二册），北京师范学院，1983 年内部交流资料，第 324—326 页。

② 李友芝等编：《中国近现代师范教育史资料》（第二册），北京师范学院，1983 年内部交流资料，第 307 页。

③ 中国第二历史档案馆编：《中华民国史档案资料汇编：教育（一）》（第五辑第一编），南京：江苏古籍出版社，1994 年，第 519 页。

难以宏观调控。因此，之后关于高等师范学校是独立、升为师范大学还是与大学合并的争论甚是激烈，并且始终未争论出结果。政府当局对当时以师范大学为基本形式的高等师范教育是否需要改革、应该以何种方式培养中等教育师资等问题一直举棋不定，直到1937年全面抗战爆发，高等师范教育基本还是维持1927年以前的格局。

1929年7月教育部公布《大学组织法》，8月公布《大学规程》，规定大学得设“教育学院”，独立学院得设“教育科”。其中，教育学院及教育科又可分为教育原理、教育心理、教育行政、教育方法及其他各学系。大学或独立学院不设教育学院或教育科的，得设“教育系”，附于大学文学院或独立学院文科。大学修业年限为四年，入学资格为高中毕业生。此外，大学得附设“师范专修科”，修业年限二年或三年，入学资格也为高中毕业生。[①]

这一时期仅存的师范大学是北京师范大学与北京女子师范大学，1933年两校合并改名为北平师范大学。学校目标是“以造就中等学校与师范学校师资为主，并以造就教育行政人员及研究学术与适用于教育之专门学术为辅”[②]，在注重中等教育师资和行政干部培养的同时，提出了研究学术尤其是教育学术的任务，这是北师大建校以来，第一次把研究教育学术及适用于教育的专门学术定为学校的职能，突出了师范大学的特点。

（2）学校内部机构设置与运行

这一时期，政府更加重视师范学校内部机构的设置和运行管理。1932年公布的《师范学校规程》与以往学校规程相比，增添了“教职员与行政”这一章的规定，明确学校内部行政管理的规章制度。

规定师范学校须设置两种委员会：训育指导委员会与经费稽核委员会。训育指导委员会由校长、各主任、各教员及校医组织之，以校长为主席，负一切指导学生之责，每月开会一次；经费稽核委员会由专任教员公推三人至五人组织之，

① 中国第二历史档案馆编：《中华民国史档案资料汇编：教育（一）》（第五辑第一编），南京：江苏古籍出版社，1994年，第174—176页。

② 北京师范大学校史编写组：《北京师范大学校史》，北京：北京师范大学出版社，1982年，第95页。

委员轮流充当主席，负审核收支账目及单据，每月开会一次。①

规定师范学校须定期举行四种会议：校务会议、教务会议、训育会议、事务会议，保障学校的有效运行。校务会议由校长、全体教员、校医及会计组织，校长为主席，讨论全校一切兴革事项，每学期开会一次或二次；教务会议由校长及全体教员组织，校长为主席，校长缺席时教导主任或教务主任为主席，讨论一切教学、实习及图书设备购置事项，每月开会一次；训育会议由校长、各主任、各级任及校医组织，校长为主席，校长缺席时教导主任或训育主任为主席，讨论一切训育及管理事项，每月开会一次或二次；事务会议由校长、各主任及全体职员组织，校长为主席，校长缺席时事务主任为主席，讨论一切事务进行事项，每月开会一次。②

两种委员会和四种会议制度使师范学校向制度化、科学化管理迈进了一步，有效保证了学校的运行。

（3）学校校长及人员管理规定

关于校长的有关规定。与以往规定相同，各省立、市立、县立师范学校的校长均由各级教育行政机关选荐，并由该级政府核准任用。③ 但是在新的《师范学校规程》中，还新增了对师范学校校长选任的规定，将师范学校校长选任标准纳入学校规程中，公开透明，以便社会监督。

《师范学校规程》中规定，师范学校校长须品格健全，才学优长，毕业于师范大学、大学教育学院、教育科系或其他院系而曾习教育学科 20 学分或高级师范学校。除此之外，还须有一定的实践经验，或曾任国立大学教育学院教授或专任讲师一年以上，或曾任省及直辖市教育行政机关高级职务二年以上著有成绩，或曾任高级中学校长或初级中学校长三年以上著有成绩。校长不仅要综理校务，

① 李友芝等编：《中国近现代师范教育史资料》（第二册），北京师范学院，1983 年内部交流资料，第 341 页。

② 李友芝等编：《中国近现代师范教育史资料》（第二册），北京师范学院，1983 年内部交流资料，第 342 页。

③ 宋恩荣、章咸选编：《中华民国教育法规选编》（修订版），南京：江苏教育出版社，2005 年，第 444 页。

按照规定还须担任教学，其时数不得少于专任教员教学时间最低限度的二分之一，即每周教学时数不少于八小时，并不再支付额外的俸给。①

关于教师管理的有关规定。较之前，这一时期对于教师管理的相关规定也更加明确清晰，并将教师的聘任标准、工作量等具体管理规定纳入到《师范学校规程》中。

一是关于教师的聘任。师范学校教员由校长聘任，初聘任期以一学年为原则，拟后续聘任期为二学年。专任教师不够的情况下，师范学校也可以聘任兼任教员，但人数不得超过全体教员人数的四分之一。②

二是关于教师工作量的规定。专任教员的每周教学时数为十六至二十二小时，兼任主任及训育职务的专任教员，其每周教学时数可以适量减少，但不得少于规定最低限度的三分之二，并不再支付额外的俸给。此外，专任及兼任教员均应轮值指导学生自习，专任教员每日在校时间至少七小时。

三是关于教师聘用的资格标准。师范学校教员须品格健全，其所任教科为其所专习之学科；并对初等教育具有研究，且合于下列规定资格之一者③：

①经师范学校教员考试或检定合格者；

②国内外师范大学或大学教育学院、教育科系毕业者；

③国内外大学本科、高等师范本科或专修科毕业后，有一年以上之教学经验者；

④国内外专科学校或专门学校本科毕业后有二年以上之教学经验者；

⑤有价值之专门著述发表者；

⑥具有精练技能者（专适用于劳作教员）。

有下列情形之一者，不得任用为师范学校教员：

---

① 李友芝等编：《中国近现代师范教育史资料》（第二册），北京师范学院，1983年内部交流资料，第322页。

② 李友芝等编：《中国近现代师范教育史资料》（第二册），北京师范学院，1983年内部交流资料，第340页。

③ 李友芝等编：《中国近现代师范教育史资料》（第二册），北京师范学院，1983年内部交流资料，第343页。

①违犯刑法证据确凿者；

②成绩不良者；

③旷废职务者；

④怠于训育及校务者；

⑤患精神病或身有痼疾不能任事者；

⑥行为不检或有不良嗜好者。

师范学校教员连续在一校任职满九年后，须带薪休假一年，从事研究工作，并接受上级考查。

明确教师选任标准，体现了国民政府对师范学校教师的重视，有利于师范学校教师队伍的建设。但是由于教师的短缺，这项标准并未得到有效的实行，为了招到一定数量的教师，有时不得不降低任用标准。

关于师范生管理的有关规定。这一时期在师范生管理中最明显的变化就是加强对学生训育管理。从实施原则到具体实施步骤都有相关文件出台，确保训育管理的有效施行。

1931 年，国民政府公布的《三民主义教育实施原则》，对于师范教育中的训育实施纲要给出以下十项规定①：

①根据本党师范教育宗旨，并采用党员训练方式，以指导其全部生活；

②由思想上之诱导及各种纪念集会之剀切指示，以养成其对于三民主义之明确的认识和坚定的信仰；

③指示教育救国之真义及中外大教育家献身教育事业的精神，以坚定学生尽瘁教育事业的志向；

④由国民道德之提倡，民族意识之灌输，以唤起其爱护国家、发扬民族的精神；

⑤由军事训练、运动竞技，以锻炼其健全的体格、规律的生活及坚苦耐劳的习惯；

---

① 李友芝等编：《中国近现代师范教育史资料》（第二册），北京师范学院，1983 年内部交流资料，第 315 页。

⑥由科学研究的实验和成绩考查的厉行，以养成其彻底探讨和精密观察的能力；

⑦由各种节约运动及合作事业的指导，以养成其俭朴的习惯、合群的兴趣；

⑧利用正常的娱乐及适度的郊外旅行，以陶冶其审美的情绪；

⑨由家庭伦理观念之指导及勤劳操作之鼓励（对于女生尤应注意），以唤起其改进家庭生活之责任；

⑩由学生自治会及其他团体事业之指导，以养成其运用四权之能力，和其他关于公民生活的准备。

这项训育实施纲要，包括对学生的思想精神、体育锻炼、科学知识、兴趣锻炼、审美情趣、家庭责任、公民生活等的规定，十分全面。

关于师范生训育的具体实行，1935 年 6 月公布的《师范学校规程》，提出了明确要求①：

①师范学校学生除劳作科作业外，凡校内整理、清洁、消防及学校附近之修路、造林、水利、卫生、识字运功等项，皆须分配担任，学校工人须减至最低限度；

②师范学校校长及全体教员均负训育责任，须以身作则，采用团体训练及个别训练，指导学生一切课内课外之活动；

③师范学校每一学级设级任一人，选择该级一专任教员担任，掌理各该级之训育及管理事项，校役及专任教员均以住宿校内为原则，与学生共同生活，学生宿舍须有教员住宿，负管理之责；

④师范学校学生应按照学生制服规程规定，一律穿着制服，制服之重制，须视一般学生穿着损坏情形，不得于每学期或每学年令学生新制；

⑤师范学校学生旷课及怠于自修或劳动作业等情形，应于操行成绩内减算。

（4）学校教学管理规定

师范学校的教学管理。一是课程管理。国民政府教育部非常重视师范学校的课程管理，不仅提出了课程设置原则、具体课程设置要求，还明确课程的学分与

---

① 李友芝等编：《中国近现代师范教育史资料》（第二册），北京师范学院，1983 年内部交流资料，第 331—332 页。

选择要求，明确三民主义在课程教学中的有效体现。

1931 年，国民政府公布的《三民主义教育实施原则》，对于师范教育中的课程实施纲要给出以下五项规定[①]：

①编制课程，宜顺应师资养成之年限及地方的需要；

②各科教学应注意教材的运用和实习，以养成学生自编教材的能力和兴趣；

③师范学校应酌加有关实施社会教育的课程，像可兼备社会教育之师资；

④乡村师范课程，应注重农业生产及农村改良教材；

⑤女子师范课程，应兼重育婴知识及家政实习。

师范学校及其特别师范科、幼稚师范科的教学科目及课程标准实习规程，都由教育部规定。国民党执政以后，于 1928 年 5 月，由大学院组织“中小学课程标准起草委员会”；10 月，大学院改组为教育部，同时修订该委员会组织大纲；1930 年 11 月，正式出版《高级中学师范科课程暂行标准》。依据这一标准，高中师范科必修科目凡二十四，选修科目由各校视需要设置，合计 162 学分。具体如表 5.4 所示：

表 5.4　高中师范科必修科目时间及学分表[②]

学科		国文国语	历史（混合的或分科的）	地理	生物学	化学	物理	算学	社会学及社会问题	体育	音乐	论理学	教育概论	教育心理（包括儿童心理）	教育测验与统计	小学教材研究	小学教学法	小学行政	健康教育	小学教师应用工艺（或农业）	小学教师应用家事（女生专习）	小学教师应用美术	小学教师应用音乐	实习	统计
第一学期	时数	4	2		4			4		2	2	2	2							2		3			27
	学分	4	2		3			4		1	1	2	2							1		1.5			21.5

① 李友芝等编：《中国近现代师范教育史资料》（第二册），北京师范学院，1983 年内部交流资料，第 314 页。

② 中国第二历史档案馆编：《中华民国史档案资料汇编：教育（二）》（第五辑第一编），南京：江苏古籍出版社，1997 年，第 616 页。

续表

学科		国文国语	历史（混合的或分科的）	地理	生物学	化学	物理	算学	社会学及社会问题	体育	音乐	论理学	教育概论	教育心理（包括儿童心理）	教育测验与统计	小学教材研究	小学教学法	小学行政	健康教育	小学教师应用工艺（或农业）	小学教师应用家事（女生专习）	小学教师应用美术	小学教师应用音乐	实习	统计
第二学期	时数	4	2		4			4		2	2		2					3		2		3			28
	学分	4	2		3			4		1	1		2					3		1		1.5			22.5
第三学期	时数	4	2			4			3	2	2			2			3			2		3		2	29
	学分	4	2			3			3	1	1			2			3			1		1.5		2	23.5
第四学期	时数	4	2			4				2	2			2			3		2	2		3		2	28
	学分	4	2			3				1	1			2			3		2	1		1.5		2	22.5
第五学期	时数			3			4	1		2					3	4							2	5	24
	学分			3			3	1		1					3	4							1	5	21
第六学期	时数			3			4			2						3							2	5	19
	学分			3			3			1						3							1	5	16
学分总计		16	8	6	6	6	6	9	3	6	4	2	4	4	3	7	6	3	2	4		6	2	14	127

此外另加党义 12 学分，军事训练 6 学分。女生不受军事训练的，以家事代替。

高中师范科选修科目及学分如下：（1）人生哲学，4 学分；（2）乡村教育，3 学分；（3）民众教育，3 学分；（4）幼稚教育，4 学分；（5）低年级教学法，3 学分；（6）图书管理学，3 学分；（7）地方教育行政，3 学分；（8）教育史，4 学分；（9）比较教育、4 学分。此外，为了便于小学教学应用或学生深造，选修科目须根据性质分组。如甲、艺术组，设音乐、绘画、塑造等科目；乙、体育组，设体育、健康教育等科目；丙、实用技能组，设农、工、商、家事等科目；丁、语文组，设国文、国语、英语、论理等科目；戊、数理组，设算学、自然科学等科目；己、社会科学组，设法制、经济、史地等科目。

1931年2月，教育部指令，高中师范科须增添童子军训练作为选修科目，计算学分。

此外，1935年6月公布的《师范学校规程》对师范学校、乡村师范学校、三年制幼稚师范科、二年制幼稚师范科、特别师范科招收高级中学毕业生及特别师范科招收高级职业学校毕业生的教学科目也都作了详细规定。

二是教材管理。师范学校及其他特别师范科、幼稚师范科教科图书，应采用教育部编辑或审定者。教员自编教材须适合教育部制定的课程标准，并须于每学期终将全部教材送呈主管教育行政机关审核，转报教育部备案。此外，各科教学也应活用教本，可采用地方性及临时补充之教材，并须注重实验及实习。师范学校除外国语教本外，一律采用中文本教科书，不得使用外国文书籍。师范学校教员一律用国语为教授用语。

三是学业成绩及考查规定。为加强对学生学业成绩的考核及管理，确保师范教育的质量，1932年的《师范学校规程》明确了学生成绩考查、计算和不及格学生的处理办法，具体如下①：

①学生成绩考查办法。师范学校学生成绩分学业、实习、操行及体育成绩四项。考查学生成绩分下列四种：日常考查、临时试验、学期考试、毕业会考或毕业考试。

日常考查：其方式有口头问答、演习练习、实验实习、读书报告、作文、测验、调查报告、其他工作报告、劳动作业，各科依其性质酌用之；

临时试验：由各科教员随时于教学时间内举行，不得预先通告学生，每学期每科至少举行二次以上；

学期考试：于各科教学完毕时，就一学期内所习课程考试之，考试前得停课一至三日，备学生复习；

毕业考试：于规定修业期满后，就全部课程考试之，考试前得停课三至五日，备学生复习，参加毕业会考之学生免除毕业考试；

---

① 李友芝等编：《中国近现代师范教育史资料》（第二册），北京师范学院，1983年内部交流资料，第334—337页。

毕业会考：是经原校考查毕业成绩及格后由该省市教育行政机关举行的考试，毕业会考各科成绩都及格才能毕业。具体实施办法由教育部公布的《师范学校学生毕业会考规程》规定。

②学业成绩计算办法。学业成绩计算方法由各省市教育行政机关规定，呈报教育部核准施行。各师范学校为实验教育起见，得于主管教育行政机关规定计算方法外，采用其他方法，但须经转呈教育部核准施行。

各科学期成绩：由各科平时成绩与学期期末考试组成，平时成绩占 3/5，学期考试成绩占 2/5。而平时成绩由各科日常考查成绩与临时试验成绩组成，日常考查成绩在平时成绩内占 2/3，临时试验成绩占 1/3。且师范学校最后一学年第二学期得免除学期考试，而以各科平时成绩作为学期成绩，但参加毕业会考的学生仍须举行最后学期考试。

毕业成绩：由学年成绩和学期成绩组成，学年成绩占 3/5，学期成绩占 2/5。学期成绩为学生各科学期成绩的平均，学年成绩为学生一、二两学期成绩的平均。

③考试不及格学生的处理办法。关于无学期成绩或成绩不合格学生的处理办法如下：

无学期成绩之学科或成绩不及格的学科在三科以上的学生，或仅二科无学期成绩或不及格，但其科目为公民、国文、算学、理化、劳作及各种教育学科等科中之任何二科之学生，均应留级一学期。连续留级以二次为限，如本校无相当学级，可发给转学证书，转入其他师范学校，插入相当班次。

无学期成绩之学科或成绩不及格之学科仅有一科的学生，或虽有三科无学期成绩或不及格，但其科目非如前条所规定者的学生，均应令于次学期仍随原学级附读，一面设法补习各该科目，经补习学期考试成绩及格后准予正式晋级；如仍不合格，应于次学年仍留原年级肄业。但此项补考以二次为限，连续留级亦以二次为限，如仍不能晋级，发给修业证书令其退学。

关于毕业考试成绩不合格的学生处理办法如下：

在毕业考试成绩内，不及格的学科在三科以上或仅二科不及格，但其科目为公民、国文、算学、理化、劳作及各种教育学科等科中之任何二科之一的学生，均应令留级一学年（有春季始业班级的学校得留级一学期）。但此项留级以二次为限，如仍不能毕业，发给修业证书令其退学。

在毕业考试成绩内，有一科不及格或虽有二科不及格，但其科目非如前条所规定者之学生，均应令补行考试二次，如仍不能及格应照前条办法办理。

④毕业会考。1935年4月6日教育部颁布了《师范学校学生毕业会考规程》，要求各省市区教育行政机关对于所属各类师范学校及师范科应届毕业的学生，经原校考查毕业成绩及格后举行毕业会考，毕业会考各科成绩都及格才能毕业。

毕业会考的最后成绩为各科成绩的平均数，分为甲、乙、丙、丁四个等级公示，会考及格者，发放毕业证书。会考三科以上不及格者应令留级。其因故不能留级者，得由原校给予修业证明书，载明毕业会考各科成绩，并加盖“毕业会考不及格”图记；会考有一科或二科不及格者继续参加下两届各该科会考两次，及格后方可以毕业，如仍有科目不及格时，应考试全部会考科目。

由此可见，无论是对学生平时学业成绩的计算和考查，还是毕业会考的相关规程规定，都十分细致详细，且对于不及格和未通过考核的学生处置也十分严格，如此细致严格的教学管理在保障教学质量的同时也激发了学生学习的主动性。

师范大学的教学管理。这一时期，教育部对高等师范教育的课程依旧没有做出法令性的规定，而是由学校自行设定并报教育部批准即可，因而高等师范教育课程制度化程度降低，各相关学校的课程并不一致。北平师范大学自行制定的课程是这一时期较为全面和具有鲜明师范特色的课程。其课程分为四种：公共必修科目，占50学分；主修科目，占50～70学分；副科科目，占20～30学分；自选科目，占8～16学分。这些课程内容又大致可以分三类：一是修养类，包括党义、哲学概论、社会科学概论、自然科学概论、卫生、体育等，占总课程量的10%，共16学分；二是教材类，这是各学系的专业课，占总课程量的67%，共96学分；三是专业类，包括教育概论、教育心理、教学法、中等教育、教育史、教育行政、儿童及青年心理、参观、教育实习等，约占总课程量的23%，共34学分。[①]

综上所述，南京国民政府执政后对于师范教育的改革有以下几个特点：

第一，师范教育的独立性加强，师范教育得以恢复和发展。针对北洋政府时期1922年新学制改革的弊端，国民政府给予了纠正和改善，设置师范区，每一师范区内须设师范学校及女子师范学校各一所，保证了师范学校的发展。

第二，高等师范教育增加研究性，设置教育研究所。高等师范教育不仅仅是以培养示范学师资为主，还辅之以教育学术研究，第一次把研究教育学术定为学校的职能，突出了师范大学的特点。

第三，师范学校内部机构设置更加完善和现代化。规程中对师范学校内部各种委员会的设置，以及学校各种会议的召开都有规定，体现出国民政府时期对学校的严格控制。

第四，关于教职员的管理规定周详，较北洋政府时期有了明显的进步。校长及教员的选拔程序和标准较为明确，同时设置有教员资格认定制度和审核制度，对教员的请假、休假、俸给等都有明确规定。

第五，学生训育严格，重视党化教育。设置有详细的训育实施纲要，课程设置方面也增加了党义和军事训练的课程。

第六，重视三民主义精神在师范教育中的渗透。无论是在课程、教学上，还是在对学生管理上，甚至是学校设备管理中，无一不渗透着三民主义精神。

但是，这一时期的高等师范教育领域依旧不乐观。全国只有北平师范大学这一所独立的高等师范院校，其余都是设置在综合大学或独立学院内部以“教育学院”或“教育科”的形式出现，导致宏观的中等教育师资的培养缺乏计划性，中等教育师资严重缺乏。

2. 国民政府中期管理师范学校的制度

1937年7月7日，卢沟桥事变爆发，日本开始了全面侵华战争，国民政府从

① 北京师范大学校史编写组编写：《北京师范大学校史》，北京：北京师范大学出版社，1982年，第96—97页。

抗日战争的需要出发，对以前制定的各级各类教育法令、法规都作了相应的修改、补充和完善，同时制定了一些新的战时政策，以此来满足长期抗战和后方建设对人才的需求，师范教育在抗战期间打上了时代的烙印，也得了相应的发展。抗战期间可视为国民政府中期，这一时期的中等师范教育变化不大，重点在高等师范教育的改革上。

（1）学校设置及任务规定

这一时期政府对中等师范学校的规定最主要的变化就是增加了国立师范学校。这是由于1938年《国立中学暂行规程》将国立中学列入中学体制后，为了安排撤退的师范学校师生，教育部就在国立中学内设置了师范科或师范部，而且从1938年起，设立了国立师范学校，逐渐成为中等师范教育的一个组成部分。此外，战争时期，国民政府还加强了对特别师范生和简易师范生的培养，设立简易师范学校，并增设社会教育师范科、体育师范科、音乐师范科、美术师范科、劳作师范科、童子军师范科。因此，这个时期的中等师范教育呈现一种国立、省立或市立、私立并存，以普通师范教育为主体、八类师范学校共存的格局。这八类师范学校分别是：师范学校、乡村师范学校、特别师范科、简易师范学校、简易乡村师范学校、简易师范科、各种专业师范科与师范学校、边疆师范学校。

由于战前高等师范教育的发展并不是很理想，除北平师范大学之外的高等师范学院大多并入大学，导致宏观的中等教育师资的培养缺乏计划性，加上其他一些因素，使得中等教育师资极度匮乏，因此，即使是在战争期间，本着“战时须向平时看”的原则，国民政府开始着手高等师范教育的改革。

1938年4月公布的《战时各级教育实施方案纲要》《战时各级教育实施方案》指出：全国划分若干区域内，设立师范学院，施行德、智、体三育所需专业师资之训练[①]，规定高等师范教育制度的改革，是以划分高等教育师范区、建立独立师范学院为主要内容。1942年教育部公布的《师范学院规程》规定师范学

① 宋恩荣、章咸选编：《中华民国教育法规选编》（修订版），南京：江苏教育出版社，1990年，第67页。

院以遵照中华民国教育宗旨及其实施方针，养成中等学校健全师资为目的。师范学院可单独设立，也可以在大学中设置，分男女两部，并得设女子师范学院。师范学院除设置本科外，还可以根据需要设置第二部、专修科、教育研究所等。①

师范学院学生修业年限为四年，期满考试及格，经教育部核准后学校授予学士学位，招收高中或师范学校毕业学生。并设第二部，招收大学其他学院性质相同学系毕业生，修业年限一年，授予中等学校某科教员证书。设专修科，招收高中毕业生，修业年限二年，授予初级中等学校某科教员证书。师范学院还设置有教育研究所，招收教育学系毕业之非师范生及师范学院毕业服务两年，或大学其他院系毕业而有二年以上教学经验者，研究期限二年，期满经硕士学位考试及格，授予硕士学位。师范学院本科、第二部、专修科灵活配合，共同致力于培养中等学校教师，教育研究所培养更高层次教育研究人员和优秀教师。

关于高等师范教育的实施状况，虽然受到战争影响发展艰难，但是在国民政府的重视以及各方的共同努力下完成了师范学院制度的建立，使得高等师范教育终于结束了抗战前两种模式并存且无所计划的局面，走出了低谷，获得了较大的发展。其具体表现在建立了一批独立的国立师范学院；综合大学按照架设师范学院制度的规定设立了师范学院；出现了以国立师范学院、国立西北师范学院等为代表的一些办学质量较高的师范学院；整个高等师范教育的规模也有了较为明显的扩大。据统计，1945 年全国高等师范学校共有 11 所，专科及专修科数 50 所，本科生数 5672 人，专科生及专修科数 3390 人。②

总体来看，战时教育政策对师范教育尤其重视，关于中等教育，在原有基础上提高师范学校地位、加强师范学校功能；关于高等师范教育，则是建立独立师范学院，并使其成为培养中等师范学校师资的主体，同时以大学师范学院作为补充。

---

① 宋恩荣、章咸选编：《中华民国教育法规选编》（修订版），南京：江苏教育出版社，1990 年，第 483 页。

② 李友芝等编：《中国近现代师范教育史资料》（第二册），北京师范学院，1983 年内部交流资料，第 789 页。

（2）学校校长及人员管理规定

师范学校的校长与人员管理。师范学校校长选任与以往不同，1938 年教育部公布的《战时各级教育实施方案》中规定，全国师范学校校长由中央特别训练后直接委派之。[①] 师范学校校长选任权力收归中央，并且要接受专门训练，由此可见战时国民政府对于校长的选任十分严格，体现了特殊时期学校实行军事管理的需要，同时也反映出了这一时期国民政府对教育的高度重视。

此外，对于中等师范学校的教师，在以往注重教师选任的基础上又增加对在职教师的训练，鼓励教师进修，并保证教师在进修期间的福利待遇。1941 年 12 月教育部制定《奖励师范学校教员进修及学术研究进修办法》[②]，详细规定了教师进修范围、进修规则和进修奖励办法等。1943 年 7 月公布《师范学校附设中心学校及教员进修班及函授学校办法》[③]，对进修班的管理办法予以明确规定，保证教师进修的规范有序运行。此外，1943 年 10 月教育部公布的《奖励师范学校教员学生研究实施要点》还规定师范学校教员继续在一校任职达规定年限者，除应依照规定给予休假外，其成绩特优者选送国内外学术机关参观研究。[④] 再加上 1944 年教育部公布的《学校教职员退休条例》《学校教职员抚恤条例》和《中学及师范学校教员检定办法》，基本形成了教师职前、职中、职后全方位的管理办法，贯穿教师成长的一生，教师管理制度基本完善。

这一时期师范生享受比以往更高的待遇。师范生在校所需的一切费用均由公家负担。1944 年 12 月发布的《全国师范学校学生公费待遇实施办法》，对师范生的待遇及其实施作了详细规定。

师范生几乎没有经济上的压力，这样的福利待遇在当时着实吸引了一批家庭

---

① 中国第二历史档案馆编：《中华民国史档案资料汇编：教育（一）》（第五辑第二编），南京：江苏古籍出版社，1997 年，第 16 页。

② 李友芝等编：《中国近现代师范教育史资料》（第二册），北京师范学院，1983 年内部交流资料，第 465 页。

③ 李友芝等编：《中国近现代师范教育史资料》（第二册），北京师范学院，1983 年内部交流资料，第 467 页。

④ 李友芝等编：《中国近现代师范教育史资料》（第二册），北京师范学院，1983 年内部交流资料，第 474—475 页。

贫苦的学生前来入学。再加上 1942 年教育部公布的《师范学校毕业服务规程》规定，师范学校毕业生毕业后均须在小学服务三年，确保了师范生在享受优厚的福利待遇之后，能将自身所学服务于小学教育，一定程度上解决了当时小学教员匮乏的问题。

师范学院的人员管理。这一时期的学校管理逐步走向制度化，师范学院教师管理方面有具体详细的规章制度。师范学院教员的聘任、待遇、资格审查以及休假都与大学相同，具体见于《大学及独立学院教员聘任待遇暂行规程》《大学及独立学院教员资格审查暂行规程》《国立专科以上学系教授休假进修办法》，在此不做赘述。

师范学院须施行严格训练，养成优良学风，设置有训导处或师范生管理处负责学生的训育工作。规定师范学院各教员除授课外，须负责辅导学生之品格修养、专业训练及学术研究。师范学院各教员对学生之操行、思想、学业、生活规律、身体状况等，都详密考核记载，每月报告训导处或师范生管训部汇办。师范学院学生生活训练采取严格统一的管理办法，所有膳宿处所应分别集中一舍，不得分散。大学师范学院在文理学院相当学系内招收师范生者，应与师范学院学生统一集中管理。训导处或师范生管训部应每月举行会议一次，报告训导实施情形，及研究关于训导之共同问题。[①]

（3）学校教学管理规定

中等师范学校的教学管理。战前，师范学校、简易师范学校、乡村师范学校的课程标准已经趋于成熟和稳定。抗日战争爆发后，为了适应战争的需要，中等师范教育课程稍有变动，但基本上保持以往所形成的师范学校科目数、教学时数和专业知识与专门知识结构比例。同时，略微的变动也较充分地反映了各类师范学校的专业性质和特色，使对各类师资的培养目标进一步落实，并较好地体现了所提出的抗战和建国的双重要求。

高等师范学校的教学管理。这一时期高等师范教育终于开始有了自己的课程

---

① 宋恩荣、章咸选编：《中华民国教育法规选编》（修订版），南京：江苏教育出版社，2005 年，第 485 页。

标准，师范学院课程设置开始统一，逐步走向规范。《师范学院规程》规定师范学院课程须分基本科目、专门科目、教材教法研究暨教学实习等三类，基本科目及教材教法研究暨教学实习为各学系共同必修，专门科目依其性质为各学系必修或选修。

1939年9月，教育部公布了《师范学院分系必修及选修科目表施行要点》，在对上述科目略为修订的基础上，规定各师范学院必须尽量参照部订科目设置必修及选修科目，学生在5年中，最少必须修满170学分，未修满规定之科目及各科目规定学分数者，不得毕业[①]。同时颁布的《师范学院分系必修及选修科目表》，对师范学院的教育、公民、国文、英语、数学、理化、史地、博物、体育等各系必修和选修的科目作了详细规定。总体来看，此时师范学院课程的复杂程度远非之前高等师范学校的课程设置所能比。如国文系的必修科目为中国文学史、历代文选、历代诗选、词选、曲选、中国文学专书选读（一）、中国文学专书选读（二）、文字学概要、各文体习作、文学概论、文学批评、分科教材教法研究、毕业论文，选修科目为要籍目录、中国哲学史、西洋哲学史、中国近世史、训诂学、小说戏剧选读、佛典翻译文学、理学概要、传记研究、应用文、西洋文学史、图书馆学、中国地理、国语运动史、中国修辞研究、声韵学概要、文字形体变迁史、教育测验与统计、儿童及青年读物、演说与辩论、音乐歌词、中外教育家研究、训育原理及实习、升学就业指导等。

同年10月，教育部又公布了《修正师范学院共同必修科目表》，对原规定的共同必修科目进行了修订，共同必修科目有国文、外国文、社会科学、自然科学、哲学概论或高等数学、中国文化史、西洋文化史、教育概论、教育心理学、中等教育学、普通教学法等11个科目。

高等师范教育中有了明确的统一的课程标准，教学管理更加规范有序。

1945年，抗日战争胜利后，国民政府从恢复和巩固其统治的需要出发，对教育较为重视，进行了教育善后复员等一系列工作。1945年9月，国民政府在

① 李友芝等编：《中国近现代师范教育史资料》（第二册），北京师范学院，1983年内部交流资料，第393页。

重庆召开全国教育善后复员会议，提出“建国时期，教育第一”的口号，部署教育善后复员工作。在对教育进行善后复员工作的同时，也对师范教育体制进行了一些改革。

3. 国民政府后期管理师范学校的制度

抗战胜利至国民党 1949 年退守台湾这一时期可视为国民政府后期。抗日战争胜利后的教育善后复员等一系列工作，包括了对敌伪占领区教育的接收和改造，战时迁往后方学校的回迁工作，并重新规划和调整了教育布局，师范教育也在其中。但国民党政府一意孤行，置全国人民和平呼声于不顾，撕毁“双十协定”，于 1946 年 6 月发动了全面内战。国民党蒋介石集团发动的内战有违民意，丧尽人心，不可避免地走向了失败。1949 年 10 月 1 日，中华人民共和国成立，国民党政府在大陆的教育制度，包括师范教育制度也随之完结。

一是关于师范学校的改革。面对师资严重缺乏的状况，这一时期对抗战时期所制定的中等师范教育制度做了一些变动。1946 年 6 月，教育部颁布《战后各省五年师范教育实施方案》，制定了发展师范教育的基本政策。规定师范学校要独立设置，并得附设简易师范部（科）；并规定师范学校以省办为原则，简易师范学校以县办为原则。从这些政策中可以看出，师范学校设置取消了国立，恢复了抗战以前的师范学校省立、简易师范学校县立的原则。1947 年 4 月颁布的《修正师范学校规程》，基本上沿袭 1935 年战前《师范学校规程》的相关规定。

二是关于师范学院的改革。抗战胜利后，随着教育善后和复员工作的展开，由于复员、接收带来了中学数量的增加，而因教育部将发展中等师范教育作为中心工作与抗战时期制定的师范学院制度的局限性，导致中等教育师资供给不够。在新的形势和需求下，国民政府教育部着手进行了高等师范教育体制的改革。在完成了师范学院善后复员、重新规划了高等师范教育区后，1946 年 12 月，教育部公布了《改进师范学院办法》，对现行师范学院制度进行了一定的调整。其主要变动是对国立大学师范学院和独立师范学院的分系做出调整，目的是加强师范学院学生的专门知识的学习，拓宽学生的知识面，在专业和专门之间寻求一个新的结合点。这一调整是对抗战期间建立的师范学院制度在经过实践后的反思和改进，值得肯定。

从抗战胜利到国民党政权在大陆崩溃的四年多的时间里，南京国民政府的师范教育与其他类别的教育一样，走过的是一段有所发展，然后陷入停滞、混乱，最后整个体制崩溃的道路。战后初期，国民政府对于教育的复员和整顿的确取得了一些良好效果，师范教育得到较好发展。然而，整个师范教育的实施在经过了这一为时不长的发展阶段后，随着国民党违民意、背人心，蓄意发动内战，从所说的“教育第一”实际转向“战争第一”，导致国家财政投入大量经费，同时受战争的影响，整个师范教育的发展便陷入了停滞。加之国民党政府对学生民主活动的镇压，规定对一些民主活动高涨的师范院校予以解散整顿，或予以停办，使得整个师范教育急剧衰退。最后，随着国民党南京国民政府所发动的内战最终走向失败，作为中华民国整个国家制度一部分的师范教育制度和整个师范教育的运作体制也随之解体，完结了自己从 1927 年开始的 22 年的历史命运。

值得指出的是，整个国民政府统治时期的中国师范教育能向上发展，这得益于教育界众多爱国知识分子教育救国等思想的指导，国民政府在教育上的措施和努力相当程度上是对广大教育工作者的回应。国民政府统治时期，师范教育体制的发展经历了三个阶段，大致是从对 1922 年“新学制”颁布后所造成的师范教育的混乱状况的整治，到全面抗战时期以师范学院制度建立为标志继续提高师范教育地位，最后到战后前期以师范教育为教育中心进一步修改和完善师范教育制度。在整个师范教育发展过程中，创造了值得记述的业绩，也留下了值得反思的教训。

二、师范学校管理实例

了解民国时期的师范学校作为政府管理学校制度、方针、政策的具体实施者，是如何对资源进行配置、保障人才培养的，对于研究师范学校管理具有十分重要的意义。这里我们选取北京师范大学和湖南第一师范学院两所师范院校，作为培养中等学校教师和初等学校教师的师范学校代表，来进行具体的案例考察分析。

（一）北京高等师范学校的管理

北京高等师范学校（即今北京师范大学）的前身是1902年创立的京师大学堂师范馆，它开创了中国现代高等师范教育的先河。京师大学堂师范馆与通州师范学校、南洋公学师范院被世人公认为中国师范教育肇端的三大源头；1908年改称京师优级师范学堂，独立设校；1912年改名北京高等师范学校，陈宝泉任校长；1923年更名为北京师范大学，成为中国历史上第一所师范大学；1927年8月北京国立九校被改组为京师大学，该校被改称为京师大学师范部；1928年6月，国民革命军进入北京，该校恢复原名北京师范大学；1928年11月，国立北平大学成立，改称该校为第一师范学院；1929年1月，国民政府令该校独立为国立北平师范大学；1931年，原有国立师范大学与国立北平大学女子师范学院合组为国立北平师范大学；1937年，受到日本全面侵华战争的影响，同年9月，该校与国立北平大学、国立北洋工学院及河北省立女子师范学院的一部在西安合并组成国立西安临时大学，1938年改名为西北联合大学；1938年工学院和农学院从西北联合大学中脱离，西北联大教育学院改为西北联大师范学院；1939年8

月，西北联大改名为国立西北大学，师范学院独立出来，为国立西北师范学院，继承北平师大，校址在固城；1941 年，在兰州设立分院，为西北师范大学兰州分院；1942 年，兰州分院改为本院，固城本院改为分院；1946 年 1 月，国立北平师范学院为北平师大复校复员请愿，3 月，部令设立北平师范学院，国立西北师范学院仍单独设置兰州；1949 年 9 月，北平改称北京，学校也相应改称北京师范大学。

北京女子高等师范学校是国立北京女子师范大学的前身，后来和北京师范大学合并，成为北京师范大学的一部分。而北京女子高等师范学校的前身则是京师女子师范学堂。京师女子师范学堂设立于 1908 年（光绪三十四年），1910 年（宣统二年）创办附属女子两等小学堂，这就是后来的北京师范大学第二附小，亦即今天的北京第二实验小学；辛亥革命以后，1912 年 5 月，改名为北京女子师范学校，教育部任命吴鼎昌为校长；1913 年胡雨人为校长；1914 年，姚华为校长，设附属蒙养院；1917 年方还为校长，添设教育、国文专修科；1919 年改为北京女子高等师范学校，添设附属中学，即后来的北京师范大学附属女子中学；北京女高师由方还、毛邦伟、熊崇煦、许寿裳、杨荫榆先后任校长。1924 年 5 月 2 日，北京女子师范大学成立。1931 年，男师大与女师大正式合并成为国立北平师范大学。

北京师范大学的发展受制于政府对学校的管理制度，依赖于学校管理者的贯彻落实。受到社会环境的影响和校长的频繁更迭，不同阶段的北京师范大学呈现不同的学校管理规定。又因为抗日战争爆发后时局过于动荡，政策不稳定，学校西迁中频繁更换校址，学校进行拆分重组，学校管理者频繁更迭，学校管理未能呈现稳定的统一状态，不具有研究价值。因此，对于北京师范大学的学校管理研究主要集中在民国成立后至抗日战争以前，以高师改大为分界线，划分为两个阶段：北京高等师范学校时期的学校管理和北平师范大学时期的学校管理。

1. 北京高等师范学校时期的学校管理（1912 年—1923 年）

（1）五四运动之前北京高等师范学校的管理

一是关于学校的任务规定。辛亥革命后，民国政府在教育方面进行了学制改革，优级师范学堂改为高等师范学校，全国划分六个国立高等师范区，直接属教育部管辖。北京为首区，首先开办。1912年5月15日，教育部令改京师优级师范学堂为北京高等师范学校，任命教育部司长陈宝泉为校长筹备开学事宜。7月，改五城中学堂为北京高等师范学校附属中学校，即现在北京师范大学第一附属中学。同时设立了附属小学校，即现在的北京第一实验小学。8月20日，北京高等师范学校举行开学典礼；8月21日，附属中学校开学；9月5日，附属小学校开学。附属中、小学是高等师范学校学生的实习场所。

1912年9月，教育部公布了《高等师范学校规程》，对学科、学生定额、修业年限等进行了规定。北京高等师范学校根据这一文件，制定了本校的《校规》，其《立学规则》一章的“要纲”规定：“本校以养成师范学校、女子师范学校、中学校、女子中学校教员为宗旨”①，明确了学校的任务不但为一般的师范学校、中学校，而且为女子师范、女子中学校培养教员。

二是关于学校内部机构设置。在1918年4月，校长陈宝泉在教育部召开的“全国高等师范学校校长会议”上所做的“北京高等师范学校报告”中指出，学校的执行机关组织分为教务、斋务、庶务、会计、卫生五课（同“科”），第四课由庶务主任担任，第五课由校医担任。因为事务性质不齐，还有分股分部，均隶属于前三课之内。学校议事机关有职员会议、教务会议、训育会议三种。职员会议集中讨论学校各项事务，教务会议则讨论教授事项，训育会议讨论训育事项，这些会议均于预定期间举行，校长为主席。若有重要紧急事项，则由校长召集各主任议之。此外，各课的自行会议及教务的各部会议，均由各主任主持，会议结束向校长报告。北高师因曾遭受火灾，还组织有自卫、消防及夜防会等。②

北高师还设总务部、智育部、德育部、体育部、编辑部、游艺部等部。总务部综核各部预算、决算，出纳款项及一切庶务；智育部组织各种学会，已成立有国文、英文、史地、理化、数理、博物、图画等学会；德育部、体育部等组织，

---

① 北京师范大学校史编写组编：《北京师范大学校史（1902—1982）》，北京：北京师范大学出版社，1982年，第22页。

② 蔡振生、刘立德编：《陈宝泉教育论著选》，北京：人民教育出版社，1996年，第70页。

在后面“学生管理”中将详细阐述；编辑部，负责编辑书籍、杂志，职员、学生投稿者居多；游艺部设有音乐会，分国乐、雅乐二组。

三是关于学校教学管理。按照教育部1912年下发的《高等师范学校规程》的相关规定，北高师开始进行课程改革。1912年8月，原优级师范学堂的“公共科”改称“预科”。其分类科的“类”，改称为“部”：旧第一类，改称文科第二部甲班；新第一类，改称文科第二部乙班；旧第三类，改称理科第二部甲班；新第三类，改称理科第二部乙班；第四类，改称理科第三部。1913年2月，文科第二部，改称英语部；理科第二部，改称物理化学部；理科第三部，改称博物部。8月，增设历史地理部。1915年，增设国文部、数理部、教育专攻科、国文专修科、手工图画专修科。1916年，为提倡美育及职业教育起见，附设音乐训练班、职工科。职工科学生毕业后为乙种实业学校教员。1917年，增设体育专修科。[①]

北京高等师范学校从1913年至1917年，本科增设了3个部，连同以前的3个部，共设6个部，完成了教育部《师范学校规程》中规定的国文、英语、史地、数理、理化、博物6部，并且设有补习科、教育专攻科、手工图画专修科、体育专修科和国文专修科，还附设了音乐训练班、师范教员养成所、职工科。

截至1918年4月，北高师设本科14班，预科4班，补习科1班，教育专攻科1班，手工图画专修科1班，体育专修科1班，师范教员养成所1班，职工科3班，共26班。具体情况如下[②]：

①本科及预科。本科六部，养成各学科精专人才，以适应社会需要；预科是为进入本科做准备的，第一学期各个科目相同，合班教授，第二学期预科按部分班，课程设置与本科课程相链接，但公共科目仍旧合授，以节约经费。

②补习科。补习科为基础薄弱的学生，尤其是边省学生所设，以补充中学未

---

① 北京师范大学校史编写组编：《北京师范大学校史（1902—1982）》，北京：北京师范大学出版社，1984年，第23—24页。

② 北京师范大学校史编写组编：《北京师范大学校史（1902—1982）》，北京：北京师范大学出版社，1984年，第72页。

足之程度，修业期一年，期满考试及格，升入预科。

③教育专攻科。为输入德国教育学说，振起国人教育思想而设，因此科目以德语及教育为主，聘德国人为教员。所教学生将来可充教育或德语教员，四年毕业。

④手工图画专修科。此科注重职业手工及图案画法，因当时教授此类科目的教员缺乏，因设此科以造专材，三年毕业。

⑤体育专修科。此科除教授以各种体操外，并加习中国武术及各项运动，以养成完全体育教员，两年毕业。

⑥师范教员养成所。1915 年，东三省行政长官因受外界刺激，感教员缺乏，特嘱北高师增设此班，由东三省选送学生，肄业教科，以国文、历史、地理为主，初拟两年毕业，后改为三年。

按照学校的规定，公共必修科目在预科有国文、英语、数学、伦理学、图画、音乐和体操，在本科有心理学、教育学、教育史和教授法。此外就是本科各部的专业科目。各部公共必修科目和专业科目，都有详细的教学记注，称为“教授实施状况”。其中对各门学科的教学内容，开设的学年，讲授的时数、方法，甚至所用教材的名称，都有详细的规定。[1]

北高师各学科教学均采用“自学辅导主义”。除重视理论外，兼重实验。尤注重国文、数学这两门基础课的教学工作，经常搜集教员的意见，改进教学方法。讲文演算，多令学生自主学习。国文注重预习，老师主要进行评点、批改。数学注重考问，多作题演算。史地、理化、博物等科每周约进行实验二到三次。同时，为了保证学生课外自习研究的时间，规定每班每周课题教学时间由 30 多小时改为最多 30 小时。

当时各科已有名为“教员研究室”的组织，类似现在的“教学研究室”，是教师备课和研究讨论的场所。但是因为当时北高师校舍不敷分配，没有能完全设立起来。

---

① 北京师范大学校史编写组编：《北京师范大学校史（1902—1982）》，北京：北京师范大学出版社，1984 年，第 25 页。

北高师还尤其重视课外练习。正课之外，还设初级、高级音乐练习班，军乐练习班及各项课外运动，以便达到发扬精神、锻炼身体的作用。国文、英语、史地、数理、理化、博物各部均有学会，由主任教员专任教员，指导各部学生练习讲演。每次均印刷讲演稿分给学生，以备共同讨论；数理部还有数理杂志出版。如此丰富的课外活动丰富了学生的课外学习生活，并促进了学生的全面发展。

北高师十分重视学生实践能力的培养，坚持理论与实践相结合的教育理念，为此，北高师有修学旅行、暑假修业、实地教授等活动。“修学旅行”活动又被称作“远足”，是教学的辅助活动。尤其是史地、博物二部本科学生，规定有两次国内旅行，访历史古迹，探地理名胜，调查动、植、矿各种产物。每次旅行，均作报告书，并绘图、摄影，采集各种标本。“暑假修业”是规定学生暑假期间所做的社会实践。放暑假前发给各班学生调查表格两份，一份是学校调查表，一份是社会调查表，让学生各就其居住地学校、社会现状，分别调查、填注表内。这项活动既可使学生练习做事的能力，其调查成果又可以供实际工作参考，可谓一举两得。各种研究问题由教师拟出，任学生各就所见及者，做成调查报告。这些活动结束后还需要撰写报告，作为作业的成绩，交各教务主任评定分数。“实地教授”是师范生于第三学期到中小学进行实地教学演练，但是北高师认为时间紧促，实习效果不好，因此北高师将实地教授提前于第一学期开始教生实习，并开批评会，由教员详细指导，为第三学期实习做准备，效果较好。

四是关于学校学生管理。按照国家规定，高等师范学校的学生免交学费，并且膳宿费由学校提供。北高师不仅供给膳宿，并酌量补贴其他必要的费用，学校还发寒暑制服，每半年发一双皮鞋，同时还为学生提供医药费用。所以，北高师的学生几乎没有经济压力，可以全身心投入学习。

据1918年统计，北高师共有学生666人。在北高师学生家庭职业中，来自学界的较多，医界与政界的较少，计学界占55%，农界占25%，商界占15%，医界占2.5%，政界占2.5%。[1]

---

① 蔡振生、刘立德编：《陈宝泉教育论著选》，北京：人民教育出版社，1996年，第99页。

高师时期，学校对学生的管训极为严格。学校订有“考查学生行为办法”，要求教员和学监“就操行册分口类随时考察，据实记注”。学校制定的关于教室、自习室、操场、斋舍、浴室等各项管理规则，共有17种、116条之多。①

五是关于训育管理。当时学生的思想工作由校友会德育部协助学校进行。德育部施行的办法之一是“组织修养会、阅书室，采集名贤格言及性理各书，以备参考”。学校对学生品行的考察“用暗记法，如有不守秩序之行为，另册登记，于毕业考试核算操行成绩时，列入低级”。学校又规定“职员之对学生，以互相亲爱为主。故遇学生有过失时，必使之反省，不轻加责罚”，并且明白表示，“积极训练，较悬牌宣布者其效力反大”。他们还提出训练和管理学生，目的在于“既变化其气质，复陶冶其性情，总期身心调和，以造成完全之人格”。②

当时规定的向学生进行思想教育的方式有以下几种③：

①训育会议。每月举行一次。校长及职教员共同讨论对于学生应用何种方法，以扶植其善，而医救其恶。并汇报、研究各生之特性，以便随时加以教育。

②训话。利用举行各种会议仪式的机会及临时发生事项的时机，由校长及学监招集学生，宣布“训辞”，关于精神修养、行为标准及一切应守训令都一再讲解。

③名人讲演。由职教员介绍中西名人到校演说，以增知识而资观感。

④自治谈话。每星期六下午举行。学监（负责管理学生的职员）均出席，研究自治方法。学生也可以发表自己的意见，互相研讨。

⑤对话法。每晚召集同级学生六人，由校长及教员、学监等与之对话。每年全校学生，约可轮流一周。具体的做法是：启发学生发言，随时向正确的方面引导。凡学生“幼年之所经，学科之所得，心志之所向，及假期所历之途径，无不可畅所欲言”。

---

① 北京师范大学校史编写组编：《北京师范大学校史（1902—1982）》，北京：北京师范大学出版社，1984年，第31页。

② 北京师范大学校史编写组编：《北京师范大学校史（1902—1982）》，北京：北京师范大学出版社，1984年，第31页。

③ 蔡振生、刘立德编：《陈宝泉教育论著选》，北京：人民教育出版社，1996年，第75页。

六是关于组织纪律管理。1918 年，北高师有住校学生约 600 人，将全校斋舍分为三大区，学监三人分理之事务虽繁而不紊。[①] 每区学生起寝、食事、疾病、请假及一切琐屑事务都需要向学监报告，并规定有请假法、会食法、谈话会、点名法和稽查法。

①请假法。每区学生请假，先向学监陈明事由，听候准驳。学生自己书写假条，以学监盖印为证。请假日期过一星期以上者，必须由学监主任许可盖章，方为有效。

②会食法。自民国六年改为分食，每人一菜一汤，每桌悬挂有名牌，每个座位上都有姓名签，不允许乱坐。吃饭须自己盛，不设侍食之人，只设厨役一二人巡行听呼唤而已。

③谈话会。“每星期六，学监主任及学监招集各室长谈论校内经过及改良事项，但不得涉及教科及校外之事。商定后即实行，彼此从无隐匿，并收观摩之效。”[②]

④点名法。规定本校自习室分号编制，学监对掌管区域的学生，“每晚持簿查考，如有空位，则记缺勤。自习两次不到，不予记勤”。

⑤稽查法。规定“每晚学生自习下课，学生就该管区域，偕本区事务员稽查火烛，督促夫役洒扫（星期六大扫除），将门窗关闭，由事务员取钥执掌，并将现状填写查视报告簿，每日送校长及主任核阅。又学生下自习归寝室后，约 30 分钟即须熄灯。惟私自燃烛，及炉火未净亦事之所或有。故学监于学生就寝后，必须稽查一次或两次”[③]。

七是关于学生课外运动管理。北高师不仅注重学生学习，同时也十分关注学生的身体健康，鼓励学生进行课外运动。因此，学校每年都举行两季全校运动会。自 3 月 11 日至 10 月 10 日为第一季，举行田径、网球、垒球等各种运

① 蔡振生、刘立德编：《陈宝泉教育论著选》，北京：人民教育出版社，1996 年，第 75 页。

② 陈元晖主编：《中国近代教育史资料汇编·实业教育 师范教育》，上海：上海教育出版社，2007 年，第 1027 页。

③ 北京师范大学校史编写组编：《北京师范大学校史（1902—1982）》，北京：北京师范大学出版社，1984 年，第 78 页。

动会。自10月11日至次年3月10日为第二季，举行足球、篮球等各种运动会。而拳术、弓术、瑞典体操、器械体操以及长距离竞走等，则两季全有。同时，学校在运动会之外的其他时间也积极组织学生加强身体锻炼，每日均有早操、课间操和下午锻炼。北高师学生每天坚持做早操，每次早操要点名，而且院长、训导长几乎每天都要从家里很远跑来参加早操。这一传统，即使是后来西迁陕甘时期也依旧保留。同时，学校规定每日上午授课第二时后，全体学生行20分组课间体操，还有兵式体操，每周分组合操一次，每月全体合操一次。此外，全体学生每周二至周六午后四时至五时锻炼一小时，锻炼时均由教员指导，受学监监督，并且进行成绩考核。这样，每名学生每日几乎都能确保一至两小时的锻炼时间。

北高师的校训是“诚实，勇敢，勤勉，亲爱”，因此对学生的训练方法原则也依此校训为之。虽然学生管理制度、条例较多，对学生管理的要求也相对严格，但是学校教职员对学生的管理还是以互相亲爱为主，可谓宽严并进的学生管理方式。

八是关于教职员管理。据统计，1918年4月，北高师有校长一人，教务主任六人，教务课事务主任一人，学级主任四人，职工科管理一人，学监主任一人，庶务主任一人，图书馆主任一人，教务课学监一人，斋务课学监三人，校医一人，庶务课文牍、会计、杂务各科科长一人，其余各机关所设之事务员及书记，其名额多少视事务之繁简而定。[1]

学校行政人员实行坐班制，每日上班时间为上午8点起至下午4点止，其余时间定有轮值员轮流执务。教师不必坐班，规定教师的教授时数每周二十小时，教务主任每周八小时。

每月第一周开教务会议一次，由教务课主办；第二周开训育会议一次，由斋务课主办；第三周开职员会议一次，由庶务课主办。每次开会，职教员都须参加，交换意见，集思广益。

---

① 蔡振生、刘立德编：《陈宝泉教育论著选》，北京：人民教育出版社，1996年，第78页。

（2）五四运动以后向北师大过渡期间的学校管理

1919年5月，爆发了伟大的五四运动，北高师学生在五四运动的影响下，当天上午成立了学生会，于1922年先后建立了共青团和共产党的组织。此时的北高师已经发展为颇具规模的高等师范学府，学生在专心致力于文化知识的学习和专业研究探讨的同时，还积极参加爱国救亡运动，并利用课余时间，举办平民学校和各类补习学校。

一是关于学校内部机构设置。1921年，《北京高等师范学校内部改组计划草案》对校务行政做出重大的变革，即设教务主任一人，庶务主任一人，废六部主任，设各学科主任及各科教授会，详细情况如下[①]：

①校长。校长总理全校一切行政事宜；校长办公室内设秘书一人及事务员若干人，辅佐校长处理机要事宜。

②教务处。本处为全校教务之总机关，以教务长、各学科主任及教务处内各股主任组织之。教务长负本处总理之责，随时商同校长处理关于教务之各种事宜；学科主任处理关于该学科教课上之事务，执行时应随时商明教务长，以谋教务之统一；各股主任辅助教务长处理本处事务。其中图书股（图书馆）设图书馆主任一人，事务员若干人，掌理图书之购置、登录、编目、典藏等事；教具股设主任一人，处理关于教具、仪器、标本、成绩等事务；管课股设主任一人，处理关于全校教课上之各种事宜；编辑股设主任一人，办理本校教育丛刊及各种出版物；介绍股设主任一人，掌管关于本校毕业生及来宾参观等事项。

③总务处。本处为全校事务之总机关，以总务长、庶务股主任、会计股主任及舍务股主任组织之。总务长负本处总理之责，随时商同校长处理各项事务；各股主任对于该股负管理之责，惟执行时应随时商明总务长，以谋事务之统一；医院本校特设学校医院，直隶于总务处，惟治疗学生疾病，应随时与舍务股接洽。其中，庶务股设主任一人，管理全校购置、建筑、保管、卫生、警备等事项；会计股设主任一人，管理全校之出纳储蓄；舍务股设主任一人，管理学生起居、饮

---

① 陈元晖主编：《中国近代教育史资料汇编·高等教育》，上海：上海教育出版社，2007年，第700—703页。

食、疾病、卫生等一切寄宿生活事项。

④评议会。评议会以校长、教务长、总务长及各学科主任组织之。凡下列各事须经评议会之议决：

a. 各学科之设置、废止及变更；

b. 校内各机关之设立、废止及变更；

c. 各种规则；

d. 各行政委员会委员之委任；

e. 本校预决算；

f. 教育总长及校长咨询事件；

g. 关于师范教育事件，将建议于教育部者；

h. 审议各委员会之议决事项；

i. 关于校内其他重要事件。

⑤行政会议。行政会议以校长、教务长、总务长及各委员会委员长组织之，规划本校一切行政事宜，其种类如下：

a. 教务会议内分主任会议及教员会议两种，前者以教务长、各学科主任组织之；后者以教务长、学科主任及教员组织之。其职权有：增减及支配各学科之课程；增设或废止学科建议与评议；调制教授上所需参考书、仪器、标本、导材等之预算。

b. 学科教授会由该学科之教授组织之，规划本学科教授上之事务。

c. 事务会议以总务长及总务处各股主任组织之，筹商关于庶务、会计及舍务等事项。

⑥行政委员会。为协助校长筹划进行各部分事务，本校设委员会若干，其委员由校长从职教员中指定，征求评议会同意，除临时委员会随时宣布外，本校常设之委员会如下：

a. 选科指导委员会（协助校长，使学生得尽其才而获实效）；

b. 教生实习指导委员会（协助校长谋划教生之所得利益）；

c. 考试委员会（协助校长审查考题及筹划改良办法）；

d. 聘任委员会（协助校长审查将行聘任职员之资格学行）；

e. 图书委员会（协助校长谋图书馆之扩张与进步）；

f. 出版委员会（协助校长审查编译之图书，规划推行出版事务）；

g. 体育委员会（协助校长谋全校学生之健康及适当之发达）；

h. 预算委员会（协助校长编制高师预算案）；

i. 审计委员会（协助校长稽核用途、审查决算及改良簿记法）；

j. 学生自治社会服务指导委员会（协助校长培养学生自治能力及服务精神）；

k. 教具委员会（协助校长谋仪器之扩充与进步）；

l. 庶务委员会（协助校长谋庶务之推行与进步）。

二是关于教学管理。北京高师1919年已决定不设预科。1921年，《北京高等师范学校内部改组计划草案》指出撤销本科六部，总分为文、理两院，修业年限各四年。1920年开办教育研究科，招收高师和专门学校的毕业生及大学三年级的学生，英文程度要求能直接听讲，这是我国高等学校招收研究生的开始。修业年限为二年，毕业授予“教育学士”学位。学科共二十四种，包括哲学、美学、心理学、教育学、教育史、教授法原理、生物学、社会学、教育卫生、教育统计、教育行政、心理测量、社会问题、道德哲学、实用心理、各国教育制度、教育调查法等。1921年《北京高等师范学校内部改组计划草案》指出，要将研究科分为教育、文、理三部，修业期各二年，授予学士学位，三部内又分为九科，即教育科、国文科、历史科、外国文学科、数学科、物理学科、化学科、生物学科、地质矿物学科，以教育为本科及研究科的中心。1923年，又续办国文、英语、史地三部的研究科。[①]

三是关于学生管理。五四运动带给北高师师生新的思想变化。1919年11月14日，学校废除了学监制，成立了学生自治会。以前由学校管训的诸多事项，现改由学生自治会办理。这在当时可以说是自动主义教育理论的体现。在这之前北高师没有独立的全校性的学生团体，现在北高师第一次拥有了全校性的学生自

---

① 陈元晖主编：《中国近代教育史资料汇编·高等教育》，上海：上海教育出版社，2007年，第704页。

己的组织。在以后的历史过程中，学生自治会常由进步学生主持，并接受中国共产党的领导，在校内外积极进行革命活动。

学生自治会的组织方式变更过几次，后来分委员会和议事会两种。委员会又分总务、出版、学务、卫生、食事、纠察等几种。各委员会由各班选出委员组成，在每班选出的委员中，再推选一人组成议事会。凡各委员会不能解决的事项，即提交议事会，或经议事会转交学校决定。同时还设置有学生自治指导委员会，负责指导管理学生的自治活动。

经过五四运动，北高师学生的进步思想、进步活动向前跨进了一大步，学生社团蓬勃发展。其中最大的两个社团分别是工学会和平民教育社，他们所提倡的“工学主义”和“平民教育思想”代表了当时北高师学生的主要思想倾向。1920年下半年北高师还成立了社会主义青年团。

此后，学生自治会在北师大的学校管理中发挥着巨大作用，尤其是“九一八”事变后，学校革命活动活跃，学校内很多事项都由学生自治会主持。

这个时期北高师酝酿改称“北京师范大学”的准备工作已基本完成。从北高师当时的规模、力量和目的来说，它已不限于中等学校各科师资的培养，而且兼以从事学术研究和培养各科教育的专门人才了。

2. 北平师范大学时期的学校管理（1923年—1937年）

（1）“高师改大”与两校合并时期的学校管理

1923年7月1日，北京师范大学成立，9月28日开学，范源濂任校长，从此中国教育史上出现了第一个师范大学，学校的发展也进入了一个新的阶段。

1924年6月，教育部修订师范大学组织大纲，规定本科学习年限为四年，暂设预科，学习年限二年。本科四年毕业者授予学士学位。

一是关于学校内部机构设置。“改大”后，实行董事会制度。1924年1月，学校董事会成立，梁启超、李煌流、熊希龄、张伯英、邓萃英、陈宝泉、范源濂等九人为董事。董事会的职权，按《国立北京师范大学董事会简章》的规定，共有八项：①推荐校长；②议定学校教育方针；③制定学校章程及组织大纲；④审定本校预算及决算；⑤审定教授之待遇；⑥审定学位之给予；⑦保管校产；⑧议决其他经校长提出之重要事宜。董事会议决的事项，应由校长呈请教育部核准施行。①

“改大”以后系科设置更加完备，本科分设教育系、国文系、英文系、史地系、数学系、物理系、化学系、生物系，并设体育专修科和手工图画专修科。其中教育系是新设立的，史地系至1928年分为历史系和地理系，体育专修科在1930年改为体育系。

1931年7月，教育部令北平师范大学与北平大学第二师范学院（原北京女子师范大学）合组为国立北平师范大学，任命徐炳昶为合组后的北平师范大学校长，大学之下分设教育学院、文学院、理学院。原北平大学第二师范学院所设的研究所改为研究院，先设历史科学门与教育科学门。

二是关于教学管理。“改大”以后，教师阵容比过去更加充实，梁启超、吴承仕、陈垣、黄佩等知名学者即于此时先后来学校任教。

学生学习开始采取学分制，以每个学生每周上课1学时及需要自修时间1小时至2小时、历时半年者为1学分。本科生在校期间共学150学分。改大以后课程逐年调整，变化的大概情形是公共课和专业课的学习时数均有增加，科目分得更细，内容也趋向深博，各系逐步开设专业教学法课。

三是关于学校经费管理。在当时复杂的社会环境中，学校经费极为短缺，中国的教育发展步履维艰。校长范源濂就任一年即因为经费不足难以维持学校而辞职离校。1925年10月，原本校数理系主任张贻惠出任校长。此后一段时间，中华教育文化基金会给予北师大一定资金帮助，北师大又为广西省代培师资，开办特别班，由广西省政府拨给补助费，这样学校才得以勉强维持下去。

1930年，值南北军阀进行中原大战，学校经费更加短缺，以致一度无法上课，学生曾发起“经费运动”“上课运动”。两校合并后，学校费用仍然是“寅支卯粮”，仅靠长期积欠勉强维持。

（2）“整理”后的北平师范大学的学校管理

1932年7月，国民党政府教育部任命李蒸为校长，负责对北平师范大学进

---

① 北京师范大学校史编写组编：《北京师范大学校史（1902—1982）》，北京：北京师范大学出版社，1984年，第73页。

行整治。整治原因一是学潮涌动，北师大学生管理混乱；二是学科学风与设置逐渐普通大学化，未体现出师范院校的特点。李蒸来校没多久就成立校务整理委员会，并草拟《国立北平师范大学整理计划书》，提出了整理的方针和办法，目的就是要体现出师范大学的特点并保持优良学风。

1933年8月，学校重新修订了北平师范大学《组织大纲》和《学则》，对学校的各个方面重新作了规定。大纲规定学校任务是“以造就中等学校与师范学校师资为主，并以造就教育行政人员及研究教育学术与适用于教育之专门学术为辅”①。

一是关于学校内部机构设置。“整理”后的北平师范大学分为三个学院十一个系。文学院设国文系、外文系、外国语文系、历史系，理学院设数学系，物理系、化学系、生物学系、地理系，教育学院设教育系、体育系、实用艺术系。取消社会学系，因为这个系有不少进步的教师和学生，深为学校当局所忌，取消这个系是学校当局压制学生运动的一种措施。北平师范大学除了培养本科毕业生以外，还通过暑期教育讲习班、教员讲习班、师资训练科等多种形式培养教师。

学校设校长室、秘书处、教务处、学院四种机构，分管全校各项行政和教学工作，规定校务会议、教务会议、院务会议、系务会议、事务会议五种会议负责学校各项事务审议。

二是关于教学管理。《学则》详细规定学校课程“兼采学分制及学年制”。本校学生在4学年中须修满的学分由之前的150分改为146分。每个学生每学期选修课目，至少18学分，至多不超过22学分。学生除选一主科外，应选其他一科为副科。学校课程按必修、选修、主科、副科分为四种，公共必修科，占50学分；主科，占50～70学分；副科，占20～30学分；自由选修科，占8～16学分。学校课程按内容分为三类：①修养类（包括哲学概论、体育等），共16学分，占10%；②教材类（即专业课），共96学分，占66.7%；③专业类（即教育课），共34学分，占23.3%。教育课必修的有教育概论、教育心理、普通教学

① 北京师范大学校史编写组编：《北京师范大学校史（1902—1982）》，北京：北京师范大学出版社，1984年，第96页。

法、教育统计及测验、中等教育等。①

三是关于学生管理。学生管理是“整治”的重点，设立学生生活指导委员会（以下简称指委会），以整理学校风纪。指委会指导和处理的事项包括学生个人的思想行为、课外作业和团体生活。指委会关于学生思想指导原则规定，要使学生“力矫浅薄育从之弊”“不为偏颇的禁锢或宣传”。指委会由校长聘请院长、秘书、系主任、四名教授、讲师及其他一些人组成，主要任务是管制学生，调查取缔进步活动并为国民党政府提供秘密情报。它成立后所进行的一系列的工作是给学生记过，颁布各种规则，整理平民学校，设立女生宿舍门禁，等等。女生宿舍门口设置校警，不准男生入内，不准在内接见男宾，当时被称为“紫禁宫”②。这样做的目的主要在于防范学生进行革命活动，压制学生的进步思想。这一做法遭到了学校内进步学生的强烈抵制，认为这是限制学生思想的法西斯教育，学校和国民党当局进行强力镇压，校内许多进步团体被迫解散。

这一时期，即便艰难，北师大仍旧培养出不少优秀的教育人才，在培养中学师资、发展教育事业方面做出了重大贡献。全面抗战爆发以前，据 1936 年 10 月统计，全校共有学生 944 人，教师 151 人，职员 82 人。据 1936 年 12 月统计，历届毕业生在教育界服务者，占总人数的 87.7%。他们从事教学和教育行政工作，深受所在学校的欢迎。③

全面抗战爆发后及解放战争期间，北师大在动乱中的发展极为缓慢。直到北平和全国各地先后解放，1949 年 9 月，学校改为北京师范大学，从此北京师范大学渡过了它的艰难岁月，获得了新的生命，进入了大发展的时期。

整体上看，民国以来的北高师学校管理有以下几个突出特点。第一，学校内部组织机构在历史进程中不断得以完善，形成了现代化的高校内部管理体制，分

① 陈高钦编：《北京师范大学》，北京：知识出版社，1983 年，第 4 页。
② 北京师范大学校史编写组编：《北京师范大学校史（1902—1982）》，北京：北京师范大学出版社，1984 年，第 101 页。
③ 北京师范大学校史编写组编：《北京师范大学校史（1902—1982）》，北京：北京师范大学出版社，1984 年，第 111 页。

工明确，高效运转，这是北高师在历史的风雨漂泊中屹立不倒的制度保证；第二，学科设置齐全，合校后的师大实行学分制，在重视学生理论水平的同时，也关注学生实际教学本领的提高；第三，极其重视对学生道德品行的培养，对学生的日常行为规范要求严格，同时注重培养学生自我管理的能力，重视学生自治会和学生社团的建设；第四，会聚全国各地优秀师资人才，在经费极其匮乏的情况下依旧不惜花费重金聘请优秀教师，重视教师队伍建设。北高师的这些优秀传统至今仍旧被保留下来，成为今日北师大熠熠生辉的宝贵财富。

（二）湖南第一师范学校的管理

湖南第一师范学校的前身为南宋时期张栻创办的城南书院，清光绪二十九年（1903）2 月城南书院更名为湖南师范馆，同年 11 月又更名为湖南全省师范学堂，光绪三十年（1904）湖南全省师范学堂（部分）改建为湖南中路师范学堂，光绪三十三年（1907）湖南中路师范学堂更名为湖南省立初级师范；民国成立以后，1912 年 2 月更名为湖南公立第一师范学校，1914 年湖南公立第一师范学校、湖南省立第四师范学校合并组建湖南省立第一师范学校；1926 年湖南省立第一师范学校改建为湖南省立高级中学（教育科），1928 年湖南省立高级中学（教育科）更名为湖南省立高级中学（师范科），1929 年湖南省立高级中学（师范科）改建为湖南省立第一师范学校，1939 年湖南省立第一师范学校、湖南省立第一中学、湖南省立二女中等七校合并组建湖南省立第一临时中学，1941 年湖南省立第一临时中学（师范部）改建为湖南省立第一师范学校；中华人民共和国成立后更名为湖南省第一师范学校，2000 年 3 月学校升格为普通高等师范专科学校，2008 年 4 月正式升格为普通高等师范本科院校，并更名为湖南第一师范学院。

湖南第一师范学校的发展也同样受制于政府管理学校的制度，依赖于学校管理者的贯彻落实。受到社会环境的影响和校长的频繁更迭，不同阶段的湖南第一师范学校呈现不同的学校管理状态。又因为抗日战争爆发后时局过于动荡，政策不稳定，学校西迁中频繁更换校址，学校进行拆分重组，学校管理者频繁更迭，学校管理未能呈现稳定的统一状态，不具有研究价值。因此，对于湖南第一师范学校的学校管理研究主要集中在民国成立后至全面抗战以前，并根据学校发展特点划分为三个阶段：民国初期的一师学校管理、大革命时期的一师学校管理和复校后的一师学校管理。

1. 民国初期的一师学校管理（1911 年—1919 年）

1911 年的辛亥革命，为资产阶级民主教育在第一师范的开创与发展提供了有利条件。受到武昌起义影响而停课四个月的湖南省立初级师范，于 1912 年 2 月复课，并改名为湖南公立第一师范学校，1914 年湖南公立第一师范学校、湖南省立第四师范学校合并组建湖南省立第一师范学校。

（1）办学思想与任务

一师根据南京临时政府教育部 1912 年 9 月颁布的《教育宗旨令》，结合自身师范教育特点，制定出本校的《教养学生之要旨》[①]：

①健全之精神，宿于健全之身体，故宜使学生谨于摄生，勤于体育；

②陶冶情性，锻炼意志，为充任教员者之要务，故宜使学生富于美感，勇于德行；

③爱国家，尊法宪，为充任教员者之要务，故宜使学生明建国之本原，践国民之职分；

④独立博爱，为充任教员者之要务，故宜使学生尊品格而重自治，爱人道而尚大公；

⑤国民教育趋重实际，宜使学生明现今之大势、察社会之情状，实事求是，为生利之人，而勿为分利之人；

⑥世界观与人生观，为精神教育之本，故宜使学生究心哲理，而具高尚之志趣；

⑦教授时常宜注意于教授法，务使学生于受业之际，悟施教之方；

---

① 《湖南第一师范校史》编写组编：《湖南第一师范校史（1903—1949）》，上海：上海教育出版社，1983 年，第 12—13 页。

⑧教授上一切资料，务切于学生将来之实用，以克副高等小学校令暨国民学校令，并其施行规则之旨趣；

⑨为学之道，不宜专恃教授，务使学生锐意研究，养成自动之能力。

其中所强调的“德行”“体育”，提倡“自动”“自治”，主张面向小学等，后来发展成为一师的办学传统。

一师还定有具有革新、进步意义的“民本主义”教育方针，以“知耻”为校训中心，“公诚、勤俭”相辅。其内容包括德智体三个方面①：

①道德实践：模范人物、家庭及保证人之联络、校内外管理、训练（训话）、操行考查、惩戒、人物互选、修身日记；

②身体活动：兵式普通游戏课间操、课外志愿军、课外运动会、学友会关于体育各部、球团、卫生；

③社会生活：包括智识和职业两个方面。智识包括世界教育思潮、地方教育状态、各科教授之注意、自动的研究、常识；职业包括课外劳动会、各种服务、技能各科、农业实习、工业实习、商业实习。

在民本主义教育方针的指导下，当时一师的任务主要有三项：培养小学师资、培训在职小学教师和调查小学教育。其中前两项是《师范学校规程》规定的，后一项是一师从实际出发，对学制年限、课程设置与教学内容等做了不少变通后的创新。

按照教育部《师范学校规程》，一师修业年限为预科一年，本科分为第一部（五年或五年半）和第二部（一年）。此外，一师还设有讲习科，为已经获得小学教员许可状的教师要求继续学习者所开设，学制一年。

（2）教学管理

一师民本主义的教育方针在教学管理中得到了充分体现。

一师设置有修身科、教育科、国文科、习字科、英语科、历史科、地理课、法制经济科、数学科、博物科、理化科、图画科、手工科、农业科、商业科、乐歌科

① 《湖南第一师范校史》编写组编：《湖南第一师范校史（1903—1949）》，上海：上海教育出版社，1983年，第14页。

和体操科，各科都规定有详细的“教授要旨”和“教授要项”，并在规定中充分融入资产阶级民主、科学的教育思想，强调“三育并举”的德、智、体平衡发展。

其本科课程设置，基本上遵照1913年3月国民教育部公布的师范学校课程标准，只是在个别教学时数上作出了相应的调整，教学内容增多，因此本科第一部延长半年，本科第二部重视教学法的教授。

一师根据湖南的实际状况，十分重视对学生的职业教育，不仅增加农业、商业课程，而且还组织学生进行农、工、商实习，自三年级起，学生自愿选择。农业实习，每周3小时，按各班分租划分区域进行粮食作物和蔬菜的种植；工业实习，也是每周3小时，设有木工工厂、金工工厂、普通工厂和印刷厂；商业实习，由学校指派部分学生轮流进行，时间为6个月。同时，一师还设有修学旅行，“以温习课业，熟悉教育为主旨”[①]，每学期集中组织一次，或在寒暑假进行。

一师不仅有系统的完整的教学内容，而且有严格的完善的考核制度。学校明确地从德、智、体三个方面考核学生，即“操行考查”“学业考查”和“体格考查”。

操行考查的要点有“礼节、容止、言语、性情、才干、爱好、交际、修学、服务、职业、运动、整洁”等12项。学监、教员在校内外发现学生有关操行的情况分别记录于《操行考查册》《学行考查册》中，每学年由同学按所定标准投票互选操行较好的学生一次。据此，每月或学期末，由职教员对学生逐一进行考核，并评定为甲、乙、丙、丁四等。

学业考查主要分平时成绩和临时成绩考查两大项：平时成绩有问答成绩、作业成绩、实习成绩、笔记成绩四方面组成；临时成绩由学期考试、学年考试和毕业考试三方面组成。在学业考查的最终成绩中，平时成绩占60％，其中问答、作业、实习占40％，笔记占20％；临时成绩占40％。成绩分为四等，80分以上为甲等，70分至80分为乙等，60分至70分为丙等，不满60分为丁等，不及

---

① 《湖南第一师范校史》编写组编：《湖南第一师范校史（1903—1949）》，上海：上海教育出版社，1983年，第68页。

格。学期总成绩及格者升级，不及格者留级，留级两次仍不及格者令其退学。[①]

体格考查由校医、体操教员及学监根据学生日常状况、衣食、运动等状况，随时考查学生体格状况，分别记录，并且还定期对学生身体各项进行检查记录。

（3）学生管理

一是关于学生的入学管理。一师在其招生广告中提出："师范之责任既重，则师范之价值宜尊。当入学之初，即宜尊重人格，遴选真才，先杜歧趋，以祛陋习。品题恐失佳士，夹袋讵有奇才。苟有以私相干，定即归而不受（有请托者，除扣考外，并将其事实宣布）。非门墙之过峻，乃器识之宜先。患在为师，学原为己。进必以正，首杜侥幸之门；求为可知，自膺德育之选。"[②] 基于这一认识，一师规定招生对象必须身体健全，品行端正。在学历上，预科要求在高等小学毕业或年在 14 岁以上与有同等学力者；本科第一部要求在本校预科毕业或年龄在 15 岁以上与有同等学力者；本科第二部要求在中等专业学校（农、工、商）毕业或年龄在 17 岁以上与有同等学力者。讲习科分副教员讲习科与正教员讲习科，副教员讲习科要求在高等小学毕业或有同等学力者，并任教一年以上；正教员讲习科要求有初等小学校副教员许可状或有同等学力者，并任教两年以上。

招生对象除了上述品行、身体、学历条件外，还必须是本人自愿。先向本县公署报名，由县知事考取合格者 10 至 20 名，连同试卷、毕业证书等一起送到一师，再参加一师组织的统考。统考内容有三项：一是笔试国文、算术、历史、地理、理科、英语；二是口试；三是检查体格、体操。笔试又分初试和复试两次，初试合格后方能进入复试；复试合格后，才能进行口试和体格、体操检查。最后以总平均成绩（笔试占 75%，口试与体格、体操占 25%）择优录取规定数额。

新生入校后，还有四个月的试习期。在此期间内，凡犯下列之一者得随时令

---

① 《湖南第一师范校史》编写组编：《湖南第一师范校史（1903—1949）》，上海：上海教育出版社，1983 年，第 36 页。

② 《湖南第一师范校史》编写组编：《湖南第一师范校史（1903—1949）》，上海：上海教育出版社，1983 年，第 18 页。

其退学：①冒名顶替复经察觉者；②品行不良者；③成绩过劣者；④身体羸弱者；⑤缺课过多者。四个月后则实行赏罚条例。[①]

从一师的招生制度可以看出，一师对于新生的筛选十分严格。学生想要入校学习，不仅要先通过县内的筛选，还要通过一师的入学考试，即便是入学之后，还有四个月的试习期。如此严格的筛选制度，确保了一师的生源质量。

二是关于学生的日常管理。对于学生的管理，一师制定了各种管理条例来制约学生的行为，这些管理条例，既符合资产阶级的民主办学原则，同时也夹杂着封建性的条条框框。一师对于学生的日常管理规定，大致可分为以下六个方面：一是礼仪，包括寻常礼仪、特别礼仪和临时礼仪；二是风纪，包括秩序与卫生两个方面，一师分别规定有“28 个不得”和 18 条卫生条例；三是服务，这里所说的服务区别于学生的毕业服务，而主要是针对学生干部而言的，一师当时将学生干部称为服务生，针对服务生一师制定有服务总则；四是时间，包括对学生作息的管理和假出的管理；五是场所，指学生在公共场所中所应遵守的纪律规则，一师在各个场所制定的规则有 18 项，十分细致；六是赏罚，一师规定赏的情形有 6 种，罚的情形有 7 种。

在注重用规章制度约束学生的同时，一师还十分重视学生的自动与自治。学友会就是一师培养学生自治能力的有效组织。关于一师学友会的创办，其渊源最初是在 1913 年 9 月创设的技能会，宗旨是“养成种种生括技能”。1914 年 7 月，改技能会为自进会，1915 年 12 月又改为学友会，第二年 9 月正式定名“湖南省立第一师范学校学友会”，规定“以砥砺道德、研究教育、增进学识、养成职业、锻炼身体、联络感情为宗旨”，其性质“专为补助学校教育而设，不涉及有碍学校规程及教育以外之事”[②]。学友会下设 14 个部，包括学术研究方面的 7 部和体育锻炼方面的 7 部。各部部长由三、四年级的学生担任，给予学生相当程度的自

---

① 《湖南第一师范校史》编写组编：《湖南第一师范校史（1903—1949）》，上海：上海教育出版社，1983 年，第 19 页。

② 《湖南第一师范校史》编写组编：《湖南第一师范校史（1903—1949）》，上海：上海教育出版社，1983 年，第 59 页。

治权力，有效地培养了学生的自治能力。

一师还十分重视学生的体育锻炼，不仅统一施行课间操，还设有校内、校外运动会。校内运动会有定期运动会和经常性的课外运动会两种。定期运动会包括团体运动赛和选手运动赛，每年春、秋各举办一次；经常性的课外运动会包括陆赛和水赛两种，学生自主训练，每期中比赛一次。校外运动会也有两种，分别是由省教育会举办的一年一次的“全省联合运动会”和由菲律宾、中国、日本联合发起的国际运动会“远东运动会”，每两年举行一次。

同时，一师还成立有课外劳动会，以实用教育、锻炼身体、养成劳动习惯为主旨，不仅学生参加，教职员也要参加，不分阶级，共同锻炼。学校公共卫生由学生打扫，学生轮流值日，对教室、自习室、寝室进行打扫，学校对此加以检查、计分。由此可见，一师的劳动会，实际上是利用师生的劳动来改善学校的办学条件，搞好学校公共卫生，在为学校节省了资金的同时，也培养了学生热爱劳动的良好品德。

三是关于“志愿军”的创办和管理。面对湖南省复杂的时局形势，一师应时势要求，于 1916 年创办了学生课外志愿军，以激发学生的爱国思想，培育尚武精神，研究军事学术，实施军国民教育。志愿军由各班体格健壮，并且志愿入军的学生选拔产生，学生毕业即为退伍。

一师的志愿军编制为一营两连，一连三排，一排三班，每班 14 人，全营 269 人。在志愿军管理中，校长及各教职员为志愿军的总指挥；总指挥中设纠察员，由学监担任；营长、副营长由教员兼任；连长及其以下职务由学生担任。如毛泽东曾任一连连部上士。

志愿军每周学习军事学、行军、演习三者之一一次，其中军事学包括战术、兵器、地形等。对志愿军的管理实行严格的军事纪律，在制服穿着、军事训练、武器保管、奖惩制度等方面都遵照军队的管理制度进行，十分严苛。学生课外志愿军的创立，在当时战乱的社会环境中，的确在一定程度上起到了保卫学校、援救市民的积极作用。

（4）教职员管理

为了实行民主教育，一师十分重视教职员在学校中的作用，认为教职员不仅仅在学校中应该成为学生学习的榜样，也应该是社会的楷模，必须要具备高尚的品格。要求教师应该竭尽全力，做学生的朋友，将学生当作自己的孩子，以身作则，培养学生高尚的品格和独立自营的能力。

除了一师的校长和会计二人是由政府任命，其余教职员均由校长任命，学监以下教职员数量由学校根据班级和学生数量，以及校务情况，由校长呈请政府核准增减。据统计，1917 年下学期，一师在校学生 12 个班、549 人，有教职员 62 人。在 62 名教职员中，有职员 17 人，教员 45 人。职员分别是：校长 1 人，学监兼博物 2 人，学监 2 人，庶务、会计、文牍兼习字、管图书员、管仪器员、校医各 1 人，以及各种事务员 6 人；教员分别是：修身 2 人，英语 3 人，地理 2 人，体操 5 人，物理 2 人，图画 3 人，农业 2 人，数学 5 人，国文 7 人，其余修身兼教育、教授法兼实习、实习、伦理、心理、国文兼历史、习字、历史、历史兼地理、乐歌、博物、化学、经济兼商业、手工各 1 人。①

对于教职员的管理，一师制定有相应的教职员工作总则和各职人员的工作细则，向日本学习实行工作责任制，即分工负责制。一师对不同职务的教职员都设定有不同的职务细则，教职员各司其职，各安其位，确保工作有条不紊地进行。现将校长、学监、教员的职务细则规定列出如下②：

校长之职务

①主持全校事务，聘请各职教员；

②督率全校职教员忠实尽职；

③规定本校一切规程，并执行官厅所颁布之法令；

④统筹校中教育事项，力图进步；

⑤核定预算、决算，并随时稽核各处表簿；

---

① 《湖南第一师范校史》编写组编：《湖南第一师范校史（1903—1949）》，上海：上海教育出版社，1983 年，第 39—40 页。

② 《湖南第一师范校史》编写组编：《湖南第一师范校史（1903—1949）》，上海：上海教育出版社，1983 年，第 40—44 页。

⑥主持全校仪式、训话及各项会议；

⑦视察全校管教状况，审查教本，并核定学生操行、学业、身体各成绩；

⑧酌定学生入学、退学、升级、留级、毕业、休业及赏罚各事项；

⑨督促课外运动、各种实习及校友会等之进行；

⑩校长不得兼任他校及他项之有给职务；

⑪校长须常住校，遇有不得已事故，请假在三日以上者，应请学监主任代理，至一周以上者，应先期呈明官厅认可。

学监之职务

1. 学监应与校长商定之事项

①重要规则之制定、改废及设备编置之规划；

②学生操行、学业、身体成绩之核定；

③甲等乙等赏罚之处理；

④学生重要请愿之处理；

⑤学生一周以上请假之准驳；

⑥学生用品发给之限量及教本之更易；

⑦学年历及教授细目之编置；

⑧暂行规则、命令之发布；

⑨教育实习事项之支配；

⑩教员请代之商榷；

⑪其他重要事项。

2. 学监分任之事项

（1）教务课：

①调制教授学年案、教授时间表等项；

②汇核教员勤务、教授日志及学生旷课等册；

③稽查学生受课、缺课、迟到、早退人数（与下学监合任参观）；

④核定平时成绩之收发及展览、保存；

⑤规划各种考试，考查学生操行、学业、身体等成绩；

⑥发填课程预算、决算表，斟酌教员请假、补课；

⑦核定教本、印刷物、用品之发给；

⑧支配教育实习及农工商实习；

⑨每学期调制教务一览及出席、缺勤等统计表；

⑩属于教务各项表簿、成绩，整理保管之；

⑪教授法之研究及调查；

⑫规划科外教育之设备；

⑬其他关于教务事项；

⑭撰拟关于本课之牌示、函件。

（2）斋务课：

①派定值周、值日各生，稽核其服务；

②编定学生各室位次，并修订规划；

③检查各室之清洁整理（与下学监合任参观）；

④检查食品、饮料、用水等项；

⑤视察防病及调养事项；

⑥校具之支配及整理；

⑦遗失物品登记及保管；

⑧撰拟关于本课之牌示，学生请假缄件之批答及家庭之通告。

（3）值日制：

课余值日。每日早点名起至午后课毕止，须有学监二人以上驻事务室，余司巡视；从午后课毕起至晚间就寝止，须有一人驻事务室，余司巡视。其责任如下：①巡视全校各处；②督促自习；③提倡运动；④记录当日值日志，检查本日所填表册；⑤执行自习室、寝室规则。

星期日值日。每星期日午前七时起至晚间就寝止，须有学监一人当值。其责任如下：①监视全校大扫除（与庶务合任）；②查察学生在校活动；③处理学生临时发生事件；④收发各处函件；⑤记录当值日志；⑥执行寝室规则。

3. 学监合任之事项

①朝夕点名；

②查察上课、实习及整洁各事项；

③监察考试及朝会、课间操；

④报告教员缺席或补课等事，并撰拟询告教员函件；

⑤判定学生操行成绩；

⑥各种成绩分数之核算；

⑦执行各室及各场所之规则；

⑧丙等丁等赏罚之处理；

⑨学生请给暂假之准驳；

⑩学生次要事项请愿之处理；

⑪检查体格；

⑫督促学生课外运动、劳动、实习及学友会等之活动；

⑬办理招考、毕业、旅行、运动及各种集会仪式事项；

⑭处理临时发生之事项。

教员之职务

①担任教授上及执行教室规则之完全责任；

②依训育宗旨负训育管理之责；

③注意学生操行、学业，随时考查登记；

④编定所任学科教授学年案及预算、决算各表；

⑤准备所任学科之教授用具或书籍与印刷物；

⑥关于教科增加设置或改易教本，须先与校长或学监商権；

⑦严守教授时间，不得缺课或迟到、早退；

⑧注重小学教授上之联络及实习本科之监视；

⑨提倡学生自动，实行启发教授；

⑩监视考试并执行规则，依限阅卷计分缴事务室；

⑪教务会议必须出席并执行决议案；

⑫组织各科研究会并分掌校务之进行；

⑬其他临时委托事项。

除此之外，教职员还需要参加两个会议，分别是校务会议和教务会议。校务会议是学校领导与管理的最高组织形式，分为周会和临时会两种；教务会议也是全体教职员都要参加的一个会议，分为期会和临时会两种。两个会议均由校长主持，并设有严格的会议规则。会议制度也是一师学校日常事务管理中不可缺少的重要组成部分。

（5）对外关系管理

在与社会关系的处理中，一师设有“巡回讲演”和“工人夜读”，积极为师范教育谋发展，并主动承担社会责任，体现了一师强烈的教育使命感和社会责任感。

在校长孔昭绶任职的两年间，重视学校与社会的联系。为了了解小学教育的实际情况，一师设有“巡回讲演”一人，由教员兼任，调查各县教育状况及乡土实际，与各小学校职员交换知识，考察社会教育，最终目的是为了改良师范教育，可见一师强烈的教育使命感和担当。但是这项良好的制度只在孔昭绶任期内试行过两年，并没有延续下来。

由于新文化运动的影响，平民教育思潮兴起，其主要特点是反对阶层教育，强调教育的平民化发展。由于一师位于各种工厂附近，工人较多，因此一师于1916年12月开办了工人夜学，接受校内外失学的职工，授予文化知识。一师所开办的工人夜学最初由师范部和附小的教职员担任其教员，后由于人员紧张，交由学友会教育研究部负责，由在读三、四年级的学生担任教员，不仅促进了夜学的发展，也锻炼了学生的自主能力。

2. 大革命时期的一师学校管理（1919年—1927年）

从1919年至1927年间，从五四爱国运动爆发至国民大革命这段时间，一师在学校管理方面发生了一些变化。

在学制年限上，1922年“新学制”颁布以前，一师的学制年限不变，“新学制”颁布后，本科第一部学制年限由五年改为六年，且取消了预科。根据教育部学制改革的要求，师范学校不再是培养初等小学校教员的唯一渠道，普通中学与师范学校一同承担培养初等小学校教员任务。1926 年下半年，一师被并入湖南省立高级中学，成立省立高级中学教育科。

这一时期的一师开始实行男女招生，从 1921 年第 21 班开始招收女生，开湖南中等学校男女同校之先河。

（1）教学管理

在课程设置上，稍有变动。以 1924 年为例，课程分为公共必修课、分科必修课、公共选修课、分科选修课四种，本科一部前四年全部为公共必修课，第五、六年文理分科。前四年的公共必修课有国语、国文、文字、英语、数学、物理、化学、博物、历史、地理、教育学、心理学、伦理学、社会学、公民学、图画、手工、音乐、体育。分科后的公共必修课有国语、外语、教育学、心理学、伦理学、社会学、公民学、体育等，文科必修课有国文、历史、地理，理科必修课有数学、物理、化学；分科后的公共选修课有图画、手工、音乐中的 1～2 门，文科选修课有文字、注音字母，理科有博物等。考试成绩计算时，公共必修课占 40%，分科必修课占 30%，公共选修课和分科选修课各占 15%。

在教学方法上，废除了注入式，改为启发式、讨论式，采用问答法教学，充分激发学生兴趣。在教学组织形式上，一师向美国学习，对部分教学科目进行了变革。1922 年下学期以后，国文、历史、地理等学科实行"道尔顿制"，即学生在教师的指导下，各自主动地在作业室根据拟订的学习计划，以不同的教材、不同的速度和时间进行学习。

在教材方面，一师采用传播新文化、宣传反帝反封建的新教材，这些新教材大都是由教员自己编写的讲义以及当时流行甚广的一些杂志和著作，例如《新青年》《共产党宣言》《狂人日记》以及外国优秀的作品、报刊时文等，都被一师拿来当作教材进行教学。

（2）教职员管理

为了办成一所新型学校，顺应新文化运动的历史潮流，一师着手进行教育改革。一师认为教育改革的关键就是教职员，因此一师首先着手对教职员的更新。不仅撤换了一批思想陈旧、知识过时的落后教师，还不惜花费精力聘请国内思想先进的有学之士到一师任教，并聘请了一批从北京大学和北京高等师范学校毕业的学生，包括毛泽东也被一师聘为附小的主事，兼任师范部国文教员。此外，一师还经常聘请知名学者来校讲演，其间先后有美国的杜威、英国的罗素，以及国内的恽代英、章太炎、章士钊等。

在教师的选聘上，一师十分重视教师的教学水平。首先看教师是否有一定的教学经验，一般要求教师要有 3～5 年的教学经验，其次是由教务主任和有经验的教师来听试讲，最后还要对新招聘的教师采用试用期制度。一师还对教师制定有严格的聘约制度，例如专任教员不得兼任校外的职务，不能随意缺课，教职员应当住校等。

（3）学生管理

这个时期，一师的学生管理发生了较大的变革，即废除学监管理制度，提倡民主与自由，充分发挥学生的自主自动性，让学生自我管理。学生自治会，各种社团、团体以及无政府主义的组织纷纷涌现。

学生自治会由学生自我组织，并自我选举会长和干事，参与学校的管理。具体表现在：学生自治会可选派代表参加学校的校务会议，对教学改革、教员的选任、经费使用、纪律规定等提出意见，参与讨论；学生自治会参与对学校食堂的管理，由学生自治会组织学生轮流采购物资；寝室、自习室的座位管理也均由学生自治会负责；等等。这样一种由学生自我管理的方式，在一师取得了良好的效果。

在五四运动的影响下，一师各种学生团体也纷纷组织起来，既有各种学术团体，也有带有政治色彩的社团。当时一师的学术团体有“新民学会”“唯心学会”“美术研究会”“儿童文学研究会”“小学教育研究会”“文学研究会”“博物研究会”“英语研究会”等。带有政治色彩的社团有毛泽东指导的“崇新学社”，入社学生占全校学生的 1/3，是最大的学生社团，主要进行马克思主义等革命理论的讨论学习。

3. 复校后的一师学校管理（1929 年—1937 年）

1927 年初，长沙、常德、衡阳三个地区的省立男女高中和师范学校合并，成立湖南省立高级中学，并以一师校址为校本部，设有教育科。同年 5 月“马日事变”后，由于国民党反动派的白色恐怖，湖南全省中等学校停办，一师也在其中。直到 1929 年 1 月，一师才得以独立恢复。

从 1929 年一师得以独立恢复到 1937 年全面抗日战争爆发后的这八年多的时间里，一师始终坚持师范性的办学定位，不断恢复发展。

这一时期，一师学制分为教育行政、师资训练与完全师范三组。1930 年后，前二组停办，以专门训练小学师资为目标，后来为了实施国民教育计划，也培养地方自治干部。

（1）教学管理

这一时期，受社会政局动荡的影响，一师的课程设置不断演变。

1929 年至 1930 年，一师的课程设置如下①：

完全师范组课程设置。分为公共必修课、公共选修课、文科选修课和理科选修课四种。公共必修科目有国民党义及策略、国文、外国文、世界史、地理概论、论理学、社会学及社会问题、科学概论、生物学、体育、军事训练、教育学、普通心理、教育心理学、学校组织及行政、普通教学法、各科教学法、教育史、近代教育思潮、参观实习，共 20 科，106 学分。公共选修科目有儿童心理、幼稚教育、公民教育、乡村教育、教育行政、学务调查、小学课程、教育统计、教育心理测验、职业教育、艺术教育、图书管理法，共 12 科，25 学分。文科选修科目为文字学、国学概论、艺术文、应用文、外国文、史学概要、本国文化史、世界文化史、本国近代史、世界近代史、世界地理、政治学、经济学、法制大意、社会思潮、哲学概论，共 16 科，48 学分。理科选修科目为化学、物理、分析化学、立体几何、三角、高等代数、解析几何、微积分、植物学、动物学、矿物学、地质学、气象学，共 13 科，47 学分。学生须修满 150 学分才能毕业。

师资训练组课程设置。分为两组，两组共修的课程有党义、教育学、教育史、小学组织与行政、教育行政、教育统计、现代教育思潮、教育心理学、各种教学法、教育及心理测验、义务教育、民众教育、论理学、社会学及社会问题、

① 《湖南第一师范校史》编写组编：《湖南第一师范校史（1903—1949）》，上海：上海教育出版社，1983 年，第 194—196 页。

政治学大意、经济学大意、战后新地理、地方自治大意、国语、农学大意、簿记学大意、音乐、图画、体育附体育原理。师资训练第一组还须修习近世史、数学、博物学、卫生学、理化初步；第二组修习普通教学法、近代革命史、近代文化史、自然科学概要。两组所修学分均为68分。

教育行政组课程设置。教育行政组目标是培养地方自治干部，修业年限只有半年，所修课程有20科，分别是党义、教育学、教育行政、教育统计、学务调查、现代教育思潮、现代教育方法、教育及心理测验、小学组织与行政、义务教育、民众教育、乡村教育、职业教育、社会问题、近代革命史、近代文化史、政治概要、经济概要、公文公式、体育（体育原理、党童子军、卫生行政、其他运动），共35学分。

1931年4月，教育部公布废止文、理分组，课程设置也随之发生改变。学生所修课程分为必修课程和选修课程两种。必修课程有23门，分别为党义、国文、数学、英文、世界史、地学概论、论理学、科学概论、生物学、体育、军事训练、教育学、普通心理、教育心理、普通教学法、各科教学法、小学组织及行政、教育史、参观实习、文字学、应用文、物理、化学，共154学时，136学分。选修课程有24门，分别为本国近代史、植物、动物、社会学问题、世界文化史、政治学、教育行政、史学概要、经济学、地质学、学务调查、教育统计、教育心理测验、外国文、法制大意、哲学概论、文学史、职业教育、图书管理法、图画、音乐、手工、数学、不平等条约。

1932年，教育部公布的《师范学校规程》，规定实行毕业会考制度，1933年下学期，一师取消学分制，实行毕业会考制度。

1933年10月，教育部公布了新的师范学校课表，取消党义课程。一师自1934年第一学期开始采用这一课程标准，必修课程有21门，分别是公民、体育、军事训练、卫生、国文、算术、地理、历史、生物、化学、物理学、论理学、劳作、美术、音乐、教育概论、教育心理、小学教材及教学法、小学行政、教育测验及统计、实习。选修课程有10门，包括英文、国文、教育史、民众教育、乡村教育、农村经济及合作、地方教育行政、教育视导等。

从以上课程设置的变化，我们可以看出一师课程设置的以下特点：①坚持师范教育的师范性，注重教育理论知识的传授；②注重知识的全面性，认为掌握全面的科学知识是一名合格教师应该具备的素质；③注重学生专长的培养，让学生有自己精通的一门学科。

关于学生成绩考核，一师也有明确的要求。一师通过平时、期中、学期试验对学生的学习成绩进行考核，并由此得出学生的学期学业成绩。其中，各科成绩＝该科的平时试验成绩×50％＋该科学期试验成绩×50％；学科总成绩＝各科成绩相加/学科总数；毕业成绩＝各学期的学科总成绩相加/学期数。并根据学业成绩，实行严格的升留级制度。严格的考核制度是一师教学质量的有效保障。

（2）学生管理

关于学生入学管理。这一时期的一师对于招生规则也进行了一些新的变动。规定凡初级中学毕业、旧制中学修业三年或乡村师范三年毕业，品端体健，经本校入学试验及格者均可以入校肄业。可见，与之前严格的招生制度相比有所放宽，目的是让有更多的学生能进入师范学校学习。但广收学生也并不意味着没有要求，一师每学期招收新生 2 班，共 100 人，所有学生均要参加入学考试，分笔试和口试。笔试又分为一试和二试。一试内容有党义、国文、数学；二试有史地、理化、博物。笔试完后再进行口试。一师根据考试结果择优录取。

关于学生自治会的管理。这一时期的学生自治会已经发展较为成熟，以三民主义精神为宗旨，规定在学校以内自治生活，目的是促进智育、德育、体育、群育的发展。下设有文书股、事务股、学术股、体育股、游艺股、合作股和特种委员会。学生自我管理学生活动，不得干涉学校行政。

学生自治会还参与校食堂的管理，学生自治会下设食事委员会，由每班选举 6 人参加，并制定了食事工作人员的要求和办事细则，学生参与食堂账目的管理、各种食物材料的选购，以及每日食谱的制定。同时，由于特殊的历史条件，学生自治会的另一主要活动就是组织和参与各种反日救国的活动。

学生自治会是一师注重培养学生自主自治能力的体现，给予了学生自我锻炼的平台。

（3）教职员管理

一师认为，良好的学校建设离不开优秀的教师，因此一师十分重视师资质量。为了能确实聘请到一批学识渊博、道德高尚的优秀教师，一师建立有严格的教师聘约制度。不仅要求教师的学历在大专毕业以上，同时要有 3～5 年的教学经验，还要通过教师试讲，并采用试用期制度。被正式聘请的教师还不得兼任校外职务，不能随意缺课，原则上都需要住校。

1938 年，为躲避日本侵略者，一师西迁。1945 年抗日战争胜利后迁回长沙，变岳麓山为校址。由于国民党反动派的政治腐败和经济危机，一师的办学情况不如以前，学生数量逐年下降。直到 1949 年 7 月，湖南得到解放，8 月由中国共产党接管湖南第一师范，从此一师走出了国民党统治的阴霾，翻开了一师校史的新篇章。

湖南第一师范的学校管理在历史的发展中形成了自己独有的特色。一是一师在学校管理中，十分重视对教师的选拔，认为要提高教育质量，首先要保证一流的师资力量，因此，一师对于教师的选拔标准较高，不惜花费人力、物力和财力在全国内聘请优秀知名学者到一师任教。正是因为有这些思想进步、道德高尚、学识渊博的教师，一师才得以形成良好的教育传统和办学特色。二是提倡民主与自由，重视对学生自治能力的培养。不仅通过各种教学和社会活动培养学生的实际教学能力和组织能力，还通过学生自治会让学生自我管理，让学生自由组织各种学术研究会。三是重视学生实践能力的培养，组织教育教学实习，师范性特点显著。这些都对当今学校管理实践具有借鉴意义。

第六章　职业学校管理

从1912年1月1日中华民国建立始，到1949年国民政府退踞台湾止，仅38年光景，近代职业教育却在战火纷乱、动荡不安的社会中酝酿萌发，并在有限的时间内得到了轰轰烈烈的发展。民国职业学校的发展既与当局制定的有关发展和管理职业学校的制度密不可分，又与各级各类职业学校（包括职业补习学校、职业训练班等）自身的管理息息相关。同时，在职业学校的发展中，也折射出诸多职业教育先贤们在灾难时代下挣扎、突围的坚韧不屈的精神。

一、政府管理职业学校的制度

在中华民国时期，职业教育的发展可以分为酝酿、萌芽、发展几个阶段。但考察政府对职业学校的管理，依然只能从政府的变化视角进行。

（一）南京临时政府时期管理职业学校的制度

临时政府时期，职业教育尚未从普通教育中独立出来，因此这一时期对职业学校的管理精神主要体现在1912年1月的《普通教育暂行办法通令》（以下简称《办法通令》）、《普通教育暂行课程之标准》（以下简称《暂行标准》）和9月的《学校系统令》中。具体来说，这一时期关于职业学校管理的制度主要涉及以下方面①：

1. 职业学校设置及任务规定

关于教育宗旨、方针等的规定。1912年4月，教育部部长蔡元培发表《对于教育方针之意见》，主张要把实利主义教育作为教育方针之一。②

关于学校称谓的规定。《办法通令》提出以前各项学堂均改称为学校。

关于学校实施职业教育的规定。《办法通令》与《暂行标准》指出：中学校为普通教育，文、实不必分科，小学手工科应加注重；初高等小学、中学和师范学校开设手工，初高等小学女子加设裁缝课，中学、师范学校女子加设裁缝与家政课，高等小学、中学可视地方情形加设农业或工业、商业课程，师范学校应加

① 由于临时政府存续时间较短，其关于教育管理的很多制度思想来不及实行，这一时期就已过去。考虑到前后两个政治时期教育政策的延续性，在论述该时期的教育制度规定时，会把后一政府时期颁行的教育制度归入此一时期进行讨论。

② 王炳照等编：《简明中国教育史》，北京：北京师范大学出版社，2007年，第338页。

设农业或工业、商业课程。[①] 之后，《学校系统令》要求初高等小学校设补习科作为职业预备；实业学校分甲乙两种，实施职业教育。[②]

关于修业年限的规定。《学校系统令》规定甲乙两种实业教育均需三年毕业，专门学校的本科需三或四年毕业，预科则一年毕业。[③]

上述规定从学校名称、学校类别、职业教育类别与设置方式及要求、修业年限等方面对职业教育作了初步规划。

由上可见，民国初期的职业学校尚处于中等或初等教育层次，主要是与普通学校渗透，还没有进入独立状态。

2. 职业学校内部机构设置问题

清末维新以来，一方面因为受到封建顽固势力的阻扰，另一方面也受限于时间短暂，新式教育的开展一直都处于尝试与摸索的初期阶段。中华民国建立后的临时政府教育部，本着“实利主义”的教育思想，对发展职业教育非常重视。遗憾的是，临时政府“昙花一现”，存续时间太过短暂，未来得及对实施职业教育进行系统规划，特别是还未对职业学校内部管理进行规定设计便被北洋政府取代。

3. 职业学校校长及人员管理规定

关于职业学校校长称谓、职责以及教职员的管理规定，与《办法通令》等法规对其他学校的规定相同。

关于职业学校学生管理，《学校系统令》规定初等高等小学校毕业后可进入实业学校，初、高等毕业生可入学校设立的补习科做职业准备，修完中学四年的毕业生可进入专门学校。[④] 关于职业学校学生惩戒的规定，同样遵从相应的规章制度。

---

① 舒新城编：《近代中国教育史料》，北京：中国人民大学出版社，2012 年，第 209、210—212 页。

② 宋恩荣、章咸选编：《中华民国教育法规选编》（修订版），南京：江苏教育出版社，2005 年，第 1—2 页。

③ 宋恩荣、章咸选编：《中华民国教育法规选编》（修订版），南京：江苏教育出版社，2005 年，第 1—2 页。

④ 宋恩荣、章咸选编：《中华民国教育法规选编》（修订版），南京：江苏教育出版社，2005 年，第 1 页。

4. **职业学校财物管理规定**

临时政府的法规制度鲜少涉及职业学校的财物管理，其时有关职业学校财务管理的制度规定主要集中于学校的经费方面，同时其他的相关法规，与职业学校相关者则须遵行。

5. **职业学校教学管理规定**

临时政府时期实行文、实不分科的教育政策，因此这一时期关于职业学校教育教学规定主要散见于普通学校的教学规定中。具体来说主要如下：

（1）关于课程设置及实施的规定

《办法通令》《暂行标准》对初高等小学、中学及师范学校开设职业科目作了规定，具体如前所述，并对初等小学裁缝、师范学校所开职业科的时间安排作了规定。① 之后，《小学校令》进一步明确和补充：初等小学校应开设手工、图画等科目，女子则加设缝纫课，不得已时，可暂缺手工、图画、唱歌等一科或数科；高等小学在初等小学应开学科基础上，男子需加课农业，也可视地方情形改农业为商业，并可加开英语或其他外国语，不得已时可暂不开设手工、唱歌等科。②《中学校令施行规程》要求中学开设法制、经济、手工科目，女子中学开设家事、缝纫科目，酌情开设园艺，同时对手工、图画、家事、缝纫等职业课程的要求及开设时间等作了初步规定。③

（2）关于教科书的规定

《办法通令》和《普通教育暂行办法》明确要求有关职业教育的教科书需合乎共和国宗旨，对清学部颁行的教科书一律禁用。④ 之后，《小学校令》补充规定小学补习科所用教科图书由省图书审查会择定。⑤《审定教科用图书规程》规定职业类教科用书等初高等小学及中学教科用图书应编辑为教员用、学生用两

---

① 舒新城编：《近代中国教育史料》，北京：中国人民大学出版社，2012 年，第 210—212 页。
② 章咸、张援编：《中国近现代艺术教育法规汇编》，北京：教育科学出版社，1997 年，第 65—66 页。
③ 宋恩荣、章咸选编：《中华民国教育法规选编》（修订版），南京：江苏教育出版社，2005 年，第 318—320 页。
④ 舒新城编：《近代中国教育史料》，北京：中国人民大学出版社，2012 年，第 209 页。
⑤ 朱有瓛主编：《中国近代学制史料》（第三辑上册），上海：华东师范大学出版社，1990 年，第 113 页。

种，并呈请教育部审定。①

由上可知，这时对职业学校的教学规定主要体现在中小学职业性课程的设置规定上，要求处理好职业性课程与普通课程的关系，对于独立的职业学校的课程设置、教学规定等还未涉及。其中在中小学添加职业教育内容，照顾到了因贫困无力接受高等教育的农家子弟的利益。

6. 职业学校与地方关系规定

关于职业学校与地方的关系，主要表现在学校办学经费的筹集、地方参与管理职业学校等方面。临时政府建立后，国家成立教育部，内设专门教育司分管高等专门学校、实业教育学校等，确立了国家对实业教育进行管理的中央管理体制。② 但总体上来说，由于此时期持续时间较短，其具体的从中央到地方的管理体制还未形成；大部分省区是在省都督府民政司下设立教育科，管理各省包括职业教育在内的教育行政事务。

总之，临时政府时期对职业学校的管理规定在很大程度上还带着清末兴学的痕迹，政府仅从宏观上对职业学校进行管理，对学校及课程开设等也只作了初步规划，对职业学校的内部管理的设计还不健全；此时的职业教育仍然涵括在初等、高等小学和中等学校教育中，尚未单独分列出来，名称仍为“实业教育”。

（二）北洋政府时期管理职业学校的制度

这一时期，受新文化运动带来的新思想影响和黄炎培等人的职业教育思想与活动的带动，形成了职业教育思潮，这对当局的职业教育管理决策有较大影响。1922 年“新学制”颁布，职业教育开始在整个学制系统中占有一席之地③，职业

① 宋恩荣、章咸选编：《中华民国教育法规选编》（修订版），南京：江苏教育出版社，2005 年，第 100 页。

② 孙培青主编：《中国教育管理史》（第二版），北京：人民教育出版社，2013 年，第 343 页。

③ 李国钧、王炳照总主编：《中国教育制度通史》（第七卷），济南：山东教育出版社，2000 年，第 166 页。

学校的发展有了独立地位。

1. 职业学校设置及任务规定

（1）关于职业学校宗旨及任务等的规定

1913年，《实业学校令》规定实业学校以教授农、工、商业必需的知识技能为目的；实业学校分为甲、乙两种，其中甲种实施完全的普通实业教育，乙种实施简易的普通实业教育，乙种可根据地方需要传授特种技术。①

（2）关于学校名称的规定

1922年，《学校系统改革案》规定实施新学制后，依照旧制建立的甲种实业学校酌情改为职业学校或高级中学农、工、商等科，乙种实业学校酌情改为职业学校。②

（3）关于职业学校类别、性质的规定

《实业学校令》规定实业学校分为农业、工业、商业、商船、实业补习等类别，其中农业学校主要有蚕业学校、森林学校、兽医学校、水产学校，艺徒学校则属于乙种实业学校；并指明以省经费设立的实业学校为省立实业学校，以县经费或城镇乡经费设立的为县立或城镇乡立实业学校，由农工商会设立的则依据该会性质分别为公立或私立实业学校，私人或私法人设立的为私立实业学校。③

（4）关于职业学校设立的规定

1913年，《实业学校令》规定县及城镇乡或农、工、商会可设乙种实业学校，酌情设立甲种实业学校；省县设校地点由省县行政长官定；其中省立实业学校的设立、变更或废止应呈报教育总长，县及乡镇立实业学校则须呈请省行政长官认可并转报教育总长，而实业补习学校则只需呈报省行政长官；并首次指出女子实业学校“就地方情形与学校性质所宜，参照各项实习学校规程办理”。④《实

---

① 宋恩荣、章咸选编：《中华民国教育法规选编》（修订版），南京：江苏教育出版社，2005年，第488页。

② 宋恩荣、章咸选编：《中华民国教育法规选编》（修订版），南京：江苏教育出版社，2005年，第34页。

③ 宋恩荣、章咸选编：《中华民国教育法规选编》（修订版），南京：江苏教育出版社，2005年，第488页。

④ 宋恩荣、章咸选编：《中华民国教育法规选编》（修订版），南京：江苏教育出版社，2005年，第488页。

业学校规程》则具列了申请设立实业学校应准备的材料与信息内容，并对实业学校的场地、校舍、校具等设施设备及其应符合的条件作了规定。1914 年，《教育部整理教育方案草案》规定甲乙两种实业学校设立数目和开设科目应根据地方具体情况确定；女子职业学校至少应每省设一所，并注重家政及手工、图画、刺绣等职业的训练。1915 年，《特定教育纲要》补充了关于各地设立中等实业学校、法政学校、专门农工商医学校的数目要求，并提出了在各省设立实业师范学校的要求。1922 年，新学制补充要求小学较高年级根据地方情形增设职业准备教育，初中视地方需要兼设各种职业科，高中分普通、农、工、商、家事等科，并可根据地方情形单设一科或数科。①

（5）关于职业学校修业年限的规定

1913 年，《实业学校规程》规定甲种农业、商业、商船学校预科一年，本科三年，其中农业、商业学校至多可延长一年，商船学校可因实习延长期限；甲种工业学校预科二年，本科三年，可延长至多一年；乙种农业、工业学校修业期限为三年，乙种商业、商船学校则为三年以内；农业、工业、商业学校根据地方情形所设别科的修业期限为二年，商业、商船学校根据地方情形所设专修科的修业期限为一年以上。② 1922 年，新学制补充要求职业学校期限及程度根据地方实际需要定。

这一时期在政府的职业学校设置及任务管理规定方面：一是逐渐改“实业”为“职业”、改“实业学校”为“职业学校”，并建立了从初级到高级的职业教育体系，兼顾了升学与就业的关系，使学生既能做升学准备，又能尽快就业；也适应了民族资本主义工商业发展对技术人才的技能与文化知识要求。二是实行文实分科，单独办理职业教育。三是增加了关于职业教育学校类别、奖励及设立女子职业学校的规定，关于各种职业学校修业年限的规定也更加具体。其中女子职业

---

① 宋恩荣、章咸选编：《中华民国教育法规选编》（修订版），南京：江苏教育出版社，2005 年，第 33—35 页。

② 宋恩荣、章咸选编：《中华民国教育法规选编》（修订版），南京：江苏教育出版社，2005 年，第 490—494 页。

学校的设立规定，有利于女子职业教育的发展。

2. 职业学校校长及人员管理规定

(1) 关于校长的规定

关于校长任期的规定。1914 年，《教育部整理教育方案草案》提出为促成训育，职业学校等的校长、教员应以久任为原则。①

关于校长职务权限的规定。1913 年，《实业学校规程》要求由各该校校长酌定农业、工业学校的别科科目、商业学校的别科及专修科科目和商船学校的专修科科目。②

(2) 关于教员的规定

关于教员资格的规定。《实业学校规程》规定：甲种实业学校教员需由国外或国立专门学校及教育部认可的公私立专门学校毕业、高等师范学校毕业或有中等学校教员许可状，或甲种实业学校毕业积有研究的；乙种实业学校教员则需甲种实业学校或师范学校毕业，或乙种实业学校毕业积有研究，或有高等小学校正教员或副教员许可状。③

关于教员聘期的规定。1922 年的“新学制”要求职业学校的教员原则上应久任。

(3) 关于学生管理的规定

首先，《实业学校规程》规定了实业学校的学生入学资格：14 岁以上高等小学毕业或经测验达到同等学力的可进入甲种农业、工业、商业或商船学校预科学习；预科毕业或经测试达到同等学力的可进入甲种工业、商业或商船学校本科学习；12 岁以上已达初等小学毕业学力的可进入乙种农业、工业、商业或商船学校学习；12 岁以上初等小学毕业或初等小学未毕业但超过就学年龄的可进入实

---

① 宋恩荣、章咸选编：《中华民国教育法规选编》(修订版)，南京：江苏教育出版社，2005 年，第 8 页。

② 宋恩荣、章咸选编：《中华民国教育法规选编》(修订版)，南京：江苏教育出版社，2005 年，第 491—494 页。

③ 宋恩荣、章咸选编：《中华民国教育法规选编》(修订版)，南京：江苏教育出版社，2005 年，第 489 页。

业补习学校学习。[1] 之后，“新学制”补充规定高等专门学校招收高中毕业生。

这一时期的职业学校校长及人员管理规定主要有如下变化：一是增加了关于职业学校校长、教员久任的规定和对职业学校教员任用资格的规定，严格了从教标准；二是增加了关于职业教员培养的规定，设置实业师范学校的构想具有重要意义；三是对职业学校学生入学资格的规定更加详细具体，还补充了年龄要求。遗憾的是，对职业学校校长教员的薪俸及其他待遇仍未作统一的具体规定，而多由地方自行安排。

3. 职业学校财物管理规定

（1）关于职业学校的经费

1913 年，《实业学校令》规定实业学校学生应缴纳学费，但根据地方具体情况可适当予以减免。[2] 1915 年，《特定教育纲要》规定中等实业学校的教育经费由省款及县款负担，专门农、工、商医学校由部款或省款负担，并对地方公私立专门农、工、商、医学校予以奖励。[3]

（2）关于职业学校的设施设备管理

1913 年的《实业学校规程》指出，各种实业学校应具有朴实坚固的校舍和符合教育教学管理卫生要求的教室与特别室、事务室、浴室及疗养室、实验室、实习室、图书室、器械标本室、药品室等设施条件，具备图书器械、标本模型、药品等各种教育教学用品，具备法令、日记簿、校医诊查表，教职员名簿、履历簿等各种表簿。此外，农业学校还分别应具备作业场、农具室、种子贮藏室、实习林、养鱼场、畜牧场、养蚕缫丝室等；工业学校还应具备实习工场和各种应用器械；商业学校还应具备商业实践室和商品样本等；商船学校还应具备实习用船和船舶模型等；附设于他校的实业补习学校在不妨碍本校使用的情况下可对外出

---

① 宋恩荣、章咸选编：《中华民国教育法规选编》（修订版），南京：江苏教育出版社，2005 年，第 491—495 页。

② 宋恩荣、章咸选编：《中华民国教育法规选编》（修订版），南京：江苏教育出版社，2005 年，第 489 页。

③ 宋恩荣、章咸选编：《中华民国教育法规选编》（修订版），南京：江苏教育出版社，2005 年，第 30 页。

借场地和器械。[1]

这一时期在职业学校财务管理规定方面，有了关于职业学校学生学费的规定。同时，对职业学校普遍所需设施设备进行了规定，还就不同类别职业学校的设施设备提出了具体要求，关注到了职业学校发展过程中所需的设备条件建设问题。

4. 职业学校教学管理规定

（1）关于课程设置的规定

《实业学校规程》就甲、乙两种实业学校中不同类别的农业、工业、商业、商船学校以及实业补习学校所应开设的各种课程以及课程实施安排等作了详细而具体的规定。

（2）关于课程实施的规定

1922年的“新学制”规定包括中等职业教育在内的中等教育可实行选科制。

（3）关于教学时间的规定

《实业学校规程》要求除商业学校外的实业学校，用于学生实习及实验的时间超过所有教授时间的2/5；除实习外，甲种农业学校每周上课时间不得超过28小时，乙种农业学校不得超过24小时，且农学科每周须实习16小时以上，蚕学科须在养蚕时停课3周；甲种工业学校每周教学时间不得超过24小时，乙种工业学校不超过21小时，且工业学校每周教学与实习总时长不得超过45小时；甲种商业学校每周教学不得超过33小时，乙种商业学校不得超过30小时；甲种商船学校每周教学时间不得超过27小时，乙种商船学校不得超过24小时。[2]

与临时政府时期相比，北洋政府关于职业学校的教学管理规定主要有以下变化：一是新学制后逐渐开始采用综合中学制，各级职业学校开始实行选修制，开设大量选修课；二是增加了对职业教育教学时间和实习及实验时间的要求，体现

① 宋恩荣、章咸选编：《中华民国教育法规选编》（修订版），南京：江苏教育出版社，2005年，第489—496页。

② 宋恩荣、章咸选编：《中华民国教育法规选编》（修订版），南京：江苏教育出版社，2005年，第491—495页。

了职业学校的实习、实训特点。

5. 职业学校与地方关系规定

北洋政府时期有关职业学校与地方关系的规定主要如下：

（1）关于职业学校经费地方政府要负担的规定

1913年，《实业学校令》相关规定指出，省立实业学校的教育经费由省经费负担，县立或城镇乡立实业学校由县经费或城镇乡经费负担，农、工、商会设立的实业学校由设立协会负担；实业学校学生应缴纳学费，但可视地方情形酌量减免。[①] 1915年，《特定教育纲要》对之作了修正和补充，规定每省所设实业师范学校的教育经费由省款支给，由县建立的中等实业学校的教育经费由省款或县款支给。[②]

（2）关于地方管理职业学校的规定

1915年，《地方学事通则》确定了县知事及自治区区董等对包括职业教育事务在内的地方教育事务的管理权限，其中明确指出：对于区之间联合设立职业学校等各种教育事务，由县知事召集相关自治区的自治职员进行协定，其中因联立学校引发的各种纠纷由县知事作出处理决定；对于行政长官将自治区原有学款提作他用的，由县知事责令其定期拨还或筹措其他款项予以抵补；对于自治区办理教育事务而置办的基本财产和积存款项的管理处分事务，由自治会议或区董在县知事核准下作出决定。[③] 之后，《劝学所规程》补充规定各县设立劝学所，由县知事委任所长一人、劝学员二至四人，辅助其办理包括职业教育事务在内的县教育行政事宜，并综核各自治区内包括职业教育事务在内的教育事务。[④] 1917年，《教育厅暂行条例》规定了省级教育机构对职业学校等相关教育事务的管理。

---

① 宋恩荣、章咸选编：《中华民国教育法规选编》（修订版），南京：江苏教育出版社，2005年，第488—489页。

② 宋恩荣、章咸选编：《中华民国教育法规选编》（修订版），南京：江苏教育出版社，2005年，第29—30页。

③ 宋恩荣、章咸选编：《中华民国教育法规选编》（修订版），南京：江苏教育出版社，2005年，第103页。

④ 朱有瓛等编：《中国近代教育史资料汇编·教育行政机构及教育团体》，上海：上海教育出版社，2007年，第151页。

1923年，《县教育局规程》修正规定：每县设立教育局，设局长一人，视学及事务员若干，由局长商承县知事主持全县教育行政事务，督导县域市乡的教育事务，办理本学区的教育事务。

相比临时政府时期，这一时期在职业学校与地方关系的管理规定上主要有以下变化：一是对各类职业学校，主要是地方职业学校教育经费的规定更加具体明确，并增加了对地方学务基金的规定；补充了公私立职业学校奖励金来源的规定。二是增加了省、县相关政府教育行政部门对地方教育事务的管理规定，初步形成了地方政府对职业教育事务的管理体制。

6. 职业学校督导考评规定

这一时期关于职业学校督导考评的规定主要体现于政府相继颁布的一系列学务法规和视学法令制度中。

首先是继1913年的《视学规程》之后，教育部又陆续颁行《视学处务细则》《视学留部办事规程》和《视学室办事细则》，对视学制度作了补充完善，从而构建了比较完整的职业教育视学制度。

关于地方职业学校的督导，1917年《教育厅暂行条例》对各省设立教育厅及省视学，由教育厅长及省视学督导或视察省内的职业教育事务等教育事宜作了规定，具体如前所述。1918年，《省视学规程》《县视学规程》补充规定，各省设省视学四至六人，承省教育行政长官之命，视察全省教育事宜；各县设视学一至三人，承县知事之命，视察全县包括职业教育在内的教育事宜。①

相较临时政府时期，这一时期政府关于职业教育学校的督导考评规定主要有以下进步：增加了省视学、县视学的管理制度，这标志着民国省市两级相互独立的地方视学体制基本确立，职业学校要相应地接受地方政府的视导。

综上所述，这一时期的职业学校管理较之临时政府时期有了相当大的改进：职业教育取代了实业教育，并逐渐从其他教育中独立出来，职业学校取代了实业学校；职业学校的各级管理机构和体系逐渐完备，关于职业学校设置的规定更加

---

① 张宪文等主编：《中华民国史大辞典》，南京：江苏古籍出版社，2001年，第955、1371页。

明确，具有较强的操作性。这有力地促进了全国职业教育的发展。但遗憾的是，这一时期的职业学校管理措施基本上停留在制度层面，并未得到切实执行；同时职业学校管理制度缺乏必要的弹性，过于要求整齐划一，阻碍了职业教育依据地方情形灵活发展。①

（三）国民政府时期管理职业学校的制度

这一时期，政府推行三民主义的教育宗旨，实行训育政策，加强对各级各类学校教育的严厉控制，同时开始重视并积极发展职业技术教育，加强对职业学校的管理。关于发展职业学校与加强职业学校管理的重要法规主要有1932年2月国民政府公布的《职业学校法》、1933年9月教育部公布的《职业补习学校规程》、1936年2月教育部颁发的《各省市推行职业补习教育办法大纲》、1939年2月教育部颁发的《各省市实施分区辅导职业学校办法大纲》、1947年4月教育部修正公布的《职业学校规程》等。这些重要法规文件对职业学校的设置、任务，职业学校的内部管理，职业学校的校长与教职员、学生管理，职业学校的课程设置与教学管理，职业学校的财务管理等均进行了制度规定。

1. 职业学校设置及任务规定

（1）关于职业学校宗旨及目标等的规定

1933年，教育部公布《职业补习学校规程》，规定职业补习学校的目的是为从业者补充知识技能和给予公民训练，为志愿从事职业者传授职业知识技能和进行公民训练。② 1938年，国民党临时全国代表大会通过《中国国民党抗战建国纲领》，实施战时教育方针，提出“训练各种专门技术人员，予以适当之分配，以应抗战需要”“训练青年，俾能服务于战区及农村”“训练妇女，俾能服务于社会

---

① 李国钧、王炳照总主编：《中国教育制度通史》（第七卷），济南：山东教育出版社，2000年，第30页。

② 宋恩荣、章咸选编：《中华民国教育法规选编》（修订版），南京：江苏教育出版社，2005年，第501页。

事业，以增加抗战力量”[①]。之后，国民政府先后颁布《补习学校法》《补习学校规则》，对包括职业补习学校在内的补习学校的宗旨、各层级的设立作了更为具体的规定。1947 年，《职业学校规程》对职业学校的宗旨作了修正，规定初级职业学校旨在养成青年从事职业的能力，高级职业学校旨在养成青年实际生产与管理的能力和向上研究的基础。[②]

（2）关于职业学校设立的规定

1928 年，“戊辰学制”对 1922 年的“新学制”作了修正，提出：除在高级中学设职业科外，可单独设立初级、高级职业学校；小学增设职业科，大学则取消单科大学。[③] 1932 年，《职业学校法》补充规定：设立职业学校要以单科制为原则，特殊情况下可设多个学科；职业学校一般由省或直辖市设立，也可根据地方情况由地方设立或由两个以上的县联合设立，私人或团体也可设立职业学校。[④] 之后，《职业补习学校规程》明确了职业补习学校的设立程序，规定省辖内职业补习学校的设立、变更及停办经主管县市教育行政机关核准并转呈教育厅备案；直辖市内的则呈请市教育行政机关核准备案，其中由省及直辖市或县市教育行政机关直接办理的应呈报该管上级教育行政机关备案。[⑤] 1947 年，《职业学校规程》再次对前述规定作了修正与补充，指出：初级职业学校以县市立为原则，由县市主管教育行政机关根据学校所在地及附近经济、教育、实业原料等情况，呈请省教育厅核准后办理并转呈教育部备案；高级职业学校以省或直辖市办理为原则，并由省市教育行政机关将前述实际情况呈请教育部核准后办理；私立职业学校则由学校呈请省市教育行政机关核准后办理，并呈报教育部备案。[⑥]

---

① 王炳照等编：《简明中国教育史》，北京：北京师范大学出版社，2007 年，第 393 页。

② 宋恩荣、章咸选编：《中华民国教育法规选编》（修订版），南京：江苏教育出版社，2005 年，第 518—519 页。

③ 王炳照等编：《简明中国教育史》，北京：北京师范大学出版社，2007 年，第 399 页。

④ 宋恩荣、章咸选编：《中华民国教育法规选编》（修订版），南京：江苏教育出版社，2005 年，第 496—497 页。

⑤ 宋恩荣、章咸选编：《中华民国教育法规选编》（修订版），南京：江苏教育出版社，2005 年，第 501 页。

⑥ 宋恩荣、章咸选编：《中华民国教育法规选编》（修订版），南京：江苏教育出版社，2005 年，第 519—520 页。

(3) 关于职业学校性质及名称的规定

1932年，《职业学校法》规定职业学校依照所设科别可称初级或高级某科职业学校，开设两科以上的称初级或高级职业学校，初高级合设的则称职业学校；省市或县设立的职业学校为省市立或县立职业学校，两个以上县联合设立的为某某县联立职业学校，私人或团体设立的则为私立职业学校。[①] 之后，《职业学校规程》再次规范了各种性质及各级职业学校的命名办法。

(4) 关于职业学校类别的规定

根据《职业学校法》的上述规定，职业学校依照所设科别可分为初级或高级某科职业学校、初级或高级职业学校、职业学校；也可分为省立、市立或县立职业学校以及联立职业学校和私立职业学校。继之，《职业补习学校规程》将职业补习学校分为农业及农艺、工业及工艺、商业、家事等方面的学校。1946年，《补习学校规则》又将职业补习学校依照所补习科目或所采用教材的程度分为初级、中级、高级职业补习学校，依据所设科别情况分为补习学校和某科补习学校。[②]

(5) 关于职业学校奖助的规定

1933年，《职业补习学校规程》规定，对成绩优异的私立职业补习学校，可由省市县教育行政机关酌情给予补助奖励。[③] 1936年，《补助公私立优良职业学校办法》规定对办学成绩优良而经费困难的公私立职业学校予以经费补助，其中农工两科职业学校每年应占补助费总额的70%，商业家事职业学校每年应占30%。[④] 1941年，为培养更多职业技术人才，《奖励农、工、商团体办理职业学校、职业训练班、职业补习学校办法》规定对有办校设备及人才而缺乏经费的职

---

① 宋恩荣、章咸选编：《中华民国教育法规选编》(修订版)，南京：江苏教育出版社，2005年，第550页。

② 宋恩荣、章咸选编：《中华民国教育法规选编》(修订版)，南京：江苏教育出版社，2005年，第561页。

③ 宋恩荣、章咸选编：《中华民国教育法规选编》(修订版)，南京：江苏教育出版社，2005年，第502页。

④ 中央教育科学院研究所编：《中国现代教育大事记》，北京：教育科学出版社，1988年，第347—348页。

业学校可酌情给予补助，对办校有成绩的可予以奖励。[①] 之后该法案在1946年得到修订，提出对教育部派员视察中成绩优良的职业学校，由部或饬厅给以补助费、教职员奖助金、学生公费名额、核发经费指办职业班级等奖励。[②]

（6）关于职业学校学制年限的规定

《职业学校法》《职业补习学校规程》规定：初级职业学校修业年限一至三年，高级职业学校所招收的初中毕业程度学生年限三年、小学毕业程度学生五或六年；职业补习学校则实行两种编制，即以学期为单位的学期制和以学科为单位的学科制，分别以修完若干学期和某学科为终了。[③]

这一时期的职业学校设置及任务规定更加全面具体，主要变化如下：一是不仅改行三民主义教育宗旨，职业学校的教育方针也更加明确具体。二是职业学校的类别层次更加丰富；对各级各类职业学校名称的规定更加具体详备，并增加了关于补习学校的管理规定。三是关于职业学校奖助的类别、适用情况、奖励金来源更加丰富，并增加了对奖助额度的规定。四是补充了对职业学校不同程度学生及不同编制补习学校修业年限的规定。这些为职业教育的发展提供了基本的制度保障。

2. 职业学校内部机构设置规定

（1）关于职业学校日常管理组织及人员设置的规定

首先是《职业学校法》《职业补习学校规程》及1944年的《补习学校法》等都规定职业学校或各级职业补习学校设校长或主任（相当于校长）一人综理校务。1932年，《中等学校教职员服务及待遇办法大纲》要求中等职业学校等除会计应用专员和极少数的事务员、书记及技术方面的助理人员外，不得滥设任何职

---

① 中央教育科学院研究所编：《中国现代教育大事记》，北京：教育科学出版社，1988年，第469页。

② 宋恩荣、章咸选编：《中华民国教育法规选编》（修订版），南京：江苏教育出版社，2005年，第517—518页。

③ 宋恩荣、章咸选编：《中华民国教育法规选编》（修订版），南京：江苏教育出版社，2005年，第496、501页。

员。[①] 1946 年，《中等学校行政组织补充办法》补充规定了中等职业学校等的日常管理组织，指出：八年级以下的中等职业学校设教导处，其下设教务、训导、体育、卫生等组，并酌设事务处；九年级以上的则分设教务处、训导处、体育处、事务处，其中教务处下分设教学、注册、设备组，训导处下设训育、管理组，体育处下设体育、卫生组，事务处下设文书、庶务、出纳、营业组；各处设主任一人，各组设组长一人，均由专任教员充任，文书、庶务、出纳、营业组长不得兼任；两科以上的职业学校得于教导或教务处下设科主任，由各科职业学校教员兼任。[②] 1947 年的《职业学校规程》对前述组织设置规定作了修正和补充，规定职业学校在校长、教导主任之外根据情况设教务、训育、事务主任各一人。

（2）关于职业学校其他组织机构及人员设置的规定

1936 年《中等学校特种教育纲要》和 1941 年的《中等学校各科教学研究会组织通则》对职业学校等中等学校组织机构及人员设置作了规定，分别要求设置训育指导委员会，以校长为主席，下设训育主任或教学主任为副主席，主持全校训育事宜；在学生中设立青年训练团，设团长、副团长各一人，并设分团长、中队长、小队长各一人；组织各科教学研究会进行学科教学研究，其中设主席一人，由校长（班主任）指定或由教员推选，学科教员为委员，校长（班主任）、教务或教导主任须参加学科研究会会议。[③] 1943 年，《学生自治会规则》提出了职业学校等学校成立学生自治会的主张。1947 年，《职业学校规程》对职业学校的会议组织作了补充和统一规范，要求其组织四种会议，即校务会议、教务会议、训育会议、事务会议；设立三种委员会，即训育指导委员会、职业指导委员会、经费稽核委员会。[④]

---

① 宋恩荣、章咸选编：《中华民国教育法规选编》（修订版），南京：江苏教育出版社，2005 年，第 640 页。

② 宋恩荣、章咸选编：《中华民国教育法规选编》（修订版），南京：江苏教育出版社，2005 年，第 365—366 页。

③ 宋恩荣、章咸选编：《中华民国教育法规选编》（修订版），南京：江苏教育出版社，2005 年，第 332、359—360 页。

④ 宋恩荣、章咸选编：《中华民国教育法规选编》（修订版），南京：江苏教育出版社，2005 年，第 527—528 页。

国民政府时期关于职业学校内部组织及人员设置的规定逐渐完善丰富，在组织范围上涵盖了从校务委员会、训育指导委员会、青年训练团，到学科教学研究会和学生自治会；在职位种类上涵盖了从校长、教导主任、事务主任、训育主任、书记，到各种会议主席和团体主任；在职员类别上涵盖了从校长到各种主任、职员、成员等都有相应的规定和要求。可以看出，这一时期颁布的关于职业学校的相关管理规定，推进了职业学校内部管理组织体系的完备。

3. 职业学校校长及人员管理规定

（1）职业学校校长管理规定

关于校长资格的规定。1933 年，《职业补习学校规程》要求高初级职业学校专科或专门学校毕业且有一年以上工作经验的、或具有专门技能的匠师、或曾任人民团体职业机关主要职务的人员才能就任职业补习学校的校长或主任。[①] 1947 年，《职业学校规程》对校长任职资格作了更为详细的说明，除品格健全、在与学校同性质的学科方面有专长外，初级职业学校校长应具下列资格之一：职业师资训练机关或国内外大学毕业并从事职业教育一年以上著有成绩、国内外专科学校或专门学校及高等师范专修科毕业并从事职业教育二年以上著有成绩、具有专门技能或热爱职业教育并曾在教育机关工作二年以上；高级职业学校校长应具有下列资格之一：曾任教公私立专科以上学校二年以上、曾任较大规模职业机关的高级职务二年以上著有成绩、曾任初级职业学校校长三年以上著有成绩、曾任教高级职业学校四年以上著有成绩；法令还对初高级职业学校校长任职的限制性条件作了规定。[②]

关于校长任用的规定。《职业学校法》规定：省立职业学校校长由教育厅提名，经省政府委员会通过后任用；直辖市职业学校校长由市教育行政机关选荐合格人员，呈请市政府核准任用；县市立职业学校校长由县市政府选荐合格人员，

---

① 宋恩荣、章咸选编：《中华民国教育法规选编》（修订版），南京：江苏教育出版社，2005 年，第 503 页。

② 宋恩荣、章咸选编：《中华民国教育法规选编》（修订版），南京：江苏教育出版社，2005 年，第 528—529 页。

呈请教育厅核准任用，并均由省市教育行政机关呈教育部备案；私立职业学校校长则由校董会聘任并呈主管教育行政机关备案。①

关于校长职务权限的规定。职业学校校长除了综理校务之外还有以下职务权限：一是人事任用权。1932 年的《职业学校法》和 1946 年的《补习学校规则》均规定学校的教职员等由校长或主任（相当于校长）聘任。二是教学任务。《职业学校法》要求校长承担一定的教学任务，其教学时间不少于专任教员的 1/3。② 1932 年的《中等学校教职员服务及待遇办法大纲》还要求职业学校校长及教员担负训育责任。

关于校长待遇的规定。1932 年，《中等学校教职员服务及待遇办法大纲》对职业学校等中等学校校长及教职员的待遇作了规定，指明废除钟点计薪制，实行月俸制，分别等级确定薪额，兼任教职员则按时计薪，具体执行标准由省市厅局根据地方生活状况，并比照现制较优办法确定；要求各省市尽力推行年功加俸制及《学校教职员养老金及恤金条例》所订办法，对兼任他职的专任教员给予较高级别的月俸。③ 1943 年，《国立中等学校教职员薪级表》就包括职业学校在内的国立中等学校教职员的薪俸制定了统一执行标准。

关于校长奖励的规定。1940 年，《教员服务奖励规则》对职业学校等公私立学校教员服务奖作了说明，凡在同一学校连续工作十年以上成绩优良并经检定合格的校长教员，经查明属实的分别情况给予“智”字、“仁”字、“勇”字服务奖状。④

（2）职业学校教职员管理规定

关于教员资格的规定。1933 年，《职业补习学校规程》对职业补习学校教员

---

① 宋恩荣、章咸选编：《中华民国教育法规选编》（修订版），南京：江苏教育出版社，2005 年，第 497 页。

② 李国钧、王炳照总主编：《中国教育制度通史》（第七卷），济南：山东教育出版社，2000 年，第 166—174 页。

③ 宋恩荣、章咸选编：《中华民国教育法规选编》（修订版），南京：江苏教育出版社，2005 年，第 639—640 页。

④ 宋恩荣、章咸选编：《中华民国教育法规选编》（修订版），南京：江苏教育出版社，2005 年，第 668 页。

的任用资格作了规定，其中职业学科教员的资格要求同于职业补习学校校长；而普通学科教员的资格要求则依照中小学教员的资格规定。① 之后《职业学校规程》规定在品格健全、专长于任教学科之外，高级职业学校教员应具有下列资格之一：职业师资训练机关毕业并有一年以上职业经验、国内为专科学校或专门学校及高等师范专修科毕业且有二年以上职业经验、有专门职业技能并曾就任职业机关相当职务四年以上著有成绩，其中普通学科教员则需符合高级中学教员的资格规定。初级职业学校教员应具有下列资格之一：具有高级职业学校教员规定资格之一、国内外大学或专科学校或专门学校及高等师范专修科毕业并具有一年以上职业经验、高级职业学校或同程度学校毕业并具有二年以上职业经验著有成绩，其中普通学科教员则需符合初级中学教员的资格规定；触犯刑法证据确凿、成绩不良、旷废职务、患精神疾病或痼疾不能任事、行为不检或有不良嗜好的不得任教员。②

关于教职员聘用的规定。有关法规规定职业学校校长在聘用教职员时要开具合格人员详细履历呈请主管教育行政机关核准后方能聘任，其中职员由校长任用时还需报主管教育行政机关备案。

关于教职员奖励的规定。1940 年，政府颁布《职业学校职业教员进修暂行办法》，对符合进修条件的教员提供进修奖学金；颁布《教员服务奖励规则》，对符合条件的职业学校教员给予服务奖励，具体与校长服务奖励同。之后，1942 年的《教育部奖励中等学校教员休假进修办法》规定对符合条件的中等职业学校教员给予休假进修奖励，并对奖励的适用条件、奖励标准等作了明确说明；1946 年，《实业机关或职业团体办理职业学校或职业训练班奖励办法》规定对教育部派员视察备案学校时成绩优良的教职员给予奖助金。③

---

① 宋恩荣、章咸选编：《中华民国教育法规选编》（修订版），南京：江苏教育出版社，2005 年，第 503 页。

② 宋恩荣、章咸选编：《中华民国教育法规选编》（修订版），南京：江苏教育出版社，2005 年，第 528—529 页。

③ 宋恩荣、章咸选编：《中华民国教育法规选编》（修订版），南京：江苏教育出版社，2005 年，第 517 页。

关于教职员待遇的规定。1932 年的《中等学校教职员服务及待遇办法大纲》就中等职业学校教员的待遇问题作了规定，具体如前述有关校长待遇的规定。1940 年，政府颁布《津贴职业学校专科教员及导师薪给暂行办法》《国立职业学校职业课目教职员补助金办法》，对职业学校教师薪俸标准给予了较大增涨。1943 年，政府出台《教师节纪念办法》，要求各级教育行政机关在每年教师节表彰优良教师、改善教师待遇等。① 之后，1944 年的《学校教职员退休条例》《学校教职员抚恤条例》和 1945 年的《学校教职员抚恤条例实行细则》的有关规定对职业学校教职员的退休金发放标准及数额、身后遗族抚恤金的发放条件及发放标准等有所涉及。

（3）职业学校学生管理规定

关于学生入学资格的规定。1932 年的《职业学校法》规定，初级职业学校招收小学毕业生，或从事职业而具有相当程度者；高级职业学校招收初级中学毕业生，或具有相当程度者，职业学校招收学生均应经入学实验及格。② 1933 年，《职业补习学校规程》要求职业补习学校所招学生年满 12 岁并曾受过相当程度的识字教育。③ 战后《补习学校规则》对此作了修正和补充，要求取消性别限制，所招学生须年满 12 岁并经编制试验及格外，初级职业补习学校学生还应高级成人班或妇女班毕业、或国民学校或中心国民学校中级部修业期满、或具有同等学力，中级职业补习学校学生应初级普通补习学校或初级职业补习学校或中心国民学校高级部毕业、或具有同等学力；高级职业补习学校学生则需年满 14 岁，由中级普通补习学校或中级职业补习学校或初级中等学校毕业、或具有同等学力。④

关于学生日常管理的规定。为了钳制师生的思想，加强对教育的控制，国民政

① 宋恩荣、章咸选编：《中华民国教育法规选编》（修订版），南京：江苏教育出版社，2005 年，第 168—169 页。
② 宋恩荣、章咸选编：《中华民国教育法规选编》（修订版），南京：江苏教育出版社，2005 年，第 496 页。
③ 宋恩荣、章咸选编：《中华民国教育法规选编》（修订版），南京：江苏教育出版社，2005 年，第 501 页。
④ 宋恩荣、章咸选编：《中华民国教育法规选编》（修订版），南京：江苏教育出版社，2005 年，第 563—564 页。

府在全国推行“党化教育”，以三民主义为学校教育宗旨，各级各类职业学校内也普遍推行训育政策。1938 年，政府又推出“导师制”，进一步加强了对学生的控制。

这一时期关于职业学校校长及人员管理的规定有了很大丰富和完善，具体表现在以下方面：一是增加了关于校长任职资格、任用程序、薪俸及养老抚恤、奖励等方面的规定，其中对职业学校校长专业化专任化的要求、从事教学的要求值得关注。二是在教员任用资格方面增加了对工作经验及品格的要求；补充了关于教员奖励、登记检定和待遇的规定。三是增加了关于学生入学考试的有关规定和对学生实行党化教育及训育管理的规定，加强了对学生的思想控制。

4. 职业学校财物管理规定

国民政府时期有关职业学校财物管理的规定主要有以下两方面：

（1）关于职业学校经费的规定

一是关于学杂费的规定。1932 年，《职业学校法》规定职业学校原则上不收学费。1933 年，《职业补习学校规程》指出私立职业补习学校经主管教育行政机关核准可酌量征收学费。[①] 之后，1944 年的《补习学校法》和 1946 年的《补习学校规则》先后作了修正与补充，规定各级补习学校不收学费，但经主管教育行政机关核准可酌情收取讲义费、灯油费以及寄宿学生的膳费，职业补习学校还可酌情收取实习费。[②]

二是关于办学经费的规定。1933 年教育部颁发的《各省市县推行职业教育程序》提出，各省市推行职业教育，其经费之分配应依照部颁“各省市各类中等学校设置及经费支配标准”，至少占中等教育经费百分之三十五，并须规定逐年递增办法。[③] 1936 年，《各省市推行职业补习教育办法大纲》规定各级学校办理职业补习学校或职业训练班的经费原则上就原有预算撙节开支，必要时可呈请主

① 宋恩荣、章咸选编：《中华民国教育法规选编》（修订版），南京：江苏教育出版社，2005 年，第 502 页。

② 宋恩荣、章咸选编：《中华民国教育法规选编》（修订版），南京：江苏教育出版社，2005 年，第 551、566 页。

③ 宋恩荣、章咸选编：《中华民国教育法规选编》（修订版），南京：江苏教育出版社，2005 年，第 503 页。

管机关补助实习材料费及专任教员聘请费用；职业团体办理职业补习学校或职业训练班的经费由其自行筹集，也可在取得办学成绩时呈请主管机关予以适当补助。[①] 1947 年，《职业学校规程》进一步明确省市立职业学校的开办经费、各种临时费由省市款支给，县市立或联立职业学校由县市款或联立各县的县款支给，私立职业学校则由校董会支给。[②]

（2）关于职业学校设施设备的规定

兴办职业学校对设施设备要求很高，但国民党各级政府实际投入的经费有限，故只能因陋就简。在 1933 年教育部颁发的《各省市县推行职业教育程序》中，就有这样的规定：各省市原有职业学校之设备简陋者，应设法充实。遇必要时，得停招各科或单科新生之一次，将其余款指拨充实设备之用。[③] 1947 年，《职业学校规程》重申了职业学校所应筹备的各种场地、图书、机械、工具、仪表、标本、消防设备、表簿等。

国民政府时期关于职业学校财务管理的规定主要有以下变化：一是由收取学费改为公立职业学校免收学费；补充了关于讲义费、实习费、灯油费等的规定；增加了关于职业学校经费使用、各项经费支出执行标准以及经费补助的规定。二是增加了对职业学校设施设备建设的要求，必要时停招学生一次将余款充实设备，凸现了对职业学校设备建设的重视。这些规定完善了职业学校的财务管理制度，也为职业教育的发展提供了一定保障。

5. 职业学校教学管理规定

（1）关于课程设置的规定

1932 年的《职业学校法》和 1944 年的《补习学校法》明确规定，由教育部确定各级职业学校及职业补习学校所应开设的教学科目、课程标准与实习规程。

---

① 宋恩荣、章咸选编：《中华民国教育法规选编》（修订版），南京：江苏教育出版社，2005 年，第 507 页。

② 宋恩荣、章咸选编：《中华民国教育法规选编》（修订版），南京：江苏教育出版社，2005 年，第 520 页。

③ 宋恩荣、章咸选编：《中华民国教育法规选编》（修订版），南京：江苏教育出版社，2005 年，第 503—504 页。

1933年，《职业补习学校规程》要求职业补习学校的职业学科与实习占所开全部课程的70%以上，普通学科最多占30%。① 1946年，《补习学校规则》补充要求各级补习学校所设学科的程度应与同级正式学校同年级的学科相当。

（2）关于课程实施的规定

1933年，《职业补习学校规程》确定职业补习学校的课程实施可采用学期制、学科制。1936年，《中等学校特种教育纲要》要求国难时期的职业学校结合学校的设备、人才及环境情况，依照中学及师范学校课外教学分组的规定，设置课外分组教学科目若干组，其中每一学生至少选习一组，并保证每人每周三小时的受教时间。②

（3）关于教材的规定

民国各级各类职业学校的教材比较缺乏，多由学校根据当地日常职业情况编写，各地各校教材并不统一，但大都比较简洁易懂。到1934年6月，政府刊行《职业学校各科课程表、教材大纲、设备概要汇编》，对职业学校各科教材大纲等进行了统一部署，但教材自主权仍在学校。1936年，《中等学校特种教育纲要》要求国难时期的职业学校注重与非常时期的需求有关的教材与技能。直到抗战时期，教育部才厘定了各种教学科目、教学大纲、教学要点，并组织编写了各种职业技术教育教材，开始统一教材。

（4）关于教学及休假时间安排的规定

1933年，《职业补习学校规程》要求职业补习学校依照地方具体情况以及学校职业的性质确定每周授课时长及时间安排，并呈请主管教育行政机关核准，且不得妨碍已从业者的工作。③ 1944年，《补习学校法》规定按日制补习学校每日上课时间不少于二小时，间日制补习学校不少于三小时；每一科目的教学总时长不少于同级正式学校课程标准规定总时长的三分之二，且每一科目的修业期限不

① 宋恩荣、章咸选编：《中华民国教育法规选编》（修订版），南京：江苏教育出版社，2005年，第502页。
② 宋恩荣、章咸选编：《中华民国教育法规选编》（修订版），南京：江苏教育出版社，2005年，第335页。
③ 宋恩荣、章咸选编：《中华民国教育法规选编》（修订版），南京：江苏教育出版社，2005年，第502页。

少于二个月。[①] 1946 年，《补习学校规则》补充规定按日制补习学校每日上午、下午或晚上上课，间日制补习学校周日或每周的某几日或寒暑假及其他特定时间上课；教学编制采用学月制的以学期为单位，修满若干学月为终了，采用学科制的则以学科为单位，修满某一学科为终了。[②] 之后颁布的《职业学校规程》规定职业学校每周教学 40 至 48 小时，职业学科占 30%，普通学科占 20%，实习占 50%；学生每次实习的时间以连续三或四小时为度。[③]

这一时期的职业学校教学管理规定主要有以下变化：增加了职业学校开设军事教育类课程的规定；对职业学校课程教学及实习时间的规定更加具体，也更加突出了学校的职业性特征；增加了对间日制和按日制职业补习学校课时安排的规定；同时补充了学月制和学科制教学的修业期限规定。这表明，这一时期的职业学校教学管理规定比较具有弹性，增强了职业学校的适应性和灵活性。

6. 职业学校与地方关系规定

由于职业学校的发展与地方经济社会发展关系密切，国民政府教育部在引导职业学校适应地方发展的同时，主要强调地方政府要加强对职业学校的管理与支持，鼓励社团或工厂、商店、农业等职业机关或私人设立职业学校。[④]

7. 职业学校督导考评规定

国民政府曾制定了一系列教育督导考评法规，其中，1931 年的《省市督学规程》《教育部督学规程》，对省市督学和教育部督学视察督导地方教育行政和学校教育事项作了规定，这些规定也适用于职业学校；《各县市设立中等学校程序》则规定了省教育厅及县市教育局或教育科对县市中等职业学校的督导职责。1943 年的《教育部督学服务规则》对教育部督学视察各级学校教育情况的规定也涉及职业学校。将职业学校纳入督导考评范围，有助于规范和推进职业学校的发展。

---

① 宋恩荣、章咸选编：《中华民国教育法规选编》(修订版)，南京：江苏教育出版社，2005 年，第 550 页。
② 宋恩荣、章咸选编：《中华民国教育法规选编》(修订版)，南京：江苏教育出版社，2005 年，第 564—565 页。
③ 宋恩荣、章咸选编：《中华民国教育法规选编》(修订版)，南京：江苏教育出版社，2005 年，第 523—524 页。
④ 宋恩荣、章咸选编：《中华民国教育法规选编》(修订版)，南京：江苏教育出版社，2005 年，第 520 页。

南京国民政府时期，政府对职业学校的管理制度趋于完备、系统，管理措施也更加切实可行，有力地促进了职业学校在中国的发展。尤其是抗战时期出台的关于职业学校发展与管理的相关规定，使职业学校在极其困难的战争环境中得以保存下来，并在西南、西北等地有所发展。但是由于实业生产机构与职业教育机构存在脱节，毕业生就业有一定难度，同时受传统官本位思想的影响，民众尤其农民接受职业教育的愿望不强、需求不大，从而参与不足，一定程度上制约了职业学校与职业教育的充分发展。①

二、职业学校管理实例

民国时期，职业教育开始兴起，各级各类职业学校不断涌现。其中诸如中华职校、福州高级农业职业学校等，具有一定的办学规模，办学质量高、影响范围广，堪称职业教育界的楷模。这些职业学校取得的成就在很大程度上与其内部管理举措有密切关系。以下以中华职校、福州高级农业职业学校两校为例，对民国时期职业学校的内部管理进行考察分析。

（一）中华职校的管理

中华职校，即中华职业学校，是我国民主革命先驱、著名教育家黄炎培联络

① 杨玉厚主编：《中国课程变革研究》，西安：陕西教育出版社，1993年，第250页。

教育界与实业界知名人士蔡元培、张謇、沈恩孚、蒋梦麟、穆藕初等人组建的全国性职业教育指导团体。它是中华职教社于1918年5月在上海南市陆家浜创办的第一个实践基地，也是我国第一所以“职业学校”命名的学校。中华职校成立后，以其显著的办学成效而声名远播全国各地，并于1935年受到国民政府教育部的嘉奖。学校也一度成为全国各地学习的榜样，引领职业教育发展，成为民国时期的教育新风尚。①

1. 组织管理

由于职业学校学科设置因社会需要和学校类型而定，而且经常会有学科调整，其内部管理机构一般比较简单，除了董事会之外，设校长一人，综理校务；校长之下，设教导主任一人，辅助校长管理校务，其他职位则根据学校具体情况而设。职业学校管理职位的设置受政府关于职业学校内部管理的要求影响，一般设训育指导委员会、职业指导推广委员会、经费稽核委员会等，同时通过校务会议、教务会议、训育会议、事务会议对学校事务进行管理。

值得一提的是，中华职校还下设校友会负责校友联络与活动事务，以支持学校发展职业教育事业，校友会设有会长、理事、常务理事、监事等领导机构，分设有秘书宣传、组织联络、海外联谊、会刊编印、财会出纳等小组，处理校友会日常事务活动。②

2. 校长特征

（1）学养深厚、视野开阔

民国时期，中华职校的历任校长大都具有较高的文化素养，有不少人还曾出国留学或考察教育，且在就任中华职校校长之前大都具有丰富的社会阅历，使得他们都具有比较开阔的教育视野。如首任校长顾树森（1918年5月—1922年10月在任），毕业于上海龙门书院，在任职校校长前就编辑出版了《中华初等小学算术教科书》《中华初等小学修身教科书》，曾任《中华教育界》杂志社编辑主任；第二任

① 施文荣等主编：《重光的召稼楼文化：续篇》，上海：上海社会科学院出版社，2016年，第63页。

② 唐威主编：《中华职业学校校史（1918—2013）》，上海：上海社会科学院出版社，2013年，第418—419页。

校长黄异（1922年10月—1926年2月在任），系上海同济医工专门学校电力机械优等毕业生，曾留学德国柏林工科大学并获特许工程师；校长扬卫玉（1930年7月—1931年7月在任），毕业于上海尚贤堂书院理科，曾留学日本东京高等师范学校，毕业后曾历任共和协会会长，江苏省立第二女子师范学校附属小学、江苏省一师、二师及苏州女子职业学校的主事；校长江问渔（1943年7月—1946年2月在任，渝校），为前清秀才、师范科举人，1917年考入北京大学，毕业后曾就任师范学校校长、《申报》记者、江苏省教育厅厅长、河南省政府委员兼教育厅厅长、中华职教社评议会主席等职；校长金一新（1939年5月—1944年1月在任，渝校白沙沱分部负责人），毕业于日本东京大学机械工程专业，曾历任上海大学教授、江苏省南京工业学校代校长、中华职校机械科主任、中华职校渝校功课主任；校长贾观仁（1931年7月—1943年7月，1946年2月—1950年2月在任），留学日本高等师范学校，曾任南京工专教员、上海务本女校校长、暨南大学教授、中华职教社实验教育委员会主任委员；校长贾丰臻（1942年2月—1945年8月在任，沪校），为前清秀才，1904年公派赴日学习考察师范教育，1905年回国后历任苏松太道龙门师范学堂教员、学监，江苏省立二师校长，上海市政厅议事会副议长、议长等职务。他们的国内外高等教育学习经历及国外教育考察经历使他们不仅具有深厚的学养，而且教育思维与教育视野比较开阔。

（2）忠心办学，艰难中维系学校发展

中华职校的历任校长普遍忠心于办理职业教育，他们之中有的在就任校长之前就非常关注中华职校的发展，为学校推荐师资、筹集教育经费等，如在中华职校筹建过程中，贾丰臻校长曾介绍陈嘉庚为学校连续捐款五年，每年2000圆。在办学过程中，他们还坚持维系学校的发展，使学校渡过一个个艰难时期，如1937年8月，中华职校遭日军轰炸成为一片废墟，校长贾观仁与黄炎培等人几觅校址，坚韧不拔地继续职教实践。

3. 教师管理

（1）诚聘优秀师资人才

中华职校重视对学生基础文化知识和专业技能的教育，为此学校积极从各界聘请优良人才充任文化课教师，如曾聘请圣约翰大学高才生、我国杰出新闻记者与出版家邹韬奋，著名教育家、社会活动家孙起孟等到校任教。学校还陆续聘请一些知名专业人士到校任专业技能教师，如著名建筑学家和建筑教育家柳士英曾到校教授建筑课程，吴淞中国铁厂锭子刀具间主任和浦东上南汽车公司机务主任兼机务工程师王品端专任制图教师。① 此外，学校还广邀各界名流人士到校演讲。如1919年5月，学校曾邀请美国著名教育家杜威到校参观、演讲；1922年9月，学校曾邀请李大钊到校做演讲；此外蔡元培、黄炎培等都曾多次到校做演讲。

（2）严格要求教师

由于既懂专业理论又能动手操作的师资极其匮乏，各级各类职业学校只能通过制定和施行严格的教育教学规范来约束和策励教师，以保障教学质量。如中华职校同其他各级各类职业学校一样，要求教师除了通习科目及必须在教室内讲授的学科，尽可能在工厂施教，实地工作，以资训练。②

4. 学生管理

（1）广生源，严招生

中华职校的生源范围比较广泛，有不少学生来自上海之外的地区，如江苏、浙江等。学校一般招收的都是男生，也有个别专业如土木科、商科则男女生兼收。初期，这些学生大都来自中下层家庭，鲜少富贵子弟；后来，随着学校声誉的高涨，学生来源发生了明显变化。到1929年，仅机械科新生中来自政商学界的就超过了60%，甚至有一些新生来自高官家庭。为了招收到合格生源，中华职校一方面要求学员12岁以上，具有高校毕业程度或相当学力，且志愿在工业界服务、能耐劳苦③；另一方面则严把招生关，对招生试卷采用密封方式，录取新生严格按照考试成绩，坚决杜绝人为操作。④

（2）严管理，塑良才

① 唐威主编：《中华职业学校校史（1918—2013）》，上海：上海社会科学院出版社，2013年，第333—336页。

② 方展画等编著：《知识与技能：中国职业教育60年》，杭州：浙江大学出版社，2009年，第23页。

③ 谢长法：《中国职业教育史》，太原：山西教育出版社，2011年，第260页。

④ 唐威主编：《中华职业学校校史（1918—2013）》，上海：上海社会科学院出版社，2013年，第55页。

一是严格规范学生日常行为。中华职校对学生的日常管理比较严格，如学校成立之初就订立了学生日常要求，即要求学生生活简朴、剃光头（女生则应短发），不得有任何贵族作风。[①] 同时学校还倡导艰苦朴素的校风，传播“双手万能，手脑并用”的思想观念，让学生在接受职业教育的过程中，不仅学到坚实知识、掌握实用技巧、奠定立业的基础，还能养成勤劳朴实的职业人品格。二是严把学生培养的质量关。为了培养出文化基础和专业技能都过关的合格人才，中华职校根据不同职业学科的具体情况制定了严格而不同的毕业标准，如要求机械科学生国文、英语、数学、物理、制图和工作法各科考试达到规定标准才能毕业；商科学生则需要国文、英语、珠算、簿记和打字考试达到学校规定的标准；土木科学生还要求能够熟练使用一般的测量仪器及进行各种测量工作、能精确回执或描绘各项土木工程图样、会设计和建造一般的土木工事。[②] 三是实行严格的考试与实习制度。如前所述，中华职校的学生在毕业前需要通过相应的学科考试并达到规定的学业标准，其中毕业考试由学校邀请的专家所组成的委员会组织进行。同时学校实行严格的实习制度，要求学生平时必须到车、钳、锻等五个实习工厂中轮流实习，每周实习 24 小时以上；学生毕业离校前还得去工厂、商店等见习、实习，成绩优良才发给毕业证书。[③]

中华职校在严格要求学生的同时，还尽力关心学生的生活与学习，对贫寒学生更是如此，曾多次免除优秀贫寒学生的学习费用。1944 年之后，以中华职校为代表的诸多公私立职业学校不仅开始免收学费，还设立一定比例的公费名额，并给予学生免除食宿费用的待遇。[④]

（3）注重以德育人

中华职校把“劳工神圣、敬业乐群”作为校训，并制定了职业道德标准，要求学生认识职业的真义在服务社会；养成责任心；养成勤劳习惯；养成互助合作

① 施文荣等主编：《重光的召稼楼文化：续篇》，上海：上海社会科学院出版社，2016 年，第 62 页。
② 唐威主编：《中华职业学校校史（1918—2013）》，上海：上海社会科学院出版社，2013 年，第 56 页。
③ 吴洪城等：《中国近代职业教育制度史研究》，北京：知识产权出版社，2012 年，第 129 页。
④ 杨智：《民国时期我国职业教育发展研究与思考》，载《职业教育研究》，2009 年第 2 期。

精神；养成理性的服从美德；具有稳健改进精神；养成对所从事职业之乐趣；养成经济观念；养成科学态度；等等。另外，对农、工、商、家政等还规定了具体的行业标准。①

5. 教育教学管理

（1）课程设置以多样实用为主

中华职校所开设的职业课程大都依据其时社会发展需求而定，注重实用性，并注意多样性以增强学生就业时的可选择性。如 1940 年代，学校仅会计类专业开设了簿记、会计、商业会计、成本会计、银行会计、英文会计等，非常适合其时上海的职业需求；同时学校还开设有珠算、打字、书法等实用的技能课。② 如此，中华职业的毕业生相对都能较快顺利就业。

（2）因时因势调整课程和教学

中华职校能够在民国职业教育史上留下不可磨灭的功绩，其中一个原因就是学校能够根据所处环境及社会局势发展，适时调整所开设的课程来进行教育教学。如学校曾回应社会需求，分别于 1925 年和 1928 年开办了两期文书培训班，培养社会急需的中英文文书人才，为相关单位输送了紧缺人才③；在 1937 年 10 月学校复课后，由于教室不够用，为了开足一些必要课程和让学生都能受到应有的教育，学校临时实行上下午两部制。④

（3）重视教材建设

教材是课程教学的重要参考和传播科学文化知识的重要载体。民国时期，中华职校在教育教学中对教材主要采取了以下管理措施：一是在学校发展初期组织教师编写教材。由于新式教育在我国发展的时间尚短，各种教材比较稀缺，而适合职业学校使用的教材就更为稀少，在这一时期学校主要通过组织调动教师进行

---

① 霍益萍、田正平：《试论中国近代职业技术教育的发展》，载《华东师范大学学报》（教科版），1986 年第 3 期。

② 周汉民编：《责在人先——中华职业教育社立社 95 周年纪念文集》，上海：上海交通大学出版社，2012 年，第 277 页。

③ 唐威主编：《中华职业学校校史（1918—2013）》，上海：上海社会科学院出版社，2013 年，第 54 页。

④ 周汉民编：《责在人先——中华职业教育社立社 95 周年纪念文集》，上海：上海交通大学出版社，2012 年，第 266 页。

教材编写。二是在发展过程中采取自编与选用教材相结合的办法。随着职业教育等新式教育的发展，教材状况有了较大转机，社会上适合职业教育的教材也逐渐增多。这时学校文化课程所需的教材多选用通用教科书，有些甚至还采用了英文原版教材，以促使所培养的学生达到与普通中学相当的文化知识水准；对于专业技术课程所需的教材，仍采取自编教材，以保证专业教学的质量。①

（4）多举措促进爱国主义教育

作为一个由诸多爱国人士协力创办和发展起来的学校，中华职校自身就是一个革命阵地。为培养有责任有担当的职业人才，学校非常注重对学生进行各种形式的爱国主义教育。一是通过名人引领和激励学生进步，如黄炎培曾多次到校进行爱国主义演讲；二是进行专门的宣讲教育，如学校曾把每周一早上的晨会改为爱国主义宣讲课，对学生进行爱国教育和熏陶；三是鼓励学生接触和参加各种革命社团活动，如学校鼓励和支持学生进行自治活动，允许上海学生抗日救亡协会等革命社团组织进入校园并组织各种抗日救亡教育和活动；四是通过课堂教学培养爱国精神，如在上海沦陷后，为抵制日军的奴化教育，学校教师在兼授日语的过程中经常穿插国文教学内容，培养学生爱国进步思想。

（5）重视实习，增强学生实践操作技能

中华职校自成立伊始就拟定了学校的教育方针，即理论与实际并行、知识与技能并重，规定学校的教学原则为双手万能、手脑并用、做学合一。中华职教社在学校成立时还制定了《职业教育设施标准》，其中要求职业学校所设科目依照科目性质设立生产机构。遵照上述规定，中华职校先后附设了实习工场、珐琅工场和机械工场等，供学生实习锻炼用。②

6. 经费管理

（1）经费来源

中华职校虽然是私立学校，但其经费来源却相对比较多样。一是基金利息收

---

① 唐威主编：《中华职业学校校史（1918—2013）》，上海：上海社会科学院出版社，2013年，第40—41页。

② 杨力主编：《中国抗战大后方中间党派文献资料选编》（上），重庆：重庆出版社，2016年，第110页。

入，这是学校相关教育基金所带来的自然收益，也是学校经费的一个重要来源。二是各种政府补助，如自1930年开始，学校每年获得教育部补助费2000圆；此外在1936年，教育部给予全国优良职业学校补助费时，中华职校获得2万圆，同时学校又获得中英庚子赔款补助费1.8万圆。[①] 三是职教社和校董会补助，如校董会和中华职教社经常筹集资金用于学校添建新校舍或添置设备。四是工场的营业收入。学校附设的工场经常会接受社会生产或加工业务，从而获得一定收入作为学校经费。如在20世纪20年代，经常有傅守璞、童伯潜等校友借用学校机械实习工场进行来料加工业务，为社会生产简易的轻工机械。[②] 五是学生缴费收入，这也是学校日常费支出项目的主要来源。

（2）经费使用

学校所获的各种收入构成了学校的教育经费，这些经费主要用于以下方面：一是学校的日常费支出，如校长和教职员工的薪酬、补贴、养老金、奖励金等；二是学校设施设备支出，如学校建筑校舍、宿舍、操场、体育馆、图书馆、工场等硬件设施，购买图书、仪器等教育用设备。

7. 设施设备管理

随着学校名气高涨，学校的经费收入日益丰厚，学校的设施设备也不断得到完善。但身处动荡的时局中，学校设施设备难免会受到战乱的波及，在这种状况下，学校唯有积极保护各种设施设备。具体来说，民国时期中华职校对学校设施设备的管理主要表现在以下两个方面：

力求设施设备完善。自创办以来，中华职校历任校长为了提高教学成效，都比较重视学校设施设备的建设，如建设实习工场、宿舍、职工教育馆、教学楼等，筹备理化教室、理化仪器室、打字教室、制图教室等，还购置了不少图书、仪器、机件、校具等教育设备。在1937年日军轰炸上海时，学校的校具、图书、仪器等已达数万。

战乱中妥善保护设备。在战乱中，学校所有校舍都被烧毁，仅剩下中华堂教

① 唐威主编：《中华职业学校校史（1918—2013）》，上海：上海社会科学院出版社，2013年，第58页。
② 唐威主编：《中华职业学校校史（1918—2013）》，上海：上海社会科学院出版社，2013年，第254页。

学楼，不少教育教学设备也遭到了极大破坏，但在学校师生积极抢救下，大部分的图书、仪器、校具等设备都得以转移出来，并保存在上海租界内或转移到重庆。也正是借这些抢救和保存下来的设备，中华职校得以于战乱年代在上海租界内和重庆继续奏响职业教育的弦歌。

8. **社会关系管理**

（1）积极开拓社会关系，维系或促进学校发展

作为私立职业学校，中华职业学校受中华职教社的具体指导，在学校发展的过程中，学校积极利用依托中华职教社的优势，开拓各种社会关系，为学校发展赢得各方面支持。如中华职校创建后，在中华职教社的帮助下，先后聘请了一大批社会名流及贤达人士、工商界著名企业家、学校教员等到校出任学校校董或经济校董，如宋汉章、王正廷、穆藕初、史量才等人曾任经济校董，张嘉璈、虞洽卿、韩国钧、沈恩孚、郭秉文、黄柏樵等人曾任学校校董。① 而在1937年抗日战争全面爆发后，学校曾在黄炎培及中华职教社爱国人士姚惠泉以及浦东同乡理事会努力下，得以租借浦东大厦三四两层房间复课。②

（2）借社会关系充实学校设施设备

中华职校筹建以后非常重视学校的设施设备建设，而设施设备的筹建与筹备需要大量经费，为了保证经费的充足，学校积极利用各种社会关系寻求资金援助。如前所述，学校校董会和中华职教社经常为学校扩建校舍和购置设备筹措资金。又如当中华职校在重庆复校时极其缺乏资金，在黄炎培、贾观仁等相关人员的努力下，获得政府每年拨助经常费1000圆；在1939年日军轰炸重庆致使学校设施设备遭到严重破坏的情况下，学校不仅获得行政院补助10万圆和教育部补助2万圆，还在校友的资助下建造了大礼堂。③

（3）充分利用社会关系渡过危机

---

① 唐威主编：《中华职业学校校史（1918—2013）》，上海：上海社会科学院出版社，2013年，第28页。

② 周汉民编：《责在人先——中华职业教育社立社95周年纪念文集》，上海：上海交通大学出版社，2012年，第266页。

③ 唐威主编：《中华职业学校校史（1918—2013）》，上海：上海社会科学院出版社，2013年，第72—73页。

在战乱中，中华职校积极利用学校及师生的各种关系寻求帮助以渡过发展困境。如在1939年5月日军对重庆进行疯狂的“地毯式”大轰炸中，为保证师生安全，中华职校渝校部分经中华职教社同意决定迁往乡下的过程中，得到学生家长胡子移的慷慨支持，得以借用其在江北县回兴乡黄桷坪的山间别墅作为校舍，渝校在这里开设了初级商科、土木科、会计训练班。① 又如1945年日军征用租界房屋时，中华职校的战时沪校部分被迫迁校，在学校与当局多次接洽无果的情况下，通过学校教师的关系寻求到汪伪上海市政府秘书长罗君强的帮助，又通过贾丰臻校长学生的关系促成校舍的及时移交，之后虽然学校又几经搬迁，但学校终得有了立足之地以再续弦歌。②

（4）积极维护社会关系

中华职校的创立和发展离不了各界人士的热心帮助，对于这些社会关系尤其是校友关系，学校积极加以维护。如为了沟通校友关系、方便校友的联络，学校在1926年元旦应广大毕业生要求，倡导、组织成立了校友会，由11人组成委员会，时任校长潘仰尧亲任校友会执行委员会委员长；学校还于1927年6月，成立了校友会会所建筑委员会，发动师生和校友捐款集资建造校友会会所——校友堂。③ 其后虽然校友会因战乱一度停办，但学校在抗战结束后旋即在时任校长贾观仁的推动下恢复了校友会，并召开会议通过新的章程，选出新任理事、监事，并决议重建会所。④

（二）福州高级农业职业学校的管理

福州高级农业职业学校源自1908年建于福州西湖澄澜阁、褒忠祠等处的

① 中共重庆市委党史研究室编：《重庆市革命遗址通览》，重庆：重庆出版社、中共党史出版社，2014年，第607—608页。

② 唐威主编：《中华职业学校校史（1918—2013）》，上海：上海社会科学院出版社，2013年，第64—65页。

③ 唐威主编：《中华职业学校校史（1918—2013）》，上海：上海社会科学院出版社，2013年，第417页。

④ 唐威主编：《中华职业学校校史（1918—2013）》，上海：上海社会科学院出版社，2013年版，第417—418页。

“农事试验场”和 1902 年建于福州耿王庄的浙股、粤股蚕务学堂，1927 年两校合并为省立第一高级中学第二分校，1933 年迁往福州北门外的崇福寺，并改校名为福建省立福州高级农业职业学校。福州农业职校为中等专业学校，也是福建省最早的农业学校。[①] 学校在民国期间多次迁址，并多易其名（如图 6.1 所示），1945 年定名省立福州高级农业职业学校。

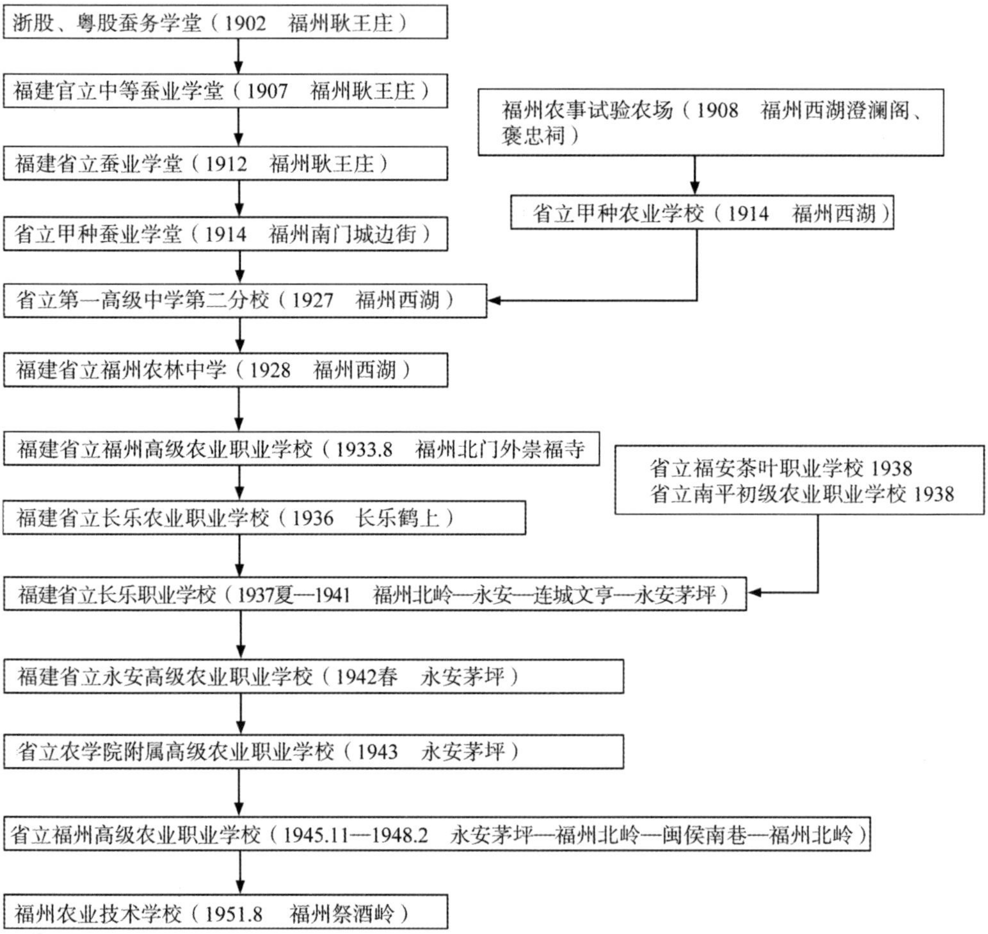

图 6.1　福州高级农业职业学校校址、校名沿革

考察民国时期福州高级农业职业学校的管理，可从以下主要方面记述：

① 王铁藩编著：《闽都丛话》，福州：海潮摄影艺术出版社，1995 年，第 531 页。

1. 校长特征

(1) 校长多高学历、多经验之人

作为公立农业学校，福州高级农业职业学校的历任校长多由政府委派或调任。综观民国期间学校的历任校长，多具有高学历和丰富的工作经验。如校长黄天宇系金陵大学毕业；校长汤文通系中央大学农艺系毕业，后赴美留学，在中央稻麦改进所江苏昆山农场工作多年，是当时的水稻专家；校长林礼铨是一代农学家和教育家，毕业于美国爱荷华州立大学，获农学学士及硕士学位，是我国较早留学美国的工读生之一，曾任南平中学和剑津中学校长、福建省农事试验场场长①；校长牛瑞延毕业于浙江大学，曾赴日留学。

(2) 钟情农事，力促农业发展

福州高级农业职业学校的历任校长都比较热心农事研究，力图通过改进农业改善农业发展现状。如汤文通校长在任期间曾依托长乐农事试验场对国内著名水稻品种进行改良实验，组织长乐、连江、福清等福建各县地方品种的检定，并对耕作方法如株行距、本数、肥料、间作、分作等广为探讨，试验出分作和小株密植是最优种植方法。②

(3) 艰难中维系学校发展

受地方政府怠懈职业教育的政策所累，林礼铨校长曾被迫带领师生迁徙学校，在他多方奔走交涉的努力下，终使学校在困境中维系下来，并于 1936 年落成新校舍。③

2. 组织机构设置

福州高级农业职业学校的机构设置比较精简，并随学校开设课程的多寡和学生人数情况进行组织结构及管理人员调整。学校除校长外，还设有教务主任、训育主任、事务主任、学科主任等职，如在林礼铨就任福州高级农业职业学校校长

---

① 中国大学校长名典编辑委员会编：《中国大学校长名典》(中卷)，北京：中国人事出版社，1995 年，第 497 页。

② 中国人民政治协商会议福建省长乐县委员会文史资料工作组：《长乐文史资料》(第三辑)，1987 年，第 153—154 页。

③ 卢成林：《卢成林文集》，福建省林业科学研究院，1998 年，第 342 页。

期间，傅晖曾任学校教务主任，林朝汉曾任训育主任，林如海任事务主任，谢申图任森林科主任。①

3. **教职员管理**

（1）诚聘良师

福州农业职业学校历来比较注重师资建设，为聘优良师资，其校长多倾力选贤用能，多方礼聘专家学者到校任教和进行指导。如校长林礼铨力邀北京农业专门学校林科毕业高才生、曾就任北京农业专门学校助教和南平初级农业学校校长的傅晖到校任教造林学、测树学、森林经理等课程并兼任学校教务科主任。② 在20世纪30年代，学校师资雄厚，除傅晖之外，林朝汉、林如梅、谢申图、江鼎伊、郑嘉勋、徐绍华等都曾在校任教，其中尤值一提的是江鼎伊老师，他从福建协和大学生物系毕业，博学多才，学识渊博，不仅任教国文、生物学、树木学等多门课程，还积极编纂了《中国文学史》《福州西湖植物名录》等教材。这些优良的师资促进了学校教学质量的不断提升，使得学校因教学成就而广誉业内。

（2）广邀各界人士到校演讲

1936年秋，日本水稻专家矾永吉博士带领园艺、畜牧专家一行赴闽访问。在参观了觊天洋农场后，对包括省立长乐高级农业职业学校（由福州高级农业职业学校于1936年8月迁址长乐并更名而来）学生在内的农业学生做了学术报告。1937年夏，全国稻麦改进所所长赵连芳博士来视察时，对学校学生做了演讲。③

4. **学生管理**

民国时期，福州高级农业职业学校对学生的管理主要体现在以下方面：

（1）学生来源简单

一是通过招生工作招收农家学生。作为官立中等职业学校，该校主要培养中级农业技术人员，又因其学费比较低廉，因此学校招收的学生多为贫苦家庭的农民子弟。二是接收其他职业学校的学生，如1947年2月，当集美高级农业职业

① 卢成林：《卢成林文集》，福建省林业科学研究院，1998年，第138页。
② 卢成林：《卢成林文集》，福建省林业科学研究院，1998年，第364页。
③ 长乐县教育志编委会办公室编：《长乐县教育志》，1991年，第127页。

学校因诸种困难停办后，其在校学生均转至福州农业职校就学。[1] 一代名人吴振铎、黄森、蔡润生等就在此批转校学生之列。

（2）尊重学生，民主待生

学校把学生作为平等的主体看待，尊重学生的人格，不因学生的身份、经济状况等不公正对待学生，在处理学校与学生之间的纠纷时更是如此。如 1936 年，因时任校长黄天宇管理不善、滥用同乡人等引起学生不满而引发的驱黄学潮中，学校没有强势镇压学生，而是在省政府的介入下，调离黄天宇校长，改由水稻专家汤文通接掌学校。[2]

（3）严格要求与关心爱护并重

学校在日常管理中对学生的学习、生活等要求严格，当学生犯错误时，学校坚决不予妥协和姑息。如 1946 年 11 月，几个违纪学生被军事教官调居到已有女生居住的别院，训导处责令违纪学生迁出，致使违纪学生鼓动学生罢课并手持武器要求训导主任林位文辞职，使得时任校长牛瑞延也签字表示自愿辞职。学校经呈准省教育厅，最终保留牛校长和林主任任职，调走军事教官，对违纪闹事学生予以退学处分，对不可造就之参与闹事的学生在期末予以淘汰。[3]

福州高级农业职业学校不仅对学生严加要求，还注意在学习和生活中关心爱护学生。这主要体现在：一是设立奖学金，奖励品学兼优的贫寒家庭学生；二是在特殊情况下保护学生。如当福州高级农业职校学生黄森因从事革命进步活动受到当地国民党政府的通缉时，为挽救学生于危难，校长周山不辞辛苦，连夜想法设法帮助其逃亡出去。[4]

5. 教育教学管理

福州高级农业职业学校的教育教学管理主要体现在以下方面：

---

① 周旭升编著：《集美学校八十年校史》，厦门：鹭江出版社，1993 年，第 132 页。

② 中国人民政治协商会议福建省长乐县委员会文史资料工作组：《长乐文史资料》（第三辑），1987 年，第 153 页。

③ 福州郊区教育志编委会：《福州郊区教育志》，1996 年，第 11 页。

④ 《纪念中共地下党福安县委书记黄森诞辰九十周年》，2011 年，第 11 页。

（1）因时因势设科开课

学校经常根据社会发展需要设置课程体系，如学校于 1925 年设立了森林科；在 1928 年为了响应全国各学校举办农经事业的热潮，成立农业推广部。[①] 民国期间学校曾开设过农艺、园艺、森林、畜牧、蚕桑等科，而到民国后期则仅开设有农艺、园艺和普通教育科，这一情况根据 1946 年的福州市职业学校简况表和 1947 年的中等职业学校统计表可以明显看出。

（2）重视学生的实践锻炼

自成立伊初，学校就以农场为重要的试验基地，供师生等进行农业改良实验；在因战争原因迁址郊区之后，学校筹办了农场和小工厂，供学生实习和一些贫困学生勤工俭学，使学生得到实践锻炼。[②] 同时在学校内部，还由教师指导创立了《校刊》《红珊瑚》《骆驼月刊》《高工生活》等刊物宣传进步思想和锻炼学生的实践活动能力。学校还开办了平民夜校，让学生在实践中增强知识技能和社会服务能力。

6. 设施设备管理

福州高级农业职业学校历来重视学校设施设备建设，如自 1930 年以来，学校农场、苗圃、仪器、图书等教学设施都比较完备；而到 1940 年后，学校还配备了有用于教学实验的显微镜等贵重仪器和用于军事训练的枪支。即便在抗战迁徙的过程中，福州农业职校也注重校舍、场地等设施和各种教学设备的建设，如在 1930 年后因战乱迁往郊区的艰难发展时期，学校依然筹建了校舍，属于其时极个别建立校舍的学校之一。

① 刘崧生、刘葆金主编：《中国农业经济教育史》，北京：中国农业科技出版社，1997 年，第 57 页。
② 《福州郊区教育志》编委会：《福州郊区教育志》，1996 年，第 252 页。

第七章　边疆少数民族学校管理

中华民国时期的少数民族教育被称为边地教育或边疆教育，其中边疆不仅是一个地域概念，也是一个政治和文化概念。《边地青年教育及人事行政实施纲领》规定“蒙藏及其他各地语言文化具有特殊性质者，一律施以边地教育。”① 可见，民国时期的边疆教育主要取文化的边疆之意，同时也包含了地域的和政治的边疆。民国时期依语言的系属，将边疆少数民族分为“汉藏、阿尔泰、印欧、南亚及南岛五系”②，他们都是边疆教育的实施对象，其聚居区域即为边疆教育的施教范围，包括“热河、察哈尔、绥远、甘肃、宁夏、青海、新疆、西藏、西康、四川、云南、贵州、广东、广西、台湾等十五省”③。边疆地区经济发展程度不高，文化教育水平整体比较落后。本章所指的边疆少数民族学校包括民国政府在少数民族聚居的各边远省份直接或间接开办的，或以附设于内地学校等形式，以语言文化不同于内地的少数民族为教育对象的各类学校。

---

① 教育年鉴编纂委员会编：《第二次中国教育年鉴》（第十册），台北：文海出版社，1986年，第2页。
② 教育年鉴编纂委员会编：《第二次中国教育年鉴》（第十册），台北：文海出版社，1986年，第3页。
③ 教育年鉴编纂委员会编：《第二次中国教育年鉴》（第十册），台北：文海出版社，1986年，第3页。

一、边疆少数民族学校发展概述

民国初年国内动荡不安、政权更迭频繁，南京临时政府和北洋政府时期，中央政府和各边疆省份无暇顾及少数民族教育事业，边疆少数民族学校的发展主要在南京国民政府时期。民国时期边疆少数民族学校的发展可分为萌芽、初创和发展三个阶段。1912 年至 1929 年为萌芽时期，1930 年至 1934 年为初创时期，1935 年以后为边疆少数民族学校的发展时期。

（一）边疆少数民族学校萌芽时期

1912 年 1 月，南京临时政府设教育部。同年 3 月，教育部下设蒙藏教育司，分管全国少数民族教育事业。1913 年 2 月教育部公布了《蒙藏学校章程》，提出“开发蒙、藏、青海人民学识，增进蒙、藏、青海人民文化”[①] 的教育目标，这一学校章程成为政府推进边疆教育、兴办边地学校的行动纲领。1929 年 6 月，《关于蒙藏之决议案》具体规定了边疆学校的设置、行政机构的设立、经费的划拨、学生的优待等办法。遗憾的是，这段时期边疆少数民族教育事业只限于政策层面的规定，政府基本上未将边疆少数民族学校的设置事宜付诸实践。

（二）边疆少数民族学校初创时期

边疆少数民族教育事业的推进始于 1930 年南京国民政府教育部设立新的蒙

① 宋恩荣、章咸选编：《中华民国教育法规选编》（修订版），南京：江苏教育出版社，2005 年，第 575 页。

藏教育司主管边疆少数民族教育，此后五年，政府开始推进边疆少数民族教育的实施。这一时期中央特设的蒙回藏教育学校有 6 所①，蒙回藏师范学校有 11 所②，蒙回藏中等学校有 5 所③，蒙回藏高等学校有 1 所④。小学由地方自行筹办，"蒙古各盟旗高级小学共 16 所，初级小学 141 所，女子小学 1 所；青海省回教促进会附属小学共 96 所，西康省初级小学共 6 所，私塾 30 余所"⑤。

相对稳定的国内环境使边疆少数民族教育事业开始起步，但这一时期边疆教育经费主要来源于边疆各省，各地经济发展水平在一定程度上限制了边疆少数民族学校的发展。

（三）边疆少数民族学校发展时期

1935 年以后，是边疆少数民族学校的发展时期，其主要特征是少数民族学校发展的经费来源发生了变化，南京国民政府直接划拨经费主办或辅助少数民族学校。在这一时期，根据教育经费的配置办法，边疆少数民族教育事业的发展又可具体分为三个阶段：一是 1935 年至 1938 年中央辅助地方推进边教时期；二是 1939 年至 1943 年中央直辖自办时期；三是 1944 年至 1947 年中央直辖与辅助地方并行时期。⑥

1. 中央辅助地方推进边疆教育时期

1935 年，教育部指定 50 万圆作为边远省份的教育文化辅助费，自此边疆教育才有了确定的经费，同年教育部又制订边疆教育施政计划，确定这一阶段的主

---

① 分别是中央大学蒙藏班、中央大学回民学生补习班、中央政治学校蒙藏班、北平蒙藏学校、北平西藏补习学校、西北公学。

② 分别是东北蒙旗师范学校、黑龙江蒙旗师范学校、察哈尔省立第一师范附设蒙旗师范班、云南第三中学附设康藏师资养成所、土默特旗乡村师范学校、西康师范讲习所、泸定女子师范讲习所、康定初级师范讲习所、青海回教促进会附设师范讲习所、青海女子师范学校、青海蒙番师范学校。

③ 分别是土默特旗第一中学、呼伦贝尔部公立初级中学、青海回教促进会附设第一中学、康定中学、甘肃省立第五中学附设蒙藏特别班。

④ 为西藏官立藏文大学。

⑤ 教育年鉴编纂委员会编：《第二次中国教育年鉴》（第十册），台北：文海出版社，1986 年，第 11 页。

⑥ 教育年鉴编纂委员会编：《第二次中国教育年鉴》（第十册），台北：文海出版社，1986 年，第 3 页。

要工作为辅助各边省兴办地方边教事业，先后受到补助的有察、绥、宁、甘、青、新、陕、川、康、藏、湘、黔、滇、桂、粤等十五省，边疆少数民族教育事业得以初步发展。

2. 中央直辖自办边疆学校时期

从1939年开始，教育部逐渐减少对各边省边教经费的补助，到1942年财政收支系统改变，教育部停止发放边疆教育辅助费经费，这一时期边疆教育的发展由教育部辅助各边省筹办转而由教育部直辖自办。教育部直接办理各级边疆少数民族学校的目的在于：培植建边所需的中下级干部人员；抗日战争起，后方各边省已成为抗战的重要根据地，急需设校兴学以提高边民教育文化水准，配合政治军事等方面的需要；边远省份大多贫瘠，期待中央以雄厚的人力物力，协助地方兴学；发挥设校兴学的指导示范作用；实验研究边疆教育的制度与方法。①

这一时期边疆教育行政机构趋于健全，各项规制也逐渐完善。1941年，蒙藏教育司专设司长充实人事，工作人员增至31人，各边远省份教育厅随后也设置专管边疆教育的科股或指定专人负责管理少数民族教育事业。教育部在各边远省份先后筹设或接办边疆学校起到了良好的示范作用，使各边远省份的少数民族事业得以平稳发展。截至1943年底，共计初等学校11所②，中等学校1所③，实验中心学校3所④，专科学校1所⑤，师范学校10所⑥，职业学校7所⑦，共计33所，分布地区广达绥、宁、青、甘、川、康、滇、黔等八省及西藏，教育部直辖自办边疆学校的这五年奠定了边疆少数民族教育事业发展的基础。

3. 中央直辖与辅助地方并行时期

虽然教育部一直积极增设国立边校，但由于边疆地区幅员广阔，边教事业仍

---

① 教育年鉴编纂委员会编：《第二次中国教育年鉴》（第十册），台北：文海出版社，1986年，第11页。

② 分别为拉萨、德格、绥远扎萨克旗、准噶尔旗、杭锦旗、达拉特旗、鄂托克旗、宁夏额济纳旗、果洛、青海柴达木、玉树等小学。

③ 国立伊盟中学。

④ 分别为宁夏定远营、贵州安龙、西康越嶲学校。

⑤ 国立边疆学校。

⑥ 分别为国立西南、贵州、西宁、康定、西北、大理、兰州、绥宁、丽江师范及巴安分校。

⑦ 分别为国立宁夏、青海、拉卜楞、松潘、西康、金江、清溪等职校。

然需要地方政府协助中央共同办理。自1942年教育部停止发放边疆教育辅助经费后，各省自办的学校发展陷于停滞，教育部于是采取中央直辖与辅助地方并行政策，一面颁布《边疆教育三年推进表》，令各边省切实施行；一面恢复辅助，使贫瘠边省能兼顾边校的发展。① 教育部除统筹辅助边远省份的教育外，着重对地方所设边校的直接辅助，即每年由教育厅或有关机关，如蒙政会，将所在地办学优良的边校上报教育部，然后由教育部分配辅助经费或实物，如仪器、书籍、图表等，给接受辅助的学校。② 与此同时，边疆教育行政机构的组织建设也在不断地充实完善之中，1946年，鉴于蒙藏教育司所管辖的事业范围没有限制在蒙藏地区，行政院将蒙藏教育司更名为边疆教育司，主管地方各级边疆教育之方针计划考核事项；部辖各级边疆学校之管理考核事项；边地青年入学之奖励指导事项；边疆教育人才之储备训练事项；边疆教育之调查研究事项；其他边疆教育事项。③ 此外，还依照组织法增设三科：第一科主管地方教育，职业学校，各校经费设备及不属于其他各科事项；第二科主管专科学校，中学及编译研究升学指导等事项；第三科主管师范学校，小学及人才储备训练等事项。④ 这一时期，在中央政府的辅助下，凡是有边民聚居的省份，边教事业均有较快的发展。

健全的行政机构、稳定的教育经费和适时调整的边疆教育发展方案使边疆少数民族各类学校呈发展之势，边疆少数民族学校无论是在地域分布，还是在学校种类和数量上，较民国初年都有了明显的进展。

---

① 教育年鉴编纂委员会编：《第二次中国教育年鉴》（第十册），台北：文海出版社，1986年，第4页。
② 教育年鉴编纂委员会编：《第二次中国教育年鉴》（第十册），台北：文海出版社，1986年，第4页。
③ 教育年鉴编纂委员会编：《第二次中国教育年鉴》（第十册），台北：文海出版社，1986年，第5页。
④ 教育年鉴编纂委员会编：《第二次中国教育年鉴》（第十册），台北：文海出版社，1986年，第5页。

二、发展边疆少数民族学校的政策

南京国民政府很重视边疆少数民族教育事业的发展，先后颁布有关边疆教育的政策法案有《三民主义教育实施原则》《待遇蒙藏学生章程》《推进边疆教育方案》《边疆教育实施原则》《蒙藏教育实施方案要目》《国立各级边疆学校教员服务奖励办法令》和《边地青年教育及人事行政实施纲领》等。内容涵盖教育方针与教育目标、学校开办范围与种类、课程设置与教材、教师聘用与招生、学校财务管理等规定，具体如下。

（一）关于教育方针和教育目标的规定

《边疆教育实施原则》详细阐述了边疆少数民族学校的教育目标：依遵中华民国教育宗旨及其施行方针，力谋边疆教育之普及与发展；根据边疆各民族之特殊环境，以谋边境人民智识之增高，生活之改善，并注意其民族意识之养成，自治能力之训练及生产智识之增进；依遵总理民族平等之原则，由教育力量力图边疆人民语言意志之统一，以期五族共和的大民族主义国家之完成；依遵总理三民主义即救国主义之原则，力谋边疆各民族抵御各帝国主义侵略意识之增高。[①] 后来发展边疆少数民族学校政策关于教育目标的规定也与《边疆教育实施原则》的规定一致。如《推进边疆教育方案》规定，“边疆教育应以融合大中华民族各部分之文化，并促其发展为一定之方针”[②]，强调中华民国教育宗旨及其实施方针，

① 中国第二历史档案馆编：《中华民国史档案资料汇编：教育》（第五辑第一编），南京：江苏古籍出版社，1979 年，第 830 页。

② 宋恩荣、章咸选编：《中华民国教育法规选编》（修订版），南京：江苏教育出版社，2005 年，第 577 页。

抗战建国纲领，暨三民主义教育实施原则第六章之规定，为边疆各级教育实施的标准。[①]《边地青年教育及人事行政实施纲领》也规定，应遵循三民主义教育实施原则切实推进边地教育，彻底培养国族意识以求全国文化的统一，并根据边地人民各别的特殊环境，切实谋其知识之增高，生产技能之增进，生活之改善，体育卫生及国防教育之严格训练。[②]

教育方针决定教育事业的发展方向。在三民主义教育方针的指导下，相关政策法案对边疆少数民族教育目标的规定十分全面，力求在政治上培养少数民族的国家意识，增加少数民族的民族认同感，建立民族融合的大民族主义国家；在文化上普及生活常识与文化知识，推进边疆少数民族学校发展，提高边疆少数民族文化水平；在生活上开发边疆少数民族地区物质资源，提高边疆少数民族人民生产技术，改善边疆少数民族人民生活条件。

（二）关于学校开办范围和种类的规定

1. 关于学校开办范围的规定

《边地青年教育及人事行政实施纲领》规定对蒙藏及其他各地语言文化具有特殊性质者施以边地教育。[③]《推进边疆教育方案》规定边疆少数民族学校应适应当地特殊环境及生活习惯。[④]

2. 关于学校开办种类的规定

《边地青年教育及人事行政实施纲领》规定可在边疆少数民族地区发展初等教育、中等教育、高等教育、社会教育、补习教育和特种教育：初等教育是边地教育的基础；各边地应普遍设立国民学校及中心学校，分小学及民众两部。这种

---

① 宋恩荣、章咸选编：《中华民国教育法规选编》（修订版），南京：江苏教育出版社，2005 年，第 577 页。
② 教育年鉴编纂委员会编：《第二次中国教育年鉴》（第十册），台北：文海出版社，1986 年，第 1 页。
③ 教育年鉴编纂委员会编：《第二次中国教育年鉴》（第十册），台北：文海出版社，1986 年，第 1 页。
④ 宋恩荣、章咸选编：《中华民国教育法规选编》（修订版），南京：江苏教育出版社，2005 年，第 577 页。

学校得依地方情形分为固定式或流动式；学生应受国民教育、生产教育及国防教育的训练；学校的编制课程训导、设备、待遇等由教育部以法令确定。中等教育是推进边地教育的中心机构，应尽快先设立师范学校以训练边地师资；分区设实用职业学校以培养边地生产建设人才，小学毕业生升入中学者须令其报考普通中学。边地学生升入专科以上学校者应当参加普通入学考试，但应从宽录取。各专科以上学校，为培养建设边地专才起见，得在适当地点的专科以上学校设置相应的科系。注重巡回教育，以医药、电影、幻灯、挂图、音乐等作为施教及宣传的工具，并利用寺庙推进教育。小学毕业生升入中学及中学毕业生升入专科以上学校，其程度未合者应予以补习。教育部须在边区适当地点指定成绩优良的学校增设补习班，并于中央设立边疆教育补习学校以为边区学生补习之所。为培养边地县务政治干部人才起见，应由中央酌设特种学校及训练班等。①

3. 关于学校校名的规定

《边地青年教育及人事行政实施纲领》规定边地各级学校的校名不得冠以民族及宗教名词。②

4. 关于学校设备的规定

《边疆教育实施原则》规定：各级学校之设备，应合于三民主义的精神及边疆各地之特殊环境为原则。各级学校之设备应注意多备与边疆各地有关之各项书籍及图表，多陈列内地各种文物。③《国立各级边疆学校教员服务奖励办法令》规定："边地国立各级边校之图书仪器及各种教学设备应力求充实，并尽量供给教员研究学术之一切便利。"④

学校教育是教育者有组织、有计划地对受教育者进行系统教育的社会活动，是实现教育目标最有效的途径。虽然边疆少数民族学校以语言文化相异于内地的

---

① 教育年鉴编纂委员会编：《第二次中国教育年鉴》（第十册），台北：文海出版社，1986年，第2页。
② 教育年鉴编纂委员会编：《第二次中国教育年鉴》（第十册），台北：文海出版社，1986年，第1页。
③ 中国第二历史档案馆编：《中华民国史档案资料汇编》（第五辑第一编），南京：江苏古籍出版社，1979年，第832页。
④ 中国第二历史档案馆编：《中华民国史档案资料汇编》（第五辑第三编），南京：江苏古籍出版社，1979年，第28页。

少数民族人民为教育对象，但政策强调学校要适应当地特殊环境和边疆人民的生活习惯。如在规划边疆学校的类型时，不仅发展初等教育、中等教育、高等教育等普通类型学校，还针对边疆少数民族地区实际教育状况，发展社会教育、补习教育和特种教育等提高边疆少数民族人民的文化水平。对校名和学校设备的要求也十分注重内地文化与边地文化的交流与融合。总的来说，政策法案关于边疆少数民族学校设置的具体规定围绕边疆少数民族教育方针和教育目标，充分考虑到了边疆少数民族地区的实际状况和边疆少数民族人民的实际需要。

（三）关于学校课程设置与教材的规定

1. 关于课程设置的规定

边疆学校课程以一般课程标准为依据，容许特殊规定。《边疆教育实施原则》也规定："各级学校之课程，应根据内地各级学校课程之标准，并斟酌边疆各民族情形编订之。"①

2. 关于教材的规定

《边疆教育实施原则》规定了各级边校教材的文字选用和需注意事项。"小学校之教科图书，用蒙藏文、汉文合编之。中等以上学校之教材图书，以用汉文编订为原则。各级学校之教材应特别注意下列各点：①中国民族之融合的历史；②边疆和内地之地理的关系；③帝国主义侵略中国边疆各民族之历史及事实；④帝国主义侵略世界各弱小民族之残酷的历史及事实；⑤边疆各民族人民和国民革命的关系；⑥边疆各民族人民地方自治和民权主义的关系；⑦边疆各民族人民经济事业和民生主义的关系；⑧其他有关边疆各民族人民特殊环境之教材。"②

课程与教材是学校教学的基本依据，也是培养学生的重要载体，其作用不言

---

① 中国第二历史档案馆编：《中华民国史档案资料汇编》（第五辑第一编），南京：江苏古籍出版社，1979年，第832页。

② 中国第二历史档案馆编：《中华民国史档案资料汇编》（第五辑第一编），南京：江苏古籍出版社，1979年，第832页。

而喻。边疆少数民族学校课程与教材的规定反映了边疆少数民族教育方针和教育目标的要求，特别是各级学校教材编订的规定通过展示中华各民族的历史发展及现状，强调了中华民族的整体性和民族团结的重要性。

（四）关于学校教师聘用与招生的规定

1. 关于教师培养与管理的规定

《推进边疆教育方案》规定，初等教育师资由教育部筹办国立边区师范学校培养，中等教育师资由教育部特设师范学院或指定各师范学院、中央政治学校附设边疆学校及师范专修科培养。① 《边地青年教育及人事行政实施纲领》规定，边地小学师资的培养与管理应由中央统筹办理以便执行国家政策，现有的边地教育由中央主管机关轮流调训，以集中意志、增强效能。服务边疆的教师，其待遇应特别从优，并应给予生活及工作的保障。②

2. 关于教师薪俸及福利待遇的规定

《国立各级边疆学校教员服务奖励办法令》规定，国立各边校服务教员其薪俸得加百分之十支给，并按其服务成绩予以年功加俸。在各级边校一校继续服务每满五年可申请休假或进修，休假进修期内仍支原薪及各项补助或津贴，应休假而不愿休假者得另核给奖助金。③ “国立各级边校教员有眷属在学校所在地居住者，各校应设法免费供给房舍及煤水。如无适当房舍及不能随时供应煤水时，得改发津贴。”④ “单身省外教员或有眷属随在学校所在地者在一校继续服务每满三

---

① 宋恩荣、章咸选编：《中华民国教育法规选编》（修订版），南京：江苏教育出版社，2005 年，第 578 页。

② 教育年鉴编纂委员会编：《第二次中国教育年鉴》（第十册），台北：文海出版社，1986 年，第 2 页。

③ 中国第二历史档案馆编：《中华民国史档案资料汇编》（第五辑第一编），南京：江苏古籍出版社，1979 年，第 28 页。

④ 中国第二历史档案馆编：《中华民国史档案资料汇编》（第五辑第一编），南京：江苏古籍出版社，1979 年，第 28 页。

年得还乡一次，并得申请往还旅费。”[①]

3. 关于学校招生的规定

《边地青年教育及人事行政实施纲领》规定学校招收当地学生时不分种族宗教，混合教学训练，便于潜移默化，养成国族统一情绪、团结一致精神。[②]

4. 关于学生学费及生活补助等的规定

边疆少数民族学校中小学学生（除师范及职业学校完全公费外）一律免费入学，并由学校供给书籍及其他学校用品。清寒优秀学生，并予以奖学金的待遇。升入专科以上学校者，依中央主管机关规定的补助办法给以补助，其旅费及在学校的费用，应由中央主管机关依其实际需要酌量补助。[③]《边疆学生待遇办法》还规定了升入内地学校的边疆学生的管理办法和优待事项：蒙古盟旗机关、西藏各地方机关、各边省主管教育行政机关和国立边地中等以上学校保送的边疆学生，经教育部审查合格者，其升学学校应从宽录取，入学试验不及格者收为旁听生，不能随班旁听者，得请教育部指定学校补习。旁听生听满一年，成绩及格时改为正式生，不及格者得求继续旁听，如届满一年仍不及格，取消其旁听资格。[④] 边疆学生还可通过公费、常年补助费和特别补助费等形式免交学费：边疆学生有公费待遇者，应依非常时期国立中等以上学校及省立专科以上学校规定公费生办法给予公费。未受公费待遇或机关团体之补助者，得于入学时填具补助费申请书申请常年补助费，常年补助费按学业成绩分甲、乙、丙三等。[⑤] 另外，“边疆学生肄业内地专科以上学校师范、医药、工、畜牧各科系，受有公费待遇而经济情形特殊困难者”，每人每年可以申请一次特别补助费。[⑥]

---

① 中国第二历史档案馆编：《中华民国史档案资料汇编》（第五辑第一编），南京：江苏古籍出版社，1979 年，第 28 页。

② 教育年鉴编纂委员会编：《第二次中国教育年鉴》（第十册），台北：文海出版社，1986 年，第 2 页。

③ 教育年鉴编纂委员会编：《第二次中国教育年鉴》（第十册），台北：文海出版社，1986 年，第 2 页。

④ 中国第二历史档案馆编：《中华民国史档案资料汇编》（第五辑第二编），南京：江苏古籍出版社，1979 年，第 113 页。

⑤ 中国第二历史档案馆编：《中华民国史档案资料汇编》（第五辑第二编），南京：江苏古籍出版社，1979 年，第 114 页。

⑥ 中国第二历史档案馆编：《中华民国史档案资料汇编》（第五辑第二编），南京：江苏古籍出版社，1979 年，第 114 页。

充足的师资与优质的生源是学校教育开展的必备条件。边地情况特殊，生活困苦，因此民国政府对学校教师管理的规定多强调教职员优待政策，如确立边疆少数民族学校教员“年功加俸”与休假进修制度、日常生活补助与返乡差旅办法。另外，鉴于少数民族人民入学意愿不强以致边疆少数民族学校招生困难，教育部也确立一系列针对少数民族学生的优待办法，除减免学费外还给予生活补助等。这些措施对于吸引学生入学，稳定边校师资起到了一定的积极作用。

（五）关于学校财务经费的规定

边疆地方贫瘠，无力负担巨额教育经费，《推进边疆教育方案》等政策文本都规定由中央增拨经费以补助边疆少数民族教育事业。如《边地青年教育及人事行政实施纲领》规定：中央应在最近五年内，依事业之进展，按年增加30%至50%补助教育经费。[①] 各省县也应从优补助，最低限度须按人口比例为分配各种教育经费之标准。[②]《实施蒙藏教育计划》则更加具体地规定了各类边校经费来源：小学经费及社会教育经费，应由本地方负担，各就所得的荒价、地租、矿产、森林、盐池、碱田、草场、水利及其他一切税收项下支给，其不足之数，由各该省政府补助。教育经费至少应占各旗宗岁入的30%，应由教育行政委员会妥慎保管经理。职业学校、中学、师范以及蒙藏学校、专科以上学校、留学补助学术参考团等经费，应由中央支给。[③]《实施蒙藏教育计划》还首次规定了各类边校的开办费与经常费。“职业学校及初中每所开办费各约1万圆，经常费每年约2万圆。高级中学每所开办费约9万圆，经常费每年约4万圆。乡村师范每所开办费约4万圆，经常费每年约2万圆。蒙藏学校开办费每所4万圆，经常费每

---

① 教育年鉴编纂委员会编：《第二次中国教育年鉴》（第十册），台北：文海出版社，1986年，第2页。

② 教育年鉴编纂委员会编：《第二次中国教育年鉴》（第十册），台北：文海出版社，1986年，第2页。

③ 中国第二历史档案馆编：《中华民国史档案资料汇编》（第五辑第一编），南京：江苏古籍出版社，1979年，第828页。

年约 8 万圆。”①

稳定的教育经费是教育事业顺利开展的重要条件。国民政府确定了以中央政府投入为主、地方政府出资为辅的边疆少数民族教育经费政策，并规定了最低经费标准与经费随年增长办法，以及各类边校的开办费与经常费。这些规定符合边疆少数民族地区实际情况，有利于边疆少数民族地区教育事业的开展与维持。

南京国民政府颁布的发展边疆少数民族学校的政策涵盖了学校管理的基本内容。可以看出，民国时期边疆少数民族教育事业主要由教育部边疆教育司统筹规划，由中央划拨教育经费支持，以内地学校为蓝本，并通过尊重当地特殊习俗及环境和最大程度优待教员与学生来组织实施。国民政府发展边疆少数民族教育的政策初步勾画了边疆少数民族教育事业的发展蓝图。

三、边疆少数民族各类学校管理

为践行边疆少数民族学校的发展政策，在边疆少数民族学校的发展过程中，国民政府也针对边疆少数民族各类学校颁布了相应的管理办法，试图构建更具操作性的边疆少数民族学校管理制度体系，主要包括边疆少数民族初等学校、中等

① 中国第二历史档案馆编：《中华民国史档案资料汇编》（第五辑第一编），南京：江苏古籍出版社，1979 年，第 829 页。

学校①、高等学校、师范学校和职业学校管理几部分。

（一）边疆少数民族初等学校管理

1940年，教育部接办西藏拉萨小学，并创设青海三角城、云南奎香、宁夏定远营、贵州安龙、西康越巂等实验中心学校，这是教育部直接办理边疆小学的开始。1940年至1948年这八年中，教育部共办有23所小学，其中移交停办的有6所，详见表7.1与表7.2。国民政府颁布管理部办边疆小学的法案有1941年3月25日订定的《边远区域初等教育实施纲要》和1945年9月23日公布的《边疆初等教育设施办法令》，两法案互为补充。

表7.1 教育部办边疆小学简表（1947年12月）②

校名	校址	校长姓名	学级数	学生数	教职员数	其他
绥远准噶尔旗小学	绥远准噶尔旗	景湘春	6	8	12	
绥远杭锦旗小学	绥远杭锦旗	黎圣伦	6	149	12	
绥远达拉特旗小学	绥远达拉特旗	成木扶	7	146	12	设有分校
绥远鄂托克旗小学	绥远鄂托克旗	薛恭五	4	60	9	
绥远郡王旗小学	绥远郡王旗	奇全禧	3	110	8	
绥远西公旗小学	绥远西公旗	杜振华	2	84	5	
伊盟中学附设扎萨克旗小学	绥远扎萨克旗	贺守业	5	150	12	该校以距伊中尚远，经费等项暂由部直拨
绥远乌蕃旗小学	绥远乌蕃旗	刘凤旗	2	78	6	
宁夏额济纳旗小学	宁夏额济纳旗	刘公操	3	67	8	
宁夏定远营小学	宁夏定远营	张永成	6	247	14	

① 从广义上来说，边疆少数民族师范学校和职业学校也属于中等学校的一部分，但民国时期有关边疆少数民族普通中学、师范学校和职业学校的管理制度略有不同，因此中等学校管理部分只论述普通中学的管理规定，有关师范学校和职业学校的管理规定在后面分别阐述。

② 教育年鉴编纂委员会编：《第二次中国教育年鉴》（第十册），台北：文海出版社，1986年，第12页。

续表

校名	校址	校长姓名	学级数	学生数	教职员数	其他
西康越简小学	西康越简	林连珊	7	272	13	设有腴田分校
西康德格小学	西康德格	张逢吉（代行）	3	72	7	
西康木裹小学	西康盟源	夏明	3	80	8	
凉山小学	四川雷波	王建光	2	135	6	
果洛小学	果洛	绳景信	7	186	18	设有分校
西藏拉萨小学	西藏拉萨	邢灵芝	6	227	12	
西藏扎什伦布小学	西藏日喀则	胡机藻				在筹备中

注：表中空白项为缺失数据。

表 7.2　教育部已移交停办的边疆小学简表（1947 年 12 月）①

校名	校址	筹设或接办年月	停办或移交年月	说明
青海三角城实验中心学校	青海海东	1940 年 5 月	1942 年 8 月	改为西宁师范附小
云南奎香实验中心学校	云南彝良	1940 年 9 月	1942 年 8 月	改为西南师范附小
贵州安龙实验中心学校	贵州安龙	1940 年 10 月	1944 年 2 月	交地方接办
甘肃敦煌实验中心学校	甘肃敦煌	1941 年 8 月	1942 年 1 月	交地方接办
青海柴达木小学	青海察汗乌苏	1943 年 5 月	1943 年 11 月	停办
绥远扎萨克旗小学	绥远扎萨克旗	1943 年 5 月	1945 年 1 月	改为国立伊盟中学师范部附小

1. 学校设置及任务规定

（1）关于学校设立的规定

边疆小学“以地方设立为原则，私人团体亦得设立”②。凡边民集中地方所在县设治局旗宗或土司，应尽量筹设小学；边疆小学应附设民众学校，普遍收招

① 教育年鉴编纂委员会编：《第二次中国教育年鉴》（第十册）台北：文海出版社，1986 年，第 13 页。

② 宋恩荣、章咸选编：《中华民国教育法规选编》（修订版），南京：江苏教育出版社，2005 年，第 596 页。

当地失学民众，不分族别混合编入各班级；边远游牧地方或人烟稀少区域得设流动小学。①

（2）关于校名的规定

边疆小学以所在地地名为校名，不得冠以宗族或宗教名词，私立边疆小学应采用专有名称。②

（3）关于校舍的规定

边疆小学的校舍以简单适用为主，其设备除依《修正小学规程》的规定斟酌地方情形办理外，还须多备与边地有关的各项书籍图表，多陈列内地各种文物挂图和党国旗、国父遗像、国民政府主席肖像。③ 流动小学的设备必须有：帐幕及驮马或车船等；折合写字架坐毡或桌椅；图书仪器、标本之装箱；预备充分之药品；乐器及小型幻灯收音机等；与边地有关的各项书籍图表、内地各种文物挂图等、党国旗、国父遗像、国民政府主席肖像；其他必要的教学用具、简单生产用具、运动用具、旅行用具、学校应备之簿本图表、民众读物及其他生活用具之设备等。④

2. 学校教学管理规定

（1）关于课程的规定

边疆小学课程暂照国民学校法规规定，但国语与边地语文得视地方需要，同时教学或任择一种教学。⑤

（2）关于教材的规定

边疆小学各科教材内容，须力谋切合边地情形，并依据中华民族为一整个国

---

① 教育年鉴编纂委员会编：《第二次中国教育年鉴》（第十册），台北：文海出版社，1986 年，第 13 页。

② 宋恩荣、章咸选编：《中华民国教育法规选编》（修订版），南京：江苏教育出版社，2005 年，第 596 页。

③ 教育年鉴编纂委员会编：《第二次中国教育年鉴》（第十册），台北：文海出版社，1986 年，第 13 页。

④ 宋恩荣、章咸选编：《中华民国教育法规选编》（修订版），南京：江苏教育出版社，2005 年，第 597 页。

⑤ 宋恩荣、章咸选编：《中华民国教育法规选编》（修订版），南京：江苏教育出版社，2005 年，第 596 页。

族之理论，激发爱国精神，泯除地域观念与狭义的宗教观念所生之隔阂。[1] 乡土教材由实验中心小学、师范学院或当地主管教育行政机关编辑并呈送教育部审定。[2] 各科教材内容以下列标准编订：公民训练及公民知识，须依照中华民族为一整个国族的理论，以阐发爱国精神，泯除地域观念与狭义的民族观念所生的隔阂，随时引证新生活规律及内地富有普遍性的善良礼俗与边地礼俗比较，并说明其利弊，以改善边地现有的习俗。国语，推行国语为边地初等教育的要务，如当地仍流行某种文字时，须注重学生如何能应用国文，使其在生活上发生需要。常识（或自然社会），自然教材须切合边地情形，特别注重卫生知识的训练，史地教材须将过去种种的夸大记载及足以引起民族恶感部分予以删除，尽量引用民族融洽史实、帝国主义侵略边地史实、边地与内地的地理上和经济上的密切关系等，以启发其对于社会国家及国际的正当观念。算术，注重珠算并传授生活中数的常识，养成其时间和空间的正确观念。工作（或劳作美术），劳作教材须注重改良边地生产的知能，高年级尤须着重实际工作，其教学时间应酌量增加。唱游（或体育音乐），应注重活泼自然的运动以适应地方环境及儿童身心需要的各种游戏，宜酌量采用乡土教材并加以改良，凡盛行歌谣的地方应编制改良歌谣，其教学时间得酌量增加。[3]

（3）关于教学及休假时间安排的规定

边小教学科目及每周教学时间表，暂照《修正小学规程》的规定，但劳作、卫生及音乐教学时间得酌予增加[4]，边疆小学寒暑假及例假视地方情形由当地主管教育行政机关酌量另定并呈报教育部核备，但每年开学日期内总日数不得少于295天。[5]

---

① 宋恩荣、章咸选编：《中华民国教育法规选编》（修订版），南京：江苏教育出版社，2005年，第596页。

② 教育年鉴编纂委员会编：《第二次中国教育年鉴》（第十册），台北：文海出版社，1986年，第13页。

③ 中国第二历史档案馆编：《中华民国史档案资料汇编》（第五辑第二编），南京：江苏古籍出版社，1979年，第100—101页。

④ 教育年鉴编纂委员会编：《第二次中国教育年鉴》（第十册），台北：文海出版社，1986年，第13页。

⑤ 宋恩荣、章咸选编：《中华民国教育法规选编》（修订版），南京：江苏教育出版社，2005年，第597页。

3. **学校校长及人员管理规定**

（1）关于校长及教职员配备的规定

部辖边疆小学设校长一人，管理全校校务；其下设教导主任一人，秉承校长主持教务、训育、辅导等事项，并分配教职员担任研究实验及社教等工作，其编制六年级以上者，并得酌设推广主任一人及事务员一人或二人。① 每学级设级任教员一人，并得酌聘专科教员，但平均每两级的教员人数以三人为限。设校医或护士一人，必要时得增添人员扩充为诊疗所，兼办民众治疗事宜。②

（2）关于教职员任职资格的规定

除校医或护士外，边疆小学的教职员应为边疆师范学校（科）毕业或普通师范学校（科）毕业，有志于边疆教育的，在职不合格的教职员得分别于所在区域的边疆师范学校调训。③

（3）关于教职员聘任的规定

边疆小学的教职员应为专任，每日在校时间最少为 8 小时，任课每周至少 1080 分钟，如兼校外无给职务应先征得校长同意。边疆小学教职员的任期，初聘应为一年，期满续聘应为二年，成绩优良者以久任为原则，不受校长更迭的影响，没有重大过失的校方不得予以解聘。④

（4）关于教职员薪资待遇的规定

部辖边疆小学教职员实行年功加俸制，凡在一校继续服务满两年，教学著有成绩者为第一年功级，满四年者为第二年功级，由此类推⑤，详见表 7.3。部辖边疆小学教职员在一校继续服务满四年，教学著有成绩并历经专案报部者，得呈

---

① 宋恩荣、章咸选编：《中华民国教育法规选编》（修订版），南京：江苏教育出版社，2005 年，第 597 页。

② 宋恩荣、章咸选编：《中华民国教育法规选编》（修订版），南京：江苏教育出版社，2005 年，第 597 页。

③ 宋恩荣、章咸选编：《中华民国教育法规选编》（修订版），南京：江苏教育出版社，2005 年，第 598 页。

④ 宋恩荣、章咸选编：《中华民国教育法规选编》（修订版），南京：江苏教育出版社，2005 年，第 597 页。

⑤ 教育年鉴编纂委员会编：《第二次中国教育年鉴》（第十册），台北：文海出版社，1986 年，第 13 页。

由服务学校转报本部，准予公费进修半年或一年，照支原薪，但不得兼其他有给职务。每年准予各校公费进修的员额最多以各该校实有员额总数五分之一为限。① 部辖边疆小学教员遇有下列事项请假时仍领原薪，代课教员的薪给由校方另行支给：本人婚嫁得给假两星期；父母或配偶丧得给假一个月；女教员生产得给假两个月。②

表 7.3　部辖边疆小学教职员待遇表（1947 年 12 月）③

等级	一	二	三	四	五	六	七	八	九	十	十一	十二	十三	十四	十五
月薪额	280	260	240	220	200	180	160	140	130	120	100	100	90	80	70

（5）关于学校招生的规定

边疆小学应兼收各族学生，混合编入各班级教学，边疆小学招收当地失学民众实施补习教育，得酌给津贴或免除相当徭役。④

4. 学校财物管理规定

（1）关于学校经费筹措与分配的规定

地方自治机关设立的边疆小学，由各该主管机关自筹，但经费不足时可呈请上级教育行政机关在分配各项教育补助费时优于补助。省、盟、旗、宗暨土司设立的边疆小学，由主管机关筹拨，但经费不足时可呈请教育部在分配边远省份教育文化补助费内拨助；经本部特许的边地文化团体筹设边疆小学，得按前项办法办理。私立或寺庙附设的边疆小学，须自筹经费，但成绩优良的可获得各级教育行政机关的补助；各级教育行政机关为提倡寺庙兴学，指定寺庙附设边疆小学的，由机关担任部分或全部经费。国立边地师范学校所设实验中心小学的经费由

① 教育年鉴编纂委员会编：《第二次中国教育年鉴》（第十册），台北：文海出版社，1986 年，第 13 页。

② 教育年鉴编纂委员会编：《第二次中国教育年鉴》（第十册）台北：文海出版社，1986 年，第 13 页。

③ 中国第二历史档案馆编：《中华民国史档案资料汇编》（第五辑第三编），南京：江苏古籍出版社，1979 年，第 8 页。

④ 宋恩荣、章咸选编：《中华民国教育法规选编》（修订版），南京：江苏教育出版社，2005 年，第 596 页。

国库负担。[1]

（2）关于学费等的规定

边疆小学的学生不收任何费用，另有膳食、制服、书籍、零用金的辅助。以1947年度为例，膳食辅助费每生每月20圆，制服辅助费每一新生50圆，书籍零用辅助费每月60圆，每学期以5个月计算。边疆学校另要酌设奖学金以奖励成绩优异的学生。[2]

边疆少数民族小学主要由地方自行筹办，教育部直辖的学校属于示范性质，因此政府关于边疆少数民族初等学校的管理规定十分详细，以便为地方自办小学提供标准与参考。关于边疆少数民族初等学校的规定主要有以下特点：一是学校设置和学校教学的管理规定遵循了因地制宜的原则，在学校设施、校舍管理、教材管理和教学时间安排上充分考虑到边地自然和文化环境的特殊性。二是对学校校名、校舍的规定体现了环境育人的原则，要求校舍陈列内地各种文物挂图和党国旗、国父遗像、国民政府主席肖像，可以在潜移默化中培养边地人民的国族统一意识。三是教材内容标准、教学及休假时间等细则的确定有助于开发边疆小学教科书，规范边疆少数民族小学教学活动。四是边疆少数民族小学教职员配备齐全，学校校长及人员管理规定比较完善，特别是明确了教职员“年功加俸制”与进修休假制的具体实施办法，有助于稳定学校师资队伍。五是边疆少数民族小学一方面免除学生学费，确定日常辅助费来吸引学生入学，另一方面“酌给津贴或免除相当徭役”，号召失学民众接受补习教育，双管齐下有助于普及知识，提高边疆少数民族人民文化水平。

（二）边疆少数民族中等学校管理

边疆地区的中学由各边省自行筹办，教育部直接在边地设立的中学仅有伊盟

---

① 中国第二历史档案馆编：《中华民国史档案资料汇编》（第五辑第二编），南京：江苏古籍出版社，1979年，第99—100页。

② 教育年鉴编纂委员会编：《第二次中国教育年鉴》（第十册），台北：文海出版社，1986年，第13页。

中学 1 所，加上接办管理中英庚款董事会所设的湟川、河西 2 所中学和蒙藏委员会所设的北平蒙藏学校，共计 4 所。因此政府没有颁布专门管理边疆少数民族中等学校的法规政策。

1. 学校设置的有关要求

一是关于学校设备的规定。各校对学生身心的健康要尤其重视，并设有医疗室以诊治员生疾病，调剂膳食营养，增强员生的健康。① 伊盟中学有农场、工厂、牧场等设备，并另设推广处、专司场务管理家畜卫生等事宜。②

二是关于修业年限的规定。边地中学的学制是与内地完全相同的高初中三年制，但各校得视需要酌设补习班收容程度较低的边生，补习相当时期后，升入初中肄业。③

2. 学校内部机构设置规定

边地中学行政组织均设教务、训导、事务三处。教务处分设教学、注册、设备三组，训导处分设训育、管理、卫生三组，事务处分设文书、庶务两组。④

3. 学校教学管理规定

一是关于课程的规定。高初中各年级课程，与内地中专无异，但须加授边地知识和边疆语文的训练以培养学生服务边地的能力。⑤

二是关于训育的规定。训育以养成学生自治能力和劳动习惯为主。

从上述有关规定可以看出，仅有的几所边疆少数民族中等学校的内部机构设置、学制和学生管理办法都基本仿照内地中等学校办理，尚未形成系统的边疆少数民族中等学校管理制度。

---

① 教育年鉴编纂委员会编：《第二次中国教育年鉴》（第十册），台北：文海出版社，1986 年，第 13 页。
② 教育年鉴编纂委员会编：《第二次中国教育年鉴》（第十册），台北：文海出版社，1986 年，第 13 页。
③ 教育年鉴编纂委员会编：《第二次中国教育年鉴》（第十册），台北：文海出版社，1986 年，第 13 页。
④ 教育年鉴编纂委员会编：《第二次中国教育年鉴》（第十册），台北：文海出版社，1986 年，第 14 页。
⑤ 教育年鉴编纂委员会编：《第二次中国教育年鉴》（第十册），台北：文海出版社，1986 年，第 14 页。

（三）边疆少数民族高等学校管理

由于边疆少数民族地区经济条件和文化水平的限制，教育部并未在边疆地区直接设置高等学校，但国民政府为奖劝蒙藏学生研究高深学问，特在国立中央、北平两所大学成立蒙藏班，专教育蒙藏学生[①]。教育部还特别制定了八年内分年资送蒙藏学生出洋留学办法，并于1931年颁布了《蒙藏学生就学国立中央、北平两大学蒙藏班办法》和《国立中央大学蒙藏班招生办法》，具体内容如下。

1. 蒙藏班设置的任务规定

蒙藏班程度相当于大学预科修业，期限暂定两年，毕业后升入大学本科，准免受入学试验。[②]

2. 蒙藏班的教学管理规定

一是关于学额的规定。蒙藏班共招学生40名，以蒙、藏各20名为原则。[③]

二是关于课程的规定。蒙藏班的组织及课程由两大学自行拟定，呈送教育部核准。[④] 学生除在所入各科系随班听讲外，每周并须肄习蒙文或藏文三小时或四小时，其不肄习蒙藏文的不得享受蒙藏班学生的待遇。[⑤]

3. 蒙藏班学生管理规定

《国立中央大学蒙藏班招生办法》详细规定了蒙藏班学生的管理办法。

（1）关于学生资格的规定

十八岁以上三十岁以下曾在高级中学毕业或具有同等学力并品行端正、身体

---

① 中国第二历史档案馆编：《中华民国史档案资料汇编》（第五辑第一编），南京：江苏古籍出版社，1979年，第833页。

② 中国第二历史档案馆编：《中华民国史档案资料汇编》（第五辑第一编），南京：江苏古籍出版社，1979年，第833页。

③ 中国第二历史档案馆编：《中华民国史档案资料汇编》（第五辑第一编），南京：江苏古籍出版社，1979年，第836页。

④ 中国第二历史档案馆编：《中华民国史档案资料汇编》（第五辑第一编），南京：江苏古籍出版社，1979年，第833页。

⑤ 中国第二历史档案馆编：《中华民国史档案资料汇编》（第五辑第一编），南京：江苏古籍出版社，1979年，第837页。

强健的蒙藏人为合格。[①]

（2）关于保送手续的规定

由蒙藏各蒙部旗宗等地方行政机关及蒙藏各驻京办事处，填选合格学生；开具学生姓名、性别、年龄、籍贯、现在住址、以往学历、体格品行、蒙文蒙语或藏文藏语的程度等，并连同该生最近二寸半身相片二张及毕业或修业证书，备文保送蒙藏委员会，其保送名额由蒙藏委员会另行分配。[②]

（3）关于保送生资格审查的规定

被保送学生报到后，由蒙藏委员会逐一加以审查，如有与本办法各条的规定不合格的，即不准其加入测验并停止供给其膳宿。[③] 被保送学生入学后，如发现有冒籍等事时，除将该生革退外，并向原保送机关追缴该生报到以后公家供给的一切费用。[④]

（4）关于试验入学的规定

被保送学生经审查合格后再由蒙藏委员会、教育部、中央大学分别派员会同试验，经试验合格者，依其志愿插入中央大学分别各科系一年级肄业，不合格者得依其程度插入中央大学实验学校高中部相当年级肄业，等毕业后再免试升入大学。[⑤]

（5）关于学生待遇的规定

由蒙藏委员会酌量供给其膳宿至入学之日为止，入学以后，除免纳学费以外

---

① 中国第二历史档案馆编：《中华民国史档案资料汇编》（第五辑第一编），南京：江苏古籍出版社，1979年，第836页—837页。

② 中国第二历史档案馆编：《中华民国史档案资料汇编》（第五辑第一编），南京：江苏古籍出版社，1979年，第837页。

③ 中国第二历史档案馆编：《中华民国史档案资料汇编》（第五辑第一编），南京：江苏古籍出版社，1979年，第837页。

④ 中国第二历史档案馆编：《中华民国史档案资料汇编》（第五辑第一编），南京：江苏古籍出版社，1979年，第837页。

⑤ 中国第二历史档案馆编：《中华民国史档案资料汇编》（第五辑第一编），南京：江苏古籍出版社，1979年，第837页。

由学校供给膳宿、制服、书籍、杂用等费，或由学校酌给费用由各学生自理。[①]

(6) 关于毕业的规定

学生在何科系毕业即发给何科系毕业证书，不另加蒙藏班字样。[②]

4. 接收蒙藏班高校的相关财务管理规定

蒙藏学生在该两大学蒙藏班肄业者，均免其学费。[③] 蒙藏班的开办费、经常费、临时费等也由两所大学开列预算，呈请国民政府令财政部制定专款拨付。

受边疆少数民族地区教育水平的限制，政府没有在边疆少数民族地区专门开办高等学校，但在内地大学附设蒙藏班和资送蒙藏学生留学的政策，给边疆少数民族学生提供了接受高等教育的机会，各校自行拟订的少数民族学生随班就读办法也最大限度地考虑到了少数民族学生的需要。民国时期关于边疆少数民族高等教育管理的规定符合当时教育发展的实际情况，为边疆建设培养了一批边地人才。

(四) 边疆少数民族师范学校管理

边疆师资匮乏，教育部十分重视师资的培养。除督导各边远省份教育厅积极培养师资外，教育部还参照第二、三次全国教育会议决议筹办了多所国立边疆师范学校（以下简称边师）。截至 1947 年 12 月，全国共有国立边疆师范学校 12 所，已办移交或停办的有 5 所，详见表 7.4 与表 7.5。关于国立边疆师范学校管理的法案有 1941 年 6 月 16 日教育部公布的《边远区域师范学校暂行办法》，具体内容如下。

---

① 中国第二历史档案馆编：《中华民国史档案资料汇编》（第五辑第一编），南京：江苏古籍出版社，1979 年，第 837 页。

② 中国第二历史档案馆编：《中华民国史档案资料汇编》（第五辑第一编），南京：江苏古籍出版社，1979 年，第 837 页。

③ 中国第二历史档案馆编：《中华民国史档案资料汇编》（第五辑第一编），南京：江苏古籍出版社，1979 年，第 833 页。

表 7.4 国立边疆师范简表（1947 年 12 月）①

校名	校址	校长姓名	学级数	学生数	教职员数	备注
国立西南师范	云南文山	张兰堂	8	324	60	(教职员数包括附小者在内)
国立大理师范	云南龙陵	姚柟	9	251	64	(正考虑更改校名)
国立丽江师范	云南丽江	张征东	6	262	47	
国立贵州师范	贵州榕江	许绍桂	8	341	66	
国立西宁师范	青海西宁	杨买夫	10	332	75	
国立西北师范	甘肃临夏	吴正桂	6	207	52	
国立兰州师范	甘肃酒泉	陈增吉	9	241	43	
国立绥宁师范	宁夏黄渠桥	王抡魁	7	259	45	
国立巴安师范	西康巴安	王万春	4	87	34	
国立热蒙师范	热河	杨春轩	2	64	14	(尚未设附小)
国立察蒙师范	察哈尔张桓	侯敬敷	4	169	19	(尚未设附小)
国立天山师范	新疆迪化	孙润生	6	240	32	

表 7.5 改办移交或停办的国立边疆师范简表（1947 年 12 月）②

校名	校址	筹设或接办年月	停办改办或移交年月	备注
国立绥远蒙旗师范学校	绥远归绥	1936 年 7 月	1937 年 9 月	因战事停办
国立成达师范学校	北平	1941 年 8 月	1943 年 2 月	改归中等教育司接管
国立陇东师范学校	甘肃平凉	1941 年 8 月	1943 年 2 月	改归中等教育司接管
国立贵州师范黎平分校	贵州黎平	1940 年 1 月	1944 年 4 月	移交地方办理
国立康定师范学校	西康宁定	1940 年 2 月	1947 年 9 月	改为师范专科

① 教育年鉴编纂委员会编：《第二次中国教育年鉴》（第十册），台北：文海出版社，1986 年，第 19 页。
② 教育年鉴编纂委员会编：《第二次中国教育年鉴》（第十册），台北：文海出版社，1986 年，第 19 页。

1. 边师设置及任务规定

（1）关于边师设置的规定

边师以国立为原则，分区设立，每区以设立一校为原则；男女师范必要时得分设，有特殊情形者，得酌设分校；学区之划分及学校之设置不限省界，视训练之对象与实际需要由教育部以命令定之。[①]

（2）关于边师任务的规定

边疆师范为推进边疆教育的中心机关，其中心工作有：指导监督本区内实验中心小学；辅导本区内各小学及社教机关；调查研究本区内社会及自然情况；协助本区地方教育行政机关设计推进边地教育；实验边地教育制度，研究边地教育各项问题；搜集编订边师及边小教材；倡导合作事业；协助地方改良农业，兴修水利，提倡造林与垦荒；指导农林产品的加工制造及副产品的利用；改良畜牧及其产品的利用；当地手工业的提倡与改良；推进社会教育；宣传中华民族整体性，并传达中央德意，推行民众组织及训练；协助本区推广教育及劝学事项。[②]

（3）关于边师校舍的规定

边师校舍应力求简单适用，应设有农场牧场，其面积及设备，以学生自给自足为原则；林场（视需要酌量设置）；诊疗室；文物陈列室；特种厨房、食堂及浴室（以招收回教学生的各校为限）。[③]

（4）关于边师学制的规定

边疆师范学校自 1945 年度第一学期起试行四年学制。[④]

2. 边师教学管理规定

（1）关于边师教学目标的规定

边疆师范学校的教学目标在于使学生深切了解国家民族的关系及在生活现代

---

① 宋恩荣、章咸选编：《中华民国教育法规选编》（修订版），南京：江苏教育出版社，2005 年，第 590 页。

② 宋恩荣、章咸选编：《中华民国教育法规选编》（修订版），南京：江苏教育出版社，2005 年，第 590 页。

③ 宋恩荣、章咸选编：《中华民国教育法规选编》（修订版），南京：江苏教育出版社，2005 年，第 592—593 页。

④ 教育年鉴编纂委员会编：《第二次中国教育年鉴》（第十册），台北：文海出版社，1986 年，第 16 页。

化的前提下协调融合国家文化与民族文化的必要；陶冶刻苦耐劳的精神，启发服务边地的志趣；养成边地生产建设的技术与实际工作的能力；培养边地地方行政的知能；授予公共卫生及建议的医事知识；增进边地田野工作的知识。①

（2）关于边师课程的规定

边疆教育司于1945年非正式拟订《边疆师范学校各学年教学科目及每周教学时数表草案》，寄交各边师参考试行，详见表7.6。其中，各年级除体育、军事训练、早操或课间操外，每周须有课外运动三小时；各年级每日至少须有两小时规定为学生在校自习时间；边文的教学，以蒙、回、藏、夷等语文为限，如当地不流行上列各项边文可改为研究边地语言；边地知识须包括当地的自然环境、社会经济、风俗、习惯、交通情形、边地问题、边地政策、总理遗教、总裁言论中对于边地问题的提示、中央历次有关边地部分的决议案、边地各种法令、边地研究及田野工作等；卫生及医事须包括生理卫生，并注重公共卫生训练，对于医药方面，每一学生至少能使用若干种常用及特效药品。② 另外，草案还详细列出了各科目的教学重点。

表7.6　边疆师范学校各学年教学科目及每周教学时数表草案（1945年）③

	第一学年		第二学年		第三学年		第四学年		备注
	第一学期	第二学期	第一学期	第二学期	第一学期	第二学期	第一学期	第二学期	
国文	6	6	4	4	3	3	3	3	
数学	4	4	3	3					
地理	2	2	2	2					
历史	3	3	2	2					
博物	2	2	2	2					

① 宋恩荣、章咸选编：《中华民国教育法规选编》（修订版），南京：江苏教育出版社，2005年，第589页。

② 教育年鉴编纂委员会编：《第二次中国教育年鉴》（第十册），台北：文海出版社，1986年，第16页。

③ 教育年鉴编纂委员会编：《第二次中国教育年鉴》（第十册），台北：文海出版社，1986年，第16页。

续表

	第一学年		第二学年		第三学年		第四学年		备注
	第一学期	第二学期	第一学期	第二学期	第一学期	第二学期	第一学期	第二学期	
化学					3	3			
物理							3	3	
体育	2	2	2	2	2	2	2	2	
童子军	2	2	1	1	1	1			
军事训练							3	3	
军事救援							(2)	(2)	
公民	1	1	1	1	1	1	1	1	
美术	2	2	2	2	1	1			
音乐	2	2	2	2	2	2	1	1	
教育心理			2	2	2				包括测验及统计概要
教育行政					2	2			
教育通论							3	2	
地方自治					2	2			
农村经济及合作							2	2	
实用技术(甲)	3	3	3	3	3	3	3	3	
实用技术(乙)	(3)	(3)	(3)	(3)	(3)	(3)	(3)	(3)	(女生)
边地语文	3	3	3	3	3	3	3	3	
边地知识					2	2	2	2	
卫生及医事			3	3	3	3	3		
教学及实习					2	4	4	8	包括教材教法及实习
每周教学总时数	32	32	32	32	32	32	33	33	

(3) 关于边师劳动训练的规定

边疆师范学校为加强学生生产劳动训练，增加农、牧、工的教学实习时数，分组轮流半日上课、半日工作，或间日上课、间日工作；每一学生须就农、牧、工各种内选择一科，尽量学习实际工作，务求精确娴熟；学生除参加生产劳动外，举凡学校内教务事务上各事可以不假手于人的，均由教师领导高年级学生工作，雇用工友以最必要的为限，一切日常操作及农场、工场各项操作，均由学生担任。[①]

(4) 关于边师学业补习的规定

边疆师范学校得附设各种补习班、初中或职业补习科，及边小教员短期训练班，招收当地私塾教师，予以六个月至一年的师范和政治训练，以充任边小教员或改良私塾的教师，增进边胞国家民族观念，其教学科目及时间另订。[②]

(5) 关于边师学生毕业的规定

边疆师范学校毕业生由该生原籍省县设治局及盟旗宗主管教育行政机关分配工作，边师毕业生应在边地服务，服务期限为三年，如有特殊情形申请在其他地方工作或暂缓服务者，须经本部核准。[③]

(6) 关于边师教学及休假时间安排的规定

边疆师范学校应缩短放假时间，例假得视地方情形，参照教育部规定由校另订，呈部核备；但利用假期推行生产劳动或调查宣传及其他田野实习者，由各校酌量变通订定办法，呈部核备。[④]

3. 边师教职员与学生管理规定

(1) 关于教职员设置的规定

边疆师范学校职员的设置，除照《修正师范学校规程》第一〇五及一〇六两条及《中等学校行政组织补充办法》规定外，得筹设推广处及研究实验处，各处设主

---

① 教育年鉴编纂委员会编：《第二次中国教育年鉴》(第十册)，台北：文海出版社，1986 年，第 16 页。
② 宋恩荣、章咸选编：《中华民国教育法规选编》(修订版)，南京：江苏教育出版社，2005 年，第 593 页。
③ 宋恩荣、章咸选编：《中华民国教育法规选编》(修订版)，南京：江苏教育出版社，2005 年，第 593 页。
④ 教育年鉴编纂委员会编：《第二次中国教育年鉴》(第十册)，台北：文海出版社，1986 年，第 17 页。

任一人，秉承校长办理本办法第六条规定各事项，推广处得分设卫生、社会、辅导、营业及毕业生指导各组，研究实验处得分设调查、编辑、实验各组，每组各设组长一人，合作社、农场、牧场、工场等视其规模，各设社长、场长或管理员。①

（2）关于教职员赴边考察的规定

边疆师范学校教职员得利用寒暑假组织边地考察团，分组赴边地调查，其经费在各校预算内筹列。②

（3）关于招生的规定

边疆初中生较少，边师可招收高小毕业生，边疆师范学校招生以籍隶本区为限，得酌量提高同等程度学生之比例，不分族别混合教学，每次招生须先拟具详细计划分配表及说明书，呈部备案。③

（4）关于学生待遇的规定

边疆师范学校学生为公费待遇，除免收学费并供给膳食以外，另发制服费、书籍费及零用金，成绩优良者并酌给奖学金。④

4. 边师与地方关系规定

边地学校应与本区所在地之省县设治局及盟旗宗土司等地方主管教育行政机关取得密切联系，才能配合边远区域初等教育之进展，使边地师资之供求相适宜。⑤

师范教育是培养边疆少数民族学校师资，普及边疆少数民族教育的重要途径，因此政府非常重视边疆少数民族师范学校的管理，相关法令对边疆少数民族师范学校的管理规定比较详细，主要有以下特点：

第一，从边疆师范学校任务规定可以看出，边疆师范学校承担了边疆少数民

① 宋恩荣、章咸选编：《中华民国教育法规选编》（修订版），南京：江苏教育出版社，2005年，第593页。

② 宋恩荣、章咸选编：《中华民国教育法规选编》（修订版），南京：江苏教育出版社，2005年，第593—594页。

③ 宋恩荣、章咸选编：《中华民国教育法规选编》（修订版），南京：江苏教育出版社，2005年，第593—594页。

④ 教育年鉴编纂委员会编：《第二次中国教育年鉴》（第十册），台北：文海出版社，1986年，第17页。

⑤ 宋恩荣、章咸选编：《中华民国教育法规选编》（修订版），南京：江苏教育出版社，2005年，第590页。

族地区发展的重要任务。边疆师范学校注重与地方教育行政机构的联系，除了要配合边疆地区初等教育的发展、保证边疆学校师资的供应外，还要开展边地教育研究，协助推广边地教育和地方经济发展工作。

第二，边疆师范学校明确教学目标、各学年教学科目、教学时数和教学重点，有利于教学工作的顺利开展。另外，边疆师范学校注重培养学生的实际工作技能，通过劳动训练管理规定增进学生实践应用能力。

第三，边疆师范学校确定毕业生服务制度既能锻炼边疆少数民族学生教学实践技能，又有助于充实边疆少数民族学校师资，为边地发展输送人才。国民政府直接办理边疆师范学校并加强对边疆师范学校的管理，配置必要的人力、物力、财力，应该说是抓住了发展边疆少数民族学校教育的“牛鼻子”，有助于边疆少数民族教育事业的发展。

（五）边疆少数民族职业学校管理

边疆少数民族职业学校是提高边疆少数民族人民生产技能、开发边疆经济的重要方式。至1947年，部办职业学校共有8所，交地方接办的有1所，详见表7.7与表7.8。关于边疆少数民族职业学校（以下简称边疆职校）的管理规定如下。

表7.7　国立边疆职业学校简表（1947年12月）①

校名	校址	校长姓名	学级数	学生数	教职员数	备注
国立松潘初级实用职业学校	四川松潘	尤澜波（代行）	5	92	28	
国立西康初级实用职业学校	西康汉源	梁仁风	4	113	24	
国立金江初级实用职业学校	西康会理	洪能泽（代行）	6	217	31	
国立清溪职业学校	四川犍为	苏本熙	7	211	35	

① 教育年鉴编纂委员会编：《第二次中国教育年鉴》（第十册），台北：文海出版社，1986年，第23页。

续表

校名	校址	校长姓名	学级数	学生数	教职员数	备注
国立宁夏初级实用职业学校	宁夏省垣	梁飞彪	6	210	32	已令迁宁夏石咀山
国立青海初级实用职业学校	青海湟源	李长德	2	79	18	
国立玉树学校	青海玉树	冯云仙	1	25	9	
国立拉卜楞寺青年喇嘛职业学校	甘肃夏河	黄明信（代行）	4	96	23	

表 7.8　停办的国立边疆职校简表（1947 年 12 月）①

校名	校址	设置或接办年月	停办年月	说明
国立拉卜楞初级实用职业学校	甘肃夏河	1941 年 1 月	1946 年 1 月	交地方接办

1. 边疆职校设置及任务规定

（1）关于校名的规定

边疆职业学校都冠以所在地的地名，并在地名下以蒙旗字样，以免与其他同地学校相混。②

（2）关于学制的规定

边疆职业学校以办理初级职校为主；为加重语文教育、边疆研究等研习，及兼习一部分师范课程起见，试行四年学制。③

（3）关于预备班及艺徒班的规定

边疆教育不发达，高小毕业生为数甚少，职校招生相当困难，因而有招收予以五年训练的初小毕业生。教育部有鉴于此，特规定如确有相当数量的真正边生，其程度较差或语言生活习惯特殊不能入正班受教时，可呈准设置预备班，以资补习，并借以培养学生来源。边地多缺乏瓦木等工匠，致使衣食住行各方面仍

① 教育年鉴编纂委员会编：《第二次中国教育年鉴》（第十册），台北：文海出版社，1986 年，第 22 页。
② 教育年鉴编纂委员会编：《第二次中国教育年鉴》（第十册），台北：文海出版社，1986 年，第 22 页。
③ 教育年鉴编纂委员会编：《第二次中国教育年鉴》（第十册），台北：文海出版社，1986 年，第 22 页。

较为落后，各边疆职校得经呈准，招收15岁至30岁的边民予以短期的职业补习教育，除实施语文教育外，并酌按环境需要、各人志趣，分别予以瓦工、木工、银工、纺织、制造等技术训练，等结业后在边疆服务，以供应边疆社会的需求。①

2. 边疆职校教学管理规定

（1）关于教学目标的规定

边疆职业学校的日的在于培植边疆生产建设中的中下级干部人才。②

（2）关于课程的规定

边疆职业学校的课程设置主要有三点要求。一是因地设科。边疆社会情形不一致，有宜畜牧、农业的，也有兼宜农牧的，各边疆职业学校设科的标准统以地方需要为依据；因边地社会目前分工不细，所以设科多规定采取综合性质，如畜牧科、农林科等，而不采取细分办法，如内地的农产制造科、畜牧制造科；如某科办至一定时期，已感人才过剩，也可呈准改办他科，但仍须以与边疆直接有关的生产科目为限。二是增加与边疆有关的科目。边疆职业学校大部分招收当地边疆学生，也有到边疆服务而来校就学的腹地青年；边疆学生注意国语国文的训练，腹地学生则重在边地语文的训练，以期文化交流和实地就业时能适应边地需要；至于边疆知识的研习，则为共同必修的课程。三是增加师范课程。边疆师范生极感课程之缺乏，除边疆学生受职业训练外，另酌予师范训练，增置教育通论、教材及教学法两学科，以期在毕业后为就业前能充任边地小学的代用教师。③

3. 边疆职校的招生规定

边疆职业学校招生，原则上应以在小学六年级毕业者为合格，但实际上得视地方情形而定，可收容有同等学力者入学。边疆职业学校学生除免收学费外，由学校酌量供给膳宿图书等费。④

边疆少数民族职业学校作为培养边疆少数民族生产建设人才的重要基地，由

---

① 教育年鉴编纂委员会编：《第二次中国教育年鉴》（第十册），台北：文海出版社，1986年，第22页。
② 教育年鉴编纂委员会编：《第二次中国教育年鉴》（第十册），台北：文海出版社，1986年，第22页。
③ 教育年鉴编纂委员会编：《第二次中国教育年鉴》（第十册），台北：文海出版社，1986年，第22页。
④ 教育年鉴编纂委员会编：《第二次中国教育年鉴》（第十册），台北：文海出版社，1986年，第22页。

政府直接办理，充分说明了其具有的重要价值。政府管理边疆少数民族职业学校的制度设计充分考虑到了边疆少数民族教育和经济发展的实际情况，具体体现在以下几点：

第一，鉴于边疆少数民族学生基础较差，特实行四年学制，加长一年予以特殊训练，以达到和内地职业学校毕业生相同程度。

第二，由于边疆少数民族职业学校招生困难，教育部特许其开设预备班和艺徒班招收学生，在扩大学校生源的同时服务边地，通过提高边疆少数民族人民的生产技术，提高其生活水平。

第三，边疆少数民族职业学校科目与课程设置以边疆各地的实际需要为依据，以满足边疆少数民族人民的需求。但也可以看出，政府对边疆职校的管理制度设计整体还是比较简单的，缺乏对诸如边疆职校校长、教职员的详细要求，也缺乏对边疆职校内部管理的具体安排。

四、边疆少数民族学校管理评述

（一）边疆少数民族学校管理特点

民国时期边疆少数民族教育的发展得益于边疆少数民族教育政策的引领。综合国民政府发展边疆少数民族教育的政策和各类学校的管理制度来看，稳定的教育方针、健全的行政机构、充足的研究规划和灵活的学校管理实践构成了民国时期边疆少数民族教育的发展特点。

1. 稳定的教育方针是边疆学校教育事业发展的基石

思想是行动的先导，教育方针决定教育事业的发展方向。民国政府始终将发展边疆少数民族教育事业作为团结边疆少数民族的重要方式，将边疆少数民族教育事业提升到国防建设的高度。无论是《三民主义教育实施原则》“蒙藏教育”章规定的“由教育力量力图蒙藏人语言意志之统一，以期五族共和的大民族主义国家之完成”①，或是《推进边疆教育方案》规定的“以融合大中华民族各部分之文化，并促其发展”②，还是《边地青年教育及人事行政实施纲领》规定的“彻底培养国族意识以求全国文化的统一”③，不同政策有关教育方针的表述都旨在边疆少数民族教育的推进与普及、边地特殊环境的适应、国家意识的增强和民族文化的交融统一，三民主义的精神内核始终一以贯之。坚持三民主义的教育方针是推进边疆少数民族教育事业发展的基石。

2. 健全的行政机构和充分的研究规划是边疆学校教育事业发展的保障

组织层面，蒙藏教育司和边疆教育委员会负责统筹边疆少数民族教育事业的推进。1930年2月，教育部遵照《关于蒙藏之决议案》，成立蒙藏教育司④管理边疆少数民族教育。各边省教育厅随后也设置专管边疆教育的科股或指定专人负责管理少数民族教育。如甘肃省教育厅设有边疆教育科，四川、贵州、云南、宁夏等省教育厅增设边疆教育股，负责边疆教育行政工作，青海、西康、察哈尔、绥远等省教育厅则派有专人主管边疆教育。1939年，教育部又根据《教育部边疆教育设计委员会章程》成立了边疆教育委员会，边疆教育委员会会议每年讨论边疆教育实际工作的得失以求改进。各边省也遵照教育部颁发的《各边远省份边地教育委员会组织纲要》成立边疆教育委员会。

---

① 教育年鉴编纂委员会编：《第二次中国教育年鉴》（第十册），台北：文海出版社，1986年，第1页。

② 宋恩荣、章咸选编：《中华民国教育法规选编》（修订版），南京：江苏教育出版社，2005年，第577页。

③ 教育年鉴编纂委员会编：《第二次中国教育年鉴》（第十册），台北：文海出版社，1986年，第1页。

④ 后改名为边疆教育司。

在边疆少数民族教育行政机构逐步健全的同时，国民政府着手开展了一系列有关边疆少数民族教育发展的研究和规划。国民政府组织边疆文化团体、公私立大学院校和私人进行了多年的边地研究，制定了《各边疆文化团体申请补助费办法》，使边地研究工作卓有成效，不仅编译了多本教科书用于边疆学校，《中央边报》等报刊也促进了边疆文化的传播，加深了内地人民对边疆地区人文地理和教育情况的了解，加快了多民族文化的交流和融合。另外，政府也十分重视边疆少数民族教育发展计划的拟订。1935 年，教育部根据国民党中央常务委员会“实施蒙藏教育的决议”，结合各边远省区的实际情况，制定了《推行蒙、藏、回、苗教育计划》，1936 年和 1937 年分别根据各省的报告和上年度办理边疆教育的情况，按年度制订推行边疆教育计划，1943 年又根据各省区办理边疆教育情况拟订并颁布了《各省办理边教三年计划》，1944 年至 1949 年，教育部每年都拟订年度工作计划，推进边疆少数民族教育的发展。

3. 灵活的学校管理举措是落实边疆学校教育事业的重要条件

边疆地处偏远，风俗习惯、语言文化与内地截然不同，在推行边疆少数民族教育政策时，政府在学校管理实践中充分考虑了边疆少数民族的特殊性与差异性，集中体现在设校、学制及人员等管理办法上。

首先，边疆学校设置因地制宜，尽量满足边地人民的需求。边疆地域辽阔、人烟稀少，为适应边地各种不同的环境，边地采取了和内地不同的设校方式。以小学为例，边疆小学采取三种设校方式。一为固定式小学。这类学校与内地学校相同，一般在边民聚集区内选择固定的校址设校施教。二为流动式小学。一些边地居民往往随着气候的寒暖而迁移，为适应边民的生活需要，教育部在 1945 年修正公布的《初等教育设施办法》中规定，可设置流动性的学校或学级，置备帐幕、驮马或车辆及其他可以装折的教具随学生家庭移动实施教育。[①] 三为分散式小学。教育部于 1945 年令国立各边疆师范附属小学深入边民聚居的各草地及山寨，办理小规模学校，这种分散式小学十分便于边民接受教育，而且可作为边疆

① 宋恩荣、章咸选编：《中华民国教育法规选编》（修订版），南京：江苏教育出版社，2005 年，第 596 页。

师范学生的实习场所。因地制宜也体现在边疆少数民族师范学校、职业学校的设置及课程安排等方面。

另外，边疆地区有其特殊的诉求，教育部在视察边疆少数民族教育的过程中也尽可能地满足其实际需要。例如，边疆少数民族在医药卫生方面的知识较为缺乏，国立边疆小学就酌量增加相应的医务看护人员，并增设卫生常识等课程。边疆少数民族人民文盲较多，仅依靠学校办学普及教育不切实际，教育部以各国立学校为中心，增加办理社会教育的人员，采取办理成人班或直接随班就读的办法向社会民众推广教育。边疆地区物产丰富但生产技术相对落后，为繁荣边疆经济，开发边疆物质资源，提高少数民族人民的文化水平和物质生活，边疆少数民族学校的教育内容也注重与生产、生活相结合，各类边疆少数民族学校都列有生产建设费，"务期使每个学校提倡一种职业训练，每个学生获得一种生产技能"①。

其次，边疆学校学制设置灵活。边疆少数民族学校教育发展落后，尤其是边疆初中数量极少，致使边疆师范学校和边疆职业学校招收初中毕业生较困难。为应对边疆学校师资的急缺，教育部特准许边疆师范学校招收高级小学毕业生，实行四年学制，边疆师范生除了研习内地三年制简易师范的教学科目外，还须延长一年学习边地知识、边地语文等科目。边疆职业学校以办理初级职校为主，同样时限延长一年试行四年学制，加重语文教育、边疆研究等研习，兼习一部分师范课程，使学生程度与内地初职毕业学生的标准相当。

最后，边地情形特殊，民众生活困苦，凡是服务于边校的教员、就读于边校的学生或升入内地学校的边疆学生，均享有特殊的优待政策。边疆学生待遇分为升学优待和专款辅助优待两种。升学优待即凡是志愿升入内地中等以上学校的边疆学生，可由蒙藏委员会保送。专款辅助优待包括国立边地学校除一律免除学杂费，免费供给书籍，还另外补助制服、膳食等费用。国立各级边疆学校教职员的待遇也在不断改善，除了按一般标准给予应有的待遇外，1942 年

① 杜生一：《甘青藏族现代教育发展研究》，北京：民族出版社，2006 年，第 127 页。

起按各校教员学历、经历、服务年限与成绩核给边疆服务津贴；1944 年教育部又改订《国立各级边疆学校教员服务奖励办法》，房屋煤水的供应、本人及眷属到职还乡的旅费补助等有关教师生活的实际问题都在此办法中有明确规定。其中，久任教师还有年功加俸、休假进修等奖励。这些措施办法，对鼓励各校教员留边工作卓有成效。

（二）边疆少数民族学校管理存在的问题

虽然在边疆少数民族教育政策的引领下，民国时期边疆少数民族地区的教育状况得到了一些改善，但还存在如学校数量不足、分布不均、宗教限制、非自愿强迫入学、经费不足、设备匮乏等问题。

1. 学校管理制度执行力不够，导致民族学校数量不足、分布不均

教育部在边疆直接办理的学校属于示范性质，数量较少，但各边省由于经费、战乱等原因，自办的学校也为数不多，因此，相对于广袤的边疆地区，边疆少数民族各类学校数量未能满足广大少数民族人民的需要。

另外，边疆少数民族学校还存在分布不均衡的问题，主要体现在地区分布不均和种类分布不均两方面。首先，边疆少数民族教育的施教范围包括边疆 15 省[①]，但至 1947 年，热河省有学校 5 所；察哈尔省有小学 36 所，中学 7 所；绥远省有小学 58 所，中学 1 所；宁夏省有小学 12 所，中学 1 所；甘肃省有小学 141 所，中学 5 所[②]，可见，边疆少数民族学校区域发展不均衡的问题十分突出。其次，各地都比较重视初等教育的发展，各省 90％以上的学校都为初等学校，其余为中等学校，高等学校基本为零。如表 7.9 所示，1946 年，西康省全省共有学校 1442 所，其中除了 8 所中等学校，其余全部为初等学校，中等和高等教育资源的匮乏在一定程度上限制了边疆教育事业的发展。

---

① 热河省、察哈尔省、绥远省、宁夏省、甘肃省、青海省、新疆省、四川省、西康省、云南省、贵州省、湖南省、广西省、广东省、台湾省。

② 杜生一：《甘青藏族现代教育发展研究》，北京：民族出版社，2006 年，第 127 页。

表 7.9　西康省各类学校数及教职员数（1946 年）①

学校性质	学校数	教职员数		
		共计	男	女
总计	1442	3607		
中等学校	8	102		
中心国民学校	190	1820	1444	376
国民学校	1214	1527	1346	181
省立小学	7	75	50	25
私立小学	10	68	56	12
未改设中心及国民学校之小学	13	15	15	

注：表中空白项为缺失数据。

2. 学校管理受到宗教因素影响，存在非自愿强迫学生入学现象

民国时期边疆地区的宗教氛围十分浓厚，在推进边地教育的过程中，现存的宗教势力严重阻碍了边地教育的发展。有些土司对边地教育进行破坏和反动宣传，在自己的辖区内采取愚民政策，对少数民族的读书子弟采取限制、迫害与摧残的办法。例如在滇南地区，有土司限制各少数民族的子女不得到汉人区读书，只能在土司所办的小学就读；小学毕业后，则须替土司当差，若有不服从，便杀全家或驱逐出境，如有私自外出求学者，土司将扣押学生的父母，以此勒令学生辍学返家，并处以罚款。②

另外，受交通不便、信息不通和文化落后等因素的影响，少数民族人民的入学意愿不强。虽然教育部早前制定了《边远区域劝学暂行办法》和各种学生优待政策，但收效甚微，于是教育部于 1944 年公布《强迫入学条例》，要求各县设立强迫入学委员会，对不愿入学的学龄儿童，按“劝告、警告和罚款”③ 三个程序强迫其入学。1944 年，教育部官员周辉福在《关于边疆教育的检讨报告》中也

① 中国第二历史档案馆编：《中华民国史档案资料汇编》（第五辑第三编），南京：江苏古籍出版社，1979 年，第 615 页。

② 蔡寿副：《云南教育史》，云南：云南教育出版社，2001 年，第 523 页。

③ 中国第二历史档案馆编：《中华民国史档案资料汇编》（第五辑第二编），南京：江苏古籍出版社，1979 年，第 445 页。

谈到强迫入学的问题，认为教育部在推行国民教育中致力于推行国语教育，多强迫边地青年读国文，习国语，致使边地青年根本不愿意入学。[①]

3. 学校管理受经费不足困扰，学校设备匮乏

1941年以后，教育经费的减少使边地小学难以维持，学校由34所减少到20所。各边省的教育经费较少，民族教育经费所占比例也非常小。如表7.10所示，1912年，云南省的民族教育经费占全省教育经费的2.37%，1936年为9.7%，1941年为7.3%，1943年为2.3%……在有限的少数民族教育经费中，绝大部分经费都用于教职员的薪俸，其余为公办杂费，几乎没有设备、图书及校舍修建费，因此边地学校的办学条件差，教学设施十分匮乏。如表7.11所示，1944学年度第二学期西康省边疆教育经费共计62255455元，其中59258794元用于薪给，占比95.2%，只剩4.8%用于其他事项。教育部的视察报告中也多次提到边疆学校的设备问题，如1947年教育部官员戴麒在视察绥察蒙旗地方教育及部办学校情况报告中指出，国立察蒙师范、国立伊盟中学、部办准噶尔旗小学等校在教员教学、学生管理、膳食整顿各方面大为改变，唯设备，尤其员生适用参考图书倍感欠缺，体育、医学用品亦待补充。[②]

表7.10　1911—1947年云南省立边地教育经费情况[③]

年份	边教经费	占省级教育经费的百分比	年份	边教经费	占省级教育经费的百分比
1911	20000两（银子）	4.8%	1941	429793元	7.3%
1912	17463两（银子）	2.37%	1942	117486元	6%
1935	180700元（新滇币）	9.67%	1943	566880元	2.3%
1936	180150元	9.7%	1944	4349200元	6.8%

① 中国第二历史档案馆编：《中华民国史档案资料汇编》（第五辑第二编），南京：江苏古籍出版社，1979年，第208页。

② 中国第二历史档案馆编：《中华民国史档案资料汇编》（第五辑第三编），南京：江苏古籍出版社，1979年，第499页。

③ 蔡寿副：《云南教育史》，云南：云南教育出版社，2001年，第523页。

续表

年份	边教经费	占省级教育经费的百分比	年份	边教经费	占省级教育经费的百分比
1937	266092元	8.3%	1945	390140000元	7%
1939	289830元（国币）		1946	167684000元	6.1%
1940	635850元		1947	494192000元	6.7%

注：表中空白项为缺失数据。

表7.11　1944学年度第二学期西康省边疆教育经费数①

学校性质		总计	中心国民学校	国民学校	省立小学	私立小学	未改设中心及国民学校之小学	幼稚园
岁入经费数（元）	共计	62255455	32823570	27970725	60780	825240		555700
	中央补助款							
	省市款	174295	2160	91915	60780			
	县市款	52568920	29318410	22994810				255700
	乡镇保款	8687000	3503000	4884000				300000
	私人款	825240				825240		
岁出经费数（元）	共计	62255455	32843010	27970725	60780	825238		555700
	薪给	59258794	31685426	26289840	60780	687048		535700
	其他	2996661	1157584	1680885		138190		20000

注：表中空白项为缺失数据。

总的来说，民国时期构建了以边疆少数民族教育发展政策为主体，以边疆少数民族各类学校管理办法为补充的政策体系。虽然政府管理边疆少数民族各类学校的制度尚不完备，国民政府在兴办边疆教育的过程中也遇到许多困难、存在一些问题，但由于民国时期边疆少数民族的学校教育基本从零开始，因此

① 中国第二历史档案馆编：《中华民国史档案资料汇编》（第五辑第三编），南京：江苏古籍出版社，1979年，第656页。

国民政府管理边疆少数民族学校的实践具有“拓荒”意义，国民政府稳定的教育方针、健全的行政机构、充足的研究规划和灵活的学校管理举措极大地改变了边疆少数民族地区的教育状况，推动了边疆教育事业的发展，提高了边疆少数民族的文化素质，增强了少数民族人民的国家意识，不仅使各族人民在抗战期间同仇敌忾，以各种形式支援政府，也为新中国少数民族地区的建设和发展打下了一定的基础。

下编　民国学校管理人物研究

民国历史上学校管理取得的成就离不开杰出的学校创办者与学校管理者的贡献。我们选择蔡元培、梅贻琦、陶行知、张伯苓、郭秉文、王星拱、陈宝泉、雷沛鸿、廖世承、经亨颐这十位民国时期杰出的学校管理人物，对其办学治校实践与学校管理思想进行研究分析，由此形成十章内容，构成下编。因他们每个人物都有丰富的学校管理实践与学校管理思想主张，他们或对民国时期的公立大学管理、私立大学管理产生了巨大影响；或对师范教育管理与师范学校的发展产生重大影响；或对中小学教育管理与中小学教育的发展产生了积极影响；或对地方教育管理与地方学校的发展产生了重大影响；又或对不同类型学校的创办与管理进行了积极的探索，对民国学校管理的创新产生了重要影响。故将这些代表人物单独成章加以研究，对他们所进行的学校管理进行探究，以总结他们学校管理之得与失、揭示其所具有的历史借鉴价值。

第一章　蔡元培的学校管理实践与思想

蔡元培（1868—1940）是近代史上著名的教育家。与其同时代的一些教育家不同，他实实在在地参与了创设和管理学校、领导教育改革等许多活动。无论是主持绍兴中西学堂，倡办爱国学社，还是民初任教育总长；无论是接掌北京大学，还是任大学院院长，蔡元培都进行了卓有成效的教育管理实践，阐发了很多宝贵的教育管理主张。

一、受教育经历

（一）家庭教育

清同治六年十二月十七日（1868年1月11日），蔡元培出生在绍兴府[①]山阴城里笔飞坊（现为笔飞弄）。蔡元培曾经三次易名，他“小名宜哥，小字意可”[②]，又“小名阿培，入塾时，加昆弟行通用之元字，曰元培”[③]。原来叔父茗珊给他取字鹤卿。到了小学，蔡元培慕古人名字相关之习，认为鹤卿二字过于庸俗，于是改字仲申，别号鹤庼。1903年爱国学社时，自号民友。1904年主编《警钟》时又说“吾亦一民耳，何谓民友”，乃取《诗经·大雅·云汉》中“周余黎民，靡有孑遗”二句中字，而最后改号孑民，表示自己在民族灾难面前的责任。后也用过“蔡振”等笔名。

据《绍兴县志资料》记载，明代隆庆、万历年间[④]，蔡元培的祖先蔡恭政“由诸暨迁绍兴井巷”。至蔡元培出生，蔡家已迁居绍兴近300年。至蔡元培高祖以下，开始经商。蔡元培的曾祖兄弟四人，或在乡里县城设铺，收购丝绸软缎，或往返于绍兴、广州，从事贩运。

祖父蔡廷桢，因经营典当业有方，家业兴旺。不但在城里开了一家当铺，还在笔飞弄买下一幢坐北朝南、大厅三楹的房屋。后因育有七个孩子，在屋后加盖五楼五底房屋，三代合住，成为当时小康之家。蔡家长子便是蔡元培的父亲蔡宝

① 绍兴府：辛亥革命后，废府，山阴与会稽合并为绍兴县。

② 清光绪己丑思科《齿录》，“蔡元培”。

③ 新潮社编：《蔡孑民先生言行录》，北京：北京大学出版社，1920年，第35页。

④ 明代隆庆（穆宗）万历（神宗）年代，即公元1567—1620年间。

煜，又名光普，字耀山。在兄弟七人中，除老三习武外出不知所往亦不知所终外，全家都以经商为业。蔡元培的父亲为钱庄经理，老二经营绸缎业，老四、老五、老七也都在钱庄任职。蔡家唯一一个读书登科之人是老六铭恩，他从小热爱读书并考试入学，为廪生。蔡元培早年之所以走上读书的道路，或多或少受到这位酷爱读书的六叔影响，六叔也曾多次不厌其烦地指导他的功课，在他幼小的心灵播撒下读书的种子。

蔡元培在《口述传略》中有云：

“孑民有叔父，名铭恩，字茗珊，以廪膳生乡试中式。工制艺，门下颇盛。亦治诗古文辞。藏书亦不少。孑民十余岁，即翻阅《史记》《汉书》《困学纪闻》《文史通义》《说文通训定声》诸书，皆得其叔父之指导焉。”[①]

父亲是人生的第一位导师。蔡元培的父亲是一位“儒商”，为人忠厚老实，宽和待人。在经营钱庄时，他诚信经营，慷慨大度，有贷必应，家族中的人常常笑他“爱无差等”。父亲的这些行为深深地印刻在少年蔡元培的脑海，也成为他日后为人处世的准则。

月有阴晴圆缺，人有旦夕祸福。在蔡元培十一岁那年，父亲去世。由于父亲生前慷慨好施，凡向他借钱都有求必应，欠他债的又不忍讨还，所以到他去世时，蔡家家境一落千丈，变得一贫如洗。面对失去至亲的悲痛，失去经济支柱的落魄，抚养儿女的艰辛，母亲周氏忍受艰辛，拒绝了亲戚朋友集资赡养，典卖她仅有的首饰、衣服，克勤克俭，节衣缩食，辛苦将三子拉扯长大。她将全部心血倾注在几名幼子身上。蔡元培有同胞兄弟四人，姊妹三人，他在家中居二。兄元鈖，字鉴清，长期在上海崇实石印局任职；三弟元坚，字镜清，后在绍兴钱庄业中任职；四弟及幼妹早殇，姊两人均未嫁即病逝。

周氏不仅一人支撑整个家，还亲自为孩子们缝衣、理发。生活上事无巨细关心孩子们，她常常勉励孩子们要“自立”“不依赖人”，不能靠施舍生活，更不要获取不义之财。勤劳坚韧的周氏对孩子们的学习也严厉督促。由于蔡元培自小聪

---

① 蔡元培著，文明国编：《蔡元培自述》，北京：人民日报出版社，2011年，第123页。

慧好学，私塾先生对他寄予厚望，布置的功课很多，常常到深夜还不能完成，母亲便不辞劳苦，陪坐案侧，时以温语慰勉，免其困倦。在为人处世方面，周氏常常教导孩子们要谨言慎行。她常说每次与别人交谈，一定要先想到别人会说些什么，而自己要怎样应答。谈话结束后，还应该将这次谈话在头脑里回忆一遍，检查自己回答得有没有不妥当的地方。即“每有事与人谈话，先预想彼将作何语，我宜以何语应之。既毕，又追省彼作何语，我曾作何语，有误否。以是鲜偾事”①。

严谨的家教在蔡元培幼小的心灵打下了深深的烙印。他继承了父亲宽厚待人的脾性，承接了母亲不贪吝、不妄言的脾性，正如蔡元培本人所说的“孑民之宽厚，为其父之遗传性。其不苟取，不妄言，则得诸母教焉”②。他后来所表现出的那种平和安详的个性，温和待人的性格，好学不倦的习性，正是家庭影响的结果，从小打的坯基。母亲成就了蔡元培，蔡元培同样回报母亲。蔡元培十七岁时，周氏胃病加剧，服药也没有用。他不忍母亲承受病痛的折磨，当他听说割臂肉和药，可延寿十二年，他便瞒着家人，偷偷从自己左臂上割下一小片肉，为母和药。虽然蔡元培孝心感天动地，但谁也不能阻挡死亡的命运。第二年，周氏病故，蔡元培悲痛万分，欲行寝苫枕块之制（古代一种服丧制，即亲人去世后孝子睡在草席上，头枕土块，坚守在去世亲人的棺材旁，直至亲人下葬的制度）。被家人劝阻后，他于夜深人静的时候，挟枕席赴棺侧而睡，其兄弟知道后，知道不能阻止他，就设床于停棺之堂，兄弟共宿。

（二）“中学”教育

蔡元培小时候就比一般的孩子要显得沉稳安静，蔡家人对他寄予了厚望，希望他能光宗耀祖。六岁那年，家里专门为他请来一位姓周的私塾先生。这位周先生按照旧式私塾的模式为蔡元培制订了考取功名的教学计划，向科举“龙门”进

① 蔡元培著，文明国编：《蔡元培自述》，北京：人民日报出版社，2011年，第123页。

② 蔡元培著，文明国编：《蔡元培自述》，北京：人民日报出版社，2011年，第123页。

军。因此，蔡元培最初读的书主要是《百家姓》《千字文》《神童诗》三本小书，接着读“四书”——《大学》《中庸》《论语》《孟子》，再读“五经”——《诗经》《尚书》《周易》《礼记》《春秋》。蔡元培跟着周先生学习了五年。在他十一岁那年，父亲病故，家中失去了经济支柱，经济陷入困苦。没过几年，他的二叔父、五叔父、七叔父也先后失业，亲戚人家渐渐衰败。他只好寄居在姨妈家读书，后来又转至附近的李申甫先生所设的私塾读书。

为了给日后的科举考试铺平道路，熟练掌握作八股文的方法，蔡元培开始在私塾先生的指导下每日练习起承转合，承题破题，不敢有丝毫的懈怠。但是，蔡元培除了读许多“教科书”外，还喜欢涉猎一些对科举考试毫无帮助的“杂书”。同时，蔡元培还有一位同样爱读书的六叔铭恩。钻进六叔的书房，蔡元培就像春天里的嫩芽拼命地汲取营养，因此六叔也算是蔡元培先生的启蒙老师。

清光绪五年（1879）蔡元培到秀才王懋修夫子处就读。王懋修是蔡元培私塾学习期间对他影响最大的一位先生。王先生在教学内容上与其他塾师并无差别，但比一般的塾师负责、耐心。王先生是八股名家，在教作八股文时，发现蔡元培有写得不对的地方，既不训斥，也不立即在卷子上改写，而是耐心地指出错误所在，让蔡元培自己回去修改。王先生还深谙宋明理学，除学业指导外，王先生在思想道德方面也给蔡元培不小的影响。他经常讲一些明末抗清志士的民族气节、爱国主义、民本主义思想的故事。在王懋修先生这里的几年学习对蔡元培早期思想的形成产生重要影响。1896年，蔡元培在《展先师王子庄生墓记》中就写道：“培从事四年，所以策励之者尤挚。”晚年，他在《自写年谱》中又说：“我自十四年（岁）至十七年（岁），受教四年，虽注重练习制艺，而所得常识亦复不少。”①

（三）科举生涯

面对枯燥乏味的私塾学习生活，蔡元培却没有丝毫懈怠。经多年苦读，清光

① 蔡元培：《蔡元培自述》，郑州：河南人民出版社，2004年，第10页。

绪九年（1883）蔡元培终于考中秀才，获得了进入官立学校深造的资格。考官对他的考卷评价很高，比如对“二复”试卷的评语是“笔轻而灵，意曲而达，是诚小试利器。论尤警当，与众不同。诗亦有动目句”；对“四复”试卷的评语是“简洁名贵，滴滴归原”[①]。考中秀才后，蔡元培就不再到王懋修先生处就读，结束了他少年时代的私塾学习。

蔡元培并没有同其他秀才一样进入官立学校深造，却当起了塾师。在1884年至1885年的两年里，他先后在姚家和单家执教。同时，因不再受拘束，可以放胆阅书。他自己回忆：“那时我还没有购书的财力，幸而我第六个叔父铭恩先生有点藏书，我可以随时借读，于是我除补读《仪礼》《周礼》《春秋公羊传》《谷梁传》《大戴〈礼记〉》等经书外，凡关于考据或词章的书，随意检读。”[②]

蔡元培在自由读书期间，得益最大、所受影响最深的是训诂学家朱骏声的《说文通训定声》、史学家章学诚的《文史通义》和名学者俞正燮的《癸巳类稿》及《癸巳存稿》。后来，蔡元培回忆自己青年时代这段读书生活时说：“我青年时代所喜读的书，虽不止这三部，但是这三部是我深受影响的。”[③]

清光绪十五年（1889）春，蔡元培应科试，列第一名。八月底，蔡元培同老师王佐，同学徐维则、朱允中从绍兴乘船经萧山西兴过钱塘江，赶到杭州应乡试。经过三场考试，成绩甚佳，主考官李文田对他试卷甚为满意。对第一场，三艺被评为“首艺安章定句，不落恒蹊；次跟定章旨，语无泛设；三充畅。诗可”。第二场评为“五艺一律清顺”“引证宏博”。第三场，五项答问，评为“词意整饬”[④]。九月，浙江乡试发榜，蔡元培考中了第二十三名举人。

清光绪十六年（1890）早春，24岁的蔡元培与同学徐维则一道风尘仆仆地前往北京参加会试。会试分初试、复试。初试分三场：第一场他写的文章一点不像八股文。第二场、第三场卷子的文章“引经据典，渊博异常”，使主考官王颂

---

① 高平叔撰著：《蔡元培年谱长编》（1卷），北京：人民教育出版社，1998年，第29页。

② 高平叔编：《蔡元培教育文选》，北京：人民教育出版社，1980年，第236页。

③ 蔡元培：《蔡元培自述》，郑州：河南人民出版社，2004年，第19页。

④ 高平叔编著：《蔡元培年谱》，北京：中华书局，1980年，第4页。

蔚大为惊奇。于是合并三场试卷郑重推荐，对蔡元培大加赞赏。但是蔡元培自己却认为第一场交了一篇“怪八股”，自己的小楷又不佳，所以希望不大。他未等复试就告假归来，到上虞县志局去担任总纂。但到家不久，会试联捷的喜报到了，中了第八十一名贡士。但再要返京应复试已来不及了。

慢了一步，迟了一渡。“状元三年一考”，只好等待下一期了。两年以后，1892 年 4 月，刚 26 岁的蔡元培去北京补复试。复试是殿考，在清朝皇宫三大殿之一的保和殿里举行。这是封建科举制度中最高一级的考试，被录取的称为进士。在殿考时，有些应试的贡生望题兴叹，头冒热汗，不知从何下笔。同场考试的蔡元培却一气呵成，对答如流，好些考生只能看着他奋笔疾书的背影。如其中有一道关于西藏地理状况的题目，可急坏了平时只懂“四书五经”的考生，个个只能看着题目大眼瞪小眼。由于蔡元培平日关心历史兴衰，疆域变迁，熟悉边陲史地，所以他能详细叙述西藏的广阔地域和错综的山川，这也可见他史地知识的根底。结果被录取二甲第三十四名进士。最后，蔡元培凭着出色的才学，深厚的文学功底，即被点入翰林院为庶吉士。过了两年，28 岁的他被授职翰林院编修。

（四）“西学”教育

蔡元培成为翰林院编修时正值维新运动风起云涌，时代变革给他提供了广阔的舞台。他广泛地接受西学，阅读了许多西方书籍，既有自然科学的，也有人文社会科学和哲学的。据他的日记记载，从 1894 年到 1899 年间，蔡元培阅读的西方著作多达百余种，其中不仅有外国史地、政治、战史、哲学，还有大量的自然科学书籍，包括《几何原本》《农学新法》《代数通艺录》《电学入门》等。蔡元培在关注西学、接触西方资产阶级政治学说和科学文化知识的过程中，清楚地看到 19 世纪以来的欧洲文明已领先世界，中国若要强盛，必须学习欧洲，而实现此愿的捷径便是走出国门，放眼西方，了解世界。

1. 三次留学德国

蔡元培前后三次留学德国，共计五年。清光绪三十三年（1907），清廷派遣翰林赴德考察计划搁浅后，蔡元培本来有一个公费游学日本的机会。对于当时已经是翰林学士的蔡元培来说，去德国留学是一个艰难的决定，因为在留学生中蔡元培的年龄是很大的，再加上语言不通，经费不足等原因。尽管困难重重，他还是毅然放弃公费游学日本的机会。

蔡元培为什么要把德国作为他的留学首选呢？他在《为自费游学德国请学部给予咨文呈》中写道："窃职素有志教育之学，以我国现行教育之制，多仿日本。而日本教育界盛行者，为德国海尔伯脱派。且幼稚园创于德人弗罗比尔。而强迫教育之制，亦以德国行之最先。现今德国就学儿童之数……欧美各国，无能媲者。爰有游学德国之志，曾在胶州、上海等处，预习德语。……职现拟自措资费，前往德国，专修文科之学，并研究教育原理，及彼国现行教育之状况。至少以五年为期，冀归国以后，或能效壤流之助于教育界。"① 他认为，"世界学术德最尊""游学非西洋不可，且非德国不可"。

1907 年 6 月 10 日，蔡元培随出使德国大臣孙宝琦等离京，取道俄国，经陆路前往德国留学，这是他第一次留学德国。到柏林后，他与齐宗颐、钱方度同住一个宿舍。齐宗颐通晓德语，钱方度擅长英语。蔡元培得到了他们的不少帮助。蔡元培初到德国，经费不足，所以他在柏林坚持半工半读，比如当家教讲授国语，为上海商务印书馆编译书籍，一来可以挣点钱，二来可以学习德语。

蔡元培先花了一年时间在柏林学习德语，经时任莱比锡大学中国文史研究所负责人、德国著名汉学家孔好古（August Conrady）教授介绍他入莱比锡大学。1908 年 10 月 15 日，他在莱比锡大学注册入学。蔡元培在莱比锡大学留学三年。根据莱比锡大学保存的有关学籍资料、学生毕业证书和修课记载，由于担心学校不招收 40 岁以上的学生，蔡元培在第一次留学莱比锡大学时，曾先后于 1908 年 10 月 15 日和 1910 年 10 月 19 日两次注册。他注册的是哲学系学生，两次注册填的年龄均是 35 岁。1911 年 11 月 4 日，他获得莱比锡大学颁发的修业证书。三年期间，蔡元培共修课 37 门，涉及哲学、历史、文学、美学、教育学等领域。

---

① 高平叔编：《蔡元培全集》（第 1 卷），北京：中华书局，1984 年，第 394 页。

莱比锡大学历史悠久，学术氛围浓厚，大师云集，培养出了许多杰出人物。蔡元培听著名学者的讲课获益匪浅，思想深受影响。他在自述中写道："我于讲堂上既常听美学、美术史、文学史的讲演，于环境上又常受音乐、美术的熏习，不知不觉地渐集中心力于美学方面。尤因冯特讲哲学史时，提出康德关于美学的见解，最注重于美的超越性与普遍性，就康德原书详细研读，益见美学关系的重要。"[①] 蔡元培后来重视与大力倡导美育，并在北京大学首先创设研究所，主张高年级学生入所从事研究等，很显然都有他在留学德国时所受到的深刻影响的痕迹。

1911 年，辛亥革命爆发。蔡元培在德国报纸上看到武昌起义的消息，对革命胜利充满信心。为了响应辛亥革命，蔡元培回国了。蔡元培此次留学于 1911 年 11 月 28 日回到上海，历时近四年半。回国后，他出任中华民国临时政府教育总长，成为临时大总统孙中山先生的得力助手。

1912 年 7 月，因对袁世凯专权不满，蔡元培毅然辞去教育总长职务。他携夫人黄仲玉、长女威廉、三子柏龄在上海乘奥地利轮船"阿非利加"号前往德国。他第二次走进莱比锡大学听课，并在兰普雷茨教授主持的文明史与世界史研究所从事研究。他曾应邀帮助兰氏用中文编撰中国文明史材料，由顾孟余翻译成德文。蔡元培自 1912 年 11 月 1 日注册入学。

1913 年 5 月 18 日，因"宋教仁案"，蔡元培受孙中山之召启程回国参与"二次革命"，此时蔡元培的兴趣仍集中在美学。从 1912 年 7 月至 1913 年 5 月，蔡元培第二次到德国留学的时间不到一年。

蔡元培第三次赴德学习是在 1924 年 11 月。1923 年初，为抗议教育总长彭允彝干涉司法独立，蹂躏人权，不满"政治清明之无望"，时任北大校长的蔡元培发表《不合作宣言》，辞职离京。1923 年 7 月 20 日，蔡元培偕新婚夫人周峻及女儿威廉、儿子柏龄从上海搭乘"波楚斯"号轮船前往比利时布鲁塞尔。之后到法国，夫人周峻和女儿威廉，分别进入巴黎美术专门学校、里昂美

① 中国蔡元培研究会编：《蔡元培全集》（第 17 卷），杭州：浙江教育出版社，1998 年，第 457 页。

术专门学校学习。蔡元培自己则一面从事著译，学习外文，一面协助办理华法教育会和里昂中法大学的事务。1924 年 11 月经原莱比锡大学同学、德国民族学家但采尔（Theodor-Wilhelm Danzel）教授推荐，转往德国汉堡大学，从事民族学研究。他还通过参加各种国际学术会议、撰写文章等各种机会和场合，向世界介绍中国，尤其是中国的文化教育，充当中外文化教育交流的使者。蔡元培第三次赴德学习为时近一年，后又转往法国等地。1926 年 1 月 2 日，蔡元培启程回国。

2. 留学法国

“二次革命”失败后，蔡元培再次携家眷于 1913 年 9 月离开上海，前往欧洲游学，直到 1916 年 11 月。他在欧战爆发的动荡年月办杂志，作著述，从事中法文化交流活动，参与旅法学界西南维持会的活动，并在巴黎开办了华工学校，建立华法教育会，任中方会长。

早在初次留学德国时，蔡元培就对悠久灿烂的法兰西文化充满向往，并与当时留法学习生物、农科的李石曾保持联系，并利用暑期游览巴黎。1912 年蔡元培担任教育总长后，积极倡导公民道德教育，极力推崇“自由、平等、博爱”的法国模式，强调“何谓公民道德？曰法兰西之革命也，所标揭者，曰自由、平等、亲爱。道德之要旨，尽于是也”①。在科学方面，他认为“近世言科学者，率推德法两派。法人多创见，德人好深思，两者并要，而创见尤为进化之关键也”②。

与此前在德国留学不同，蔡元培在法期间没有进入专门学校学习，而是自己从事研究工作，先后完成的著述有《哲学大纲》《华工学校讲义》《文明之消失》《康德美学述》等。

1915 年，他和李石曾在法国发起组织勤工俭学会，以“勤于工作，俭于求学”为宗旨。蔡元培为勤工俭学会开办的华工学校编写讲义，并亲自为学生讲授德育和智育。1916 年，他又与李石曾等人联络法国教育界成立华法教育会，被

---

① 高平叔编：《蔡元培全集》（第 2 卷），北京：中华书局，1984 年，第 131 页。

② 高平叔编：《蔡元培全集》（第 3 卷），北京：中华书局，1984 年，第 62 页。

推举为中方会长。该会以“发展中法两国之交通，尤重以法国科学与精神之教育，图中国道德、知识、经济之发展”为宗旨。

为了加强中法两国的文化教育交流，方便国内许多无力出国求学的青年，蔡元培同吴玉章、李石曾、吴稚晖等人，联络法国巴黎大学历史学教授、巴黎自由教育会会长欧乐及法国众议员穆岱等学者及社会名流，发起创立华法教育会。1916 年 3 月 29 日，在巴黎自由教育会会所召开华法教育会发起会，蔡元培在《华法教育会之意趣》的演说中，认为阻碍教育发展的障碍有二：一是君主，二是教会。而法国自革命成功，共和确定，教育界已一洗君政之遗毒；自 1886 年、1901 年、1912 年三次制定法律，又一扫教会之霉菌。所以，在他看来，“现今世界之教育，能完全脱离君政及教会障碍者，以法国为最”。他相信华法教育会的成立，必将促进法国文化教育对中国的影响，“此后之灌输法国学术于中国教育界，而为开一新纪元者，实将有赖于斯会”①。由此可知，蔡元培后来主张教育独立，试行大学区制，从思想渊源上来说，明显是在他留学法国期间，法国教育经验给他留下的深刻影响。

第一次世界大战爆发以后，在法的华工日益增多，在陌生的法国，许多华工都面临语言、生活、工作等诸多方面的困难。因此，开展旅法华工的教育，是华法教育会的一项重要工作，包括对这些华工进行法文、中文、普通科学知识和行为规范等方面的教育。第一期为师资班，招生 24 人，由蔡元培主持招生考试。4 月开学后，蔡元培亲自在华工学校授课，并结合华工的实际需要，编写了《华工学校讲义》，它体现的基本精神是：“一在保全华工固有之美德，益发挥而光大之；一在修补华工向来所不免之缺点，曲喻而善导之。”② 此讲义后来被翻译成多种语言，在各国发行，可见蔡元培编写的《华工学校讲义》受到各类学校的欢迎，其影响既广泛又久远。

华法教育会的另一项重要活动内容，是组织和推动国内青年赴法勤工俭学。

---

① 中国蔡元培研究会编：《蔡元培全集》（第 2 卷），杭州：浙江教育出版社，1997 年，第 380 页、第 383 页。

② 高平叔撰著：《蔡元培年谱长编》（上册），北京：人民教育出版社，1996 年，第 604 页。

众所周知，留法勤工俭学在中国近代历史上有重要意义。它对于促进中西文化教育交流，推动中国人民学习西方文明，吸收西方近代先进的自然科技知识起了积极作用，其中蔡元培的功绩不可低估。

3. 考察异域，探寻新知

蔡元培前后数次出洋留学游学，除欧洲、美洲国家外，蔡元培还多次前往日本。第一次是1902年在南洋公学任教期间，暑期赴日游历。1903年，蔡元培为躲避清廷侦讯，再度短暂赴日。1929年7月，他又第三次前往日本游览。

1920年10月至1921年9月，蔡元培还以北大校长的身份赴法国、德国、瑞士、奥地利、比利时、荷兰、意大利、匈牙利、英国、美国以及加拿大等国，全面考察高等教育制度和科研体系，访问当地著名大学和研究机构。1920年10月20日蔡元培《在北大话别会演说词》中，对这次考察提了如下任务：一是考察近年各国大学教育改革的状况；二是了解和帮助中国留学生，以为将来聘请到北大执教做准备，同时聘请外国教员；三是向华侨募捐，建造北大图书馆；四是为北大采办仪器、采集书籍；五是与各国政府商量退还庚子赔款事宜；六是考察勤工俭学情况。其中主要任务是前面三项。所以1921年5月12日发表的《在爱丁堡学术研究会晚餐会上的答词》中，他将此次出访的目的概括为三个：第一，调查欧美大学情形，为中国大学标的；第二，访求教员；第三，筹款扩充北大图书馆。

蔡元培考察期间，同在各国的中国留学生进行了广泛接触。他利用出席中国留学生的欢迎会、与他们交谈等机会，向留学生介绍国内情况，勉励他们勤奋学习，学成之后报效祖国。如1921年5月12日，他在英国爱丁堡中国学生会及学术研究会欢迎会上发表演说，指出：学必借术以应用，术必以学为基本，两者并进始可。希望留学诸君，不可忽视学理。在介绍国内情况时，他说中国现在的政治可谓是坏极了，一切大权皆掌握在督军手中，人民怨恨督军，都主张“废督”，大概不久督军也确实会消灭。但是随之而来的重要问题是：督军消灭之后，又将何以处之？在他看来，“现在极要的，是从‘地方自治’入手。在各地方设高等教育机关，使人民多受教育，自然各方面事务都有适当的人来担任。希望诸君专心求学，学成可以效力于地方，这是救国最好的方法”①。

二、蔡元培的教育管理实践

（一）主持绍兴中西学堂至创办爱国学社时期的教育管理

蔡元培于光绪十八年（1892）中进士，被点为翰林院庶吉士，两年后授职翰林院编修，自此涉足清政府官场。但到戊戌变法时期，蔡元培积其在北京数年的观察与体验，深感清廷腐朽不堪，“无可希望”，并从戊戌变法失败中悟出：变法维新失败“由于不先培养革新之人才”②。他于这年的9月，弃官出都，南下兴办教育。

蔡元培回到绍兴后，就任绍兴中西学堂监督（校长）。这个学堂是用地方公款设立的，依学生程度分三斋，略如后来的高小、初级中学和高级中学。蔡元培对这所学堂的领导与当时洋务学堂的专制集权管理相比，有一突出的不同点，即努力听取不同的意见，实行一种较为开放的管理。他就任学堂监督不久，即着手制定了《绍兴府学堂学友约》，其中一个主要目的是“爰仿外国学堂评议员之例，广援同志，联为学友”，参与制定与纠正学堂办事授业之章程和教科书的编写以及评议学生的检束等工作。这实际上是蔡元培后来积极倡导大学管理实行评议制的萌芽。

① 中国蔡元培研究会编：《蔡元培全集》（第4卷），杭州：浙江教育出版社，1997年，第342页。
② 高平叔编著：《蔡元培年谱》，北京：中华书局，1980年，第10页。

蔡元培虚心听取各方的意见，但他并非没有主见。他投身教育是要为国家造就实用人才，为社会培养革新人才。他指出："为保国强种之本者，非学堂也哉。"① 为此，蔡元培在选聘教师时，比较注重志同道合和倾向新学者。如他聘请的马用锡、杜亚泉等便是笃信进化论，对尊君卑民、重男轻女等旧习随时加以纠正的进步教师。在他们遭到守旧派的忌恨时，蔡元培给予支持。在学堂堂董妄加干涉时，蔡元培愤而辞职，表现了他认准目标即坚持到底的鲜明个性。他在致该学堂堂董的信中说："若日将为之以避祸也，则元培固不畏祸。元培近得炼心之要，……凡所见闻，返之吾益已益世之心而安，则虽阻之以白刃而必行，返之吾心而不安，则虽迫之以白刃而不从。盖元培所慕者，独谭嗣同耳。"他又说："元培所理者，学堂而已。……有与元培同志而不畏祸者，共事可也。教习畏祸也者，辞职可也。学生而畏祸也者，告退可也。绅董而畏祸也者，绝交而勿干与焉可也。"② 蔡元培这种坚持办学宗旨，不畏强暴，勇于承担责任和希望独立自主经营学校的特征，在他以后的教育管理实践中始终保持着。

蔡元培辞职之后，曾就任嵊县剡山书院院长。在任内他明确要求"学当以益己、益世为宗旨"，继续致力实学的传播。同时他试图对当时书院的教学管理方式加以改进。蔡元培对只是评阅课卷便尽院长之职的做法很是不满，认为这是书院的积习，因此在为书院制定学约中，"特定日记之法"，即"日记读某书几页，有新知、疑义，皆记之，积一月，则随课卷而缴焉"，以使院长能够全面考验学生。但此法确定之后，没有取得效果。大凡这时的学生仍旧醉心于八股作文，科考中第。蔡元培遂于一年之后辞去了该院院长之职。

蔡元培投身近代教育事业之后，表现出了强烈的改革欲望。总的来看，1900年以前，他主要致力实学的传播和经世致用人才的培养，并尝试对传统学堂、书院管理方式进行一些改革。1900年以后，蔡元培教育改革的视野逐渐扩大。1901年8月他拟就《浙江筹办学堂节略》，提出了建立互相连接的地方学制体系的构想：于省城立师范学堂一，立高等学堂一，立中学堂一，立小学堂、蒙学堂

① 高平叔编：《蔡元培教育论集》，长沙：湖南教育出版社，1987年，第3页。

② 高平叔编：《蔡元培教育论集》，长沙：湖南教育出版社，1987年，第5—6页。

若干；各县城设小学堂一，蒙学堂若干；各乡设蒙学堂若干。设学所需的教育经费，蔡元培建议于“丁漕乎余”、货捐中及限制迎神靡费等来筹措，并将书院、义塾一概改订课程，按照应设之中小学堂办理。蔡元培的这一计划虽然当时没有得到实施，但为他后来任教育总长时领导全国的教育改革打下了一定的基础。

清光绪二十七年（1901）八月，蔡元培到上海任南洋公学特班总教习，特别注重对学生的引导与启发，往往在课余之夜招学生谈话，或发问，或令自述读书心得，或自述对时事感想。此外他还向学生灌输爱国思想，并鼓励学生练习演说，以培养启发群众的能力。在此期间，他与蒋智由、叶浩吾等组设中国教育会，被推为会长。1902 年南洋公学爆发退学风潮，蔡元培同情学生，在向公学当局力争没有结果的情况下，也愤而辞职，随即发起组建爱国学社，收录这些退学学生。爱国学社在蔡元培等资产阶级民主革命者的主持下，成为当时一所很有影响的革命学校。蔡元培在创学过程中表现了极强的献身精神。在长子病急气绝的时候，他只能挥泪托教育会同人代办后事，自己则只身登轮前往南京借款，才使爱国学社得以正式开办。在爱国学社里，对学生进行严格的军事训练，蔡元培“亦剪发，着操衣与教员、学生同受军训”。这种身体力行、以身作则的领导风格，即使后来他当了教育总长、大学校长也一直保持。在当时教育界，蔡元培之所以赢得声誉，并有着很高的威信，与他的献身精神和上述领导风格是密不可分的。

爱国学社不久脱离中国教育会，但教育会内部负责人意见分歧，争执激烈，蔡元培遂辞去了该社与该会的职务，赴青岛学习德语，准备出国留学。至 1907 年 6 月留学德国之前，蔡元培在继续从事教育活动的同时，开始积极投身资产阶级民主革命运动，于 1904 年冬组建光复会，被推为会长。1905 年同盟会于东京成立，蔡元培于上海加入同盟会，并被孙中山派为同盟会上海分部负责人。总之，这时的蔡元培已由翰林起而参加革命，成为从传统旧学中脱颖而出的革命者。在后来的教育管理实践中，蔡元培进行了许多具有革命和开创意义的改革。

（二）教育总长时期的教育管理

1912年1月，南京临时政府成立，蔡元培被孙中山任命为中华民国教育总长。不久，袁世凯篡夺革命果实，在北京继任总统，唐绍仪组建内阁，蔡元培仍旧被命为教育总长。但袁世凯竭力攫夺国家一切大权，设法摆脱责任内阁，蔡元培对此非常愤慨，于是年7月邀约同盟会员王宠惠、宋教仁、王正廷一同退出内阁，不与袁世凯合作。蔡元培任教育总长的时间虽然不长，从1月被任命到7月份辞职总共不到七个月时间，但他领导进行了卓有成效的教育改革，为使近代教育摆脱封建旧教育的影响，在中国真正建立起新的教育体系做出了重大贡献。

1. 确定教育方针

蔡元培在教育总长任内提出了五育并举、和谐全面发展的教育方针，即公民道德教育、军国民教育、实利主义教育、世界观教育、美感教育不可偏废发展，以养成共和国民健全之人格。为使这一教育方针真正被人接受，蔡元培做了深入细致的论证和宣传工作。1912年2月，他发表《对于新教育之意见》一文，以社会现实需要和历史发展趋势为根据，阐述了实施这一教育方针的必要性和迫切性，并从哲学的角度对这一方针的具体内涵做了深刻的理论论证。随后他向参议院宣布自己的政见，并在全国临时教育会议上致词，反复重申其关于教育方针的主张。在蔡元培的努力下，全国临时教育会议经过讨论，稍加修改，确定了“注重道德教育，以实利教育、军国民教育辅之，更以美感教育完成其道德”① 的教育宗旨，并于1912年9月颁布施行。蔡元培提出并确定的上述教育方针，否定了清末尊君、尊孔的教育宗旨，它要求教育以促进人的和谐、多方面发展为目标，不仅体现了资产阶级的要求，而且反映了教育培养目标发展的必然趋势，这在中国教育史上具有划时代的意义。

2. 组建教育部

民初教育部成立时，可谓白手起家，蔡元培为组建一个富有特色、精简而有

---

① 舒新城编：《中国近代教育史资料》（上册），北京：人民教育出版社，1961年，第226页。

办事效率的教育部付出了很多的心血。

在教育部人员的配置上，蔡元培主张精兵简政，以改衙门习气。他说："我之主张，办理部务，当与办理社会事业一例，在正式政府未成立，官制未通过参议院以前，不必呈荐人员。除总次长已由大总统任命外，其余各人，概称部员，不授官职。为事择人，亦不必多设冗员。"因此，教育部初设时，只有蔡元培和蒋维乔及会计兼庶务三人，后来连缮写员在内也只有三十多人。同时，蔡元培主张部员之间一律平等，即使总长、次长也不能有特殊待遇，因此在南京时自总长以下至录事，不分等级，每月一律给三十圆，全部开支，每月仅及千圆。北迁之后，"总长尽义务，次长以下一律予以六十圆俸金"。不仅对教育部的要求如此，蔡元培同时提出全国办学要"力行节俭"，以改清末办学奢纵之习。他说："前清办学之种种靡费，其细情不外奢、纵二字。现在入手办法，拟先将中学以上官、公、私立学校，严加归并，裁汰冗员，严定章程，以便早日开学。国家无论如何支绌，教育费万难减少，无已，惟有力行节俭，以为全国倡，……其所撙节之款，以之多办初、高两等小学，渐立普及教育基础，一洗前清积习。"[①]

在教育部内部组织结构的建制上，蔡元培从我国年长失学之人占全国的大多数、亟须提倡社会教育以谋普及文化知识的情况出发，在拟定教育部官制时，创设了社会教育司与普通教育司、专门教育司并立的架构，使社会教育第一次在教育行政上获得独立地位。1912 年 1 月底，教育部即通令各省推行社会教育，提出社会教育为当今急务，要求从宣讲入手，各就本省情形，暂定临时宣讲办法，指示所属州县实行。社会教育司的倡立，有利于当时教育的发展和民主共和思想的传播。蔡元培不仅于教育部中设社会教育司作为推广社会教育的行政保障，而且与宋教仁等发起成立社会改良会，"以人道主义及科学知识为标准而定改良社会之条件"作为改良会之宗旨。

蔡元培为组建一个强有力的教育部，在官员的选聘上，不拘一格，表现了他阔大的胸怀。以其坚邀范源濂出任教育部次长为例。当时范源濂已参加清末立宪

① 高平叔编：《蔡元培全集》（第 2 卷），北京：中华书局，1984 年，第 156 页。

派发起组织的共和党，蔡元培本着用人唯才、不拘党派的原则，几次亲往访问，并对他说："现在是国家教育创制的开始，要撇开个人的偏见、党派的立场，给教育立一个统一的智慧的百年大计。"又说："教育是应当立在政潮外边的。我请出一位异党的次长，在国民党里边并不是没有反对的意见，但是我为了公忠体国，使教育部有全国代表性，是不管这种反对意见的。"① 范被他的真诚和热情所感动，终于接受了蔡元培的邀请，出任教育部次长。从当时蔡元培总长任内的有关函电看，他邀聘到教育部主事的有黄炎培、夏曾佑、张元济、王少泉、鲁迅等一批社会名流和在教育界已有相当影响的人物。因此教育部充满学术的民主空气，办事效率高。据蒋维乔回忆，大家每天从上午九时到下午四时半工作，分工做事，"苟有案牍，随到随办""凡小学中学专门大学各项学制，部员各就所学，担任起草，一如书局中之编辑所，绝无官署意味"②。

在蔡元培的主持下，教育部于成立后的几个月里，制定并颁布了一系列教育改革令，对当时和以后的教育发展都产生了深远的影响。

蔡元培不仅选聘人才不拘一格，而且还能根据其特长予以使用，注意同他们合作。蔡元培后来回忆他在教育界的经验时谈到与范源濂的合作情形，他认为范源濂是注重实践的，而他自己是偏于理想的，请范出来相助，可以他之长，补己之短。"我与次长范静生君常持相对的循环论，范君说：'小学没有办好，怎么能有好中学？中学没有办好，怎么能有好大学？所以我们第一步，当先把小学顿整。'我说：'没有好大学，中学师资那里来？没有好中学，小学师资那里来？所以我们第一步，当先把大学整顿。'把两人的意见合起来，就是自小学以至大学，没有一方面不整顿。不过他的兴趣，偏于普通教育，就在普通教育上多参加一点意见，我的兴趣，偏于高等教育，就在高等教育上多参加一点意见罢了。"③ 蔡元培根据自身的不足来选聘和使用能够弥补这种缺陷的合作者，这不仅在当时少见，纵使今天，也值得学习提倡。

---

① 高平叔编：《蔡元培全集》(第2卷)，北京：中华书局，1984年，第159—160页。

② 周天度：《蔡元培传》，北京：人民出版社，1984年，第46页。

③ 高平叔编：《蔡元培教育论集》，长沙：湖南教育出版社，1987年，第616页。

3. 构想教育发展总体规划

蔡元培就任教育总长之后，不仅着手确定民国教育发展指导方针以及组建一个强有力的教育部，而且对全国教育的总体发展规划进行了初步的构想。1912年5月，他北上之后向当时的参议院阐明了他对全国教育进行改革的计划，包括教育方针、教育设施、教育行政、教育经费、留学教育计划、民族教育等六个方面。

关于教育方针，蔡元培认为应有普通教育和专门教育之分，普通教育“务顺应时势，养成共和国民健全之人格”，专门教育“务养成学问神圣之风习”。这一教育方针实际是五育并举、和谐全面发展教育宗旨的具体化。

关于教育设施，蔡元培主张在全国范围内要设置中小学校及中等以下职业学校，并借助社会教育的力量，派遣留学生，以实现发展专门教育、培养各种专门人才的目标。此外要为盲聋哑废疾者设立各种特殊学校，以实施特殊教育。这实际上是一个建立包括普通教育、专门教育、社会教育、特殊教育四个系统在内的教育体制的构想。

关于教育行政，蔡元培特别提出要划定中央教育行政的权限。他认为专门教育应由教育部直辖分区规定施行，普通教育则“由教育部规定进行方法，责成各地方之教育行政机关执行，而由部视学监督之”。这就是说对大学及高等专门学校，教育部进行较为直接的管理，而对中、小学之类的普通教育，教育部只进行间接管理，直接管理权下放给地方教育行政机关。

关于教育经费，蔡元培把教育经费划分为普通教育经费和专门教育经费两种，要求从国家税收或国有财产中取一部分作为专门教育经费的基本金。普通教育经费则“取给于地方税或以地方公有财产为基本金”。可见在教育经费问题上，蔡元培是主张国家和地方各有负担分别管理的。但由于当时国内政局动荡，内战纷争以及西方列强侵扰、掠夺，蔡元培要求保证教育发展之基本费用的主张，实际上成为虚言。

关于留学教育，蔡元培强调以后派遣留学生要由中央政府直接管理，并要求提高派遣留学生之资格。他说：“全国高等教育，既归教育部直辖，以后派遣留学，拟由中央政府直接办理，并以直接能进外国高等专门学校及本国高等专门学校毕业成绩最优，而更求深造者为限。”① 蔡元培的这一设想后通过教育部颁发的有关规程得到实施。

关于民族教育，蔡元培主张各民族教育应当平等。如蒙古、西藏等民族之教育，应当根据其习俗和语言尚多隔阂等实际情况，进行特别规划。

蔡元培关于全国教育发展总规划的构想，到 1912 年 7 月召开的全国临时教育会议上，由与会代表经过详细的讨论和审核，最后大部分成文颁布实施。

4. 主持全国临时教育会议

鉴于前清所定学校章程已多不适应，亟应改订适合共和政体的新制，蔡元培主持召开了全国临时教育会议，以征集全国教育专家之意见，谋教育事业的发展。

全国临时教育会议正式举行是在 1912 年 7 月 10 日，到会代表有全国各省及华侨代表共 56 人，蔡元培认为这次会议至关重要，“是全国教育改革的起点”。他要求与会代表对教育部所备议案“如有意见，尽可提出”，但宜防固执己见而有意批驳，以至议而无果。“此次开会，则纯为教育，而教育事业，纯然为人，毫无利己之处，必无争执之虑。苟诸君各抱一利人之心，讨论再四，得良结果，则实为教育前途之幸”②。

为使这次全国临时教育会议获取实际的效果，真正成为今后教育改革的起点，以适应资产阶级建立共和政体、改造中国社会的需要，蔡元培在全国临时教育会上所致的开会词中，阐明了民国教育与君主时代也就是封建专制时代教育的区别。他说：“君主时代之教育方针，不从受教育者本体上着想，用一个人主义或用一部分人主义，利用一种方法，驱使受教育者迁就他之主义。民国教育方针，应从受教育者本体上着想，有如何能力，方能尽如何责任；受如何教育，始能具如何能力。”他认为现在之教育，“须立于国民之地位而体验其在世界、在社

---

① 高平叔编：《蔡元培教育论集》，长沙：湖南教育出版社，1987 年，第 52 页。
② 高平叔编：《蔡元培全集》（第 2 卷），北京：中华书局，1984 年，第 260 页。

会有何等责任，应受何种教育”[①]。为此，蔡元培重申了他在《对于新教育之意见》中提出的五育并举、和谐全面发展的教育方针。蔡元培的宣传、阐释工作实际上在思想理论上和人们的观念转变上，为民国教育尽快摆脱专制教育的影响创造了条件。

为使民国教育切实地摆脱封建专制教育的影响，蔡元培在临时教育会议上特提出“学校不应拜孔案”，由教育部参事蒋维乔作了说明。该案例举学校不应拜孔的理由有三：前清学堂管理通则有拜孔子仪式，施行以来，窒碍殊多。孔子并非宗教家，尊之自有其道，今乃以宗教仪式崇奉于学校之中，名为尊孔，实不合理。此学校不应拜孔子之理由一。教育与宗教各有目的，不宜强合为一。今以似是而非之宗教仪式行学校，既悖尊孔之义，尤乖教育目的。此学校不应拜孔子之理由之二。宪法公例，信教自由为三大自由之一，今以学校拜孔之故，至令他教之子弟，因信仰不同，不肯入学，既悖宪法公例，尤于教育普及大生障碍，此学校不应拜孔子之理由三。有此三理由，故学校之中，宜将此项礼仪删去，候公决施行。提案经与会代表热烈讨论、再三审议，最后鉴于拜孔已为数千年之习惯，一旦明令废除，“恐起社会上无谓之风潮；只须于学校管理规程内删除此节，则旧日仪式自可消灭于无形”[②]。

针对清末学制与当时学习西方教育存在着盲目照搬之弊，蔡元培在这次全国临时会议上提出了教育界吸取国外办学之经验应坚持的原则：“从原理上观察，可行则行，不必有先我而为之者。”[③] 他说中国人在对国外的认识上，要么是自大，“保守心太重，以为我中国有四千年之文化，为外国所不及，外国之法制皆不足取”，及海禁打开，屡经战败，“则转而为崇拜外人，事事以外国为标准，有欲行之事，则曰是某某国所有也。遇不敢行之事，则曰某某等国尚未行者，我国又何能行？此等几为议事者之口头禅，是由自大而变为自弃也”。蔡元培指出：清末所定教育规程制度，大多取法日本，这与欧洲相比，于国情相宜之处或许多

---

① 高平叔编：《蔡元培全集》（第 2 卷），北京：中华书局，1984 年，第 53—54 页。

② 舒新城编：《中国近代教育史资料》（上册），北京：人民教育出版社，1961 年，第 301 页。

③ 高平叔编：《蔡元培全集》（第 2 卷），北京：中华书局，1984 年，第 264 页。

一点，但日本国体与我不同，因此也可兼采欧美相宜之法，纵使欧美各国尚未实行，“而教育家正是鼓吹者，我等亦可采而行之”①。在蔡元培的心目中，适合国情，于我教育发展有利者即可仿效。

不难看出，蔡元培在这次全国临时性会议上，就民国教育的发展做了一次思想统一工作。全国临时教育会历时一个月，于1912年8月10日闭会。其间共开会19次，提出议案92件，讨论了许多重要的教育政策与措施，如《学校系统案》《教育宗旨案》《蒙回藏教育计划案》《小学教员俸给规程案》及各级各类学校的法令等一系列提案。虽然蔡元培于会议召开不久后便辞去教育总长职务，但会议实际上是在他的思想指导下进行的，他的主要教育主张仍旧通过会议得到实现，如他关于教育宗旨的主张、他起草的《大学令》等都由教育部颁布施行。

（三）北大校长时期的教育管理

蔡元培是1917年1月受黎元洪政府教育总长范源濂的敦请和孙中山的劝促，就任北京大学校长的。据蔡元培自己回忆，他北京大学校长的名义是到1927年南京国民党政府成立、试行大学区制，以北大划入北平大学区范围时才取消的。在此期间“实际在校办事，不过五年有半”，且主要集中在五四运动前后。如果说蔡元培在教育总长任内改造旧教育、建立民国新教育体系的抱负没有得到施展的话，那么，在任北大校长期间，他则进行了卓有成效、为世人瞩目且影响深远的改革，使北大由一所被封建腐朽思想和官僚堕落习气笼罩的学府，变为五四时期新文化运动的中心，成为传播马克思、列宁主义的重要场所，以及倡导学术思想自由、不断革新的阵地。

蔡元培改造北京大学成功的重要原因，就在于他制定并实施了一套行之有效的管理措施，具体在以下三方面进行了突出的管理实践。

1. 目标管理实践

1917年1月，蔡元培正式就任北大校长。一上任，他就对北大师生明确提

---

① 高平叔编：《蔡元培全集》（第2卷），北京：中华书局，1984年，第264页。

出三点要求，即“抱定宗旨，砥砺德行，敬爱师友”。其中特别强调“抱定宗旨”这一条。他指出，“诸君来此求学，必有一定宗旨，欲求宗旨之正大与否，必先知大学之性质，……大学者，研究高深学问者也”“所以诸君须抱定宗旨，为求学而来”①。很明显，他一方面要求学生放弃对功名利禄的追求，须孜孜于求学，养成高深的学问；另一方面要求把北大办成研究高深学问的机关。这样，蔡元培就提出了他鲜明地主持北京大学的工作日标。

作为一位有抱负的教育家，蔡元培决心把北大办成世界第一流的大学。1917年12月，他在北大成立二十周年纪念会上发表演说，指出德国有柏林大学、莱比锡大学等著名的学府，北京大学的目标就是急起直追，赶上它们的发展水平：“本校二十年之历史，仅及柏林大学五分之一，莱比锡大学二十五分之一，苟能急起直追，何尝不可与之平行发展。”②

在蔡元培的心目中，要把北大办成研究高深学问的机关，办成世界第一流的学府，就要重视最基础的文、理学科。在他的主持下，北大对学科和课程设置进行了改革。

蔡元培认为文、理两科是农、工、医、商、法高等应用科学的基础，而这些应用科学的研究时期，仍然要归到文、理两科来。所以北大扩充了文、理两科，停工、商科（工科合并到北洋大学，商科停招生），并准备把法科分出办成独立的专科大学（后来未有实现）。原来北大是五科（文、理、法、商、工）并立没有重点，加上当时预科与本科争胜，另外北洋军阀政府拨给的教育经费有限，不能全面照顾。通过改革，加强了文、理两科。

蔡元培重视文、理基础学科，一方面受其“学为学理，术为应用。……纯粹的科学与哲学，就是学。学必借术以应用，术必以学为基本”的思想影响。另一方面也受德国大学重学理之风的影响。他曾指出，在课程设置上对于文、理两科特别注重，是为了与德国重学理、重哲学相类；是为了“能与彼国之柏林大学相

① 高平叔编：《蔡元培教育文选》，北京：人民教育出版社，1980年，第22页。
② 高平叔编：《蔡元培教育论集》，长沙：湖南教育出版社，1987年，第192页。

颉颃耳”[1]。

为了使学生能文、理兼通，潜心于学理的研究，1918 年北大废去文、理、法科之名，改门为系。蔡元培后来回忆他在北大的经历时说，那时候，他有一个理想，“以为文、理是不能分科的，例如文科的哲学，必植于自然科学；而理科学者最后的确定，亦往往牵涉哲学。……所以把北大的三科界限撤去列为十四系，废学长，设系主任”[2]。

同时，蔡元培要求“凡大学必有各种科学的研究所”，有了研究所，就可以激发学生在学理研究上的进取精神，满足教师和学生的要求。据有关研究材料考证：北大在 1917 年底，文、理、法三科各门先后分别成立了研究所，由校长于各所教员中推一人为主任。尽管这时研究所“设备很不完全”，但是在实现蔡元培提出的目标过程中，迈出了踏实的一步。

为了进一步调动学生学习、研究学理的兴趣，1919 年北大实行选科制。据《北京大学校史》记载，当时规定本科生学满 80 单位（每周一学时，学完全年为一单位）即可毕业，在 80 个单位中又规定一半为必修课，一半为选修课。在选修科中不仅可以选修本系课程，也可以进修外系课程。本科毕业后，成绩优异者还可以进研究所深造。

为了有效地实现 1917 年他给北大规划的总目标，蔡元培又对一些具体项目做了具体要求。譬如对讲义他要求“只列纲要，细微末节，以及精旨奥义，或教师口授，或自行参考，以期学有心得，能裨实用”；对图书馆，他要求添购书籍，使学生能自由参考使用；对教师，他要求能够“热心教育”而不去“兼营他事”，因此延聘的教员“不但是求有学问的，还要求于学问上很有研究的兴趣，并能引起学生的研究兴趣的”[3]。

蔡元培希望把北大办成研究高深学问的机关，成为中国最高的文化中心，成为世界第一流的学府，这实际上是他给北大规划的长远目标。为了实现这个长远

---

① 高平叔编：《蔡元培教育论集》，长沙：湖南教育出版社，1987 年，第 193 页。
② 高平叔编：《蔡元培教育文选》，北京：人民教育出版社，1980 年，第 223—224 页。
③ 高平叔编：《蔡元培教育论集》，长沙：湖南教育出版社，1987 年，第 248 页。

目标，他又不时地给北大规划出短期目标。

1918 年，北大出版《北京大学二十周年纪念册》，蔡元培在为此书所作的序中指出，北大虽有 20 年历史，也取得了一些聊以自慰的成绩，但是如果拿“欧美各国大学之成绩与相比较，则吾人之自惭将如”。因此，他要求师生继续奋进，“使他日 25 年纪念时，顿增重大之关系，以稍减心中的惭愧”。北京大学在纪念成立 25 周年时，蔡元培提出今后的一年中要办三件事：“第一，造成一个大会场，造一所好的图书馆；第二，要印出关于世界上最重要、最有价值的三部丛书；第三，希望组织一个普遍的同学会。”①

以上提及的各种目标和由此采取的种种措施及改革，都是为了使“学生于研究学问以外别无何等之目的”，都是为了实现他给北大规划的总目标或长远目标。通过目标的确定与改革，激发学生的学习兴趣和热情，有利于培养学术研究的专门人才。蔡元培就任北大校长时给学校确定的目标，往后就一直没有更动过。不管是五四以后回任北大校长时对学生的告诫，还是 1921 年考察欧洲回国后在北大的演说，或是 1924 年给北京大学师生的信，蔡元培都一直在为实现他给北大规划的目标努力着。

从上述事实和蔡元培的有关主张中可以看出，尽管他没有明确意识到，或没有明确表述过，但实际上他在北大实施的是一种“目标管理”，所进行的这种目标管理实践具有下面几个显著特点：

第一，一旦为大学确定了明确的目标，就矢志不渝地去实施，不因时间和外在环境的变化随意更动。显然，蔡元培给北京大学确定的目标具有相对的稳定性，成为他对学校进行管理的方针。

第二，蔡元培给北大确定的目标是多层次的，既有总目标、长远目标，也有具体目标、短期目标，并且这些目标彼此互相联系；具体目标、短期目标的完成，就是为促进长远目标、总目标的实现。

第三，目标一旦确定，蔡元培就努力使全校师生员工共同为之奋斗，而不只

---

① 高平叔编：《蔡元培全集》（第 4 卷），北京：中华书局，1984 年，第 296 页。

是他进行管理、决策的出发点。

有明确的总目标，使之保持相对的稳定性，同时又有为实现总目标所制定的具体和切实的措施与管理，这是蔡元培对北大进行管理的一条重要经验。蔡元培在北大所实施的这种目标管理，对学校整个工作的管理和发展起了很重要的作用，尤其在改变学生的求学目的、培养学生的兴趣、促进学术的发展上，产生了积极的影响。

2. 分权管理实践

蔡元培深受封建教育思想的影响，而且曾在清王朝统治的中心京城生活过。但他对专制制度深恶痛绝，故由“翰林”起来革命。后来他留学德、法，受资产阶级自由、平等、博爱之说的影响，在学校管理体制上，对德国大学教授治校的评议会制度非常赞赏。

五四运动后的1919年9月，蔡元培在回任北大校长时发表演说，有一段话很集中地反映了他在北大所推行的一种管理主张。他说：“我初到北京大学，就知道以前的办法，是一切教务都由校长与学监主任、庶务主任少数人办理，并学长也没有与闻的，我以为不妥，所以第一步组织评议会，给多数教授的代表，议决立法方面的事……但校长与学长仍是少数，所以第二步组织各门教授会，由各教授与所公举的教授会主任分任教务。将来更要组织行政会议，把教务以外的事务，均取合议制。并要按事务性质，组织各种委员会，来研讨各种事务。照此办法，学校的内部，组织完备，无论何人来任校长，都不能任意办事。”①

从现代管理理论看，蔡元培的这种管理主张实际上是一种分权管理思想，他对北大管理体制所进行的改革，就是按这种分权管理进行的。在北大首先设立评议会，规定评议会由评议员组成，评议员从各科学长、教授中选举产生，不是教授不得当选为评议员。每五名教授选评议员一人，一年选举一次。选举办法或为开会选举，或在选票上写好被选人姓名，寄给评议会，然后由评议会定期当众开票。校长为评议会的当然议长，负责评议会的召集。评议会的权力是制定和审核

① 高平叔编：《蔡元培教育论集》，长沙：湖南教育出版社，1987年，第247页。

学校的各种章程、条令；大学立法；决定学科的废立；审核教师的学衔和学生的成绩；提出学校的预算费用；等等。其实在1912年蔡元培任南京临时政府教育总长时所颁布的《大学令》中，就规定了大学要设评议会，只是后来受动乱形势的影响和一些封建顽固势力的干扰才没有很好地实行。蔡元培任北大校长之后，才使这项制度得到全面实行，从中可以看出，评议会是被作为全校的最高立法机关和权力机构设置的。

另外学校还设立了行政会议。这是蔡元培回任北大校长时提出整顿和健全学校组织计划的一部分。规定行政会议由各专门委员会的委员长和教务长、总务长组成。校长兼行政会议议长。学校行政会议掌全校行政大权，成员以教授为限。根据学校事务的不同性质，它下设十一个专门委员会。据《北大校史》记载，这十一个专门委员会是：庶务委员会（管理全校的房舍、卫生）、组织委员会（负责草拟各种章程）、预算委员会（提出预算）、出版委员会（负责全校书报杂志出版）、仪器委员会（采购、保管仪器）、图书委员会（管理、采购图书）、聘任委员会（负责聘请教师）、审计委员会（审核经费使用情况）、学生自治委员会、入学考试委员会、新生指导委员会。学校的行政委员会是全校的最高行政机关和执行机构，评议会决定的事项，一般交行政委员会实施。

学校除了立法和行政事务外，就是组织教务。蔡元培要求大学“组织各门教授会，由各教授与所公举的教授会主任分任教务”。到1919年北大废门改系，遂成立了教务处，统一领导全校的教学工作。起初教务长由各系教授会主任推选，任期一年，后改为固定职务。与此同时成立总务处，管理全校的人事和财政。在蔡元培看来，全校的教务工作由全校教务处管理，但具体到各系、各学科的教学工作（如课程设置、学生的成绩考核等）应由各系的教授会来规定。因此，北大废门改系后，各系成立了教授会，系主任由教授当选，起初任期二年（后改为固定职务）。

蔡元培在北大实施的这种分权管理，有以下几方面的特征：

一是把学校的管理权看成是多层次的。蔡元培在北大实施的这种分权管理，实际上是一种分层次的管理。从广义来讲，管理权有决策权、指挥权、监督权。

蔡元培在北大实施这种分层管理，是要求学校的校长及评议会只行使决策权，对有关学校的重大事情，校长和评议会吸收下面各行政部门、教务部门及学校师生员工的意见，经过商讨进行决策，而把指挥权交给行政会议和教务处、总务处，放手让他们处理学校中的各种行政事务和教务。当然，学校评议会、各系的教授会、全校的师生员工对于校长、评议会的决议和行政会议、总务、教务处的指挥有监督权，可提出不同的意见由校长评议会议决。如蔡元培曾想把北大办成纯文、理两科的本科大学，考虑到当时北大的校舍与经费，他曾提议将法科分出去，后因师生持有异议而没有执行。

二是按学校事务的不同性质设立相应的机构，授予相应的管理权力。蔡元培在北大进行的领导体制改革，使学校的管理机构和组织形成了一种多维结构。如前述，在北大既有学校校长——评议会——行政会议（教务处、总务处）——系主任（教授会）这样的行政组织系统，又有如学生自治委员会、新生指导委员会等综合性的工作组织，另外还有各种社团和协会，如进德会、平民演讲团等群众组织，这样，在北大就有行政组织、综合工作组织、群众组织三方面的分工与协作。

三是一旦把权力分配给不同的组织、机构与当事人，就放手让他们行使自主权。这是蔡元培在北大进行分权管理的一个非常重要的特点。如蔡元培聘请陈独秀任文科学长，李大钊任图书馆主任，都给他们充分的自主权。无论是教师及工作人员的选聘、课程的设置、学术讲授，还是社会活动，只要不违背、阻碍学校目标的实现，就任其自由。

蔡元培在北大所进行的这种分权管理，为实现他给北大规划的目标提供了领导体制上的保障，对促进北大的发展起了很大的作用。把学校的权力看成是多层次的，由此而实行的分层次管理，打破了由学校校长或其他少数人说了算的专制集权管理方式，有利于发扬民主、集中教师员工的智慧、调动他们的积极性、提高工作效率。在五四爱国运动中，北大站在斗争的前列，成为当时社会运动、学生运动、学术运动的一个中心，这与蔡元培在北大采用的分权管理方式是有关系的。

3. 参与管理实践

蔡元培就任北大校长之前，北大还保持着京师大学堂的规矩，学生有事和校长接触，须写呈文，校长批示后揭晓在告示牌上，类似一座衙门。蔡元培到校后，立即出布告："此后学生对校长应用公函，不得再用呈文。"蔡元培积极采纳学生的建议，经常把学生的提案选登在北大校刊上，择其可行者立即督促职员实行。

当时，蔡元培已在社会上有很大影响，在教育界更是德高望重，但他不轻视学校以及校外的年轻人，对于他们的建议，只要言之有理，能够推行，总是采纳。据顾颉刚回忆，他曾向蔡元培提出"北大'中国哲学系'应改为'哲学系'，以便包括世界各国的哲学。蔡先生不因人废言，接受了我这个青年人的建议，后来北大成立了'哲学系'，讲授中国以及世界各国的哲学史和哲学流派"①。

有一些学生向他推荐校役何以壮工作勤勉，勤问好学，希望蔡元培量才拔用，使何任相当职务。蔡元培接到信后，马上写了回信，指出："一校之中，职员与仆役，同是作工，并无贵贱之别。……惟何以庄既文理清通，不可没其所长，已调入文科教务处，任缮写之务，酌增月给，借以励其好学之诚，而欢成诸君之美意"②。诸如此类的事例还有很多。表明蔡元培对学校进行管理时，力争在学校最高权力机构和具体人员（学生、教师、校役、职员）之间建立一种平等的相互信赖的联系。

在蔡元培的心目中，学校有些工作很简单，学生可以自己管理，如果把一些诸如清洁卫生、学业自修等方面的事，都代学生管理了，反而对学生有害无益。他指出："学校事情本很简单，学生都可以管，既都让给管理员，学生便不知不觉地把一切学业、自修、卫生清洁种种责任，都交与管理员去做，自己一概可以不管的样子。……学生既是如此，所以种种不规则的事，层见迭出，闹出许多的笑话。有人以为是管理不好的缘故，愈加注重管理，教育部也屡屡下通令。无如

---

① 钟叔河、朱纯编：《过去的学校》，长沙：湖南教育出版社，1982 年，第 14 页。

② 高平叔撰著：《蔡元培年谱长编》（中册），北京：人民教育出版社，1996 年，第 78 页。

依然无效，这实在是有人代为管理的缘故。”①

蔡元培在北大提倡学生自治，具体地讲，就是鼓励和支持教师、学生成立各种有益于身心、道德、学术发展的社团、协会，赞助学生创办杂志，以此扩大学生的眼界，陶冶学生的情操，培养学生的主动精神，使之关心学校和社会有关问题。“提倡进德会，以挽奔竞及游荡的旧习，助成体育会、音乐会、画法研究会、书法研究会、平民讲演团与《新湖》等杂志，以发扬学生自动的精神，养成服务社会的能力。”②

在蔡元培的倡导下，北大各种学术、政治团体如雨后春笋纷纷出现。当时著名的社团还有新闻研究会、哲学研究会等。对这些社团，蔡元培花了很大的精力。他曾亲任新闻研究会的会长，并主持进德会，还经常到各种社团去讲演，要求学生研究学理，认定自己所热爱的专业，持之以恒，终身不舍，而不要“兴到即来，时过情迁”。这些社团、协会经常组织讨论会，开展学术交流，对提高学生的学习兴趣和社会责任感起了很好的作用。当然，蔡元培主张学生自治不是没有限度的。在他的心目中，学校的校务及有关的重大问题，应该由学校教员专门负责，而学生不参与，他曾指出：“吾于学生自治，甚表赞同，惟参与教务会议，以为未可，其故因学校教职员对于校务是负专责的，是时时接洽的。若参入不接洽又不负责任的学生，必不免纷扰。”③

学生自治不是放任自流，自己管理自己也须定有规则。蔡元培说：“有些学生不喜欢教职员管理，自己却一意放纵，做出种种坏行。我意不要人家管理，能够自治，是好的；不要管理，自便放纵，是不好的。……我意最好由学生自定规则，自己遵守。”④

在蔡元培的心目中，学生参与管理，一方面是调动他们的积极性，养成一种主动精神；另一方面，他更希望学生通过自治参与到学校事务的管理中，同学校

① 张圣华总主编：《蔡元培教育名篇》，北京：教育科学出版社，2007年，第115页。
② 高平叔编：《蔡元培教育文选》，北京：人民教育出版社，1980年，第243页。
③ 高平叔编：《蔡元培教育文选》，北京：人民教育出版社，1980年，第133—134页。
④ 高平叔编：《蔡元培教育文选》，北京：人民教育出版社，1980年，第132页。

保持一致，把维护学校团体的名誉看成是自己的责任。在第一次世界大战胜利后，教育部曾规定学校放假三天，组织提灯会，庆祝协约国胜利。蔡元培要求全体北大学生参加，不可缺席，对于那些缺席不以学校名誉为重的学生，蔡元培指出他们将“不屑以世界眼光、国家观念等绳之，而第即其对于本校及本班之无情，亦必为同班诸生所不齿”①。

蔡元培出长北大期间，不仅主持北大校务，对于校外各种教育事业，也积极参与和援助。他曾兼任中法大学、华北大学、孔德学校、北京世界语专门学校等校的校长，兼任全国欧美同学会会长，及东南大学、厦门大学、杭州大学、上海美术专门学校、中国科学社、中华教育改进社等处的董事，对它们的工作，他都竭力支持。这一时期，他还应各学校、团体的邀请，就教育问题发表演讲，宣传其五育并举，和谐全面发展的教育思想，并主持召集 1922 年的全国教育会议，在“六三三”学制的制定过程中起了重要的作用。

（四）大学院院长时期的管理实践

1927 年 4 月 27 日，蔡元培被任命为南京国民政府教育行政委员会委员，稍后他相继提出设立大学院的议案和变更教育行政制度的议案并得到批推。从 1927 年 6 月蔡元培被任命为大学院院长，到 1928 年 10 月他坚辞大学院院长等职的一年多时间里，蔡元培对全国的教育行政制度作了一次大的变革。

1. 改教育部为大学院

蔡元培为什么要改教育部为大学院？在 1927 年的《提议设立大学院案》中他指出：近来之教育部已是官僚化，有必要进行改革。“欲改官僚化为学术，莫若改教育部为大学院”②。1928 年 1 月《大学院公报》创刊，蔡元培在发刊词中具体阐述了教育部改为大学院的原因：“民国纪元以前，管理学术及教育之机关曰学部；民国元年，改为教育部；依教育一辞之广义，亦可以包学术也。顾十余年来，教育

---

① 高平叔编：《蔡元培全集》（第 3 卷），北京：中华书局，1984 年，第 224 页。
② 高平叔编：《蔡元培教育论集》，长沙：湖南教育出版社，1987 年，第 421 页。

部处于北京腐败空气中，受其他各部之熏染；长部者又时有不知学术教育为何物而专骛营私植党之人，声应气求，积渐腐化；遂使教育部名词与腐败官僚亦为密切之联想。此国民政府所以舍教育部之名而以大学院名管理学术及教育之机关也。”① 由此可见，蔡元培创设大学院之目的，是鉴于过去北洋军阀统治下教育横遭干涉，备受摧残，教育部变成腐败官僚机构的状况，而想采用大学院这种教育行政制度或教育行政组织形式来使教育独立，以避免受政潮的影响，使教育学术化。

按 1927 年 7 月公布的《中华民国大学院组织法》，大学院为全国最高学术教育机关，承国民政府之命，管理全国学术及教育行政事宜。设院长一人，综理全院事务。大学院设大学委员会，议决全国学术上教育上一切重要问题。此外设立中央研究院、劳动大学及图书馆、博物院、美术馆、观象台等国立学术机关。本着精兵简政，“但求办事上能增加效率，不因人设事，致成衙门”的思想，大学院之内的具体组织机构只设秘书处和教育行政处，分别负责处理院务之事和办理各大学区关联及不属于各大学区之教育行政事宜。

1928 年 4 月，蔡元培在《关于大学院组织之谈话》中，概括大学院的组织特点有三：一是学术、教育并重，以大学院为全国最高学术教育机关；二是院长制与委员制并用，以院长负行政全责，以大学委员会负议事及计划之责；三是计划与实行并进，设中央研究院，实行科学研究，设劳动大学，提倡劳动教育，设音乐院、艺术院，实行美化教育。

大学院的设置，可以说是蔡元培 1922 年提出的教育独立主张和实施方案的具体实践。大学院成立之后，在蔡元培的主持下做了一些有益于社会和教育发展的工作：如 1928 年 2 月通令全国废止春秋尊孔旧典；召集全国教育会议；提出倡导科学教育、养成劳动习惯、提起艺术兴趣的三点教育方针；制定并公布了中学、小学、华侨小学的暂行条例及私立大学、专门学校立案等条例；在上海创设国立劳动大学，在杭州创设国立西湖艺术院；在上海创设国立音乐院；另还通令提倡语体文，要求小学一律用语体文教学，初中入学考试不考文言文等。这些都

① 高平叔编：《蔡元培教育论集》，长沙：湖南教育出版社，1987 年，第 437 页。

表明在文化教育方面，蔡元培继续保持了改革进取精神。

2. 试行大学区制

这是与蔡元培倡设大学院同时进行的一项教育行政制度改革。1922年蔡元培曾于《教育独立议》中提出在全国实行大学区制，作为实现教育独立的重要步骤，但未能实行。1927年6月初，蔡元培在呈请变更教育行政制度，以大学区为教育行政单元的呈文中指出："鉴于吾国年来大学教育之纷乱，与一般之不振，其原因固属多端，而行政制度之不良，实有以助成之。教员勤于诲人者已不多得，遑论继续研究，欠薪累累，膏火不继，图书缺略，设备不周，欲矫此弊，自宜注重研究之一端。凡大学，应确立研究院之制，一切庶政之问题，皆可交议，以维持学问之精神，此制度之宜改良者一也。一般教育之行政机关，簿书而外，几无他事。其所恃以为判断之标准者，法令成例而已，不问学术根据之如何，于是而与学术最相关之教育事业，亦且与学术相分离，岂不可惜？自宜仿法国制度，以大学区为教育行政之单元，区内之教育行政事项，由大学校长处理之，遇有难题，得由各学院相助以解决之，庶几设施教育得有学术之根据，此制度之宜改良者又一也。"① 由上可知，蔡元培欲在全国实行大学区制与设大学院使教育行政机关学术化、避免受政潮干扰是基于同一理由。但这一制度明显地引自法国。法国资产阶级革命之后，拿破仑时代在地方教育行政上建立大学区制，到现在仍旧沿用。它将全国划分为二十个左右的大学区，每个大学区包括若干个省，各大学区里都有一所大学。大学校长即是大学区的行政首长，代表中央教育行政机构负责所辖区内教育行政事务。大学校长由总统任命，且必须具有博士学位，曾经担任过大学校长或教授。这种教育行政制度优于省市教育厅局制的地方在于大学区内有多数学者、专家、教授，是用懂学术搞教育的人来领导教育。

蔡元培即以法国大学区制为模式，拟定了《大学区组织条例》，规定：全国依各地的教育、经济及交通状况，定为若干大学区，以所在省或特别区之名名之，如浙江大学区、江苏大学区等，每大学区设校长一人，总理区内一切学术与

---

① 高平叔编：《蔡元培教育论集》，长沙：湖南教育出版社，1987年，第417—418页。

教育行政事项。大学区设评议会，作为本区的立法机关，设秘书处，辅助校长办理本区行政一切事务；设研究院为本大学研究专门学术之最高机关，此外设高等教育部、普通教育部、扩充教育部分别管理区内大专学校、中小学校、劳农学院及社会教育等事项。这样便构成了如图 1.1 所示大学区制组织系统：

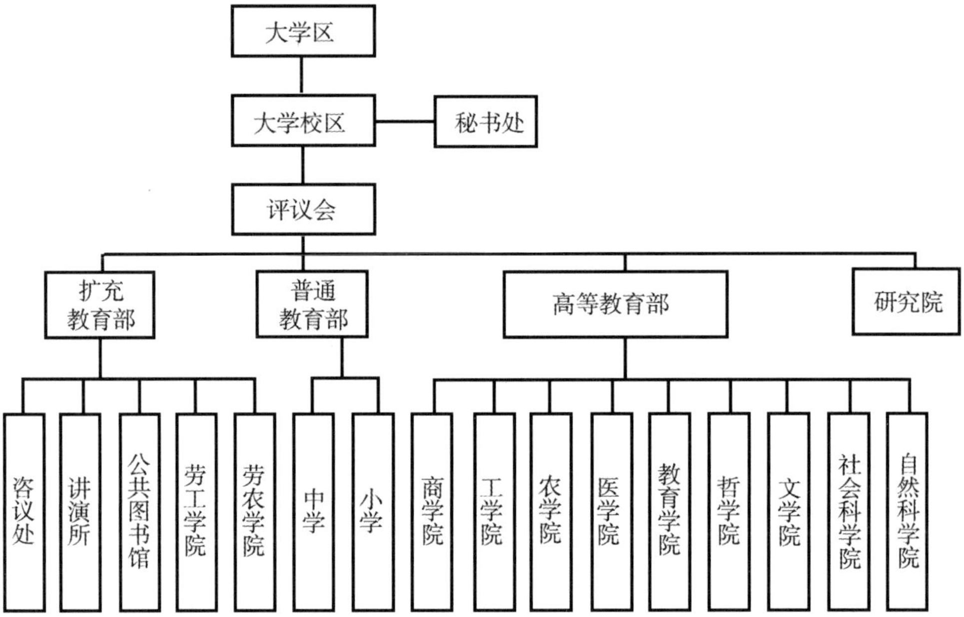

图 1.1　大学区制组织系统

蔡元培要求全国教育行政采用大学区制的主张，经过国民党中央政治会议通过，决定先在浙江、江苏两省试办。这样，蔡元培在大学院院长任内对中央及地方教育行政都进行了改革。实行大学院制后，以大学院取代了教育部；实行大学区制之后，则省区取消教育厅，以国立大学为教育行政机关。这是我国教育行政制度发展史上的一次大变革，是欧洲教育行政制度在我国的第一次重要试验。但大学院制、大学区制实行后不久，遭到了一些人的反对，他们根据学术与教育是两件事，大学非教育，教育行政机关不是专管学术等理由，提议废止大学院制。到 1928 年 8 月国民党二届五中全会组建政府部门时，于行政院下重设教育部，从而取消了大学院制。蔡元培原来以为实行大学区制后，“教育行政与学术打成一片”，教育行政可以学术化，行政可以独立，事权可以统一。但大学区制试行不过一年，不仅未能使教育行政机关学术化，而且反使学术机关官僚化，从而非难之声四起。到1929年6月，国民党三届二中全会第四次会议议决由教育部定期停止试行大学区制。大学区制逐在施行两年之后完全取消。

蔡元培改革教育行政制度的失败表明：在中国还充满着封建官僚习气的时候，在国民党新军阀官僚政治统治下，是不可能建立超然于政府、政党之外而保持独立地位的教育行政体制的。法国大学区制也只存在教育行政管理的相对独立性，况且其有着资产阶级革命后铲除了封建官僚制度的条件。但中国当时的历史根本不具备这种条件。相反，南京国民党政权实际是一种新的官僚政治统治，它绝不会允许教育超然政治规范之上。对于这一点，蔡元培在当时是没有看清的。再从理论上看，教育总是要从属于一定的政治，并为一定的政治服务，教育是国家内政的一部分，任何国家的当政者为贯彻其政治主张和培养其所需要的人才，都会注重用其政策来支配教育。因此，蔡元培谋求建立不受政治、政党影响和干扰的教育行政体制的改革在当时的历史条件下，失败是必然的。但这不是说，其改革就毫无可取之处。实际上它给人以深刻的启示：第一，给后人留下了值得思考的问题，诸如教育行政如何真正为发展教育服务，为提高学术服务，如何防止其官僚化，等等；第二，国家政权、执政党派只有制定相应的政策和法规来保证教育行政、制度、经费的相对稳定与相对独立，方能推动教育事业的发展，过多的干预或政潮变动传导至教育界都会阻碍教育的发展；第三，教育改革不可照搬、移植国外的模式，也不可仅靠美好的理想和愿望，必须依据本国的实情，进行广泛深入的调查，制定切实可行的方案，才有可能取得成功；第四，教育改革必须进行理论宣传和干部教师队伍的准备。蔡元培这次改革的失败或过早的夭折，原因之一就在于理论准备不足，推动改革的干部、教师队伍准备不够，首先对改革进行批评、非难的多是教育界人士。

蔡元培辞去大学院院长的职务以后，专任中央研究院院长。这时他已届六旬。在晚年，蔡元培一方面领导发展科学研究事业的工作，另一方面积极从事进步活动。他通过自己的威望和影响，仍旧为教育做了大量的理论宣传和声援工作。总之，蔡元培一生为推动中国近代教育事业和教育管理事业做出了重大贡献。

三、蔡元培的教育管理思想

蔡元培的教育管理实践是丰富的，其丰富而有成效的教育管理实践体现着蔡元培的教育管理思想。就蔡元培的教育管理思想而言，其鲜明而有特色地主要体现在他的教育独立论与教育事业综合论两个方面。

（一）教育独立论

1922年3月，蔡元培发表了《教育独立议》① 一文，系统地阐述了他关于教育独立的见解，并提出了实施教育独立的具体方案。

蔡元培关于教育独立的基本思想主要有以下三点：

其一，蔡元培认为教育是帮助被教育的人，使他能发展自己的能力，完成其人格，于人类进化上尽一分责任；不是把被教育的人造成一种特别的器具，供抱有他种目的的人去使用的。所以，教育事业当完全交与教育家，保有独立的资格，毫不受各派政党或各派教会的影响。

其二，蔡元培主张教育要脱离政党的控制。他认为“教育是个性与群性平均发达的”，而政党则是要制造一种特别的群性去抹杀个性。“今日的政党，往往有此等政策，若参入教育，便是大害”。蔡元培进而指出“教育是求远效的”，中国古书有言：“一年之计，莫如树谷；十年之计，莫如树木；终身之计，莫如树人。”这表明教育的成效非一时可达。而其时政党的政策往往是求近功的，且其掌握政权，常不出数年便要更迭，“若把教育权也交与政党，两党更迭的时候，教育方针也要跟着改变，教育就没有成效了。所以，教育事业不可不超然于各派政党以外”。

---

① 高平叔编：《蔡元培教育论集》，长沙：湖南教育出版社，1987年，第334—336页。

其三，教育事业要超然于各派教会以外。蔡元培将教育与宗教作了对比，他认为“教育是进步的”，学术总是后胜于前；“教会是保守的”，无论怎么样尊重科学，一到《圣经》的成语，便绝对不许批评。“教育是公同的”，一国的学生可以学习和利用别国的学术成果，没有什么界限；教会则派别很多，“彼此谁真谁伪，永远没有定论”，所以各国宪法中，都有信仰自由一条。据以上对比分析，蔡元培认为不能把教育权交予教会，教育事业要超然于各派教会以外。

如何实施其教育独立的主张，蔡元培拟定了一个包括以下内容的具体方案①：

（1）分全国为若干大学区，每区立一大学；凡中等以上各种专门学术，都可以设在大学里面。一区以内的中小学教育，与学校以外的社会教育及其他成年教育、盲哑教育等都由大学办理。大学的事务，都由大学教授所组织的教育委员会主持。大学校长，也由委员会选出。各大学区互相关系的事务，由各大学校长组织高等教育会议办理。

（2）教育部专门办理高等教育会议所议决的有关中央政府的事务，以及其他全国教育统计与报告等事，不得干涉各大学区事务。教育总长必须经高等教育会议承认，不受政党内阁更迭的影响。

（3）大学不设神学科，只于哲学科中设宗教史、比较宗教学等，做纯学术的研究。各学校中，均不得有宣传教义的课程，不得举行祈祷式。以传教为业的人，不得参与教育事业。

（4）各区教育经费，都从本区中抽税充用。较为贫乏的地区，经高等教育会议议决后，得由中央政府拨国家税补助。

上述方案，在蔡元培看来是兼采了法、德、美、瑞士等国制度的特长，若行之，则可使教育摆脱各派政党、各派教会的干扰，并使教育经费得到保障，从而推动教育的发展。

蔡元培关于教育独立的主张发表后，引起教育界人士的广泛共鸣。因为自北洋军阀统治之始，全国的政局一直动荡不安，军阀政府将国家大部分收入用于军

---

① 高平叔编：《蔡元培教育论集》，长沙：湖南教育出版社，1987年，第335页。

费开支，教育经费只占国家预算的很少一部分，即使预算内的经费，也常被侵占，以致许多学校“建筑无费，购书无费，置备仪器及一切校务行政无费”，教育事业备受摧残，濒临绝境。在这种情况下，教育界人士遂群起谋教育经费独立，并形成了一种运动。1920年6月，北京国立八校校长及各校教职员学生上千人前往新华门向政府请愿，要求拨给教育经费，结果遭卫兵镇压，伤数十人。这一事件使人们开始意识到仅仅要求教育经费独立，而教育机关仍就处于政府管辖之下，其结果仍旧是零。于是在教育经费独立之外，又进一步提出了教育立法、教育行政独立的主张。1922年2月，北京教育界及各校学生，乘当时关税增加、德国承认赔款、各国庚子赔款的退还等有利的时机，纷纷起来争取教育独立，教育独立运动出现高潮。蔡元培在这个时候提出教育独立主张，正好给这一运动以思想理论武器，因此得到广泛的支持。蔡元培关于教育独立的思想，尽管从教育与政治，经济相互依承、互相作用的关系上看，存在着片面性，但他是针对当时历史的特殊情况提出的，他要教育事业应由教育家来领导主持；教育的发展要遵循它自身发展的逻辑和规律，教育经费应有切实可靠的保障，这都是有益于教育事业发展的合理主张。

（二）教育事业综合论

蔡元培1929年10月7日在浙江杭州西湖博览会上进行教育宣传时发表了“教育事业的综合”的演讲，提出“不要忘了中小教育与大学教育打成一片”“教员的任用与训练，不可不通盘计划”“以学校为中心点，而把一切特殊教育事业都归纳进去”① 三点主张。这三点主张是蔡元培就教育事业的发展从教育系统内部进行思考后提出的，是他继教育独立论之后的又一重要教育管理思想，即教育事业发展要综合统筹。

早在蔡元培出任中华民国教育总长时，蔡元培与次长范源濂就是优先发展中

---

① 高平叔编：《蔡元培教育论著选》，北京：人民教育出版社，2011年，第578—579页。

小学教育，还是优先发展高等教育的问题产生过争论，对于发展教育主张的分歧，蔡元培是“把两人的意见合起来，就是自小学以至大学，没有一方面不整顿。不过他的兴趣，偏于普通教育，就在普通教育上多参加一点意见；我的兴趣，偏于高等教育，就在高等教育上多参加一点意见罢了”。由此可见，蔡元培对于教育事业的发展，非常关注小学、中学、大学之间的关系处理，强调教育管理者要在决策时统筹兼顾，以保持其发展的平衡。而蔡元培强调中小学教育工作者与大学教育工作者之间的联系，合力推进区域教育的发展，则有着超前眼光。蔡元培希望大学的学者要助力中小学校；而“主持中小教育的人”也能与大学职教员协力，以发展全省的教育。

为了推进教育的普及，蔡元培针对教员缺乏、教员素养不到位等情况，曾建议浙江改进教员的任用与训练，他指出：“现在浙江应办的学校，不知有多少。有志愿受教育的，亦不知有多少。但是学校很少，受教育的只占百分之二十，一般要受教育的，无学校可以收容，所以教育不普及；一方面，热心教育的人，同等资格，同等学力，同等志愿，而因为人浮于事，不能人人皆有服务于教育的机会。我意，可以仿照征兵制中现役兵与后备兵分别（值）班的办法，其初，甲部分出去服务，而乙部分则留省研究；一两年后，研究者出去服务，而服务者回省研究。如是，则正在办事者不至于无进步；而尚无职务者，亦可为他日办事之准备，不至有猜忌倾轧的行为。”[①] 因此教员的任用与训练，不可不通盘计划。蔡元培要求教员任用与训练通盘计划的思想，实际是要求将教师的任用与教师的研修结合起来，将教师的培养与使用结合起来，不能使二者脱节。

蔡元培在观察中国社会发展的过程中，发现由于百废待举，建设任务繁重，出现了办事机构越设越多、办事互相冲突的现象，有些与教育相关，或者说就是教育的事务没有发挥教育机构尤其是学校的作用，以至于学校的功能退化。他指出：“建设伊始，百废待举，今日要办甲事，设一机关，明日要办乙事，又设一机关，不特人才经费都不经济，而且权责既分，于彼此相关的事项，往往互相牵

---

① 高平叔编：《蔡元培教育论著选》，北京：人民教育出版社，2011 年，第 579 页。

掣或互相冲突。就教育上言，如党义教育、社会教育，以及检查私塾、改良风俗等事，虽非学校教育所包含，而未尝不可利用学校为出发点。学校的建筑、设备、人材，都可以利用。美国人往往于假期中，利用学校办理特殊教育，可以仿行。若能集中一切教育事业，都以学校为根据，仿佛以前乡村有集会娱乐，均以社庙为根据的样子，则一切教育事业互相贯通，且经费与人才集中于学校，学校亦不至现在的枯窘了。”① 蔡元培的这一设想就是要强化学校的中心地位，赋予学校与教育有关的政治教育、社会教育、教育检查、教化等更多的任务，使学校的人财物等资源得到充分的利用，进而发挥更多的作用。这在当时具有重要的意义。但蔡元培这一设想要实施，就要赋予学校相应的综合统筹权力，如果学校只承担任务或增加任务而没有进行多方协调统筹的权力，势必难以实施。同时学校要承担的教化等任务涉及对其他相应组织的改造甚至是改变，这就需要在更大范围、更高层面上的整体改革。

教育独立论是蔡元培基于教育与政府、教育与政党、教育与教会的关系进行的思考；而教育事业综合论，则是蔡元培基于教育系统内部中小学教育与大学教育的关系，教育的最关键因素——教师任用与研修之关系、教师培养与使用之关系，教育实施中学校教育与社会教育、政治教育等方面的关系进行的思考。如果说教育独立论成为他后来倡导教育行政体制改革的思想基础，那么他的教育事业综合论则是他从事学校管理、教育行政管理实践的总结。从某种意义上讲，教育事业综合论是发展教育事业要综合统筹的思想主张，对于教育事业的健康发展更具有指导意义。

---

① 高平叔编：《蔡元培教育论著选》，北京：人民教育出版社，2011年，第579—580页。

第二章　梅贻琦的学校管理实践与思想

梅贻琦（1889—1962）是民国时期著名的教育家，曾长期在清华大学执教、任职，1931年到1937年，清华大学在他的主持下，教学、科研、学风等方面均有很大进步。1937年到1945年的全面抗战时期，梅贻琦更是在物质生活极端困难的条件下，主持西南联大校务。他团结具有不同历史、不同校风的北大、清华、南开三校师生，艰苦办学，为国家保存并培养出了一大批人才。抗战胜利后，他又为清华复校奔走。梅贻琦有着治理清华大学和西南联合大学的丰富教育实践，也有着办学治校的精辟见解，是民国时期一位杰出的大学管理大师。

一、受教育经历

（一）早期教育

梅贻琦，字月涵，清光绪十五年腊月初八（1889年12月29日）生于天津鼓楼西板桥胡同。祖籍江苏武进（今常州）。梅贻琦的父亲梅曾臣（字伯忱），中过秀才，后为盐店职员；梅贻琦的母亲张氏未曾入学，其先人在天津鼓楼北开设义生堂药店。梅贻琦父母生五男五女，梅贻琦为长子。梅贻琦自幼聪慧且老成，读小学时总考第一名。他读书之外，帮助父母做家务事，踩着小板凳帮助父亲记账，协助母亲照顾弟弟妹妹。清光绪二十六年（1900），梅贻琦11岁，八国联军发动侵华战争，直逼天津。梅家逃至保定避难，秋后返津，家中被洗劫一空，父亲也失业，雪上加霜，生活陷入困难，全家人常是半饥半饱。

家庭虽然困难，但梅家对其子女均以读书为第一要义。梅贻琦曾说："家境非甚宽裕，但对于吾兄弟五人之教育必尽力成全，琦姐妹亦五人，最小者亦能毕业于师范及南开大学。"[①] 梅贻琦好学上进，做事勤快认真，深得父母及弟妹的信任和赞赏。梅家兄弟姐妹中，梅贻琦居长，因为"大排行"的关系，弟妹们都称他为"五哥"："五哥是我们大家庭的柱石，更是大家庭现代化的枢纽。"[②] 清光绪三十年（1904），梅贻琦以世交关系入天津南开学堂读书，成为张伯苓所办南开学堂第一班学生，在校期间品学兼优，1908年从南开学堂毕业时名列榜首。南开学堂毕业后，梅贻琦按校章保送到保定直隶高等学堂。由于梅家生活困难，有许多好心的亲友向梅父建议，贻琦不可再读书了，应寻个职业，以缓解家庭的

① 吴洪成：《生斯长斯 吾爱吾庐——清华大学校长梅贻琦》，济南：山东教育出版社，2004年，第16页。

② 梅贻宝：《五月十九念"五哥"》，黄延复、马相武编：《梅贻琦与清华大学》，太原：山西教育出版社，1995年，第262—263页。

经济状况。但此时的梅贻琦已不甘平庸，决心有机会则进一步深造。

（二）留学教育

清宣统元年（1909）七月，清政府在北京设立游美学务处。游美学务处成立后开始挑选赴美留学的学生。1909年9月4日—5日，游美学务处招考了第一批游美学生，录取梅贻琦、王世杰、秉志等47人，于同年10月12日赴美。与此同时，游美学务处开始筹建游美肄业馆。1910年12月学部奏请将游美肄业馆定名为清华学堂。清华学堂设正副监督，由游美学务处总办和会办兼任，总办周自齐兼任正监督，会办唐国安、范源濂兼任副监督。

1909年10月，梅贻琦一行由唐国安率领，自上海搭乘“中国”号邮轮赴美。到达美国后，梅贻琦入吴斯特（又译为吴士脱）工业学院（Worcester Polytechnic Institute）学习电机工程。梅贻琦在校期间，勤奋刻苦，常把节省下来的钱积少成多寄给父母，以补贴家用。1914年夏梅贻琦毕业，获工学学士学位，并被选入“Sigma X”（美国大学中一种专为奖励优秀大学生的组织）。在美求学期间，梅贻琦曾担任留美学生会书记、吴斯特世界会会长、《留美学生月报》经理等职，是留学生中最受欢迎的“fellow”（同伴）之一。对于梅贻琦留美的表现，后来有人回忆总结如下：①异常用功；②暇时常背诵、深思林肯之著名讲演词；③得到校长和主科教授的特别赏识和关照；④参加该校“世界会”组织，先后任秘书、会计与会长；⑤于同学中人缘甚佳，众人习惯于昵称他为Mike；⑥性极温良，从无怨怒；⑦寡言慎行，永远轻言细语；⑧笃信基督教，每周赴教堂，并加入麻省青年会；⑨学业成绩优良。[①] 梅贻琦毕业后因家庭困难等原因，没有留美进一步攻读更高学位，于1915年春回到天津。但这段留美生涯为他后来在清华为师从教、办学治校打下了重要基础。

---

① 黄延复：《梅贻琦执掌清华》，《国际人才交流》，1996年第1期。

二、为师清华

梅贻琦留学回到天津后，先在天津基督教青年会服务了半年。1915 年 8 月接到清华学校校长周诒春的礼聘，到清华任教。当时清华还不是大学，一般没有“教授”称号，但给梅贻琦的聘书上明确写着聘他为教授，聘约 3 年，第一年工资 345 元，第二年 345 元，第三年 365 元。① 梅贻琦在清华工作半年后自认自己不适合教书生活，暑期回到天津时，特见老师张伯苓，表示对教书没什么兴趣，想换个工作。张伯苓对他讲：“你才教了半年就不愿干了，怎么知道没有兴趣？青年人要忍耐。回去教书！”梅夫人韩咏华晚年感慨地说：“月涵照老师的教导老老实实地回到北京，继续在清华任教。……这可倒好，这一忍耐，几年，一辈子下来了。”② 在清华园任教 6 年后，1921 年梅贻琦按清华学校的规定获公假再度赴美进修 1 年，入芝加哥大学研习物理。1922 年在游历欧洲大陆后返国，继续在清华任教。

梅贻琦在清华承担了繁重的授课任务。他的学生，曾执教于清华大学土木系的施嘉炀回忆说：“我于 1915 年考入清华留美预备学校，在高等科二年级学习时，梅贻琦先生是我的物理学老师。现在回忆起来，梅老师对学生的学习是非常关心的，他经常在实验室里指导学生做实验，并且总是以诲人不倦的态度为学生解释课本上和实验中的疑难问题。”③ 梅贻琦在清华还承担了各种名目的课外讲座，如《洋灰制造法》《矿地设备》《电子学与 X 光射线》《爱因斯坦学说》等。

---

① 吴洪成：《生斯长斯 吾爱吾庐——清华大学校长梅贻琦》，济南：山东教育出版社，2004 年，第 26 页。

② 韩咏华：《同甘共苦四十年》，政协北京市委员会文史资料委员会编：《文史资料选编》第 18 辑，北京出版社，1983 年，第 57 页。

③ 施嘉炀：《怀念梅贻琦先生》，黄延复、马相武编：《梅贻琦与清华大学》，太原：山西教育出版社，1995 年，第 206 页。

梅贻琦早年的学生浦薛凤回忆说："本人于民国三年夏考入清华后，梅师曾授予数学一课，讲话特别缓慢，解释非常明白，练习认真，而态度和蔼，此一印象至深，迄今犹历历如昨日事。其后数年，予曾参加清华创办之童子军，而梅师恰为吾队之领导，循循善诱，得益良多。"①

梅贻琦不仅承担了繁重的物理、数学、英语等课程的教学任务，而且对学校的其他事情充满热忱，只要对学校发展有利、对学生教育有益，他总是任劳任怨地去做。他支持并参与清华的校外社会义务教育，从工役夜校理事直做到教员学术委员会书记；从学生课外社团顾问，直做到童子军军团长和总司令。其他如各种辩论会的主持人、各种题目演说的裁判，他都热心承担。梅贻琦在清华从教的表现为他赢得了很高的威望，也成为他日后执掌清华及西南联合大学的重要基础。

三、执掌清华

辛亥革命后，中华民国实际处于政局动荡、军阀割据的状态。由于清华学校的校长由外交部任命，伴随着军阀政府的不断改组，清华校长也更迭频繁。1911—1928年，清华学校时期的17年中，校长数易其人，先后担任过清华校长或代行校长职务的就有周自齐、范源濂、唐国安、周诒春、赵国材、张煜全、罗忠诒、严鹤龄、金邦正、王文显、曹云祥、温应星等。校长的不断更换引发师生

① 浦薛凤：《梅故校长精神永在》，黄延复、马相武编：《梅贻琦与清华大学》，太原：山西教育出版社，1995年，第130页。

的强烈不满。五四运动后，清华学生明确提出新任校长要符合中英文皆优、办教育有名望、没有政党臭味这三个条件。随后，清华校内开始了“校务改进”运动，反对学校由少数行政管理者说了算。这一运动的重要成果就是使校方初步接受了教授治校的原则，具体表现之一就是清华教务长不再由校长直接指派，而是改由教授会公选。1926 年 4 月，教授会公选教务长，梅贻琦因得票最多而当选为清华公选的第一任教务长。梅贻琦在教务长任上不辞辛苦，为清华学校过渡为清华大学做了奠基性的工作。

梅贻琦在教务长任上，把工作重心放在了大学系科设置、课程与教学改革上。1925 年清华学校增设大学部，在系科设置上，梅贻琦着手将清华学校大学部原定的六科改成十一系，大学部本科分设国文、西洋文学、历史、政治、经济、教育心理、物理、化学、生物、农学及工程。各学系课程皆以学分计算其成绩，学分定有最低与最高限度，“以与天资聪慧学力较高、禀赋鲁钝学力较低者以伸缩发展之余地”。大学一年级学生，无论文、实，各科都有必修功课，即国文、英文、自然科学与社会科学。梅贻琦的这种课程安排遵循的是“先通后专”的原则，奠定清华重视通识教育的传统。梅贻琦还特别重视教师队伍建设，要求多聘好教员，增加教学设备，同时尽力支持清华国学研究院的建设，留下许多佳话。

1927 年 5 月，清华学校评议会主席温应星报告称：拟呈部将驻美学生监督赵国材调回国，改派本校教授兼教务长梅贻琦任驻美学生监督。1928 年 9 月，梅贻琦正式出任清华留美学生监督处监督。梅贻琦到任后，厉行节约，对机构与人员进行精简，热心为留美学生服务，使监督处成为留学生之家。梅贻琦也经常到各地了解学生的学习与生活情况，就地帮助解决留学生在专业选择与学习上的困难。

1928 年 8 月，南京国民政府议决清华学校正式更名为国立清华大学，任命罗家伦为校长。罗家伦校长到校之后，在发展学术、延聘师资、改革校政方面做了不少努力，对清华事业有积极推动作用，但因其管理风格和极力推行“党化教育”等，引起了师生的不满，在 1930 年学生发起的“驱罗”运动中被迫辞职离校。罗离校后又连续发生校长就任风潮，经过反反复复，到 1931 年 12 月，梅贻琦出任清华大学校长，清华此后在校长问题上才趋于稳定。梅贻琦就任清华校长得到了政府认可、师生欢迎。在当时困难繁多和局面复杂的情形下，梅贻琦同意出任清华校长完全是出于对清华的热爱。

梅贻琦在就职典礼上说："本人能够回到清华，当然是极高兴，极快慰的事。可是想到责任之重大，诚恐不能胜任，所以一再请辞，无奈政府方面，不能邀准，而且本人与清华已有十余年的关系，又享受过清华留学的利益，则为清华服务，乃是应尽的义务，所以只得勉力去做，但求能够尽自己的心力，为清华谋相当的发展，将来可告无罪于清华足矣。"① 在清华大学校长任上，梅贻琦励精图治，到抗日战争全面爆发的五六年间，清华的各项事业得到了突飞猛进的发展。1936 年清华在北平庆祝建校 25 周年时，梅贻琦曾以《致全体校友书》一文向海内外校友报告学校所做的工作与取得的成就：一是充实了师资队伍；二是充实了设备，改善了办学条件；三是提倡研究事业，加强了研究院的建设，不仅设立了文、理、法及农业研究所，还开展了航空工程的研究，增加了学术刊物；四是开源节流，提高了经费使用效率；五是建立了清华工学院；六是加强了与国际学术界的沟通；七是对贫寒学生进行奖助；八是促进了校友联络事业；九是确立了民主管理（教授治校）体制。这是被清华老校友称为清华"黄金时代"的写照。

四、主持西南联大

1937 年"七七事变"之后，北方各高校遭到侵华日军的侵扰破坏，国民政府决定将清华、北大、南开在长沙合组长沙临时大学。同年 8 月底，梅贻琦抵达

① 刘述礼、黄延复编：《梅贻琦教育论著选》，北京：人民教育出版社，1993 年，第 9 页。

长沙进行筹备。长沙临时大学成立不到半年，汉口危急，长沙吃紧，三校又奉命迁往昆明，合组“国立西南联合大学”。梅贻琦与北大校长蒋梦麟、南开校长张伯苓组成联大“常委会”，并定常委会主席一职由三人轮流担任。因蒋梦麟、张伯苓二人在重庆方面另有任用，常住重庆，梅贻琦始终坚守校内，因此，梅贻琦实际上承担起了联大校长角色，成为西南联大实际的主持人，而被师生亲切地称为“梅常委”或“梅校长”。

在执掌清华时，由于社会相对稳定，梅贻琦采取“无为而治”或“吾从众”的态度治校，处理校务总是多方考虑、非常慎重，不轻易表态。而西南联大身处战争环境，在面临敌机轰炸威胁、物质设备缺乏、生活条件艰苦的情况下，如何稳定师生的情绪，如何进行有效的教学，如何维护学校的安定，如何安排好师生的生活与工作，如何谋划学校的发展等事务的处理，需要梅贻琦改变过去谨慎细微的工作方式，采取果断务实的态度来处理各种问题。事实上，梅贻琦主持联大，面对各种困难，做到了不退却、不畏缩，坚忍前行。正如梅贻琦所言：“在这风雨飘摇之秋，清华正好像一条船，漂流在惊涛骇浪之中，有人正赶上负驾驶它的责任。此人必不应退却，必不应畏缩，只有鼓起勇气，坚忍前进。虽然此时使人有长夜漫漫之感，但吾们相信，不久就要天明风定。”①

梅贻琦主持联大，任劳任怨，付出了巨大的努力，在艰苦的战争环境中，带领师生弦歌不辍。西南联大于1938年5月4日在昆明开学。本科生连同专修生、先修（进修）生达到3000多人，是当时国内规模最大的高等学校。西南联大的院系设置，经过几次调整，到1941—1942学年时趋于稳定，设有文学院、理学院、法商学院、工学院、师范学院5个学院，26个系，2个专修科等。梅贻琦说：“经两年来之惨淡经营，校舍既完，设备渐充，学生程度，亦年有进步，三校原有之精神，已潜滋融洽于整个联大之中。”② 在梅贻琦的主持下，西南联大“以集思广益、兼容并包的精神，内创学术自由之精神，外树民主堡垒之称号，

① 刘述礼、黄延复编：《梅贻琦教育论著选》，北京：人民教育出版社，1993年，第92页。

② 沈刚如：《校长在抗战期间——谨祝月涵校长服务本校廿五周年》，黄延复、马相武编：《梅贻琦与清华大学》，太原：山西教育出版社，1995年，第157页。

卓有成效地完成了战时教学的使命，使得中国在战乱频仍、半壁沦陷的情况下，于教育和人才方面，仍然保存了元气，又造就出整整一代科学、文化英才，被称为‘战时高等教育的奇迹’”①。

梅贻琦主持西南联大取得的成绩与他的任劳任怨、爱国奉献精神有关，与他的思想理念和人格风范有关，与他的民主、开明作风有关，与他的宽广胸怀有关。梅贻琦赢得了其他两校校长及教授们的“绝对信任”。当年的学生说：“梅师温文儒雅，肃穆慈蔼，诚恳关切的行谊，使人爱戴尊敬……他是实事求是，听取各方面意见，深思熟虑，从中采纳对于事功最适当有利的途径来推行校务。他的民主、开明作风和开诚布公的态度，得到拥护赞同。”②

抗战胜利后，梅贻琦率领清华师生北上复员。1946 年 10 月，梅贻琦在清华园主持复校后的第一个开学典礼，向师生公布了拟定的《清华复员后院系充实计划》，期待重振清华雄风。但再次响起的炮火打破了办学的宁静，他的充实计划也不可能得到实施。1948 年 12 月，梅贻琦离开北平南下，次年在巴黎参加联合国教科文组织会议，年底到美国纽约。1950 年，在纽约华美协进社管理清华在美基金。1955 年梅贻琦由美国飞往中国台湾，开始用清华基金利息筹办“清华原子科学研究所”（即“新竹清华大学”的前身）。1962 年 5 月 19 日在台湾辞世。

梅贻琦执掌清华大学时期被誉为创造清华“黄金时代”的带头人，他也被人们尊称为清华的“终生校长”。梅贻琦主持西南联大，创造了“战时高等教育的奇迹”，应该说，梅贻琦是近代中国大学校长中与蔡元培齐名的杰出代表。

---

① 吴洪成：《生斯长斯 吾爱吾庐——清华大学校长梅贻琦》，济南：山东教育出版社，2004 年，第 156 页。

② 林从敏：《追忆校长梅贻琦先生》，黄延复、马相武编：《梅贻琦与清华大学》，太原：山西教育出版社，1995 年，第 230—231 页。

五、学校管理主张

（一）论大学的性质

作为大学校长，对于什么是大学、大学的使命是什么是必然有思考的，这种思考的结果或许赞同他人的主张，或许会有自己的心得。梅贻琦对于大学的性质和使命的见解，既汲取了在当时影响甚大的蔡元培的大学教育思想，也有自己对大学的一些独到思考。

其一，梅贻琦认为大学是一个研究高深学术，造就人才的地方。梅贻琦出任清华大学校长之后不久，在一次与新生的谈话中，明确提出了大学的性质问题，他对学生讲：大学是一个研究高深学术，造就人才的地方。① 大学生进大学的目的也就不言自明了："当然是为研究学问，将来能为国家社会做些事业。"② 梅贻琦的这一主张显然与清末、民初以来有关大学教育法令对大学之定位是一致的，也与蔡元培主张大学是研究高深学问的机关之思想是相通的。

其二，梅贻琦认为"大学者，有大师之谓也"。这是梅贻琦对大学的独到见解。梅贻琦认为办大学，向高深研究的方向去做，必须有两个必备的条件，一是设备，二是教授。他认为："设备这一层，比较容易办到，我们只要有钱，而且肯把钱用在这方面，就不难办到，可是教授就难了。一个大学之所以为大学，全在于有没有好教授。孟子说：'所谓故国者，非谓有乔木之谓也，有世臣之谓也。'我现在可以仿照说：'所谓大学者，非谓有大楼之谓也，有大师之谓也。'

① 刘述礼、黄延复编：《梅贻琦教育论著选》，北京：人民教育出版社，1993年，第66页。
② 刘述礼、黄延复编：《梅贻琦教育论著选》，北京：人民教育出版社，1993年，第66页。

我们的智识，固有赖于教授的教导指点，就是我们的精神修养，亦全赖有教授的 Inspiration。”[1] 基于这一独到认识，梅贻琦在治理清华的过程中一直把师资队伍建设放在首要的、核心的位置。

其三，梅贻琦认为大学的使命就是训练学生、研究学术。他指出：“凡一大学之使命有二：一曰学生之训练，一曰学术之研究。”[2] 这也是办大学的目的。基于这种认识，梅贻琦主张对学生进行全面的训练，使之成为通才；同时采取了多种措施促进清华的学术研究与发展。

其四，梅贻琦认为大学负有教化之责，应成为社会的表率。梅贻琦借鉴和吸收了《大学》中的教育思想，对“大学之道，在明明德，在亲民，在止于至善”有深刻而独到的理解。他曾作《大学一解》[3]，详细说明了他对“明明德”和“新民”（亲民即新民，亲、新二字属于同音假借）的看法。他认为“明德”就是“一人整个之人格，而不是人格之片段”。它包含有知、情、志三个方面，“明明德”就是“此三方面者皆有修明之必要”。对大学之新民之道，梅贻琦认为“大学新民之效，厥有二端。一为大学生新民工作之准备；二为大学校对社会秩序与民族文化所能建树之风气”。在梅贻琦看来，大学生负有新民工作的实际责任，大学的任务之一就是要训练他们负起这种责任，使之有相应的本领，另一方面就是培育和倡导新文化因素去影响社会，影响地方的发展，承担起教化的责任。他讲：“一地之有大学，犹一校之有教师也，学生以教师为表率，地方则以学府为表率，古人谓一乡有一善士，则一乡化之，况学府者应为四方善士之一大总汇乎？”[4] 梅贻琦认为现在的大学在“明明德”、在“新民”上都还有不少欠缺，必须加以改造和弥补。对大学的这种认识，实际成为梅贻琦管理清华大学的重要指导思想。

---

① 刘述礼、黄延复编：《梅贻琦教育论著选》，北京：人民教育出版社，1993 年，第 10 页。
② 刘述礼、黄延复编：《梅贻琦教育论著选》，北京：人民教育出版社，1993 年，第 71 页。
③ 刘述礼、黄延复编：《梅贻琦教育论著选》，北京：人民教育出版社，1993 年，第 99—109 页。
④ 刘述礼、黄延复编：《梅贻琦教育论著选》，北京：人民教育出版社，1993 年，第 107 页。

（二）论造就通才

对于把大学生培养成什么样的人的问题，梅贻琦在吸取中国古代儒家《大学》教育思想的基础上，博采近代中外大学教育思想的精粹，融合自己对这一问题的思考，明确提出了培养通才的“通才教育”思想。

在任清华大学教务长时，梅贻琦就有了通才教育的思想，在谈到如何培养工程人才时，他就强调进行普通基本的工程训练，给学生较宽厚的基础而不要过于繁细，这样学生便有更好的适应能力。他指出：“盖今日社会上所需之工程人才，不贵乎专技之长，而以普通基本的训练为最有用。是以本校设立工程系之始，即以此为原则。凡工程学之基本知识，或属于机械，或关乎电理，或为土木建筑之要义，使学生皆得有确切的了解，及运用之能力，俾将来在社会遇凡关工程问题，皆能有相当的应付；且工程事业往往一事关系数门，非简单属于某一门者，在今日中国之工商界中，能邀致数专家以经业一事者甚少，大多数则只聘一工程师而望其无所不能。斯故本校之工程学程中，认普通之基本训练较若干繁细之专门研究为重要也。”① 出任校长后，梅贻琦主张自然科学与社会科学综合联贯的思想越来越明确，他强调学生学习本系课程时还要对其他学科给予相当的认识。1932年夏他在一次全校性集会上讲话时提出“学问范围务广，不宜过狭”，他说：“这三个月里诸位听了多次的讲演，对于各学科要点，当已得到不少的了解。本校举办这些系的目的，固然是希望学生获得一技一艺之专长，以期立身致用于社会。同时盼大家在注意本系主要课程之外，并于其他学科也要有相当认识。有人认为学文学者，就不必注意理科，习工科者就不必注意文科，所见似乎窄小一点。学问范围务广，不宜过狭，这样才可以使吾们对于所谓人生观，得到一种平衡不偏的观念。对于世界大势文化变迁，亦有一种相当了解。如此不但使吾们的生活上增加意趣，就是在服务方面亦可以加增效率。这是本校对于全部课程的一

---

① 刘述礼、黄延复编：《梅贻琦教育论著选》，北京：人民教育出版社，1993年，第6页。

种主张，盼望大家特别注意的。”[①]

从上可以看出，梅贻琦期望拓展大学生的课程，通过强调专业中的基础课程，通过强调专业与专业之间的交流，通过强调文科和理科之间的沟通，来培养基础扎实、知识面广、适应能力强，且能够把握社会发展趋势，对人生、对生活有积极心态的具有“通识”的通才。对于当时教育界就大学教育是培养通才为重还是以培养专长为主的争论，梅贻埼观点明确，他指出：“通识为一般生活之准备也，专识，特种事业之准备也，通识之用，不止润身而已，而所以自通于人也，信如此论，则通识为本，而专识为末，社会所需要者，通才为大，而专家次之，以无通才为基础之专家临民，其结果不为新民，而为扰民。”[②] 因此，梅贻琦对大学生应有通识，又应有专识，大学毕业生应为一通才，亦应为一专家，在大学期间应通专并重的观点并不赞同。他认为当时中国的高等教育过于重视专科，不能很好地发挥大学的功能。对于“通专并重”的主张，他讲：此论固甚是，然有不尽妥者，亦有未易行者。此论亦固可以略救近时过于重视专科之弊，然犹未能充量发挥大学应有之功能。窃以为大学期内，通专虽应兼顾，而重心所寄，应在通而不在专，换言之，即须一反目前重视专科之倾向，方足以语于新民之效。[③] 为什么在大学期间通识与专识并重难以做到呢？梅贻琦认为大学四年，时间很短，即要做通识之准备，又要做专识之准备，实际要求得二者之间的平衡，即使“上智”之人，也很难做到，何况大部分都是“中资”之人呢？

大学教育不能“通专”并重，又要以“通”为重，那么专门事业人才由哪里培养呢？对于这样的疑问，梅贻琦认为是论者未做通盘的观察。他指出：“大学虽重要，究不为教育之全部，造就通才虽为大学应有之任务，而造就专才则固别有机构在。一曰大学之研究院。二曰高级之专门学校。三曰社会事业本身之训练。”[④] 根据梅贻琦的主张，教育系统内要有分工，尤其是高等教育系统，要通

---

① 刘述礼、黄延复编：《梅贻琦教育论著选》，北京：人民教育出版社，1993年，第17页。
② 刘述礼、黄延复编：《梅贻琦教育论著选》，北京：人民教育出版社，1993年，第105—106页。
③ 刘述礼、黄延复编：《梅贻琦教育论著选》，北京：人民教育出版社，1993年，第105页。
④ 刘述礼、黄延复编：《梅贻琦教育论著选》，北京：人民教育出版社，1993年，第106页。

过分工来培养不同类型的人才。大学承担培养通才的任务，大学的研究院和高等专门学校则根据学子的兴趣、特长来培养专才。梅贻琦的这一主张与蔡元培的“学为基本”“术为支干”“治学者可谓之‘大学’，治术者可谓之‘高等专门学校’”的主张是相通的。

梅贻琦培养通才的思想还反映在他对于国家工业化进程所需的组织人才与技术人才培养的思考上。他主张大学教育，尤其主张大学工学院要培养工业建设的组织人才，即培养“工业建设的领袖”。梅贻琦认为要使国家工业化，须解决的问题很多，约而言之，一是资源问题，二是资本问题，三是人才问题。而人才问题又可以分为两方面，一是组织人才，一是技术人才，只靠技术人才，是不足以成事的，组织人才的重要至少不在技术人才之下。① 梅贻琦提出高等教育应培养三方面的人才：一是关于基本科学的，二是关于工业技术的，三是关于工业组织的。但实际是仅仅注意到了第二种，即技术的训练和专家的养成，这是使我国的工业难以取得独立的资格、老是落在人后的重要原因。他指出：“如果我们在工业文明上也准备取得一种独立自主的性格，不甘于永远拾人牙慧，则工程上基本的训练，即自然科学的训练，即大学理学院的充实，至少不应在其他部分之后”②。大学理学院要重视基本科学的训练，大学工学院则要重视工业组织人才的培养，梅贻琦指出：“大学工学院的设置，我认为应当和工业组织人才的训练最有关系。”③ 这种工业组织人才必须是通才，只有成为通才，“才能有组织工业的力量，才能成为国家目前最迫切需要的工业建设的领袖”。如何造就通才，培养工业建设的领袖呢？梅贻琦认为大学工学院的课程大有修改的必要，从当时的课程设置看，大学工学院所培养的人才不仅够不上真正的工程师，更不用说是组织工业的领袖了。他指出：“要造就通才，大学工学院必须添设有关通识的课程，而减少专攻技术的课程。工业的建设靠技术，靠机器，不过他并不单靠这些。没有财力，没有原料，机器是徒然的，因此他至少对于经济地理、经济地质，以至

---

① 刘述礼、黄延复编：《梅贻琦教育论著选》，北京：人民教育出版社，1993 年，第 180 页。
② 刘述礼、黄延复编：《梅贻琦教育论著选》，北京：人民教育出版社，1993 年，第 181 页。
③ 刘述礼、黄延复编：《梅贻琦教育论著选》，北京：人民教育出版社，1993 年，第 183 页。

于一般的经济科学要有充分的认识。没有人力，或人事上得不到适当的配备与协调，无论多少匹马力的机器依然不会转动，或转动了可以停顿。因此，真正工业的组织人才，对于心理学、社会学、伦理学，以至于一切的人文科学、文化背景，都应该有充分的了解。……总之，一种目的在养成组织人才的工业教育，于工学本身与工学所需要的自然科学而外，应该旁及一大部分的人文科学与社会科学，旁及得愈多，使受教育的人愈博洽，则前途他在物力与人力的组织上，所遭遇的困难愈少。”①

在培养通才思想的指导下，梅贻琦对清华大学的课程设置及教学计划与安排进行了调整。自1933年开始，规定大学一年级不分系，文、理、法、工各学院学生大一都修习包括自然、社会和人文三个方面的共同必修课。各系必修的本系课程一般只占总学分的四分之一到五分之二，其余均为外系课程。大一的所有基础课全都安排最强的教授主讲，并给予较高的待遇。

与培养通才的思想相一致，梅贻琦主张对学生进行全面的训练，即对学生进行德、智、体、美等方面的教育，使学生具有完整的人格。梅贻琦推行德育，主要是要求学生端正学习的目的，涵养爱国主义精神；明了个人与社会，个体与群体的关系；同时要重视个人的修养，养成吃苦耐劳的品质。梅贻琦要求学生树立为国家为社会读书的思想，一有机会他就提醒学生不要忘记国难，每有学生出国留学，他必告诫他们不要忘记祖国。他特别强调学生要有正确的自我意识，认识到“人生不能离群”，他指出：“文明人类之生活要不外两大方面，曰己，曰群，或曰个人，曰社会。而教育之最大的目的，要不外使群中之己与众己所构成之群各得其安所遂生之道，且进以相位相育，相方相苞；则此地无中外，时无古今，无往而不可通者也。”② 学生只有理解了个体与群体的关系，理解了自己与他人的关系，才能很好地在群体、团体或社会中生活；如果只顾自己，必将影响他人。梅贻琦对学生讲：“大学生已具有自治能力，倘各人知道约束自己，自无特定管理条规之必要。团体中最重要的是法律道德，要顾全公众利益，不但自己要

---

① 刘述礼、黄延复编：《梅贻琦教育论著选》，北京：人民教育出版社，1993年，第184—185页。

② 刘述礼、黄延复编：《梅贻琦教育论著选》，北京：人民教育出版社，1993年，第99页。

照顾自己，还要处处为别人着想。因为一己的行动，处处足以影响他人的，团体的秩序，是要大家都特别尊重才好。”① 这种要求学生理解个体与群体的关系，强调在群体或团体中不仅要照顾好自己，而且要处处为别人着想的思想，有研究者将其概括为“群育”，我认为它实际包含在德育之中，可以看成是德育的内容或方法之一，将这一思想抽象为“群育”，并将其与德育、智育、体育、美育并列，有一些牵强。

梅贻琦还希望学生自觉养成吃苦耐劳的精神，保持俭朴的作风，不要追求奢华、舒适的生活。1931 年他在出任校长时发表就职演说时讲：“清华向来有一种俭朴好学的风气，这种良好的校风，我希望今后仍然保持着。”② 但是养成吃苦耐劳的精神、保持俭朴的作风并不是一件容易的事。1933 年，梅贻琦在秋季开学典礼上讲话时指出：“近来外界对本校常有批评，说是环境太舒适，这恐也是事实。因见有些同学在校四年，毕业后，仍不愿他适，甚或有了事，因为事情太小，或居处不方便，而不愿去就。吾们负教导责任的，听了十分惭愧。虽说本校设备上及卫生方面，或许比较讲究一点，但是吾们的本意，不过为使诸君能藉此增进健康，减少疾病。这是我们所希望的。如以为环境舒适在此享受，将来在社会上便不能吃苦，不愿吃苦，则非所望于诸君的。诸君新到校的，特别要认清这一点。”③ 因此，他告诫同学们要有吃苦耐劳的精神，“大家要准备着出去受劳苦。倘在校养成享受习惯，出外不耐劳作，则殊自误”。对于梅贻琦的这种教育主张，也有研究者将其概括为“劳育”，并将其与德育、智育、体育、美育并列，我们以为同样有些牵强。梅贻琦强调培养学生吃苦耐劳的精神，同样也可包含在德育之中。

梅贻琦推行的智育，其最大的特点就是培养通才，及由此采取的诸如调整课程计划、狠抓学风建设、倡导学术自由等。作为大学校长，梅贻琦重视体育是出了名的。他认为体育非常重要，不仅可以强健身体，而且可以培养团体合作的精

① 刘述礼、黄延复编：《梅贻琦教育论著选》，北京：人民教育出版社，1993 年，第 60 页。
② 刘述礼、黄延复编：《梅贻琦教育论著选》，北京：人民教育出版社，1993 年，第 11 页。
③ 刘述礼、黄延复编：《梅贻琦教育论著选》，北京：人民教育出版社，1993 年，第 51—52 页。

神。他在《体育之重要》一文中指出："体育至关重要，人所尽知，特别在我国目前的国势之下，外患紧迫之时，体育尤应人人去讲求。身体健强，才能担当艰巨工作，否则任何事业都谈不到。""体育主旨，不在练成粗腕壮腿，重在团体道德的培养。"① 梅贻琦在校长任上增加了学校的体育工作人员和体育设施，他自己还经常到运动场上去观看或指导学生进行体育锻炼和比赛。他曾讲："本校对体育向极注重，四年必修，学生每周必须上体育课两小时，课外活动范围甚广，战前体育设备，几应有尽有。"这就使清华大学形成了"始终以训练学生奋斗与合作精神配合于运动之中"的良好风尚。注重美育是梅贻琦办学思想中的重要方面。他不但提倡和设置多种美育方面的课程，而且配置包括朱光潜、俞平伯、王文显、郑振铎、谢冰心在内的艺术大家担任相关的课程，同时鼓励建立诸如音乐社、谷音社等各种文学艺术团体，支持这些艺术社团开展多种形式的文艺活动，使清华校园生活处于"弦歌不断"的氛围中。梅贻琦认为通过美育可使青年的性格得到陶冶，对丰富大学生的人生、增进他们研究的兴趣都有很好的作用。

（三）"师资为大学第一要素"

从"大学者，有大师之谓也"的基本主张出发，梅贻琦提出了"师资为大学第一要素"② 的著名观点。基于此，梅贻琦在校长任上把师资队伍建设放在首要位置。他指出："本校之扩为大学，始自民国十四年，至今不过十年耳。过去五年，正为大学成长充实应经之重要阶段。此五年中吾人所努力奔赴之第一事，盖为师资之充实。吾人常言：大学之良窳，几全系于师资与设备之充实与否；而师资为尤要。是以吾人之图本校之发展，之图提高本校之学术地位也，亦以充实师资为第一义。"③ 清华大学的师资队伍，在梅贻琦任教务长时期就已初具规模，当时国内已有不少著名学者荟聚清华园。梅贻琦出任校长后，反复强调师资在大

---

① 刘述礼、黄延复编：《梅贻琦教育论著选》，北京：人民教育出版社，1993 年，第 62 页。
② 刘述礼、黄延复编：《梅贻琦教育论著选》，北京：人民教育出版社，1993 年，第 70 页。
③ 刘述礼、黄延复编：《梅贻琦教育论著选》，北京：人民教育出版社，1993 年，第 69 页。

学中的决定作用。他一方面尊重与珍惜原有的师资队伍，另一方面发掘、礼聘有真才实学的学者。从1932年到1937年，先后应聘来校的国内外名师有60余位，加上原有的50多位著名学者，使清华大学的教师阵容“无论是就其资历、学术水平或集中程度来说，在国内都是无与伦比的”①。梅贻琦指出：“吾人以为将欲提高国家学术水准，端赖罗致世界第一流学者，来华讲学。”② 在这一思想指导下，外国学者来游中国时，清华均力争邀聘来校做短期或长期讲学，其中被聘长期讲学的学者有哈德玛（Jacques Hardamart），巴黎法兰西学院教授，世界算学教育委员会会长；温纳（Norbert Wiener），美国麻省理工大学算学教授；华敦德（F. L. Wattendorf），曾在美国麻省理工大学从事研究，于航空理论与经验有精深的造诣。应该说梅贻琦在校长任上所进行的师资队伍建设，卓有成效。

梅贻琦把教师放在举办学校的首要位置，给予重视和尽可能的礼遇，但他同时也认为教师、尤其教授具有重要的责任，这种责任不仅在指导学生如何读书，而且在指导学生如何做人，能够把指导学生读书与做人结合起来，即教授要做人师。他在《教授的责任》一文中讲：吾认为教授责任不尽在指导学生如何读书，如何研究学问。凡能领学生做学问的教授，必能指导学生如何做人，因为求学与做人是两相关联的。③ 梅贻琦非常强调师生关系，将师生关系的构建看成是教育上的紧要途径。他说：“古人谓‘教学相长’，现在的教育事业，仍应看作师生共同工作，期达一个共同的目的。”④ 怎样才算是良好的师生关系呢？梅贻琦认为良好的师生关系如同大鱼与小鱼的关系，即大鱼前导，小鱼尾随的关系，也就是教师示范，学生模仿的关系。他讲：“古者学子从师受业，谓之从游，孟子曰：‘游于圣人之门者难为言’，间尝思之，游之时义大矣哉。学校犹水也，师生犹鱼也，其行动犹游泳也，大鱼前导，小鱼尾随，是从游也，从游既久，其濡染观摩之效，自不求而至，不为而成。”⑤ 梅贻琦对当时的师生关系状况不满，认为教

---

① 黄延复编：《清华的校长们》，北京：中国经济出版社，2003年，第174页。
② 刘述礼、黄延复编：《梅贻琦教育论著选》，北京：人民教育出版社，1993年，第70页。
③ 刘述礼、黄延复编：《梅贻琦教育论著选》，北京：人民教育出版社，1993年，第24页。
④ 刘述礼、黄延复编：《梅贻琦教育论著选》，北京：人民教育出版社，1993年，第66页。
⑤ 刘述礼、黄延复编：《梅贻琦教育论著选》，北京：人民教育出版社，1993年，第102页。

师和学生已自成部落，除了教室中讲授时师生有谋面的机会外，平时很少往来，学生于课堂之外有求教于教师者，往往无从问径，这样不利于对学生的指导。因此，梅贻琦在学校里创设环境、条件，组织活动，增加师生之间交往的机会，期望师生之间成为朋友。

（四）学科、学术事业建设

如前所述，梅贻琦认为大学除了培养人才外，另一重要使命就是学术研究。为推进清华的学术研究，他从 1931 年就任校长到全面抗战爆发的五年多的时间里，采取了许多措施创设各科研究所。除原有国学研究院改为研究院外，本科各院系分别筹设研究所。至 1936 年，已设有文、理、法三科研究所，文科研究所设中国文学、外国语文、哲学、历史学及社会学五部；理科研究所设物理、化学、算学、地学、生物、心理六部；法律研究所设政治、经济二部。这些研究机构先后招收研究生进行培养。他认为这些“研究生毕业以后，多半出国留学，再图深造，或在国内大学担任教职，总之对于研究学问，均能努力从事，始终不懈，将来于学术上可有贡献于国家者，数年之后，可以见之矣”[①]。可见，梅贻琦在清华推进学术事业的发展不是简单地停留在学术研究机构的设置上，而是重在培养从事学术研究的人才，这便抓住了学术事业建设的根本。梅贻琦主持清华时期，他还筹设了农业研究所，并开展航空工程研究，以应国家之急需。为了推动学术研究，梅贻琦积极支持学术刊物的创办和出版。清华的学术刊物，最早只有 1927 年创刊的《清华学报》一种，年出两期，梅贻琦任校长后，将《清华学报》改为年出四期。此外，又从 1931 年起，用英文刊行《理科报告》，分三种，每种每年各刊行六次，专载清华师生对于理科研究的成绩。此外还有《社会科学》（1935 年创刊）、《气象季刊》（1932 年创刊）等。至于非定期刊物，如学术专著、大学丛书等，也每年有出版。这对于调动师生从事学术研究的积极性，对

① 刘述礼、黄延复编：《梅贻琦教育论著选》，北京：人民教育出版社，1993 年，第 72 页。

于开展校内校外的学术交流都起到了很好的作用。

梅贻琦在校长任上所进行的学科建设之大手笔，当属创设清华工学院。他曾向全体校友报告清华工学院的创办情况："按本校自改办大学以后，即有土木工程学系（原附设于理学院）嗣以国家建设猛进，各项工程人才之需要，至为急迫；本校为应付此项需求起见，遂于二十一年（按指 1932 年）呈准教育部，添设机械工程学系、电机工程学系，合原设之土木工程学系，成立工学院"①。初建时，梅贻琦自兼院长，不久即让贤于顾毓琇博士。1934 年夏，与资源委员会合作，在清华机械工程系开设"航空讲座"，通过有"美国航空之父"尊称的冯·卡门请来另一名美国航空大家华敦德担任主讲教授。"这既是清华工程教育的创举，也是旧中国航空事业的开端，后来很久才知道，这还是当时政府当局机密的国防战略措施的重要组成部分。"②

梅贻琦深知要推动学术事业的发展，没有学术自由、兼容并包的态度是不行的，因此他明确地宣布："对于校局，则以为应追随蔡孑民先生兼容并包之态度，以克尽学术自由之使命。昔日之所谓新旧，今之所谓左右，其在学校应均予以自由探讨之机会……此昔日北大之所以为北大，而将来清华之为清华，正应于此注意也。"③

（五）民主治校与制度建设

梅贻琦担任清华大学校长 17 年之久，有清华"终生校长"之誉，在清华享有崇高的威望，应该说他是一位成功的校长。其成功的秘诀在哪里呢？其实就是坚持民主办学和制度治校。

坚持民主办学，实际就是坚持"教授治校"，教授治校在很大程度上消解、分散了校长的权力。因此在民国建立之初蔡元培进行倡导的时候，一些大学校长

① 刘述礼、黄延复编：《梅贻琦教育论著选》，北京：人民教育出版社，1993 年，第 74 页。
② 黄延复编：《清华的校长们》，北京：中国经济出版社，2003 年，第 178 页。
③ 刘述礼、黄延复编：《梅贻琦教育论著选》，北京：人民教育出版社，1993 年，第 132 页。

并未很好地响应。蔡元培在北大校长岗位坚持教授治校，并取得成功，才使许多校长认定教授治校、民主办学是办好一所大学应遵循的基本原则。在清华，教授治校已有一定的基础，但梅贻琦的前任并未很好地坚持它，更没有完全接受和全力地扶植这一制度。梅贻琦则很好地坚持了民主办学和教授治校这一基本原则。朱自清曾在《清华的民主制度》一文中指出："清华的民主制度，可以说诞生于民国十八年（按指 1929 年罗家伦任校长期间）……但这制度究竟还是很脆弱的，若是没有一位同情的校长的话。梅月涵先生便是难得的这样一位同情的校长。……他使清华在这七八年里发展成一个比较健全的民主组织……同仁都能安心工作，乐意工作。他使同仁觉着学校是我们大家的，谁都有一份儿。"[①] 梅贻琦之所以在清华能够坚持民主办学和教授治校原则，除了他是这一制度"同情的校长"外，更重要的是，梅贻琦将其制度化，使教授治校、民主办学建立在校内法制的基础上。梅贻琦治校时期所遵行和主持制定的规章制度不仅涉及《清华大学规程》这样的总纲，而且涉及校内组织管理，教职员管理，教务、学生生活、学生宿舍管理以及研究院、图书馆、体育部之管理，奖学金发放等方方面面，这就使清华的运行有了制度保障。《清华大学规程》对评议会、教授会、校务会议的职权和审议事项都作了较详细的规定，梅贻琦还主持制定了《国立清华大学教授会议事细则》等。要指出的是，有些校长也重视建章立制，但往往不能坚持，有时甚至成为制度的破坏者。梅贻琦很好地处理了教授会、评议会、校务会议、校长四者之间的关系，"作为'三会'的主席，梅在会上总是倾听别人的意见，而与会的成员也十分尊重他意见。"[②] 过去常有人称梅贻琦治校的"秘诀"是"无为而治"，这正是对他高度的民主作风的赞扬。他的高度民主作风则体现在他常说的"吾从众"三个字上，有学者认为"吾从众"这三个字才是梅贻琦治校的秘诀。其实，教授治校也好，"无为而治"也好，"吾从众"也好，它们之间渗透的民主办学精神是一致的。要说明的是，在梅贻琦那里，这个"众"主要是指教授而不是指学生。当办学过程中"教师和学生"两种力量出现矛盾和冲突时，梅

---

① 朱自清：《清华的民主制度》，载《清华校友通讯》，1941 年，第 6 卷第 9 期。

② 黄延复编：《清华的校长们》，北京：中国经济出版社，2003 年，第 181 页。

贻琦总是毫不犹豫地站在教授一边，尊重教授，爱护教授。清华不少老教授在回忆梅贻琦对教授的爱护时常常老泪纵横。他们都说：“‘梅师’爱教授已到了‘爱师如命’的地步。”梅贻琦不但“爱师如命”，而且爱生如命，他曾讲：“我的学生就是我的子弟，我的子弟也是我的学生。”① 他对青年学生的爱护表现在日常学习、生活、课外活动等诸多方面，也表现在历次学潮中。对教师的爱、对学生的爱，是他作为一位真正的教育家之精神的必然反映。

作为校长，在管理清华大学的十几年里，梅贻琦还非常注重设备的充实，梅贻琦认为设备是办学的两大要素之一，有了必要的设备，研究和教学才有条件，才会便利。他所理解的设备建设，包括三个方面，一是校址的扩充，二是建筑物的增加，三是图书仪器的添置。在梅贻琦的任上，他积极筹款，多方协调，使清华校园的面积得到了扩充，教学、实验、住宿所需的建筑以及图书馆得到了扩建，实验室仪器得到了充实，为清华的发展奠定了较好的物质基础。

梅贻琦还特别重视与清华校友的联络沟通，经常向校友报告学校情况和办学设想，并寻求校友对学校发展的支持。在梅贻琦执掌清华大学的过程中，他很注重管理的计划性，无论是在教务长的岗位，还是在校长的岗位，他都思考清华的发展计划，注重研究时局的发展趋势，从他发表的《清华发展计划》《清华学校的教育方针》《大学的意义及学校之方针》《清华一年来之校务概况》《回顾与前瞻》《时局与教育》《对战后清华发展之理想》等文章和演说中，可以看出他在管理清华的过程中做到了未雨绸缪。作为校长，梅贻琦不隐瞒自己的观点，也不忌讳向师生说明办学的困难或学校发展过程中遇到的难题。用现在的话讲，作为校长，梅贻琦在清华师生面前是阳光的、透明的，因而清华师生尊重他、理解他，愿意为他分忧。

---

① 黄延复编：《清华的校长们》，北京：中国经济出版社，2003年，第232页。

第三章　陶行知的学校管理实践与思想

陶行知（1891—1946）是我国现代著名的教育思想家、教育改革家与教育实践家。他毕生从事教育，积极投身于各种教育教学改革与实践活动。从学校管理的视角考察，陶行知有着丰富的办学治校经历，他通过创办晓庄师范学校、山海工学团、育才学校、社会大学，形成了他极具特色的学校管理实践与思想。

一、受教育经历

（一）启蒙教育

清光绪十七年（1891），陶行知出生于安徽歙县，原名文濬，后改知行，又改行知。歙县是古徽州府治所在地，既是徽州文化的发源地，也是徽商的主要发源地，在此发源并壮大的新安文化和徽商文化构成了陶行知早期成长的人文社会环境。陶行知幼时较早表现出其聪慧之处，6岁时，由旸村塾师方庶咸秀才免费为其启蒙。启蒙后，因家境贫寒，陶行知未能进入学堂学习，而是由其父在家施教。后其父谋求到一个掌管田赋文书的职务，家庭条件略有改善，陶行知得以进入经馆求学。入读经馆两年后，因父亲失业，无力支付陶行知的学费，陶行知随即辍学。辍学期间，陶行知仍热爱读书，父亲就在农忙早晚间教他诵读诗书。后经亲友介绍，陶行知先是向歙县秀才程朗斋问学“四书”，后又拜当时远近闻名的塾师贡生王藻为师。陶行知早年所接受的启蒙教育和经馆、私塾教育为其后的求学和发展奠定了传统文化教育的坚实基础。

（二）教会学校受教

1906年，因母亲在歙县基督教内地会所举办的学堂帮佣，陶行知得以与当时的崇一学堂校长、英籍耶稣教会牧师唐进贤（G. W. Gibb）结识。陶行知虽为贫苦家少年，但熟读诗书，情思敏捷，颇得欣赏，唐进贤决定免去陶行知的学费，收其为崇一学堂的正式学生。

崇一学堂带给陶行知的不仅仅是西方近代的自然科学知识和外语知识，还有西方所崇尚的自由、民主、平等的思想，这让年幼的陶行知眼界大开。崇一学堂学制三年，但在陶行知学习两年后，因唐进贤先生回英国而停办，使得陶行知这段至关重要的学习生活戛然而止。1908 年春，17 岁的陶行知从崇一学堂结业后，投考并顺利进入可以减免学费的教会大学——杭州广济医学堂。但因该校为教会举办，对“非基督徒学生在学习课程等问题上有明显歧视”①，对于这种歧视，陶行知极为不满，入学仅三天就愤然退学。

1909 年，陶行知考入南京汇文书院。1910 年，由美国教会所办的另一所教会学校——宏育书院并入汇文书院，1911 年，两校合并成金陵大学。② 这时，在汇文书院完成两年预科学习的陶行知直接升入金陵大学，成为该校文科部的首届学生，并于 1914 年毕业，获文科学士学位。

（三）赴美留学

1914 年夏末，以优异的成绩完成学业从金陵大学毕业后，陶行知赴美留学。1914 年 9 月，陶行知进入著名的伊利诺伊大学研究院攻读政治学研究生学位，只用了 1 年时间便完成了学位必修课程，顺利获得了伊利诺伊大学政治学文科硕士学位。在伊大这一年的所学，无疑为陶行知日后广泛参与社会政治活动奠定了相当深厚的理论基础。同时教育类课程的学习则为他后来转攻教育学，攻读更高一级学位和其后的教育活动打下了一定的基础。

1915 年 9 月下旬，陶行知进入了哥伦比亚大学师范学院，攻读教育学博士学位。在 1916 年 2 月陶行知写给时任哥伦比亚大学师范学院院长 J. E. 罗素（J. E. Russell）的一封信中，他写道：三年前，我就选定哥伦比亚大学，作为自己在美国的最终目标，但由于经济力量不足未能及时来校就读。我终生唯一的目标是通过教育，而非经由军事革命创造一个民主国家。看到我们共和国突然诞生而带来的严重弊端，我深信如果没有真正的公众教育就不可能有真正的共和制的存

---

① 章开沅、唐文权著：《平凡的神圣——陶行知》，武汉：华中师范大学出版社，2013 年，第 50 页。
② 章开沅、唐文权著：《平凡的神圣——陶行知》，武汉：华中师范大学出版社，2013 年，第 51 页。

在。”“纵观所有的大学，发现还是哥伦比亚大学师范学院对我最合适”①。

哥伦比亚大学师范学院是全美最古老、课程设置最全面的师范学院，在此汇集了一批在世界教育史上成就斐然、声名显赫的大师级学者，如著名的教育心理学家桑代克（Edward Lee Thorndike）、教育史学家孟禄（Paul Monroe）、教育学家克伯屈（William Heard Kilpatrick）等。著名的哲学家、心理学家和教育家杜威（John Dewey）虽为该校的哲学系教授，但他一度在师范学院兼课。在这里，陶行知系统地学习了教育史、教育哲学、教育社会学研究等课程，而一批又一批享誉世界的学者和教育专业的各类课程也让陶行知沉浸在知识的海洋中。

正是在这样一批实用主义教育理论大师和具有进步主义教育倾向的著名教育家们的直接教导下，陶行知在哥伦比亚大学求学期间接受了实用主义教育思想的熏陶，构建了他自己独特的中西合璧的知识体系，树立了进步教育的理念，形成了他独树一帜的生活教育学说。后因种种原因，陶行知未能完成博士论文而未取得博士学位。从陶行知在美留学经历可以看出，正是因为他在政治见地、学术专业、哲学观念等方面较之在国内学习中有着巨大的飞跃，才能在归国之后，因时乘会，在新文化和新教育运动领域，成为登高而呼的先觉先行者。②

从陶行知的求学生涯可以看出，陶行知既接受了传统的中国文化知识，又接受了西方先进文化。在接受西方文化知识时，他对现代西方的诸多哲学、社会政治学说，尤其教育新思潮均有广泛的涉猎。但他从来没有局限于某人某派学说，而是从当时中国社会发展和文化教育的需求出发，以海纳百川的博大胸襟和恢弘气度，博采诸家外来学说之长、融会贯通地形成自己独特的知识结构和思想体系。③

---

① 章开沅、唐文权著：《平凡的神圣——陶行知》，武汉：华中师范大学出版社，2013年，第67页。

② 章开沅、唐文权著：《平凡的神圣——陶行知》，武汉：华中师范大学出版社，2013年，第76页。

③ 周洪宇：《人民之子陶行知》，武汉：湖北人民出版社，2011年，第20页。

二、办学实践

陶行知将自己毕生的精力都献给了中国的教育事业，一生创办和管理过多种类型的学校，为当时的中国培养了众多的时代精英。从晓庄师范学校到重庆社会大学，陶行知的办学实践不仅是其教育思想形成的重要基础，而且是其学校管理思想的直接来源。

（一）创办晓庄师范学校

在鸦片战争后，清政府和社会各界展开了西学东渐、洋务运动、民主共和等救国运动。国家的总体情况虽有改善，但痾疾已久，并未从根本上解决中国的教育问题。从美国留学归来的陶行知眼见中国的教育与人民大众生活严重脱离，抱着教育救国的理想，积极投身于改造中国教育的事业。陶行知认为要改变国家落后的局面，应先从教育开始。他认为旧式的中国传统教育，与社会经济发展和社会生活严重脱节，中国的教育已走到绝境，要改革教育应当从中国实际生活上找问题。1921 年，新教育共进社、新教育杂志社、实际教育调查社三者合并成立中华教育改进社，以“调查教育实况，研究教育学术，力谋教育进步”为宗旨，聘请陶行知为总干事。1923 年 8 月，陶行知、朱其慧和晏阳初等人又发起成立了中华平民教育促进会，积极提倡平民教育。陶行知在其多年的教育实践中，深切感受到中国的教育问题出在农村，要改造我国的教育，根本上是要解决我国的农村教育问题，教育应该普及到农村中去。因此他将主要精力转移到乡村教育，他认为以农业立国的中国，乡村教育才是根本大计，创办晓庄师范学校便是他实施乡村教育的第一步。

1926年，陶行知乘中华教育改进社下设乡村教育研究部之机，先后在上海、南京、无锡等地进行参观考察，筹办试验乡村教育，希望借此推行中国乡村教育的改进和发展。中国的师范学校多半设在城里，无法适应农村儿童的教育需求。同时，乡村学校教员缺乏，乡村教师需要急迫，且对乡村教师的培养方法急需改善。因此，他积极推行师范下乡运动，希望以此为起点，图谋中国乡村教育之发展。

在陶行知对中国乡村教育的设计构想中，乡村教育运动分为试验、训练和布种三个时期。第一为试验期，即设立各种试验学校，通过试验学校来寻求关于中国乡村教育的方法和路径；第二为训练期，即根据试验所得结果，训练适合乡村生活的教师和人才；第三为布种期，即从事推广教育活动，使乡村教育可以布满全国。三个时期中，尤以试验期为最重要。①

1926年12月中旬，陶行知就筹办乡村教育学校召开乡村教育讨论会，会中拟定了乡村教育计划，并在会后正式宣布开始筹备试验乡村师范学校。同年年底，在他写成的《试验乡村师范学校答客问》中，就办学宗旨、培养目标、办学方式、开设课程、学校组织、招生名额、考试科目、修业年限、交纳费用等诸多事宜做了系统的解释。

1927年元旦，陶行知在南京安徽公学召开了试验乡村师范学校筹备会。从1月10日起，试验乡村师范学校的招生广告在有关的报纸杂志上广为刊出。1927年3月15日，晓庄师范学校在南京郊外的晓庄正式开学。

晓庄师范学校是依据陶行知关于生活教育的试验来构建和开展的。在创校概况中，陶行知提出："本校的办法，是主张在劳力上劳心。本校全部生活，是'教''学''做'。教的法子是根据学的法子，学的法子是根据做的法子。我们的实际生活，就是我们的全部课程；我们的课程，就是我们的实际生活。"②

在办学宗旨上，晓庄师范提出："根据中心学校办法，招收中等以上各级学

① 华中师范学院教育科学研究所主编：《陶行知全集》（第一卷），长沙：湖南教育出版社，1984年，第27页。

② 董宝良主编：《陶行知教育论著选》，北京：人民教育出版社，1991年，第207页。

校末年级生加以特殊训练，俾能实施乡村教育并改造乡村生活。”① 依据办学宗旨，学校选址在南京郊外的晓庄，并要求大家自己动手开辟校园、种粮种菜、绿化环境，注重根据当时中国广大农民的生活状况进行试验。

在培养目标上，晓庄师范的培养总目标是“培养乡村人民儿童所敬爱的导师”，之后陶行知又提出了五项培养目标：农夫的身手、科学的头脑、改造社会的精神、健康的体魄和艺术的兴趣。为实现培养目标，陶行知在学校建设上做出许多尝试和努力，创造一些实验条件，使得晓庄师范成为一所与旧式学校完全不同的新式学校。首先在招生上，他强调看中农事经验，面向农村实际，考试方式别具一格；课程强调以乡村生活为中心，实行教学做合一；办学中打破学校围墙，开展“联村”活动，重视开展乡村体育运动；重视改革教育实习体制，试行新的实习办法；如果学生学习合格，颁发统一的毕业文凭。②

在晓庄师范学校的办校实践中，陶行知将杜威的“教育即生活”“学校即社会”“做中学”的实用主义教育思想的精髓与当时中国的国情和教育实践相结合，发展出一套全新的生活教育理论。在陶行知看来，过去中国教育脱离以农立国的国情和实际，教育完全脱离了生活。文化教育虽是人类创造的宝贵财富，但人类并不是为了文化教育而文化教育，归根结底，教育都是为了满足我们人生的欲望，满足生活的需要。因此，陶行知的生活教育理论强调以生活为中心，一切教育应是为生活服务的工具。陶行知以晓庄师范学校为试验基地，在实践中逐步提出、发展了“生活即教育”“社会即学校”“行是知之始，知是行之成”“教学做合一”等“生活教育”的理论，并不断总结、发展，在此基础上创立了“生活教育”理论体系。

陶行知的“生活教育”理论认为，“教育的根本意义在于生活之变化。生活无时不变，即生活无时不含有教育的意义。因此，我们可以说‘生活即教育。’到处是生活，即到处是教育；整个的社会是生活的场所，亦即教育之场所”③。

---

① 董宝良主编：《陶行知教育论著选》，北京：人民教育出版社，1991 年，第 197 页。
② 周洪宇：《人民之子陶行知》，武汉：湖北人民出版社，2011 年，第 90—94 页。
③ 董宝良主编：《陶行知教育名篇选》，北京：人民教育出版社，2012 年，第 41 页。

晓庄师范学校是陶行知推行“生活教育”的第一个试验基地，在这里他的“生活教育”理论得以萌生，并得到丰富和发展。

晓庄师范学校办学期间，正值国内政治斗争错综复杂之时，南京国民政府虽在名义上统一了全国，但内部与外部的军阀派系纷争不断，国共合作破裂之后两党之间的关系也日益紧张。而晓庄师范学校也卷入了政治纷争。1930 年 4 月，因学生到南京市区参加游行支持工人罢工，导致 8 日凌晨南京市警备司令部以晓庄师范学校违背三民主义、散发反动传单、勾结反动军阀、企图破坏京沪交通为由，就此查封了学校，并随后通缉陶行知，晓庄师范的生活教育试验戛然终止。

晓庄师范办学虽只三年，但在这期间，陶行知将“教学合一”的理论发展为“教学做合一”，创造性地提出了“生活即教育”“社会即学校”“教学做合一”的生活教育理论，是我国教育史上的一大创举。这一时期培养的学生将晓庄的精神带到各地，积极发展乡村教育，积极推动“生活教育”运动在中国的发展。

（二）创办山海工学团

在晓庄师范被查封后，陶行知被迫流亡日本。1931 年，他从日本回到上海。尽管身处艰难，但陶行知对中国教育事业的追求和热爱并未因此放弃。当时中国的教育大多照搬国外模式，虽在一定程度上促进了当时教育的发展，但并不真正适合我国的国情与实际。在陶行知看来，当时的中国的基础是农业，中国的教育应该顺应实际国情，应当深入农村，通过教育改造农村，进而改造中国。1932 年，陶行知在《申报》上发表长篇小说《古庙敲钟录》，在这本现代教育小说的最后部分，他提出了“工学团”的教育思想。

对于什么是“工学团”，陶行知曾在其《普及什么教育》中作出了明确解释：“工是工作，学是科学，团是团体。说得清楚些是，工以养生，学以明生，团以保生。说得更清楚些是，以大众的工作，养活大众的生命；以大众的科学，明了大众的生命；以大众的团体的力量，保护大众的生命。工学团是一个小工场，一个小学校，一个小社会。在这里面是包含着生产的意义，长进的意义，平等互助、自卫卫人的意思。它是将工场、学校、社会打成一片，产生一个富有生活力的新细胞。”①

陶行知将自己一直倡导的“生活教育”基本理论作为工学团试验的指导思想，并依靠之前的乡村办学经验积极筹备工学团的建设事宜。1932 年 6 月，陶行知发表《乡村工学团试验初步计划说明书》，正式向社会宣布试验工学团的计划。工学团试验计划的提出，是陶行知中国教育出路探索的又一个新的开始，它预示着陶行知对学校教育的根本改造，开启了教育普及的新途径，同时也表达了陶行知民族救亡的强烈愿望。

1932 年夏秋之交，陶行知与赞同工学团主张的同志几经考察物色，最后决定将工学团的地点定为上海与宝山交界的大场，取宝山之“山”，上海之“海”，定名为“山海工学团”。取名时还因当时日本侵略中国，“天下第一关”山海关无险可守，语义双关，以示不忘国耻。

1932 年 10 月 1 日成立的孟家木桥儿童工学团，标志着山海工学团的正式成立。具体经办人马侣贤成为山海工学团的第一任团长。该工学团自创立之后就迅速开展工作：实行“工读结合”，设有手工工场，聘请工匠作为技术指导，师生学手工，工匠学文化，上午学习文化科学和政治知识，下午参加劳动；普及医药卫生知识，防治疾病；积极开展文娱活动。工学团以培养成员具有健康的生活、劳动的生活、科学的生活、艺术的生活、改造社会的生活为目标。为此，根据工学团的性质和特点，陶行知将工学团的教育内容归纳为六大训练。这六大训练主要是：普遍的军事训练、普遍的生产训练、普遍的科学训练、普遍的识字训练、普遍的民权训练和普遍的生育训练。

同晓庄师范学校一样，工学团在思想理论上践行的是陶行知的生活教育理论，但在学校与社会关系的处理上，则较晓庄师范学校更为激进，它完全将学校融入了社会生活，彻底改变了学校自我封闭的状态，破除了学校与社会的藩篱。同传统学校教育相比，工学团有其独特的特点：“首先，工学团主张以社会为学

① 董宝良主编：《陶行知教育论著选》，北京：人民教育出版社，1991 年，第 392 页。

校，生活即教育；第二，打破师生之间的分明界限，主张不会的跟人学，会的教人；第三，一改传统教学方式，主张教师在‘做’上教，学生在‘做’上学，教与学以‘做’为中心，这便是‘教学做合一’的要义；第四，主张在劳力上劳心，才算真正的‘做’；第五，主张‘行是知之始’，要在行动上去追求真知识，有行的勇敢，才有知的收获；再者，工学团主张与大众共甘苦，同休戚，以取得整个中华民族之出路。”①

工学团还强调要以工养学，对生产较为重视。为了不使工学团的运转给当地民众带来经济负担，工学团十分注重改良生产工艺或耕种方法，通过创收或增收来解决教育经费问题。在改进生产方面，工学团并非完全出于自身利益考量，往往兼顾了当地的社会生产实际，以促进地方经济发展、提升大众生产能力为目标。

为了能更好地普及教育，推行工学团的教育方式和教育思想，陶行知于1934年又创造性地提出了“小先生制”。“小先生制”指人人都要将自己认识的字和学到的文化随时随地教给别人，尤其重要的是“小先生”的责任不只在教人识字学文化，而在“教自己的学生做小先生”，由此将文化知识不断延绵推广。

“小先生制”是为了解决当时中国普及教育中师资奇缺、经费匮乏、谋生与教育难以兼顾、女子教育困难等矛盾而提出的。“小先生制”是推行陶行知“生活教育”理念的理想途径，“生活教育”理念中的基本原理在“小先生制”中都可得到贯彻。同时，在推广“小先生制”的过程中，陶行知还总结出了很多在普及教育中十分实用的原则和方法，如“即知即传”“非班级常规”“开门教人”“与生活连在一起教”“要有指导和考核”等。陶行知坚定地把“小先生制”同国家的普及教育联系在一起，他认为普及教育运动最终的使命就是把现代文明的钥匙从少数人手里拿出来交给大众，而“小先生”运动正是一种能让失去教育机会的人一起赶上时代前线的有效方法。②

陶行知一直认为教育与政治的关系最为密切，在他看来，如何办教育并将教

---

① 董宝良主编：《陶行知教育名篇选》，北京：人民教育出版社，2012年，第120页。

② 章开沅、唐文权著：《平凡的神圣——陶行知》，武汉：华中师范大学出版社，2013年，第229页。

育与国家命运紧密相连是当时中国教育界的根本问题。山海工学团从当时中国实际国情出发，在教授给学生科学文化知识的同时，还强调进行军事训练。山海工学团不仅作为国难教育的试验基地，更是当时上海抗日救亡运动的基地，许多抗日革命人士都曾在山海工学团讲学。1937 年，随着抗日战争的全面爆发，陶行知结合国内形势，将国难教育转变为战时教育，组织师生、民众积极参加抗日救亡运动，奔赴前线。山海工学团不仅让学生学习了科学、军事知识，而且得到了战争的洗礼，政治思想素质得到了极大的提高。

山海工学团创办并试行之后，在全国反响极大，慕名前来参观学习者众多，在陶行知的支持和帮助下，工学团的思想和办学方式迅速在全国推广开来。山海工学团的办学试验是陶行知生活教育思想又一次积极而重要的实践。同晓庄师范学校办学中的生活教育试验不同，工学团脱离了传统教育，通过灵活的教育形式将教育与生活实际结合，在乡村民众与工学团之间形成了真正"相教相学"的和谐关系，真正做到了"教学做合一"。工学团通过在乡村推广和普及军事、生产、科学、文化等知识来提升国民大众的综合能力，来面对国家生死存亡的危机。它所强调的教育应结合民族救亡、国家振兴，应结合国情和实际情况，用新的办法、思路去实现整个中华民族的教育普及重任的思想，对于推动当时中国教育事业的普及起到了积极的作用。

（三）创办育才学校

在普及教育运动的实践中，陶行知时常有感于很多穷苦的孩子虽有特殊的才能，却因为没有得到培养的机会而无法得到发展。他认为如果这些孩子不能得到良好的教育，则将会浪费他们的天赋，因此希望开办一所能够培养孩子天赋的学校来弥补这一缺憾。1938 年，有感于战争给中国人民所带来的巨大伤痛和对中国教育的巨大毁灭，陶行知决定创办一所难童学校，致力于培养难童中的人才，为失去亲人和家园的难童提供教育。1939 年 1 月，陶行知在香港召开了原晓庄学院董事会议，因晓庄学院的恢复受阻，董事会决定创办育才学校，董事会主要由政界、工商界和教育界三方人士组成，这对于保证学校的社会地位和经济基础起到了重要的作用。同年1月底，陶行知回到重庆，着手学校选址，创办育才学校。

1939年5月，陶行知选址重庆北碚，在北碚清凉亭成立育才学校筹备处；6月，作为办学指导的《育才学校教育纲要草案》正式拟定；7月20日，首批从重庆周边各保育院经过严格筛选的约40名学生在北碚举行开学典礼，育才学校正式成立。

依据当时中国的国情，陶行知认为育才学校办的既是建国教育，同时也是抗战教育。因此，在学校创立初期陶行知就明确提出："今天的建国教育必须是抗战教育，而今天真正把握中国抗战全面需要的抗战教育，必须是建国教育。今日育才学校的儿童必过战时的生活，必须为抗战服务；必须在抗战的熔炉中锻炼，否则我们便没有理由希望他们成为未来的建国人才。育才学校的教育，不是挂名的建国教育，而是抗战与建国的统一教育，抗战建国教育。"① 因此在办学宗旨上，陶行知坚持根据国家教育宗旨及抗战建国的需要，用生活教育的原理与方法，培养难童中的优秀儿童，使之成为抗战建国人才。针对社会上认为育才学校是否是培养"特长生"的学校这一疑问，陶行知明确指出，育才学校"不是培养小专家，不是培养他做人上人，不是丢掉普及教育，而干特殊的教育"②。陶行知认为，育才学校是以培养才能全面的学生为目标，在对学生进行基本知识教育与特长教育的同时，关注学生的不同兴趣和爱好，但并不专攻某一方面，不能拔苗助长。再者，育才学校培养的学生来自群众之中，学成之后应回到群众中去，为社会、为人民大众服务，切忌自认高人一等。同时，区别于传统学校和教育，育才学校在注重对学生基本知识培养的同时，也注重对学生特长的培养，育才学校并不是丢掉普通教育来进行特殊教育，而是在推动普通教育的同时发展特殊教育。

作为一所具有试验性质的学校，育才学校在办学实践中强调以生活教育的原

---

① 董宝良主编：《陶行知教育名篇选》，北京：人民教育出版社，2012年，第437页。

② 董宝良主编：《陶行知教育论著选》，北京：人民教育出版社，1991年，第536—537页。

理和方法作为指导思想，确立基础教育与专业教育并重。首先，他提出育才学校办的是“人才教育”。在对特殊才能儿童教育的一开始，就注意一般基础教育与特殊基础教育的区别，前者能使儿童获得一般知识及生活习惯与态度，懂得一般做人的道理。后者则给予特殊才能儿童以特殊营养，根据他的兴趣能力引导他将来能成为专才。在办学中依据学生的特长分专业编组，给予不同的专业教育。学生在入学后先进行一段时间的文化基础知识学习，然后再根据他们的爱好和特长，分送各专业组进行培养。至此，育才学校以一所新型的少年专科学校的面貌出现在世人面前。

其次，陶行知提出育才学校办的是“知、情、意合一”的教育。他认为“知、情、意”的教育是整个的、统一的，要求在统一的教育中培养儿童的知、情、意，启发其自觉，使其人格获得完备的发展。他在《育才学校教育纲要草案》中详细论述了知、情、意三者之间的关系：“知的教育不是灌输儿童死的知识，而是同时引起儿童的社会兴趣与行动的意志。情育不是培养儿童脆弱的感情，而是调节并启发儿童应有的感情，主要的是追求真理的感情；在感情之调节与启发中使儿童了解其意义与方法，便同时是知的教育；使养成追求真理的感情并能努力与奉行，便同时是意志教育。意志教育不是发扬个人盲目的意志，而是培养合于社会及历史发展的意志。合理的意志之培养和正确的知识教育不能分开，坚强的意志之获得和一定情况下的情绪激发与冷淡无从割裂。”① 陶行知认为知、情、意三者之间是相互联系、相互制约、相互渗透而不可分割的，“知”是激发学生的兴趣，产生“情”感，“情”是促使知识转化追求真理信念的催化剂，在追求真理的行动中，使得学生将其内化为自身的“意”志。

再者，陶行知提出育才学校办的是“智、仁、勇合一”的教育。陶行知认为“智、仁、勇三者是中国重要的精神遗产，过去它被认为‘天下之达德’，今天依然不失为个人完满发展之重要的指标”② “育才学校不仅是以智、仁、勇为其局部训练之目标，而是通过全部生活与课程以达到智、仁、勇之鹄的。我们要求每一个

---

① 董宝良主编：《陶行知教育名篇选》，北京：人民教育出版社，2012 年，第 438 页。
② 董宝良主编：《陶行知教育名篇选》，北京：人民教育出版社，2012 年，第 439 页。

学生个性上滋润着智慧的心，了解社会与大众的热诚，服务社会与大众自我牺牲的精神”①，要通过所学去帮助改造世界，为整个人类谋福利。同时，陶行知还提出育才学校是一个具有试验性质的学校，希望通过对特殊儿童的教育和生活教育的原理与方法予以充分的试验，给予“生活教育”理论一些新的发展。

在课程设置方面，育才学校依据专业需要突破传统教育局限，学生按照文化程度编成不同层次，学习语文、数学、物理、化学等文化基础课程，同时学生又依据各自专业需要学习专业课程。在教学内容上，陶行知提出五项修养：“一为博爱而学习，二为独立而学习，三为民主而学习，四为和平而学习，五为科学创造而学习。”② 在教学方法上，育才学校采用以课堂教学为主的分组分级授课制度，承认差别，强调学生学习的主动性和能动作用。在师资方面，陶行知非常重视教师队伍建设，亲自选聘教师，邀请一些著名的专家学者到校任教，注重发挥教师的指导作用。同时在教学中，育才学校还积极贯彻陶行知的“教学做合一”“理论与实践相结合”的教学思想，强调培养学生的独立思考和解决问题的能力。教学过程中，育才学校强调充分发扬民主，如果师生之间对于问题有不同的认识，可以相互讨论，彼此之间以服从真理为前提。

陶行知在育才学校的办学实践中还十分注重创造教育和集体教育，强调全校师生共创优良的学风与校风，建设理想的成才环境。在创造教育方面，陶行知认为实施创造教育，就应当把儿童的创造力解放出来，他针对当时中小学教育普遍存在的弊病，有针对性地提出儿童教育中的“六大解放”，即“解放头脑、解放双手、解放眼睛、解放嘴、解放空间、解放时间”，并提出在解放的同时，应予以充分的培养，包括“充分的营养、良好的学习和生活习惯和需要因材施教”。

在集体教育方面，陶行知强调把学校的全盘教育建立在集体生活之上。集体活动包括劳动生活、健康生活、政治生活和文化生活。集体生活既强调启发学生的自觉、自动、自治，生动活泼地展现和发展自己的个性，同时也注重组织生活

---

① 董宝良主编：《陶行知教育名篇选》，北京：人民教育出版社，2012 年，第 439 页。
② 董宝良主编：《陶行知教育论著选》，北京：人民教育出版社，1991 年，第 649 页。

与严肃整齐，要求学生在集体生活中充分施展个人的才华和特长，使学校的集体生活既丰富多彩又充满创造精神。

在学校与社会活动方面，育才学校十分注重将课堂教学与校外教育、社会活动相结合。有计划地开设各种形式的社会活动是育才学校整个“教学做合一”活动的有机组成部分。育才学校非常强调学校与社会之间的联系，创造各种机会条件，鼓励学生参与社会服务，培养学生的社会责任意识和时代使命感，这对于当时正处于内忧外患中的中国是十分有必要的。育才学校还十分注重对学生的政治教育和文化教育，强调以培养饱含政治热情、政治觉悟并有丰富的专业文化知识的英才为己任。

在校园文化建设、营造校园生活等方面，陶行知亲自为育才学校设计校徽和谱写校歌，努力营造诗情画意的校园环境和紧张活泼的校园氛围。育才学校的教师很多是为了全国人民的解放事业而来的，他们大都具有较高的政治觉悟和强烈的事业心，虽然当时育才学校的物质生活艰苦，但师生之间共同的思想基础和愿望，让他们能够在当时的种种政治压迫和经济封锁中同甘共苦，团结奋斗，从而经受住了一个又一个考验，渡过了一个又一个难关。

育才学校是陶行知继晓庄师范学校、山海工学团之后对于其生活教育思想的又一次重要的试验和实践，无论是在理论方面还是实践方面都有着积极的影响和意义。它与当时中国的现状和时代的发展紧密结合，在理论上克服了此前办学的不足，在实践上注重培养追求真理、追求进步的青年和为国奉献的革命战士，标志着陶行知的生活教育理论和实践发展到了一个新的阶段。

（四）创办社会大学

1945 年的中国，虽取得了十四年艰苦卓绝的抗战的胜利，但内战的阴影始终在不远处徘徊。当时重庆地区许多青年无法上学，高中毕业生每年约十一万人，能进入正式大学的仅有一万多人，每年还有九万多人无法继续接受教育。广大青年对当时举办的“民众讲座”的学习已感到不满足，强烈要求进行更加系统全面的学习。为了满足青年继续上学的需求，陶行知决定从难童教育的天地中走出来，投身于更为广阔的社会教育领域，创办社会大学，为失学群众创造受教育的环境。

为提高在业青年的现代文化知识水平以使他们接纳民主观念，同时也是对普及大众教育的坚持，陶行知认为必须积极提倡社会大学运动。社会大学运动既要普及有形的社会大学，更要承认无形的社会大学。他在《社会大学运动》一文中指出："社会大学有两种：一是有形的社会大学；二是无形的社会大学。社会大学运动是要把有形的社会大学普及出去，并且要给无形的社会大学一个正式的承认，使每一个人都承认这无形的社会大学之存在，随时随地随事进行学习。"[①]

陶行知把社会大学的宗旨阐述为"在明民德，在亲民，在止于人民之幸福"[②]。具体来说就是社会大学之道。首先，要明白人民的大德，而人民的大德有四：觉悟、联合、解放和创新。即通过教育启发大众觉悟，教人民联合起来做主人，在联合的解放斗争中增长力量，并用解放的力量去创造新自己、新中国、新世界。其次，社会大学之道，要亲近老百姓，即要亲近人民群众，要钻进人民群众的队伍中去和他们亲近，变成他们的亲人。最后，社会大学之道，是要为人民造幸福。一切的学问，都要努力向着人民的幸福瞄准，以人民所愿望的幸福为目标。由此可见，社会大学的办学宗旨与陶行知的民主教育的基本思想是一脉相承的。

在陶行知和李公朴的奔走、以周恩来为代表的中共的支持以及社会各界民主人士的热情关怀下，1946 年 1 月 15 日重庆社会大学正式开学，陶行知任校长，李公朴任副校长，校址设在重庆管家巷 28 号。开学初时，学生约为 100 人，学校分设政治经济系、文学系、新闻系、教育系，另设专题讲座。

社会大学以职业青年为教育对象，以工余时间学习为主要学习形式。在教育内容上，陶行知和李公朴商定，决定将人格教育、知识教育、组织教育、技术教育四项作为社会大学的教育方针和主要内容。其中，人格教育着重于帮助人们树

① 董宝良主编：《陶行知教育名篇选》，北京：人民教育出版社，2012 年，第 151 页。
② 董宝良主编：《陶行知教育名篇选》，北京：人民教育出版社，2012 年，第 153 页。

立正确的人生观和世界观，找到正确的人生道路，实现人生的价值；知识教育强调要完成政治、经济、科学等基本知识的学习，不仅要注重理论学习，而且要注重科学研究，使理论与实践联系起来；组织教育在于培植并发展每个人的组织才能，提高组织力和效率；技术教育强调通过以自动的、集体的、随时随地的学习方法，使每个人都完成技术的学习。在这四项教育中，四者之间相互依存，并不各自孤立，要坚持四种教育并重。在教育方法上，社会大学提倡真正的自觉纪律，要求每个学生能在学习上达到自动、自学、自问的境界，提倡“自学为主、教授为辅”，强调学生“教、学、做”结合。在教育方针上，社会大学积极提倡发扬民主精神、积极倡导民主教育和民主运动。社会大学的民主气氛十分浓厚，李公朴曾称赞社会大学是“中国历史上从来没有过的学校，是和老百姓最亲近的学校”①。

社会大学还积极投入民主运动中，在陶行知和李公朴的率领下，社会大学的学生和育才学校的学生是重庆民主运动中一支不可忽视的有生力量。他们站在民主运动的前列，奔走驰骋在民主运动中，在当时特定的社会环境中，同中国的民主政治前途紧密地联系在一起。社会大学一方面得到了中国共产党的领导和社会各界进步人士的关怀和极大支持，另一方面遭到了国民党政府的极力破坏。1947年3月2日，国民党政府在武装搜查育才学校城区办事处的同时，查封了社会大学，结束了重庆社会大学一年零一个半月的办学历史。

重庆社会大学是抗战胜利后，顺应时代和人民教育需要，由陶行知创办的、将民主与教育结合的一所成人教育的新式大学，这也是他一生所创办的最后一所学校。社会大学从其诞生之日起，就是当时重庆民主运动的一座堡垒，“社会大学”教育思想，是陶行知终生探索、创造性的教育思想中的精华，是建立适合当时国情的教育体系所做出的积极有益的探索。

---

① 重庆社会大学育才学校校史研究会编：《重庆社会大学》，重庆：重庆出版社，1984年，第57页。

三、陶行知的学校管理思想

作为我国现代著名的教育思想家和实践家，陶行知先后创办和领导了晓庄师范学校、山海工学团、育才学校和社会大学等多种不同类型的学校，参与多个教育社团、教育机关的组织管理工作，作为一名有着丰富的办学治校经验的教育者和领导者，他将自己独具特色的教育思想和理念融入治校办学的实践中。探索陶行知办学治校实践背后的教育思想，尤其是其教育管理主张，对于认识他作为一位教育思想家与理论家的高度与深度，认识他作为一位教育管理的实践家与改革家的力度与效度，具有重要的学术价值和现实意义。

（一）生活教育学：陶行知教育管理主张的理论基础

生活教育理论是陶行知整个教育思想的核心，也是陶行知教育管理思想的来源和理论基础。陶行知的教育管理思想是其“教育思想”与“管理思想”的统一，有着在注重教育管理的同时强调教育管理之教育性的鲜明特征。陶行知的教育管理实践活动并不单纯是为教育活动的开展与实现进行的服务，其实质是为有效地推进生活教育理论的贯彻落实而展开的，因此，陶行知的教育管理思想是以生活教育理论为基础的。生活教育理论萌芽于20世纪初的平民教育运动，此后在长期的办学试验和不同的教育实践中得到了丰富和完善。可以说，生活教育理论既统摄了陶行知的全部教育思想和教育理论，也延伸至陶行知的教育管理思想与理念中。它在吸收、借鉴和改造西方教育理论的基础上，立足于中国教育实情，对陶行知的普及教育实践、平民教育实践、乡村教育实践等都起到了理论指导作用。

如前所述，陶行知的生活教育理论由三大教育原理所组成：一是“生活即教育”；二是“社会即学校”；三是“教学做合一”。生活教育理论的根本特质是“生活的、行动的、大众的、前进的、世界的和有历史联系的”①。陶行知认为，生活教育理论是半殖民地半封建的国家建立自由平等的教育的理论和方法。

生活教育的基本主张是“生活即教育，社会即学校”。“生活即教育”是整个生活教育理论的基本内核，其含义在于“是生活就是教育，不是生活就不是教育；是好生活就是好教育，是坏生活就是坏教育”②。他提出教育产生于人类的实际生活需要，没有生活就没有教育，没有纯粹的教育，教育要依附于人的生活才能存在。生活无时无刻不在变化，教育就应该随之而动，不断适应变化，应通过教育促进生活的不断生长和发展，生活决定了教育的范畴、目标和方向。

“社会即学校”是依据“生活即教育”而来，陶行知认为，传统的学校教育与社会隔离，不仅在形式上竖起高高的围墙，在教学内容上也所学非所用，在培养目标上所培养的学生也无法适应社会需求。因此他提出“社会即学校”，主张以社会为学校，将社会作为生活教育的教学场所，学校与社会打成一片，要把学生的感情、态度从传统的教育中解放出来，把整个社会变成一个大的学校，这样，“教育的材料、教育的方法、教育的工具、教育的环境都可以大大增加，学生、先生也可以更多起来”③，实现真正的“到处是生活，到处是教育，整个的社会既是生活的场所，也就是教育的场所”④，将学校与自然生活、社会生活联系起来，向受教育者展现一个真实的、完整的、连续的生活世界。

“教学做合一”是陶行知整个生活教育理论的方法论，也是生活教育理论的切入点。陶行知认为“教学做合一”是生活现象之说明，也是教育现象之说明。在生活里，对事说是做，对己之长进说是学，对人之影响说是教。“教学做”是一种生活之三方面，而不是三个方面各不相谋的过程。同时，“教学做合一”是

---

① 董宝良主编：《陶行知教育名篇选》，北京：人民教育出版社，2012年，第46—47页。
② 董宝良主编：《陶行知教育名篇选》，北京：人民教育出版社，2012年，第32页。
③ 董宝良主编：《陶行知教育名篇选》，北京：人民教育出版社，2012年，第39页。
④ 董宝良主编：《陶行知教育名篇选》，北京：人民教育出版社，2012年，第41页。

生活法，也是教育法。[①] 在陶行知看来，在教学实践中，教的方法就应该根据学的方法来，学的方法根据做的方法来。事怎样做就应当怎样学，怎样学的就应当怎么教。教与学都应该以“做”为中心，要避免去瞎做、瞎学、瞎教，所以提出在劳力上劳心，以期理论与实践之统一。

陶行知的“生活教育理论”是以生活为中心的教育理论，是在批判中国传统教育思想的基础上产生和发展的，扩展了我国以学校教育为中心的传统教育观念，是一种广义的教育观。这种教育观，就受教育者范围来看，要使人人受到教育，主张实行全民教育；就受教育者个体来看，要使人得到不断的、和谐的发展，主张实行全面教育、终身教育。就全民教育而言，它强调实行平民教育、乡村教育、女子教育、民族教育；就全面教育来看，它重视实行德智体美劳诸方面的教育；就终身教育而言，“生活教育理论”不仅强调要使青少年受到初、中、高等各级学校教育，还强调进行幼稚教育、社会教育、成人教育和特殊教育。总之，只要有生活，就要有教育，应以生活来教育，为生活的需要而教育。

有别于传统教育，生活教育理论强调大众教育、民主教育，认为教育是人民大众自己的教育。在教育目的上，生活教育要培养人民大众成为自己和国家的主人，要培养有创造力、自觉性、勇于追求真理的真人，要培养为民族、为人类求解放、谋幸福的人。从教育内容来看，生活教育理论认为，生活的方方面面都可以成为教育的内容，生活教育是以人类生活为内容的教育，与人们的社会生活紧密地联系在一起。在教学方法上，生活教育强调“教学做合一”，要求促进人的全面发展，积极强调实践的作用，强调以“做”为中心，把教师的“教”和学生的“学”统一到“做”中来。

因此，陶行知的生活教育理论不仅是其整个教育实践的理论基础，其核心的要义“生活即教育，社会即学校，教学做合一”亦可视为陶行知创办学校、组织教育活动、开展教育管理所遵循的基本原则。

---

① 董宝良主编：《陶行知教育论著选》，北京：人民教育出版社，1991年，第349页。

（二）陶行知的学校观

在陶行知一生的办学实践中，先后创办或参与创办了多所学校，在办学过程中，办什么样的学校，如何发挥学校的作用，学校与社会是什么关系，学校内部结构如何设计等基本问题，都是陶行知所要思考的。正是对这些问题的思考，形成了他独特的学校观。

陶行知在《我的学校观》中鲜明地提出了他对学校的认识：首先，他反对将学校只当作一个专门从事教学、读书的场所，关起门来搞教育的观点和做法。陶行知认为传统的学校是封闭的，而那些改良的学校也无非是“放大的鸟笼”，他认为这种“鸟笼式”的学校只会造成“教员们教死书、死教书、教书死；学生们读死书、死读书、读书死”①。而新学校则应该是开放的，没有围墙与障壁，应当与整个社会生活紧密相连。所以新式学校就应该努力将孩子从原有的“鸟笼”中解放出来，放归自然，除去人们心中真正的“心墙”，将人们从传统教育中解放出来。教育就应走出校门，开门纳新。因此，他反对办孤立隔离的教育，强调要把学校进步的思想和知识传播到社会中去，也要从社会中吸取更多的营养，他提出“为着要过有意义的生活，我们的生活力是必然的冲开校门，冲开村门，冲开城门，冲开国门，冲开无论什么自私自利的人所造的铁门”②。陶行知还反对旧式学校中严格的部门划分，主张学校的各种事物“只有纵的分任，绝无横的割裂”③，他强调学校管理方面的权责共担。他反对学校中存在的等级关系，指出校长与教师、教师与学生，都应该是平等互助的关系，而不应该摆出所谓做官的姿态和独裁的作风。

其次，陶行知认为学校即社会，这与杜威所讲的有所区别，陶行知认为“学校即社会”是与其生活教育理论中的“社会即学校”之理念相联系的。在陶行知

---

① 董宝良主编：《陶行知教育名篇选》，北京：人民教育出版社，2012年，第473页。
② 董宝良主编：《陶行知教育名篇选》，北京：人民教育出版社，2012年，第47页。
③ 董宝良主编：《陶行知教育论著选》，北京：人民教育出版社，1991年，第287页。

看来，学校就是小的社会，而社会就是大的学校。“社会含有学校的意味，学校含有社会的意味”[①]，学校与社会两者之间没有清晰的界限，社会含有学校的功能，学校的教育应该服务于社会的需求。同时，学校生活是社会生活的一部分，“学校生活是社会生活的起点。远处着眼，近处着手，改造社会环境要从改造学校环境做起”[②]。他认为当时的中国教育走错了路，中国教育的真正出路在于教育应当与社会实际相结合，改造社会与办学应当是一件事情，所以他提出：“改造社会而不从办学入手，便不能改造人的内心；不能改造人的内心，便不能彻骨地改造社会。反过来说，办学而不包含社会改造的使命，便是没有目的，没有意义，没有生气。所以教育就是社会改造。”[③] 同时他也呼吁教育要走出教室和学校，走向社会与生活，要注重教育与实际生活之间的联系，注重教育应培养各方面的人才，教育管理应由人的控制转为大众服务、贴近生活。

特别是在学校的办学宗旨上，陶行知批判学校与实际社会之间严重脱节的现象，他强调办学应当依据当时中国社会的发展需要与现实要求，教育的目标是为社会培养所需人才。无论是早期创办的晓庄师范学校、山海工学团，还是后来的育才学校、重庆社会大学，都是陶行知适应当时中国现实的迫切需要而办的教育。

最后，陶行知认为学校是师生共同生活的场所。学校应以生活为中心，学校不应该成为教师单方面施展才华的场所，也不应该仅仅只是学习知识的地方，学校应该成为师生彼此合作与相互激励的场所，师生之间必须共甘苦，甘苦共尝才能得到精神的沟通与感情的融合。同时学校也应当尊重学生个体的自主、自治能力，应当在师生之间建立平等互助、充满爱意的良好学校氛围。陶行知认为学校应当是无处不教育、无事不教育、无时不教育、无人不教育。师生之间不同甘共苦，相互之间的情感就无法交流，而教育则无法展开。他在创办晓庄师范学校时曾提出晓庄师范学校是师生共创共有的学校，而不仅仅只是某一个人所创所有的

---

① 董宝良主编：《陶行知教育名篇选》，北京：人民教育出版社，2012 年，第 478 页。
② 董宝良主编：《陶行知教育名篇选》，北京：人民教育出版社，2012 年，第 191 页。
③ 董宝良主编：《陶行知教育论著选》，北京：人民教育出版社，1991 年，第 273 页。

学校，他认为学校应是在每个成员都认同、接受与追求共同的目标下创办与组建的，只有通过共同生活，秉承着共同的目标和信念，学校成员的目标一致，大家才能聚集在一起，教育才会有大不同。

（三）陶行知的校长观

陶行知针对校长这一职位发表过许多观点，形成了他鲜明的校长观。

陶行知认为校长在学校教育与管理中扮演着指导者、决策制定者的角色，是学校的精神支柱，一个校长的好坏不仅影响着学生的成长，对于国家人才的培养也具有重要的作用。1926 年与东南大学教授赵叔愚参观燕子矶国民小学时，陶行知指出“校长是一个学校的灵魂，要评论一个学校，先要评论他的校长”①，在陶行知的心目中，校长对于学校极端重要。同时，他认为校长工作的重要性不仅体现在他直接影响着学校、学生的发展，还影响着家庭的进步，甚至国家的前程与发展。陶行知在《告生活教育社同志书》一文中就明确提出“当一个小学校长，不仅是两百学生的导师，而是一两百户、一两千人的导师。其地位的重要好比一个作战的团长”②。校长重要，但做好校长不易。陶行知指出：“做一个学校校长，谈何容易！说得小些，他关系千百人的学业前途；说得大些，他关系国家与学术之兴衰。”③

在《第一流的教育家》一文中，陶行知将常见的教育家归纳为三种：“一种是政客的教育家，他只会运动，把持，说官话；一种是书生的教育家，他只会读书，教书，做文章；一种是经验的教育家，他只会盲行，盲动，闷起头来办。”④ 他提出：今日之教育家首先应该具备两种精神才可算是第一流的教育家，即“敢探未发明的真理”和“敢入未开化的边疆”。“敢探未发明的真理”即创造

① 董宝良主编：《陶行知教育名篇选》，北京：人民教育出版社，2012 年，第 274 页。
② 董宝良主编：《陶行知教育论著选》，北京：人民教育出版社，1991 年，第 521 页。
③ 董宝良主编：《陶行知教育论著选》，北京：人民教育出版社，1991 年，第 173 页。
④ 董宝良主编：《陶行知教育名篇选》，北京：人民教育出版社，2012 年，第 469 页。

精神，而“敢入未开化的边疆”即开辟精神。在教育界，有胆量创造的人即创造的教育家；有胆量开辟的人即开辟的教育家，都是第一流的人物。[①] 在陶行知看来，校长应当有教育家意识，在发展学校教育时要战略规划、统筹全局，管理工作需要有极大的创造性，切忌盲目照搬别人经验。他认为教育的重点在于创造，应当结合国家与社会实际创造出适合的教育路线和教育模式。因而在管理实践中他常常要求“大同”，却又不反对“不同”，在推广晓庄办学模式时，他就一再强调各地办学环境各有不同，如果完全照搬晓庄模式而不结合自身实际，那就是失败。他强调校长应当根据实际情况办学和有针对性地实行学校管理，而不应该生搬硬套，否则就适得其反。

在陶行知的心目中，校长在学校管理过程中扮演着关键角色，因此，校长应该有独立的思想、独立的办学理念。他在《我的学校观》一文中鲜明地阐明了自己的校长观。他认为独立的人格代表着独立的思想，校长应该有创新意识和民主意识，要学会用人以长，学会吸纳有益于学校发展的建议和意见，不能盲从、随波逐流。校长关系到学生的前途和学校的发展，校长自身的素质影响着学校教育的长远发展，因而在用心投入教育的同时，还应该加强自身能力的锻炼与培养，要将自身定位于一个不断学习、不断更新教育观念的学习者，应当树立终身学习的理念。他主张校长应该把学校放在阳光下给人看，应当欢迎所有人的批评指正。

陶行知还提出校长必须要有德行，反映到学校管理实践中，就应该具有敬业的态度和奉献的精神。只有品性高尚、率先垂范的校长，才能真正地凝聚起一个学校，才能引领学校的发展方向，发挥校长的灵魂示范作用。他在《半周岁的燕子矶国民学校——一个用钱少的活学校》一文中，以南京燕子矶国民学校的丁校长为例，提出校长应该一要身教，二要毅力。他认为校长应该以身作则，言传身教，做行动的校长。作为校长，既要领导大家共同奋斗，同时又要生活在大家之中，真正做到他自己倡导的“人中人”；校长应处处以身示范，要师生们做到的，

---

① 董宝良主编：《陶行知教育名篇选》，北京：人民教育出版社，2012年，第470页。

自己也应做到。一个优秀的校长应该要热爱学生、热爱教师和热爱教育，校长要做到尽职尽责、善始善终，要诚心为学生、为教师、为学校服务，要能够平易近人、与师生同甘共苦。陶行知在他的办学治校过程中认真践行了他对校长德行的主张。他为人师表、敬业乐教、以身作则，一生严以律己，言传身教，实为典范。

陶行知认为作为一个学校的校长，除了应该有高尚的德行之外，还应该具有强烈的责任心和使命感，要全身心地投入学校管理中。在1942年育才学校三周年纪念晚会上，陶行知提出“每天四问”时就指出：“各人所负的责任不同，各人有各人的岗位，各人应该站在各人自己的岗位上，守牢自己的岗位，在本岗位上努力，把本岗位的职务做得好，这是尽责任的第一步。”① 在《整个的校长》一文中，陶行知提出“国家把整个的学校交给你，要你用整个的心去做整个的校长，为个人计，这样可以发展专业的精神，增进职务的效率。为学校计，与其做大人名流的附属机关，不如做一个学者的专心事业”②。陶行知认为，为国家计，为个人精力计，担任一个学校的校长，不应当是“命分式”的校长，校长必须将校长作为专门的事业进而将整个身心全部投入学校管理中。

陶行知认为一个好的校长还应该具有民主、包容精神。校长应该是民主的倡导者和践行者，应将民主视为工作的第一原则。陶行知总结出一个民主的校长应当有四项要完成的任务：一是校长应负有培养在职教师，使教师不断进步的责任；二是要通过对教师的培养使学生不断进步；三是在学校中提拔为老百姓服务的人；四是要打开校门，运用社会的力量，使学校进步，动员学校的力量，帮助社会进步。只有做到这四点，才算尽到一个校长的责任。

在处理校长与师生员工之间关系的问题上，陶行知强调两者应是基于平等基础上的合作与教育的关系。他认为校长应树立正确的下属观，要愿意倾听不同的建议和意见，尤其是来自下属的批评，不能刚愎自用，不能独裁。他提出“在一

---

① 董宝良主编：《陶行知教育论著选》，北京：人民教育出版社，1991年，第571页。

② 董宝良主编：《陶行知教育论著选》，北京：人民教育出版社，1991年，第173页。

个民主国家里面，做一个独裁校长是千不该，万不该的事情”[①]，严厉批判了当时一些学校领导和校长的独裁作风。在陶行知看来，独断专行违背了民主的精神，一个民主的校长，就应该克服与民主精神不相容的作风。要铲除学校领导者的独裁作风，就应当让他们接受再教育。而要接受再教育，首先就需要自己认识到自身需要再教育。其次，要多方学习，虚心且愿听逆耳之言，接受别人的批评。最后，要紧跟老百姓学习，与老百姓共患难，要知晓老百姓的苦难，引导老百姓共同创造。

（四）陶行知的学生观

陶行知毕生致力于中国教育的改革与实践，始终关注学生的成长与发展，在他的学校管理思想中，一个十分鲜明的主张是强调学生的管理应该是学生管理与学生自治相结合，两者相互依赖、融为一体。他从学生的管理、学生的考试舞弊、学生的自治问题、师范生的培养等诸多方面提出了自己对学生的认识及对学生管理的许多看法。

对于学生管理，陶行知十分重视常规管理，重视管理规章制度的制定与实施。如他在创办育才学校时提出的《育才学校公约》《育才十二要》《育才学校之礼节与公约》，在《晓庄三岁敬告同志书》的“自由与纪律”段里提到“晓庄团体行动有一致遵守的纪律……但这些纪律的目的，无非也是增进团体生活的幸福，防止个人自由之冲突”[②] 等，都体现出了他对学生管理中常规管理的重视。他也提出，规章制度的建立应经过学校的管理者、师生员工一起讨论、研究，这既是学校正常教学秩序建立的基础，也是维护学校利益所不可或缺的。

但陶行知也认识到对学生的管理不能仅仅依靠规章制度，即便是学校的规章制度，也应该是活的规章制度而非死的规章制度，应体现出一定的人性化特征。

---

① 董宝良主编：《陶行知教育论著选》，北京：人民教育出版社，1991 年，第 631 页。
② 董宝良主编：《陶行知教育论著选》，北京：人民教育出版社，1991 年，第 289 页。

他不主张一味地“管死”和“死管”学生，而强调应“管放结合”，注重“人性化”的管理。陶行知认为“人性化”的学校规章制度不仅不会扼杀学生的个性，反而是学生成长成才所必需的。他认为学生的管理应该做到自动力和创造力的结合，对学生既要管，也要放，要让学生学会自己管理自己，培养学生的自动力，同时也要在管理中解放学生的创造力。

对于自动力的培养，陶行知在1919年10月发表的《学生自治问题之研究》一文中，首次提出“自动主义”问题。他曾指出“生活、工作、学习倘使都能自动，则教育之事定能事半功倍”①；他认为自动是自觉的行动，而不是自发的行动，自动有待于正确的培养后可以实现。学生自治问题是20世纪初在中国教育新思潮中十分盛行的一种理念。陶行知认为“学生自治问题是自动主义贯彻德育的结果”②，他提出学生自治就是学生参与管理，自治并非自由的行动，而是共同的治理；不是打破原有的规则，而是大家共同来立法守法；自治也不是放任，而是要去培养学生如何自我管理。

对于学生创造力的解放，陶行知认为解放创造力就要解放学生，几千年中国旧式传统教育已经深深地束缚了学生，他提出应该从以下五个方面去冲破旧式教育的传统，来解放儿童的创造力。首先要解放儿童的头脑，让他们敢想；其次要解放儿童的双手，让他们多做；再者要解放儿童的嘴巴，让他们敢问、多问；接下来要解放儿童的空间，让他们到大自然、大社会中去多学；最后应解放儿童的时间，让他们有空暇时间消化知识、增长知识。在陶行知的《创造宣言》一文中也多次提到了对于学生的文学、艺术等方面的创造力与创新力问题。

对于学生自治，陶行知提出首先要明白学生的自治是什么，他认为学生自治应从三个方面来加以引导：首先学生自治，即全员都应当参与其中，应当有团体意识；其次学生自治的前提在于学生要学会严格要求自己，养成自我管理的习惯；最后学生应在学校中培养和锻炼自己自治的能力，从而为民主共和所需培养自治公民，为将来国家自治奠定基础。结合这三点，陶行知认为学生自治就是

① 董宝良主编：《陶行知教育论著选》，北京：人民教育出版社，1991年，第565页。
② 董宝良主编：《陶行知教育论著选》，北京：人民教育出版社，1991年，第58页。

“学生结起团体来，大家学习自己管理自己的手续”①，而对于学校来说，就是为“学生预备种种机会，使学生能够大家组织起来，养成他们自己管理自己的能力”②，即学校应当为学生自治提供机会，让学生自行组织行动，习惯于自我管理。如果学校中大事小事都依靠教师的严格管理，那么学生就会渐渐缺乏自控力，将助长学生依赖他人的监管，而这将不利于民主共和的实现和自治公民的培养。

在为何要实施学生自治问题上，陶行知认为今日的学生即将来的公民，他主张建立共和国，认为共和国所需要的公民要求有共同自治的能力，这就要求国家治理是所有公民共同之事，必须有能够共同自治的公民。而公民需要有治理国家和自己的能力，这就需要从教育抓起，在学校里就应该开始培养学生治理自己与学校的能力与习惯，如果学生在学校里没有自治的需要，没有得到自治的训练，一味情愿“被治”，学生就永远没有自治的能力，中国也永远不可能实现真正意义上的民主与共和。陶行知还深刻分析了学生自治的利弊，他总结出学生自治的好处在于：学生自治可成为学生修身伦理的试验；学生自治能适应学生自身的需要；学生自治能辅助学校风纪的进步；学生自治能促进学生经验的发展。

而对于学生自治是否存在弊端，陶行知也认为如果学生自治没有正确的安排与实施，则会产生很多弊端，比如将学生自治当作争权的器具；把学生自治误作治人看；把学生的自治放到学校管理的对立面；学生自治过程中因不同观点而产生的矛盾意见等。为此，陶行知提出学生自治应当存在一定的范围和标准。学生自治不同于学校管理，以学生为主体的自治应当以学生应该或者能够负责的事情为限，要让学生愿意负责，同时又有能力负责。学生自治要让学生参与到“自治”的实践活动中，参与自治的学生越是广泛，就“愈宜学生共同负责，共同自治”③。而学生管理中常见的“别人号令要我负责”和“别人负责由我号令”都是被治和治人的表现，都不是自治的本义，不属于学生的自治。

---

① 董宝良主编：《陶行知教育论著选》，北京：人民教育出版社，1991年，第59页。

② 董宝良主编：《陶行知教育论著选》，北京：人民教育出版社，1991年，第58页。

③ 董宝良主编：《陶行知教育论著选》，北京：人民教育出版社，1991年，第63页。

学生自治还需要建立规章和制度，学生自治的规章制度应当清楚、简单，自治需在规定的规章制度范围内进行，要遵循学校的手续与程序，不能脱离学校的指导与管理。在学校层面上，应认真对待学生自治问题，给学生自治以充分的舆论宣传，帮助学生自治优选出好的学生领袖，提升自治的价值。同时，学校也须采用试验的态度，一面试行一面改良。同时，“学校应该与学生始终保持一种协助贡献的精神”①。以育才学校的办学实践为例，陶行知强调育才学校的教育是建立在集体生活之上，同时为育才学校的集体生活设计的组织原则是“民主集中制”，他提出“为集体自治、为集体探讨、为集体创造”的口号，引导学生正确处理学生自治中“公德”与“私德”的关系，为学生自治建章建制，培养学生遵守规章制度的自觉性。

陶行知的学生观还体现在他对学生考试舞弊问题的看法上。在《为考试事敬告全国学子》一文中，陶行知提出考试舞弊有所谓“五恶毒”：欺亲师、自欺、违校章、辱国体和害子孙。他一直强调学生应该“千学万学，学做真人”，这是教书育人的永恒主题。在他看来，考试舞弊现象对于教育的健康发展百害而无一利。考试舞弊是一个人道德问题的折射与反映，而道德是一个人做人的根本，如果人的根本坏了，纵使有再大的学问和本领，也没有什么用处。因此他敬告全国学子，若“斯风不振，教育之前途何堪设想”②？并以孔圣之言进告所敬爱之学子：“过则勿惮改，若徘徊歧路，不改前愆，则正邪不两立，清浊不同流。”③ 从学校管理层面来看，陶行知认为舞弊违反了学校的制度章程，学校就必须要采取有效的措施加以制止，否则将来学生走向社会，违法犯罪、作奸犯科也不在话下。从教育层面来看，“舞弊实则行欺”，舞弊行为不仅会招致外国人的藐视，有辱国体，同时对子孙后代也会产生长久的影响，我们行欺，子孙以后也会跟着行欺。

“学高为师，身正为范”是著名教育家陶行知对教师的期望，而师范生则是

① 董宝良主编：《陶行知教育论著选》，北京：人民教育出版社，1991 年，第 65 页。
② 董宝良主编：《陶行知教育论著选》，北京：人民教育出版社，1991 年，第 4 页。
③ 董宝良主编：《陶行知教育论著选》，北京：人民教育出版社，1991 年，第 4 页。

学生群体中的特殊群体，陶行知曾因为中国乡村师范教师的严重缺乏而创办了晓庄师范学校，对于师范生问题，他有着自己独特的观点。在《师范生应有之观念》一文中，陶行知认为作为一名师范生，应当对于教育持有六种观念：第一，“教育乃最有效力之事业”“教育能改良个人之天性”“能养成共和之要素”“能传播非遗传之文化”；第二，“教育乃一种快乐之事业”；第三，“各种教育之职业皆须视为平等”；第四，“教育为给儿童需要之职业”；第五，“教育为制造社会需要之事业”；第六，“教育为师范生终身之事业”[①]。

他在《师范生的第一变——变个孙悟空》一文中提出师范生应首先变成孙悟空，因为他有三个特点：第一，他有目的、有远虑、有理想；第二，他抱着目的去访师；第三，他抱着目的求学。[②] 明确提出师范生应有自己的理想和目标，同时应学到能实现理想的本领。在《师范生的第二变——变个小孩子》中提出，师范生应当使自己具有小孩子的思想感情，要在情趣上、生活上与小孩子打成一片，要重视儿童的情感，要认真研究儿童心理，掌握儿童教育的规律，走进儿童的内心，构建亦师亦友的师生关系。在《师范生的第三变——变个准老师》中提出，师范生要变成准老师，需要大量的教学实践，因此师范生要深入群众、注重社会实践。

同时，陶行知还认为，师范生不可能是什么都会的全才，师范生也不一定是全能型的教师，但应是有特长的人才，一定要有自己擅长的一面。他也格外重视师范生对基本生活的自理能力以及对社会的适应能力。譬如，在《试验乡村师范学校答客问》中，他对于乡村教师的要求就提出应当一有农夫的身手，二有科学的头脑，三有改造社会的精神。在他调研江宁县立师范学校时，他就认为当时的师范生“不会种菜，不算学生；不会煮饭，不得毕业”。同时，他也指出师范教育一定要适应社会教育的需求。开展师范教育首先是为了培养足够数量的教员以适应当时社会对于教育的需求，其次是为了让师范生将来有机会出去办学，去推广教育，去启蒙更多的人，并能够学会因新的环境而对教育有所改造的能力，改

---

① 董宝良主编：《陶行知教育名篇选》，北京：人民教育出版社，2012 年，第 333—336 页。

② 董宝良主编：《陶行知教育名篇选》，北京：人民教育出版社，2012 年，第 372—373 页。

造当时中国的教育状态，而这在他所创办的晓庄师范学校得到了很好的实践和发展。

陶行知强调师范生在常规化的思想政治教育外，还应始终保持清醒的政治头脑和饱满的政治热情，要坚持将思想政治素质的提升放在首位，始终关注国家的命运，积极投身实际的斗争生活。师范生读书还应当有明确的目标，是为“用”，是为长本领，要将书本知识转化成教书育人的实际本领并能正确地传授给儿童。同时陶行知还告诫师范生在毕业后成为老师，仍要好学不倦，终身学习，学习教育中出现的新问题、新事物，要不断进取，是谓“活到老、学到老、进步到老”。

（五）陶行知的教师观

陶行知的教育思想中，亦蕴含有丰富的关于教师成长与发展的思想，对于什么是教师，如何做一名教师，教师的师德，教师与学生的关系等问题都有所论述，从而形成他的教师观。

对于教师，陶行知在《教学合一》中曾这样说道：“现在的人叫在学校里做先生的为教员，叫他所做的事体为教书，叫他所用的法子为教授法，好像先生是专门教学生些书本知识的人。他似乎除了教以外，便没有别的本领，除书之外，便没有别的事教，而在这种学校里的学生除了受教之外，也没有别的功课。先生只管教，学生只管受教，好像是学的事体，都被教的事体打消掉了。……然而教学两者，实在是不能分离的”①。这引发了陶行知探究教师究竟应该在教育中扮演什么样角色的兴趣。陶行知认为“好的先生不是教书，不是教学生，乃是教学生学”②，教师如果仅仅作为知识的传授者，将学生当成被动接受知识的对象，则无法调动学生的学习积极性，会阻碍学生学习主体性的发挥。因此教师在教授知识之外，还应该教学生如何学，“授人以鱼不如授人以渔”，教与学不能分离，应当合一。教师要注意引导学生如何自我发展，由此他曾提出将课程教学中一直

---

① 董宝良主编：《陶行知教育名篇选》，北京：人民教育出版社，2012 年，第 163 页。
② 董宝良主编：《陶行知教育名篇选》，北京：人民教育出版社，2012 年，第 164 页。

沿用的“教授法”改为“教学法”，虽一字之差，却明确了学生主体性发挥和注重学生主体发展的重要作用。

在《新教育》中，陶行知提出，新教员不重在教，重在引导学生怎么样去学。对于教育，第一要有信仰心，第二要有责任心，第三做新教员的要有共和精神，第四要有开辟精神，第五要有试验的精神①。他曾经指出“教育是实现理想社会的历程，假使理想社会里有不好的东西，我们要用教育的力量去改变它”②。因为所处的时代和当时中国的实际情况，由始至终陶行知都将“教育救国”作为自己的奋斗目标，他迫切地希望能找到一个适合当时中国教育发展需要的教育模式和教育制度，从而培养更多更加优秀的人才，来共同建设国家。因此，他认为教师应当坚信教育是对国家和人民大有可为的事情，做好救国救民的事业，自己也能找到自身的社会价值；传统的中国教育一直是小众教育，身为教师应当坚持下去，持之以恒，总有一天小众教育会变成大众的教育。作为一名教师，需将自身的教育工作与国家的富强、民族的振兴、学生的发展紧密结合起来，要谨记救亡图存的重任，培养出更多的优秀人才。

在如何做一名好的教师的问题上，陶行知认为“现在教育界的通病，就是各个拿从前所学的抄袭过来，传给学生”③，“先生既没有进步了，学生也难有进步了”④。他认为，作为教师，就必须天天学习，不断追求新知识。一名好的教师，必然是一方面指导学生，一方面研究学问的，教师只有“学而不厌”，才能“诲人不倦”，才能常教常新。他在分析青年不肯努力求学的原因时，也明确提到了这一问题。在陶行知看来，不肯努力求学的原因在于学校里缺少学问上熏染和督促的力量，两者中尤以熏染更为重要。他认为好学的教师最为重要，想要有好学的学生，须有好学的先生。即要想学生学好，必须先生好学。唯有学而不厌的先生，才能教出学而不厌的学生。所以在学校里提倡学问的根本方法就是要多找好

---

① 董宝良主编：《陶行知教育名篇选》，北京：人民教育出版社，2012年，第177—178页。
② 华中师范学院教育科学研究所主编：《陶行知全集》（第二卷），长沙：湖南教育出版社，1984年，第313页。
③ 董宝良主编：《陶行知教育名篇选》，北京：人民教育出版社，2012年，第165页。
④ 董宝良主编：《陶行知教育名篇选》，北京：人民教育出版社，2012年，第165页。

学的教师，鼓励好学的学生。

陶行知还认为一个好的教师不仅要不断追求新知，还应该有创造的精神。他在《创造宣言》中就提出“教师的成功，是创造出值得自己崇拜的人。先生之最大的快乐，是创造出值得自己崇拜的学生”[①]，“教育者也要创造值得自己崇拜之创造理论和创造技术”[②]。在他看来，创造是学习的最终目的，教师就应该不拘泥于传统，就应该勇于创造，勇于革新。在育才学校的办学中，他就不断地勉励育才师生要“为科学创造而学习”。

陶行知十分重视教师的师德建设问题。在他看来，学生往往尊重和敬佩那些知识渊博、品德高尚的老师；作为教师，自己的一言一行、一举一动，都要修养到不愧为人师表的地步。他认为，一个教师的道德是他做人的根本，如果根本一坏，纵然他有再多的学问和本领也无甚用处，良好的师德对于学生的成长有着重大的影响。因此教师在教学及其管理活动中，要特别注重以身作则，为人师表，要加强自身的思想道德建设。首先，他认为教师要对教育事业有一颗赤诚的爱心，应摒除一切利己之念，抛弃一切利己之事，将自己的“以整个的心”奉献给全体学生，献给教育事业，要切实做到“捧着一颗心来，不带半根草去”。在从事中国乡村教育改造时，他就曾说过“我们从事乡村教育的同志，要把我们整个的心献给我们三万万四千万的农民”[③]。其次，他认为教师一定要热爱自己的学生，“爱满天下”是陶行知一生奉行的格言，他认为教师就应该用自己的真心和真情去爱护学生、尊重学生，教师的爱是培育学生的源泉和动力。再者，陶行知强调一定要以身作则，为人师表。教师在严格要求学生的同时，也应该严格要求自己，要求学生做到的，教师理应首先做到。最后，陶行知还提出师德建设也要注意团结合作，同事友爱，应当创建一个和谐的工作氛围。教师之间应当相互合作、团结协力，互相学习、共同提高，形成教育教学中的合力，为了共同的目标一致行动。他曾在《育才创造年计划大纲》中，明确将“以互助合作精神相待”

---

① 董宝良主编：《陶行知教育名篇选》，北京：人民教育出版社，2012 年，第 491—492 页。
② 董宝良主编：《陶行知教育名篇选》，北京：人民教育出版社，2012 年，第 492 页。
③ 董宝良主编：《陶行知教育名篇选》，北京：人民教育出版社，2012 年，第 3 页。

作为师德规范规定下来。

在关于教师的相关论述中，陶行知多次提及“真人”“求真”这一观点。他在谈及“如何做好一个大众的教师”的问题时，就提出首先要做到“第一，追求真理；第二，讲真话；第三，驳假话”[①]。在“如何成为第一流的教师问题”上，陶行知则认为第一流的教师应具有两种要素：一是要有真知灼见；二是肯说真话，敢驳假话，不说谎话[②]。“求真”就是要追求真理，热爱真理，敢于为真理献身；“做真人”就是要求教师要有道德修养，要有高尚的品德，要时时躬身自省，处处严以律己，为学生做出表率，这也是陶行知对师德要求的另一层解读。

在师生关系的问题上，陶行知重视民主、平等、对话、合作的师生关系的构建。在《南京安徽公学办学旨趣》一文中，他提出“要学生做的事情，教职员躬亲共做；要学生学的知识，教职员躬亲共学；要学生守的规矩，教职员躬亲共守”[③]。在从事中国农村改造实践时，陶行知认为从事乡村教育的同志，应该全身心地投入其中，只有知道农民的需求，只有能够与农民同甘共苦，只有真正为农民提供教育服务，才能担负起改变农村生活的重要使命。在创办晓庄师范学校时，陶行知提出教师应当与学生共教、共学、共做、共生活。陶行知还主张晓庄师范学校的教师应深入农村，拜农民为师，与农民做朋友，帮助农民解决实际问题，改造乡村落后的局面。在创立山海工学团时，他主张弱化师生界限，会的教人，不会的跟人学，强调相互为师，相互学习，并要求教师在“做”上教，学生在“做”中学，教与学以“做”为中心。在创办育才学校时，陶行知认为教师应该与学生在集体生活中相互学习，反对将教与学割裂开来，也反对将教与学完全等同。强调教师应该了解学生实际情况，做到因材施教，正确引导学生进行自觉学习。陶行知推崇民主、辩证的师生关系，他认为基于民主、平等、对话、合作基础上的师生关系既能够促使师生之间内心的和谐，促成学生亲师信道，促成师生之间学习上的共学关系、生活上的同甘共苦关系，能够增进师生之间的感情融

① 董宝良主编：《陶行知教育论著选》，北京：人民教育出版社，1991年，第478页。
② 董宝良主编：《陶行知教育论著选》，北京：人民教育出版社，1991年，第636页。
③ 董宝良主编：《陶行知教育名篇选》，北京：人民教育出版社，2012年，第279页。

合，打破隔阂，促使教育教学管理的顺利开展。

（六）论民主教育与民主管理

陶行知的民主教育思想是其整个教育思想体系的重要组成部分，无论是在他的办学实践中还是在他对学校、教师、学生等的论述中，无不体现出民主教育的火花，同时，他的民主教育思想又是他倡导和实践民主管理的思想基础。

中国传统文化、近代教育的新思潮以及近现代西方教育思想都是陶行知的民主教育理论产生和发展的养分与甘露。他在《实施民主教育的提纲》中全面论述了他的民主教育思想。他认为将民主运用到教育方面，有着双重意义："第一，民主的教育是民有、民治、民享的教育。……第二，民主的教育必须办到各尽所能，各学所需，各教所知"①。这一论断鲜明地提出了他的民主教育思想的宗旨是"以人为本，以民为贵"。"民有"意指教育是属于人民自己的，"民治"意指教育是由人民自己管理的，"民享"意指教育是为人民所需服务的，陶行知从教育的所有权、管理权和教育目的上充分说明了民主教育就应该以人为本，以民为贵。

在民主教育的内涵上，陶行知认为真正的民主应当包括政治民主、经济民主、文化民主、社会民主和国际民主五个方面。而民主教育的内涵则是"教人做主人，做自己的主人，做国家的主人，做世界的主人"②。民主教育首先是民主性的，民主教育是人民的教育，陶行知提出"文化为公""教育为公"的理念，他提倡男女都应该平等享有受教育的机会，无论男女老少，无论贫富、阶级、信仰，都应享有同等受教育的权利。

其次，陶行知认为民主教育应该是整个生活的教育，应该是由健康、科学、艺术、劳动与民主组成的和谐的教育，就是人民自己办的教育，是为了人民自己的幸福而办的教育。为此，陶行知提出民主教育的内容应包括以下十点：一是

① 董宝良主编：《陶行知教育名篇选》，北京：人民教育出版社，2012年，第142页。
② 董宝良主编：《陶行知教育名篇选》，北京：人民教育出版社，2012年，第218页。

“教育为公以达到天下为公”；二是“教人民肃清法西斯细菌，以实现真正的民主”；三是“启发觉悟性”；四是“培养创造力，以实现创造的民主和民主的创造”；五是“各尽所能，各学所需，各教所知，使大家各得其所”；六是“在民主的生活中学习民主”；七是“尽量采用简笔汉字、拉丁字母，双管齐下，以减少识字困难，使人民特别是边民易于接受教育”；八是“充分运用无线电及其他近代交通工具，以缩短距离，使边远地方之人民、小孩，可以加速的享受教育”；九是“民主教育应该是整个生活的教育”；十是“承认中国是从农业文明开始渡到工业文明，经济是极端贫穷”①。

再次，陶行知认为民主教育就是创造教育，他将民主与创造相结合来理解教育，他认为民主的创造意味着所有人都能有机会参与创造，每个人都能最大限度发挥其创造力，这正是民主社会创造力涌现的根源。他提出，“创造力最能发挥的条件是民主。当然在不民主的环境下，创造力也有表现。那仅是限于少数，而且不能充分发挥其天才。但如果要大量开发创造力，大力开发人矿中之创造力，只有民主才能办到，只有民主的目的、民主的方法才能完成这样的大事”，“只有民主才能解放最大多数人的创造力，而且使最大多数人之创造力发挥到最高峰”②。这不但揭示了创造与民主之间的相关性，也明确了通过民主教育能够解放人的创造力，提出了基于人的创造力解放的民主教育能够让人得以自由地成长，而这正是民主教育与创造教育的根本交集。在实践中，陶行知提出要“以民主为始，创造为终”，全面提高全民素质，为此他曾提出六大解放，即解放人们的头脑、双手、嘴巴、眼睛、时间和空间，要求给予宽松的环境，让人们的创造力发挥出来。他还在育才学校的办学中，大力推行创造教育，解放学生的创造力，并取得了极大成功。

最后，民主教育应是实践性的教育，陶行知在《实施民主教育的提纲》中，对教育方法、教材、学制以及教育行政等方面都作了详细的规定。他认为民主的教育方法就是要让学生自己动手，要启发学生使之能够自觉学习，强调对学生的

---

① 董宝良主编：《陶行知教育名篇选》，北京：人民教育出版社，2012年，第218—219页。

② 董宝良主编：《陶行知教育名篇选》，北京：人民教育出版社，2012年，第500—501页。

实践能力的培养。同时他强调教育方法要客观、科学，要多种多样，要因材施教，将生活与教育联系起来。他提出要让学生自己动手是希望他们走上创造之路，手脑并用，劳力上劳心。在教材方面，陶行知认为民主教育的教材应从丰富中求精华；从教科书以外求知识，则应该从学校以外的大自然和社会中去寻求活的教材，在教育实践中去找寻教材。在教育行政方面，陶行知鼓励人民办学校，为民主服务，也鼓励学生自己管自己的事情。这些既是陶行知对于民主教育的设想，也是实施民主教育的行动大纲，陶行知着眼于中国的社会实际，一切从中国的实际出发，强调因时、因地制宜，体现了民主教育的实践性。

对于民主教育的任务，陶行知主张："民主教育的任务是教人争取民主；到了政治走上民主之路，民主教育的任务是配合整个国家之创造计划，教人依着民主的原则，发挥各人及集体的创造力，以为全民造幸福。"① 即民主教育是人民的教育，是为人民自己的幸福而办的教育。因此他致力推动社会底层尤其是农民、女子的教育，主张人人都应当接受教育，明确提出了将教育归还于人民的要求。针对当时中国教育"小众化"的畸形现象，他提出教育就应当从上层社会的特权变为大众的权利，以实现教育的"大众化"，而这既是实现民主的路径，也从根本上确立了教育的民主本质。

陶行知认为民主教育就意味着人人都是教育者，人人也都是受教育者。在传统的师生关系中，教师拥有至高无上的权威，教师对学生的教育方式是灌输与教化。陶行知力求改变这种师生关系，他首先提出将"教授法"这一说法改为"教学法"，强调教师教学就应该"教学做合一"，他认为民主的教育就应该"教学相长"，教育是共同成长的活动，教育者在教育受教育者的同时，自身也获得了成长与提高。他认为人民是最伟大的老师，教师也应该虚心向老百姓、向学生学习。

在如何做一个民主的教师问题上，陶行知强调只有教育者具有了民主精神才能推动民主教育，认为民主的教师应当具备六大要素：虚心；宽容；与学生共甘

---

① 董宝良主编：《陶行知教育论著选》，北京：人民教育出版社，1991 年，第 625 页。

苦；跟民众学习；跟小孩子学习；肃清形式、先生架子、师生的严格界限。因此他提出，作为教师，要学习的民主作风至少应该包括五个方面：①民为贵。人民第一。一切为人民。②天下为公。文化为公。不存心包办，或征为私有。③虚心学习，集思广益，以建立自己的主张。④自己要说话，也让别人说话，最好是大家商量。自己要做事，也让别人做事，最好大家合作。自己要吃饭，也让别人吃饭，最好是大家有饭吃。自己要安全，也让别人安全，最好是大家平安。自己要长进，也让别人长进，最好是大家共同长进。⑤民主未得到之前，联合起来以争取民主为己任，人民基本自由得到之后，依据民主原则共同创造，创造新自己，创造新家庭、新学校、新中国、新世界。[①] 他认为作为一个民主的教师首先要肯拜人民与小孩为老师；其次能运用民主作风教学生，并与同事共同过民主生活，以造成民主的学校；再其次要教学生成为民主的小先生；再次要教民众自己成为民主的干部；最后应争取民主以保障生存权利与教学自由[②]。

陶行知将其民主教育理论付诸办学实践中，在中国近现代教育史上引起了教育观念的深刻变化，民主教育理论促进了中国社会教育和普及教育的发展，带来革命性的变化。

（七）论校园文化建设

陶行知在办学治校的实践中非常重视校园文化的建设，他认为“天然环境和人格陶冶有着很密切的关系”[③]，也提出“发挥或阻碍、加强或削弱、培养或摧残这创造力的是环境”[④]。在陶行知的心目中，校园文化建设对人的作用是非常明显的，民主和谐的校园文化既能陶冶和净化学生的思想品德，形成共同的理想和信念，又能充分运用环境育人的手段，更好地发挥文化环境对教育者潜移默化

---

① 董宝良主编：《陶行知教育论著选》，北京：人民教育出版社，1991年，第635页。

② 董宝良主编：《陶行知教育论著选》，北京：人民教育出版社，1991年，第636—637页。

③ 陶行知：《陶行知全集》（第八卷），成都：四川教育出版社，1991年，第4页。

④ 董宝良主编：《陶行知教育名篇选》，北京：人民教育出版社，2012年，第496页。

的作用。

在学校环境建设上，他十分注重校址的选择，在《杭州大学之天然环境——一封公开信》中他就曾提出校址的选择标准应遵循五点：一要雄壮，可以令人兴奋；二要美丽，可以令人欣赏；三要阔大，可以使人胸襟开拓，度量宽；四要富于历史，使人常能领略数千百年以来之文物，以启发他们光大国粹的心思；五要便于交通，使人常接触外界之。[①] 无论是晓庄师范学校，还是后来的育才学校、社会大学，陶行知在校园选址上都十分审慎，尽量将学校建在环境优美、风景宜人的地方。

除了注重自然环境对校园文化的影响外，陶行知认为更重要的在于师生共同创设校园环境，构建美丽校园。陶行知一贯重视美育的作用，主张以审美的精神塑造人，使教育成为美化人生的东西。他提出"学校生活是社会生活的起点。远处着眼，近处着手，改造社会环境要从改造学校环境做起。全校师生应当以美术的精神共同改造学校环境"[②]。他还认为学校应该展现自己的学校风貌，尤其是和谐氛围的营造。陶行知在创办晓庄师范学校时，曾亲自带领师生去劳作，体验劳动的美，在育才学校办学中，他还与师生一道开辟育才学校的操场、露天舞台等。

陶行知也认识到物质建设对校园环境的影响，他提出"物质环境在教育上之影响，尽人皆知。要有良好的教育，必须有相当的物资环境。校舍、设备、图书、仪器和校外之种种环境，都与教育有密切的关系"[③]。他积极主张学校应建立图书馆、艺术馆，既满足师生读书的需要，又可以增添浓厚的学术氛围。办学治校期间，他还多方筹措资金来改善学校的物质环境，以期能为学生提供更好的教学环境。

在注重校园物质文化建设的同时，陶行知认为更应该关注校园精神文化的建设。他在"生活教育理论"中将追求"真善美"的统一作为教育的灵魂。为此，在校园文化建设中他大力倡导"真善美合一""知情意合一""教学做合一"，并

---

① 陶行知：《陶行知全集》（第八卷），成都：四川教育出版社，1991年，第4页。
② 董宝良主编：《陶行知教育名篇选》，北京：人民教育出版社，2012年，第191页。
③ 董宝良主编：《陶行知教育论著选》，北京：人民教育出版社，1991年，第70页。

将“真善美的人格”作为校园精神文化建设的核心，力图构建艺术化、哲理化、人性化、和谐化的校园精神文明，以环境建设为载体营造“真善美”的精神文化，让学生在潜移默化中接受“真善美”的教育，促进学生的健康快乐成长。

陶行知认为校园精神文化的建设还应体现在校风学风的建设上。他深知校园精神文化建设对学生思想和行为的深刻影响与作用，因此他通过亲自设计和创作校歌、校徽、校训、校刊等多种文化形式来把自己的办学主张、办学思想淋漓尽致地反映出来，并以此来教育人、影响人、感召人、带动人，从而为学生树立正确的世界观、价值观和人生观。譬如他在创办育才学校时，曾为育才学校设计校徽，并创作了《手脑相长歌》和《凤凰山下》作为育才学校的校歌，将其“真善美”的文化观和他“爱满天下”的至善至爱精神贯穿始终。

在规章制度建设方面，陶行知认为科学的规章制度是学校走向规范化治理的重要途径，也是校园文化建设的重要一环。陶行知在学校管理中十分重视学校规章制度的建立。他坚持“以人为本”的理念，在制定规章时充分考虑到师生的接受和认可程度。在制度设立时他坚持必须采用民主集中制原则，强调要集思广益，发扬民主。同时他认为规章制度应当建立在一定的师生群众基础之上，才能得到师生的共同拥护和执行。陶行知还主张对于约束学生的条例，最好由学生自己去提出，这样可以更加贴近学生的生活，制度也就更具有可行性和操作力。同时他还提出将学校的人、财、物纳入规章的制定范围之内，形成科学合理的机制，有利于推动学校其他工作的高效进行。

第四章　张伯苓的学校管理实践与思想

张伯苓（1876—1951）是民国时期著名的教育家，他用毕生的精力创办了私立南开学校教育体系，为社会培养了大批人才，是中国人自己办学的杰出代表，为我国近代教育史增添了辉煌的一页。

一、生平与教育活动

张伯苓，清光绪二年（1876）4月5日生于天津，原名寿春，字伯苓。

张伯苓幼年因家道中落，无力延师就学，曾入同族人张竹坡家馆就读，后又转入刘先生办的义学读书。

光绪十七年（1891）秋，15岁的张伯苓考入天津北洋水师学堂，入驾驶班，学习驾驶。光绪二十一年（1895）九月毕业于北洋水师学堂第五期驾驶班。时值甲午战败，无船实习，在家闲居一年。接着被派往“同济”轮实习，其间三年，他目睹清政府政治腐败，国势阽危，深感欲救中国，非造就人才不可，而欲造就新人才，非兴办教育不可。从此，他就决心把毕生精力献给教育事业。光绪二十四年（1898），他愤然脱离所服役的海军，受天津名绅严范孙先生的邀请，到严馆授西学（英、算、理化）诸科，当时，学生只有严氏子弟五人。光绪二十七年（1901），又受天津绅士王奎章的邀请，到王馆教授西学，有学生六人。张伯苓每天上午到严馆、下午到王馆上课。

光绪三十年（1904）四月，张伯苓偕同严范孙，第一次东渡日本，参观早稻田大学及高等师范、高等工业学校、女子大学、小学等，考察日本教育，并购置理化仪器多种。回国后，同严范孙商议成立中学堂事。同年10月17日，在合并严、王两馆的基础上，创办中学，定名为“私立中学堂”。第一期招收学生73人，分三班，张伯苓任监督。年终改称私立“敬业中学堂”，后人又称“私立第一中学”。为了解决师资问题又设师范班，以严、王两馆年长学优者充任师范生，半教半读，张伯苓教授英、算、史、地、体育诸科。

中学成立第四年，即光绪三十三年（1907）得到邑绅郑菊如在“南开洼”捐地十余亩，遂建起校舍，当年二月迁入新址，校名改称“南开中学堂”。南开中学建立以后，倡导新学，很有成效，一时社会上热心教育人士纷纷解囊捐助。因此，校舍年年得到扩建，学生也年年增多。

宣统三年（1911），天津提学使傅增湘令将天津客籍学堂和长芦中学堂并入南开中学，校名改为“公立南开中学堂”。同年，张伯苓的好友范静生出任北京清华学校总办，约请张伯苓兼任该校的教务长。张伯苓到任后，对于清华学生的课业，多有改革，深为该校的一些外籍教师所敬佩。半年后，张伯苓为专心致力南开教育，乃辞职回津。

1914 年，直隶省工业专门学校和北洋法政两校的附设初中班同时并入了南开中学。1915 年 5 月，张伯苓率运动员赴上海参加第二届远东运动会，并到杭州、南通参观各学校。同年 11 月受聘短期代理直隶女子师范学校校长职。1916 年 3 月，直隶学务联合会在天津召开，张伯苓被推为会长。同年 5 月，北部学校联合运动会在北京举行，张伯苓当选华北体育联合会副会长。

1917 年 1 月，南开学生已满千人，张伯苓召开全体师生纪念会并摄影留念。同年 2 月，张伯苓决定每周六召开教员会议，研究教育管理。鉴于中学已建立，并逐渐有所发展，张伯苓遂决心创办大学教育，并第二次（第一次是 1908 年 9 月，出席在美国华盛顿举行的第四届国际渔业博览会）去美国，入哥伦比亚大学师范学院研究教育。同时遍游美国各地，考察美国各私立大学的组织和设施，翌年冬，张伯苓回国开始筹备大学部。1919 年北京各学校爱国师生发起了五四运动，天津各学校纷纷响应，其中以南开中学学生和进步的教职员为主干，积极组织请愿和游行示威，结果周恩来等四十余人被反动军警逮捕，后经张伯苓设法营救才获得释放。同时，张伯苓还致电徐世昌，要求释放北京被捕的学生。就在 1919 年的 9 月 25 日，南开大学成立并举行开学典礼，分文、理、商三科，招收新生 96 人。同年 11 月 13 日，张伯苓应邀去上海参加圣约翰大学 40 周年纪念大会，被授予文学名誉博士学位。

五四运动以后，张伯苓一方面注重南开大学的改革、建设，另一方面积极参与社会其他教育事业的组织和领导，为南开教育事业的发展付出了毕生的心血，对旧中国教育的发展做出了卓越的贡献。

1920年起，张伯苓先后参加并筹组新教育共进社、实际教育调查社，在此基础上参与筹组中华教育改进社，被选为董事兼司库。1927年张伯苓看出日本帝国主义有不断吞食我国东北的野心，遂组织满蒙研究会，后改名东北研究会，他还亲自组织师生赴东北调查，编写了《东北经济地理》一书，并作为中学的一门课程对学生进行爱国主义教育。

1929年，张伯苓又赴美进行募捐活动，并赴英国、法国、意大利、瑞士、德国、奥地利、丹麦、挪威等国考察教育同社会的关系。1931年，应张学良之聘，赴沈阳参加东北大学校务会议，协助其管理校务。1936年，日寇逼近华北，张伯苓决定在重庆建立南渝中学。1937年7月，日军派飞机轰炸了张伯苓在天津办的南开学校；8月南开大学、北京大学、清华大学先迁长沙组临时大学，后迁昆明组“西南联合大学”，张伯苓为学校三常委之一。与此同时，张伯苓组织天津南开中学师生迁往重庆南渝中学继续办学，1938年，将南渝中学改名为重庆南开中学。抗战胜利后，1945年到1946年，南开中学和大学先后复员天津。南开大学改为国立，张伯苓继续出任校长。1946年张伯苓赴美就医，同年及翌年先后获哥伦比亚大学和加利福尼亚大学名誉文学博士和法学博士学位。1948年6月出任国民党政府考试院院长。不久，他逐步看到国民党的腐败，遂于同年11月离任，赴重庆准备迎接解放。重庆解放后，他于1950年到达北京并受到周恩来总理的欢迎。同年9月他回到天津，受到故旧与学生的欢迎。1951年2月23日，张伯苓病逝于天津。

张伯苓在他半个世纪的教育活动中，创造了南开精神，建立了闻名中外的南开教育体系，留下了许多办学治校的故事。从学校管理实践上考察，张伯苓虽然没有留下在办学思想方面的宏篇巨著，但是他提出并阐述的许多学校管理的精辟见解，与他在南开杰出的学校管理实践都值得今天从教的人们研究整理，弘扬光大。

二、学校培养目标主张

张伯苓认为教育的重要目标是德、智、体三育并行发展，培养完全人格，以为社会谋进步，为公众谋幸福。他指出："教育一事，非独使学生读书习字而已，尤要在造成完全人格，三育并进而不偏废。"[①] 在这一思想指导下，张伯苓主张南开学校要为国家培养德才兼备，勇于创新的人才。他指出南开学校的教育宗旨是"造就学生将来能通力合作，互相扶持，成为活泼勤奋、自治治人之一般人才"[②]。张伯苓批评只为个人着想的教育，指出以前的教育多在造成个人为圣为贤，在"扬名声""显父母"，认为今日的教育"要为社会谋进步，为公众谋幸福"。

张伯苓是位立志通过教育来改造中国的教育家，他办学的目的是"痛矫时弊，育才救国"[③]。他认为当时中国的时弊有五种，即：八股余毒，教育不普及的"愚"；重文轻武，鄙弃劳动，鸦片流毒的"弱"；科学不兴，生产力弱，民生经济濒于破产的"贫"；由于二千余年专制淫威造成的"散"；以及公德心太弱，只顾眼前的"私"。因此他提出办学的"消极目的在矫正上述民族五病；其积极目的为培养救国建国人才，以雪国耻，以图自强"[④]。为此张伯苓特别强调南开大学的教育目的是要寻求解决中国之困难问题的方法，是要造就出能够引领中华民族步出迷津的领袖，"使我中国现代化，能在世界上得到适当的地位，不至受淘汰"[⑤]。张伯苓进而指出："欲达此种目的，务须对症下药，即：①注重体育，锻炼强健之国民；②注重科学，培养丰富之现代知识；③注重精神的修养……向

① 王文俊、梁吉生等编：《张伯苓教育言论选集》，天津：南开大学出版社，1984年，第1页。
② 崔国良编：《张伯苓教育论著选》，北京：人民教育出版社，1997年，第13页。
③ 崔国良编：《张伯苓教育论著选》，北京：人民教育出版社，1997年，第305页。
④ 崔国良编：《张伯苓教育论著选》，北京：人民教育出版社，1997年，第306页。
⑤ 崔国良编：《张伯苓教育论著选》，北京：人民教育出版社，1997年，第208页。

深处培，向厚处培……；整理中国固有之文化，摘其适合于现代潮流者，阐扬而光大之，奉为国魂，并推而广之，以求贡献于全世界。”①

可以看出，张伯苓极力主张实现的学校培养目标，是与公众的幸福、民族的兴旺、祖国的富强、社会的进步密切联系在一起的。在这种培养目标的激励下，张伯苓对南开进行了一系列的改革，不仅使南开成为我国著名的私立学校，而且为社会培养了一大批英才。

作为一校之长，张伯苓深知办学须有宗旨的重要，他指出：“凡事必有一定宗旨，然后纲举目张，左右逢源。”② 在如何确定学校培养目标上，张伯苓反对跟着别人的后面亦步亦趋。他认为“办学校须有宗旨，亦犹盖房者，心中须先有草图，用何器具，得何成效。”③ 若是一味照搬模仿，便会脱离国情，而滋流弊。他指出先时教育尊君尊孔，后来全个仿效日本，“均非其道”。现在确定学校教育目标，应考虑以下两种因素：

（一）本国政体（须造哪类人）；

（二）人民情形（当用何方法）。“知乎此，然后再定教育宗旨。”归于一点：“教育宗旨不可仿造，当本其国情而定。”④ 张伯苓进一步分析了当时的国情，在他看来尽管国情太泛而不易捉摸，但至少有以下几点是显而易见的：

（1）世界文明多活泼，吾人太死；

（2）世界文明国多进取，吾人好保守；

（3）吾人多知自己及家族，而思想眼光多不知社会之必要；

（4）国人好作消极的言论行动。⑤

鉴于此，张伯苓要求学校教育应当采取措施“提倡自动”“提倡使国人有社会的自觉心”“提倡积极精神”。20 世纪 20 年代末，张伯苓提出“土货化”办学方针，公开申明学校制度不能只是仿照外国的成规，学科内容也不能仅仅重复外

---

① 崔国良编：《张伯苓教育论著选》，北京：人民教育出版社，1997 年，第 208 页。

② 崔国良编：《张伯苓教育论著选》，北京：人民教育出版社，1997 年，第 13 页。

③ 崔国良编：《张伯苓教育论著选》，北京：人民教育出版社，1997 年，第 72 页。

④ 崔国良编：《张伯苓教育论著选》，北京：人民教育出版社，1997 年，第 73 页。

⑤ 崔国良编：《张伯苓教育论著选》，北京：人民教育出版社，1997 年，第 73 页。

国的东西，要“以中国历史、中国社会为学术背景，以解决中国问题为教育目标”①。

张伯苓反复强调立足国情，确定学校教育培养目标的思想，不仅推动了南开教育的发展，而且对当时中国教育的时弊也是一剂清醒剂。

三、学校组织管理规划

为实现学校培养目标，张伯苓在学校组织管理方面，强调教授治校的民主制，他曾说：大家的事大家做，南开不是我一个人的南开，是大家的南开。1916年张伯苓在《我校之各项政策》的演讲中明确指出：“本校政策即将学校作成一法制学校，总不使一人之去留影响于全校……各事既有秩序，则无论何人视事均能依旧进步。其能力强者能扩充之，虽较弱者亦无退步之虞，使之坚固永久，斯本期之政策也。”② 为此，张伯苓从以下六方面进行了规划：

（一）校长之责任分担于校董。这是指邀请社会名流和赞助学校者为校董，参与学校重要事务。“如此校董既负一分责任，则校长责任减轻，而全校事务不致求凡属中学班各事可向中学主任询问，专门班各事则向专交于校长一身矣。”③

（二）校长之下分专门、中学二主任。“斯权限分，而事易举。”④

① 王文俊、梁吉生等编：《张伯苓教育言论选集》，天津：南开大学出版社，1984年，第275页。
② 崔国良编：《张伯苓教育论著选》，北京：人民教育出版社，1997年，第29页。
③ 崔国良编：《张伯苓教育论著选》，北京：人民教育出版社，1997年，第29页。
④ 崔国良编：《张伯苓教育论著选》，北京：人民教育出版社，1997年，第29页。

（三）校务分掌。张伯苓规定在职员中分管理、庶务、体育三课。各课设课长、课员，其余各事并由诸教员帮助，分国文、英文、图书、学会、体育、学校卫生、音乐诸股，“各司其职，各理其事”。张伯苓认为这样便能做到“校长既不过劳，校事亦有秩序，而进步自易矣”①。

（四）定时做事。这是要求学校职员“每日有一定时刻接洽事务，使职员既可得暇休息，而学生又能养成遵守秩序的习惯”②。也就是实行类似今天的上下班制。

（五）对于各会，张伯苓要求遵循本校政策，“勿使增长过大，而求其精神兼顾为要”（这里的学会是指校内的学生组织的团体）。

（六）对于各报，张伯苓规定各出版物均请国文教员赞助，内容则取其精华而辞其繁冗。

以上六条又可说是张伯苓在南开实施具体管理的原则。1921 年 1 月，张伯苓为了革新校务，召集南开学校教职员及学生代表约 20 人，在北京香山慈幼院开会，制定了“校务公开，责任分担，师生合作”③ 的方针，并成立了由教职员及学生组成的“师生校务研究会”，按期召集会议，讨论学生就学校问题所提的议案。“举凡兴革事宜，如有三分之二以上可决，得建议于校务会议或校长，以便酌可施行。”后来，南开又成立大学部评议会，校长、各科主任及教授代表参加负责评议本校的大政方针，规划校内组织，支配学校进款及各科预算等。

组织机构建立之后，重要的是用人问题，即选择合适的人至适当的岗位，以发挥其主动精神和创造性。张伯苓深知要办好学校，非依靠师生员工集体的力量不可，因此他广罗人才，以“公”“能”为标准择优聘任。因而使南开学校成为机构精简、队伍精干、办事效率高的典型。

---

① 崔国良编：《张伯苓教育论著选》，北京：人民教育出版社，1997 年，第 29 页。
② 崔国良编：《张伯苓教育论著选》，北京：人民教育出版社，1997 年，第 29 页。
③ 崔国良编：《张伯苓教育论著选》，北京：人民教育出版社，1997 年，第 89 页。

四、学校教学管理举措

南开向来以重视课程、教学严格认真、学生成绩优异著称。这同张伯苓制定的一套严格的学校教学管理制度是分不开的。

第一，南开特别重视入学新生的质量，不合格的一律不予录取。当时军政界的一些要人或“关系户”的子弟，不经考试入学的，实行试读制度，学宿费加倍，个别的加倍又加倍。试读一年，考试及格，可以转为正式生；不及格的退学，不讲情面。这种试读制度，可以说是“走后门”，但它是半公开的，而且升级或毕业都不降低标准。

第二，新生入学后，强调基础知识和基本技能的学习。不论中学和大学，都是最好的教师开基础课，以提高教学质量。张伯苓注意教学设备的建设，教学挂图、标本、实验仪器都很充实。他还亲自规定：生物、化学、物理每周 2 小时实验，每两个学生发一组仪器，鼓励学生亲自动手，“一假定不适宜，再试验焉，三试焉，以至无穷焉”。

第三，张伯苓在南开建立了完整的教学管理制度，如课堂规则、考试规则、实验规则等。以南开考试为例，不仅严格，而且方式很多，有测验、小考、大考。测验随课举行，不计其数；小考按月举行，大考则非常郑重其事，有如入学考试那样，即各年级学生都集中在一个大教室里，按号入座，监督很严，一经发现有作弊行为的，当场没收考卷，除分数为零外，轻则记过，重则开除。考卷是同年级统一命题，统一评分标准，流水阅卷，主科不及格的不能升级。

第四，对优秀学生与差生分别采取措施。1921 年张伯苓召开的校务会议，曾专门通过“特材生办法案”与“各科教员宜注意劣等生案”，决定对优秀生

“特别优长之门类，宜设法使之尽量发展”①，要求“各科教员宜与劣等生以相当之帮助”②。同时对优秀生予以奖励，如南开大学设有算学奖学金、梁士诒助学金、思源助学金、觉顿助学金以奖励优秀学生。南开大学还对家庭经济情况不太富裕的学生，单设清贫学生奖学金，奖励学生努力学习。

第五，重视对学生能力的培养。张伯苓不主张读书死记硬背，提倡研究学术，生动活泼地学习，且经常邀请名流学者作学术报告，开阔学生的知识视野。张伯苓还鼓励学生成立各种研究会，编辑刊物，自由发表文章，共同探讨学问。还实行积点（学分）制、选科制，以提高学生的学习兴趣，使学生的爱好和专长得以发展。

第六，张伯苓特别强调学生理论联系实际，参与社会实践。他指出：“吾国学生最大之缺点，即平日除获得书本上知识外，鲜谙社会真正情状。故一旦出校执业，常觉与社会隔阂，诸事束手。欲免此种弊病，最宜使学生常与社会接近。若调查或视察各种问题，不特可培养学生实际上之观察力，抑可以换课堂生活之抑郁空气也。”③ 因此，张伯苓非常注意创造条件使学生有机会深入社会，了解社会和培养学生从事社会工作的能力。不仅将“社会调查”规定为各年级所应设的一门重要课程（20 世纪 20 年代初始），而且南开中学与大学中均成立了社会视察团体，学生在教师的带领下，按照事先编定的社会调查大纲到工厂、商店、银行、救济院、监狱、政府部门等处做实地访问调查，然后写出调查报告，并由教师批阅评定成绩。学生们还经常组织郊游和长途旅行。通过社会调查，学生了解书本以外的社会实况，丰富了感性认识，更重要的是提高了他们的社会责任感。南开的许多进步学生就是从这些活动中最早得到社会启蒙，进而逐渐接触马克思主义的。虽然这并非张伯苓的本意，但他倡导学生深入社会实际，确实是看到了中国学校教育的不足而采取的措施。

此外，张伯苓还注重对学生的学习，尤其是对学生假期学习的指导。他告诫

---

① 崔国良编：《张伯苓教育论著选》，北京：人民教育出版社，1997 年，第 93 页。

② 崔国良编：《张伯苓教育论著选》，北京：人民教育出版社，1997 年，第 93 页。

③ 王文俊、梁吉生等编：《张伯苓教育言论选集》，天津：南开大学出版社，1984 年，第 152—153 页。

学生要学习好功课，“勿旷课”，“每日课程应温习完毕”，“宜择自己较弱之课程而补习之”。对于学生假期的学习，张伯苓要求学生利用假期，“另拟别法以求长进”，不要拘于学校内的死格式，而应根据各人不同的情况，选择有益的事做，以发展个性。张伯苓认为学生假期从事这些活动，“于自己，于社会双方面均有利益”。于学生自己方面，可借此与在学校平日学的联成一致，与课本相调和，又可借此明白一切事实。于社会方面，可为社会做少许事，又能借此明了社会的真相，补助教育之所不及。[①]

五、学校财物后勤管理策略

南开学校是私立的，一切经费都得依靠募捐来维持，而当时的社会财富都掌握在当权的统治者手中。由于连年内战，政权屡变，统治者更替频繁，而政局一经变迁，募捐就得重新开张，另谋出路。张伯苓对社会形势深有研究，他认为不论谁当政，都不会公然禁止兴办教育、培植人才，只要在政治上没有露骨的表示，总是允许你存在的。张伯苓还认为：一个争权夺势者，不论他是怎样地作恶，但在得势之后，总喜欢落得美名，也想把他的子女送进一所好学校，让他人夸耀他自己。张伯苓抓住了这两点，乃以兴办教育、培养新人和教育求国为题，劝说当权得势者，和他们交往，向他们募捐。另外，在政权更替之后，张伯苓经常入北京的教育部大门，找他们拨补些常年经费。一般的民族资本家都有着较开

① 王文俊、梁吉生等编：《张伯苓教育言论选集》，天津：南开大学出版社，1984 年，第 88 页。

明的政治思想和较远大的眼界，他们认为捐资兴学是一个义举，是博得好名声的事，所以他们都是南开的同情者和支持者。至于一般的军阀和政客，或出于对张伯苓的敬仰，或为了借此自炫，也往往慷慨解囊，或在其他方面给予援助。张伯苓常常自称，他是一个化缘的老和尚，还说募捐来的钱是取之于“私”而用之于“公”，全部用来兴办教育。

张伯苓在财物管理方面总是本着勤俭节约的方针。华午晴诚实、正直、廉洁、能干，张伯苓便任用他总管学校的建筑，他既是南开的建筑师、会计师，又是财务管理员。在华午晴设计筹建南开某项建筑时，张伯苓提出南开盖楼房，要达到三个目的，一是适用，二是好看，三是省钱。他还在《办学须有宗旨》的演说中强调：“凡本校师生所用的东西，均由本校师生自己去做，自己经营，这个意思就是想引着大家省钱，并注意实业。”①

张伯苓也非常重视学校后勤管理。他认为清洁、整齐、生活有规律、事事有条理，这些都能对学生起到潜移默化的教育效果。因此他对校舍的保护和维修特别注意，年年粉饰油刷，即使一块窗纱、一片玻璃，也是随破随修，地上永远看不到碎木块、烂砖瓦，使人踏入南开校门，便感到气象清新、生气盎然。

在学生膳食住宿的管理方面，张伯苓同样很注意。学生的膳食是由一厨师承包下来的。因为厨师善于经营，学校行政廉洁，管理严格，所以厨师有利可图，学生吃得满意。管理严格最突出之点，是饭厅不许有苍蝇。安排管理好学生的生活是早期南开中学的一个特点。

学生住宿管理也非常严格，尤其是作息规定很严。早上六点半起床，校工摇着小铃，叫醒酣睡的学生；7点钟，斋务员来宿查，看有睡懒觉的人没有；晚上10点准时熄灯，如果学生不睡觉，还说话，就有校工敲门细声说：“该睡觉了。”

张伯苓在南开所采取的这些财物后勤管理措施，保证了学校教学工作的正常进行，从当时的情况看，实实在在起到了学校教学科研的后勤保障作用。

---

① 王文俊、梁吉生等编：《张伯苓教育言论选集》，天津：南开大学出版社，1984年，第68页。

六、学校人事管理措施

张伯苓十分注意教师队伍的建设和管理，教师实行聘任制。他聘请教员非常严格，既注重学历、经历，也重视年龄和健康，尤其重视教师的德行、人格，他指出："任教育者当注重人格感化。人格感化之功效，较课堂讲授之力，相去不可以道里计。"[①] 教师的来源主要依靠推荐，有时也登报招聘，有时还到国外和国内各大学延聘教师，若应聘者系外语教师还要进行"口试"。新教师上课后，教导主任要去听课，还要调阅学生作业本，了解批改情况，如有批语不当或漏改错改，就夹一个小条子指出。此外，还从工作的态度、学生的反映、教学的效果等方面考察教师。

在南开要求学生做到的，要求教师也要做到。如不许学生赌博，教师也不准打牌。称职的教师就继续聘用，不称职者就解聘。当时，私立南开教师的薪水一般比国立大学的低，但教师不为他校高薪所动。这与张伯苓尊重他们、体贴关心他们和选贤任能是不可分的。张伯苓不仅在南开创造了一个较安定的工作环境，而且为教师安排了比较舒适的生活环境；每逢新年伊始新聘教师到校，他便召开新教员茶话会；逢年过节，他便与夫人邀请众教师夫人聚会联欢；每学年完毕，惯例宴请全体职教人员，以酬谢大家一年的辛苦。这一切看似事小，却使教师及其家人感到温暖。在工资调整方面也比较合理，对优秀教师、职员，在续发聘书时适当地提高工资，对于能尽职的都续聘，只对少数失职者解聘。

张伯苓不仅在生活方面关心教师，还很注意量材使用。经过长期的观察，把一些有行政才能的教师提拔到行政领导岗位，把一些学有专长适合于教大学的教

① 崔国良编：《张伯苓教育论著选》，北京：人民教育出版社，1997年，第108页。

师介绍到大学任职。在教学上，让教师各展所长，在校务上尊重教师意见，这样便调动了教师的积极性，推动了南开教育事业的发展。

张伯苓还要求教师在教学的同时，重视学生的品德教育，他说："现在的教育者，不但是不能以'教书''教学生'为满足，即使他能'教学生学'，还没有尽他的教之能事。他应该更进一步，'教学生行'。'行'些什么？简言之，就是行做人之道。这样，才能算是好的教育。"①

张伯苓对职工的要求也很严。南开的行政人员少，但工作效率高。职工每天的工作都有记载，当天的任务如果没有完成，要说明理由。办公时间，看报或干私事，都是不允许的。

七、学生管理要求

关于学生管理，前述内容已有涉及。张伯苓是非常注重学生管理的，他制定了一套严格的学生管理制度。学生不许蓬头垢面，不许体态放荡，不许言语粗野，不许奇装异服，也不许随地吐痰。从仪容体态到饮酒、吸烟、赌博、早婚，从校容校貌到教室、宿舍、卫生，都有明确严格的要求。

第一，南开校门和教室门侧墙同时立着和挂着一面大镜，上镌有严修亲笔书写的"容止格言"：面必净，发必理，衣必整，纽必结；头容正，肩容平，胸容

① 王文俊、梁吉生等编：《张伯苓教育言论选集》，天津：南开大学出版社，1984 年，第 151 页。

宽，背容直；气象勿傲、勿暴、勿怠；颜色宜和、宜静、宜庄。[①] 这些醒目的镜铭，训导用意很深，矫正了当时颓靡不振之风，形成了指导学生们一生中生活方式的规范。

第二，张伯苓鉴于民族精神之颓废，个人习惯不良，“乃将饮酒、吸烟、赌博、冶游、早婚等，悬为厉禁，犯者退学，绝不宽假”。南开的校规既全面又十分严格，如“不至二十一岁，不得娶亲，违者革除”“凡本校诸生有谈淫亵等语者，轻则记过，重则除名”。如偶或损坏公物，“务要到会计室，自行声明，照价赔偿，不可佯为不知”。学生告假，学校规定必须有相当理由及信，不能用电话告假，如查得作假者，决不宽贷。

为了使学生养成良好的卫生习惯，学校提倡“节饮食，慎起居，勤劳动，均劳逸”，专门编制了“学生卫生习惯自省表”及“学生每日生活正规”，使学生的学习、饮食、休息、娱乐、活动都按照科学卫生的要求，有纪律地进行。

第三，张伯苓要求学生养成节俭之风。《在南开乐贤会上对学生家长的演说》中，他对学生家长强调：“本校章程入校时均使之写账，此种习惯极需养成，即便钱多，亦当知节俭之道。”[②] 张伯苓要求学生家长对学校的这一做法予以配合和支持。

第四，张伯苓还特别注重学生的校外管理。在南开乐贤会上，张伯苓向学生家长讲述学校对学生的管理规定，要求家长协助学校共同教育好学生。每当寒暑假将至，张伯苓总是教育学生“于己则谨慎以防，于亲友则善言以劝，庶几正己、正人，不负汝辈之青年，不污我校之名誉”。

第五，张伯苓还制定“立志改过签”，给违犯校规之学生改过自新的机会。他说“人非圣贤，孰能无过”，常用“过而不改是为过也”来训育学生。对待犯了过错的学生，“犹医生之于病者耳，非如警察之于盗贼也。医生对于病者，宜用最新之疗法。今我校‘立志改过签’，本诸上引者说，疗病之最新法也，且为

---

① 崔国良编：《张伯苓教育论著选》，北京：人民教育出版社，1997 年，第 309 页。
② 崔国良编：《张伯苓教育论著选》，北京：人民教育出版社，1997 年，第 79 页。

诸生试之”[1]。张伯苓还具体指明了如何改过以自新的方法：①勤辟新路。欲舍旧路，须辟新路。对于与其过恶相反之事而勤为之，则善愈固，恶愈远。此长彼消，理之常也。②当众宣言，誓行改悔。己改过而使人知，则其过乃有不得不改之势。知者愈多，其效亦愈大[2]。③不许有例外。过须痛改，不可稍自容让。④改过须自第一机会始。知己有过，即须立改，不可稍延。张伯苓要求学生将这种“立志改过签”随身携带，坐卧不离，帮助警励，待改过迁善后即行取消，复为无过。

八、张伯苓的领导作风

张伯苓终身从事教育事业，养成了一套优良的领导作风，赢得了人们对他的尊敬和赞扬。其突出的地方，概括起来主要有以下几点：

一是廉洁奉公。张伯苓创办并主持南开学校长达半个世纪，筹款成千上万，但他公私分明，把自己的工资降到比一般教授还低的水平，一生过着俭朴的生活，没有积蓄。张伯苓每次到北京办事，为替学校省钱，总是住前门外施家胡同一个普通客店，每天房费一元。这等客店设备不好，且臭虫特多，所以他每次总是自己带盒臭虫药设防。张伯苓上班或到市里办事，学校备有“洋车”。后来，这辆洋车的后堵板被一个学生偷拉时摔坏，车夫和斋务都主张换成新的，但张伯

① 崔国良编：《张伯苓教育论著选》，北京：人民教育出版社，1997年，第20页。
② 崔国良编：《张伯苓教育论著选》，北京：人民教育出版社，1997年，第20页。

苓说还没有到把他漏下去的程度，坚持不换。张伯苓勤俭持校，推动了南开的发展。他本人也赢得了巨大的社会声誉。在贪污成风、贿赂公行的旧中国，张伯苓能够始终如一，的确难能可贵。

二是言传身教。为了加强对学生的品德教育，张伯苓在南开中学开设了一门各班共同必修的“修身课”，固定上课的时间为每周三下午两小时，每逢周三的修身课，张伯苓除了亲自对学生讲授为人做事、处世治学之道或国内外大事外，有时还邀请社会名流学者来校讲演，以陶冶学生情操，开拓学生思路。张伯苓说：“正人者，必先正己，要教育学生必先教育自己。”为了杜绝学生吸烟，他以身作则，在一次修身课内，将自己所存的吕宋烟全数取来，当众销毁，与诸同学共同戒烟，从此张伯苓不再吸烟。

三是事必躬亲。张伯苓常说：“凡事必须亲自动手实干，才能懂，才能会，才能精。”他还多次讲，他是学海军的，对教育本是外行，但有志于办教育，所以才研究教育，办教育。并且干中学，学中再干，尽毕生精力去实践。确实是这样，张伯苓对南开学校的一草一木、一砖一瓦，都非常熟悉，只要在学校，他每天都要在校园巡视一遍，发现了什么问题，立即指示他身边的职工，随时随地加以解决，不得有误。他还经常找学生交心谈心，亲自做学生的思想工作，了解学生中的实际问题，并尽量设法解决。在南开中学早期，张伯苓认得全校的学生，每一个学生叫得上姓名，知道其功课品行如何。

四是任人唯贤。张伯苓尊重人才，知人善任。他深知要办好学校，提高教育质量，要依靠学有造诣的教师，要靠擅长学校管理工作的干部，任何校长都不能把这些才能集于一身，关键还是在于能够选用人才。南开的骨干教师和主要行政人员，都是来自五湖四海，有些过去曾是他的学生，但以“公”“能”为标准择优聘任，有些校友或有亲友关系的伪教职员，如果不认真负责，工作一再失误，屡教不改，也毫不留情地解除聘约。就这样，一批著名学者，如姜立夫、邱家岳、汤用彤、徐谟、罗隆基、何廉、方显庭、黄子坚等，先后来到南开执教，为南开的发展做出了贡献。

五是勇于革新。张伯苓从创办教育起就致力于教育的改革，决心冲破封建教育的羁绊，建立资产阶级新教育。他公开提出“校务公开，责任分担，师生合作”的办学方针，组织“师生校务研究会”，了解并采纳广大师生对办学的意见。为了吸取外国办学的经验，张伯苓曾多次到日本及欧美考察。为了系统学习资产阶级教育理论，他41岁时还毅然进入美国哥伦比亚大学师范学院学习，在南开推行西方的教育制度和方法。但是，他并不满足于跟外国人亦步亦趋，强调南开教育要研究、解决中国问题，建立具有中国自己特色的教育。

六是永不言败。张伯苓办学是在不断克服困难中前进的。首先，他是在政治动荡、环境不良的情形下办学的。近代以来，北京、天津处于政治斗争的要地，外力干涉，军阀战争，社会不安，人民颠沛，经济凋敝，教育不时受到冲击。“仅民国以来至抗日战争爆发，南开被迫停课就有七八次之多”①，尤其是“九一八”事变后，驻天津日军“便衣队”常在南开大学、南开中学附近骚扰；1937年七七事变后，日本因南开的爱国教育与抗日教育，不仅派特务来校捕人，而且于7月29日与30日派飞机轰炸了南开大学、南开中学、南开女中，南开基本设施被毁，师生逃难，校园被日军占领。对此，张伯苓在南京发表谈话指出：“敌人此次轰炸南开，被毁者为南开之物质，而南开之精神，将因此挫折而愈益奋励。故本人对于此次南开物质上所遭受之损失，绝不挂怀，更当本创校一贯精神，而重为南开树立一新生命。”② 张伯苓办学还要不断克服经费缺乏的困难。由于南开是私立的，经费除学生缴纳的学杂费与食宿费外，大部分有赖于私人和国内外团体捐赠。为了筹措经费，向人劝募，张伯苓经常仆仆于风尘路上，像“一个化缘的老和尚”，求人施舍。为此，他坐过许多冷板凳，挨过许多白眼。追随张伯苓办南开几十年的喻传鉴曾写道：“我深深知道，张校长为南开辛苦经营，为南开在反动统治下努力奋斗的经过，我也深深知道，张校长每遇到挫折，总说‘不要紧，跌倒了，爬起来，再跌倒，再爬起’。他总是这样乐观、进取，从不灰

---

① 梁吉生：《允公允能 日新月异——南开大学校长张伯苓》，济南：山东教育出版社，2003年，第23页。

② 崔国良编：《张伯苓教育论著选》，北京：人民教育出版社，1997年，第278页。

心和失望。”[①] 张伯苓自己也曾说：“南开在最困难的时候，八里台（南开大学所在地）笼罩在愁云惨雾之中，甚至每个小树都好像在向我哭，我也还咬紧牙关未敢稍停一步。”[②] 张伯苓坚韧执着、永不言败的精神，支撑了他，也成就了他的教育事业。

① 梁吉生：《允公允能 日新月异——南开大学校长张伯苓》，济南：山东教育出版社，2003 年，第 25 页。

② 王文俊、梁吉生等编：《张伯苓教育言论选集》，天津：南开大学出版社，1984 年，第 264 页。

第五章　郭秉文的学校管理实践与思想

郭秉文（1880—1969）是中国现代教育史上著名的教育家，杰出的大学管理者。他先后任南京高等师范学校教务主任、校长和东南大学校长。校长上任后，他积极探索“寓师范于大学”的办学思想，使南京高师在短短几年中发展成为拥有文、理、工、商、农、教育等学科的综合性大学，使南京高师与东南大学迅速崛起为蜚声国内外的高等学府。

一、受教育经历

郭秉文，字鸿声，南京浦口人，光绪六年（1880）2 月 16 日出生于上海青浦。生长于新旧时代交替的郭秉文，同时接受了中国传统文化的洗礼和西方近代科学文化知识的浸染。从书院启蒙到留学美国，郭秉文早年的求学经历为其日后的学校管理实践和思想奠定了重要基础。

（一）书院教育

作为通商口岸的上海是基督教在华传教的重要地区，郭秉文的父亲就是名基督教徒，郭秉文少年时代就在基督教长老会在上海创办的清心书院就读。

有关清心书院的办学状况，清心书院院长薛思培（John Alfred Silsby）所写的《清心中学堂 20 年之历史（1890—1910 年）》中有这样的记载："20 年前诸生膳宿概由堂中供应，今则学生缴纳学膳费者竟占全数之半强……即于课程之改革亦多足称，本校虽早已订定课程，以为教授之方。然毕业生给凭之事，10 年之前未尝有也，诸生之去留，尽定于年龄之长幼，凡年达 21 岁，则令其出塾，其法之不完善，固彰然显著。故遂变其办法，一面重订课程，加高程度，务使诸生可以博通中西，一面则于学业期满，考试及格者，给予毕业文凭，以昭郑重。"①

在郭秉文就读清心书院期间，清心书院办学的物质条件已有改善，所学课程文化要求也进一步提高。清心书院的教学内容包含了较多的近代科学文化知识，与社会联系较为密切，教学方法也更合乎教学规律。教会书院为适应中国社会，

① 朱有瓛、高时良主编：《中国近代学制史料》（第四辑），上海：华东师范大学出版社，1993 年，第 277 页。

也兼授中国传统经典。郭秉文在清心书院接受西方近代科学启蒙的同时，也受到了中国优秀传统文化的熏陶。

光绪二十二年（1896），16 岁的郭秉文在清心书院毕业。毕业后郭秉文先在清心书院任教一年，后相继在海关、邮局和浙东厘金局等处任职。

（二）留学美国

郭秉文在海关、邮局和浙东厘金局等处任职经历，正值甲午中日战争后中国面临着被帝国主义瓜分的深重民族危机之时。意识到了落后就要挨打的道理，已经工作了 10 年的郭秉文怀着学习西方、改造中国的强烈愿望，于光绪三十四年（1908）毅然决定弃职赴美求学。

1. 乌斯特学院求学经历

郭秉文先在乌斯特学院（College of Wooster）主修理科。乌斯特学院位于美国俄亥俄州的乌斯特城（Wooster），是由长老会教友于 1866 年创办的一所文理学院。乌斯特学院注重男女受教育权和黑人受教育权的平等：从第一任校长威尔士·罗德（Willis Lord）开始，乌斯特学院就致力男女合校教育，1870 年招收的第一届学生 34 人中有 4 名女生；威尔士校长同样反对种族歧视，强调给予黑人平等的受教育机会；19 世纪 80 年代，乌斯特学院招收了第一名黑人学生。乌斯特学院特别注重国际教育，学院有许多来自其他国家的学生。郭秉文选择乌斯特学院，或多或少也是有着这样的原因。

乌斯特学院虽然是一所教会大学，但校训是“科学和宗教同源”，以追求卓越为办学宗旨，注重自由教育，培养通才；重视生物学、地理学、物理学、数学和化学等自然科学课程的教学和研究。经过 3 年学习，郭秉文于 1911 年获得理学学士学位。

在乌斯特学院学习期间，郭秉文曾任《中国学生》月刊总编辑、《乌斯特之声》主笔和中国学生协会总秘书，还是乌斯特学院中以训练演说和辩论艺术为宗旨的雅典娜俱乐部和林肯俱乐部的成员，展露出他组织和演说的才华。清心书院院长薛思培在一篇文章中曾提到："郭君为演坛健将，在马伯斯大学堂及中国留美学生大会时演说连胜2次，亦足为吾清心扬名海外也。"[①] 乌斯特学院1912年年鉴中也记载："我们发现了一个很值得注意的人，他在到乌斯特学院之前就在中国政府部门占有重要的位置，他曾被选为乌斯特学院1908—1909年度的辩手。"[②]

乌斯特学院开放、包容的校园环境开阔了郭秉文的视野；在乌斯特学院受到的自然科学和人文科学的训练，奠定了郭秉文通识教育理念的基础；积极参与课外活动不仅锻炼了郭秉文组织管理和演讲方面的才能，也建立了优良的人际关系，为他日后主持南高师和东大时延聘优秀师资创造了有利条件。

2. 哥伦比亚大学求学经历

在乌斯特学院取得理学学士学位后，郭秉文立即去哥伦比亚大学攻读教育学学位。哥伦比亚大学是美国著名的"常春藤"联盟大学之一，郭秉文入校时的哥伦比亚大学已经发展为具有众多学科的综合性大学。郭秉文就读的哥伦比亚大学教育研究生院，也称哥伦比亚师范学院，是美国最著名的教育学院。当时，实用主义教育大师杜威（John Dewey）、著名教育家孟禄（Paul Monroe）和著名心理学家桑代克（Edward Lee Thorndike）等一批名流学者都在该学院任教。

与乌斯特学院一样，哥伦比亚大学同样注重通识教育，哥伦比亚大学校长尼古拉斯·巴特勒（Nicholas Murray Butler）提倡，"要在语言艺术和科学两方面培养年青人，既通过普通教育课程为本科生提供宽广的知识面，又通过一定专业领域的教育，使学生对专业知识有精深的掌握"[③]。在学校管理方面，哥伦比亚大学实行董事会领导下的民主管理制度：学校管理权属学校董事会，董事会由包括校长在内的24个成员组成，董事会下设10个常设委员会实施各项工作。大学参议院为学校的立法机构，大学参议院下设12个常设委员会承担参议院的各项具体事务。

1912年，郭秉文到哥伦比亚大学刚一年便取得了硕士学位。随后他又继续研究教育史，两年后他以题为《中国教育制度沿革史》（The Chinese System of

① 朱有瓛、高时良主编：《中国近代学制史料》（第四辑），上海：华东师范大学出版社，1993年，第277页。
② 冒荣：《至平至善 鸿声东南——东南大学校长郭秉文》，济南：山东教育出版社，2004年，第16页。
③ 冒荣：《至平至善 鸿声东南——东南大学校长郭秉文》，济南：山东教育出版社，2004年，第17页。

Public Education）的论文获得博士学位，成为中国最早的教育学博士，也是在美国最早获得博士学位的中国学者之一。郭秉文所撰的博士论文《中国教育制度沿革史》是我国最早系统论述教育制度的专著。在这篇论著中，“郭秉文对中国远古至中华民国二年即1913年间教育制度的发展沿革做了清晰的勾勒和精辟的论述，同时分析了中国教育制度所受到的政治、文化和社会心理因素的影响”①。1915年，哥伦比亚大学教育学院出版了他的博士论文，导师孟禄教授为之作序，“郭博士之著是书，不独表扬己国之事迹，且俾西人，恍然有悟于中邦维新之变革”②，黄炎培也称之为“盖空前之作也”③。

在哥伦比亚大学求学期间，郭秉文受到西方先进教育思想和办学理念的影响，如杜威实用主义教育思想与哥伦比亚大学注重宽广的知识面与精深的专业知识的结合、注重积极筹集资金谋求学校的发展、注重教师参与学校各方面的管理等办学理念。在哥伦比亚大学研读教育学的经历和对中国高等教育问题广泛而深入的思考，是郭秉文教育思想和办学举措的重要思想渊源。

二、办学生涯

从南京高等师范学校到东南大学，从教务主任到校长，虽然只有短短十二年时间，但郭秉文在南高和东大的办学实践对当时教育界的影响巨大。

① 冒荣：《至平至善 鸿声东南——东南大学校长郭秉文》，济南：山东教育出版社，2004年，第19页。
② 郭秉文：《中国教育制度沿革史》，上海：商务印书馆，1922年，第6页。
③ 郭秉文：《中国教育制度沿革史》，上海：商务印书馆，1922年，第1页。

（一）参与南京高师管理

1914年，正在哥伦比亚大学准备博士论文的郭秉文收到正在筹备中的南京高等师范学校江谦校长的一封聘书，邀请其做教务主任。郭秉文接到江谦的聘函后便答应下来，完成博士学业后立即回国协助校长江谦筹办南高师。

当时郭秉文在国内就职有多种选择，郭秉文选择受聘南高师，这与他学以致用的观点有着直接关联，他认为要“养成应用能力，必使所学者皆有所用，所用者皆本所学”①，受聘南高师正是他将自己的教育理念付诸实践的良好契机。但最根本的原因还是他对教育重要性的认识，他在博士论文第八章中曾论述，“教育之改良为一轴，牵动各种事业皆随之而变新，教育造成人才为国家之栋梁，措国家于磐石之安，故曰，与国民进步最有关系者乃教育也”②。认识到教育与国民进步密切相关，郭秉文选择到哥伦比亚大学攻读教育学博士学位、研究中国教育制度，也选择受聘南高师开始自己的教育生涯。

南京高等师范学校将两江师范旧址作为办校地址，当时办学面临着两大困难，“一是迁出驻军，困难重重；二是修建房舍，工程浩大，时间紧迫”③。当时校内仍有驻兵，驻兵只听从上级军官的命令，对于学校筹备人员毫不理会，郭秉文不得已只有请求地方军政首脑给予帮助，各项筹备工作才得以正常进行。

南京经历战事，学校房舍破坏严重。由于经费限制，无法对全校的房舍做全面修复，因此不得不分轻重缓急，首先就用处较大的居中大楼和口字房加速修葺，“一般校具，凡能修理者尽量修理，必须购置者亦力求简朴。唯有对教室、自修室的课桌椅凳等物，因师生天天时时使用，均按东西洋现有款式置备。必不可少的仪器设备及图书期刊，皆尽力尽速采办”④。

---

① 《南大百年实录》编辑组编：《南大百年实录：中央大学史料选》（上卷），南京：南京大学出版社，2002年，第56页。

② 郭秉文：《中国教育制度沿革史》，上海：商务印书馆，1922年，第147页。

③ 朱斐主编：《东南大学史（1902—1949）》（第1卷），南京：东南大学出版社，2012年，第25页。

④ 朱斐主编：《东南大学史（1902—1949）》（第1卷），南京：东南大学出版社，2012年，第26页。

利用校舍维修的空隙，郭秉文到国内外考察有关教育情况，以借鉴办学经验。1915 年 4 月 16 日，郭秉文和学监主任陈容一同赴济南、天津、保定、北京等地参观教育情况，5 月 29 日返校。6 月 11 日，他和陈容又赴日本考察教育，7 月 12 日返校。“在借鉴国内外有关学校办学规程和参照教育部发布的《师范教育令》和《高等师范学校规程》的基础上，郭秉文协同江谦于 1915 年 6 月制定《南京高等师范学校简章》，8 月制定《南京高等师范学校招考简章》”①。

校舍修缮工作完成，学校简章、招生章程出台，任课教师到校，南京高等师范学校于 1915 年 8 月 11 日正式招生。学校“计划招收国文预科、理化预科及国文专修科各一班，每班 40 人，计 120 名。报考学生有 534 人，录取 126 人，实际到校 110 人”②。南京高等师范学校成为继北京高师、武昌高师和广州高师之后，我国最早的 4 所高等师范学校之一。

（二）执掌南京高师

郭秉文担任南高师教务主任后，一直协助校长江谦处理校务。但江谦体弱多病，有时校务便交托郭秉文主持。1918 年 3 月 21 日，江谦因病休养，经教育总长傅增湘批准，由郭秉文任代理校长。1919 年 9 月 1 日，鉴于江谦长期病休，教育部正式委任郭秉文为南京高等师范学校校长。

郭秉文认为，要在中国进行教育改革，“非但需最高之教育技能，且必以热诚、博爱与公心以赴之”③。郭秉文一接任校长，便抱以“热诚、博爱与公心”广纳人才、谋划改良。1919 年 10 月 4 日，郭秉文聘请陶行知为教务主任；10 月 22 日，成立新的校务会议；11 月 1 日，学监主任陈容辞职后，郭秉文改聘刘伯明继任。在陶行知和刘伯明的协助下，郭秉文开始正式践行“中国今日之所需者

---

① 《南大百年实录》编辑组编：《南大百年实录：中央大学史料选》（上卷），南京：南京大学出版社，2002 年，第 76 页。

② 朱斐主编：《东南大学史（1902—1949）》（第 1 卷），南京：东南大学出版社，2012 年，第 26 页。

③ 冒荣：《至平至善 鸿声东南——东南大学校长郭秉文》，济南：山东教育出版社，2004 年，第 23 页。

为高等师范学校之改良”[①] 的夙愿，在南京高等师范学校进行了一系列改革。

1. 设科宗旨

南京高等师范学校从开办伊始，作为教务长的郭秉文就强调“要‘根据智育标准’和‘适应社会需要’为‘设科主旨’，并认为‘社会需要随时变更’，所设之科也应‘因之而异’”[②]。从郭秉文《关于本校概况报告书》中可看到，南京高等师范学校的学部、学科及系的组建并未拘泥于以往师范学校的框架，而是以社会需要为依据，结合自身条件来设科置系。

1915 年，南京高等师范学校成立时，“鉴于国文、理化教法应改良”[③]，学校首先设立国文、理化两部，并设立国文专修科，以“期速改良之效”。

1915 年 12 月，“鉴于社会体育不振，而体育教师又多不明体育的原理”，为“养成中等学校与地方公共体育之体育主任、教员以及管理员”[④]，南京高等师范学校拟定增设体育专修科的详细计划，于 1916 年春季开办体育专修科。这是我国高校第一个体育专修科，培养了第一批体育师资和体育管理人员。

1916 年秋，“鉴于人民生产力薄弱，而一般毕业学子又多乏职业之智识技能，解决之法惟有提倡职业教育”[⑤]，同时由于第一次世界大战期间，西方列强无暇东顾，我国民族工业迎来了发展机会，社会急需工业人才。为培养有关师资，1916 年秋季，南高师增设工艺专修科，开始着眼于职业教育。工艺专修科教学内容较为宽泛，意识到“要发达中国工业，非得培养专门人才不可”[⑥]，南高师改变原定职业教育计划，注重于专门的机械工程教育，“建设工厂，购办仪

---

① 冒荣：《至平至善 鸿声东南——东南大学校长郭秉文》，济南：山东教育出版社，2004 年，第 23 页。

② 《南大百年实录》编辑组编：《南大百年实录：中央大学史料选》（上卷），南京：南京大学出版社，2002 年，第 56 页。

③ 《南大百年实录》编辑组编：《南大百年实录：中央大学史料选》（上卷），南京：南京大学出版社，2002 年，第 56 页。

④ 《南大百年实录》编辑组编：《南大百年实录：中央大学史料选》（上卷），南京：南京大学出版社，2002 年，第 56 页。

⑤ 《南大百年实录》编辑组编：《南大百年实录：中央大学史料选》（上卷），南京：南京大学出版社，2002 年，第 56 页。

⑥ 《南大百年实录》编辑组编：《南大百年实录：中央大学史料选》（上卷），南京：南京大学出版社，2002 年，第 56 页。

器，添聘欧美工学专家，进行高深工学的训练及研究”。

1917年，“以应中等职业学校之需求”，南高师又增设农业专修科、商业专修科。“鉴于中等学校英文教师之缺乏”和英语教学质量不高，又增设英文专修科。

1918年，郭秉文“鉴于教育一科缺乏专才”[①]，“近世由于生物学、心理学、社会学、哲学之进步，教育已成一种专门科学，非造就此种专门人才不足以促教育进步”[②]。决定再添设教育专修科，“志在养成教育学教员及学校教育行政人才”[③]，并促进师资素质提高和教育质量的改进。

至1918年，南京高等师范学校除国文、理化两部外，还设有国文专修科、教育专修科、英文专修科、农业专修科、工艺专修科、商业专修科和体育专修科7科。1919年春，国文部改名为国文史地部，理化部改名为数学理化部。1920年，国文史地部和数学理化部合并为文理部，下设国文系、英文系、哲学系、历史系、数学系、物理系、化学系和地学系8系，并新设文理专修科。南京高等师范学校8系8科的学科设置，突破了师范学校的设科界线，寓师范教育、基础教育和实科教育于一体，已具综合大学的雏形。

2. 教学改革

民国初年高等学校普遍实行学年制，即要求学生在修业期限内修满规定的全部课程才能毕业。经过反复商讨，南高师在1919年的一次校务会议上通过《改良课程案》，决定自1920年9月开始实行选科制[④]。《改良课程案》详细论述了改学年制为选科制的理由及选科制的具体内容。

关于改行选科制的理由。各课程皆令学生必修，往往有性之不近者，亦须随

---

① 《南大百年实录》编辑组编：《南大百年实录：中央大学史料选》（上卷），南京：南京大学出版社，2002年，第56页。

② 《南大百年实录》编辑组编：《南大百年实录：中央大学史料选》（上卷），南京：南京大学出版社，2002年，第56页。

③ 《南大百年实录》编辑组编：《南大百年实录：中央大学史料选》（上卷），南京：南京大学出版社，2002年，第56页。

④ 选科制，即学分制。此处的科，有两层意思，一是指课程，学生对选修课程可自行选读；二是指一科（即今之学院）之学生，可选他科之课程。

班，听讲兴趣既无，成效自难；采用选科制，则学生可依兴趣发展其天赋之特长。于规定所限毕业，敏者嫌其太迟，钝者觉其太快；如以学分计算，敏钝各得其平。实行选科制，可以打破分科之界限，学生对于功课亦不致限于局部学习。现科目规定不能增减，其弊在于或有功课而无相当之教员，或有教员而强迫其担任非所长之功课；实行选科制，则有伸缩之余地。按现行制度，平均分数不及格者应留级，所有功课均须重修，即便是曾得最高分数的科目亦不例外；采用选科制，则只需重修不及格之科目。按照现行制度平均分数及格者即可升级，即便有些科目不及格亦不再重习，采用选科制则此弊可除①。

实行选科制的具体内容。本校适用选科制，但须含下列四项之要素：学生所习学程，一部分为必修，一部分为任选；一科之学生可以选择他科之学程；学生成绩以学分计算；学程之统附以学科为根据。（附注：学科者，如国文、英文之类；学程者，如英文中之作文文法，国文中之字形学、字音学之类）学生所习学程，有属于主科者，有属于旁科者，此两种内容，分必修及任选两种。各种分量按各种情形而定。各学程之内容、大纲应行规定，至于教科书或参考书应否写出，可按学程性质分别规定。凡某学程与某学程有连带关系者，须注明学习之次第。每周上课及自修合三小时，历半年者为一学分。每学生每学期以学习十五学分为标准，若遇特别情形，可减少至十二学分，可加多至二十学分。满一百二十学分者毕业，惟各科认有加增毕业学分者，得另行改订。学生学习学分之多寡，第一学期以十五学分为标准，第二学期以后须参考上学期之成绩而定。各班应否规定最多人数及最少人数，须视教员、经济、设备与学程之性质而定②。

南高师的选科制于1920年秋季开始正式实行。选科制使学生能主修一科，又能兼修他科，有利于适应不同学生的需要，启迪和发展学生的兴趣爱好，激发教师钻研所任学科和开拓学科新领域的热情；灵活科学的选科制受到老师和学生

---

① 《南大百年实录》编辑组编：《南大百年实录：中央大学史料选》（上卷），南京：南京大学出版社，2002年，第84页。

② 《南大百年实录》编辑组编：《南大百年实录：中央大学史料选》（上卷），南京：南京大学出版社，2002年，第85页。

们的热烈欢迎。南高师毕业生适应力强，工作能力突出，反映选科制成效显著，这一制度后来被其他高校广泛采用。

3. 学生管理

五四运动之前中国的高等学校，除个别私立大学，大部分高等院校都不招女生。受到乌斯特学院男女合校教育的影响，郭秉文就任南高师校长后，也致力开放“女禁”，提倡男女同校学习。

1919 年 12 月 7 日，在南高师第 10 次校务会议上，教务主任陶行知提出《规定女子旁听办法案》，“中国女子高等教育最不发达，中等学校毕业以后，女子几无上进之路。本校各科功课，有宜于女子旁听者，可否通融办理，容其旁听，遂其向学之志愿，未始非辅助妇女教育进行之一法”①。郭秉文与学监主任兼国文史地部主任刘伯明、教育系主任陆志韦等表示坚决支持这一提案。1920 年 4 月 7 日，南高师校务会议通过了兼收女生的提案，决定自 1920 年暑期正式招收女生。

“第一年投考南高师的女生约百余人，大半是在各省女中或师范多年任职的教师，正式录取 8 人。此 8 位女生是：李今英（后为梅光迪夫人）、陈梅保、黄叔班、曹美恩、吴淑贞（后为胡适侄媳）、韩明夷、倪亮（南京一女师毕业）、张佩英（后改名张蓓蘅）。其中 7 人是教会学校出身，另一人是南京一女师毕业。第一年还招收了 50 多位旁听生”②。据张佩英回忆，她专程从上海赶来南京投考，当时北大和南高师同开‘女禁’，她曾在北大和南高师之间多次权衡，终因嫌‘北大官僚气太浓’而选择了‘学风深厚’的南高师③。

南高师倡导男女同校，我国近代高等教育中的“女禁”终于被打破，男女学生得以在大学中同校学习，推进了教育的民主化，揭开了中国高等教育史崭新的一页。

4. 面向社会

五四运动后，教育界有识之士深感中国教育的落后是影响我国全民族素质和

---

① 《南大百年实录》编辑组编：《南大百年实录：中央大学史料选》（上卷），南京：南京大学出版社，2002 年，第 86 页。

② 冒荣：《至平至善 鸿声东南——东南大学校长郭秉文》，济南：山东教育出版社，2004 年，第 48 页。

③ 冒荣：《至平至善 鸿声东南——东南大学校长郭秉文》，济南：山东教育出版社，2004 年，第 48 页。

阻碍国家富强的根本原因，中国现有的学校和师资水平远远不能满足社会发展变革的需要，因此必须开放各种形式的教育来提高各类教师、教育行政管理人员的水平。郭秉文在其博士论文中也提到“夏季学校”“于教员之养成裨益匪浅”①；接任南高师校长后，他就面向社会，举办暑期学校。

1920 年夏，南高师在全国率先开办了暑期学校：“第一期学员 1041 人；1921 年办第二期，学员 950 人；1922 年办第三期，学员 931 人；1923 年办第四期，学员 893 人。他们来自全国二十余省及朝鲜，学历含大学、大专、中学、中专毕业或肄业，还有不少私塾先生，从事各类学校的教学及教育行政管理工作。”② 根据文化程度及其工作需要，学员被分成小学、中学、大学、国语、体育、特殊学程、职业教育等班级，共开出近四十门课程。

在暑期学校任教的大部分是南高师的教授，有朱进之、廖世承、刘伯明、张士一、陆志韦、陈鹤琴、杨杏佛、王伯秋、何鲁、卢颂恩、张信孚等；并聘请了北京大学教授胡适、陈衡哲；应邀前来演讲和开讲座的有梁启超、蔡元培、蒋梦麟、江亢虎、晏阳初等著名人士，美国的杜威博士、推士博士等也来上过课。强大的教师阵容，说明了南高师对此项工作的重视和南高师服务社会精神的可贵。

具体负责暑期学校工作的教务主任陶行知还为南高师暑期学校概括出一套理论：一是通过教育来改造社会；二是增加学校教师参加社会实践的机会；三是可以充分利用大学的师资、房舍和设备；四是着眼于社会的需要和学员的需要。③ 南高师在国内掀起了大办暑期学校的热潮，在当时全国各地所办暑期学校中，就办学规模、持续时间、师资阵容和影响力而言，南高师办的暑期学校都是其他学校不可比拟的。

5. 内部管理

由于学校规模小，学科及师生人数少，南高师在开办之初只设行政和议事两个组织系统。行政系统设总务处，统管全校事宜，下设教务处、斋务处、庶务

---

① 郭秉文：《中国教育制度沿革史》，上海：商务印书馆，1922 年，第 147 页。

② 朱斐主编：《东南大学史（1902—1949）》（第 1 卷），南京：东南大学出版社，2012 年，第 48 页。

③ 朱斐主编：《东南大学史（1902—1949）》（第 1 卷），南京：东南大学出版社，2012 年，第 48—49 页。

处，各设主任1人。议事系统为校务会议，由校长、教务、斋务、庶务各主任组成。实际上行政和议事不分，分工不够科学。

郭秉文接任校长后，学校规模逐渐扩大。为促进学校内部管理的制度化、民主化，他借鉴美国大学管理模式，对学校的组织制度进行了改革。

（1）行政系统：组织制度化设计

1920年1月，郭秉文对学校行政系统进行了改组，设立校长办公处取代总务处，郭秉文兼任主任，设副主任（即副校长）1人，由刘伯明充任。若主任因公务外出，由副主任代行其职务。

“全校设教务、事务、训育三个处。教务处设主任1人，事务员若干人，其管理事项有：课程事项、学生成绩、教课洽谈、讲义事项、招生事项、推广教育，及其他教务事项。事务处设主任1人，副主任1人，事务员若干人，其管理事项有：会计、斋务、购置、修建、卫生、印刷、交通、询问参观、校工、消防、杂务等。又按事之繁简，可以一项或数项为一组，设专员处理。训育处原名学监处，负责学生管理工作，仅设一二名督导人员。后因学生人数迅增，工作负担甚重，工作人员心劳力疲，收效不大，于1920年报请教育部批准改名为训育处，吸收广大教职员共同担负学生的训育及管理工作。师生接触既多，对学生了解益深，有利随时示教，增进师生情谊，而收潜移默化之效。”①

1920年6月26日，郭秉文正式颁布《南京高等师范学校内部组织试行简章》（后称《简章》），《简章》分校长及校长办公处、校务会议及各委员会、行政、教务、事务和各部各科六章，具体规定了南京高等师范学校内部组织运行规则。

（2）议事机构：决策民主化设计

校务会议作为南高师的议事机关，凡学校重要事务，郭秉文要求都要提交校务会议讨论决定。校务会议成员，除校长为会议主席外，由各处、部、科和附中、附小各2名代表组成，其中1名为各部门主任，另1名选举产生。因而校务会议既具有权威性，又有一定的群众基础。校务会议的议事范围主要有全校或部

① 朱斐主编：《东南大学史（1902—1949）》（第1卷），南京：东南大学出版社，2012年，第37页。

科计划、经济预算、部科增减、课程编制、招生与毕业等事项。会议所做出的决议经校长批准后，由学校行政部门付诸实施。

后来为提高议事效率、科学分工及充分发挥教职工的作用，经校务会议讨论通过，南高师设立多种专门的常设委员会和临时委员会。各常设委员会、临时委员会的主任，由教授担任。各委员会讨论议决的事项，由各委员会主任交校长办公处处理。为使各专门委员会的工作顺利开展，在郭秉文的主持下，南高师专门制定了《南京高等师范学校各委员会通则》。

郭秉文对学校内部行政组织所进行的改革，校务会议和各种专门委员会的设立，反映了他把美国大学管理模式移植到中国来的努力，是促进学校管理制度化和决策民主化的尝试。

（三）创建东南大学

1. 东南大学的筹建经过

郭秉文认为要想办好高等师范学校，必须要有一流的师资，想获得一流的师资就必须“寓师范于大学”。“凡中等学校以上的教师，皆应具有宽厚的基础知识，应该是双料的学士、硕士或博士；在一个单科性的师范院校内，甚难培养出卓越的师资”[①] “师范学院应办在大学内，教师的来源不必局限于师范院校”[②]。有鉴于此，郭秉文积极主张改南高师为大学。

在 1920 年 4 月 7 日召开的校务会议上，郭秉文正式提出在南高师的基础上创办一所国立大学，暂时命名为东南大学，并组建“东南大学筹备委员会”。筹备委员会先确定了东大发起人，十位发起人中有蔡元培、蒋梦麟、黄炎培、江谦、郭秉文等教育界的权威，有王正廷、袁希涛、沈恩孚等中央或地方各部门要职人员，有张謇、穆藕初等实业界巨头，他们都是对社会极具影响力的人物。接着，筹备委员会起草了致国务院和教育部的报告，阐明在南京创办东南大学的十

① 朱斐主编：《东南大学史（1902—1949）》（第 1 卷），南京：东南大学出版社，2012 年，第 74 页。
② 朱斐主编：《东南大学史（1902—1949）》（第 1 卷），南京：东南大学出版社，2012 年，第 74 页。

点理由："（1）扼江河要津，轮轨四达，气候温和，风景优美，宜学佳境；（2）历史故都，民国肇基，文化发达，学术昌茂；（3）居南雍故址，复增南洋劝业会址，面积广阔，足容万人；（4）南高规模，已近大学，学科较全，易于筹备；（5）多积学之士，多专门人才，改办大学，驾轻就熟；（6）百万学子，多求深造，苟能成才，利在社会；（7）南高校誉夙著，海内富豪有欲捐资，官办民助，有利其成；（8）我国学术多倡自东南，输入欧美文化亦以东南为捷，设一学府，焕发国光，植吾国于世界大学之林；（9）当此万国棣通之际，无论学术、技艺与政治之集会，十九有赖于大学；（10）振兴教育，倡导民治，东南倡之，各方继之，功在国家。"①

时任教育总长的范静生虽然赞同在南京创设国立大学，但教育部也提出办学的三大难题："（1）学制问题。若将南高改为东大，于教育部有归口管理的问题，于社会有少一高师的问题；若在南高之外另办大学，则条件尚未具备。（2）地址问题。建大学需扩充地皮，'南洋劝业会'旧址归属未定，尚无把握。（3）经费问题。创办大学需资甚巨，恐国务会议不易通过。"②

郭秉文坚持"大学开办不宜迟疑"③，针对三大难题想出了相应的变通办法。关于学制，"一面将南高改办为大学，一面仍保留南高名义，原南高学生仍归属南高，东大之教育科可继续为社会培养输送师资，至条件完全成熟时再取消南高名义"④。关于地址，"南洋劝业会旧址问题有解决希望，一时未能解决，南高400亩土地在大学创始阶段尚敷应用"⑤。关于经费，"创办大学预算能通过自然好，一时通不过，可先从南高1920年的经费中拨出一部以供筹备"⑥。在郭秉文与中央各部门的斡旋与奔走游说下，终于于1920年12月6日，教育总长范静生委任郭秉文为东南大学筹备员，在12月7日召开的国务会议上，一致通过南高师筹建大学的议案，并正式命名为国立东南大学。

---

① 朱斐主编：《东南大学史（1902—1949）》（第1卷），南京：东南大学出版社，2012年，第76页。
② 朱斐主编：《东南大学史（1902—1949）》（第1卷），南京：东南大学出版社，2012年，第76—77页。
③ 朱斐主编：《东南大学史（1902—1949）》（第1卷），南京：东南大学出版社，2012年，第77页。
④ 朱斐主编：《东南大学史（1902—1949）》（第1卷），南京：东南大学出版社，2012年，第77页。
⑤ 朱斐主编：《东南大学史（1902—1949）》（第1卷），南京：东南大学出版社，2012年，第77页。
⑥ 朱斐主编：《东南大学史（1902—1949）》（第1卷），南京：东南大学出版社，2012年，第77页。

接到教育部公文，郭秉文立即于 12 月 16 日组织成立“东南大学筹备处”，郭秉文任主任，刘伯明任副主任，分组织系统股、经济股、校地推广股、建筑股、校章编定股、公布股、招生股、购置股八股分别筹备，各股股长和工作人员，全部从南高师教职员中选任。东南大学筹备委员会为广泛争取社会赞助，效仿美国大学成立学校董事会。1921 年 6 月 6 日，各项筹备工作就绪，筹备处邀请全校校董到江苏省教育会召开成立大会，并商榷相关事宜。后来学校就把 6 月 6 日校董会召开成立大会的这一天，作为东大的校庆日，这次校董会议主要报告东大的筹备经过，讨论校董会章程，商议校董会工作，讨论和通过东大组织大纲，制定招生章程，编制预算等，并推举郭秉文为东大校长，报教育部审批。1921 年 7 月 13 日，教育部核准《东南大学组织大纲》；8 月 24 日至 26 日，东大预科、南高本科同时招生；8 月 27 日，教育部核准南高校长郭秉文博士兼任东大校长。同年 9 月，国立东南大学正式成立，成为中国近代第二所国立大学。

2. 南高师归并与易长风潮

刚成立的东大与南高师在许多方面是合在一起的，两校在同一个校园内，教职员、经费和校产均属两校共有，“南高师的教育、农、工、商 4 科 19 个系划给东大，文、理两部和其余 5 个专修科名义上仍归南高师”①。同任两校校长的郭秉文积极推动两校的合并，1922 年 12 月 6 日，南高评议会和东大教授会联席会议通过《南京高等师范归并东南大学办法》，具体为：“南京高等师范学校学生依照所学科目种类，照新学制归入东南大学各科。现有南高学生归入东大后，得继续免费修习至毕业为止。学生修毕南高规定课程者，得东南大学某部某科毕业证书；如欲得大学学士学位者，得继续免费至毕业为止。南高已毕业学生一律为东南大学同学会会员。民国十年（1921）以前之南高毕业生为欲得大学学士学位者，得继续在大学免费修业至毕业为止。”②

1922 年 12 月 19 日，郭秉文以南高师校长名义请示教育部将南高师并入东

① 王德滋主编：《南京大学史》，南京：南京大学出版社，1992 年，第 45 页。

② 《南大百年实录》编辑组编：《南大百年实录：中央大学史料选》（上卷），南京：南京大学出版社，2002 年，第 135 页。

大，无需改为师范大学。“唯南高与东大，设在一处，职员与教员由两校共同延聘，学校设备，亦两校共同应用，名虽两校，实则一体，如强而分之，不独接近骈枝，且于实际办事，转多困难。校长就历史事实，详加考虑，觉无改为独立师范大学的必要。此事复经校评议会、教授会联席会议及校董会郑重讨论，拟将本校现有各部学生，依其所学科目种类，照新制并入东大，当经一致通过……特呈请大部鉴核训示施行”①。同年 12 月 26 日，校评议会和教授会联席会议正式决定将南高师并入东大，并将南高师校牌撤去，所属中小学改为东南大学附属中小学。

正当东南大学欣欣向荣之际，1925 年 1 月 6 日，教育部解除了郭秉文东南大学校长一职，任命胡敦复为新校长。这一决定在东南大学校内外及东南地区掀起巨大波澜，郭秉文见北京政府态度强硬，决定出洋考察，离开了中国教育界。东南大学也因此次的易长风潮而元气大伤，发展陷入停滞，其走向世界名校的发展之路被打断。

3. 东南大学的组织制度

(1) 组织架构：校长领导下的“三会制”

为实现民主治校、发挥教授作用和提高行政工作效率，使各机构相互协调和互相监督，《东南大学组织大纲》规定，东南大学采用校长领导下的“三会制”，即行政委员会、教授会和评议会，如图 5.1 所示。

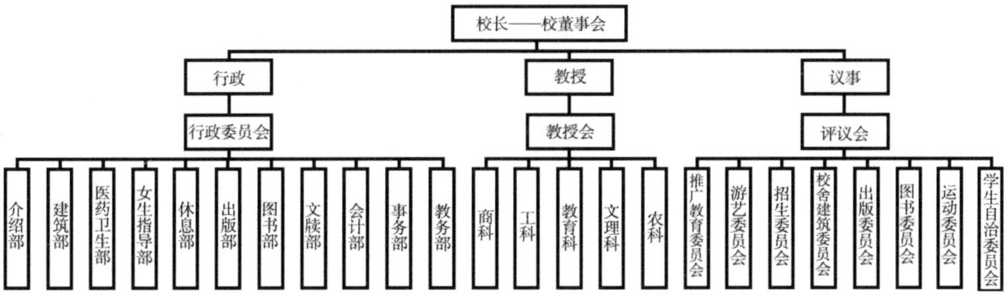

图 5.1 东南大学组织系统

校长总辖全校事务，凡各科主任、各系主任、教授、讲师、助理、行政各部

① 《南大百年实录》编辑组编：《南大百年实录：中央大学史料选》（上卷），南京：南京大学出版社，2002 年，第 136 页。

主任、各部职员、事务员等，均由校长延聘，校长兼任三会的主席。

行政委员会是全校行政的总枢机关，行政委员会下设各部协助校长执行校务。其职权是“规划全校公共行政事宜；审查行政各部事务；执行临时发生之各种行政事务”①。

教授会由校长、各科主任、各系主任及教授组成，负责“指导全校教学工作，议处全校教务上之公共事项，建议系与科之增设废止或变更于评议会，赠予名誉学位之议决，规定学生成绩之标准”②。教授会可设各种临时委员会，如暑期学校研究委员会、教学法研究委员会等。临时委员会设主任 1 人，委员若干人，由教授会主席在教授中指任。各科设科教授会，其职权有：“议决本科之教育方针；规划本科发展事业；建议本科各系预算于校长；建议本科各系之变更于评议会；编订本科之课程及其他规程；审定本科学生毕业资格；决定给予免费学额；协助群育部（后增设）处理训育事宜；建议赠予名誉学位于教授会；其他关于本科之重要事项。”③

评议会属议事性机构，类似校务委员会，主要职能有：“议决本校教育方针；关于经济之建议事项；重要之建筑及设备；系与科之增设废止或变更；关于校内其他重要事项。”评议会为商榷校务便利起见，下设各种委员会，各委员会设主任 1 人，委员若干人，由评议会主席在教授中指任。

（2）学校董事会：国立大学设校董会的先河

东南大学设校董会，开我国国立大学设校董会的先河。从筹备东南大学开始，学校董事会就在物质、经济、对外关系、事业发展计划等多方面给予了东南大学极大的支持和帮助，是东南大学建立和发展过程中不可忽视的力量。

东南大学董事资格分两类，一类是当然董事，包括校长以及由教育总长指派的一名部员；一类是选聘董事，需为“声望卓著，热心教育者”和“以学术经验或经济赞助本校者”，名额为 15 人。东南大学第一届董事会成员有当然董事校长

---

① 朱斐主编：《东南大学史（1902—1949）》（第 1 卷），南京：东南大学出版社，2012 年，第 84 页。
② 朱斐主编：《东南大学史（1902—1949）》（第 1 卷），南京：东南大学出版社，2012 年，第 84 页。
③ 朱斐主编：《东南大学史（1902—1949）》（第 1 卷），南京：东南大学出版社，2012 年，第 84 页。

郭秉文和部派代表教育部专门司司长任鸿隽，选聘董事有张謇、蔡元培、王正廷、袁希涛、聂云台、穆湘玥、陈光甫、余日章、严家炽、江谦、沈恩孚、黄炎培、蒋梦麟、钱新之、荣宗敬等。

学校董事会初设时属议事、咨询性质，只有扶助学校（事业）进行和保管私人捐助财产两项职权。经两年多的实践，东大实际感受到了校董会带来的种种好处。为更好地发挥董事们的作用，1923年11月，郭秉文正式在校董会上建议修改校董会章程，提高校董会地位，把校董会放在与校长并列的位置，扩大校董会职权，修订的校董会简章规定校董会的职权有：“（1）决定学校大政方针；（2）审核学校预算决算；（3）推选校长于教育当局；（4）议决学校科系之增加废止或变更；（5）保管私人所捐之财产；（6）决定学校其他之重要事项。”①

（3）科系设置：国内综合性大学的先驱

在南高师的基础上建立起来的东南大学，其科系设置不仅寓师范于大学，更寓文、理与农、工、商等实科于一体，是中国综合性大学的先驱。

东大的文理科，分国文系、哲学系、西洋文学系、数学系和化学系，是在南高师的文史地部、数理化部、英文部及国文专修科的基础上组建而成，先后任课的教授有99人，是东大规模最大、师资阵容最强、培养人才最多的一个科。其中人文科学的教授，“多有较深国学根底，复经出国深造；国学大师，多能与留学生密切合作，以科学态度，探讨中西文史哲理，反对全盘西化，反对全盘否定中国文化，主张弘扬民族精神，贯通古今，融会中西，自立风格，自树一帜”② “理科的数理化地四个学术领域，都有一流的学者，皆是精兵强将，有可贵之学风，重视基础理论，重视科学实验，重视实验室的建设，重视学科间的互补和加宽基础”③。

教育科设教育系、心理系、体育系、乡村教育系（后停办），是在南高师的教育专修科、体育专修科的基础上组建而成的，先后任课的教授共34人。东南大学寓师范于大学，属国内首创，其“教育科十分重视教育学科的建设，贯彻教

① 朱斐主编：《东南大学史（1902—1949）》（第1卷），南京：东南大学出版社，2012年，第86页。
② 朱斐主编：《东南大学史（1902—1949）》（第1卷），南京：东南大学出版社，2012年，第111页。
③ 朱斐主编：《东南大学史（1902—1949）》（第1卷），南京：东南大学出版社，2012年，第111页。

育学科学化的原则，强调要把教育学建立在自然科学的基础上，在必修课和选修课中，都开出相当数量的自然科学课程”①；“教育科十分重视教材建设。……教育科资料室中，各种西文教科书、参考书近千种，但中文书籍仅百余种。故教育科积极鼓励教师撰写中文教材，几年间共出版著作、译作44种……教育科十分重视研究工作。积极开展各种测验……以供教育和改进教学之参考……教育科主张面向社会，为社会服务，尽己所能大力推广各种社会教育事业”②。

中国的工科教育起步较晚，规模较小。东大的工科，是在南高的工艺专修科的基础上建立和发展起来的，设机械、土木、电机三系，工科前后任教授16名。参照欧美工科大学的经验和本国本校的实际情况，东南大学制订了工科工作计划，包括研究、教学和调查及推广三项。研究包括“研究工程学理论，改良工业原料方法器械，解决工程及工业问题，研究国内公用事业之建设”③，教学包括机械工程、土木工程、电机工程三系的教学工作，调查及推广包括“编辑工程书报，交通事业，制度事业，工业经济，工程教育现状”④。

东南大学农科是在南高的农业专修科上发展而来，“设植物、动物、农艺、畜牧、蚕桑、病虫害等7个系（1926年合植物、动物为生物系，另设农产制造系）；设有试验农场12处，共3900余亩；全科教职员百余人，先后任教授37人”⑤。农科的办学指导思想明确，实行教育、研究、推广三者并重的方针。教育，“按中国农业上之需要，造就人才，为农民服务，或自行经营农场”⑥；研究，“按中国农业上存在之问题，用科学方法，图逐步之改良和解决”⑦；推广，“即将专家所发明的方法或实物，如良种、优良农具、高产技术、除病虫害的方法药剂等，逐步在全省或全国推广”⑧。

---

① 朱斐主编：《东南大学史（1902—1949）》（第1卷），南京：东南大学出版社，2012年，第113页。
② 朱斐主编：《东南大学史（1902—1949）》（第1卷），南京：东南大学出版社，2012年，第113—114页。
③ 朱斐主编：《东南大学史（1902—1949）》（第1卷），南京：东南大学出版社，2012年，第114页。
④ 朱斐主编：《东南大学史（1902—1949）》（第1卷），南京：东南大学出版社，2012年，第114页。
⑤ 朱斐主编：《东南大学史（1902—1949）》（第1卷），南京：东南大学出版社，2012年，第118—119页。
⑥ 朱斐主编：《东南大学史（1902—1949）》（第1卷），南京：东南大学出版社，2012年，第119页。
⑦ 朱斐主编：《东南大学史（1902—1949）》（第1卷），南京：东南大学出版社，2012年，第119页。
⑧ 朱斐主编：《东南大学史（1902—1949）》（第1卷），南京：东南大学出版社，2012年，第119页。

商科是东大内部的称呼，对外叫作东南大学分设上海商科大学。东大的商科是在南高商业专修科的基础上扩建而成的。商科设在上海，是因为这里“(1) 交通四通八达，商业范围广大；(2) 港湾设备完全；(3) 当需要、供给之中心，为集散吞吐口；(4) 便于搜集原料而加以工作；(5) 补助机关完备”[①]。于是与暨南学校合办上海商科大学，定名为国立东南大学暨南学校合设上海商科大学；后因暨南学校决定自办商科大学部，自 1922 年 7 月起，由东南大学独办，改名为国立东南大学分设上海商科大学，这是中国第一所商科大学。先后任商大教授者共 33 人。商科教学严格，重视理论联系实际，除课堂教学和学术研究外，注重考察和实习，并经常利用假期外出考察各地商业、金融状况。

三、大学管理思想

作为一位教育家型校长，郭秉文在南高和东大的办学实践是在其办学思想的指导下进行的，同时其办学实践也进一步丰富和完善了其大学管理思想。郭秉文的大学管理思想可概括为“三育并重”的教育方针和“四个平衡”的治校方略，前者回答了“大学培养什么人”和“怎样培养人”的问题，后者回答了“办什么学校”和“怎样办学校”的问题。前者是后者的逻辑起点，后者为前者目标的实现奠定了坚实的基础，两者相辅相成，熔铸在办学实践中。

① 朱斐主编：《东南大学史（1902—1949）》（第 1 卷），南京：东南大学出版社，2012 年，第 121 页。

（一）“三育并重”的教育方针

郭秉文在《关于本校概况报告书》中，对其“三育并重”的思想做了详细的阐述，提出了德育、智育、体育的标准、方法和实施途径。

1. 德育：训练与管理并重

郭秉文认为“德育要采取训练与管理兼重的原则，训练要注意启发，使学生知其所以然；管理要注意实践，使学生行其所以然。两者交相为用，以期知行合一”[①]。并对德育的标准、方法、程序及实施做了具体说明。

关于德育标准。德育的标准是要“养成对于国家负责任的国民为意想中的人格”[②]。人格要素包括坚强的体魄，充实的精神，以及道德、学术、才识三个方面。所谓道德，包括“品性，如智力、感情、意志，要趋于中正；行为，如仪容、言语、动作，要趋于和平”[③]；所谓学术，包括“知识，如基础知识、专门知识，要使之明确；技能，如应用、工艺、造型，要使之精熟”[④]；所谓才识，包括“计划，如全局、局部，要注意全面和长远；执行，如作业、协调，要期乎宽厚”[⑤]；“而道德、学术、才识之完善，均应本于至诚，诚则自成。”[⑥]

关于德育方法。“对学生进行德育既不可抑制，也不能放纵，可以启发学生的自觉，使之自立、自行；并采用利用天性的原则，触发统觉的原则，引起兴味

---

① 《南大百年实录》编辑组编：《南大百年实录：中央大学史料选》（上卷），南京：南京大学出版社，2002年，第55页。

② 《南大百年实录》编辑组编：《南大百年实录：中央大学史料选》（上卷），南京：南京大学出版社，2002年，第55页。

③ 《南大百年实录》编辑组编：《南大百年实录：中央大学史料选》（上卷），南京：南京大学出版社，2002年，第55页。

④ 《南大百年实录》编辑组编：《南大百年实录：中央大学史料选》（上卷），南京：南京大学出版社，2002年，第55页。

⑤ 《南大百年实录》编辑组编：《南大百年实录：中央大学史料选》（上卷），南京：南京大学出版社，2002年，第55页。

⑥ 《南大百年实录》编辑组编：《南大百年实录：中央大学史料选》（上卷），南京：南京大学出版社，2002年，第55页。

的原则，应用暗示的原则，选择思想的原则，养成习惯的原则，循循善诱”[①]。

关于德育程序。“按上述标准、方法，循序渐进，积久自可深造。勿求之过急，不可一蹴而就。德育过程为由己及人，由近及远，由学校而社会。以成己始，以成物终，至于自然”[②]。

关于德育实施。德育的实施主要抓两点：一是修养，二是服务。修养方面，“对于学生注重躬行与省察；学生省察表每周由学生自行记载，学监调阅，阅后须作诱导；对于教职员侧重感化与考查；教职员考察册择要记载，期末交学监处，用以评定学生的品行并勉励”[③]。服务方面，“对于学生注重实践和研究；对于教职员侧重示范与检查；校内凡有学生服务的部门，均制订服务生规程，由服务生分期轮流以实践其职务。如有新、难事项，教职员应先行示范，至习惯后由学生担任。学生服务的表现与成绩，由学监检查并记载在册”[④]。

2. 智育：思想与应用能力并重

南高师将诚作为智育之本，智育的标准、方法及实施如下。

关于智育标准。南高师以“养成思想及应用能力为智育的标准，要求学生能思想以探求知识之本源，能应用以求知识之归宿。明知识之本源，然后乃能取之无尽；明知识之归宿，然后乃能用之无尽。至于所思想、所应用之事物，则以适合于社会需要为本，总期所思所用，皆与社会生活有密切之关系”[⑤]。

关于智育方法。为达到智育标准，应采取两种方法：一是欲养成思想的能力，必“注重兴疑与试验，盖必使学者先有所愤悱，然后乃能启发其思想；又恐其凭空构思，不着边际，故设种种机会，俾能作实际之试验，亲临其境，使所思

---

① 《南大百年实录》编辑组编：《南大百年实录：中央大学史料选》（上卷），南京：南京大学出版社，2002年，第55页。

② 《南大百年实录》编辑组编：《南大百年实录：中央大学史料选》（上卷），南京：南京大学出版社，2002年，第55页。

③ 《南大百年实录》编辑组编：《南大百年实录：中央大学史料选》（上卷），南京：南京大学出版社，2002年，第55页。

④ 《南大百年实录》编辑组编：《南大百年实录：中央大学史料选》（上卷），南京：南京大学出版社，2002年，第55页。

⑤ 《南大百年实录》编辑组编：《南大百年实录：中央大学史料选》（上卷），南京：南京大学出版社，2002年，第56页。

者皆有所依据”[①]。二是欲养成应用能力，必“注重理想、理论与实际的联络，使所学者皆有所用，所用者皆本所学”[②]。

关于智育实施。智育的实施要抓好设科、教授、实验、研究、实习、参观六个方面。一是根据社会需要和学科建设需要而设科，由科组织教学及研究工作的进行，充分发挥科的作用。二是为培养独立思考的能力，教学应当注重启发而不重注入，注重自修而不重听讲。努力使校图书馆和各科资料室日益充实。三是因为思想、理论需要经过证实后才能让人信服，所以各科都应重视实验和实验室的建设，一来可以作为学理的佐证，二来可以作为探求发明创造的途径。四是为了培养科学研究的能力，除平时鼓励学生参加各种研究会的活动外，所有毕业班的学生，均要参加一项为期一年的研究课题，最后撰写成论文或报告，既作为成绩考核的依据，也作为学生留给母校的纪念。五是为了养成应用的能力和技能，南高十分重视实习，平时在校实习，暑假派往各地条件较好的工厂、农场、商社实习，并精心组织好实地教授。六是为了开阔眼界、思路，增长各种实际知识，学生在毕业前均有派往有关机关做详细参观的机会。[③]

3. 体育：坚强的体魄和充实的精神并重

“健全之心寓于健全之身”，体育是德育和智育的基础。郭秉文认为，“孱弱之身，难以任重道远，亦不足以表示优秀国民之完全人格”[④]，所以他对体育十分重视，其标准、方法及实施如下。

关于体育标准。体育“以养成坚强的体魄和充实的精神为标准。对于全校而言，强调体育的普及；对于个人而言，注重个人的全面发展，使人体各部分都得

---

① 《南大百年实录》编辑组编：《南大百年实录：中央大学史料选》（上卷），南京：南京大学出版社，2002年，第56页。

② 《南大百年实录》编辑组编：《南大百年实录：中央大学史料选》（上卷），南京：南京大学出版社，2002年，第56页。

③ 《南大百年实录》编辑组编：《南大百年实录：中央大学史料选》（上卷），南京：南京大学出版社，2002年，第56页。

④ 《南大百年实录》编辑组编：《南大百年实录：中央大学史料选》（上卷），南京：南京大学出版社，2002年，第57页。

到操练，使人人能得到健康的幸福”[1]。

关于体育方法。学校体育要注重三个方面：一是重视养护，培养元气，御邪于未然；二是注重锻炼，操练筋骨，活血顺气，以强身耐劳；三是及时医治，矫正体格，使残废者复其健全，使患病者复其强壮[2]。

关于体育实施。南高也从预防保护、日常锻炼和病后医治三个方面着手。“在预防保护方面，校内设有卫生部，卫生部为学生补种牛痘等疫苗，行一年一次体检，为预防时症疫病。学生膳食采用分食制，每人各备一食器，避免数人共用食器传染疾病。在日常锻炼方面，将体育课列为必修课，每天出早操，辅以兵操、拳术、田径、球类等各种运动和竞赛。在病后医治方面，学校设中西医诊疗室，为学生诊断疾病、调养身体。对于体格有残疾的人，由体育教员为其选择适宜的体操，以恢复健全的体格，有疾病的由校医为其诊治”[3]。

（二）兼顾“四个平衡”的治校方略

20 世纪 60 年代，郭秉文在华盛顿接受毕业于南高师并曾在南高师任教的历史学家张其昀的采访时谈到，自己当年在南高师和东大的办学方针可以归纳为一个“平”字，具体体现在通才与专才的平衡、人文与科学的平衡、师资与设备的平衡、国内与国际的平衡四个方面。

1. 通才与专才的平衡

通专结合是郭秉文理想的人才培养标准。他认为大学应培养多种类型人才，一所大学的学科设置不能过于狭隘，应该设立多种学科。“本科注重通才教育，但不忽视应用，专修科注重专才教育，但不忽视基础；两者相辅相成，不可偏

---

① 《南大百年实录》编辑组编：《南大百年实录：中央大学史料选》（上卷），南京：南京大学出版社，2002 年，第 58 页。

② 《南大百年实录》编辑组编：《南大百年实录：中央大学史料选》（上卷），南京：南京大学出版社，2002 年，第 58 页。

③ 《南大百年实录》编辑组编：《南大百年实录：中央大学史料选》（上卷），南京：南京大学出版社，2002 年，第 58 页。

废，但两者并非截然划分，一个综合大学的好处是，通才与专才互相调剂，使通才不致流于空疏，专才不致流于狭隘，而成为平正通达、学有专长的建国人才”①。

为实现通专结合的培养目标，郭秉文力谋院系的扩充，打破院系的界限，东大除了有“注重通才教育”的国文和理化部，还陆续增设了“注重专才教育”的体育、英文、教育和农、工等专修科。这些学科相互交叉渗透，彼此影响支撑，既使大学培养出来的人才具有坚实宽广的知识结构，又能培养出满足社会需要的专业人才，使东南大学成为国内“寓师范于大学”，且包含文理科、农科、工科、商科、教育科的综合性大学的先驱。

东大的教学制度，特别是选科制的实行，也体现了郭秉文通才与专才平衡的办学思想。东大各科都有必修课和选修课，有主系和辅系之分。学生选择某科为主系后，必须选修其他科系的课程达到一定学分，这一规定有利于学生选修其他学科的课程，形成通专相结合的培养模式，满足社会多方面的需要。

2. 人文与科学的平衡

人文和科学的平衡意味着在学校的学科结构上，既要发展文科，也要发展理工科，强调人文社会科学与自然科学并重。

郭秉文在其博士论文中指出，我国“数千年之教育性质，皆偏于文学、哲学与道德诸方面，而近世所谓实验教育则百不得一焉。其教育之法颇似欧洲希腊文学复兴时代以前所盛行者”②。我国偏重人文学科的传统导致近代科学的落后，为了培养社会生产所需要的人才，从南高师办学起，郭秉文就对自然科学格外重视，南高师在学科设置上突破了一般高师偏重人文社会科学的学科结构；到东南大学时，东大文理科中文科有国文、外文、历史、哲学、政治、经济；理科有数学、物理、化学、生物、地学、心理；教育科有教育、心理、体育、乡村教育；工科有机械、土木、电机；农科有植物、动物、农艺、畜牧、蚕桑、病害虫；商科有会计、经济、管理法、银行原理等。

---

① 朱斐主编：《东南大学史（1902—1949）》（第1卷），南京：东南大学出版社，2012年，第92页。

② 郭秉文：《中国教育制度沿革史》，上海：商务印书馆，1922年，第147页。

3. 师资与设备的平衡

郭秉文认识到，东南大学要跻身世界大学之林必须具备一支高水平的教师队伍，大学“当然以教师为第一，但是物质设备亦不容忽视”①。在他任职期间，他尽力筹措经费完善教学科研设备，做到师资与设备的平衡。

东大成立后，郭秉文立即聘请杭州之江大学的建筑师韦尔逊先生到校兼任校舍建筑股股长，“察看地势，做出通盘规划，以四牌楼为中心，次第向四周辐射，按急缓轻重，拟订分期实施计划，并请上海东南建筑公司绘具总图”②。东大陆续修葺学生宿舍，建图书馆、体育馆和科学馆，这三馆的规模和质量，在当时堪称一流。以后又新建生物馆等建筑，相继增添图书和各类仪器设备，1927 年时东南大学的校产价值已在 140 万元以上。

在扩充校产的同时，郭秉文利用出国考察的机会，前往中国留学生比较集中的地区和学校，为南高、东大物色了众多师资人才。从 1921 年到 1926 年，东南大学的教职工数不少于 200 人，1924 年和 1925 年甚至达到 290 人和 270 人；生师比也基本保持在 5∶1 的水平，详见表 5.1。另外，先后在东南大学任教授者多达 222 人。其中文科和农科最多，分别是 70 人和 42 人，教育科和商科也都有 33 人，工科有 15 人。其中曾在国外任教授研究员或获博士、双硕士的教授有 40 人，占总人数的 18%；曾在国外获硕士学位或相当职务的教授有 56 人，占总人数的 25.22%；曾在国外获学士学位或曾出国留学者的教授有 31 人，占总人数的 14%；外籍教师有 16 人，占总人数的 7.2%；详见表 5.2。当时国内出现了以受聘于东大为荣的盛况，东南大学名师聚集，每个科系都有国内一流的学术带头人，这使东大的师资不仅保持了数量上的优势，更有质量上的保证。

---

① 左惟等编：《大学之道——东南大学的一个世纪（1902—2002）》，南京：东南大学出版社，2002 年，第 50 页。

② 朱斐主编：《东南大学史（1902—1949）》（第 1 卷），南京：东南大学出版社，2012 年，第 101 页。

表 5.1　东大师生概况[①]

年序	教职工数	在校学生	毕业学生
1921	210	930	205
1922	240	1144	122
1923	240	1222	205
1924	290	1408	271
1925	270	1483	230
1926	200	973	223

注：不含东大分设上海商科大学。

表 5.2　东大教授统计表[②]

科别	曾在国外任教授研究员或获博士双硕士者	曾在国外获硕士学位或相当职务者	曾在国外获学士学位或曾出国留学者	本国教授，含档案中无学历记载者	外籍教授	共计教授
文科	9	8	7	43	3	70
理科	8	13	3	4	1	29
教育科	8	7	5	11	2	33
工科	1	7	4	3	0	15
农科	10	12	7	7	6	42
商科	4	9	5	11	4	33
合计	40	56	31	79	16	222

注：因人事档案不全，实际留学并获学位人数，当超出上述统计数。

4. 国内与国际的平衡

国内与国际平衡体现在郭秉文以国际视野积极与国际接轨和将东南大学打造成国内学术研究重地、国际学术交流窗口的实践。

郭秉文多次出国考察，积极参加国际教育事务管理。1915 年春，郭秉文与陈容赴欧美各国考察高等教育；1915 年 6 月，郭秉文与陈容赴日考察高等教育；

① 朱斐主编：《东南大学史（1902—1949）》（第 1 卷），南京：东南大学出版社，2012 年，第 80—81 页。
② 朱斐主编：《东南大学史（1902—1949）》（第 1 卷），南京：东南大学出版社，2012 年，第 100 页。

1917年3月，教育部派郭秉文、黄炎培等赴日本、菲律宾考察高等教育，郭任团长；1917年郭秉文任欧洲及美国教育考察团主任；1919年3月，郭秉文率团考察美、英、法、德、意、日、瑞士等国高等教育；1924年10月，东大组团考察日本高等教育。[①]"1923年6月，郭秉文以中国首席代表身份，参加世界第一次教育会议，……在大会上发表讲演说……大会选举郭秉文为世界教育会副会长兼亚洲分会会长，以后又连续两届被选为副会长"[②]。

郭秉文强调大学生既要广求智识于世界，又要"以国事为己任、以天下为己任"[③]。东大于1922年1月创办《学衡》杂志，以"论究学术，阐求真理，昌明国粹，融化新知，以中正之眼光，行批评之职事，无偏无党，不激不随"[④]为宗旨，以"翼学，邮思，崇文，培俗"[⑤]为目的，坚持民族自尊自信，对中西文化都采取取其精华、去其糟粕的态度，批判了五四运动中"打倒孔家店"的激进主张。当时一批对传统文化怀有敬意的学者纷纷南下，东大各种学术组织的成立和各种学术刊物的问世使其成为国内学术研究中心。

在国际交流中，一方面，郭秉文致力选派留学生，资助教师出国考察，吸纳国内外优秀学者云集东大，东大先后聘任的外籍教师有16人，聘任的国内教授60.77%都有出国学习或任职的经历。另一方面，通过邀请外国专家讲学，开展国际学术合作等方式，吸纳世界先进的办学理念和办学实践，使东南大学成为具有国际视野、先进办学理念的一流学府。20世纪20年代初，东南大学与美国哈佛大学和麻省理工学院签署《中美合办工科大学之计划》，合办工科大学。

一个好校长就是一所好学校。郭秉文的学校管理实践与办学思想充分反映了一名好校长对一所学校发展的重要价值。在郭秉文担任校长期间，南高与东南大学不仅"名师荟萃，极一时之盛"[⑥]，而且为中国学术界培养出众多杰出人才，

---

① 朱斐主编：《东南大学史（1902—1949）》（第1卷），南京：东南大学出版社，2012年，第106页。

② 朱斐主编：《东南大学史（1902—1949）》（第1卷），南京：东南大学出版社，2012年，第106页。

③ 左惟等编：《大学之道——东南大学的一个世纪（1902—2002）》，南京：东南大学出版社，2002年，第51页。

④ 朱斐主编：《东南大学史（1902—1949）》（第1卷），南京：东南大学出版社，2012年，第111页。

⑤ 朱斐主编：《东南大学史（1902—1949）》（第1卷），南京：东南大学出版社，2012年，第111页。

⑥ 郭夏瑜：《郭秉文先生纪念集》，中华学术院，1971年。

赢得社会盛赞："著名学者吴俊升在1935年所写的一篇纪念南高20周年的文章中曾这样写道：'南高不仅完成了训练师资的使命，它还尽了孕育文化和造就学术界与事业界各种人才的责任，在这一方面，它仿佛可和巴黎的高等师范学校相比。'"① 美国教育家孟禄也曾预言，东南大学将来可成为东方教育之中心，"是中国最有希望之大学"② "将来该校之发达，可与英牛津、剑桥两大学相颉颃"③。只可惜1925年的"易长风潮"使郭秉文的办学实践戛然而止，同时也断送了东南大学的光明前景。

① 冒荣：《至平至善 鸿声东南——东南大学校长郭秉文》，济南：山东教育出版社，2004年，第4页。
② 朱斐主编：《东南大学史（1902—1949）》（第1卷），南京：东南大学出版社，2012年，第134页。
③ 朱斐主编：《东南大学史（1902—1949）》（第1卷），南京：东南大学出版社，2012年，第134页。

第六章　王星拱的学校管理实践与思想

王星拱（1888—1949）是民国时期著名的教育家，是民国时期著名的大学管理者。曾为北京大学教授，后陆续出任过安徽大学校长、国立武汉大学校长、国立中山大学校长。其中，任国立武汉大学校长长达 12 年之久，为武汉大学的发展做出了卓越的贡献，为人才培养贡献了他毕生的精力。

一、受教育经历

王星拱，又名芳淑，字盛时，号抚五，祖籍山西太原，清光绪十四年六月初九日（公元1888年7月17日）出生于安徽省安庆府怀宁县高河埠王家大屋（今马庙镇凌桥村）的一个贫寒农家，同胞兄妹共四人，王星拱排行第三，上有两位兄长，下有一个妹妹。父亲王厚祺是个穷秀才，终生在乡间教私塾。王星拱三岁丧母，又因家境贫苦，遂寄养和就读于外祖父刘家私塾，从小就养成了倔强、进取的性格。他天资聪颖，勤奋好学，深受外祖父一家人的喜爱。

王星拱幼时，他的父亲曾带着他与一位友人相会，对方见其才思敏捷，口齿伶俐，不禁心生爱意，当即便将自己的长女许配给他。这就是王星拱的夫人、比他年长一岁的叶玉芝。王星拱的岳父是安庆叶家村的一位士绅，家境比较富裕，叶玉芝在当地农村堪称大家闺秀。

由于家庭因素与成长环境的影响，加上自身聪明好学，熟读四书五经、诸子百家，故王星拱的古文修养很好，传统文化造诣精深。少年时代，王星拱和他的两个哥哥都曾考取过秀才。而在晚清政府先后推行洋务运动与“新政”的时代浪潮中，西学在社会上日渐流行。正是在这样的时代背景与社会条件下，王星拱又幸运地获得了一个接受现代西式高等教育的机会。光绪二十八年（1902），王星拱由怀宁县选派，并经过严格的入学考试，被安徽大学堂录取。

光绪三十年（1904），安徽大学堂改为安徽高等学堂。1906年4月，著名思想家、教育家严复（1853—1921）应聘出任安徽高等学堂监督。针对该校当时管理混乱、人浮于事、学风散漫的局面，严复对其进行了大刀阔斧的整顿和改革。特别是在课程设置方面，严复将西学确立为教学内容的主体，重视外语、自然科学和实业教育；要求西学课程“必用西文教授”“上英文课一句中国话也不准说，谁说中国话就马上被罚"[1]。正是在这样的背景和氛围下，王星拱的英文水平与科学素养均有较大提高。但由于种种因素，严复于1907年6月被迫辞职，离开了安徽高等学堂。正是在这一年，王星拱从安徽高等学堂顺利毕业，并因学业优异，学部奖给贡生。1908年，安徽省招考首批赴欧美各国公费留学生，王星拱前往应试，并顺利考取英国伦敦大学。1909年，王星拱与同乡刘贻燕、丁绪贤、张贻侗、洪逵等人一同赴英国留学，入伦敦大学皇家科学院（The Imperial College of Science and Technology in London）学习，专攻化学专业。

在伦敦大学，王星拱从预科开始读起，一直读到获得硕士学位为止，前后历时七年有余。在此期间，他一方面刻苦钻研化学，另一方面对哲学也产生了浓厚的兴趣，特别是当时风行西欧的马赫主义哲学，他曾专门研读过英国的马赫主义者皮尔逊（Karl Pearson，1857—1936）的著作。不仅如此，在紧张的学习生活之余，王星拱还深受伦敦大学乃至整个英伦三岛自由、民主的学术氛围和政治空气之熏陶，并萌生推翻专制、建立共和、彻底改造中国社会的民主革命思想。1910年，经吴敬恒、石瑛二人介绍，王星拱加入了孙中山先生领导的中国同盟会欧洲支部。

辛亥革命爆发后，因清政府提供的公费留学经费断绝，王星拱与几位同赴英国留学的安徽同乡一道回国，在安庆老家小住两个月，重新申请民国的公费留学，随后便再赴英国，继续攻读。1912年前后，抱着"科学救国"的宏愿与信念，王星拱与丁绪贤、石瑛等人在伦敦发起成立"中国科学社"，这是中国最早的留学生科学团体。后因留美同学任鸿隽、赵元任等人于1914年在美国也成立了一个同名组织，且人数较多，该社便与之合并，并将社址迁至上海，成为中国近代影响最大、几乎囊括了当时中国各个领域科学家的科学团体。作为中国科学社创办和发展的一位重要先驱，王星拱对于中国科学事业的发展和进步功不可没。

王星拱在英国留学后期，第一次世界大战爆发，英国各大学的教学科研活动

① 周家华、吴春梅：《严复与安徽高等学堂》，《安庆师范学院学报》（社会科学版），2004年第26卷第5期。

也受到了严重的影响。但在恶劣的战争环境和艰苦的生活条件下，王星拱仍然迎难而上，继续坚持学业。多年以后，身为国立武汉大学代理校长的王星拱，曾在对武大学生的演讲中特别提到过这段经历："在欧洲大战的时候……兄弟自己也在伦敦，我记得我同两个同学合做一个实验，这个实验是要一个星期才做得完的，并且夜里还要看守记录；适逢德国的徐柏林飞机来抛炸弹，我们还是不间断地做下去，免得停止重做，又要花费了一个星期的工夫。足见在战争时代求学，并不是希罕的事情。"① 正是在那个战火纷飞的年代里，王星拱最终完成了自己的学业，于 1916 年获伦敦大学硕士学位，并在当年秋天回国。他先是回到家乡与家人团聚，到了 1917 年初，又接受了新任北京大学校长蔡元培的聘请，前往北大任教。

在出国留学前夕，王星拱依照父辈之约，与叶玉芝完婚。从此，两人便天各一方，一别数载。除在辛亥革命爆发后王星拱曾回到安庆与之小聚两个月外，叶玉芝基本上是在自己的娘家住了七八年，在对夫君的漫长等待和苦苦守候中度过了自己最宝贵的青春年华。他们之间虽然是旧式的包办婚姻，但王星拱却并未像当时的一些留学生，打着"自由恋爱""婚姻解放"的旗号，抛弃家乡的原配夫人另觅新欢，而是选择了与结发之妻白头终老。在当时离婚风潮极为盛行的新派学者中，王星拱与他的安徽老乡胡适二人独善其身，真正做到了"糟糠之妻不下堂"，成为极少数的"例外"，而他们与发妻之间的那份忠贞不渝的爱情与婚姻，也博得了人们的普遍尊敬，并传为美谈。

---

① 《本大学第十四次总理纪念周纪录》（十八年四月一日），《国立武汉大学周刊》，1929 年第 16 期。

二、办学生涯

（一）执教北京大学

1916 年 12 月 26 日，中华民国大总统黎元洪发布命令，任命蔡元培为北京大学校长。1917 年 1 月 4 日，蔡元培到校就职，开始对北大进行大刀阔斧的改革。蔡元培从全国各地广罗人才以充实北京大学的师资队伍。刚从英国留学归来的王星拱，也是在这个时候被蔡元培聘请到北大任教。从 1917 年到 1927 年，王星拱在北大执教长达十年，正好与蔡元培校长的任期大体一致，并与其实际共事五年有余。① 在这段时间里，他积极参与蔡元培的校政革新，并深受其“思想自由”“兼容并包”办学理念的影响，为他日后成长为一名杰出的大学校长，积累了理论基础与实践经验。

在北大，王星拱最初担任“文本科讲师兼理本科讲师兼预科讲师”之职。② 他曾先后为理科数学物理学门③一年级学生讲授“化学实验”，为化学学门三年级学生讲授“化学史”，为化学学门二年级学生讲授“高等无机化学”，为化学学门一年级学生讲授“定性分析”等课程；作为文本科讲师，为哲学学门一、三年级学生开设了“化学发达史”“地质学方法论”“哲学与科学”等课程；因为

① 蔡元培曾于 1920 年 11 月至 1921 年 9 月赴欧美各国考察，其校长职务由蒋梦麟（1886—1964）代理；后又于 1923 年 1 月辞职离校，其北京大学校长之名义则直到 1927 年才取消。

② 王星拱晋升为教授的具体时间不详，约在 1919 年前后。

③ 1919 年北大废除各科，原隶属于科的学门改为系。

其英文水平极好，他甚至还被安排担任部分预科及本科学生的英文课教员。[①]

到北大任教后，王星拱结识了两位来自安徽怀宁的老乡——文科学长陈独秀与预科教授程演生，由于志趣相投，三人很快成为莫逆之交。虽然王星拱在北大最初只是一名普通的讲师，学术地位与行政地位并不高，但在教学科研之余，他积极地参与校政，为北大的改革和发展贡献自己的才智。1918 年 1 月，王星拱曾会同陈独秀、程演生、沈尹默、钱玄同、周作人、刘文典、朱家骅等人向校评议会提交了“组织大学俱乐部”“划分大学区域”“制定教员学生制服”等三项提案[②]，后均获通过并施行。

1918 年 1 月，蔡元培校长有感于整饬校风之必要，同时也为了提高师生的道德修养，制止腐败风气，特发起组织“进德会”，并将其会员等第分为三种：“甲种会员”——“不嫖、不赌、不娶妾”；“乙种会员”——“于前三戒外，加不作官吏、不作议员二戒”；“丙种会员”——“于前五戒外，又加不吸烟、不饮酒、不食肉三戒”。通过遵守这些戒律，蔡元培希望进德会的会员们都能达到“绳己”“谢人”“止谤”的“入会之效用”[③]。进德会成立后，报名者踊跃，除北大教职员与学生积极参加外，甚至还有校外人士报名入会，学校校风亦为之一变。王星拱当时也参加了进德会，为该会“甲种会员”[④]。

1918 年 2 月，以蔡元培为首的一批北大教职员，发起组织“学术讲演会”，“请国立高等学校各教员，以其专门研究之学术，分期讲演，冀以唤起国人研究学术之兴趣，而力求进步”[⑤]。按照学术讲演会的安排，王星拱与章士钊、陶履恭二人一道，于同年 2 月 24 日上午分别在北京大学、教育部和北京高等师范学校同时发表演说，成为“学术讲演会”的开山之作；王星拱的讲题为《燃料》，

---

① 《北京大学日刊》第 11 号（1917 年 11 月 28 日）、第 39 号（1918 年 1 月 6 日）、第 65 号（1918 年 2 月 6 日）、第 72 号（1918 年 2 月 20 日）、第 109 号（1918 年 4 月 12 日）、第 110 号（1918 年 4 月 13 日）、第 1261 号（1923 年 6 月 9 日）等期。

② 《北京大学日刊》第 48 号（1918 年 1 月 17 日）。

③ 《北京大学之进德会》，《北京大学日刊》第 50 号（1918 年 1 月 19 日）。

④ 《北京大学日刊》第 78 号（1918 年 2 月 27 日）。

⑤ 《北京大学日刊》第 72 号（1918 年 2 月 20 日）。

并复于3月3日上午在北京大学法科将此题重新讲演一遍。随后，其演讲词又以《燃料概说》为题，在《北京大学日刊》上连载，并被列入北京大学出版部的《学术讲演录》丛书，于当年正式出版刊行。

在北大校长任上，蔡元培一再强调文理不能分科，应“沟通文理，合为一科”。在蔡元培“融通文理”思想的感召下，王星拱当年在北大开设了一门兼容文理的课程——“科学概论”，为广大学生宣讲科学史、自然辩证法以及以爱因斯坦的相对论为代表的欧美新兴科学理论等，受到广泛的欢迎和好评。后来，王星拱又将这门课程讲稿的上卷编辑整理成《科学方法论》一书，于1920年5月由北京大学出版部刊行。[①] 该书比较全面系统地介绍了以培根和穆勒为代表的近代西方归纳逻辑，成为我国第一部科学方法论专著，王星拱也由此成为第一位在中国系统介绍科学方法论的人物。在该书的序言中，王星拱指出：

这一部书，是我从北京大学讲义稿子编辑起来的。自从蔡孑民先生到北京大学之后，大学里的各部分，都极力的要革除“文理分驰”的弊病：因为“文”“理”不能沟通，那文学哲学方面的学生，流于空谈玄想，没有实验的精神，就成些变形的举子了。那科学工程方面的学生，只知道片段的事实没有综合的权能，就成些被动的机械了。这两种人材，都不能适应将来世界之环境。试问我国教育之目的，能说不是要造就适应将来世界环境的人材吗？如何能够达到这个目的，自然要从各科的教学同时下手；但是我希望这一部小书，在这个大功业之中，也能尽他分内的力量。[②]

在北大任教期间，王星拱也积极投身于新文化运动中。1918年12月3日，北大学生傅斯年、罗家伦、顾颉刚、冯友兰、徐彦之等发起成立新潮杂志社，该社以北大学生为主体，并吸收少数教员和校外人士参加，以注重研究为其重要特色，虽然人数不多，但能量很大，是当时北大最有影响力的学生社团之一。王星拱即为该社社员，并经常为该社主办的《新潮》杂志撰稿。从1918年起至1927

① “科学概论”讲义的下卷名为《科学发达史和科学中之综合的理论》，后以《科学概论》为名，作为“国立武汉大学丛书”的一种，由商务印书馆于1930年出版。

② 王星拱：《科学方法论·序言》，北京：北京大学出版部，1920年。

年为止，王星拱先后在《新青年》《新潮》《东方杂志》《少年中国》《晨报副镌》《太平洋》《现代评论》《北京大学社会科学季刊》等报纸杂志上发表了多篇宣传科学知识与方法、批判传统迷信与旧宗教意识以及讨论一些社会政治问题的文章。

1919年5月，五四运动爆发后不久，北京大学校长蔡元培于5月8日宣布辞职；5月13日，北大教授会和评议会召开紧急联席会议，一致决议挽留蔡元培校长，并推派马叙伦、马寅初、李大钊、康宝忠、徐宝璜、王星拱、沈士远等人为代表，赴教育部请愿。经过多方的努力争取，到6月初，北洋军阀政府终迫于舆论压力，不得不请蔡元培回掌北大。6月9日，陈独秀起草了《北京市民宣言》，并交由胡适译成英文，然后与高一涵连夜印成大量中英文对照的传单。作为一份“平民征服政府”的斗争纲领，《北京市民宣言》向北洋政府提出了废除中日密约，免除徐树铮、曹汝霖、陆宗舆、章宗祥、段芝贵、王怀庆六人官职等五项要求。在印好宣言的第二天下午，陈独秀就邀约了王星拱、高一涵、程演生、邓初等同乡好友，一同到中央公园（今中山公园）茶馆等处去散发传单。《北京市民宣言》在市民群众中引起了极大的震动，同时也引起了北洋政府当局的注意，北洋军阀政府视之为“扔炸弹”，严令警署迅速捉拿印发传单的人。6月11日下午，陈独秀又邀约王星拱等人共进晚餐，并于饭后兵分两路，由陈独秀、邓初和高一涵等人去新世界游艺场散发传单，王星拱和程演生则前往城南游艺园。当晚十时，陈独秀在散发传单时，被当场拘捕入狱。此后，王星拱又与胡适、李大钊等人多方设法营救，并在《北京学界保释陈独秀呈文》中签名。

五四运动过后，王星拱开始更为积极地参与北大的各项校务，先后在校内担任多个要职，在学校的角色也越来越重要：1919年12月，王星拱当选为出版委员会委员（胡适为委员长）①；1920年1月，王星拱与钱玄同、李大钊、何炳松、程演生、马叙伦、陶履恭、胡适、周作人、刘文典、马寅初、沈尹默等人共同发起组织“北京大学教职员会”，以求“联络情谊”“依互助的精神、筹谋本校全体

① 《北京大学日刊》第509号（1919年12月11日）。

的发展、增益团体生活的趣味”，并于3月当选为该会“递补”委员[1]；1921年11月2日，王星拱首次当选为北京大学评议员[2]，此后，北大每年改选评议员，王星拱均获连任，直至1927年4月离开北大；1921年12月9日，化学系教授会改选，王星拱当选为主任，1923年3月26日又当选为化学系主任，直至1925年11月卸任。1923年10月30日，该年度评议会第一次会议议决王星拱为组织委员会委员长、聘任委员会委员及出版委员会委员，1924年10月又改任财务委员会委员长、组织委员会委员、聘任委员会委员及仪器委员会委员。

从1921年11月到1927年4月，在担任北大评议员期间，王星拱参与讨论了许多重大校务事项，包括部分教授赴美研究的资助问题、教员优待办法、组织女生招生委员会、女生宿舍管理、财务部组织大纲、各系分组组织提案、学系增设、学生管理、学位设置、考试规则、北大最小限度经费、与国内大学的交换教授规章、国学门章程等。事无巨细，他均任劳任怨地全程参与讨论与决议，为北大的改革和发展做出了自己应有的贡献。

1927年4月28日，奉系军阀张作霖在北京杀害了中国共产党的创始人之一李大钊，王星拱因与李大钊关系密切，受到牵连，当局准备将其逮捕。幸得中国大学中共秘密党员、王星拱夫人叶玉芝的妹夫丁曰华及时通风报信，王星拱携夫人及四个子女连夜离开北京，赶到天津乘船南下，前往南京，就此极其仓促地结束了他在北大长达十年的执教生涯。

王星拱离开北大后，仍为北大的众多师生念念不忘。1929年2月28日，已在国立武汉大学担任理工学院院长、化学系教授等要职的王星拱，仍然被当时的国立北平大学北大学院宣布聘为第二院主任兼总务长。[3] 1929年7月3日，北大各学系联合会议向北大学生会提交了“下学期应添聘之教授及讲师人选”，并

---

① 《北京大学日刊》第569号（1920年3月23日）。

② 《北京大学日刊》第882号（1921年11月3日）。

③ 《北京大学日刊》第2142号（1929年4月13日），“第二院”即理学院，后因王星拱并未前往赴任，北大又于3月25日宣告由王烈（1887—1957）代理二院主任兼代总务长，参见《北京大学日刊》第2144号（1929年4月16日）。

“乞速转学校当局”，其中，北大哲学系和教育系学生均将王星拱列入“应增聘之教授”的名单中。[①] 以上事例，均反映出王星拱在北大师生心目中的崇高地位。但在此时，王星拱已将其主要精力投入国立武汉大学的建设和发展，从此再也没有回到北京大学。

（二）倡建安徽大学

王星拱对自己的家乡安徽一直怀有深厚的感情，在北大任教期间，他也关心着安徽老家的各项事业，尤其是教育事业的发展。在教学、科研及处理北大校务之余，他时常与胡适、程演生、高一涵等在京皖籍学者聚会，讨论研究安徽的政治、社会与文化教育问题。

1921 年 6 月 2 日，安庆学生联合会为争取教育经费独立，反对前安徽督军倪嗣冲之侄倪道烺伙同军阀马联甲侵占教育经费，组织安庆全城各中学学生向省议会请愿。学生们的正义举动，遭到了军阀政府的血腥镇压，造成 50 多人受伤[②]，是为震惊全国的安庆“六二惨案”。惨案发生后，安庆各界人士组织了“六二惨案后援会”，联合全国各地的舆论共同声讨军阀政府的暴行。当时，王星拱与张东野、杨亮功、苏雪林等旅京皖籍人士也为安庆“六二学潮”赴京请愿团积极奔走，一面揭露军阀政府镇压学生、歧视教育的恶行，以伸张正义，一面努力争取教育经费的增加与独立。正是在包括王星拱等在内的社会各界人士的坚决斗争和不懈努力下，迫于强大的社会压力，安徽省议会终于同意将全省的教育经费由 80 万元增加到 153 万元，并专门成立省教育经费管理处，由教育界人士进行管理，最终争得了教育经费独立权。

当时的安徽教育处于比较落后的状态，其中一个重要原因就是缺乏一所省属大学。五四运动后不久，安徽学术教育界的不少有识之士纷纷提出了筹办安徽大学的建议。1921 年 8 月，安徽省教育会组织暑期讲演会，并邀请胡适、王星拱、

---

① 《北京大学日刊》第 2208 号（1929 年 7 月 5 日）。

② 其中省立第一师范学校学生姜高琦、省立第一中学学生周肇基 2 人后来因伤势过重而死亡。

程演生、陶行知等皖籍著名学者回乡，举行系列学术演讲。在这次暑期讲演会上，胡适、王星拱、陶行知等人先后提出创办安徽大学的倡议，并发起了安徽大学期成会。1922 年 3 月 20 日，在时任省长许世英的支持下，安徽大学期成会在省教育厅召开大会，讨论发起安徽大学筹备处具体事宜。大会对事先拟定的筹备处简章草案进行了讨论，并推举期成会发起人及赞成人为安徽大学筹备处评议员，王星拱与江朝宗、许世英、柏文蔚、高一涵、李辛白、梅光迪、章伯钧、杨亮功等 60 位皖籍政界、学界名流均名列其中。同年 3 月 23 日，主持筹备工作的刘贻燕、徐光炜、蔡晓舟等向省长许世英呈递报告，要求准予筹备处立案并颁发图记（公章），拨给经费，报告中申述了创办安徽大学的理由：

以大学为造就人才之学府。我国大学除国立外，江浙粤晋各省均已渐次设立，而吾皖尚付阙如。查吾皖地居长江中枢，省立中等学校近有三十所，卒业者既日增，升学者自益众。不设大学，何以造就专业学术之人才……，非有最高育才机关，实不足以餍足学子之望。①

随后，安徽省政府批准了这个报告和筹备章程。安徽大学筹备处设于省教育会内，隶属安徽省政府，其开办经费由省财政厅统一划拨。但由于安徽教育经费仍然非常紧张，开办大学的巨额经费一时无着，于是，筹备处同仁只得通过各种渠道寻求旅外皖籍名流的援助和支持，并很快得到了积极的回应。如在 1922 年 6 月 1 日，胡适曾到王星拱家中，与一些同乡一起讨论筹办安徽大学的事宜。② 同年 7 月份，王星拱还专程南下，在安庆发表演说，极力宣扬创办安徽大学的重大意义，在他看来，安徽大学的设立，“其一，可以养成生产人才，以救人民之穷困；其二，可以适应社会人才之需要；其三，可以集合人才，维持社会之中心”③。至于经费的筹措，在王星拱与高一涵等人的鼓动下，省长许世英决定通过削减义务教育与中等教育经费的方式予以腾挪拨付，但此举遭到了全省教育界

① 安庆师范学院“百年校史”网站之《百年史稿》——http：//www. aqtc. edu. cn/bainianxiaoshi/blxs2. htm。

② 胡适著、曹伯言整理：《胡适日记全编（三）》，合肥：安徽教育出版社，2001 年，第 682 页。

③ 《安徽大学之筹备》，《晨报》（1922 年 7 月 15 日），转引自周宁：《北洋政府时期省立安徽大学的筹办与纷争》。

的激烈反对，最后未能实行。在这样的情况下，安徽大学筹备处于7月9日在省教育会召开大会，推举王星拱、高一涵、刘贻燕、光明甫等10名代表晋谒省长许世英，希望通过剩余金、募捐、庚子赔款等另筹大学基金，但最后亦不了了之。

1924年11月，王揖唐（1877—1948），汉奸。他出任安徽省省长，表示将支持安徽的教育事业。1925年4月，王揖唐决定从卷烟营业凭证税中划拨经费，充作安徽大学基金，这一决定推动了安徽大学筹建工作的重新启动。与此同时，王揖唐还亲自聘请胡适出任安徽教育高等顾问，省教育厅也聘请王星拱为安徽省立第一高级中学校长，并邀请了其他一些在京皖籍教授回乡办学。同年7月，教育厅向省政府呈文，拟请王星拱继任安徽大学筹委主任。但此时的省长王揖唐因无法驾驭地方军人势力，被迫辞职。安徽大学的筹建计划也再次落空。[①]

1926年4月，高世读出任安徽省省长，他对安徽的高等教育事业颇表关心，上任之初，即在省立学校联合会的欢迎宴会上，明确提出筹办安徽大学之议。[②] 高世读“深以皖省无大学为憾事，即令教育厅积极筹备”[③]，并任命洪逵为省教育厅厅长，再一次启动了安徽大学的筹建工作。随后，教育厅向省政府建议，从卷烟税中划拨40万元，作为安徽大学筹建基金，与此同时，洪逵还拟订了《征请皖贤会商筹设安徽大学办法》，重新设立了“安大筹设办事处”，在呈请省政府鉴核后，省长高世读任命洪逵为筹备处处长，并要求安徽大学“三个月筹备竣事”。按照章程规定，筹备处下分总务、设备、基金三股，王星拱被委任为总务股主任。由于筹备处的11位职员中，绝大多数非怀宁人，引起了安徽教育界其他地域与派系人士的强烈不满。1926年6月25日，洪逵宴请省内教育界重要人物就此事进行沟通和解释，向众人表示大学筹备完全取公开主义，并宣布将邀请省内外教育专家，召开安徽大学计划会议。此时，已回到安徽的王星拱，看

---

① 周乾：《王星拱与省立安徽大学早期发展》，《江淮文史》2007年第1期；周乾：《胡适与民国时期安徽大学的初创》。

② 《皖省学校联合会欢宴高世读》，《新闻报》1926年5月14日。

③ 《安徽大学之积极筹备》，《申报》1926年6月20日。

到安徽大学筹备工作出现的这些新气象，感到欢欣鼓舞，他于7月初致信胡适，告知安大筹备工作的最新进展，并恳切地向其提出：“届时望兄来省指导一切。此事关于作育专材，儆存文献，具非浅鲜。且兄为首先提倡安徽大学之人，既承‘推之于前’，更望其‘操之于后’也。”① 这封信表明，王星拱非常希望胡适能更加积极地指导安徽大学的筹建工作，甚至亲自出面来主持这项事业。同年8月，安徽大学筹备处正式向省政府呈递了《安徽大学组织大纲（草案）》。然而，在筹建中的安徽大学校长人选问题上，安徽教育厅与省政府之间以及教育界内部均产生了巨大分歧。教育厅厅长洪逵极力保荐王星拱为安大校长，他与王星拱同为怀宁人，早年还曾一同前往英国留学，回国后又同在北京教育界服务多年，交情非常深厚，而在洪逵出任安徽教育厅厅长的过程中，王星拱也曾发挥过重要作用；加以王星拱本人学问、道德俱佳，在学术、教育界具有声望，对安徽大学的筹办工作也颇为热心，出力较多，社会舆论上的呼声也比较高，于公于私，均为洪逵眼中最理想的一位人选。但也正是因为洪逵与王星拱之间的这些特殊关系，令社会上的不少人士认为此举有任人唯亲、一手包办之嫌，因此，这个建议刚一提出，省长高世读便立即表示反对。在遭到拒绝后，洪逵对于安大校长人选仍不肯退让，甚至表达了辞职之意，并明确提出其去留以安大校长人选为定。但尽管洪逵的态度非常坚决，王星拱本人对此事却十分消极。自从遭到省署反对后，王星拱便心灰意冷，先是致函省立学校联合会，辞去该会轮值主席，继而又以北大假期已满为由，表示不日将随刘贻燕等人北上，并于8月中旬最终离皖，返回北大。9月初，洪逵亦被高世读撤去教育厅厅长之职。10月，安徽大学计划处成立，筹备处同时撤销，省长高世读聘请晚期桐城派领袖学者姚永朴为安徽大学校长。不过，此时早已过开学之期，学校招生、聘请教员均感困难，且各项建筑均未告竣，随后经费又发生困难，因此，安徽大学虽有名义上的校长，但不过是空有其名而已。姚永朴上任后仅4个月，就因无法应对各种内部矛盾，于1927年2月辞职，安徽大学的筹备事务又一次停顿下来。②

---

① 耿云志主编：《胡适遗稿及秘藏书信》（第23册），合肥：黄山书社，1994年，第670页。

② 周乾：《胡适与民国时期安徽大学的初创》及周宁：《北洋政府时期省立安徽大学的筹办与纷争》。

从1921年8月胡适首倡建立安徽大学，到1927年2月安徽大学的筹办工作第三次陷入停顿，在短短五年半的时间里，安徽大学的创办之路，可谓一波三折，充满坎坷。王星拱不仅是倡导创办安徽大学最早的提议者之一，而且在安徽大学的三次筹建过程中，均扮演了重要角色。1927年南京国民政府建立并逐渐在形式上统一了全国之后，安徽教育事业的发展才获得了一个较为稳定的社会政治环境。不久以后，安徽大学的筹办，在历尽艰辛之后，终于大功告成，王星拱与安徽教育界及安徽大学之间的未解之缘，也在此时得到了进一步的延续。

（三）兼任安徽大学校长

1927年4月，南京国民政府成立后，安徽省逐渐成为南京政府统治的中心区域，军阀割据混战的状况消失，社会政治局面也日趋稳定，在此之前曾三次搁浅的安徽大学的筹备工作，得到了一个重新启动的契机。

1927年9月，安徽省政府主席陈调元重新组织了安徽大学筹备委员会，预定全年度经费72万元，划全省契税收入为基金，由筹备委员会推举刘文典为文学院筹备主任，吴承宗为工学院筹备主任，韩安为农学院筹备主任。1928年2月，筹备工作就绪，开始招收大学预科学生；4月10日，安徽大学举行首次开学典礼，首批预科生正式入学上课；8月，筹备委员会推举刘文典为文学院院长兼预科主任，开始招收文、法本科学生。因一时没有理想的校长人选，故暂由刘文典主持校务；11月，刘文典因顶撞蒋介石入狱。1929年1月，安徽省政府以筹备委员会任务终了，对安徽大学进行接收改组，定名为“安徽省立大学”，并任命省教育厅厅长程天放兼任首任校长。由于学校管理等方面的因素，程天放于1929年6月辞去校长职务，省政府又开始考虑其他校长人选。[①]

据当时的安徽省政府委员孙养癯后来回忆，当时省政府有意在王星拱和杨亮功中选择一人作为安徽大学校长人选，后因时任上海中国公学校长胡适亲自致电

① 《校史》，《安徽大学一览》（中华民国二十五年度），第1页；周乾：《王星拱与省立安徽大学早期发展》；周乾：《胡适与民国时期安徽大学的初创》。

孙养癯，推荐王星拱接任安徽大学校长，并要求杨亮功一同署名，很快便得到采纳。1929 年 7 月 30 日，安徽省政府委员会会议决定聘请王星拱出任安徽大学校长[①]。接到家乡人士的邀请，经过一番慎重的考虑，出于支持家乡教育事业发展的赤诚之情，在安徽省政府的一再敦促下，王星拱最终勉为其难地接受了省政府的聘请，同意出任安徽大学校长，并将家迁至安庆市内近圣街 38 号。

考虑到自己在武汉大学还有要职在身，王星拱在接受安徽省政府聘请的同时，一方面请求政府当局立即聘请正在上海中国公学担任副校长的杨亮功回乡，协助其主持安徽大学校务，并得到了省政府的同意；另一方面，王星拱致信胡适和杨亮功，请他们一起回安徽，与自己一同筹划安徽大学的未来发展。由于胡适身为中国公学校长，一时无法脱身，便让杨亮功先行请假回皖，协助王星拱处理安徽大学校务。1929 年 9 月，杨亮功来到安大，随即被王星拱聘为安徽大学秘书长、文学院院长兼中文系教授。

开学后不久，王星拱便在《安徽大学校刊》上发表短文一篇，表明了自己对出任安徽大学校长一职的基本态度，全文如下：

是凡关心于安徽大学的先生们，在本刊这一期上，想必都要知道我此次回皖办学的态度。

我此次承乏安大，原是抱了一个“知其不可而为之”的态度。我们都知道：安徽的事是不好办的，安徽的教育事业，尤其不好办。至于安徽大学呢，他的基础太幼稚，经费又不巩固，所以大家都视为畏途。我当然也不是例外。但是我却被邦人君子大义的督责，和个人责任心的驱使，不得不牺牲成见，来担任这个遗大投艰的责任了。

我们现在的工作，可以分为两部分。一部分是目前事务的处理，一部分是永久基础的奠定。这两部分工作，固然可以同时进行，但是因为要达到意义较重大的第二层的目标，于是第一层的工作，必定有疏忽和迂滞的地方；这是我们所极端抱歉的。果使永久的基础可以因此而奠定，则过去和现在所受的损伤，将来还

① 周乾：《胡适与民国时期安徽大学的初创》，《安徽大学学报》（哲学社会科学版），2007 年第 6 期。

可以有取偿的余地。否则也不过敷衍一时，充其量不过维持现状。敷衍一时和维持现状，都不是我们所希望于安徽大学的。如果社会人士以我们的意见为然，还希望大家都给予我们以友谊的赞助。①

后来，王星拱在一次“总理纪念周”的报告中指出，安徽之所以有必要设立大学，主要是为了“继续历史上本省前辈对于文化贡献的精神”“为准备本省物质的建设”“为谋本省青年求学的便利”②。而王星拱本人也正是怀着这种造福家乡文化、教育及其他相关建设事业的崇高使命感，来履行自己作为安徽大学校长的职责的。

在王星拱出任安徽大学校长之时，学校仅设有文学院和法学院。而国民政府于1929年7月26日公布施行的《大学组织法》第四条和第五条则分别规定：“大学分文、理、法、教育、农、工、商、医各学院”“凡具备三学院以上者始得称大学，不合上项条件者为独立学院，得分两科”③。8月14日，由教育部颁布的《大学规程》第二条又补充规定：“大学……至少须具备三学院，并遵照中华民国教育宗旨及其实施方针，大学教育注重实用科学之原则，必须包含理学院或农、工、医各学院之一”④。由于达不到“至少须具备三学院”及“必须包含理学院或农、工、医各学院之一”的标准，安徽大学有被除名并降格为“独立学院”之虞。另外，如果没有强大的理工科，学校也很难在全国高校中占得较高的学术地位。当时，教育部还颁布了《改革高等教育计划》，强调大学必须重点发展理学等实用学科，并有针对性地提出：“安徽大学现仅两院，湖南大学现仅六系，应改称学院，逐渐谋院系的充实。”⑤ 所有这些教育法规，都在客观上给缺少理学院的安徽大学施加了巨大压力，也进一步加快了安徽大学增设理学院的进程。

---

① 王星拱：《写在校刊前面》，《安徽大学校刊》，1929年第1期。

② 《明日之安大——听罢王抚五先生纪念周报告后之感想》，《安徽大学校刊》，1929年第5期。

③ 《大学组织法》，《国立武汉大学一览》（中华民国十八年度），第4页。

④ 《大学规程》，《国立武汉大学一览》（中华民国十八年度），第6页。

⑤ 《教育部改革高等教育计划》，《中华民国法规大全·第七册·教育》，上海：商务印书馆，1936年，第3662页。

因此，王星拱一上任，便不顾条件简陋，立即着手聘请教员，开办理学院。1929 年 8 月，安徽大学理学院正式成立，首先设立物理学系，并于 9 月开始招生，共招收了首届 5 名学生。1930 年春，为了加快理学院的发展，王星拱又毅然决定理学院破格提前招生，再次招收物理学专业学生 10 人，同时还增设了数学系和化学系。① 这些措施，使安徽大学成了合乎法令并且名副其实的“大学”，也初步摆脱了被“降格”的危机。不仅如此，王星拱不满足于安徽大学只有文、法、理三个学院的学科规模和格局，继而为之设定了更为宏伟的长远规划。他主持修订的《安徽省立大学组织大纲草案》，第六条便明确规定“本大学设文学院、理学院、法学院、教育学院、农学院、工学院、医学院七院，各院设若干系”，此即为学校的长远发展目标；同时，第七条又规定“本大学开办伊始，先设文学院、理学院、法学院及预科，其余各院逐渐添设”；第八条则规定“隶属于各院之各学系亦分别缓急，斟酌情形，先后次第设立”②。由此可见，王星拱希望能通过循序渐进的学科扩充与发展，逐渐将安徽大学建成一所学科门类齐全完整，文、理、法、教育、农、工、医七大学院并驾齐驱的一流大学。

为了充实安徽大学的教师队伍并提高其水准，王星拱上任伊始，便致力于为安大延揽全国一流的专家学者前来任教。他从上海、北平等地聘请了留美教育学博士杨亮功出任文学院院长，留德经济学博士陶因任法学院院长兼教务长，留法物理学硕士张其濬任理学院院长，法国巴黎大学哲学系毕业的邓季宣为预科主任，留美归来的诗人朱湘为外语系主任，同时还聘请了著名哲学教授程憬、英文教授丁国鉴、数学教授郑坚白、教育学教授郝跃东、生物学教授胡国镠、著名作家郁达夫等加盟安徽大学。对于王星拱的邀请，杨亮功、陶因等人后来说，他们“深信王校长平日为人，从不空言相号召，故接受函邀，相率归来，分任教职，期以经验所得，通力合作，以慰皖士求知之渴”。这些名师的到来，提高了安徽大学在全国高等教育界的地位和影响。

---

① 周乾：《民国时期省立安徽大学的院系设置与发展》，《安徽大学学报》（哲学社会科学版），2008 年第 32 卷第 5 期。

② 《安徽省立大学组织大纲草案》，《安徽大学校刊》，1929 年第 1 期。

除了筹措经费、添设院系、延揽名师之外，为了让安大实现“永久基础的奠定”，王星拱还积极致力于学校的根本制度建设。他参照北大和武大的管理模式，与全校教职员一起，重新制定了学校的各种规章制度，尤其是本着民主治校的原则，确定了以校务会议为核心的管理体制，并在校务会议之下成立了聘用、考试、奖学金、图书仪器、审计、体育卫生、群育、演讲出版等一系列委员会；此外，他还亲自主持制定了《安徽大学学则》等教学管理制度，如规定实行学年兼学分制、选课制等，对安大学生的学习提出了严格而明确的要求。所有这些措施，使得学校“内部组织渐臻完备”，各项事业渐入正轨，学校面貌也焕然一新。①

由于安徽大学校长的职务对于王星拱来说只是一个“兼职”，其主要职务仍在武汉大学，而且武汉大学方面的事务比安徽大学更为繁重。因此，在出任安徽大学校长一个多月之后，王星拱便又回到了武汉，将主要精力投入武汉大学的各项校务工作中。因在武汉大学事务繁忙，王星拱长期不能回到安庆处理安徽大学的校务。时日一久，不仅王星拱本人心存不安，也引起了安徽教育界某些人士的不满。与此同时，大部分师生热切地希望王星拱能辞去武汉大学的职务，早日回乡专任安徽大学校长。安徽大学的师生希望王星拱能为安大做出更多的贡献，而武汉大学的师生又希望王星拱能将更多的精力投入武大的建设和发展中去。以一己之身，同时兼领两所相距数百公里的大学的校级领导职务，本身就是不可能的事情，作为一时的权宜之计，尚可暂且应付；但从长远考虑，两者之中必须要有所取舍。一边是基础较好、发展迅猛的邻省的国立大学，一边是地位略低、规模初具的家乡的省立大学，两相比较，王星拱还是倾向于选择能为自己提供更好的发展平台、更加便于充分施展个人才华和抱负的国立武汉大学。事实上，王星拱在安徽大学校长的任职期内，在校时间亦不过月余，大部分时间仍长期留在武汉大学处理各种校务。经过反复思量，王星拱最终做出了辞职的决定，并在 1930 年 4 月初向安徽省代理主席、省教育厅厅长程天放递交了辞呈。王星拱在辞呈中

---

① 周乾：《王星拱与省立安徽大学早期发展》，《江淮文史》，2007 年第 1 期。

称安徽大学的各项事业已步入正轨，“学校内部，已由各院长、主任努力进行，广聘名师，多方教遵，而学生亦能专心求学”，而其自身因受武汉大学事务的牵制，加以“材力绵薄，旷职多时，以外承钧座之提挈，内资各部之维持，陨越幸免已非易易，何敢不自揣量更有希求，侈谈美善，轻任重远。倘长此迁延，不唯兆覆之虞，且将贻恋栈之诮。难进易退，古训昭垂，星拱不才，未敢自薄，为此函呈钧座，即日请准批准”。与此同时，他还极力推荐杨亮功为继任校长人选，称“杨亮功先生品学优粹，任事勤敏，且专供教育，上学期维护本校，致力尤多……钧座使之继任，必能展其所长，安大前途实利赖焉”①。

王星拱的辞职，令安徽大学广大师生非常不舍，安大全体学生组织了代表会来挽留他，并呈请省政府电促其即日返校主持校务，还派代表前往武汉，劝其返校。1930 年 6 月，在多次挽留未果后，安徽省政府最终决定接受王星拱的辞呈，并根据王星拱的推荐，任命杨亮功继任安徽大学校长。王星拱辞职后不久，安大原法学院院长陶因和理学院院长张其濬也相继心慕笔追，先后辞职，并继续追随着王星拱的足迹，于当年 8、9 月间先后到国立武汉大学任教。

王星拱虽然离开了安徽大学，但并未完全与之断绝往来。1933 年，安徽大学为了加强与社会的联系，决定成立首届安徽大学董事会，并于当年 7 月在上海举行成立大会，推举许世英为董事长，王星拱等一批皖籍名流和学者亦被聘为首届董事会董事，继续为安徽大学的发展献策出力。

（四）从代理校长到执掌武汉大学

王星拱作为国立武汉大学的主要创办人之一，从 1928 年担任筹备委员、建筑设备委员、理工学院院长、评议员，到 1929 年担任理学院院长、代理校长、副校长，再到 1930 年的教务长、化学系主任及 1931 年的聘任委员会委员长，加上其他各种各样的兼职，可以说是全程参与了国立武汉大学从草创到早期发展几

① 周乾：《王星拱与省立安徽大学早期发展》，《江淮文史》，2007 年第 1 期。

乎所有领域的校务工作，亲身经历和见证了这所新兴的国立大学从诞生到一步步成长壮大的全过程，而他自己也成了这所学校不可或缺的重要领导人物。

在多个重要职位上的繁重教育行政工作，也不可避免地严重影响到了他的学术研究与教学工作，令其难以兼顾。王星拱本是一位出色的化学家和哲学家，也是较早在国内开展科学普及工作的先驱。1917—1927 年在北京大学任教期间，王星拱在学术研究上硕果累累，不仅先后出版了专著《科学方法论》和译著《哲学中的科学方法论》，还有多篇关于化学、生物学、哲学、宗教学、科学概论甚至社会科学方面的各类论文、评论或学术演讲录发表于各类报刊上。但自 1928 年来到国立武汉大学工作以后，除了在 1930 年他的《科学概论》一书被列为“国立武汉大学丛书”之一由商务印书馆出版，以及 1932 年 12 月在《国立武汉大学理科季刊》第 3 卷第 2 期上发表了一篇名为《细胞及体素之通透问题》的论文之外，王星拱便再无任何学术专著及专业论文问世。这也从一个侧面反映出，一名优秀的学者若是全身心地投入教育行政工作，将会给他自身的学术研究事业带来多大的冲击和影响。

对于这一点，王星拱自己也深感不安，在 1929 年 6 月被国立武汉大学校长王世杰聘为副校长之后，王星拱曾公开向全校师生表示：

兄弟个人因为王校长的劝勉，现在勉强担任副校长的职务了。兄弟素无事务才，对于这个职务，实在是不敢轻于担任。而且兄弟以为学问与事业是不能同时都有成就的，因为这两件事的兴趣是不同的。譬如说：有一个人正在用功读书的时候，忽然有一种事务来分他的心，结果必定是书是读不好，事也是做不好。教授是要读书，副校长是要做事；兄弟是愿意在读书方面尽力，对于做事方面，没有什么兴趣。不过现在学校基础尚未巩固的时候，王校长有许多对外的事情，要努力去进行，他要兄弟分工任事，兄弟也只得暂时勉强担任。到了开学以后，学校各种事务渐入于顺序发展的时期，兄弟还只负教授的责任。[①]

由此可见，王星拱对于学术研究与教育行政工作之间的矛盾冲突，是有着清

① 《本大学第二十五次总理纪念周纪录》（十八年六月十七日），《国立武汉大学周刊》，1929 年第 27 期。

晰的认识的。但由于学校初创，基础未牢，很多繁重的行政事务需要不少专人负责处理，特别是王世杰校长经常要为落实学校的建筑经费以及疏通各种社会关系而长期出门在外，具体的校务工作更是需要有位得力人员代为全面主持；又由于王星拱的个人资历与威望均令广大师生深为信服，也就成了副校长、教务长等重要行政职务的最佳人选。虽然王星拱的个人兴趣和意愿更多在学术研究与教学工作方面，但为了学校建设和发展的“大局”，他还是牺牲了自己的学术兴趣与学术研究事业，一步步地从代理校长、副校长、教务长的职位走向再度担任代理校长，并最终成为国立武汉大学的第二任正式校长。1935 年以后，王星拱便不再从事任何教学工作，但对于自己的化学研究事业，他也仍然是恋恋不舍，并没有完全放弃。据 1941 年毕业于武汉大学外文系的著名散文家吴鲁芹①后来回忆，王星拱校长在“处理学校行政之外，还不忘他的本行，一星期中有几个下午是在实验室中做他的实验的”②。

1933 年 4 月 20 日，中国国民党中央政治会议决议，任命国立武汉大学校长王世杰为教育部部长，并电派该校理学院院长王星拱为代理校长。于是，在时隔四年之后，王星拱再一次担任起代理校长的职务。所不同的是，1929 年的代理校长，是在原代理校长刘树杞辞职、而新任校长王世杰一时无法到任的情况下，由王星拱暂行代理校务，等到两个多月后王世杰到任之时，即自行解除职务；而 1933 年的代理校长，是在王世杰校长被任命为教育部部长之后，王星拱即开始以代理校长的身份全面接掌武大，在平稳地度过了一年的“过渡期”之后，即被任命为正式校长，也是国立武汉大学历史上继首任校长王世杰之后的第二任校长。

王星拱此时全面接掌武汉大学的校务工作，应该说是水到渠成。首先，王星拱既精通中国的传统文化，又较为深入地接触和了解过西方社会的现代文明和科学知识，可谓“学贯中西”；他既是优秀的化学家，从西方发达国家的一流高等学府获得过硕士学位，又在科学普及事业与哲学研究方面卓有建树，并在自然科

---

① 本名吴鸿藻，字鲁芹。
② 吴鲁芹：《我的“误人”与“误己”生活》，台湾《传记文学》，1975 年第 26 卷第 2 期，第 37 页。

学与社会科学的诸多领域里有着广泛的涉猎，已完全突破了学科壁垒，能够比较全面地了解和把握各种不同门类的现代科学各自的专业特点和发展趋势，真正做到了“沟通文理”。而较高的学术水平与开阔的学术视野，正是一名大学校长所应具有的基本素质。

其次，王星拱还具备了丰富的高等教育管理经验。此前，他曾在当时中国的最高学府——北京大学任教十年，担任过评议员、化学系主任、组织委员会委员长、财务委员会委员长等重要职务，积极参与过北京大学的多种制度创设与校务行政工作，对北大的革新和发展贡献良多。作为国立武汉大学的主要创办人之一，王星拱在这所新兴的高等学府已工作五年，担任过多种要职，为武大的创办和发展做出过突出的贡献，对武大各方面的情况也非常了解和熟悉；他在武汉大学副校长的任职期内，还兼任过安徽大学的校长，在大部分时间都无法到校任事、只能对其进行“遥领”的情况下，也仍然通过合理的人事安排与制度建设，保证了安徽大学的各项校务工作均能井井有条地正常运作，为自己家乡新建的这所省立大学的早期发展奠定了初步的基础。这些都充分证明了王星拱具有卓越的领导才能。

从客观条件来看，国立武汉大学首任校长王世杰在其四年任期内的卓越成就，也已经为他的继任者们奠定了良好的基础。在以王世杰校长为首的第一代武大领导群体的带领下，经过全校师生的共同努力，武汉大学的建设和发展已逐渐走上正轨，因此，作为王世杰的后继者，只需做到“萧规曹随”，沿着王世杰等人开辟的道路继续走下去即可。以王星拱丰富的教育经验和稳健的个人能力而言，作为王世杰所开创事业的继承者和守成者，是再合适不过的人选了。诚如1941年毕业于国立武汉大学史学系的著名历史学家、台湾“中央研究院”院士严耕望后来所言，“雪公校长是一位有气魄有冲劲的创业长才，而抚公校长则是一位善于守成的良才”[①]。由王星拱这位“守成的良才”来打理校务，武汉大学必定能保持蒸蒸日上的发展势头。

---

① 严耕望：《我与两位王校长》，《学府纪闻·国立武汉大学》，南京：南京出版有限公司，1981年，第71页。

1933年4月24日，刚刚被任命为教育部部长的王世杰校长，在“总理纪念周”上向全校师生发表了离任讲话，表达了依依惜别之情。一方面，他“感觉非常难过，如果接受这个职务，不但与本人素愿相违，而且对不住本校同事与同学……应该做而没有做，打算做而没有做的事体如此之多，此时如果走开，不与本校同人共同努力，私衷自极难过”；但另一方面，他又指出“如果兄弟对于这个职务绝对拒绝，许多朋友，又以为值此整个政局异常危险的时候，任何人都应该鼓起勇气冲入困难的环境中去苦斗，不应该规避畏缩……如果完全拒绝，许多人必认为本人畏难苟安，对于本校以外的事业，缺乏同情心”，因此，这种矛盾的心情，让他“感觉得十分不安”，但“好在政府已决定请王抚五先生主持校务；各位院长各位先生也一致表示，愿对本校未来的发展，竭力负责”①，王世杰又不吝言辞，在全校师生面前将王星拱数年来的辛勤劳苦进行了高度的称赞和肯定：

近四五年来，抚五先生暨各位教职员先生，对于校务发展，均竭知尽能，不辞劳苦。抚五先生忠诚劳苦，尤为全校所共仰。校事得抚五先生主持，当能平稳发展。这是兄弟的绝大安慰。因此，上星期末，兄弟已电复行政院，应允于短期间内勉强担任教育部的职务。②

1933年4月25日，国立武汉大学召开第9次临时校务会议，确定了王星拱出任代理校长之后，与之有关的几个重要职务的人事安排发生相应变动——其原有教务长一职，改推原法学院院长皮宗石担任；原有理学院院长一职，改推查谦教授代理；而皮宗石所腾出的法学院院长一职，则由原商学系主任杨端六教授代理。③ 从此，皮宗石、查谦、杨端六等人便开始成为王星拱的得力助手。

第二次出任代理校长，王星拱有如履薄冰之感，在王世杰于同年5月1日离开武汉，赴南京就任教育部部长之职的同时，王星拱在“总理纪念周”上向全校

① 《上周纪念周王校长报告词》，《国立武汉大学周刊》，1933年第163期。
② 《上周纪念周王校长报告词》，《国立武汉大学周刊》，1933年第163期。
③ 《国立武汉大学校务会议纪录》（第四册），国立武汉大学档案，全宗号6，档案号1932，案卷号23，第147—148页。

师生表明了他的心迹。他首先指出，“现在校长往中央去，是学校重大的损失。虽然是暂时的，但是这个损失还是很重大的”，而武大师生之所以“要经受这样重大的损失”，主要是因为要“牺牲局部的利益，救济全部的利益”。为了更好地整理和维持全国的教育事业，为了改善学校与社会之间的关系，也出于王世杰校长与中央政府各界人士的私人友谊起见，“我们不能不让校长到中央去”。而对于自己出任代理校长的职责，王星拱表示：

至于校长离校之时，本校的校长职务，叫兄弟暂时代理。兄弟材具不够，身体也不好，本不敢担任，但是过于顾虑，又恐怕对不住朋友。好在本校的进行，是由校长和各位先生原定有确定的程序，——如图书馆法学院之建筑，机械系之设置，研究所农学院之准备，以及一切充实内容之计划，——现在我们还是照着这个程序去进行。我们同校长说过：将来到了中央政局比较稳定的时候，我们须得请校长回来。或者是到了中央完全无办法的时候，我们也须得请校长回来。还有一层，兄弟在代理的时间，自然是竭尽能力和诸位先生共同负责照原定的程序往前进行。但是到了无力前进的时候，兄弟决不因循敷衍而阻止学校的进步。到了那个时候，还得要校长提早回来，免得把一个方兴未艾的学校，因为代理失职而停顿了。①

尽管王星拱处处言辞谦虚，谨小慎微，但他在第二次担任代理校长期间的实际表现，显然无负于他肩负的重大责任。从 1933 年 5 月开始的一年间，武汉大学的各项校务工作按照既定的计划和轨迹继续向前推进，真正实现了王世杰所期待的“平稳发展”。1934 年 5 月 15 日，国民政府行政院作出决议，正式任命王星拱为国立武汉大学第二任校长。② 王星拱为武汉大学校长，直到 1945 年 7 月离职，前后达 12 年之久，是新中国成立前任武大校长时间最长的一位。

王星拱在武大校长岗位上明确提出了要把武汉大学建设成全国知识中心的宏伟目标，采取一系列措施对武大的教学、科研进行了变革。他严格教师聘用，引

---

① 《上周纪念周王代校长报告词》，《国立武汉大学周刊》，1933 年第 164 期。

② 郭廷以编著：《中华民国史事日志 1931—1937 年》（第三册），（台湾）“中央研究院”近代史研究所，1984 年，第 368 页。

进一批知名学者、专家到校任教；加强课程建设，提倡传授欧美先进科学理论；注重学术研究，培养良好学术风气。王星拱在办学实践中形成了自己的大学教育思想，在教育与社会的关系、教育的目的、大学教育的任务与使命、大学的精神构建、大学生的人格养成、学习兴趣的培养等方面形成了自己独到的看法和主张，并努力将这些思想主张与其管理实践结合起来。在王星拱任上，武汉大学有了长足的发展，后人评价他“为武汉大学的建立和发展做出了卓越的贡献”。

（五）出任中山大学校长

1945 年 9 月 11 日王星拱被国民政府行政院任命为国立中山大学校长。同年年底，王星拱到校视事。在中山大学校长的岗位上他倡导学术自由，主张科学研究要以解决实际问题为方向，聘请名师充实中大的教学与科研力量。王星拱对于中山大学“图书仪器之补充”与“新教授之增聘”高度重视，不遗余力地推行。他认为“图书为学术之源泉”“仪器尤为医理农工各实科之所必需”，因此，虽经费拮据，王星拱总是设法补充。对于教师延聘，他指出：“欲使学生水准之提高，研究精神之亢进，在有硕学良师为之朝夕研摩，以析疑辨难。”经过努力，他在较短的时间内为中山大学延揽了许多优秀人才。

王星拱对中山大学有很高的期许，他指出中山大学“为国父所手创，即因以纪念国父，实于大学一般任务之外，更负有继志述事，弘扬遗教之特殊使命”。因此，他不断地对师生提出高标准高要求，激励中山大学师生肩负起振兴国家的时代使命，在学术与教育方面奋起直追。1946 年 12 月 2 日，他在“国父纪念周”上指出：“本校为纪念国父最高学府及有历史性之学校，吾人须负特殊使命，认定目标，研究学术……以培养良好专材及造成良好学风，尤望吾人共同发展，提高本校地位，以期达到我们之希望。”[①] 1947 年 11 月，他在中山大学 23 周年校庆时指出：“大学为学术纯洁之圣地”，希望中大学生能“博习专攻，潜心学术，养成

① 《国父纪念周昨联合举行王校长亲临主持》，《国立中山大学校报》1946 年 12 月 3 日。

淳厚敦朴之学风”，并通过逐步改进物质设备等措施，“以冀最高学府之完成”。

在中山大学校长任上，王星拱一如既往地关爱师生员工的生活。1945 年 12 月 21 日，王星拱就任校长的当天下午，就“亲赴平山堂楼上员生宿舍巡视”，关心学生的居住问题。在他的努力下，经过修缮和添建校舍，到 1947 年底，师生居住条件有了较大的改善。王星拱还致力于师生生活水平的提高，对于学生希望改善生活的合理请求，总是想方设法地予以满足。与此同时，王星拱重视优良校风与学风的培育，对于校园中的不文明现象进行规劝和制止。在中山大学师生投入到反独裁、反内战、反饥饿、争民主、争和平、争温饱的爱国民主运动中后，一些师生被捕入狱。他四处奔走，营救被捕师生。1948 年 6 月，王星拱辞去了中山大学校长之职。1949 年 10 月 8 日，王星拱在上海病逝，时任上海市长陈毅送来一副“一代完人”的挽联，以示哀悼。远在珞珈山的武大师生也召开了隆重的追悼大会，遥祭这位对武大做出卓越贡献的校长。

三、办学思想与治校方略

（一）论大学的根本任务

王星拱是富有理想和事业心的校长，他执掌大学，对大学教育的目的、大学的使命、大学的任务等有着深刻的认识。

王星拱认为大学之根本是为国家社会造就人才。在他看来，要使国家成为一个健全、充实的国家，要使社会成为一个新时代的、为人类求共同进步的社会，就必须从多方面来培养可以担任这样使命的人才。但具体而言大学的任务又是繁多的。王星拱将大学的任务概括为三个方面：（甲）在道德方面，大学应当树立国民的表率；（乙）在知识方面，大学应当探研高深的理论；（丙）在技能方面，大学应当研究推进社会进步的事业。[①] 王星拱将大学的任务定位在上述三个方面，是对当时因政治紊乱、民生凋敝和国难空前，人们对大学产生种种议论所作的回应。当时社会上对于大学的任务有种种不同的意见，王星拱指出："有的说：大学应当提倡精神文明和物质文明的并重；有的说：大学应当专攻浅近的、切实的学术；有的说大学应当注重训练，把学生都训练得整整齐齐；有的说：大学无用；有的说：大学是装饰品；有的说：大学只当办理工科；有的说：大学只当办法科和工科。这些议论，都是我亲自听过的述之于口的演讲，或亲自看过的笔之于书的文章。……就大学的问题而言，我想他们的答案，都是对的，至少都是对的答案中之一部分，但是我并不是说：至少这些答案中之一部分都是对的。"[②] 王星拱认为大学应当承担起做国民表率的任务，就是要求在大学里重视道德、重视人格教育，使大学生能够担负起道德责任，做国民的表率。他还认为大学应当承担起研究高深理论的任务，就是要求大学处理好理论与应用的关系，处理好教学与研究的关系："我们固然不能漠视应用，但我们也不能为应用而抛弃理论。这种理论方面的探求，是大学所应当去做的。所以大学不应当只在教学上做功夫，还得要在研究上去努力。"王星拱认为大学应当承担起研究推进社会进步的事业，要培养具有专门技能的人才。对于有人主张大学只研究理论的知识，只设文、理两科，具有专门技能的人才的造就应当由专门学校去负责任，王星拱指出："这样的制度，在欧美各国也有实行的，并且成效甚佳。但是在中国，恐怕不能得同样的结果。如果在大学里不能养成专门的技能，在经费较少、规模较小的专门学校里边，更不能养成专门的技能，所以这个责任，还是大学所应当

① 徐正榜、陈协强主编：《名人名师武汉大学演讲录》，武汉：武汉大学出版社，2003 年，第 153—156 页。

② 徐正榜、陈协强主编：《名人名师武汉大学演讲录》，武汉：武汉大学出版社，2003 年，第 153 页。

负的。”[①] 王星拱所理解的专门技能是指真实的、精致的专门技能。

由上可见，王星拱对大学的使命、大学教育的目的、大学的任务、大学的责任、大学精神的把握，应该说是比较正确、全面的，他的认识反映和揭示了大学的本质特征及其发展规律。正是有这种正确的大学观之指导，才使他的办学实践富有成效。

（二）校长任上的办学理想

国立武汉大学在较短的时间内成为当时国内知名的学府，并赢得许多的赞誉，与王世杰、王星拱的办学理想和胸怀、气魄有很大的关系。

王星拱在继承王世杰的办学理想之基础上，在究竟要把武汉大学办成什么样的大学的思考上，形成了自己的理想，即要“努力使武汉大学不愧为全国知识的中心”[②]。他讲：武汉大学为全国四大学区之一，在我国文化上占据重要位置，因此“我们要秉承学术独立的精神，以满足我们共同求知的欲望，使武汉大学不愧为全国知识的中心。这是我们大家对于武汉大学所抱持的极热烈的希望”[③]。为此，王星拱特别强调武大要养成研究的风气。

（三）论大学生的训练

对于学生的训练，王星拱特别强调求学的方法与求学的态度。从求学的态度上讲，他要求学生“须有切实耐劳苦的精神”，能够专心致志于学问。他告诫学生，如果不趁年富力强努力求学，将来到了想求学而不能的时候，再来追悔就迟了。有了好的求学态度，还要讲求求学的方法，王星拱在指导学生学习时，要求学生处理好事实与理论的关系，处理好归纳和演绎的关系。他说：“在以后专门

---

① 徐正榜、陈协强主编：《名人名师武汉大学演讲录》，武汉：武汉大学出版社，2003年，第158页。

② 徐正榜、陈协强主编：《名人名师武汉大学演讲录》，武汉：武汉大学出版社，2003年，第134页。

③ 徐正榜、陈协强主编：《名人名师武汉大学演讲录》，武汉：武汉大学出版社，2003年，第136页。

研究的时候，因为各支流的学术有不同的性质，有的偏重一方面，例如调查记录，只管事实，推测计算，只管理论。然而，我们在求学的时代，时间是有限的，我们须得用我们的智力随时审判，把这两个标准都保存在心中，于是我们费的脑力和所得的结果相比总是较为经济的。”怎样读书？王星拱提出了“书要读三遍”的主张：“第一遍是观察大致，陶渊明看书不求甚解，诸葛孔明读书略观大意，那是因为一个是为着会悟养生的玄理，一个是怕妨碍御国的大事，我们不可以引以为训，不过可以把这种方法做第一步的工作罢了。第二遍是详细探求，所有不懂的地方都得用苦功去弄懂，不能放松。第三遍是提要钩玄，融会贯通。一本书要这样读过三遍，才能算得是自己的书。”①

王星拱重视对学生进行全面的课程训练，主张应用的和基础的理论都应顾到。对于基础课程，低年级和高年级都要注重，但到了高年级时，也要为毕业生日后服务社会做准备。因此学校还应设置一些特殊的科目，以为学生毕业以后便于研究特别问题的基础。王星拱在强调大学一、二年级基础课教学的时候，还特别提醒学生不要犯眼高手低的毛病；不要忽视本系以外的科目。他说：“本来科学的分类是强订的，不是一定不移的。即学校里划分的各院系，也是就实际上教学的便利而言。其实各种学科，都是彼此相联的关系。以后研究专门的支派，往往有需要其他学术帮助的地方。我们在学校里的时候，不要以为本系以外的科目——尤其是与本系相关更为密切的科目——不过是凑钟点，是不重要的。”

如果说王星拱要求学生养成正确的学习态度，掌握正确的学习方法，具有求学的能力，要求对学生进行全面的课程训练是他智育主张的集中反映的话，那么在对学生进行训练时，王星拱也强调军事和体育。他曾讲：“我们对于军事训练和体育，仍是注重的。二者之目的，固然不是完全相同，但是有一部分相同的，就是锻炼身体。我们注重这两项科目，才不至于成为埋头伏案的病弱书生。”② 在道德方面，王星拱认为大学生应当成为国民的表率，因而非常重视对

① 徐正榜、陈协强主编：《名人名师武汉大学演讲录》，武汉：武汉大学出版社，2003年，第163页。
② 徐正榜、陈协强主编：《名人名师武汉大学演讲录》，武汉：武汉大学出版社，2003年，第152页。

学生的道德训练。他期望学生求学要志存高远，要为着救亡图存，用艰苦奋发的精神努力学习。跟武大前任校长王世杰一样，王星拱特别强调学生要有团体意识，维护团体的目标："如果团体的目标不能维持，则团体的秩序自然不能遵守。"他强调学生要有纪律意识，要有奋发的精神状态，不可萎靡。他认为："整肃纪律，就是切实工作的一个条件。进一层说，凡是一个团体，近而至于学校，远而至于国家，都必须有纪律以规范其行动，才可以收到更高的效率。但是前进的精神，也是我们必须注重的。倘若精神委靡，事业做不成，学问也求不得。所以我们既要有英发的精神，同时又要有整齐的步伐。"① 王星拱还强调培养学生适应社会的能力，不能使学校培养的毕业生走上社会以后无所适从。因此他提出："我们应当时时刻刻地把社会需要当做研究的对象。换言之，学校里所学的东西，不能和社会距离太远，以至于不能适应社会之要求。这也就是一般人所常说的'不能读死书而忘却了活社会'的意思。这是我们所时常懔懔遵从的警戒。"② 对于当时的中国情形，王星拱认为是一个急迫需要应用的时期，因此他强调在学校里要增加实验和操作，尤其是实科。他说："我希望实科方面的同学，更加努力于实验的工作，把工厂、农场、实验室，当作我们的'甜家'，天天拿实验室来解决切近应用的问题。这也是我们应当注重的趋向。"③

（四）论大学的科学研究

王星拱对大学的科学研究的理解应该说是非常深刻的，在他看来，大学不仅是传播知识的地方，还是生产知识的地方。他透过人类社会进化的趋势，敏锐地把握住了知识对人类社会的巨大价值。他讲："从人类向上社会进化的立场上看来，道德、知识、技能，都占重要的位置，而尤以知识为基本的主体。"如何推动大学的学术研究和知识创新呢？王星拱提出了以下主张：

---

① 徐正榜、陈协强主编：《名人名师武汉大学演讲录》，武汉：武汉大学出版社，2003 年，第 170 页。
② 徐正榜、陈协强主编：《名人名师武汉大学演讲录》，武汉：武汉大学出版社，2003 年，第 177 页。
③ 徐正榜、陈协强主编：《名人名师武汉大学演讲录》，武汉：武汉大学出版社，2003 年，第 170 页。

其一，“要抱定不管政治的态度，才能造成研究的空气，才能希望得到学术独立的结果”①。王星拱在分析军事、政治、教育三种事业的性质、效能之后指出，政治的收效缓于军事，而教育的收效缓于政治，“一种学术之影响于民族之兴衰及国家之隆替，往往都是在数十年之后”，因此研究学术的人不能有求速效的心思。但教育中如果掺透进政治，就会破坏教育所依赖的学术基础。他说：“在教育里边，倘若掺杂政治的工作，也必定摇动教育的基础。所以我们从事研究学术的人，是要不管政治才好”②。

其二，“要想发达科学，一定先要唤起一般人对于科学的同情，并要定出有系统、有步骤的合作方法”③。王星拱指出，中国科学不发达有两个重要原因：一是一般人都缺乏对于科学的同情心；二是缺乏发达科学的合作方法。对科学缺乏同情心，是因为人们对于科学的重要性以及发达科学可以挽救危亡、复兴民族的实在性没有认识，也没有真切地感受到科学的价值。缺乏发达科学的合作方法就是不明了促进科学的发展要有系统的计划，不明了要分别科学的性质、进行分工合作的研究才能有效地推进科学发展的道理。因此，王星拱在武大推进科学研究时，反复讲科学、知识的价值，反复强调处理好理论研究与应用研究、教学与研究的关系，做到既有分工，又有合作。为推进科学研究，他在 1934 年即开始着手设置武大研究院，使它承担起知识之创造与延续的责任。

（五）对学校行政管理的认识

王星拱认为对学校的发展和学校在发展过程中所遇到的天灾人祸，校长负有重大的责任。因此，抗日战争全面爆发之后，在南京沦陷、日寇直逼华中的形势下，为了使武汉大学免遭损失，王星拱决计着手迁校工作。经过他的精心调遣，武大以很小的损失于 1938 年 4 月西迁四川乐山。为了在乐山办好武汉大学，他

① 徐正榜、陈协强主编：《名人名师武汉大学演讲录》，武汉：武汉大学出版社，2003 年，第 139 页。
② 徐正榜、陈协强主编：《名人名师武汉大学演讲录》，武汉：武汉大学出版社，2003 年，第 138—139 页。
③ 徐正榜、陈协强主编：《名人名师武汉大学演讲录》，武汉：武汉大学出版社，2003 年，第 168 页。

煞费苦心，倾注了全部精力。在日寇数次轰炸学校、教学仪器设备大部分毁于战火、师生生活困苦的艰难环境里，王星拱团结广大师生，因陋就简办学，同时坚持办学标准，聘请名师教学，保证了武大的教学水准不降低。在极端困难的条件下，王星拱还领导师生利用有限的条件开展科研活动。可以说面对武大发展过程中遇到的困难，尤其是在抗日战争中所遇到的灾难，若没有以王星拱为首的武大师生，尤其是作为校长的王星拱勇敢地肩负起应对的责任，武汉大学在抗战前后十多年中就不会得到较好的发展并赢得很高的声誉。

作为校长，王星拱维护学校声誉的意识很强，并且做到了在面对赞誉时头脑清醒。武汉大学创建后无论是校园建设还是师资水平，无论是大学校长的办学气魄还是学生反映出来的精神风貌，都展现出高起点、高水平，故赢得了社会的赞誉。在 20 世纪 30 年代初的一次寒假期间，王星拱到上海、南京会见了许多的旧交和新识的朋友，这些朋友在交谈中总是一律夸奖说武汉大学办得好，“有的说它是全国大学中的后起之秀，将来有无限的希望；有的说它是全国顶好的学校。”面对别人对武汉大学的夸奖，王星拱指出：“就是人家夸奖我们，我们固然喜欢，但另一方面反来发生疑惧的情绪。古人说：‘声过开情，君子耻之。’又说：‘盛名之下，难以为继。’我们听到人家的夸奖，我们不能不反躬自问：我们学校里是否有充实的内容，当得起这个荣誉？这个荣誉我们是否可以保存下去？我记得有一个朋友说过，‘名誉可以毁坏一个人’。因为一个人有了名誉，往往就觉得自满，既是自满，于是就怠废下去了。个人如此，学校何独不然？假使我们的学校现在做不到人家所称誉的地步，或者我们现在纵然做到，将来不能保存下去，那末，这名誉对于我们学校反来是一种致命伤”①。怎样才能做到名实相符呢？王星拱一方面要求继续努力，以增进将来的效果，因为现在的收效是过去努力的结果；另一方面要求维护学校的声誉，不断自省，看到差距负起责任，做到名实相符。他指出，“如果名实不符，乃是一件可耻的事情”，如果声誉好了，不能保持，更是可耻的事情。“我们听见人家说好，也应当自省。我们的学校，应当求

---

① 徐正榜、陈协强主编：《名人名师武汉大学演讲录》，武汉：武汉大学出版社，2003 年，第 147—148 页。

进步求充实的地方还是很多，不可因为有了好声誉便决然自足了。况且在京沪北平各处，大学甚多，在中部的地方，大学甚少，其为国立者，只有武大一所。所以，我们对于在中部地区文化之阐扬，各种应用问题之解决以及工商业之发展，都负有极重大的责任。我们应当综核名实，使之充实光辉，名实相符，不至有声闻过情的耻辱，不至于有名誉低落的危险，这是我们所应当注意的”[①]。从这里，我们可以看到一个头脑清醒、有危机意识、进取心很强的校长形象。

① 徐正榜、陈协强主编：《名人名师武汉大学演讲录》，武汉：武汉大学出版社，2003 年，第 166 页。

第七章　陈宝泉的学校管理实践与思想

陈宝泉（1874—1937），字筱庄，中国近代著名教育家，天津人。历任学部郎中、北京高等师范学校校长、教育部普通教育司司长、河北省教育厅厅长等职，时人称之“华北名流，教育专家”[①]。陈宝泉一生致力于教育事业，是我国近代教育的开拓者之一，他在思考“使新教育中国化”的道路上进行了大胆的探索，也取得了可喜的成绩。他是一位教育实践家，也是一位教育理论家。作为北高师的主要创办人和北京师范大学的主要奠基人之一，在中国师范教育史上占据了重要地位。陈宝泉对师范教育和师范学校管理的思考与实践，在中国近代师范教育发展史上具有重要影响。

---

① 沈云龙：《近代中国史料丛刊》，台北：文海出版社，1970 年，第 24 页。

一、受教育经历

陈宝泉生于清同治十三年（1874），幼时相貌清秀，资质平平，但热爱读书。十几岁就阅读了《史记》《左传》《康熙字典》《四库简明目录》《曾文正公家训》《辅轩语》《书目简答》《史略》《廿二史约编》等书。15 岁时，慈父见背，陈宝泉也开始从师求学。16 岁时，师从王菊舫（讳廷瑜，天津人，己丑举人），学习算学和古文学。光绪二十二年（1896），22 岁的陈宝泉在维新思潮影响下参加康有为创办的强学会。光绪二十三年（1897），考取京师同文馆算学预备生，但是由于当时母亲正好病重，陈宝泉放弃了入学机会。清光绪二十六年（1900），庚子巨变，全家出走天津，家产荡然无存，陈宝泉曾作《归家叹》及《经新安县》表达自己的愁苦。未能进入京师大学堂的陈宝泉曾尝试经商，但是没多久就失败了，后入开文书局，从事编辑和校对工作。清光绪二十八年（1902），任天津民立第一小学堂教员。同年，又协助严修创办天津师范讲习所，开始了教育生涯。清光绪二十九年（1903），由严修保送到日本留学，在小石川宏文学院，专攻速成师范科。

二、教育实践

清光绪三十年（1904），陈宝泉从日本留学归来，历任天津地区各小学教务长，并创设单级小学堂。同年，周学熙为了筹备天津教育博物馆，派陈宝泉再次前往日本，进行调查和采购。回国后，直隶学校司督办严修调任陈宝泉为学校司办事。在其任职期间，他拟订了劝学所、宣讲所等章程。光绪三十一年（1905），陈宝泉任直隶学务公所图书课副课长，主编《直隶教育杂志》（原名《教育杂志》，中国近代最早的省级教育行政机关刊物），并与高步瀛合编《国民必读》《民教相安》，由北洋官报局印行10万册，在社会上产生了广泛的影响。同年年底，陈宝泉又随严修到清廷学部任职，拟订学部开部计划，改定中等以下学堂章程，主持图书局和编纂教科书的工作，官阶由主事升至郎中。光绪三十三年（1907），受主管学部的军机大臣张之洞委派编写了国民必读书目、中小学教科书审定书目等。清宣统二年（1910），陈宝泉升任学部实业司司长。清宣统三年（1911），任中央教育会会议预备议案员及教育会会员。

辛亥革命后，中华民国成立。1912年3月，政府迁都北京，陈宝泉被任命为北京高等师范学校校长，并应教育总长蔡元培的邀请，出席全国临时教育会议，参与民国初年教育改革。从1912年至1920年，陈宝泉在北京高等师范学校担任校长达9年之久。在北高师任职期间，陈宝泉多次率团参观国外教育，邀请美国著名教育家孟禄访华，邀请李建勋等留美学子回国任教。另外，陈宝泉还参加了多种学术团体的创办和领导工作，如北京教育学会、天津县教育会、全国师范教育研究会、全国省教育会联合会、中华职业教育社等。1920年，陈宝泉辞去北高师校长一职，调往教育部任普通教育司司长。1921年，美国教育家孟禄应实际调查社的邀请来华调查教育，并在京师召开大型讨论会，会后陈宝泉与陶行知、胡适合编了《孟禄的中国教育讨论》，并成立中华教育改进社，陈宝泉任教育行政组审查委员。1922 年，陈宝泉参与制定“壬戌学制”，筹备北京高等师范学校改为北京师范大学的工作。1923 年 1 月，安徽省聘陈宝泉参加实施新学制的讨论，参与制订皖省新教育计划。同年，陈宝泉参与发起中华平民教育促进会并当选为执行董事。1924 年参加收回教育权运动。北京师范大学成立后任学校董事会董事、教育系讲师、教授，讲授《中国教育制度变迁史》。

1928 年陈宝泉离开教育部之后，1929 年改任天津市政府参事，不久又兼秘书帮办。之后市政府派其兼任天津贫民救济院院长。1930 年，改任河北省教育厅厅长，陈宝泉着手整顿河北高等教育，大力推行义务教育和民众教育，使河北教育事业很快地得到了恢复并取得发展。1937 年，“七七事变”发生后，他忧愤国事，患病逝世。

（一）北高师的办学实践

1912 年 7 月，教育部总长蔡元培任命陈宝泉为北京高等师范学校校长。此后，陈宝泉一直在北京高等师范学校担任校长，直至 1919 年冬被教育部派赴欧美考察教育。在北京高等师范学校任校长的 9 年中，北京高师从校址的开辟，主要校舍的建筑，到系科的设置，教师的延聘，以至学校规章制度的订立，都是由他主持的。陈宝泉上承由京师大学堂师范馆演变而来的京师优级师范学堂，下启发展至今的北京师范大学，可以说是北京高师的主要创办人和北京师范大学的主要奠基人之一，在北师大的校史以及中国近现代师范教育发展史上具有重要地位。

1. 总领校务

陈宝泉刚到北高师的时候，学校只有英语、理化两部本科、预科和博物部预科，学生仅 150 多人，且附属中小学都没有成立。他到校以后，立即着手制定了《北京高师规程》《北京高师五年计划书》等，还改北京五城中学堂为附属中学，新设附属小学，又增设国文、史地、数理三部，学生数量也逐年扩充。至 1920 年陈宝泉辞职去日本的时候，北高师已经有国文、英文、史地、数理、理化、博物六部，同时还设有教育研究科、职工养成科、体育专修科及东三省师范养成班、山西附班等，学生数量已经达到800余人。附属学校中学生300余人，小学生700余人。在学校管理上，陈宝泉制定了“诚勤勇爱”的校训，采取校务公开原则，及时借鉴北京大学的改革经验推动学生自治，使北京高等师范学校成了五四新文化运动的重要阵地。陈宝泉在任期间，新建成了教学楼4座，讲堂20多所，宿舍百余间，学校南宿舍及中小学校辟地50亩，设置了各种实验室、图书馆、体育馆、工业部，开办了运动会、辩论会、游艺会、新剧团、雅乐团及各种讲演会等之组织，同时注重推广教育，开办平民补习学校等。

2. 借鉴国外

在办学期间，陈宝泉积极参观学习国内外教育，1915年参观江苏、浙江教育；1917年，参观日本、菲律宾及广东、香港教育，并与黄炎培、郭秉文合著有《考察日本、菲律宾教育团纪实》；1919年，考察美国教育，并与同行者合著《八年欧美考察教育团报告》。同时，陈宝泉还兼任北京通俗教育研究会会长、北京教育会会长、全国和平联合会评议会会长、华盛顿会议后援会理事等。

陈宝泉从美国考察归来之后，下定决心要仿照美国的师范教育体制对师范学制进行改革。在陈宝泉的主持下，1919年北高师取消预科，学生修业年限四年，并借鉴美国哥伦比亚大学的经验，向教育部提出开办教育研究科的申请，招收高师和专门学校的毕业生以及大学三年级的学生。1920年北高师教育研究科正式招生，成为我国高等学校教育学科研究生教育的开端。

3. 高师改大

关于高师改大，陈宝泉付出了很多心血。1917年10月全国教育会联合会第三次会议，陈宝泉同邓萃英一起提出改高等师范为师范大学的议案；1919年，在全国教育会联合会年会上，陈宝泉与邓萃英再次联名提出《设置师范大学案》；同年12月，陈宝泉发表《改革师范大学之意见》，全面阐述了高师改大后的师范教育体系。他在文中表示，当前我国的师范教育制度需要改良，他列举了四项师范教育出现的问题，并要求从教育系统和名称两个方面进行改进。师范大学作为师范教育体系中的最高机构，分为研究科、本科、预科。“师范大学分区设置。

其经费充足，设备完全之省份，亦得自行设立之”[1]。

1920年，政局动荡，北高师面临严重的财政困难，学校改组难以进行。在这种环境下，陈宝泉提出与北京大学“联络”的建议。陈宝泉这里“联络”的意思主要指不同学校之间的联合办学与教育资源共享，包括学生跨校修习课程、升学转学、学位的颁发、教员的交流等方面。陈宝泉将与北京大学的“联络”作为解决经济危机以及实现北高师改良的唯一可行途径。

然而，北大对此“联络”并不上心，尤其是当时代蔡元培处理北大事务的蒋梦麟对此事非常反对，但是在蔡元培表示应陈宝泉之求，愿意帮助推进两校“联络”之后，蒋梦麟勉强同意，并组织商讨“联络”方案。商议结果“以两校性质不同，办法不同，不易联络，只有参考哥伦比亚大学办法，由北京大学先办一教育院，北京高师学生毕业后，可入教育院三年级，补习不足科目，及自由选修大学各系科目，两年毕业，授予教育学士学位”[2]。并以此为根据，拟定出了两校的具体“联络”方案。但这个方案并没有得到实行，一方面是由于北大对于此事并不热心，另一方面是因为当时有关北大欲吞并北高师的谣言不断，使得此方案得不到师生舆论的支持。

4. 辞去校长职务

1920年11月，陈宝泉向教育部提出辞去北京高等师范学校校长一职的申请获得批准。北高师学生得此消息后，纷纷表示挽留陈宝泉，并组织了“挽留陈校长委员会”，请教育部收回成命。已经从北高师毕业的学生也有600余人致函陈宝泉表示挽留，中华民国学生联合会也致电陈宝泉，劝其返校继续任职，掀起了“北高师校长风潮”。但是陈宝泉表示，自己坚决辞职，并阐述了三点缘由：一是因为他支持北高师改为师范大学，但是自己不够资格担任大学校长；二是因为自己身体不好，没有精力支撑北高师的改组；三是因为自己已经三次向教育部提出辞职申请才获得批准，不宜再反悔。但事实上，陈宝泉之所以辞职的真正原因是受到了来自学校内部的压力。陈宝泉从美国考察归来之后，立志要仿照美国学制

---

① 蔡振生、刘立德编：《陈宝泉教育论著选》，北京：人民教育出版社，1996年，第91页。

② 曲士培主编：《蒋梦麟教育论著选》，北京：人民教育出版社，1995年，第208页。

对师范学制进行改革，但是遭到学校东洋派教员的反对，另一方支持仿照美制改革的师生，也抱怨这些东洋派教员（这也正是陈宝泉自己当年所种下的祸根）。面对这种两面不讨好的压力，再加上与北大“联络”方案的失败，陈宝泉向教育部提出了辞职。

辞去北高师校长一职的陈宝泉被调往教育部任普通教育司司长，虽然已经不是北高师的校长，但是依旧和北高师保持着密切的联系，尤其是在高师改大的进程中发挥着重要作用。在范源濂接管北高师后，成立学校董事会，陈宝泉任董事。1922 年，陈宝泉参与“壬戌学制”的制订，并担任北京师范大学筹备委员。1923 年北京师范大学成立后，陈宝泉还担任教育系讲师、教授，讲授《中国教育制度变迁史》。

王桐龄在其《北京高等师范学校过去十二年间之回顾》一文中说，陈宝泉在民国元年接办优级师范学堂，改建北京高等师范时，“校内青草满地，荒芜没人，伊威在室，蟏蛸在户，陈先生和前任教务主任王祖训、陈英才、彭世芳，前庶务主任汪檠，前学监主任陈恩荣诸位先生，辟草莱、斩荆棘，筚路褴褛，以启山林。自此以后，添聘教员，添招学生，增加经费，改建房屋，日日计划，月月进行，年年扩充，辛苦艰难十余年，卒蔚成此全国最大高等师范之基础。著者系参与计划，身亲其事之一人，与诸先生同舟共济者有年，灼知诸先生持身节俭，做事勤勉，待人诚恳，重力行，崇实际不说空话，不唱高调，以己之身为学生作则”[①]。为了表彰陈宝泉的光辉业绩，北师大分别在不同时期建有“筱庄楼”和“筱庄斋”。

（二）教育行政工作实践

1. 教育部任职，谋划教育行政改进（1920—1928）

1920 年，陈宝泉辞去北高师校长一职，调往教育部任普通教育司司长。在

① 北京师范大学校史编写组编：《北京师范大学校史（1902—1982）》，北京：北京师范大学出版社，1984 年，第 66 页。

其调离高师到教育部之时，他撰写《上范教育总长条陈》，为教育部教育改革献策，总结下来主要有以下几点：

（1）建议设置各种教育委员会。陈宝泉认为应当设置各种委员会，其委员由部员担任，随政务变迁，委员会可随时改组、解散，在有重要事项发生时，都由一专门的委员会进行研究，教育总长只做判断，这样效率高又效果好。根据当时教育发展状况，陈宝泉建议首先应当设置学校经费研究会、义务教育研究会、学校考试方法研究会、职业指导研究会、学生自治研究会、学校教授法研究会、学校推广部研究会、各国学制研究会。

（2）注重行政会议，使人人都可以发表意见。陈宝泉建议总长应重视行政会议的作用，给予每一个人发言献策的机会，充分尊重每一个人的意见，这样才能促进教育革新的顺利进行。

（3）执行机关应注重调查统计和各种计划。陈宝泉认为教育部应划拨一部分行政专款进行调查统计和拟订计划等工作。

（4）研究机关应编撰教育指导书，指导学校改良和进步。陈宝泉认为学校不能改良和进步的一个重要原因是没有具体的方案指导，纵观美国和菲律宾的教育蒸蒸日上，都得益于中央教育局所编撰的教育指导书。因此，陈宝泉建议“中央教育行政机关应参仿其意，访各校教员之可为某科中心人物者（似外国教员亦可），使任调查之责，纂辑教育或科学指导书，由研究机关审定后出版，则全国学校有所依据，始可定改良进步之方向”①。

（5）视察学校应多取指导的态度，少责备，应当预设学校度量标准，按照标准评判。

（6）应当加紧制定优待教员之法。定教员为职官，给予教员补习的机会，制定进级增薪之法，规定养老金和遗族扶助金。

（7）教育部任用人员应当效仿外务部、司法部设置专门的考试，获取教育人才，可限制教育部任用文官人数，可重用教育专家。

---

① 蔡振生、刘立德编：《陈宝泉教育论著选》，北京：人民教育出版社，1996年，第127页。

1921年4月，北大、北高师等八校教职员因索薪罢课，教育总长、次长相继辞职，作为普通教育司司长的陈宝泉和专门教育司司长的任鸿隽共同维持部务，稳定局面。同年，武昌高师因经费无着，学生200人北上请愿，部中无人敢应对此事，陈宝泉出面多方周旋，使武昌高师免于停闭。

同时，陈宝泉还在天津教育会担任会长。面对天津县收入由省财政厅征收，以地方款项划归省收入，后又以省机关拨补天津县教育费的局面，他认为天津县教育吃亏，“省议会不指出省用县款之弊，反指摘省款补助县教育之非”，实则不当，不利于县教育的发展。因此陈宝泉提出“划清天津县地方税以维教育建议案”，将天津县地方税款一律划清，由天津县自治机关监同地方官吏征收，指定教育专款。他认为“一地方之教育必恃一地方之收入以维持之，此中外之通义，无可异议者也”[①]。这一提案，有效保证了天津县的教育投入，有利于天津县的教育发展。

1923年，陈宝泉任教育部次长兼普通教育司司长。年初，与黄炎培、陶行知、廖世承等一起赴安徽参加新学制实施讨论会，共同拟订安徽省新教育计划。这一时期，作为普通教育司司长，他组织了教育行政讲习会、小学成绩展览会等活动。同年，参与发起中华平民教育促进总会，当选为董事。1924年，陈宝泉还担任中华教育改进社教育行政组审查委员，参与《中华教育改进社简章》和《中华教育改进社年会规程》的修订。

2. 天津任职，助推社会教育事业（1928—1930）

1928年陈宝泉离开教育部之后，1929年改任天津特别市政府参事，不久又兼秘书帮办。之后市政府派其兼任天津市立贫民救济院院长。上任后，陈宝泉对救济院进行改组，分为游民收容部、补习学校部、贫民工厂部、医院部四部。陈宝泉在任职政府参事期间，还成立天津特别市公共体育场筹备委员会，号召民众募捐；提议组织统计讲习所；提议将毒品之害编为中小学教科书临时课及民众教育的宣传材料。

---

① 蔡振生、刘立德编：《陈宝泉教育论著选》，北京：人民教育出版社，1996年，第131页。

3. 河北教育厅厅长任上，筹划省域教育发展（1930—1937）

1930年，陈宝泉改任河北教育厅厅长，整顿高等教育，大力推行义务教育和民众教育，使河北教育事业很快地得到了恢复并取得发展。陈宝泉在《规定暂行义务教育办法草案》中提到，“义务教育为教育行政上重要任务之一，凡从事教育者莫不重视”①。他还在草案中拟请各省、县视学期分地调查，就地方经济状况分为数等进行义务教育。

同时，陈宝泉还被委以整顿河北大学校务的任务，他发现河北大学虽设有文、法、医、农四系，但设备不充实，人才不能罗致，有大学之虚名，无大学之实际。他认为既然本省没有能力兼办四科，就应该适量裁剪合并。陈宝泉认为，因为天津各地其他大学文法科系较多，而河北省厅提倡实业、重视实科教育，因此应扩充农、医，取消文、法。他将河北大学之前的文、法、医、农四系改组为农、医、法商、工业、女子师范五院，文学系被转移到其他学校。

在陈宝泉初任河北省教育厅厅长时曾大致拟订了河北省的教育发展计划：一是整顿高等教育，二是提倡生计教育，三是奖励寒苦之高材学生等。随着陈宝泉对河北教育局面的深入了解，1933年形成详细的《河北省教育三年计划》，该计划包括高等教育、留学事项、中学教育、职业教育、师范教育、义务教育、民众教育、体育八个方面的原则和分年进行表。“如高等教育注重实科，并应严加甄别，以期造就真才；中等教育对于体育及理科实验应特别注重；小学期于普及，尤应改进师资，以期提高国民程度；民众教育务使社会化，力避因循敷衍之陋习”②。并拟开办义务教育实验区。

陈宝泉认为要治理一个地方的教育，首先要了解这一地方的情形。因此，在掌管河北省教育期间，他用了两年时间视察河北120余县的教育实际情况，撰写出《河北省教育视察要览》，1933年12月由河北省政府教育厅印行，这是我国近代教育视察报告的代表作。从1931年出任河北省教育厅厅长到1937年陈宝泉病逝的6年间，河北教育在陈宝泉的治理下得到了良好恢复和较快的发展。

---

① 蔡振生、刘立德编：《陈宝泉教育论著选》，北京：人民教育出版社，1996年，第26页。

② 蔡振生、刘立德编：《陈宝泉教育论著选》，北京：人民教育出版社，1996年，第280页。

三、学校管理主张

陈宝泉指出："当今时势，若想保全国家、保全种族，教育是第一要紧的。"① 他认为："夫教育为国家命脉，师范为教育胚胎，故师范之责任直接以发达教育，即间接以巩翼国家。"② 在教育救国思想指导下，陈宝泉十分重视师范教育，其主要的学校管理主张集中体现在高等师范学校的管理方面。

在师范教育政策上，陈宝泉有自己独特的见解。他认为师范学校数量不宜过多，可以扩充现有学校规模。这样的好处：一是班级增多，可以分门别类聘请教员，教员也可以专精一科，以便保证教学质量。二是班级虽然多，但是管理员的数量不必增加，这样就可以节省经费；学校不多，可以随时保持联络，便于统一管理。应当注意的是，师范生的人数应该与中小学校的数量互成比例，如果学校数量过多，而没有相当数量的中小学教员的位置，那么人浮于事，就违背了国家办师范学校的初衷，也使得国家失信于人。

在师范教育体系中，陈宝泉一直有自己的看法，尤其是从美国考察归来之后，认为当前师范教育体系存在种种问题，需要改进。1919 年，在全国教育会联合会年会上，陈宝泉与邓萃英再次联名提出《设置师范大学案》，同年 12 月，陈宝泉发表《改革师范大学之意见》，全面阐述了高师改大后的师范教育体系。他在文中表示，当前我国的师范教育制度需要改良，列举了四项当前师范教育出现的问题，并要求从教育系统和名称两个方面进行改进。陈宝泉将师范教育体系分为师范大学、甲种师范和乙种师范。师范大学作为师范教育体系中的最高机构，内分为研究科、本科、预科。研究科专攻教育学术，两年毕业，授予教育学

---

① 蔡振生、刘立德编：《陈宝泉教育论著选》，北京：人民教育出版社，1996 年，第 4 页。

② 蔡振生、刘立德编：《陈宝泉教育论著选》，北京：人民教育出版社，1996 年，第 38 页。

士，招收师范大学本科毕业生及其他专门大学毕业生，甲种师范生毕业服务三年以上者也可以入学，但不授学位；本科按学科分组，实行单位制，除教育为公共必修科外，各组明定单位学分，任学生选择，修业年限三年，招收甲种师范生毕业服务一年以上者及大学预科毕业生；预科一年，招收中学毕业生及其他中等学校毕业学生。师范大学毕业生充任甲、乙种师范教育教员及其他教育行政职务。甲种师范修业年限三年，前二年共同教授，后一年分科教授，毕业后服务一年，经检定合格后为国民学校教员。乙种师范修业年限三年，招收高小毕业学生，毕业后充任国民学校教员。

长期的教育实践活动和九年的北高师校长经历，陈宝泉形成了独特的学校管理主张。

（一）师范生要“以师范名誉为无上财产”①

陈宝泉认为，师范生要有纯洁的信仰，“诸生持其贞固不渝之目的，奋其强毅不挠之精神，以教育事业为第二生命，以师范名誉为无上财产”②。关于信仰，陈宝泉说：“总之，无论如何，人生必须有一种最高生命的希望，以冲破现在之环境，则所谓纯洁之信仰也。由此纯洁之信仰，以之兴武备而武备修，以之行宪政而宪政举，以之兴教育而教育有确实之效益。予从事教育数十年，始第知重视教育而已，近则主张有信仰的教育。”③“能济教育之穷者，则纯洁之信仰是已”④。师范教育作为教育的胚胎，师范生的质量直接影响到整个教育，只有从源头上保证质量，才能培养出具有健全人格的人，拥有众多健全人格的人才能建设清洁的社会。而教育又是国家的命脉，教育为救国唯一方法⑤，有完全国民资

① 杨叔子主编：《中国著名大学校长毕业训词》，武汉：华中科技大学出版社，2014年，第5页。
② 杨叔子主编：《中国著名大学校长毕业训词》，武汉：华中科技大学出版社，2014年，第5页。
③ 蔡振生、刘立德编：《陈宝泉教育论著选》，北京：人民教育出版社，1996年，第198页。
④ 蔡振生、刘立德编：《陈宝泉教育论著选》，北京：人民教育出版社，1996年，第197页。
⑤ 蔡振生、刘立德编：《陈宝泉教育论著选》，北京：人民教育出版社，1996年，第66页。

格，才能够保得住国家，保得住种族①。因此，只有师范生“以师范名誉为无上财产”，拥有纯洁的信仰，确保教育胚胎质量，才能确保整个教育的质量，才能救济教育，救济中国。

（二）全面训练“以造成完全之人格”②

陈宝泉认为一名合格的国民要有强健的身体、必要的知识技能和优良的道德，因此强调体育、智育、德育并重的学校教育，以培养完全人格的学生。他认为，身体是基础，“健全的精神，须寓于健全的身体”③；有了强壮的身体，还须有智能，这是国家富强、民族振兴的必要且充分条件；最后，“道德是人生的根本，若没有道德，无论身体如何强壮，智能如何富足，终算不了一个完全的人”④。这一点在陈宝泉担任北高师校长时有明显体现，他规定北高师的校训为“诚勤勇爱”，培养学生诚实、勤勉、勇敢、亲爱的精神和作风。在身体锻炼上，北高师每年都会分别在3月和10月举行两季全校运动会，每日均设有早操、课间操和下午锻炼时间，此外还有修学旅行等远足活动。在精神修养方面，北高师有德育演说、名人演讲、自治谈话、静坐法、雅乐组等，以唤起学生高尚纯洁的思想。如此动静交养，既能变化气质，又能陶冶性情，使得身心调和，培养其完全的人格。

（三）学生管理“持宽严并进主义”⑤

陈宝泉认为师范生作为未来的教师，对他们必须严格要求，不仅要有坚定不

---

① 蔡振生、刘立德编：《陈宝泉教育论著选》，北京：人民教育出版社，1996年，第4页。
② 蔡振生、刘立德编：《陈宝泉教育论著选》，北京：人民教育出版社，1996年，第74页。
③ 蔡振生、刘立德编：《陈宝泉教育论著选》，北京：人民教育出版社，1996年，第6页。
④ 蔡振生、刘立德编：《陈宝泉教育论著选》，北京：人民教育出版社，1996年，第10页。
⑤ 蔡振生、刘立德编：《陈宝泉教育论著选》，北京：人民教育出版社，1996年，第75页。

移的道德信念和全方位的知识储备，还要有健全的体魄，做到德育、体育、智育并重。因此在学生的管理上，无论是学习成绩考核还是日常生活管理，抑或是学生的身体素质，都采取严格要求的管理方式。

在北高师，首先是考试严格，除了掌握讲义中的内容，还要求学生阅读一定的参考书才能考试及格，并且公共课和专业课都要及格。

其次是在对学生的日常生活管理上，北高师制定有各种规则 17 种、116 条之多，包括教师、自习室、操场、斋舍、浴室等各项管理规则。学校还制定有《考查学生行为办法》，要求教员和学监根据操行册分门类随时对学生进行考查和记实。学生的起寝、食事、疾病、请假及一切琐屑事务都要向学监报告等。严格训育，每月举行一次训育会议；日常会议进行训话；每晚轮流召集学生，由校长及教员、学监等与之对话；对学生品行的考查用暗记法，如有不守秩序的行为，都需要记录在册，毕业考试核算操行成绩的时候，列入低级；等等。

在学生体格训练方面，由于受到“军国民教育”思想的影响，陈宝泉认为“健康之精神，宿于健康之身体，诚为不磨之论”①。在其影响下，北高师不仅将学生身体素质作为招生时的重要衡量指标，还开展了种类多样的课外运动。北高师每年举行两季运动会，第一季举行田径赛、网球、垒球运动，第二季举行足球、篮球等运动；每周二至周六午后 4 时至 5 时锻炼一小时；每日都有早操，院长和训导长也须参加。

虽然学生管理制度、条例较多，对学生管理的要求也相对严格，但是学校教职员对学生的管理还是以互相亲爱为主，可谓之宽严并进的学生管理方式。

（四）在教学上采取“自学辅导主义”②

陈宝泉认为，教学不仅要教给学生知识，还要培养学生的自治能力，因此在

---

① 蔡振生、刘立德编：《陈宝泉教育论著选》，北京：人民教育出版社，1996 年，第 6 页。
② 周川、黄旭主编：《百年之功——中国近代大学校长的教育家精神》，福州：福建教育出版社，1994 年，第 32 页。

教学上主张“自学辅导主义”。“讲文演算，多令学生自动。国文注重预习，兼课点评、批改。数学注重考问，多作题演算。”[①] 他倡导教与学合一，强调要发挥学生的主观能动性。1920 年前后，陶行知和陈宝泉南北呼应，相继主张将“教授法”改为“教学法”。陈宝泉指出：“方法由宗旨而定，今日教学法之宗旨，应力斥教员中心主义，而实行儿童中心主义，故不曰教授法，而曰教学法。”[②] 将“教授法”改为“教学法”，这是教学观念的重大变革，教学从“以教师为中心”转为“以学生为中心”，对中国教学改革的意义重大。

“自学辅导主义”的教学主张还体现在他十分重视学生通过自身实践获得知识，注重对学生教学实践能力的培养，予学生开展多种实习实践活动。例如在北高师有“修学旅行”活动，本科学生一般都安排在北京附近参观游览，当时叫“远足”，作为教学的辅助活动，“以资博览，而供参考”[③]。史地、博物二部本科学生还规定有两次国内旅行，访历史古迹，探地理名胜，调查动、植、矿各种产物。每次旅行都须作报告书，并绘图、摄影，采集各种标本。此外还有“暑假修业”活动，即放暑假前发给各班学生调查表格两份，一份是关于学校之调查表，一份是关于社会之调查表，让学生各就其居住地或学校、社会现状，分别调查并填表，最后学校对其调查结果评分，作为学生学年考试分数之一。

（五）避免“金钱主义破坏教师职业的尊贵”[④]

陈宝泉认为应该优待教师，他曾在《上范教育总长条陈》中建议，给予教师一定的补习机会，设置教员补习班，并在补习期间给予教师一半的薪资；对于教员著书、对学校有杰出贡献者可以给予一定的晋级或增薪及道德奖励；应该及时

---

① 周川、黄旭主编：《百年之功——中国近代大学校长的教育家精神》，福州：福建教育出版社，1994 年，第 32 页。

② 北京师范大学校史研究室：《论北京高师第一任校长陈宝泉》，http：//sdxs. bnu. edu. cn/xsyj/sdrw/69820. html，2013 年 11 月 27 日。

③ 北京师范大学校史编写组编：《北京师范大学校史 1902 年—1982 年》，北京：北京师范大学出版社，1984 年，第 28 页。

④ 蔡振生、刘立德编：《陈宝泉教育论著选》，北京：人民教育出版社，1996 年，第 152 页。

对教员的养老金和遗族扶助金给予明确的规定。之后，陈宝泉也多次在文章中强调优待教员的重要性，认为“无优厚之待遇，则人才不出。查各国均有优待教员之法，凡从事教员者均能勤于职务，故学风良而成效著。我国似应参酌各国成法，明定优待教员规程，以提振教育界之精神，而促学校之进步，实亦维持根本大计之一法也”①。

他倡导教员游学游历，吸收各地区教育的长处。1915 年 8 月，在教育部召开的全国师范学校校长会议上，陈宝泉提出《资遣师范学校职教员游学游历办法》的议案，主张不断开阔教职员的视野，增加他们的阅历，促进师范教育的进行。他认为资遣师范学校教职员游学、游历有以下好处：“一、经验与学问相调和，可以免偏重之弊；二、教育者有所希冀，则热心从事之人日增；三、资遣职教员游学，教学相长，较之遣派学生，事半功倍；四、游学、游历之人日多，则内外知识可以互相交换；五、促师范教育之进行，则国民教育根本自固。”② 此议案后被教育部采用。在担任北高师校长期间，他十分重视师资队伍的建设，不惜花费时间和精力聘请知名学者来本校任教，包括一些留日和留美的学者，使得北高师的师资力量极为雄厚。为了继续提高北高师的师资水平，他还积极派遣教职员前往国外学习考察，加强对教员的在职培训，提高教员素养。

陈宝泉认为，教师的服务精神是教育的命脉，金钱主义会破坏教师职业的尊贵。只有给教师以优厚的福利待遇和充分的学习机会，才能让教师不为生活的柴米油盐而烦恼，才能心无旁骛地专心于教学。

（六）加强学校与社会联络，不可关门办成“一种和尚教育”③

陈宝泉认为学校有改良社会的重要功能，主张学校与社会良性互动。他认为，学校的设立就是为了服务社会，学生是社会服务者的预备员，因此学校应该将“与

---

① 蔡振生、刘立德编：《陈宝泉教育论著选》，北京：人民教育出版社，1996 年，第 140 页。
② 蔡振生、刘立德编：《陈宝泉教育论著选》，北京：人民教育出版社，1996 年，第 43 页。
③ 蔡振生、刘立德编：《陈宝泉教育论著选》，北京：人民教育出版社，1996 年，第 109 页。

社会联络，为社会指导”作为学校的办学主旨。“假使教育与社会独立，不与社会联络，那是一种和尚教育。和尚教育只可用于寺院，用于社会是万不行的。教育家关门办教育如何能与社会相应？必须采用那一般人的意见，供那一方面需要，以研究之结果，再从学校方面实施教育，一定可以同社会是相应的。”[①] 也就是说，学校在教会学生解决个人生活问题的同时，也要与社会发生关系，进而达到改良社会的目的。他反对为学校而设学校的教育，主张学校应为社会而设，学校应参与改良社会，应是社会改良的工具，这正体现了他作为改良派通过教育救国的思想主张。因此，在其北高师实践中，除了上文所述主张学生参与社会实践之外，他还积极推进平民教育，支持平民教育社所创办的平民学校，并开办了暑期学校，招收北方的中小学教师加以培训，在社会开办讲演会，举行社会讲演等。此外，陈宝泉还认为师范教育应加强内部联系。全国师范学校之间，应该互相联络，共同研究师范教育的理论、政策等问题，讨论教授、管理、训练等的方法，以便互相切磋，提高师范教育的整体素质。同时发挥高师的辐射引导作用，使高等师范学校与中等师范学校互相联系，构建完整的师范教育系统。

从书刊编辑、小学教师到大学教授，从小学教务主任到大学校长，从直隶学校司、清廷学部到中华民国教育部，再到河北教育厅，陈宝泉为教育事业奉献终身。尤其是其在北高师的九年间，更是陈宝泉人生最辉煌的时期，作为北高师的主要创办人和北京师范大学的主要奠基人之一，他在中国师范教育史上占据了重要地位。陈宝泉对于师范教育和师范学校的管理主张，在中国近代教育史上具有深远影响。

---

① 蔡振生、刘立德编：《陈宝泉教育论著选》，北京：人民教育出版社，1996 年，第 109 页。

第八章　雷沛鸿的学校管理实践与思想

雷沛鸿（1888—1967），字宾南，广西宣化县（今南宁市）人，中国致公党党员。雷沛鸿以服务家乡广西为主线，在教育战线奋斗数十年，把外国先进的教育理论与在广西的办学实践结合起来，奠定了20世纪三四十年代广西基础教育、中学教育和高等教育的发展基础。雷沛鸿是一位名副其实的教育实践家，是我国近现代教育史上的著名教育家之一，他的学校管理思想值得研究、学习和借鉴。

一、受教育经历

雷沛鸿的受教育经历很丰富，经历了从传统到现代、从国内到国外、从自然科学到社会科学的多科交替。他 5 岁入私塾，习读四书五经、八股文范本。12 岁读大馆，受业于擅长古文辞的莫炳奎老师，既博览史籍又遵师训，通晓史实尤重史德。14 岁参加岁考和科考，均获第一，即补廪生。科考终场的题目是“天下有道则庶民不议”，雷沛鸿则以“天下有道则庶民必议”为题反做文章，获得广西学政汪贻书的赞赏。16 岁到广州求学，考入两广简易师范学堂文科，不久考入广东高等学堂预科。光绪三十一年（1905），17 岁的雷沛鸿考入两广高等实业学堂（即后来的两广高等工业学堂）高等甲班，攻读化学。1913 年 6 月，雷沛鸿考取广西留学英国公费生，冬季进入英国克里福学校学习应用化学。因广西当局财政支绌，停发留学生费用，加之第一次世界大战的影响，1915 年雷沛鸿转学美国，就读哥伦比亚大学夜班，开始半工半读生涯。他先后就学于密歇根大学、欧柏林大学，以政治为主科，教育为副科，兼及法律、社会、经济等科。1918 年读完大学课程，获欧柏林大学学士学位。1919 年进入哈佛大学研究院深造，专攻教育学科。在学期间，雷沛鸿长期住在路易斯·安德森女士家中，后结为伉俪。1921 年初获哈佛大学硕士学位，成为南宁留学生中获硕士学位的第一人，回国从事教育事业。

工作过程中，雷沛鸿先后多次出国考察教育。1927 年初，受国立暨南学校派遣，他到菲律宾进行宣传和募捐，并考察教育；11 月，他辞职出国，以特派员身份赴欧洲考察高等教育。1928 年，他先后考察了丹麦、瑞典、挪威、英国、法国、德国、意大利等国的教育，兼及各国政治、经济、社会、文化。曾入丹麦国际庶民高等学校（国际平民大学）亲身体验学习生活。1932 年 6 月，雷沛鸿第三次考察菲律宾教育。1933年8月，第四次考察菲律宾教育。1936年8月，雷沛鸿再赴欧美考察，并到哈佛大学参加300周年校庆，呈送有关国民基础教育普及运动的报告作为献礼。1949年2月，为将西江学院建成西江大学，雷沛鸿又赴南洋募捐，并到美国游学。这样的考察学习经历，极大地开阔了雷沛鸿的国际视野，不断丰富了他的教育理论知识。

二、办学实践

雷沛鸿终身致力于教育理论与实践探索。1912年，他从两广高等实业学堂学成回来之后，任左江师范学监，后任南宁中学校长，还在本村创办“新屋小学”，这是他办学生涯中的第一所学校。1921年4月，33岁的雷沛鸿获哈佛大学硕士学位后，回国任广西省公署教育科科长。他一到任就对全省中等教育提出改革意见，提出在各县设督学局，加强各县教育行政管理。1922年6月，广西政局动乱，省长公署解散。雷沛鸿离开广西就任广东全省教育委员会委员，兼任广东高等甲种工业学校校长。1927年3月，国民政府任命雷沛鸿为广西省政府委员，兼任教育厅厅长；5月16日宣誓就任。他在对全省教育行政和教育状况进行调研之后，拟就《广西省教育厅组织条例》，先后向省政府委员会提交了《筹设广西中山大学草案》《整理广西全省中等学校相互关系草案》等6份有关大、中、小学和师范教育、民族教育的计划书，经议决通过并实施。秋季，他积极筹设广西中山大学（后定名为广西大学），任筹备委员会委员，兼任南洋及欧洲高等教育考察特派员。同年11月，他辞职出国，以特派员身份赴欧洲考察高等教育。1929年7月，应广西省省长俞作柏邀请，雷沛鸿再次出任广西省政府委员兼教育厅厅长；10月，俞作柏、李明瑞反蒋失败。雷沛鸿离职赴南洋、欧美考察。1930年春，雷沛鸿应聘到南京国立中央大学任教，讲授《英吉利宪法》。1931年，任江苏省立教育学院教务主任兼研究实验部主任，参与创办惠北实验区，指导农事教育、民众教育两科系学生实习；6月，与俞庆棠、梁漱溟、孟承宪等人发起创办中国社会教育社。1933年9月，应李宗仁邀请，雷沛鸿第三次出任广西省政府委员兼教育厅厅长，就职时发表《今后本省教育的实施方针》演说。上任后，向省政府委员会提交《广西普及国民基础教育五年计划大纲》《广西普及国民基础教育研究院开办计划》《广西普及国民基础教育试办区规程》等3个议案。随后省政府通令颁行实施，创立国民基础教育制度。同年12月，在南宁津头村成立广西普及国民基础教育研究院，雷沛鸿亲任院长，划方圆40里为实验中心区，吸收全国各教育学派的人士到研究院工作。1934年初，在新兴村创办研究院实验中心国民基础学校，又创办津头村实验国民基础学校。在教育厅成立特种教育委员会（即少数民族教育委员会），亲任委员长；10月，《广西普及国民基础教育五年计划大纲》改为《六年计划大纲》，《广西普及国民基础教育试办区规程》改为《指导区规程》，并经省政府议决通过；12月，由他主持制定的《广西省特种教育区域设校补助金办法》颁布实施。1935年1月，主持创办的广西省立特种教育师资训练所在南宁成立；3月，主持制定的《广西国民基础学校办理通则》公布。为促进全省中等教育与国民基础教育的工作，组织全省中等学校自然科、语言科、图画科及国民基础教育行政成绩展览会，任筹备委员会委员长；4月，任广西建设研究院筹备委员；5月，主持广西教育总会改组和成立广西教育会的筹备工作。1936年2月，主持制定的《广西国民中学办法大纲》和《广西国民中学组织规程》颁布，创制国民中学制度；6月，因两广"六一运动"爆发，雷沛鸿辞职，广西普及国民基础教育研究院停办。1938年10月，广西省政府聘雷沛鸿为广西省会战时民众教育指导委员会委员；11月，经省政府决议，定次年为广西成人教育年。1939年2月，雷沛鸿在《教育通讯》

上发表《民族战争与民族教育》，后又发表《再论民族战争与民族教育》；7月，雷沛鸿第四次出任广西省政府委员兼教育厅厅长。1940年4月，雷沛鸿赴重庆出席全国国民教育会议，会议将广西的国民基础教育经验推行于全国。雷沛鸿回广西后，拟订《广西省普及国民教育五年计划大纲》，并向有关方面作《今后本省国民教育实验问题》专题报告，汇报全国会议精神；5月，创办广西教育研究所；6月，在省临时参议会第三次大会作《当前本省教育施政的重大问题》的报告，在《建设研究月刊》上发表《六年来广西国民基础教育》一文。同年8月28日，雷沛鸿被任命为国立广西大学校长，任职期间采取“兼收并蓄”的办法，提倡学术自由，校园民主空气活跃。1941年“皖南事变”后，教育部部长陈立夫到广西大学视察，发现图书馆有不少马列主义书籍，《新华日报》亦公开陈列，深为不满。同年8月，国民政府教育部以“另有任用”为名免去雷沛鸿国立广西大学校长职。广西大学张先辰、黄现璠等40多位教授联名上书广西省政府主席挽留。广西科学实验馆（桂林）馆长李四光请雷沛鸿任驻馆常务委员，主持科学实验馆日常工作。1941年底，经筹备，雷沛鸿倡办的南宁农业专科学校在原广西普及国民基础教育研究院旧址成立。1943年1月，出任广西教育研究所所长。1944年3月始，与苏希洵等先后在南宁、桂林、重庆等地商议在桂南创办一所高等学校；7月，组成西江学院筹备委员会并通过由雷沛鸿拟就的《创建西江学院建议书》，向各县倡议筹款；9月，日军第二次入侵广西，雷沛鸿随广西教育研究所辗转疏散至田阳、那坡，后徙百色，继续筹建西江学院；11月，西江学院校董会成立，雷沛鸿应校董会聘请出任院长。1945年2月，公立西江学院借百色行健中学为临时校舍正式成立；9月，广西教育研究所和西江学院迁到南宁，以原广西普及国民基础教育研究院为院址，私立南宁农业专科学校并入其中。1946年2月，学院邀请在南宁的各界人士举行春节联欢会，成立西江学院协进会南宁总会；5月，在西江学院纪念周演讲中提出“实事求是”是西江学院要树立的学风；8月公立西江学院改为省立。1949年2月，为西江学院赴南洋募捐，并到美国游学。1950年元旦，随广西工作团张云逸、雷经天等从广州回桂；1月5日回到南宁，继续担任西江学院院长，致力于新民主主义教育事业。1953

年随着全国高等学校院系调整，西江学院并入广西人民革命大学。雷沛鸿从此离开教育一线，从事人民政协工作，先后任第二、三、四届全国政协委员，第一、二、三届广西政协副主席，中国致公党中央常委等职。

（一）创办广西省立医学院

广西多山区，气候恶劣，属“瘴疠之地”。民国时期，这里环境卫生条件较差，医疗卫生事业还十分落后。当时的广西省政府还不够重视医疗卫生工作，没有设立卫生厅，医疗卫生事业由教育厅兼管。1933 年雷沛鸿第三次出任广西教育厅厅长时，为改变广西医疗卫生事业落后的局面，他呈请省政府批准在南宁创办“广西省立医学院”，为广西培养医疗卫生人才。为解决当时创办医学院无院址、无师资、无设备、无经费等实际办学困难，雷沛鸿不辞劳苦，四处奔走，力促医学院能够办成。

在雷沛鸿积极努力之下，省政府拨南宁民权路旧省府的房屋暂做医学院和附属医院的院舍。他又利用自己的声望，协助政府从外地引进专门人才，克服了重重困难。1934 年 10 月 20 日，广西省立医学院开始招生。这一年招了本科一班 31 人，附设助产班 25 人，护士班 23 人。当时全院有教职员 51 人，只有一名化学助教是广西人，其余都是从外省聘请来的员工，足见当时广西医科人才的极端缺乏。附属医院也于 12 月 10 日开业就诊，学校、医院都走上了正轨，秩序井然。1935 年 10 月，医学院招收第二届学生，有本科生 32 人，专科生 50 人，助产生 25 人，护士生 19 人。由于学生人数增加，院舍、师资都不能满足教学需要，雷沛鸿又敦请省政府拨借共和路原兽医养成所暂用，他继续从省外聘请教师来院任教，同时大力购买仪器设备，推动医学院不断向前发展。

1936 年夏，新桂系发动了名为抗日、实则倒蒋的所谓“六一运动”，大大削减教育经费，压缩高等教育事业。随着雷沛鸿的去职，广西省立医学院也逐渐陷入困境，先后被改为“广西大学医学院”“广西军医学校”。1938 年，日军从南北进犯广西，对南宁狂轰滥炸，广西军医学校仓皇迁往右江田阳县城和田州镇的碑楼村，损失惨重，广西省立医学院几乎是名实俱亡。1938 年 7 月，雷沛鸿从第五战区的工作退下来，再次回到广西省服务。他不顾个人安危，从桂林启程经过南宁直赴右江视察教育和医学院改制后的情况。雷沛鸿的到来，让师生们看到了希望，提出恢复省立医学院的请求。当雷沛鸿了解到他走后医学院名称变更等情况后，同情师生的遭遇，赞成他们的请求，并立即把自己的意见电告了广西军政当局李宗仁、白崇禧、黄旭初，军政当局复电军医学校，将校名改为“广西省立医药专科学校”，拨归教育厅领导。虽然取消了部队编制，但原来的学院却降格为专科学校。师生们仍坚决反对，请求恢复医学院旧制，并派代表赴桂林向省政府请愿。广西军政当局迫于形势，只得批准恢复广西省立医学院。

1939 年秋，雷沛鸿以教育厅厅长的身份，又到田阳召开解决医学院问题的会议；10 月，省政府任命雷沛鸿代理广西省立医学院院长。他在就职大会上发表讲话，谆谆教导师生员工克服困难，安心工作和学习，共同维持大局，并宣布从长沙湘雅医科大学新聘来的著名内科专家刘南山教授为教务处主任，留美归来的陆起华先生为训导处主任，杨寿椿为事务主任，钟铁夫为会议室主任。学院很快恢复了正常上课，院内秩序渐趋正常和稳定，在艰苦办学中濒临崩溃的医学院又得以复苏。为了医学院的长远发展，雷沛鸿又筹备把医学院迁到桂林，新建了院舍、附属医院，补充了教学及治疗设备，还从外省聘来教师和医师。1940 年 8 月，医学院全部迁到桂林，师生们对雷沛鸿所做的贡献感到深深的敬佩；9 月，又招收新生本科和专修科各一班，每班 50 人。这时，广西省立医学院结束了成立五年来“五易校名”“五换院长”“三年停止招生”的反复多变、秩序无常的厄运，走上了健康发展的道路，呈现出欣欣向荣的气象。广西省立医学院是雷沛鸿在当时广西医疗卫生事业极其落后的情况下创办起来的。在它面临绝境几乎消亡的时候，又是雷沛鸿把它挽救了过来。雷沛鸿为医学院的发展付出了艰辛的劳动，看到医学院走上正轨，他感到非常快慰，但他并不沽名争位，后辞去了代理广西省立医学院院长职。①

---

① 钟文典主编：《20 世纪 30 年代的广西》，桂林：广西师范大学出版社，1993 年，第 792—796 页。

（二）执掌国立广西大学

雷沛鸿与广西大学有着深厚的渊源。早在1927年任广西省教育厅厅长期间，他就把筹设这所大学作为一项重要工作在抓。雷沛鸿认为，大学具有“研究学术、培植专门人才、提高民间文化及沟通中外文明而协助新中华民族文明之创造”[①]的使命。“广西年来教育日形发达，升学者日众，本省尚未设立大学，负笈外省肄业者不少，一般贫寒子弟有志升学者均因限于经济中途废学，以此沦没人才实不在少数”，故而下定决心办成此事，以“慰本省民众属望”[②]。雷沛鸿亲自起草了《筹设广西中山大学草案》和《广西中山大学筹备委员会组织大纲》，呈交省政府委员会。1927年冬，由雷沛鸿等11人组成的广西大学筹备委员会成立后，他还以南洋及欧洲特派员的身份，负责对国内外的高等教育进行调研，为创办广西中山大学做学术准备。1928年10月10日，广西大学在梧州市河西区蝴蝶山正式成立（当时的校名为“广西省立广西大学”），由从日本留学归来的马君武博士任校长。雷沛鸿参加了开学典礼。

在那个动荡的年代，广西大学从1929年至1939年十年间经历了停办、搬迁、合并等变故，直到1939年8月广西大学由省立改为国立。10月10日，广西大学举行改名和欢迎马君武校长回校典礼。李宗仁、黄旭初及教育厅厅长雷沛鸿莅临典礼。广西大学改为国立后，马君武依照教育部颁布的组织要点，修订广西大学组织大纲，挑选一批教育专家分任各职。但在广西大学步入其发展黄金期的时候，马君武这位爱国的革命者、科学家和教育家于1940年8月1日不幸病逝。这对广西大学乃至全国教育界来讲是一个重大损失。在广西大学全体师生处于迷惘、困惑时，国民政府行政院于8月28日第479次会议决定，任命雷沛鸿接任国立广西大学校长。

---

① 雷沛鸿：《筹设广西中山大学草案》，广西教育厅：《广西教育公报》，1927年10月第2卷第2号，计划类，第6页。

② 广西教育厅：《广西教育公报》，1927年10月第1卷第12号，公牍类，第96页。

雷沛鸿受命于危难之时，如何使广西大学在德高望重的马君武校长之后将其学术风气传承并发扬光大是他本人首先思考的问题，也是全校师生的期盼。当时的社会媒体得知雷沛鸿继任广西大学校长后立即对他进行了专访。他谈到了自己的民主办学方针：“今后吾人应配合抗战之需要，努力培养各种人材，以充实抗战之力量。……至于改善大学之教育方针，本人以为严格的训练与管理固属需要，但如纯以纪律约束，亦为不当，因大学为研究高深学问之教育场所，对学生应予以相当自由，同时应积极设法促使学生自发的研究。使其获得研究的兴趣而自由发展。”[①] 这一方针深受广西大学师生欢迎。

雷沛鸿赴任广西大学校长后，逐步完善学校基础设施建设。他曾以广西大学名义呈请教育部设立师范学院，未果。后来，教育部批准将文法学院扩充，设法商学院。他先后主持建成了物理馆，化学馆，发电所和第一、二、三学生宿舍，农学院教员宿舍，将新落成的图书馆定名为“君武图书馆”，充实了图书设备和机械厂设备。学校基础设施建设在他的努力推动下大为改观。

雷沛鸿高度重视人才培养工作。1941 年 2 月，雷沛鸿在为《国立广西大学手册》作序时指出，大学教育培养首先应给学生明确学习方向，使其把握社会变动的脉搏。他说：“现代世界各国教育——尤其是大学教育——对于全校学生，无论是初年级的学生，或高年级的学生，均要黾勉从事于一个主要活动，这就是方向，指引迷津的活动。”[②] 他认为广西大学改为国立后，学生来自全国各地，生源比较复杂，接受大学教育的思想准备也有差异，而民族抗战对教育与人才提出了新的要求，大学教育就应该为学生指引路向、启发好学深思。他希望“全校学生，偕同全校教职员，无论通过羊肠小道，或者行径大路通衢，都能志于科学，据于人道，依于仁义，游于艺术，而一同引进于教育世界，并一同探险于新知识的园地。随之，学者遂能对于新教育目的有所调整，对于旧教育传统随时代的进展而有所新认识，对于五光十色，使人迷目瞀心的课程及教材，有所抉择，对于自然环境，有所适应，对于生活的新方式，有所共同实践，对于时代要求，

---

① 《广西日报》1940 年 8 月 29 日。

② 韦善美主编：《雷沛鸿文集》（续编），南宁：广西教育出版社，1993 年，第 468 页。

有所应付，对于人民生计，社会幸福，国家安危，民族生存的斗争，有所贡献”[①]。雷沛鸿在学校管理中非常注意言传身教，凡是要求学生做的，他总是身先士卒。同学们经常听到年过半百的雷校长在校长宿舍附近朗读英语。他的好学精神鼓舞着广大学生，在广西大学被传为佳话，他亦成为勤奋学习的榜样。在雷沛鸿的主持下，广西大学办得有声有色、生动活泼。

雷沛鸿主持的广西大学最突出的特点是推行“学术自由”“兼收并蓄”的办学方针，营造民主宽松的氛围。雷沛鸿借鉴蔡元培任北京大学校长时“兼收并蓄”的办学方针，提倡学术自由，广纳社会贤达，聘请专家学者到学校从教任职，如聘请李四光为理工学院院长，童润之为农学院院长。邀请各界名流来校作演讲报告，其中有李济深、蒋经国、梁漱溟、李四光、丁西林、汪敬熙、欧阳予倩、千家驹、张铁生、张志让、董维健、丁绪贤、童润之、盛成等。“尽管他们的立场、观点、见解各有不同，但都给学生一些新的东西，扩大知识面，也给学生以各种思想锻炼，提高他们分析批判的能力。学生当时听演讲的兴趣相当浓厚，从中也得到一定的教育与启发。”[②] 名人学者的演讲和授课，内容十分丰富，极富教育意义，深受师生欢迎，对于提高学校的学术水平，促进学校良好学风的建设具有重要影响。特别是学生当中的自由民主气息十分活跃，在民族抗日的严峻形势下，学生组织通过举行演讲比赛、辩论会、公演、募捐、墙报等活动，以及发表文章、出版刊物，以各种方式抒发爱国情怀，宣传民族自由、民主、团结、进步。“中共广西大学支部在雷沛鸿担任校长后发展了一些党员，西大党组织又发展壮大起来。”[③] 党员们在学术自由的氛围中，宣传中国共产党“坚持抗战，反对投降；坚持团结，反对分裂；坚持进步，反对倒退”的方针，开展慰问抗战前线战士的活动，表达了青年学生的乐观主义精神和以创造祖国美好前途为己任的远大抱负。

图书馆是保存人类文化遗产、开展社会教育、服务学术研究的重要场所。雷

---

① 韦善美主编：《雷沛鸿文集》（续编），南宁：广西教育出版社，1993年，第469页。

② 广西大学校史编写组：《广西大学校史》，南宁：广西大学学报编辑部，1988年，第76页。

③ 广西大学校史编写组：《广西大学校史》，南宁：广西大学学报编辑部，1988年，第72页。

沛鸿十分重视图书馆的建设和使用，把它作为大学教育的重要阵地和自由研究学术的场所，提倡学术自由。雷沛鸿主持的广西大学图书馆藏书丰富，除了藏有哲学、社会科学、语言学、自然科学、应用科学、美术、文学及史地类图书外，还购进了一批马列主义书籍和进步的报纸杂志及文学著作，供师生自由阅读。“这对于师生进行自由研究提供了有利条件。”① 图书馆的自由民主风气也体现了雷沛鸿的办学思想。

正当雷沛鸿在广西大学大展宏图，欲全面实施其大学教育理想时，1941 年 8 月，国民党中央教育部部长陈立夫到广西大学视察，对雷沛鸿的做法极为不满，特别是当他发现学校图书馆藏有不少马列书籍以及《新华日报》后深为震怒。于是广西当局和教育部有意撤换雷沛鸿，并于 8 月 15 日国民政府行政院第 526 次会议决议，以“另有任用”为名免去了他国立广西大学校长之职，由高阳继任。广大师生对此极为不满和愤慨，他们进行了持续近一个月的“挽雷拒高”抗议活动。迫于压力，新桂系只好执行教育部命令，暂调雷沛鸿到广西科学实验馆工作，以示调和。

尽管雷沛鸿执掌广西大学只有短短一年时间，但他却给广西大学注入了许多新鲜血液。广西大学在这一年中，从事稳定，教学力量雄厚，图书设备充实，学风淳朴，学生勤奋好学，自由研究学术之风浓郁。如果说接掌广西大学期间，由于时间短促，不足以全面展现雷沛鸿高等教育的理想和实践的话，那么创办南宁农专、西江学院，则是他国民大学教育思想与实践的更充分的体现。

（三）创建南宁农专

1940 年 10 月，日寇被赶出广西南部，南宁光复。为纪念人民收复失地，1942 年 5 月，雷沛鸿在桂林开始筹建南宁农业专科学校。为什么要创办这样一所学校？雷沛鸿认为有三个方面的理由：

第一，纪念失地收复。雷沛鸿认为，在驱逐日寇的浴血奋战中，广西民

① 广西政协文史资料研究委员会编：《雷沛鸿纪念文集》，桂林：广西师范大学出版社，1988 年，第 115—116 页。

众，尤其是南宁城厢内外以至邕江两岸居民，勇往向前，义无反顾，誓不与日寇共戴天。这种痛苦经验和民族正气不可以不纪念，如此伟大的成就不可以不纪念！“而最好的纪念实为教育，尤其是农业专门教育。因为中国大体系农业社会，桂南十八县民众大多数系农民。”① 这是他创立南宁农专的最大社会原动力。

第二，协助战区复兴，服务后方生产。全国抗日战争尚未结束，战区复兴在当时国内各战区都是重要任务，需要全国人民在前方努力杀敌，在后方要努力生产。而且受帝国主义的侵略，中国农村生计日见枯竭。为恢复农村生产力，发展农村生计，改善农村生活，无论在平时或战时，都必须注意农村教育。基于教育指导生产、教育指导战区复兴的整个集体生活的迫切要求，雷沛鸿遂决定在南宁创设农专。

第三，培养和提升社会基础的技术水平。雷沛鸿认为，以科学技术改进一般人民生活的民众教育的需要，以农业生产科学技术改进农民生活——农民教育的需要。这两个需要的结合可以更多的力量培植科学及技术专门人才，服务抗战和建设事业。南宁农业专科学校的设立，正是为了实现这两种需要的实践，成为教育改造运动历程上的一种实验。通过这种实验，对于一切建设事业可以尽微薄之力。

1942年秋，在周密的计划和设计后，根据《私立南宁农业专科学校创设计划》，南宁农专成立。在创设计划中，雷沛鸿详细地列举了所要进行的程序与步骤。在选择校址上，雷沛鸿拨前广西普及国民基础教育研究院、前家畜保畜所、前民团干部学校废址，并请拨公有农林场以作实习及示范之用。在创设科系课程及其他教育上，聘请教育专家、农业工商业专家共同设计农专所设科系课程及其他教育的详细方案。南宁农专创立后，雷沛鸿本着“服务社会，服务公众，培养农业技术专才”的教育原则而不懈努力。在办学目标上，雷沛鸿确立了服务公众、天下为公的立校精神。他认为，学校应本着“天下为公”的文化，以公存

① 韦善美主编：《雷沛鸿文集》（续编），南宁：广西教育出版社，1993年，第473页。

心，以公行事。本校“以‘天下为公’为其立校精神”①。农专作为一所农业技术专门学校，它所有的劳动活动和农业科学研究是为了公众，所有的生产产品和农业科学技术也是为了公众，所得的劳动生产成果也是为了公众。就是要从劳动为公、学术为公、教育为公做到天下为公，将劳动与学问结合起来、生产与教育结合起来，彼此通力合作，以实现天下为公。

雷沛鸿在办理南宁农专的过程中，将服务社会、参加生产作为农专的重要教育内容。他认为，农专的创设和发展都是为社会服务，农专的教育设施、教育活动也应该坚持以服务为宗旨。那么，农专怎样服务于社会呢？那就是：以教育尤其以农业专门教育服务于社会。为此，南宁农专的教育设施分为学校教育和社会教育两大类。社会教育的目的是切合民众需要，满足社会要求。雷沛鸿采用生产教育的方法，要求学生参与农业生产、植树造林、畜牧兽医、乡村合作及其他切要的工作，在生产劳动中培养人才。这不仅可以形成强大的服务社会的力量，而且可以使学生在掌握农业专门技术的同时，养成良好的劳动习惯和劳动意识。学校教育则以博通教育为基础，以实用教育为支柱，让学生在集体生活中培养自治能力，在思想上引导学生树立正确的求知观，而不是要学生弃文从农；让学生在学校生活中探讨科学知识，探求农业科学方法，从而培养农业技术人才。南宁农专在雷沛鸿正确的办学方针与指导下，充满了生机与活力。他带领学生在农专一边学习，一边参加实践，在南宁市郊的津头、埌东、埌西、佛子岭等地开展农业实践教育，以此作为大课堂把学生培养成为既懂技术又能动手实操的人才。

1944 年秋，垂死挣扎的日寇为打通其所谓“大陆交通线”，再次进犯广西。广西各地紧急疏散，雷沛鸿也将农专迁到桂西田阳，但最终还是因为战乱的破坏，南宁农专被迫停办。南宁农专是雷沛鸿在广西办理高等教育的又一里程碑。它的创办丰富了雷沛鸿的高等教育思想，为他之后深入开展高等教育实践活动积累了经验。几乎与此同时，一所新型国民大学的雏形——西江学院已经开始在雷沛鸿头脑中酝酿。雷沛鸿在广西省立医学院、广西大学、南宁农专等广西高校的

① 韦善美主编：《雷沛鸿文集》（续编），南宁：广西教育出版社，1993 年，第 479 页。

办学和管理经验基础上，又开始了新的更加宏大的办学实践。

（四）创立西江学院

1943年7月，为了继续推行国民基础教育，理顺国民中学和国民大学的关系，雷沛鸿在总结私立南宁农业专科学校办学经验的基础上，进一步提出创办国民大学的动议。[①] 为什么要创建西江学院？雷沛鸿认为，当时的中国依旧是农业经济、乡村社会的国家，基本上仍处于农业文明阶段。为了使教育能够适应经济发展实际，既要改进农业发展，又要提高物质文化，改善民众生活。为此，广西亟须创办适应经济发展实际需求的新型大学。他认为南宁农专还不能适应此要求，所以再联合省内父老及省外热心人士，将南宁农专扩大为西江学院，而且迟早还要将它扩大为西江大学。[②] 由此可见，从南宁农专到西江学院，既是当时广西社会发展的需求，也是雷沛鸿实践其教育构想的又一步骤。

西江学院从1943年筹议，1945年正式成立，1946年取得合法地位，到1952年并入广西人民革命大学（今广西大学），经历了设计筹备、组织实施、新旧交替三个阶段，倾注着雷沛鸿的一片心血。1944年6月1日，雷沛鸿等人草拟了《发展国民大学教育计划大纲草案》，阐发了创建国民大学的重要性和必要性。在随后的两个月里，在雷沛鸿主持下的广西教育研究所先后组织召开了四次较大规模的筹备会议。会议研究讨论了创建西江学院的许多具体事宜，其中就有雷沛鸿亲自起草的《创设西江学院建议书》。随着广西教育研究所因战事从桂林迁徙百色，西江学院的筹建工作也转移到百色。1944年11月16日，在百色举行的第五次筹备会议决定设置西江学院校董事会，公推苏希洵、雷沛鸿等人为董事，苏希洵为董事长，邵力子、李四光、李宗仁、白崇禧、黄旭初等为名誉校董。11月26日，西江学院校董会在百色正式成立，雷沛鸿被聘为首任院长。1945年西江学院着力解决学院性质和招生问题，以免因战争对省内高等教育的破坏而导致青

---

① 《公立西江学院创设纪事》，《广西教育研究》，1946年第1期。

② 韦善美、马清和主编：《雷沛鸿文集》（上），南宁：广西教育出版社，1989年，第7—8页。

年失学。2月22日，公立西江学院终于面向社会宣布正式成立，校址选在百色。这也是在我国少数民族高等教育方面开了在壮族聚居区举办近代大学之先河。[①] 学院之所以称“公立”，是取各县协款联合之意，也有“教育为公”的本意。[②] 3月，西江学院首次招收大学进修生甲乙丙班，共20人。抗战胜利后，西江学院于9月16日迁回南宁，与私立南宁农业专科学校合并，以原广西普及国民基础教育研究院旧址为院址，并开始第一年秋季招生，大学本科、专科、预科共计7个班、346人。

1946—1947年是西江学院发展势头比较旺盛的时期。学院按照《西江学院五年建设计划大纲》重点创造学术和教育环境，运用社会力量加强学院基础设施建设。学院无论在办学规模还是学生人数、基本建设、图书资料、教学设备设施、生产效益等方面，都有长足进步。但是，西江学院几经周折都未能在国民政府教育部立案。直到1946年11月广西省政府将其定为省立，学院才真正取得合法地位。虽然校名几经变换，但院长一直是雷沛鸿。1948—1949年，西江学院发展举步维艰，雷沛鸿被迫出国远走他乡。中华人民共和国成立后，1950年1月，南宁军管会接管西江学院，调整了行政机构，废除训导制，成立院务委员会，雷沛鸿被文教部指定为主任委员。接着，西江学院受命对系科设置进行调整，雷沛鸿也积极总结、改造自己的教育思想，主动接受人民民主教育思想，完成了从一个旧式教育家向新式教育家质的转变和飞跃。[③] 1951年1月，广西省人民政府教育厅发文，将西江学院改名为广西省西江文理学院，并着手调整办学形式，重点开展广西建设所急需的短期人才培训。1952年3月，经教育部批准，西江学院正式并入广西人民革命大学（今广西大学）。西江学院的原址变成广西人民革命大学的校本部，成为新型大学的一部分，雷沛鸿调任他职。

西江学院从1945年2月22日宣告成立，到1952年3月7日并入广西人民

---

① 顾明远主编：《中国教育大百科全书》（第四卷），上海：上海教育出版社，2012年，第2624页。

② 广西政协文史资料研究委员会编：《雷沛鸿纪念文集》，桂林：广西师范大学出版社，1988年，第28页。

③ 曹天忠：《雷沛鸿教育思想的演进》，《广西师范大学学报》（哲社版），1993年第1期，第39—46页。

革命大学，历时7年。西江学院的创建和办学过程充分展示和反映了雷沛鸿的高等教育思想，也是他的国民教育体系最高阶段——国民大学教育理论和构想的试验园地。雷沛鸿在西江学院的办学实践中，凝练并实践了他的大学教育思想。

第一，大学教育的功能。雷沛鸿认为，“大学是民族的灵魂，也是人类文明的一个文化渊源”[①]。据此，大学教育主要有三个方面的功能：一是研究高深学术，扩大及推进知识领域；二是培养专门学者及技术专才；三是传播智慧，改善民生。[②] 由他亲手拟订的《西江学院之教育实施方针》就是以此为理论依据，提出西江学院要以推进学术研究、普及科学知识、训练实用技术人才、培植有专门知识、促进团体道德、传承文明为终极鹄。[③]

第二，大学之“大”的特性[④]。雷沛鸿认为，办大学如果只解决物质条件问题，或只是解决经费及人力问题，或只是矫正青年在学问方面的问题，都还不能使大学名副其实。他在创办西江学院的过程中专门写了《什么是构成大学大的特性》一文，阐述了大学之“大”的三个特性。其一，大学要与民众结合。由于中国教育的传统“一向与民族生活背离”，大学只有与民众结合、有民众支持，才会有广厚的社会基础。西江学院就要建立在广大民众生活基础之上。它的发展与广大民众的支持是分不开的，其教育功能对民众生活也有极为重要的作用，以促进经济发展和民众生活幸福。其二，大学要有自由思考。作为大学之“大”的一个要素，自由思考是人类在文明进步过程中寻求解放自然束缚和解放人为束缚的开端。没有思想解放和自由思考，人类文明进步就必然受到阻碍。因此，大学要真正成为名副其实的“大”，必须着力营造自由思考的环境，发扬自由思考的作风，拥有宽容一切自由思考和表达的思想与能力。其三，大学要倡行科学方法。科学方法是自由思考的条件。科学精神的涵养、科学方法的运用、科学真理的追求是大学之所以成其为“大”的一个要素。科学研究的对象是自然现象与社会现

---

① 韦善美主编：《雷沛鸿文集》（下），南宁：广西教育出版社，1990年，第471页。

② 韦善美主编：《雷沛鸿文集》（下），南宁：广西教育出版社，1990年，第472页。

③ 韦善美主编：《雷沛鸿文集》（下），南宁：广西教育出版社，1990年，第471页。

④ 韦善美主编：《雷沛鸿文集》（下），南宁：广西教育出版社，1990年，第459—471页。

象，我们既不能局限于书本，也不宜一味采取主观的内省法。

第三，大学教育的三重目标。雷沛鸿将西江学院的办学目标分为三个层次，即参与地方建设、参与国家建设、参与世界建设，并随各层次的社会建设的进步而演进。① 西江学院的专业设置、教育内容和教育方法都是与此目标相适应的。雷沛鸿本着“从远处大处着想，从近处小处做起”的实事求是态度，从本省实际出发，在十多年的国民基础教育与中学教育发展基础上，西江学院倾向于文理学院的办学，分为大学教育、专科教育、预科教育三个层次，以适应广西实际发展需要。② 他认为，西江学院作为国民大学的初步试验，以文理科教育为大学教育的基础与中心，故取“学院”之名。而本院侧重专科教育，“实谋以帮助解决广大民众生活问题，及新中华文明问题”③。

第四，大学教育的内容与方法。教育的内容与方法直接关系到大学培养什么人和怎样培养人的问题。雷沛鸿十分重视西江学院在教育内容和教育方法上的改革，根据培养学生及公民正确的人生观、世界观、宇宙观的需要来选择教材、课程、科目。所以，大学教育“应进一步加重学术的研究、道德的实践、民族意志及责任心的培育”④。在教育方法上，要实施活的教育，根据学生的个性差异进行启发和辅导，使每个学生能够得以开浚智力，智慧达到至真至善至美的理想境域。

第五，大学教育的制度与设施。针对我国高等教育盲目抄袭外国，未能立足现实发挥教育的创造性，制度上没有适当的安排，政策上没有贤明的措施等弊病，雷沛鸿主张：大学教育要坚持一切从实际出发，从根本做起，从远处大处着想，从近处小处着眼。大学教育按需要设立各专业学校，如法学院、医学院、教育学院及其他，又设立各技术专门学校，如工学院、农学院，或农业、工业、商业、医药等专科学校。同时，还要按照学术需要设图书馆、美术馆、天文台、植

---

① 韦善美主编：《雷沛鸿文集》（下），南宁：广西教育出版社，1990 年，第 441 页。
② 韦善美主编：《雷沛鸿文集》（下），南宁：广西教育出版社，1990 年，第 455 页。
③ 韦善美主编：《雷沛鸿文集》（下），南宁：广西教育出版社，1990 年，第 453 页。
④ 韦善美主编：《雷沛鸿文集》（下），南宁：广西教育出版社，1990 年，第 441—444 页。

物园、动物园、农场、工厂及医院等，以便研究传播知识、促进生活生产技术、增进民众幸福。

三、学校管理思想

（一）“教育为公”的教育理想

雷沛鸿认为，教育既是“生活历程”又是“社会历程”[①]。教育作为社会历程，它是一个与民族发展历程相一致的无穷的过程。所以，从本质上讲，教育是一个国家公民的权利，它具有生长性、普遍性、现代性[②]。教育作为人的一种自然权利，是与生俱来的权利。教育权利应与人的生命权利、自由权利、做工权利同等看待。不论男女老幼，不论贫富贵贱，都应一视同仁，均得享受教育权利。可见，雷沛鸿继承并弘扬了孔子的“有教无类”教育思想，教育要根据时代的发展不断前进，要以全副精力使教育成为大众共办、大众共有、大众共享的教育，以教育改造促进社会改造。[③]

雷沛鸿把教育放在整个社会的全局来考虑，主张以社会为本位的教育功能论。他认为，教育起源于人类生产劳动，教育作为一种特殊的社会实践活动，其

① 韦善美主编：《雷沛鸿文集》（下），南宁：广西教育出版社，1990 年，第 110—111 页。
② 韦善美主编：《雷沛鸿文集》（下），南宁：广西教育出版社，1990 年，第 3 页。
③ 韦善美主编：《雷沛鸿文集》（续编），南宁：广西教育出版社，1993 年，第 392 页。

产生和发展受到诸多社会因素的影响和制约，同时又对特定社会发展发挥重要作用。身处半殖民地半封建社会环境，雷沛鸿在中华民族挽救民族危亡的时代洪流中，目睹了国土沦丧、政府腐败、军队无能、民众愚昧的现实。雷沛鸿在对欧美诸国考察中也逐步认识到，国家建设和民族复兴的前提就是提高民众的政治觉悟，从根本上扫除政治盲、经济盲、文化盲，教育是重要的工具之一。[①] 为了改造社会，拯救中华，我们必须改造教育，建立一种新的适合中国国情的教育制度。雷沛鸿汲取孙中山"天下为公"的思想，认为中国的教育要由"教育为公"做到"学术为公"，由"教育为公""学术为公"做到"天下为公"。[②] 要实现"教育为公、学术为公、天下为公"，就必须做到"有教无类""一视同仁"，培养可跻身于有教育之世界公民。[③] 为此，雷沛鸿的心愿就是要推动教育的大众化、社会化，使人人都有享受教育的权利，以唤醒民族意识，恢复民族的自信力，提高民族的生存能力、自强能力。为了实现教育的大众化、社会化，雷沛鸿"用教育的力量，以达到民族主义所希望的团结四万万七千万民众，使他们造成一种力量，以从事民族解放运动"[④]。这使雷沛鸿产生了以教育改造促进社会改造，建立民主新国家的远大理想。

针对当时中国教育"为少数富人所独有"的不平等现实，雷沛鸿践行"教育为公"的办学宗旨，在长达数十年的办学实践中始终坚持一切从"为公"出发。比如，他在南宁农专的《教育公约》中就明确指出，本校以大公为立校精神，致力于学术为公、教育为公、天下为公。[⑤] 他在创办西江学院时也提到，"以教育史观察，教育原是为公""并非为任何私人或少数人的利益"，西江学院的办学就是要由学术为公、教育为公做到天下为公[⑥]。雷沛鸿教育为公的办学思想是中华民族优秀传统文化中"天下为公"的思想和孙中山先生三民主义思想在教育事业

① 韦善美、马清和主编：《雷沛鸿文集》（上），南宁：广西教育出版社，1989 年，第 164 页。
② 韦善美主编：《雷沛鸿文集》（续编），南宁：广西教育出版社，1993 年，第 501 页。
③ 韦善美、马清和主编：《雷沛鸿文集》（上），南宁：广西教育出版社，1989 年，第 7 页。
④ 韦善美主编：《雷沛鸿文集》（续编），南宁：广西教育出版社，1993 年，第 364—365 页。
⑤ 韦善美主编：《雷沛鸿文集》（续编），南宁：广西教育出版社，1993 年，第 486 页。
⑥ 韦善美主编：《雷沛鸿文集》（下），南宁：广西教育出版社，1990 年，第 450—452 页。

上的具体发挥。

（二）教育为民的办学取向

从雷沛鸿的学校管理实践可以看到，他怀抱振兴中华民族的向往，坚守“教育为公”的信念，几十年如一日，百折不挠地终身奉献于教育事业。雷沛鸿始终把国家的前途命运和教育大众化目标紧密结合起来，坚持以服务广大劳动人民为教育目的。从他数十年办学生涯中我们不难看出，“国”与“民”在他心目中占有至高无上的地位。针对当时的陈腐观念和教育的畸形发展，他特别重视民众教育和成人教育，他所指的民众教育对象主要是指不能接受学校教育的劳苦大众。对于民众教育，他曾这样论述：“现代的国家，无论君主政体的国家也好，民主政体的国家也好，无不着重于民众运动。而这种民众运动，现已居然成为一种教育，即是通常所说的民众教育。”① 雷沛鸿还认为，教育的本性在社会，教育应该属于社会，教育应有社会基础。要凭借教育的力量，把社会群众合铸成一群人。这群人就是中国人，其大多数还是劳苦大众。国民当中，读书人是少数阶级，教育只是少数阶级的专利品；而占最大多数的、不读书的农工商的民众却与教育无缘。他深刻体会到，教育只有朝着“毋忘老百姓”的目标去努力，才能有深广的社会基础。教育必须普及于全体民众，教育事业不应该做成政治上的装饰品和经济上的奢侈品，它应被做成人类社会共有的一件平凡事业。② 教育不能成为少数阶级的特殊利益，贫困的人要受教育，壮丁老人要受教育，女子要受教育，一切人都要平等享受教育。③

在当时，雷沛鸿看到，中国原来的旧教育的一个弊端和一个致命伤就是与民众生活相背离，这也是他在教育改造运动上用力所在。他办学的最大贡献，就是要直接为民众解决“贫”和“愚”的问题服务。他把各级各类教育的改造与民众

---

① 韦善美主编：《雷沛鸿文集》（续编），南宁：广西教育出版社，1993 年，第 215 页。

② 韦善美、马清和主编：《雷沛鸿文集》（上），南宁：广西教育出版社，1989 年，第 9—12 页。

③ 韦善美主编：《雷沛鸿文集》（下），南宁：广西教育出版社，1990 年，第 4 页。

的生产、生活紧密联系起来，大力发展国民基础教育、国民中学教育、国民大学教育，主要目的在于使教育植根于广大劳苦大众的生活。雷沛鸿办学实践正是在这种教育大众化办学思想指导下取得成功的。

（三）教育与劳动相结合的人才培养途径

雷沛鸿在国外留学时所接受的工读主义教育思想对他的教育与生产劳动相结合的办学思想影响很深。他在办学实践中，推行知识分子与工农相结合、教学与生产劳动相结合的教育方法，以培养实业发展所需要的技术人才。他在西江学院、南宁农专和研究院的实践都贯穿了教育与生产劳动相结合的思想原则。他奉行“生活即教育”的理念，将“教育与生活打成一片”[①]。在国民中学办学实践中，他希望“生活即教育”的理念，“庶几不致落空，而可以逐一实现”[②]。他将“生活即教育”和“社会即学校”的理念渗透到西江学院的办学实践中，由定式教育而注意到非定式教育，倡导大学教育的扩张运动。[③] 教育直接为解决个人的生活能力、生产能力服务的办学思想，在他建立的整个国民教育系统里都有体现。从基础教育、中等教育到高等教育，他始终坚持教育与劳动相结合。他提出要以“爱国教育为灵魂，以生产教育为骨干”来改造初等和中等教育：初等教育应“教到耕田的方法，做工的技术，以及经商的技能”，使之有谋生手段；中等教育应为地方培养初级建设人才。学校培养的人都有一个爱国心和一副劳动生产的身手。学生从学校毕业就能够回到田园去、回到商店中去、回到工厂中去，把知识运用于民众生产生活，为促进当地经济发展服务。南宁农专同样坚持生产是农业教育发展的先决条件这一准则，以生产为施教方针，就地取材，开发物力，或以动物生产或以植物生产，以发展产业教育，又以建立产业化社会。[④] 雷沛鸿

---

① 韦善美主编：《雷沛鸿文集》（下），南宁：广西教育出版社，1990 年，第 64 页。
② 韦善美主编：《雷沛鸿文集》（下），南宁：广西教育出版社，1990 年，第 432 页。
③ 韦善美主编：《雷沛鸿文集》（下），南宁：广西教育出版社，1990 年，第 443 页。
④ 韦善美主编：《雷沛鸿文集》（续编），南宁：广西教育出版社，1993 年，第 486 页。

这种教育与生产劳动相结合的办学思想、形式、内容及其成果非常切合中国国情，贴近广西实际，他真正实现了把教育办活，把教育办在劳动人民之中。这样的办学方式与办学思想对当时广西的教育乃至全中国的教育都是一项重大开拓。

（四）教育学术服务办学实践的学校管理方略

雷沛鸿十分重视教育学术对办学实践的指导作用。他认为，教育管理不但是一种技术，而且是一种科学。不学无术，不足以改善生活，也不足以革新教育，更不足以改造社会。① 教育的各种问题，既是处处和学术发生密切的关系，自然非从学术学理的根据上来找到它的解决不可②。所以，教育革新要依靠学术，以学术研究的结果来辅助教育行政和教育实施③。在教育改革实施前的假设与理论，要依靠学术支撑；实施期间的实际行动，仍然需要学术的力量来推进④。对于学术的内涵，雷沛鸿有他独到的理解：所谓“学”，即“所以探讨切合于民众生活的学问”；所谓“术”，即“所以试验最经济的、最迅速的、最能持久和最富生长性的教育方法”⑤。

雷沛鸿以教育学术服务于学校管理实践的方式主要有如下几种：一是亲力亲为地开展教育学术研究，创办教育研究与实验机构，先后参与了广西普及国民基础教育研究院（1933）、广西省立南宁科学集中实验所（1936）、广西教育研究所（1940）等的筹办和领导工作。二是及时总结办学实践经验，著书立说，公开发表系列教育研究成果。三是鼓励和带领青年同行开展教育研究。1946 年，西江学院举办第一期建设募捐活动，其用途之一是设立学术研究奖励基金，使有志青年学者在学术研究上，获得道义上、物质上的帮助而有所造就。⑥ 四是定期举办

① 韦善美主编：《雷沛鸿文集》（续编），南宁：广西教育出版社，1993 年，第 528 页。
② 韦善美主编：《雷沛鸿文集》（下），南宁：广西教育出版社，1990 年，第 181 页。
③ 韦善美主编：《雷沛鸿文集》（下），南宁：广西教育出版社，1990 年，第 73 页。
④ 韦善美主编：《雷沛鸿文集》（下），南宁：广西教育出版社，1990 年，第 140 页。
⑤ 韦善美主编：《雷沛鸿文集》（下），南宁：广西教育出版社，1990 年，第 73 页。
⑥ 韦善美主编：《雷沛鸿文集》（续编），南宁：广西教育出版社，1993 年，第 514 页。

教育学术会议，促进学术交流。广西普及国民基础教育研究院每半年举办一次学术研讨会，数十次邀请国内教育名家到广西研讨办学中遇到的困难和问题，最后以建议的形式向省政府提出决策参考。五是广泛开展学术考察，雷沛鸿本人多次游学海外，进行学术访问，吸取新知，取长补短。

四、学校管理的特点

（一）“学”“术”兼修的学校管理艺术

学校管理既是一种艺术，又是一门科学。正因为雷沛鸿在学校管理方面兼顾了“学”与“术”的艺术和素养，加之他独特的学校管理方法与策略，从而形成他独特的学校管理艺术。在推行教育改革之前，他首先是从学术、学理上做探索，再以学术研究结果辅助教育管理，达到教育管理的学术化。在他看来，所谓“学”就是探讨切合于民众生活的学问，“术”就是运用最经济、最迅速、最能持久和最富生长性的教育方法。[①] 雷沛鸿所推行的每一项教育改革总是建立在严谨的教育学术研究基础之上，以客观事实为依据，做到理论与实践的统一，注重学校管理实践中理论与实践相结合，使他的教育管理艺术达到了近乎“道”的境界。

管理艺术和策略是雷沛鸿学校管理实践得以成功的重要原因。雷沛鸿所实践

① 韦善美主编：《雷沛鸿文集》（下），南宁：广西教育出版社，1990 年，第 73 页。

的国民教育是一项庞大而艰巨的社会事业，其理论体系纵横一体。纵向方面贯穿基础教育、中等教育和高等教育各个层次，横向方面使学校教育与社会教育、家庭教育、成人教育各种类别相互贯通。为协调好国民教育内部与外部的各种复杂关系，雷沛鸿坚持有效性原则，使教育的组织与管理尽可能简便易行，求得实施效果。他根据广西教育的社会基础和教育自身的发展需要，在组织上以学校为中心来办理各种教育和社会事业，使整个社会的政治、经济、文化、军事等部门打成一片。

当时的中国是一个穷国，广西更是一个很穷的省份。为了消除中国落后的根源“愚”和“穷”，实现教育大众化，雷沛鸿在教育管理过程中讲求效率、有方法，“用最省的物力、最省的财力、最省的人力和最省的时力，达到最大的效果。这就是通常所谓经济的原则，或经济的效率”①。但是，要提高教育管理有效性，必须从组织上用功，讲求方法和计划。“组织的成功，必须肯用力，肯用功，而且要有方法有计划地用力用功”②。所谓“肯”就是有坚强的意志和积极的态度，属于个性的动力系统，加上正确的计划和方法是属于能力系统。二者有机结合就可以发挥组织的最佳功能，从而提高教育管理的效率。雷沛鸿从当时当地的实际出发，“因地适应，并因时制宜”地对教育资源进行有效组织，提高教育资源的经济效率。在推进国民教育的组织与管理中，他“特别重视方法问题。那就是说，我们应该发动社会力量，欢迎一切的人，运用各种各样的方式，参加国民基础教育普及运动”③。在办学层次上，他基于教育是生活历程和社会历程的认识，构建从学前教育到初等教育、中等教育、高等教育的国民教育体系；在办学形式上，他基于“定式教育”和“非定式教育”的观点，构建起了学校教育与社会教育合流的办学体系；在组织机构上，他基于教育与政治经济文化关系的认识，构建起了政、军、教“三位一体”的基层组织管理体制，实行“一所三用，一人三长”的管理办法，实现了社会大联合办学，在当时的背景下有效地推动了文化教

---

① 韦善美主编：《雷沛鸿文集》（下），南宁：广西教育出版社，1990 年，第 502 页。
② 韦善美主编：《雷沛鸿文集》（下），南宁：广西教育出版社，1990 年，第 504 页。
③ 韦善美主编：《雷沛鸿文集》（下），南宁：广西教育出版社，1990 年，第 207 页。

育事业的发展。

（二）教育发展与社会发展相结合的办学视野

雷沛鸿在学校管理实践生涯中，高度重视教育在社会生活中的重要地位，有很强的教育战略意识。在他看来，教育不是孤立的社会活动，而是社会文化总体结构中的一个有机组成部分。他指出："教育的能事足以改造社会，又足以改造国家"[①]；教育"为建国大业之根本要图""国家的兴盛，靠人才而不是单纯靠物质"，并提出"建国有道，教学为先"的命题[②]。雷沛鸿以改革家特有的魄力，从广西社会建设的客观实际出发，在广西普及国民基础教育运动中将教育改造运动和社会改造运动并行推进，以最大限度地发挥教育功能。他把少数人作为"奢侈品"和"装饰品"占有的教育，变成由多数人共享的教育，使教育真正成为实现社会全面进步、推进中华文明的"原动力"。他配合广西的政治、经济、军事、文化"四大建设"，制定了一系列"双改"措施，做出了前所未有的贡献。他在实施普及国民基础教育运动、国民中学改革和高等学校创办的过程中，无不注意到社会的经济状况和民众的经济能力，无不充分考虑到发展社会经济和改善民众生活的需要。他根据教育的"生长性"，处理好教育与社会、经济等方面的关系，使教育与社会、经济协调发展。同时，他兼顾教育内部的各种关系，普及与提高相结合、相统一，突出重点，抓住关键，使各级各类教育协调发展。

雷沛鸿认为，教育是整个社会历史发展、人类文化演进历程中的一种手段，要改造社会，就要从改造人的思想观念和提高人的素质入手，从而提高国民的整体素质。因此，他所构建的民族教育体系是把教育改造与社会改造结合起来，以社会改造带动教育改造，以教育改造促进社会改造。他不是单纯就教育论教育，而是把它放到整个社会改造的系统中去考察、研究、实践，与社会的发展相互联系，相互促进。他的学校管理实践本着"教育与社会并进"的原则，从广西实际

---

① 韦善美、马清和主编：《雷沛鸿文集》（上），南宁：广西教育出版社，1989 年，第 280 页。

② 韦善美主编：《雷沛鸿文集》（下），南宁：广西教育出版社，1990 年，第 438 页。

出发，面向广大民众，做到了教育的平民化、大众化、本土化，为当时全国教育的普及树立了榜样。

雷沛鸿敢于挑战地方区域文化的缺点，并试图通过教育来加以改造。比如，他在创办西江学院的过程中，该院促进社会文化、参与地方建设的目的十分明确。他认为，广西文化总的缺点是原始落后、未成熟，处于终日劳碌于物质衣食之上的"生存竞争"的传统低级阶段，而没有达到精神上的"理智竞争"的现代高级阶段，无法适应新中华文明的要求。① 他指出，广西文化因受马来文化的影响，不少人懒惰习气很重，挥霍浪费成风；生活迟钝散漫，缺乏向上的朝气。为弥补这种文化之不足，雷沛鸿提出要向这些文化缺点宣战，努力创造具有地方文化特性的"新文化"，并具体落实到课堂、集会、内务整理等日常教学和管理之中。西江学院对中国仍停滞于中古农业文明的现实没有袖手旁观，而是通过培养建设急需人才，努力参与左右江的水利事业、造林事业、畜牧事业等各项建设事业。② 仅 1950 年 3 月至 1951 年 10 月，西江学院轮训三期地方建设人才 2695 人，其中财贸干部 811 人，银行干部 270 人，税务干部 449 人，财务干部 348 人，合作干部 150 人，农林干部 70 人。③

（三）教育与生产相结合的实在

雷沛鸿早已看到，传统教育的最大弊病是脱离社会实际，只注重书本知识的传授，而忽略了生产教育、科学技术教育以及实践能力的培养。其结果是，农村的子弟读了书，反而不能为农村所用；多一个读书人，农村就少一个做事人。这将导致"教育上的根本破产"。因此，他所推行的各层次教育不只是教读书识字，还十分重视生产实践，采用学问和劳动合作的教学方法，学生要"参加社会上有益的生活，以融化在书本上所得的知识。不单使学生在校内受教育，还要使他们

---

① 韦善美主编：《雷沛鸿文集》（下），南宁：广西教育出版社，1990 年，第 456—457 页。
② 韦善美主编：《雷沛鸿文集》（下），南宁：广西教育出版社，1990 年，第 443 页。
③ 蒙荫昭、梁全进：《广西教育史》，南宁：广西人民出版社，1999 年，第 587 页。

能参加校内外的各种有益的活动”[①]。因此，他在开展普及国民基础教育运动时，要求每一所中心国民基础学校设置小农场、小工场，让学生在学校里既能学习文化知识，又能实际体验生产和劳动生活。雷沛鸿在中等教育和高等教育办学中的产学结合更加突出。他要求中等教育为地方培养初级建设人才，毕业后能够回到田间去，回到商店中去，回到工厂中去，为发展工农业生产服务。在南宁农专和西江学院的办学过程中，他也把教育与生产劳动相结合作为一条重要的办学原则。他注重解决本地经济发展与关系国计民生的实际问题，注重培养学生的生产技能和劳动本领，促进教育与生产生活的联系，并通过生产劳动增加办学的经济收益，努力改善学习生活条件和办学条件。所有这些，都突出强调了教育与生产劳动相结合，培养全面发展的人才，为地方经济社会发展服务的目的。应该说，这样的办学是对当时落后的传统旧教育的彻底否定，是民主与科学教育的创举。

教育通过培养人去为经济社会发展服务，特别是为地方经济社会发展服务，解决人们生产生活最迫切需要解决的问题，这是教育发展的基本规律。雷沛鸿主政广西教育期间创行普及国民基础教育，几年之内使广西的入学儿童人数成倍增长，出现了“无地无学校，无人不读书”的热潮，国民基础教育从广西推行到全国。他创立的国民中学制度在全省迅速发展，培养了大批地方建设人才。他创办的西江学院在战火纷飞的环境中诞生，不断发展壮大，直到并入新中国的广西人民革命大学。他在广西这样一个多民族聚居地大力开展成人教育和少数民族教育，成绩卓著，具有开创先河之功。所有这些，无不为广西培养经济社会发展需要的新型国民做出了巨大贡献。

① 韦善美主编：《雷沛鸿文集》（续编），南宁：广西教育出版社，1993年，第216页。

第九章　廖世承的学校管理实践与思想

廖世承（1892—1970），字茂如，江苏省嘉定县（今上海市嘉定区）人，我国近现代著名的教育心理学家、中等教育专家。廖世承学贯中西，治学严谨，既具有开阔的国际视野，又具有深厚的中国文化造诣，将一生都奉献给了中国的教育事业。他勇于探索，敢于创新，在中等教育、高等师范教育、学校管理、教育心理学、教育测验及统计等诸多领域均有丰富的论著、卓越的实绩和宝贵的经验。

一、受教育经历

廖世承于光绪十八年（1892）6 月 14 日出生于江苏省嘉定县（今上海市嘉定区）城厢的一个教师家庭。虽家境并不富裕，但自幼受父亲影响，喜好读书，记忆力好，三岁时读《荡寇志》，便可一一叫出其上图像的名字。六岁时进入其伯父家私塾读书，八九岁时，"四书五经"已经读了一半，并开始读《礼记》。廖世承在光绪二十九年（1903）进入乡间清华学堂读书；次年进入舅父家设立的中城丙等学堂读书；光绪三十四年（1908）高小毕业后考入邮传部高等实业学堂（即南洋公学）中院（即中学部）学习。到校不久便以初中一年级学生资格参加国文大会（即作文竞赛），在包括大中院学生五六百人参加的比赛中，获得第 40 名的佳绩，并得到了奖励。这对年少的廖世承来说是极大的鼓励，由此他对国文的兴趣也日渐深厚。青少年时代的廖世承，在父母的教育和影响下，喜欢读书，关心国事，告诫自己将来定要做个好人。他课余常常独坐，静静地看书，晚上与知友谈论国事，往往至灭灯后犹不肯睡。闲时与父亲交谈，耳闻父亲在圣约翰大学任教时寄洋人篱下的情景，不满意君主政体，憎恨帝国主义侵略，一心寻求民族自立的道路。1911 年，辛亥革命成功、清廷被推翻，廖世承所在中学学制由五年改为四年，于是他提前毕业。1912 年暑假，北京清华学校到上海招生，录取者均有出国深造之望；与此同时，他家亲友中有人可介绍他到湖南教书，月薪 40 元。父亲征求他的意见，他说"现时家况虽然艰苦，尚未至山穷水尽地步，我总抱定得寸则寸，得尺则尺的决心，不愿我的求学历程半途而废"[①]，父亲也同意了他的要求。他遂与同班知友在校外借一住所闭门苦读。当清华学校录取榜单揭晓时，廖世承与同班其他八位同学被录取。三年后将要毕业时，他准备

① 廖世承：《我的少年时代》，《良友》，1935 年第 9 期。

出国攻读教育学和心理学专业。当时，许多亲戚朋友都反对他的这一决定，他们认为从事教育事业一生都吃粉笔灰，是最没有出息的，学习经济学等才是拿到了“金饭碗”，但这并不能动摇他的决心。廖世承出国留学之前，接受中国传统文化教育，积累了深厚的传统文化底蕴，对日后投身教育事业将中西经验融合奠定了基础。

1915 年，怀着救国的宏大志向，廖世承与同学一起远赴美国布朗大学（Brown University）留学，开启了他的留学生涯。因双亲盼他早日做事，所以不愿长期留学。为尽早完成学业，他勤奋刻苦学习，在四年内读毕了六年学程，而且成绩优异。在第四学年时，经教授特别保举，被学校荣誉学会理事会讨论通过吸收为荣誉会员，获得金钥匙。在布朗大学，廖世承不仅获得了学士与硕士学位，而且还通过了博士资格考试，并准备为博士论文收集材料。后因经济拮据，加上父亲催促，于 1919 年回国。博士论文是他在回国后的两年写成寄到学校，并成功获得了博士学位。在廖世承留学期间，正值实用主义思潮在美国甚至全世界风行，这种思潮在教育上表现为反对传统的经院式教育，强调适应社会变化，重视学生的人格发展与儿童兴趣的培养，对廖世承的教育思想的形成影响很大。

廖世承归国后的十年间是民国教育史上最活跃的时期，各种思潮影响着整个中国大地，最有影响的教育思潮是早期实用主义教育思潮，以及后来兴起的军国民教育思潮、实利主义教育思潮，这与当时普通教育特别是初等教育迅速发展的客观需要和辛亥革命后发展实业、建设一个独立富强的民主共和国的社会思潮有紧密关系。[①] 廖世承在留学和回国后在任职和办学中不断实践，对前沿知识的掌握和对中国国情的认识都为日后开展的教育及办学奠定了理论与实践基础。

---

① 田正平主编：《中国教育思想通史》（第六卷），长沙：湖南教育出版社，1994 年，第 434 页。

二、办学实践

廖世承于1919年回国，此时的中国民众疾苦、国家贫弱，民族危机与阶级矛盾剧烈，中华民族的命运堪忧，救国救民是这个时代的主题。廖世承从历史和现状中深切感到“教育为百年之大计，立国之根本”“最使我感到不安的，就是适应阶级和民众的生活隔得太远”[①]。在这样的时代背景下，他先后任教于南京高等师范学校（后改为东南大学）及东大附中、上海光华大学、光华附中、国立师范学院等学校，曾任中学主任、副校长、校长、师范学院副院长、院长等职务。在长达50余年的教育实践活动中，他立足国情，吸收融合中西方文化教育思想的精华，形成了涵盖中等教育、职业教育、师范教育、教育心理等丰富的教育思想，同时积累了丰富的办学经验。

（一）中等教育实践

1919—1927年期间，廖世承任东南大学附中主任，1927—1937年期间任光华大学附中主任。在这近20年间，有人邀请他到江苏省校任校长，也有人邀请他担任中华教育文化基金会秘书长及中央大学教育处处长，市工部局也以华人教育处处长一席相邀。但对于这些邀请，廖世承均辞谢未往。廖世承认为要办好大学必须先办好中等教育，因此一直坚守在中等教育的前沿阵地，1931年为了集中精力办好光华附中，“力辞副校长兼职”，全身心投入中等教育事业中。

廖世承面向整个中等教育，对中等教育的历史、现状和理论，做了比较全面系统的研究，不仅发表了数十篇关于中等教育的专论，同时还有专门论述中等教

① 汤才伯编：《廖世承教育论著选·序》，北京：人民教育出版社，1992年，第9页。

育的专著，将他在中等教育中所经历的实验等都著述成书。在《为全国中学校请命》《中学教育改造的基本原则》《教育改造中的一个重要问题》《人格与品性的养成》《教与学》等文章中，对中等学校的学制、课程设置与教材编写、学生的课外活动以及教育与教学、教师与学生、中学校与职业教育、办学者与社会之间的关系等都有论述，在《中华教育界》《光华大学半月刊》和商务印书馆刊印的《最近三十五年之中国教育》专辑上，就中等教育的发生、发展和地位，先后发表了《中学教育》《三十五年来中国之中学教育》《十年来中国之中学教育》等长篇专论，还有《中学教育》《新学制中学的课程》《施行新学制后之东大附中》等多部关于中等教育及教育实验实施情况的专著，提出了大量先声夺人的精辟见解，从各方面多角度对中等教育进行宏观、中观、微观的透视和分析。

他通过考察中等教育的历史，总结经验，认为当时我国中等教育不发达的主要原因有四：一是社会和政治动乱的影响；二是师资缺乏训练；三是中学功课太繁重；四是缺乏从实地去做的精神。① 只有认清这些问题和克服所面对的困难，中等教育才能上轨道。他说："一个国家军备的优劣，财富的盈亏，政治的消长，实业的盛衰，文化的升降，与中学教育有着直接或间接的关系。"② 长期的基层实践，使廖世承深切地感受到中学教育发展的困难，于是他提出了中学教育改造的基本原则：一是一国的中学教育制度必须适合国情和地方的需要，中国幅员辽阔，整齐划一的制度，不易适应各地的特殊情况；二是现行学制成立已有二十余年，自有其存在之理由，彻底改革必致引起混乱，不好允准各地有需要时，得设实验学校，如试行有效，准与现行中学同时设立；三是在未有各种类型不同的中学及选拔制度未能施行尽如人意之前，中学对于学生的升学准备及就业准备仍须双方兼顾；四是不论升学或就业中学教育的宗旨在于充分发展个人潜在的能力，使学生成为最快乐和最有用的人；五是中学教育的对象是千变万化的青少年，所以一切措施不能有固定的方式，必须不断研究、改进教育工作；六是中学教育对于学生的品性和健康应与知识看得一样重要；七是中学的课程、教材、教法和教

---

① 汤才伯编：《廖世承教育论著选》，北京：人民教育出版社，1992 年，第 6 页。

② 汤才伯编：《廖世承教育论著选》，北京：人民教育出版社，1992 年，第 395 页。

育人员的态度，与中学效能、学生的成长关系极大，必须精心研究，讲究科学方法，具有好的服务精神。[①] 中学要把青年整体作为训练对象，把服务社会、献身国家，作为教育训练的目标，使学生增进知识，陶冶情感，养成能力，健全身体。

廖世承作为我国著名的中等教育专家，他在中等教育领域长期的理论思考和实践，以及对中等教育办学独到的见解和意见，在当时的中国是中等教育改革的引领思想，至今仍有借鉴意义。

1. 开展教育实验

教育实验是以一定的理论假设做指导，根据研究目的，有计划地、尽可能地控制无关变量，操纵自变量，在规定的时间内就实验结果进行比较分析和重复论证，用以揭示教育因果关系，深入认识教育规律的教育活动过程。它既是一种教育性的科研活动，又是研究性的教育实践活动，通过教育实验既可以更准确地揭示教育规律、检验教育理论，又能为教育教学探索出有效的途径和方法，从而深化教育改革。[②] 廖世承在留学美国期间专攻教育学与心理学，同时实用主义教育思潮也使他坚守科学实践，回国后更是坚持科学实践才是中国教育的唯一出路这一主张，结合当时的国情开展了大量的教育实验。1919—1925 年正值中国开展“新教育”改革运动，这时廖世承任教于南京高等师范学校（后改为东南大学）及东大附中，主讲“教育心理学”“中学教育”等新课程。我国最早的心理实验室于 1920 年分别在北京高师与南京高师建立，廖世承不仅参与了南京高师心理实验室的创建工作，同时在我国首先用智力测验法测验投考的学生和在校学生。在测验实践基础上，于 1921 年与陈鹤琴合编出版《智力测验法》一书，这是我国最早的智力测验著作。廖世承参与东南大学附中、中国中等教育协进社合作进行的初、高中各科测验，以东大附中为基地，不断地试行测验，完善测验标准，并组织学生到江、浙两省的学校对编制的测验进行试测，同时将测验情况报告公布，为推进教育测验事业做出了重大的贡献。1925 年，他与陈鹤琴又合编出版

① 汤才伯编：《廖世承教育论著选》，北京：人民教育出版社，1992 年，第 505—506 页。

② 熊明安、周洪宇编：《中国近现代教育实验史》，济南：山东教育出版社，2001 年，第 137—138 页。

了《测验概要》一书，为我国中小学教育测验奠定了基础，该书被公认为“测验最简便的用书”①。

廖世承虽留学时受西方教育影响，但不完全照搬国外教育，而是从实践探索中形成与中国国情结合的教育思想体系。他的教育改革活动是经过实验后再推广的，因而具有强大的生命力。由于廖世承等人的积极提倡和推行，“我国之测验事业，遂日形发达”②。受当时测验经验及条件的限制，一般的测验只适用于个人，而廖世承所编制的测验，不只适用于个人，还可用于团体测验，可同时测验40～50名学生，同时适用于文化学科、道德意识、时事政治等多方面的测验。廖世承在教育、心理测验上的创新与发展，对推广教育测验和心理测验起了很大的作用，因而被国内外学者誉为“廖氏之团体测验”③。美国心理学教授、测验专家麦柯尔（W. A. McCall）评价当时中国心理学家编制的各种测验时说：“至少都与美国的水平相等，有许多竟比美国为优。”④

廖世承成为20世纪20年代在我国提倡和推行各种测验的主要代表，也是我国近代教育实验的开拓者。他积极进行各类教育实验，“凡教育上之新学说和新设施，皆采择而实验之”⑤，不仅对“三三制”、道尔顿制等学制和教学方法通过智力测验和非智力测验等进行了探索实验，还对分科选科制、混合课程、学生自治、考试和科学计分法等都进行了科学实验，廖世承以他创造性地进行科学研究取得的重要成就而载入中国教育史册。

2. 力推“六三三”学制

清末民初的学制经历了三次变革，即“壬寅学制”（1902）、“癸卯学制”（1904）、“壬子—癸丑学制”（1912），持续实行的时间都不是很长，存在着无法摆脱旧制、小学过长、中学不分等级等问题。如何摆脱历史旧袭，又不单纯模仿日欧学制，建立符合国情的学制，成为当时教育界争论的一个热点问题。廖世承

---

① 汤才伯编：《廖世承教育论著选·序》，北京：人民教育出版社，1992年，第3页。
② 汤才伯编：《廖世承教育论著选·序》，北京：人民教育出版社，1992年，第3页。
③ 汤才伯编：《廖世承教育论著选·序》，北京：人民教育出版社，1992年，第3页。
④ 汤才伯编：《廖世承教育论著选·序》，北京：人民教育出版社，1992年，第3页。
⑤ 廖世承：《施行新学制后之东大附中·序一》，北京：中华书局，1924年。

一回国就参与到了学制改革的运动中。

当时关于中小学学制，有人主张“七四二”制，也有人主张“六三三”学制，尤其当时教育界德高望重的蔡元培先生主张“七四二”制，他曾任中华民国第一任教育总长，又以“思想自由，兼容并包”的精神引领重铸北大，在《新教育》杂志上发表了《学制系统草案评》，视中学教育时期为陶冶国民性的重要时期，认为不宜太短。廖世承当时正在东大任教，在教育研究与实践中形成了较清晰的认识，对在全国实行新学制即“六三三”学制“主张最力”，他说：“新学制中最有精彩，最活动的，是中等教育一段。”① 他认为“七四二”制的问题在于小学时间过长，小学到大学的过渡时间为中学的四年，不利于学生学习生涯的合理过渡和知识的教授与掌握。他还撰写了《关于新学制一个紧急的问题》《升学制与中等学校》《三三制问题》等一系列文章予以反驳和说明。“六三三”学制原为美国模式，但廖世承并不是盲目采取“拿来主义”，而是坚持在东大附中亲自实验。他认为改革学制的目的在于纠正旧学制的缺点，适应时代的要求，不是盲从。他积极参与以改革学制和课程为主要内容的教育改革活动，通过对东大附中的实践和对国外学制的研究，以及在济南、武汉等地的调查，全面分析了对新学制赞成与反对的意见，认为“六三三”学制符合我国学生的身心发展阶段，也可以使中学入学人数增加，升学与就业的机会相对灵活，既顺应时代潮流，也符合青少年个性发展，利多弊少。他在《关于新学制一个紧急的问题》一文中明确指出，“‘六三三’学制是适合个性的、顺应时代潮流的”，它既可使“各段教育相衔接”，又可“顾全升学与职业两种”。1921 年夏，他在苏州等地讲演“中小学沟通”问题时，反复阐述、坚决主张采用“六三三”学制。廖世承对“六三三”学制的论述有理有据，所得结论都与他坚持教育实验相关，在这场论争中始终立于不败之地，与同年 10 月“全国教育会联合会第七届会议之旨意不谋而合”②。“六三三”学制的确立，为结束当时中国学制混乱的局面起到了重要作用，并一直沿用至今，而在“六三三”学制形成、确立的过程中，廖世承为中国现代学制

① 汤才伯编：《廖世承教育论著选》，北京：人民教育出版社，1992 年，第 26 页。

② 汤才伯编：《廖世承教育论著选·序》，北京：人民教育出版社，1992 年，第 3 页。

所建立的基本框架做出了重要的贡献。

3. 重视职业教育与农村教育

廖世承认为，一个现代的国家，人人应有职业，人人应受良好的公民教育。在力推“六三三”学制时，其中很重要的目标之一就是“提高普通教育程度，俾有充分职业准备”①。他指出当时的中学校与职业学校，完全分立，仿佛各有各的系统；并且依照部章，职业学校的学生，不许转入普通中学读书，但学生的志愿，却没有分别得很清楚，进入中学校的，依然想去谋生，进职业学校的，尚希望升学②。学校方面对于课程设置等不得不重新考虑和通融，标准难以确定，因此中学课程与职校课程都没能符合各自的培养目标。所以，首先，“在职业学校内，应有普通的学程，而在普通中学内应尽力矫正以往的错误，注重实用的知识”③。其次，要重视对学生的职业指导和职业陶冶。他说：“人生必须有职业，职业的陶冶，现今在中学校渐趋重要的地位。”④ 廖世承认为学校实行职业指导，能够改善当时的就业问题。他将学生进行测验分组，分别指导，这样有利于挖掘学生的潜力，激发学生的兴趣，选择适合的职业。学校与社会、教育与生活不能隔膜和疏远，应使学生有“职业知识”“职业技能”，这样才能使学生随时适应环境，对社会有充分的贡献。

廖世承强调要发展农村教育和平民教育。但这里的农村教育和平民教育不是单纯的学校教育，需要学校教育与学校以外的环境相互配合才能达到最优的效果。他认为，在当时中国的条件，农业是国家重要支柱，农村人口占全国人口的最多数，但教育事业发展对农村教育重视不够，“对于农村教育，明知其重要，但往往都向城市中讨生活，很少躬亲陇亩，伏处乡村，与农民子弟为伍，认定农村教育为终身职业的。惟其服务农村的寡若晨星，所以中国办学数十年，而农村教育依然不很发达，这是十分可惜的”⑤。同时，因为农民知识基础薄弱，墨守

① 汤才伯编：《廖世承教育论著选》，北京：人民教育出版社，1992 年，第 5 页。
② 汤才伯编：《廖世承教育论著选》，北京：人民教育出版社，1992 年，第 5 页。
③ 汤才伯编：《廖世承教育论著选》，北京：人民教育出版社，1992 年，第 7 页。
④ 汤才伯编：《廖世承教育论著选》，北京：人民教育出版社，1992 年，第 7 页。
⑤ 汤才伯编：《廖世承教育论著选》，北京：人民教育出版社，1992 年，第 233 页。

成规，缺乏改进的思想，不肯吸收新思想，所以农村教育要发展，必然要结合农民和农村的实际情况才能有所好转。一是要解除农民经济上的压迫，宽裕农民的经济；二是要改良农具，接受改良农具的思想；三是要教育与娱乐同步实施，强调教育之外的环境要陶冶农民的性情。这样，才能使教育发挥实质性的作用。

4. 注重师资建设和改进

学校的成功依靠教师。廖世承在《我国中等学校教师的概况》一文中写道："一个学校最后的成功，就靠着教师。无论宗旨怎样明定，课程怎样有系统，训育怎样研究有素，校内怎样良善，要是教师不得人，成功还没有把握。所以现今的中等学校学生，不单是要择校，并且要择师。谋师资的改进，自是中学教育的要图。"① 正是因为教师如此重要，廖世承提出了理想教师的标准。廖世承认为，理想的教师须合乎几项标准：第一，有专门的知识，肯继续研究。第二，对于职务有清切的认识，并有浓厚的兴趣。知道教师的使命，不在教书，在教育整个的青年；不在追求物质的报酬，在得到精神上的快乐。第三，对于民族复兴，具有坚决的信心。深信各教师在本位上努力，为推进教育的先决条件。教师应随时随地激发青年的爱国热诚，矫正青年的错误观念，青年行为上有缺憾，须反躬自省，检讨原因。第四，对于同事须和衷共济，对于校长须一心爱戴。各教师能全心全意地赞助学校，推行计划，定可产生惊人的成绩。② 教师须学识宏通，而且富有教学经验，具有教育热情。然而，此种理想难以达到，但对现有教师可量才使用，即学术渊博殚心研究者可教高年级课；有相当专门学问、富有教学经验而熟悉中等学校各科情形者，可任实习导师；教学能胜任而能谨慎负责者，可教工具学科或低年级课。③ 这样，"学生工具教育得有基础，而专门学问亦有师承，再加以优良之实习指导，出而为人师，自不致有覆悚之虞矣"④。教师要严以律己，以身作则，有崇高的理想，才能树立好榜样。

---

① 廖世承：《我国中等学校教师的概况》，《教育杂志》，1925 年第 7 期。

② 汤才伯编：《廖世承教育论著选》，北京：人民教育出版社，1992 年，第 474—475 页。

③ 汤才伯编：《廖世承教育论著选》，北京：人民教育出版社，1992 年，第 495 页。

④ 汤才伯编：《廖世承教育论著选》，北京：人民教育出版社，1992 年，第 495 页。

因此，廖世承在办教育中十分重视择师，千方百计聘良师任教，把择良师当作办学的首要问题。无论是在中学任职，还是后来在高师任职，廖世承始终以这种思想指导师资的建设和引进工作。他聘请了一批学识渊博的教师到附中任教，如教语文的王蘧常、周哲肫、顾荩丞、张振镛、马厚文；教英语的徐燕谋、吴遐令、董小培、吴清、郭淦生；教数学的倪若水、桂叔超、金马丁；教理化的胡梅轩、沈昭文、胡昭圣；教史地的姚舜卿、津了端、陶绍渊、邢鹏举等。[①] 光华附中在30年代初的上海中学会考中，连续两届成绩名列全市第一，教育质量与上海中学、南洋模范中学并驾齐驱。对此，教育部门曾以“设备完善，办事认真，成绩斐然”[②] 等评语对其进行多次嘉奖。1936年，教育部指定全国优良中学9所，光华附中位列其中。光华附中办得如此有质量有特色，正是由于廖世承对教师的重视，使得学校成为有水平、有知名度的学校，教育质量在同类学校中名列前茅。

（二）师范教育实践

廖世承在长期从事师范教育实践过程中，对中国师范教育悉心研究，早在1924年，廖世承就出版了《教育心理学》《中学教育》两部专著，是我国最早的两本高师教科书。廖世承自1938年创立我国第一所高等师范学院起，长期致力于师范教育事业，1949年后，又先后参与华东师范大学、上海第一师范学院、上海师范学院的创建工作，同时担任主要领导职务，对高等师范教育有着深刻的体悟。在抗战即将全面爆发之际，廖世承提出抗战救国要靠教育，他就如何实现抗战救国的目标，师范教育该怎样办等问题，撰写了《师范教育与抗战建国》《师范学院的使命》《抗战十年来中国的师范教育》等长篇文章。

廖世承说：“教育工作是国家建设的基础工作，师范教育是基础工作的基础，师大的任务就是有计划培养一批又一批的全心全意为人民服务的教师。”“教育方面

---

① 汤才伯编：《廖世承教育论著选》，北京：人民教育出版社，1992年，第7页。

② 杜守华：《呕心沥血五十载　一代风范存人间——纪念著名教育家廖世承先生100周年诞辰》，《上海师范大学学报》，1993年第3期。

最重要的，当然是师范教育。没有良好的师资，各级教育，都不会上轨道。”① 国立师院最初选址在湖南安化县蓝田镇，因交通不便，几乎与外界隔绝，在筹备过程中，廖世承“奔走率职，用承厥志”，从择院址到草拟国立师院组织大纲，从主持师院考生口试到聘请各科教员，从草拟学院开办费预算书到采购仪器设备和图书资料，从组织人员兴建校舍到沟通上下左右关系，从主持院务到呈报教育部……无不躬亲办理。他依靠当地力量，带领大家艰苦创业，在“重冈复岭”之地办起了一所国立师范学院。任职期间，尽管长沙经历几次会战，又遇常德被围，形势紧迫，但学院始终如常，弦歌不辍。廖世承从历史和现状中深切感到，“教育为百年之大计，立国之根本，其重要政策，非万不得已，不轻易更张”。他还说：“我在后方各省跑，来回跑了三万数千里路，最使我感到不安的，就是知识阶级和民众的生活隔得太远。享受愈富厚，隔离愈疏远，几成了公例。我们所享受的，是他们的血汗，但是他们享受到我们什么呢?”② “以前学校的门关得太紧了，以致对于民力的伟大，民生的疾苦，没有深切的了解。关了门办学，不能称为‘学校’，只能称为‘修道院’。我们要的是学校，不是修道院。我们要把全国修道院的门打开了，变成民众的学校。这副重担子，又非师范学校来挑不可。”③ 他对我国师范教育寄予厚望，同时也在实践中捋清了师范教育发展的思路。

1. 提出师范教育的目标与使命

廖世承说，“转移风气的责任，在学校，在教师”④。他对师范教育极其重视，认为师范学院如果附设于大学是“利少弊多”，因此主张师范学院应独立设置，并提出师范教育的目标与使命。

廖世承认为师范学院既是实验的中心，也为教育指导的中心。需将教育理论与实际教育相结合，只有这样，师范学院在教育界的地位自然升高，教育的专业训练，也无人敢忽视了，学术也能得到普及。廖世承结合自己的经验和社会各界

---

① 汤才伯编：《廖世承教育论著选》，北京：人民教育出版社，1992 年，第 441—442 页。
② 汤才伯编：《廖世承教育论著选》，北京：人民教育出版社，1992 年，第 441 页。
③ 汤才伯编：《廖世承教育论著选》，北京：人民教育出版社，1992 年，第 438 页。
④ 汤才伯编：《廖世承教育论著选》，北京：人民教育出版社，1992 年，第 440 页。

的观点，专门撰写《师范学院的使命》一文，明确提出了师范院校的六项使命。

一是树立共同普遍的教育信念。当时社会上存在两种极端和片面的观点：一种是重视教育，把教育看成是万能的，而教育者本身又以“教育清高”自相慰藉；另一种是轻视教育，把教育看得一文不值。廖世承认为国家是一个由各种职能部门协调合作发挥作用的有机整体，而各部门职能的发挥是由人来完成的，最终人才的培养在于教育，所以人受社会多种因素的共同影响。要充分发挥教育的作用，应该把教育和军事、政治、社会、经济等其他事业相结合，这就要求全国教育界确立一致的趋向。所以“树立共同普遍的教育信念或建设一种教育哲学，为师范学院的主要使命”①。

二是培养同情与纯爱。廖世承借用孔子和朱熹的话强调了自己的观点。孔子说“君子学道则爱人”，朱熹诗云“问渠那得清如许，为有源头活水来”。教师拥有这样的修养，自能循循善诱，诲人不倦。在廖世承看来，同情和纯爱就是教师的“活水源头”。教师在教育学生的同时，自己也应修养“与人为善”的人格。

三是注重专科训练。廖世承认为教师缺乏专科训练，就只能灌输给学生零星的知识，不能“启发学生形成系统的概念”“生吞活剥，割裂破碎”，造成学生水平不高。师范学院应重视专科训练，以弥补这一弊端。廖世承认为师范学院的专科训练与大学略有不同：第一，大学造就专门人才，而师院造就专科教员。专门人才重在学术本身的研究；专科教员重在有陶冶儿童和青年价值的知识。第二，师范学院虽注重专科训练，仍不应忽视共同训练科目，因中等学校教师须注重基本工具，须具有各科常识，须保持各科密切联络，以提高教育效能。第三，师范学院虽应注意有教育价值的知识，然学术进步，一日千里，学院不能提高学生求知的欲望，养成其继续研究的精神，并予以治学的方法和工具，则毕业生一出校门，即无上进机会。教师的资格愈深，思想就愈落伍。“所以师院的专科训练，除教育的使命外，还须顾及学术的使命，二者相辅而行，不可偏废”②。

四是重视专业训练。“师范学院除着重学科训练外，并须注意专业训练。最

---

① 廖世承：《师范学院的使命》，《教与学》，1941 年第 5 期。

② 廖世承：《师范学院的使命》，《教与学》，1941 年第 5 期。

有效之专业训练，在实地练习”[①]。廖世承认为，过去各大学附设教育学院，太注重专业训练而忽略了专科训练，结果毕业生除教育和心理学科外，无一擅长学科可教，受到社会不少指摘；文理学院的毕业生又适得其反，他们仅有专科训练而无专业训练，因而教学方法和服务精神都存在严重问题。师范学院为矫正双方的过失，除有共同的训练科目和专科训练科目外，还要有专业训练科目、教学实习和教材教法研究等。这样一方面可以使学生明确教育的内容、中等学校的使命、儿童及青年的心理；另一方面又可以使学生知道学科的性质、选材和教学的方法。这样，“施教的时候，便不致茫然无所措手了”[②]。

五是倡导实验。廖世承一直主张新的制度和方法，不能盲从，必须经过实验；实验有效，再进行推广。实验的目的在于考察儿童和青年的个性，以便改善儿童和青年的行为；在于测量教育的效能，以便减少教育的浪费；在于改进方法和变更制度，以便更好地培养人才。局部的问题可由各校自行尝试解决，重要的问题须由政府主持，指定学校实验。而各种实验的中心工作，必须由师范学院来承担。这是：“第一，因师范学院为研究教育学术的中心；第二，因师范学院与中小学保持密切联系；第三，因师范学院学生须懂得实验的方法，明了实验的重要，然后到社会服务，能随时发现问题，随地试验。有不能解决的，可报告母校，提供专家研讨。”[③]

六是辅导工作。师范学院不仅应为实验的中心，而且应为教育指导的中心。过去从事大学教育的人，以为注重民众的文化，即有损大学的尊严，降低学术的地位，“不知学术与货财不同，货财利在集中，学术贵在普遍”[④]。社会上一般民众的文化水准愈提高，一国的学术程度愈易发展。我国师范学院成立于民族生死存亡的时期，对于社会教育所负的使命，更甚于大学。教育部命令全国各级学校兼办社会教育，使社会学校互相影响，互为勉励。

---

① 汤才伯编：《廖世承教育论著选》，北京：人民教育出版社，1992年，第494页。
② 廖世承：《师范学院的使命》，《教与学》，1941年第5期。
③ 廖世承：《师范学院的使命》，《教与学》，1941年第5期。
④ 廖世承：《师范学院的使命》，《教与学》，1941年第5期。

2. 倡导独立设置师范学院

我国师范教育之发轫，在甲午战后，光绪二十三年（1897），盛宣怀在南洋公学中设师范院，是为我国师范教育之创始。[①] 此后，师范教育几经变迁。师范学院是独立设置，还是附设于大学或归并于中学，一直争论不休。光绪二十九年（1903），学务大臣张百熙等重订学堂章程，师范教育开始有了自己的独立体系。至1922年颁布新学制，以师范课程水平低，不适应中小学需要为由，各地独立的师范学校被归并于中学；高等师范学校，除北京高师外，均“升格”为大学。之后，由于教育界人士积极主张，1932年国民政府颁布《师范学院法》，又恢复师范学校独立设置制度。至抗战全面爆发，社会各界纷纷内迁，急需扩充旧校，建立新校，而原有教师不少已离开学校，而且“有部分回国的留学生希望提高中国的学术文化，但又不满足于到学校任教，基础教育质量滑坡”[②]，社会上一度出现严重的“师荒”现象。因此，推广和加强师范教育，成为舆论界和教育界的强烈呼声。政府为加强抗战力量，不得不改善中小学教育，更不得不谋师范教育的改进，于是在1938年7月颁布《师范学院规程》，规定师范学院以单独设置为原则，或于大学内设置[③]。至此以后，师范教育结构“独立”和“附设”并存。廖世承主张独立设置师范学院，他认为师范附设于大学，虽然在经费、师资上可以节省资源，但还有是很大的弊端：首先，因为各学院年限不同，待遇各异，学生往往互相歧视；其次，师范学院与文理学院虽设系相同，但主旨不同，若两系教授互相兼任，自难望其“舍己之田而耕他人之田”；再则，大学校长多数对于师范教育重视不足，因而不能以身作则，积极倡导，难望有所成就；最后，师范注重严格的训练，不同于大学教育的自由精神，要求不同，方针各异，设施难以共用。[④] 师范学院附设于大学利少弊多，取消高等师范教育更是无当。廖世承不仅积极支持师范学院独立，更是身体力行，在艰苦的条件下于1938年任国立师

---

① 汤才伯编：《廖世承教育论著选》，北京：人民教育出版社，1992年，第453页。

② 孔春辉：《廖世承创办国立师范学院的因由及其经过》，《湖南师范大学教育科学学报》，2005年第2期。

③ 教育部：《师范学院规程》，《教育部公报》，1938年第8期。

④ 汤才伯编：《廖世承教育论著选》，北京：人民教育出版社，1992年，第490页。

范学院筹委会主任，在湖南蓝田办起了国立师范学院，在他的带动下，国立师范学院“以树立师范学院独立办理之先声”成为师范教育的典范。

三、学校管理主张

廖世承回国后任教不到两个月，便到附属中学担任附中主任，从此与教育行政工作结缘。廖世承担任过中学校长及大学校长职务，无论是在中学还是大学，在其上任之初都面临许多困难与挑战，但是廖世承总有办法让学校产生根本性变化，在短时期内极大地提升学校的教学质量和办学水平，使学校的声誉扶摇直上，这充分显示了他的教育智慧和办学智慧。他“留洋不崇洋，学古不泥古”，善于立足现实，从中国国情出发继承传统教育的精华，批判地吸收西方先进的教育研究方法和教育理论成果，同时，因廖世承擅长测验，学校管理实践活动都建立于实验基础之上，方法更多样，决策也更科学，他的学校管理经验和思想是中国教育史上的一份宝贵财富。

（一）论“治教育者的资格”

廖世承说：“如果办学校的人，只喜欢做表面，不肯在实地上用功夫，青年无形间受到这个影响，也悠悠忽忽，糊糊涂涂，不肯做一个刻苦自励的人。”[①] 因此，

① 汤才伯编：《廖世承教育论著选》，北京：人民教育出版社，1992年，第339页。

治教育者必须具备相当的资格，才能担当起办好教育的责任。廖世承在办教育过程中，总结实践经验，提出了治教育者“至少须具三种资格：（一）略谙教育原理，（二）确具实验精神，（三）有恒心。三者缺一，即不能收美满之效果。惟不谙教育原理，故宗旨不定，俯仰随人，徒知剿袭成法，而不克独舒所见。惟缺乏实验精神，故因循敷衍，每事盲从，但矜新奇以眩世，而不问究竟。至于喜近功，乏远虑，有良好之主张，不能始终贯澈者，则以无恒心故也”①。

1. 懂得教育原理

廖世承说：“我以为原理与具体的设施方法，应该并重。倘使办学的人，对于原理，不能彻底地了解，他的设施，一定不易上轨道。不过只知原理，不明应用，也是徒然。”“吾人改革时，须指定宗旨，如何改进，用何方法达到目的，均须熟思详考，以实现其主张。”② 学习原理，懂得原理，全为了应用，使学校教育走上轨道。如在改善儿童和青年的行为方面，须考察儿童和青年的个性，有“问题儿童”的发现，须用科学加以诊断，追溯“病态”的远因和近因，再假设诊疗的方案，步步试验，至成功为止。所以，治教育者不可不读教育、心理等科目，因为这些科目能帮助解决教育上的困难问题；学习运用教育科学来观察当代社会、经济情势，设法使学校能适应社会和学生发展的需要；学习和运用管理科学知识来解决学校管理上的问题。

2. 确具实验精神

廖世承在办学过程中一直提倡扎实细致的教育实验，要办好教育，办好学校，非搞实验不可。教育欲试新法，事前须遵守一些条件：一是于学理上必须有精深的研究、讨论；二是于实际状况必须考虑周到，务求适应；三是必须经过学校行政和教员静气的讨论协商；四是应用的工具必须设备充足，实验的动机须纯粹地为学生求实益，决不是替学校博虚荣，更不是为个人出风头。在他编的《施行新学制后之东大附中》一书中，以事实为主，兼及理论，对于各种实验事业均有详细解释，并载有各种表格及统计图表。在道尔顿制风行我国的时候，廖世承

---

① 廖世承：《施行新学制后之东大附中·序二》，上海：中华书局，1924 年。

② 汤才伯编：《廖世承教育思想论稿》，北京：人民教育出版社，1997 年，第 155 页。

没有跟风盲从，而是在东大附中组织实验，比较道尔顿制与学科制的优劣，这都充分反映了他的实验态度和精神。

3. 有恒心毅力

廖世承认为，教育事业是永久之事业，教育问题是永久之问题，此事业此问题，当随时进行、随时解决，持之以恒，才能获得成绩。办学的恒心和毅力，应体现在实践中和行动上。廖世承的办学毅力和恒心，最突出地反映在办理国立师范学院过程中。1938年，抗日战争兴起后不久，廖世承毅然接受教育部的聘任，只身赴湖南蓝田筹建国立师范学院，为培养抗战建设人才而奋斗。在极其困难的条件下，他依靠当地群众和师生员工，用自己的毅力和对教育的热忱，在山坡上盖起教学楼，用竹片扎、石灰涂，建起学生宿舍，用砂石铺大小操场。开学后，学院的生活条件和教学条件都十分艰苦，睡的是临时搭配的板床和竹榻，晚上教师和同学都在桐油灯下备课、改卷和复习。不久，长沙沦陷，学院必须迁移。1944年，他又组织迁院委员会，把全院五六百名师生员工和数百箱图书、仪器设备迁至湘西溆浦。在搬迁过程中，他率领师生员工同甘共苦，团结互助，翻山越岭，负书担囊，历尽艰辛，逃难湘西，从一个山城搬至另一个山城，过着一边逃难，一边读书、教学的流亡生活。这种办学精神，是廖世承办学毅力的光辉体现，也是中国办学史上的奇迹。所以，当年的学生在回忆廖世承办国立师院的情景时，无不钦佩他对教育的忠诚、热忱，对师生员工的高度负责精神。这种办学的顽强毅力也永远受到后人的敬仰。

（二）论校长的责任

校长对一个学校来说，肩负着统筹全局、战略决策的重任。廖世承说："一个学校办得好或办得坏，大部分的责任在校长身上。"[①] 可见，校长作为学校的管理者，对一所学校的发展起着至关重要的作用。

---

① 廖世承：《中学教育》，上海：商务印书馆，1924年，第193页。

1. 作为“治教育者”的校长

廖世承认为治教育者至少须具三种资格：略谙教育原理；确具实验精神；有恒心。不仅从事教育的教师要具备这三种资格，在学校管理者从事管理活动中，这三者同样缺一不可。办学者懂得教育原理，就能坚定教育宗旨和办学目标，面对办学困难和挫折不动摇，也不会因袭守旧，从而做到在实践中目光能远一些，考虑问题深一些，办法更多一些，教育和管理上的创造和开辟胆量大一些，并会有开拓和创新。如果不懂教育原理，容易宗旨不定，俯仰随人，徒知抄袭成法，而不是独抒所见，从而在实践中会盲目行动，不仅不能发展教育，反而会影响教育声誉。学校管理者为什么要具有实验精神，首先，廖世承认为：“现时的教育理论及设施，均筑在科学的基础上。所以科学的实验，当尽力提倡。”① 只有搞好实验，才能改进和创新教育，使教育设施上轨道。如学校行政管理问题、处置事务问题、校舍修造问题、训导问题、编制课程问题、教材问题、教法问题、计分问题、课外作业问题以及学制修正问题，一切均须用实验的方法，分别探讨，逐步地加以解决。其次，学校面对的是千变万化的学生，在实施教育和管理过程中，有许多问题觉得未有把握做好它，需要办学的人做实验，做精密的统计。再则，教育是流动的，非一成不变的，尤其是当各种教育主张和学校管理方案竞相兴起时，办学者不应人云亦云，每事盲从，不问究竟，而要对新学说、新主张先搞实验，“实验有效，然后再谋推行”②。在学校工作的人，锐意求新、力谋改革的精神，但唯闻试行某法，不闻实验某法试行的结果如何，全凭臆度，那就不可为凭。

2. 作为“领袖”的校长

廖世承在《中学教育》一书中有专门论述中学校长的章节，从职务、职责等方面做了详细的描述。“我们承认中学校长的职务，是一种专门职业，要做专门职业人员，须有专门职业的学识，专门职业的经验”③。它面对的是个性、禀赋、

---

① 廖世承：《东大附中道尔顿制实验报告》，上海：商务印书馆，1925 年，第 2 页。
② 廖世承：《东大附中道尔顿制实验报告》，上海：商务印书馆，1925 年，第 1 页。
③ 廖世承：《中学教育》，上海：商务印书馆，1924 年，第 194 页。

智力、家境、志趣、求知态度各异，千变万化的青年；它又受到社会政治和经济的牵制。廖世承认为："中学校长最重要的责任是领袖事业。他的成绩，不在他本身所做的事，在督促别人做的事。"① 同时，学校的校长，是一校之领袖，需负重要的责任，要有两种态度，第一需认定自身是国家一个战士，负着领导一部分文化界的责任。他要鼓励在他领导之下的大众的勇气，不断地刺激他们，感化他们，使他们向同一目标进攻。要做到这个地步，他自身得振作精神，不要有丝毫怠惰因循的态度。第二需有远大的目光，潇洒的襟度。教育是精神事业，重在潜移默化，成绩如何，不是可以用一两种客观的工具度量出来的。要是校长急于标榜自己办学的成绩，势必装饰表面，忽略实际。② 在学校管理活动中，校长的工作对象，包括学校行政、教师、学生及自身等几个方面。校长首先要领导好教学，教学必须通过教师进行，所以先要了解教师的长处，分配职务，量才使用，并经常予以督促指导鼓励。其次教学要落实在学生的质量上，对课内外都须重视，因为"学生课外所得的利益，不亚于在课室内。课室内所注重的是知识、课室外所陶冶的是人格"③。对于校长自身来说，也应不断地进修学习，才能适应不断变化的学校及社会环境。

3. 作为"教育家"的校长

校长从事的是教育事业，学校的任务是教书育人，校长不仅是一位管理者，更是要在体验教书育人的同时管理一所学校。校长在实施学校管理的同时，更要以教育家的精神来看待问题和解决问题。廖世承认为教育家自身应有一种新精神，环境无论怎样恶劣，大部分青年总有感化的可能。至于感化的效果如何，要看教育家自身的力量怎样。因此，从事教育至少须具有三种精神。

第一，须有积极研究的精神。凡各国的现状，社会的组织，教育的设施，自身专修的学问，都应时刻注意，继续不断地研究，以免于思想偏颇或浅狭的弊病。廖世承在办学过程中，坚持对学问的追求，不断地实验，接受同行的意见。

---

① 廖世承：《中学教育》，上海：商务印书馆，1924 年，第 196 页。
② 汤才伯编：《廖世承教育论著选》，北京：人民教育出版社，1992 年，第 474 页。
③ 廖世承：《中学教育》，上海：商务印书馆，1924 年，第 203 页。

他既当学校行政领导，又担任教职，坚持一面教学，一面研究，站得高，看得远，取得了丰硕的成果，出版了《智力测验法》《测验概要》《教育心理学》《中学教育》《教育测验与统计》等著作，还发表了近百篇有学术价值的论文和研究报告。可见，他对自身学问的进修和研究，具有相当的广度和深度。有比较，有实践，才能养成独立思考、不盲从现成的答案的习惯。对是否实行“六三三”学制的有理有据的辩论就是一个很好的例证。廖世承在东大附中首先实施新学制，积极对国外学制进行研究，到各地做调查，全面分析对新学制赞成与反对的意见，专门撰写《关于新学制一个紧急的问题》，对主张的理由逐条剖析，陈述理由。正是通过这种不断创新、积极研究的精神，才使选择学制的决策更具科学性，进而作出正确的判断。

第二，须有实事求是的精神。教育是流动的，非一成不变的，所以需随时改进。不过改进时，需抱实验态度，不可囿于成见。在20世纪20年代，国内各种教育主张和改革方案竞相兴起之时，廖世承认为，要使教育真正具有革新精神，关键在于实事求是，悉心研究，实地去做。然而，当时办学的人，有一种很不好的倾向即喜谈原理，喜谈主义，喜欢发宣言，喜欢提方案，喜欢做表面文章。对于研究方法和实地工作的人，视为钻牛角尖，讥笑他们做枝枝节节的工作。因此，脚踏实地的人愈来愈少。他指出，“从事教育的人，当注意实地研究，不应作趋时论调”，或“消极的非议”，这“于学理上、事实上，贡献并不多，所以我们愿意多做一些实地研究的功夫，把研究的结果报告留各校参考继续改进”①。只有原理和主义而没有切实办法和实施的人是没有用的，只有专门知识而不研究方法是收不到实际效果的。教育重在潜移默化，所以要实事求是、实地去做，从实验中求得解决教育上问题的办法，解决教育上一部分的困难问题才是办学的人应取的态度。

第三，需有鞠躬尽瘁的精神，成败置之度外，劳怨在所不计，奋斗坚持，以贯彻一己之主张为目的。换而言之，教育家需带有“传教”的精神，方可战胜一

---

① 薛廖：《学习继承廖世承教育思想——纪念廖世承先生诞辰100周年》，《教育与管理》，1992年第3期。

部分恶势力。[①] 这种新精神贯穿于廖世承办学的全过程，使他所办的学校不断创新，具有特色，成绩斐然。学校教育是一项日新月异的事业，也是利国利民的事业。要办好这一事业，办学者必须有埋首工作、不慕名利、献身社会、献身青年的鞠躬尽瘁精神。廖世承认为，教育者最重要的须有“鞠躬尽瘁，不计成败”的精神，他说：“中国的环境，实在说不上‘良好’两个字，所以一个人要努力办事，几乎到处碰壁，到处掣肘，现在社会做事，没有像诸葛武侯的鞠躬尽瘁，不计成败的精神，是不会有成功希望的。”[②] 教育者须研究和密切观察学生的本性，不可藐视或抹杀学生的信仰、爱好和兴趣。用冷静及同情的态度，解决学生的困难，既要帮助学生破除坏习惯，更要重视新习惯的建立。教师应明白，学校不是贩卖知识的场所，教员不是贩卖知识的雇员，真实的教育，在师生人格上的磨砺[③]。廖世承在对青年学生的关怀和爱护中，在办学的过程中，无不处处闪耀着这种精神。

（三）论学生的训练

学校管理的主体是学生，廖世承认为，不仅要注重对学生的教育引导，同时要将教育与管理相结合，刚柔相济、管训并重，使教中有管，管中有教，严格管理的同时注重学生良好人格的养成。

1. 纪律严明

廖世承在常规的管理中坚决破除欺骗恶习。如：一经查出考试舞弊，立即除名；对学生外宿检查严格，禁止私自出校，对私自外出者，重者除名，轻者记过；取缔任意缺课行为，学生不得未经准假缺课，如有缺课，记小过并告之家长；规定穿着制服，以增强集体纪律观念。在东大和光华附中，廖世承对考试管理中的防弊设施十分具体，用明确的目标，如《十大信条》《中学生指南》等来

---

① 汤才伯编：《廖世承教育论著选》，北京：人民教育出版社，1992 年，第 209 页。

② 薛廖：《学习继承廖世承教育思想——纪念廖世承先生诞辰 100 周年》，《教育与管理》，1992 年第 3 期。

③ 汤才伯编：《廖世承教育论著选》，北京：人民教育出版社，1992 年，第 250—251 页。

规范引导学生的行为，使学生自觉遵守，养成良好的习惯和行为。他强调“团体生活中最重要的是纪律，克制小我，当自服从纪律起”。但他在强调纪律的同时，不忘“纪律的执行，尤须使学生心服，不能完全强迫”。① 教育者应多用理性，而少用权威，注重对学生个性、心理特点的了解和把握，因势利导才更有实效性。

2. 德智体并重

办教育的目的是造就社会有用之人，学校要培养有用之才，应从“德智体”三方面打基础。廖世承十分注重从学生的全面发展来考虑教育问题，他在光华附中任主任期间，就向学生明确提出“强身”“力学”“敦品”三方面要求，学生不仅要学习专业的知识，更要有强健的体魄，同时要有高尚的品格和理想。廖世承十分重视体育教育在现代教育体系中的作用，认为不但要注重智育教育，而且要注重体育教育，只有这样才能培养出健全的人。强调“健全的精神，寓于健全的身体之中……青年应先有健康的身体，而后有活泼的精神，而后能持久的探讨高深学问”②，明确提出“体育第一、德育第二、智育第三”③ 的口号。这个口号在当时具有极其特别的意义，纠正了只重学习不重身体素质的偏颇。在这三项中，廖世承将体育和德育排在了智育之前，体现了对学校教书育人本质的认识。

3. 重视良好品性和人格的养成

廖世承认为，教育的宗旨在于充分发展个人潜在的能力，使学生成为最快乐和最有用的人，培养学生应严格要求、严格训练，使他们“不单是要知识好、方法好，而且要有专业道德——有责任心、忍耐心、仁爱心，真诚、坦白、乐观、谦虚、公正诸美德”④。学校教育不应该仅仅偏重知识教育而忽视学生品性和健康教育。不良好的习惯，固应破除，但与其消极地抵制，不如积极地养成理想。有了理想以及良好的品性，才能适应新的环境。品性、健康和知识教育同等重

---

① 汤才伯编：《廖世承教育论著选》，北京：人民教育出版社，1992 年，第 341 页。
② 汤才伯编：《廖世承教育论著选》，北京：人民教育出版社，1992 年，第 475 页。
③ 汤才伯编：《廖世承教育论著选》，北京：人民教育出版社，1992 年，第 475 页。
④ 廖世承：《师范学院的使命》，《教与学》，1941 年第 5 期。

要，应特别注重学生良好的品性和健全人格的培养。他强调教育的对象是千变万化的青少年，教育的一切措施不能以固定的方式，必须不断研究、促进教育工作，从实际出发提升学生的品性、健康和知识。在东大附中期间，廖世承总结模范学生的培养经验，编写了东大附中学生的《十大信条》，所谓“十大信条”，即尊重、信实、忠诚、互助、友爱、谦恭、快乐、节俭、勇敢和清洁。“十大信条”既是对学生自治的具体要求，又是检查操行的主要依据，对学生行为习惯培养具有良好的指引作用。

（四）论学校的管理制度

廖世承长期担任学校负责人，从事多年管理工作，凭借丰富的学识修养和独特的人格魅力形成了个性化的学校管理风格。他认为传统的学校把管理看得太呆板了，以为只要学生在课堂内坐着不动、不出声，便达到管理的目的。如果办学的人只知道排课表、请教员、订规程，依着旧的习惯维持学校的生命，至于教育的根本问题是要培养造就一代有理想、有纪律、有文化知识的新人，却不去研究，不去理会，这是难以提高办学效能的。所以，在他的行政管理实践中既执行严格的规章制度，强调纪律，又充满了民主精神，注重管理民主。

1. 民主的管理精神

廖世承深谙办学的精髓，在严格的制度纪律之下注重渗透民主的管理精神。廖世承认识到，要办好教育，最重要的是全校师生有共同的认识。认识不一致，推行的力量就很薄弱。学校的计划、方案无论如何详尽，如果学校师生没有彻底了解自身所负的责任和使命，就很难有成效。他常说，校长一个人的力量毕竟有限，学校方案的推行，教育质量的提高，还须靠托全体教师。学校的教师能全心全意地帮助学校，教员与校长有了一致的目标、一致的精神以后，学校定可产生惊人的成绩。所以，他在领导学校的过程中，无论是学制改革、课程编制、智力测验和教育测验的推广，还是训育的实施，或是对青年学生的教育与引导、学生课外活动的开展，等等，都常征求教员的意见，有时也请学生参与。最后他再在广泛征求意见的基础上做出决断，同时又在实践中不断作出修正。

2. 致力群育，涵养校风

廖世承称中学阶段的青年男女为天生的“社会的动物”，都热衷于参加社会事业，因此，“学校方面可利用青年这种的倾向，提倡各种适当的团体活动，养成各种优美的团体生活”①。“所谓校风，就是群育的结果，就是人格感化的表示。这个责任，非校长负不可”②。无论是在东大附中，还是在光华附中，作为一校之长的廖世承都以身作则，对学生团体生活、课外活动都高度重视。他积极倡导组建社团组织，指定导师，开展丰富多彩的课外活动，包括编辑刊物及举行比赛、野外活动、师生恳谈会等，形成全校师生共同参与的民主的校园文化氛围，培养学生正确的价值观。廖世承不仅言传，而且身教，认为“教育者应有坦白的胸襟，持心如水，虚怀若谷”③，这些都对学生的身心发展影响很大，很多学生在活动中都深受感染和启发，在多年后回忆时仍记忆犹新。

3. 制定科学的评价标准

廖世承认为一所学校的管理工作要做到有目标、有要求、有章法，就必须首先确立管理规范，制定切实可行的科学评价标准。因此，他每办一所学校，首先建立管理规范，制定科学评价标准，确立良好的学校秩序。他在学习外国管理学校经验和方法的同时，结合中国学校实际，创立适合我国的管理制度和方法。在东大附中时，他曾写过《中学校长度量自己成绩的标准》《中学教师自省自强的标准》，都确立了中学校长、中学教师自行度量的标准量表，首开我国中学教育评价之先河。尤其是在《施行新学制后之东大附中》一书中，对学校行政管理、教学管理、学生管理、考试管理等，进行了较全面的实验和研究，“以事实为主，间及理论”，相对于科举制度或民国初年的教育来说，廖世承提出切实、科学的标准是学校管理中一个全新的探索领域。在光华大学附中，他每年都把学校管理及设施和规章制度列入年度报告之中，使学校管理有章可循、规范化，学校管理

① 廖世承：《中学教育》，上海：商务印书馆，1924 年，第 351 页。

② 廖世承：《中学教育》，上海：商务印书馆，1924 年，第 203 页。

③ 汤才伯编：《廖世承教育论著选》，北京：人民教育出版社，1992 年，第 509 页。

显得更有特色。

回首他近半个世纪的教育实践，廖世承作为我国最早的教育先行者之一，一生光明磊落，廉洁奉公，不谋私利。他高尚的品格给人们留下了不可磨灭的印象。他将自己的管理实践和管理思想融入各项办学实践和规章制度之中，采用科学的管理方法，针对不同的环境和情况采取不同的管理措施，为近现代教育管理带来了科学的启迪。

第十章　经亨颐的学校管理实践与思想

经亨颐（1877—1938），字子渊，号石禅，晚号颐渊，别署听秋、临渊阁士等，生于浙江绍兴上虞世代耕读的名门望族经氏家族，是我国近代著名的民主主义教育家和金石书画家，我国近代中等教育改革的先驱者①。回眸近代以来我国中等教育的改革与发展，无论提及师范教育改革还是中学教育改革，经亨颐都是一个始终绕不开的人物。他既是清末民初开创浙江新师范教育贡献卓著的先驱者，也是民国初期在白马湖畔创造出中学教育领域著名的“春晖”现象的关键人物之一。

① 张彬主编：《浙江教育史》，杭州：浙江教育出版社，2006年，第493页。

一、受教育经历

经亨颐早年在敬修义塾上学，“入塾攻习制艺，兼及诗文。颖悟异常，才气逾人。暇好篆刻、治印，虽伤指从未中辍”①。其父经元佑去世后，迫于家庭生计，经亨颐来到上海投奔伯父经元善，时经元善任上海电报分局总办，经亨颐跟随伯父做侍从秘书。“戊戌变法”失败后，为阻慈禧太后废除光绪帝，毅然跟从民主进步人士联名致电清廷请求保护光绪帝，从而遭到批捕，被迫逃往澳门，“庚子事变”后始得返回故里。经此磨难，他深感国家贫弱颓败，决心到国外寻求教育报国之道。光绪二十九年（1903）赴日本自费留学，攻读教育和数理专业，先是留学日本的东京弘文书院，后转至东京高等师范学校攻读物理学科。其间，经亨颐曾暂时中断学业，于光绪三十四年（1908）1月回国，参与筹建浙江官立两级师范学堂（以下简称浙江两师）并担任教务长，一年后重返日本继续学业，直至1912年学成归国。在留学日本的过程中，他接受了近代新式教育，认识了其时同在日本留学，后来成为教育界名流的许寿裳、钱家治、陈衡恪等人，还有幸结识了孙中山、廖仲恺等革命进步人士并成为志同道合者，与同乡蒋百里、高子白、范高平、叶墨君等成为莫逆之交。日本的求学经历和人脉交往经历深刻地影响了他，使他逐渐成为学养深厚、视野开阔、思想先进的大格局之人，为此后在浙江一师和春晖中学成功的办学实践打下了坚实的基础。

① 董郁奎：《一代师表：经亨颐传》，杭州：浙江人民出版社，2007年，第5页。

二、办学生涯

经亨颐归国后的很长一段人生都与教育紧密联系在一起。在1908年为期一年的浙江两师办学经历之后，他自1912年留学归国后就开启了人生中重要的办学生涯。首先是接掌浙江两师，在这里他广聘名师、实行教员专任制；倡导文学革命、改进教学方法；改革学校管理体制、倡行民主治校；改革学年制、试行学科制。通过为期8年的改革实践，这所师范学校在他的主持与治理下，一跃成为全国知名学校。在五四运动前后，浙江一师迅速成为浙江省新文化运动的策源地与活动中心。后因浙江一师的民主进步活动引起了反动军阀的强烈不满，以"非孝事件"[①] 为导火索，当局借故责令经亨颐开除学生施存统、解聘在学校宣传进步思想的教员陈望道等"四大金刚"成员，遭到经亨颐拒绝，浙江省教育厅遂决定将经亨颐调离浙江一师转任省厅视学一职。经亨颐被迫辞职，学生群起挽留，遭军警镇压进而引发学潮。1920年，经亨颐离开浙江一师回到家乡浙江上虞县，在地方乡绅陈春澜的鼎力支持下于白马湖畔创办了开当地新学风气的春晖中学。在这里，他以与时俱进为办学方针聘名师、严教学、勤管理、倡感化、兴民主、重实践，使得处于偏僻乡村的春晖中学在短期内快速崛起为全国瞩目的名校，一度有"北南开，南春晖"的美誉。之后，经亨颐又于1923年奉浙江省教育厅命兼任浙江省立第四中学校长，继续践行其教育救国的理想。[②] 经亨颐在此校的改

---

① "非孝事件"起因于浙江一师在校学生施存统写作了一篇题为《非孝》的文章，刊登在当时的进步刊物《浙江新潮》上，《非孝》引发了当局的极大恐慌，他们视《非孝》和《浙江新潮》为洪水猛兽，不仅查禁了《浙江新潮》，还要求时任浙江一师校长的经亨颐开除施存统，并解聘传播新思想的一师教员陈望道、李次九、夏丏尊、刘大白，遭到了经亨颐的断然拒绝，使得本就不满经亨颐学校改革举措的当局决定撤销经亨颐校长职务，调其就任省厅视学。经亨颐乃被迫辞去校长职务，学生群起挽留，遭当局派军警镇压进而引发学潮。

② 郑建庆、方新德主编：《上虞文化史》，杭州：浙江人民出版社，2012年，第327页。

革与其之前于浙江一师和春晖中学的改革在思想和精神上一脉相承，改革举措也与在春晖中学时大同小异。1926年8月至9月，经亨颐还曾就任中山大学代理校长一职，他改革了学校机构，改科学长制为科务会议主任制，实行财务公开等。[①] 但综观经亨颐的办学生涯，最具代表性也最值得一提的就是其在浙江一师和春晖中学两校的实践，因此我们讨论经亨颐的学校管理实践与管理思想，主要以浙江一师和春晖中学两所学校为样本。

（一）浙江一师的办学实践

严格来说，经亨颐有两次在浙江一师办学的经历。一是1908年1月，经亨颐中断留学，出任浙江两师的教务主任一职，协助创办浙江两师，使之快速步入正轨。1905年清廷废科举、兴学堂，浙江省督抚决定在杭州公园旧址上创设浙江官立两级师范学堂，但对于如何筹设具有新学性质的浙江官立两级师范学堂及其建立后如何运行等一系列问题却无人知晓，以致学堂几个月就要更换一次校监和教务长。因此当局派员赴日本，在日本召开绍兴留日同乡会会议，拟从留日学生中寻求合适人选，面对这一“烫手山芋”，许多留日学生都避而远之，只有经亨颐一方面出于教育救国的抱负，一方面则考虑到减轻留学费用的压力而前往参会，并被推选回国出任浙江两师教务长。会议决定由经亨颐休学一年回国协助办理浙江两师，条件是一年后将其由自费留学改为官派留学。[②] 于是在1908年1月，经亨颐带领两名日籍教师回国赴任，开始了其与浙江两师，即后来的浙江一师的缘分。二是在1910年，经亨颐学成归国后正式出任浙江两师教务长，1912年升任校长。他出任校长后辞去一切杂务专心办学，一直到1920年。

在浙江一师前后13年的办学过程中，经亨颐结合时代需求和学校实际采取了一系列行之有效的措施，使得学校快速发展并逐渐走在全国师范教育的前列。具体来说，他主要采取了以下管理举措：

---

① 董郁奎：《一代师表：经亨颐传》，杭州：浙江人民出版社，2007年，第289—290页。

② 孙昌建：《民国有个绍兴帮》，广州：花城出版社，2012年，第44页。

1. **校训立校**

经亨颐正式出掌浙江一师伊始，就从校训入手明确了办学宗旨和目标。鉴于传统教育积弊和时代需求，他从我国传统文化中“修身、齐家、治国、平天下”的为学之道，凝练出“勤、慎、诚、恕”四字精髓作为校训，要求师生严格遵循校训精义，规约学生对待学习和生活要勤劳、节俭、谨慎；说话做事应诚实、忠诚；与人相处应讲究诚信，并严于律己、宽恕待人。他自身也严格以校训为行为准则，严格要求自己，以求做好榜样示范。

2. **良师兴校**

经亨颐深刻认识到教师在学校发展中的重要作用，他尤其注重对教师的延聘，延聘一批国内外优秀教师到校任教，如聘请后来有“四大金刚”之称的新派教员刘大白、夏丏尊、陈望道和李次九任教国文和改革国文教学，后来成为学界名流的鲁迅、许寿裳、朱自清、叶圣陶、俞平伯、李叔同等人也先后被延聘到校任教。这些朝气蓬勃、学养深厚又富有进步思想的年轻教师构筑了浙江一师引人注目的雄厚师资，铸成了学校发展之魂；他们积极参与和推动学校各项教育改革，倡导和引领学生阅读进步书籍、追求新思想，为学校带来了耳目一新的变化；同时，他们积极编写教材、为文著述，热心指导学生创办进步刊物和进行学问研究，使学校治学研究的学术氛围变得浓郁。

3. **除旧布新，改革助学**

经亨颐认为，“教育是继往开来的精神事业”①，教育者不能一味守旧，只知维持和传达，墨守成规；而应该立足于继往，着眼于未来，勇于开拓进取。因此他在管理浙江一师的办学实践中，积极引领学校进行了一系列改革活动。

（1）改革国文教学

就是在国文领域响应时代发展要求，取缔文言文教学，试行白话文。为了推动白话文改革，他主要从三个方面做出努力：一是在 1919 年 10 月作出决定，要求浙江一师及其附小的国文课教学一律改用白话，并采用注音字母，从而扫除普

---

① 李永鑫主编：《绍兴通史》（第 5 卷），杭州：浙江人民出版社，2012 年，第 508 页。

及白话文的障碍；二是亲自参与并组织学校教师编写了《新式标点用法》《国语法》《注音字母教授法》等国语丛书，并制定了《国语教授法大纲》，指导师生使用白话文；三是在国文教材方面，直接选用胡适、陈独秀、李大钊、鲁迅等人的优秀白话文作品作为国文教学材料。浙江一师的国文教学改革使得学校成为浙江省乃至全国新文化运动的重要阵地。对此陈望道曾说："'五四'前后的新文化运动，从全国范围来讲，高等学校以北大最活跃，在中等学校，则要算是湖南第一师范和杭州第一师范（即浙江一师）了。"[①]

（2）推行教师专任制

虽然早在1914年北洋政府颁布的《教育部整理教育方案草案》中就提出了包括师范院校在内的学校教员应以久任为原则[②]，但实际上，其时很多学校对教师的聘用都采用一年一聘或一学期一聘。所以，出于工作和经济收入等因素的考虑，很多学校的教师都同时任教多所学校，教师一般只对其所任教的学科及班级负责。经亨颐认为学校发展不仅是校长一人的责任，应由全体的教职员共同参与和负责，应集中全员力量共同推进学校发展。因此他率先提出教师专任制，并拟定了专任教师试行法草案，设置较高的专任教师薪俸，在浙江一师首批专任教师计划中择定了16人，校长与专任教师定期召开例会共商学校发展大事，促使教师专心教育教学、全心服务学校，制度试行之后很快取得了良好的管理成效。

（3）变革课程体制

当时的学制要求，师范学校本科4年、预科1年，高等师范学校则本科3年、预科1年[③]；而且规定如果学生未修完1学年的全部课程或者在学年测试中不及格则需要留级[④]。这些规定忽略了学生的能力差异，同时升留级制度的实行，使得留级学生不仅要重修学业表现差的学科，对于学业表现合格及良好的学科也需要重新修习，而且能力较强的学生也需要按照相关规定按部就班接受学年

---

① 陈望道：《"五四"时期浙江新文化运动》，载《杭州地方革命史资料》，1959年第1期。

② 宋恩荣、章咸选编：《中华民国教育法规选编》，南京：江苏教育出版社，2005年，第8页。

③ 宋恩荣、彰咸选编：《中华民国教育法规选编》，南京：江苏教育出版社，2005年，第1页。

④ 宋恩荣、章咸选编：《中华民国教育法规选编》，南京：江苏教育出版社，2005年，第324页。

学期课程安排，造成了学业时间和课程资源的极大浪费，也束缚了学生的能力发展。[①] 经亨颐深刻地认识到这种学制及课程管理制度的弊端，决定予以改革，使师范学校的学制和课程实施的管理制度更加科学灵活。他在浙江一师试行学科制，将所开设课程分为必修和选修，由学生在教师指导下根据自己的学习程度和学习能力等情况安排必修课程的修习时间，并根据个人兴趣爱好自由选择有关选修科目，只要学生在规定年限内完成规定学业任务，达到毕业要求即可准予毕业；同时，对于学年或学期测试不及格学科需要重新修习，而测试通过的学科则不再修习。这样既减轻了学生的学习压力，又兼顾了学生的个体情况，充分利用了学校的课程资源。学科制实施后，学生的积极性高涨，学校人才培养成效也有了较大提高。

浙江一师在学制和课程管理制度上的改革为全国其他师范学校提供了模板，继之不少高师陆续推行了学制课程改革。对其时情形，有学者这样描述："自南京高师采用选科制、浙江一师采用学科制以后，各省师范学校及高等师范学校相继变更课程。"[②]

（4）推行民主治校

借鉴蔡元培在北大的改革经验，经亨颐在浙江一师设立评议会作为学校最高议事机构，由校长和教职员代表共同参与讨论和决定学校的重大事项。同时实行学生自治，由学生自主管理禁烟、请假等事务以培养学生自治的意识与能力。师生民主参与学校日常事务管理形成了学校管理的民主风气，活跃了办学治校的各种力量，激发了师生对学校的归属感和责任感，营造了生动活泼的学校教育氛围，也在一定程度上起到了严格管理的效果。其中尤值一提的是，在当时学潮频发的时代背景下，浙江一师虽然常有学生运动，但却始终能够得以和平解决，并未酿成大规模的流血事件，很大程度上就是得益于学校实行民主管理和倡行学生自治。[③]

---

① 马建强：《追寻近代中国的教育大师》，北京：教育科学出版社，2008年，第60页。

② 舒新城：《中国近代师范教育小史》，载《中华教育界》，第15卷第11期。

③ 孙昌建编：《民国有个绍兴帮》，广州：花城出版社，2012年，第57—58页。

（二）春晖中学的办学实践

“一师风潮”后，经亨颐怀着办理一所能够适应时代潮流的私立学校的愿望，于 1920 年 2 月离开浙江一师回到了家乡浙江上虞县。经亨颐考虑到从宁波到绍兴的方圆数百里没有一所中学的现状，决计在交通相对便利、风景秀美怡人的上虞白马湖畔建立一所私立中学，即私立春晖中学。受上虞乡绅陈春澜的委托，经亨颐擘画了《春晖中学计划书》，对春晖中学的学校规模、建校经费等作了初步预算，根据该计划书，陈春澜捐银 20 万元，其中 10 万元作为校舍建造和设备购置费用，10 万元购置股票作为学校发展的教育基金。1922 年春晖中学正式落成并于秋季开始招生，1923 年开始招收女生，实行男女同校。在春晖中学，经亨颐秉承自己一贯的教育理念，同时借鉴和吸收在浙江一师的办学经验与教训，与时俱进，大刀阔斧地进行改革，使春晖中学跃升为全国名校，成为中学教育领域的一个奇迹，引起了全国轰动，更是吸引着名人志士前来任教、讲学或参观考察，四方学子不远千里慕名而来就读。

在引领春晖中学快速崛起的过程中，经亨颐主要采取了以下改革举措：

1. 坚持私立，追求办学独立性

经亨颐对教育独立始终有清醒的认识，他认为：要革除旧教育造就新人才，就需要摆脱官府干扰，不能事事依赖政府，要走教育独立的道路[①]；而私立学校受政府牵制较少，独立性较强，有利于实现改革的理想。同时在浙江一师的办学经历，尤其是后期反动军阀对学校办学的干预，让经亨颐更加深切感受到学校办学独立性的重要。因此在春晖中学办学过程中，他坚持学校的私立性质，主张反对旧势力，建立新学风，坚决不向军阀政府立案，保持学校的办学独立性。[②] 直到 1928 年 7 月，春晖中学出于经费等因素的考虑才向当时分管地方教育事务的浙江大学立案。

---

① 马建强：《追寻近代中国的教育大师》，北京：教育科学出版社，2008 年，第 59 页。

② 陈元晖主编：《中国近代教育史资料汇编・教育思想》，上海：上海教育出版社，2007 年，第 865 页。

同时，为保证真正独立办学，经亨颐主张校长处理学校事务的独立性。由于春晖中学系当地富商陈春澜等投资兴办的私立学校，由投资人、创办人等组成的校董会对学校的管理运行等有一定的管理权限，因此，为了避免投资者把私立学校办成“商铺”、保证学校发展的独立性，春晖中学在其校董会规程中明确规定：校董会只有任免校长的权力，而不得干涉校内事务，由校长全面负责校内工作。①

2. 营造宽松的学术氛围

春晖中学之所以能够吸引一大批知名学者到校任教，学校民主、宽松的学术氛围是一个不可忽视的重要因素。在春晖中学，教师们可以在课余饭后自由进行学问研究与探讨，而不用顾虑当局政府及学校会来压制，春晖中学就像是一个可以供教师在教学之余自由治学的学术乐园。在这里，夏丏尊、丰子恺、朱自清、朱光潜、匡互生等人经常聚在夏丏尊的“白马湖小屋”喝酒品学，畅聊人生理想与学问追求等。也是在这一时期，春晖的这群优秀师资人才普遍迎来了人生创作的高峰期，他们不仅在校刊《春晖》上发表了大量教育、艺术等方面的文章，还发表了不少著作，如夏丏尊翻译了《爱的教育》，丰子恺开始了漫画创作，朱光潜创作《无言之美》，朱自清写作散文《春晖的一月》和教育论文《教育的信仰》《团体生活》等，以至有人说他们的聚会不只是“消费性”的，更是“生产性”的②。

除了学者、名流之间的往来唱和、相互交流学习之外，师生之间在求学问道上的互动也颇值得关注。在春晖中学，经过教师的指导，学生成立了各种文艺社团，并创办了《春晖》刊物，给学生提供了充分交流实践的成长契机。

这种宽松的学术氛围吸引着业内不少名人大家的到来，也使他们流连于此，从而维持和加强了学校师资队伍的优良根基，同时也吸引着全国各地的优秀学子不远千里慕名而来求学于此。如 1922 年的学生中除了有宁波、绍兴两地的，还有苏南、杭嘉湖地区的，甚至还有来自江西、湖南、贵州和四川等地的。

---

① 陈华：《名校与名校长的诞生》，上海：华东师范大学出版社，2011 年，第 95 页。
② 陈华：《名校与名校长的诞生》，上海：华东师范大学出版社，2011 年，第 99 页。

3. 健全学校管理机构

在春晖中学，经亨颐非常重视教育管理机构的建设。首先是在规划和筹建学校之初就成立了校董会，并制定了春晖中学校董会规程，明确规定由校董会负责安排和研究学校重大事宜，负责经费筹措和校长聘任，由校长全权负责学校内部事务。在他的主持下，学校设置了日常管理组织和管理人员，如校长下设总务主任、教务主任、舍务主任、庶务主任、出版主任、体育主任、图书馆主任、小学部主任（1931 年之后则改为校长下仅设教务主任、训育主任、事务主任和高中部主任）。此外，学校还本着民主治校的精神和原则设立了各种会议组织，如设立全校教职员会议作为学校最高议事机构，由校长任主席，全体教职员共同参与，负责制定和修改学校组织大纲、选举出席校务会议的代表及各种委员会的委员等；设立春晖学校协治会，其下分设议事部、执行部和执法部，由全体教职员和学生共同组织、民主选举产生，依循“自助助人、自立立人”的精神原则协调学生间、师生间以及教职员间的矛盾，促进各团体及学校生活的和谐；成立校务会议作为处理春晖中学校务的最高机构，由校长、秘书、各部门主任以及全体教职员代表 3 人组成，校长任主席，负责审核、决定学校重要事项。① 此外学校还组织成立其他各部门会议、委员会议以及学生会等，让师生有充分的机会和充足的渠道参与学校日常事务管理。

4. 改革学制和课程制度

基于浙江一师的学制和课程管理改革经验，经亨颐在春晖中学继续坚持对学制和课程管理制度做出调整。春晖中学创办之始，经亨颐即主张把学制由 4 年改为 6 年，在后 3 年可以兼办师范科和职业科。同时他还把学年制改为学科制，所有课程实行必修和选修相结合的制度，规定学校从 1923 年起初中分为社会、国文、算学、自然、艺术和体育 6 学科，涵盖国文、算学、英文、公民、历史、地理、自然、手工、图画、音乐、体操运动和生理卫生 12 学目；选修科共有 16 学分，按 4∶6∶6 的比例分派到 3 学年中，其中第一学年侧重国文、算学等方面的

---

① 张彬主编：《浙江教育史》，杭州：浙江教育出版社，2006 年，第 490 页。

补习，第二学年注重培养学生在国文、图画、音乐等方面的个性，第三学年则侧重对国文、算学、科学概论等学科方面的调剂。[①] 在1924年秋，经亨颐又根据学校学制课程改革情况及时做出调整，改行学科学年制，即在实行学科学分制的基础上，对学生每学期以及每学年应学习及选修的科目做出了具体限制性规定，在规定范围内学生可以进行自由选择。[②]

5. 实行教员专任制

秉承在浙江一师的改革思想与改革精神，经亨颐在《春晖中学计划书》中对春晖中学实行教员专任制作了规划。在该计划书中，他根据在浙江一师教员专任制实施的情况及经验，结合当时全国普遍的工资水准及地方情况，对未来春晖中学不同专任教职员工的薪资水准做了详细规定，如规定校长年薪1200元、教务长1000元、专职教员700元、书记300元、校医480元、附小教师为240到300元不等、后勤职员180元、门房等84元。[③] 这些规划都在春晖中学得以实现。教师专任制的实行保证了学校教师必要而充足的经济来源，也有利于教师专心治教治学。

三、学校管理主张

经亨颐在浙江一师、春晖中学等学校进行的管理实践，都与他对教育、对人才培养、对学校管理的认识有关。经亨颐的学校管理主张可以从以下几方面来分析：

① 张彬主编：《浙江教育史》，杭州：浙江教育出版社，2006年，第491页。
② 张彬主编：《浙江教育史》，杭州：浙江教育出版社，2006年，第491页。
③ 孙昌建：《民国有个绍兴帮》，广州：花城出版社，2012年，第53—54页。

（一）校长要有奉献与“屈就”精神

经亨颐虽身居校长职位，掌管着学校教职员的人事任免大权和学校事务的决定及处理权，但他对校长这一职位及角色却有深刻、客观的认识。他认为，校长作为学校对外第一法人代表和校务的首要管理人，需要具有两种精神：一是奉献精神。他认为人为儿孙做牛马是天性，为社会做牛马是天职；校长为教育和学校发展而鞠躬尽瘁是职务使然。因此，学校的校长应该具有奉献精神，能够为了学校的发展和培养人才而不辞辛劳，甘于奉献自我。二是“屈就”精神。经亨颐所谓的“屈就”是指“非敷衍，非自侮”，“以极限之条件、经济的方法，希其成功之意”[①]。他认为：只待学校具有洋房、完全的设备和若干经费才愿意接掌学校的想法和行为是错误的，作为学校的“掌门人”，校长应该甘于平淡的生活，敢于和乐于在困境中，以有限的条件，采取最经济的方法，竭尽全力追求学校发展的更大成就。[②]

因此任职校长期间，经亨颐一心只为学校发展。为了给学校发展寻求充足的外援和支持，他曾一度离校奔忙于与各色人物的交往中，从而从官府处要来一笔笔经费构建了浙江一师，又从社会各界人士处募得春晖中学的建校费和教育经费。这样的忙碌占据了他生活的大部分时间，以致他平日少有时间进行自己爱好的书画篆刻，直到晚年才有时间写写打油诗。

同时，为了充分保障校长能够把先进治学理念和意志切实有效地落实到办学实践中，他坚持校长管理学校的独立性。这主要体现在春晖中学的办学实践中。春晖中学成立伊始就成立了董事会，在春晖中学校董会规程中明确规定：校董会只有任免校长的权力，不得干预学校内部管理事务，由校长全面负责学校内部工作及事务。[③]

---

① 经亨颐著，张彬编：《经亨颐教育论著选》，北京：人民教育出版社，1993年，第27页。

② 马建强：《追寻近代中国的教育大师》，北京：教育科学出版社，2008年，第59页。

③ 董郁奎：《一代师表：经亨颐传》，杭州：浙江人民出版社，2007年，第234页。

（二）“学校内部组织，要使它能变化能活动，教育才有前途”

无论在浙江一师抑或春晖中学，经亨颐都很注重学校的组织建设，秉持“学校内部组织，要使它能变化能活动，教育才有前途”① 的观念，注意随时对学校组织管理体系进行改进，以期通过引入近代学校管理组织模式和不断建立健全学校管理组织，活跃学校各种力量的参与，推动学校民主管理，促进学校发展。如为了统一学科及年级间的联络，改进学校教学成效，他在 1916 年 9 月的秋季始业式训词中，提出“自本学年各主科皆设主任，修身、教育暂由校长兼任，国文请夏丏尊先生，数学请朱听泉先生担任……”②。在上述管理思想指导下，他在浙江一师和春晖中学不仅完善了基础的日常管理组织，还成立了由校长任议长、教职员代表和学生代表出任议员的校务评议会，其作为学校的最高议事机构，讨论决定校内的重大事项；开创性地在浙江一师成立学生自治会，在春晖中学则组建了学生会，由学生参与管理各种学生事务，锻炼学生的自治精神和能力。在春晖中学，经亨颐更是完善了其关于学校组织改革的思想和管理措施，还广泛设立了其他各种民主管理组织和会议，如教职员会议、协治会等，进一步拓展了教职员工和学生参与学校事务管理的体制机制。

（三）“教师非专任则对学校无专任之精神”

经亨颐坚持“教师是办学之根本”，把教师作为学校发展的最基础和最关键因素。秉持这种观念，无论是在执掌浙江一师还是在掌管春晖中学期间，他都注重改善和优化学校师资，采取多种措施为学校招揽各种师资人才任教和吸引各领域知名人士来校演讲。具体来说，他主要采取了以下管理措施：

一是多途设法网罗名师。早在 1908 年经亨颐回国出任浙江两师教务长时，

---

① 经亨颐著，张彬等编：《经亨颐集》，杭州：浙江大学出版社，2011 年，第 154 页。
② 经亨颐著，张彬等编：《经亨颐集》，杭州：浙江大学出版社，2011 年，第 247—248 页。

他就为学校带回两位日籍教师，其中一位是他留学时的老师；正式任职浙江两师及之后的浙江一师之后，他也非常注重学校师资建设，认为教师是办学的根本，努力从各处聘请著名的教育家、学者等到校任教，为学校荟聚了一流的教师。经亨颐曾于1912年亲赴上海礼聘李叔同到校任教音乐、图画，使学校的艺术气息更加浓郁①；当时浙江一师的“四大金刚”同样是经他聘请到校的，他们也是后来经亨颐在浙江一师进行国文教学改革的主要骨干。在春晖中学时，经亨颐则通过夏丏尊广泛的社交关系招鸾引凤，为学校招揽了一批引人瞩目的一流学者、文人师资。

二是广邀各界知名人士到校演讲，开阔学生的视野，丰富学生的知识。浙江一师经常组织各种演讲会，邀请国内外著名学者前来作专题报告。② 春晖中学曾邀请吴稚晖、杨贤江、沈定一、俞平伯、李叔同等到校为师生作报告。此外，春晖中学还吸引了诸多名家到访参观和相互交流。

经亨颐认为：“教员非专任，对于职务无稳确之观念，对于学校无专任之精神。欲言人格难矣哉。”③ 为了使教员能够专心和专注于学校教育教学及学校管理，集中广大教职员的群体智慧于学校发展，他主张在学校实行教员专任制。他根据其时教师工资标准和当地生活水平，制定较高的工资政策鼓励教师专任。在浙江一师的改革中，首批就有16人就任专任教员。而春晖中学，则在建立之初就通过《春晖中学计划书》要求除校长之外的全体教员施行专任制，并对教员专任制的实施做了详细规划，④ 并在之后的办学过程中较好地落实了此项制度。之后，根据教员专任制的施行情况，他发现该专任制在当时的中国施行是有流弊的，于是在1922年的《教师专任问题》一文中又主张改行“有任期的专任制”，也即提倡“可转任的专任”教师管理制度。⑤

要符合教师专任的标准，教师必须有高尚的品性和能力。经亨颐提出“教育

---

① 杭州市教育委员会编纂：《杭州教育志》，杭州：浙江教育出版社，1994年，第457页。

② 沈雨梧：《浙江师范教育》，天津：天津古籍出版社，2002年，第14页。

③ 经亨颐著，张彬等编：《经亨颐集》，杭州：浙江大学出版社，2011年，第87页。

④ 经亨颐著，张彬等编：《经亨颐集》，杭州：浙江大学出版社，2011年，第87页。

⑤ 经亨颐著，张彬等编：《经亨颐集》，杭州：浙江大学出版社，2011年，第151—154页。

者应具有高尚之品性”而不“自命不凡、与世不融”①，要能够“以有血有肉、自己之人格移之于儿童”；同时认为教师的标准主要是“能劳动、能研究”，即教师应具有教书育人的能力和一定程度的文化学术水准，不仅能够授予学生知识文化，还能引领学生进行学术研究，因此，他在聘用教师时常强调教师应具有高尚的品格和为教育及学术研究奉献的牺牲精神，② 对于不合格教师则坚决予以解聘，如 1908 年他任浙江两师教务长时，发现有国文教师连基本的文学常识都不懂，立即要求学校监督予以解聘。③

（四）教师管理“务使教员愿负责任”

经亨颐在 1915 年 9 月的《全国师范校长会议答复教育部咨询第一案》中提出：在教师管理上，应就“检定试验、优待教员等，即宜规定办法，务使教员愿负责任”④，乐于从教。为使教师尽职尽责于教育，经亨颐在学校管理中尊师爱师，平等待师，尽可能发挥教师的作用。

经亨颐主张民主管理教师，平等待师。在学校管理中，他不仅主持设立各种民主议事机构供广大教师参与学校重大事项的决策，在处理日常事务时也注意与教师协商，听取教师的意见。如在浙江一师时，他曾就学生教育及实习问题邀请夏丏尊、朱听泉、蔡寓仁等教师进行商谈。⑤ 同时，他还把教师视为学校大家庭的一员，视为人格平等的主体，不因他们的个体差异和与自己的亲疏远近而区别对待，也不因自己是有教师管理权的校长而歧视他们或将个人意愿强加于他们。

经亨颐知人善任，充分发挥教师的作用。他深谙用人之道，秉持合理任用教师、充分发挥人力作用的观念，在办学和学校管理实践中对教师合理利用。他一

---

① 经亨颐著，张彬编：《经亨颐教育论著选》，北京：人民教育出版社，1993 年，第 26 页。
② 马建强：《追寻近代中国的教育大师》，北京：教育科学出版社，2008 年，第 58、62 页。
③ 董郁奎：《一代师表：经亨颐传》，杭州：浙江人民出版社，2007 年，第 40 页。
④ 经亨颐著，张彬等编：《经亨颐集》，杭州：浙江大学出版社，2011 年，第 326 页。
⑤ 经亨颐：《经亨颐日记》，杭州：浙江古籍出版社，1984 年，第 15 页。

方面根据工作需求选用教师，如在浙江一师改革中，为了有效推进国文教学改革，他及时聘用新派教员陈望道、刘大白、李次九到校协同夏丏尊进行改革实践，成就了“四大金刚”的传奇佳话。另一方面，他又经常根据教职员的工作能力与个性特点安排工作岗位，如他任用夏丏尊为教务主任扶助他管校办学，而正是夏丏尊的存在荟聚了一批志同道合的朋友、同事以及学生到春晖任教或做演讲，为广为世人津津乐道的春晖招揽了阵容空前的师资队伍。

经亨颐在学校管理中尽力注意为教师提供舒适、宽松的教育教学环境，营造进行文化活动及学术研究的氛围。当教师陷入危难困境时，他毫不犹豫地提供帮助和保护，如在前述“非孝事件”中，浙江省教育厅要求浙江一师解聘支持新文化运动的教员陈望道、夏丏尊、刘大白、李次九等人，对此他拒绝执行，结果为自己招来撤换校长的结局。此外，他还积极主张和鼓励学校教师自学和进修，以不断提高自身文化学识和研究能力，进而成为教育领域的专家。

（五）学生管理“决不主宽”

经亨颐认为，学生管理的“第一关键是入学试验”“招进来的新学生基本好不好，和学习成绩好不好大有关系”[①]。因此，他在就任校长期间严抓生源质量。如在任职浙江一师校长时，为了保证学校生源质量，经亨颐亲自参与招生工作，严格招生考试，规定只有成绩达到学校要求的学生才能进入浙江一师，而且拒不理睬任何人情关系的请托、递送条子。如此严格的招生制度，使得学校每年的录取率仅为5%左右。[②]

对学生的日常纪律管理，经亨颐坚持主严，“决不主宽”。在浙江一师，经亨颐曾针对学生旷课现象，在1915年7月的学年终业式上做了专门训词，特别提醒学生“操行化为分数，至可与学业相对平均”，要“成绩操行、学业并重”，主

---

① 经亨颐著，张彬等编：《经亨颐集》，杭州：浙江大学出版社，2011年，第200页。

② 孙昌建：《民国有个绍兴帮》，广州：花城出版社，2012年，第59页。

张学校对“宜警戒者警戒，可奖励者奖励”[①]。在1916年9月的新生入学式上，他指出：“本校训练之标准较高，在他校已算优良之学生，本校尚有批评，欲得甲等操行成绩殊不容易。年级递高，标准亦异，而对于新入诸生之训练，则惟服从二字。”[②] 同时，浙江一师要求学生一律住校，并严格规定日常作息时间，如果冬天有学生在被窝多躺一会就可能吃不到早饭，甚至会被锁在宿舍大门内。[③] 浙江一师还严格控制学生外出，学生除星期天外必须请假才能外出，到1919年学校实行每周三下午放例假制度之后，学生回家晚上可不到校；但实行学生自治会后，不仅周三下午回家的学生晚上必须到校，而且请假制度更加严格，学生每天下午5到7点才可请假外出。[④]

在春晖中学，经亨颐曾在1925年11月的《人生训练之必要》演说辞中提出“无论任何严格即是亲爱，无论如何束缚即是自由”[⑤]，主张对学生要严要求。在他的管理下，学校提倡“人格自尊、行为自律、学习自主、生活自理”的校风，要求学生在学习、生活中严格约束自己，养成良好品格和行为习惯[⑥]；同时为了加强学生的体育锻炼，学校规定学生体育课不得无故缺席。

虽然在学生管理上经亨颐要求严格，但他同时认为学校应“以学生为本位”，在治校过程中也要对学生进行民主管理：一是尊重学生的主体地位，建立校务评议会，引介学生通过代表参与学校重大事项的决策与管理，从而吸收学生意见，尊重学生意愿。二是通过学生自治活动引导学生参与管理自己的事务。经亨颐认为学生是欢迎“自治”的，因为“自治”是他们“人格上不愿受制裁的一种特色”[⑦]。在他的主持下，浙江一师将学校事务分为行政事务和学生自治事务，其中学生自治事务由学生成立自治会，自行议定制度并依照自治制度自主管理，学

① 经亨颐著，张彬编：《经亨颐教育论著选》，北京：人民教育出版社，1993年，第24—25页。

② 北京师联教育科学研究所编选：《经亨颐师范教育理论与教育文论选读》（第5辑第7卷），北京：中国环境科学出版社，2006年，第44页。

③ 董郁奎：《一代师表：经亨颐传》，杭州：浙江人民出版社，2007年，第59页。

④ 孙昌建：《浙江一师别传》，杭州：浙江人民出版社，2011年，第10页。

⑤ 经亨颐著，张彬等编：《经亨颐集》，杭州：浙江大学出版社，2011年，第309页。

⑥ 郑建庆、方新德主编：《上虞文化史》，杭州：浙江人民出版社，2012年，第327页。

⑦ 经亨颐著，张彬等编：《经亨颐集》，杭州：浙江大学出版社，2011年，第298页。

校不予干涉。在春晖中学，他曾在1922年的《青年修养问题》中提出“以学生为本位”“成立一个春晖中学理想的学生自治会”，以适合学生的发展需要①。在这种认识指导下，春晖中学设置学生会，在引导学生参与团体活动、管理学生事务及部分学校事务的过程中，适应团体生活，增进相互间的情感，养成自我管理的意识和习惯，提高自治能力，以备毕业后能适应社会生活。

经亨颐非常关爱学生，倡导“人格教育”，注重教育教学中的人格感化和教法的多样性，以促进学生在学养和人格两方面的发展，反对采用强制手段压制学生。在他的带动下，浙江一师教师普遍对学生视如子弟，专心教育指导。对于违纪犯错的学生，经亨颐主张宽容对待，要予以感化和教导，如在1919年1月4日的浙江一师校务研究会中，他明确指出，即使学生犯了不可饶恕的错误也不能以开除作为处理结果，而要本着教育的原则尽力予以矫正。② 在春晖中学，他强调教育学生要注重人格感化，在这种要求和氛围下，教师不仅关心学生的文化知识学习，还关心学生在校的日常生活，经常对学生生活中的各种实际问题进行正确指导。如夏丏尊对学生实施“爱的教育”，以教师之爱鼓励和促进学生成长成才。当学生遭遇困境时，学校积极给予关爱和保护。经亨颐办学执教期间，浙江一师设有供患病学生修养的调养室，在那里，患病学生可以不受铃声约束自由支配起居时间及上课与否，还可让学校厨子做喜欢吃的菜，也可让斋夫生个炭炉自己煮菜吃。③

在管理学生上，经亨颐还比较重视对学生实践能力的锻炼，认为学生应多接触和融入社会，走近生活。他执掌春晖中学时，不仅通过学生会广泛组织学生参加文艺活动，锻炼学生的活动能力；还积极利用学校地处乡村的特点，创办“农人夜校”，鼓励师生身体力行教当地农民识字断文，提高他们的知识文化水平和社会服务能力。

---

① 经亨颐著，张彬等编：《经亨颐集》，杭州：浙江大学出版社，2011年，第300—301页。
② 孙昌建：《浙江一师别传》，杭州：浙江人民出版社，2011年，第11页。
③ 董郁奎：《一代师表：经亨颐传》，杭州：浙江人民出版社，2007年，第60页。

（六）教育要“由静态而始动”开展丰富的活动

经亨颐提倡动的教育，反对静的教育。他在《动学观与时代之理解》中提出“教育为继往开来之精神事业”，不仅要“继往”，还要“开来”，则教育者不仅以静的态度瞻前，还要有动的态度以顾后；认为教育“不但要维持文化，尤当改造文化”“不但传达文化，尤须增进文化”；学生读书要避免陷入“静”的状态；主张“吾国今日之教育，最好作从头做起，即由静而始动”[①]。在他的领导下，浙江一师和春晖中学都非常注重课外活动，丰富学生课外生活。浙江一师在经亨颐的大力倡导下，不仅先后设立了各类文艺团体组织，还经常举行音乐会、体育比赛等各种文体活动，在丰富学生学校生活的同时，还能让学生身心愉悦和得到身体、才艺等方面的锻炼，其音乐体育运动被视为全国中等学校之冠。春晖中学重视课外活动建设，鼓励学生建立各种文艺社团，组织和参与各种文艺活动，如学校创设了“白马剧团”，在学校排练演出各种话剧，曾试演曹禺的《雷雨》、郭沫若的《棠棣之花》、洪深的《少奶奶的扇子》等，并获得成功。

春晖中学在教育教学上的改革使得春晖在全国成为新式教育的楷模，在国内外名声大噪，不仅吸引着诸多专家名人等到校参观访问甚至任教，也吸引了上海、杭州等地的诸多学子前来就读。对此有人曾慨叹：“我们今天所追求的素质教育之梦，是早已在春晖校园内出现过的真实的景观。”[②]

经亨颐在治理学校过程中，注重学校必要的基础设施设备的建设，为教师的教学活动、为学生的学习活动、为学生的课外活动创设条件，营造环境。如他在《春晖中学计划书》中提出应首先解决教室问题，教室的安排在“学生有坐处、教师有讲处”之外，要求“学生座位纵横行列”、讲台“利用光线，居乎其上”，并提出了建立实验室的要求[③]。同时，他认为“环境与人生是很有关系的，而且

---

① 经亨颐著，张彬等编：《经亨颐集》，杭州：浙江大学出版社，2011年，第91、99页。

② 宋超女：《近代教育改革家经亨颐》，载《教育与职业》，2007年第22期。

③ 经亨颐著，张彬等编：《经亨颐集》，杭州：浙江大学出版社，2011年，第88页。

很容易被它诱惑，这种诱惑，到处都有”，即使地处乡村也有诱惑；作为“教育对象之被教育者，生存于环境之中，以未成熟之人，受其影响而发展”[1]。为了抵制这种诱惑，经亨颐在管理学校的过程中不仅注重设施设备建设，还努力使这些设施设备的布置符合科学、美观的要求，以营造优美的校园物理环境。在其治理下，浙江一师的图书设备因袭浙江两师，比较完备，学校开辟有专门的美术教室3间、音乐教室1间，还在周围种植花草树木，形成优美的环境。而春晖中学则是在建校前就通过前述《春晖中学计划书》对学校的设施设备建设作了规划，而且在该计划书中，计划购置各项体育设施、运动器械39种，费用达2000元，几乎占据预算中设备总经费的一半。[2] 春晖中学初落成之时，就以完备的设施而扬名业内，学校不仅建有名为“仰山楼”并呈“山”字形状的西式楼房作为校舍、取名“曲院”的凸形房屋为学生宿舍，还开辟了一座游泳池和球场，并自备了发电设备供学校照明。[3] 此外他还要求注重良好校园文化环境的营造。在经亨颐的管理下，浙江一师和春晖中学积极成立文化社团，创建文艺刊物，开展各种文艺活动，还要求和鼓励教师对学生文艺活动予以指导。这些浓郁的学校文化环境，丰富了学生的课外生活和提高了他们的文化素养，有利于他们健康成长。

---

① 经亨颐著，张彬等编：《经亨颐集》，杭州：浙江大学出版社，2011年，第92、299页。

② 张彬主编：《浙江教育史》，杭州：浙江教育出版社，2006年，第493页。

③ 庄临安主编：《浙江百年：1900—1999浙江电视台150集电视系列片》，北京：台海出版社，2000年，第65页。

重要参考文献举要

一、档案

北京大学档案馆藏国立北京大学档案，1917—1927

湖北省档案馆藏民国湖北省政府、湖北省教育厅档案

华中师范大学档案馆藏中华大学档案卷471号

南京师范大学综合档案室藏私立金陵女子学院要览，1940，1948

武汉大学档案馆藏国立武汉大学档案，1928—1949

中国第二历史档案馆藏国民政府教育部档案，1928—1949

中国第二历史档案馆全宗号668

中国基督教三自爱国运动委员会图书馆藏金陵女子大学年度报告，1928—1934

二、报纸

大公报，天津

大同报，上海

国民日报，西安

汉口中西报，汉口

湖南地方自治白话报，长沙

华商联合报，上海

京师教育报，北京

民国日报，上海

广益丛报，重庆

光明日报，北京

人民日报，北京

时报，上海

申报，上海

时事新报，上海

万国公报，上海

新闻报，上海

中华读书报，北京

三、中文期刊

《安徽大学学报》(哲学社会科学版)，合肥

《北京大学日刊》，北京

《北京大学社会科学季刊》，北京

《北京大学学报》(哲社版)，北京

《东方杂志》，北京

《党史纵览》，合肥

《福建教育》，福州

《辅仁大学年刊》，北京

《国立中山大学校刊》，广州

《高等师范教育研究》，北京

《高等教育研究》，武汉

《高校教育管理》，南京

《广东社会科学》，广州

《广西地方志》，广西

《湖北大学学报》(哲学社会科学版)，武汉

《河北师范大学学报》(教育科学版)，石家庄

《湖南师范大学教育科学学报》，长沙

《华东师范大学学报》(教育科学版)，上海

《湖南教育杂志》，长沙

《江苏教育》，南京

《江淮文史》，安徽

《教育评论》，福州

《教育理论与实践》，太原

《教育史研究》，山西

《教与学月刊》，南京

《教育与民众》，无锡

《教育与职业》，上海

《教育杂志》，上海

《民国教育指导月刊》，桂林

《清华大学教育研究》，北京

《上海教育周刊》，上海

《首都教育》，南京

《新青年》，北京

《新教育》，北京

《中华教育界》，上海

《中华基督教会年鉴》，上海

《职业教育研究》，天津

《中国高教研究》，北京

《中国教育学刊》，北京

《浙江教育》，杭州

四、资料、论著

A

安徽大学简史编写组编．安徽大学简史．合肥：安徽大学出版社，2008.

安树芬，彭诗琅主编．中华教育通史(第七卷)．北京：京华出版社，2010.

B

北京辅仁大学校友会编．北京辅仁大学校史．北京：中国社会出版社，2005.

北京师范大学校史编写组编．北京师范大学校史．北京：北京师范大学出版社，1982.

北京师联教育科学研究所编选．经亨颐师范教育理论与教育文论选读(第5辑 第7卷)．北京：中国环境科学出版社，2006.

北京辅仁大学校友会编．辅仁往事(第五辑)．北京：北京辅仁大学校友会，2010.

北京辅仁大学校友会编．辅仁往事(第三辑)．北京：北京辅仁大学校友会，2008.

北京辅仁大学校友会编．辅仁校友通讯(第31辑)．北京：北京辅仁大学校友会，2010.

C

蔡元培．蔡元培全集．杭州：浙江教育出版社，1996.

蔡元培．蔡元培学术论著．杭州：浙江人民出版社，1998.

蔡元培．蔡元培讲演集．郑州：河北人民出版社，2004.

蔡元培．蔡孑民先生言行录．桂林：广西师范大学出版社，2005.

崔志海．蔡元培传．北京：红旗出版社，2009.

陈晨编．蔡元培轶事．北京：人民日报出版社，2011.

蔡建国编．蔡元培先生纪念集．北京：中华书局，1984.

程斯辉，肖全民著．蔡元培画传．济南：山东教育出版社，2015.

蔡元培研究会编．蔡元培与现代中国．北京：北京大学出版社，2010.

蔡元培研究会编．论蔡元培．北京：旅游教育出版社，1989.

蔡寿福．云南教育史．云南：云南教育出版社，2001.

蔡振生，刘立德编．陈宝泉教育论著选．北京：人民教育出版社，1996.

程斯辉，孙海英著．厚生务实 巾帼楷模——金陵女子大学校长吴贻芳．济南：山东教育出版社，2004.

陈友松主编：雷沛鸿教育论著选．北京：人民教育出版社，1992.

陈元晖主编．中国近代教育史资料汇编·实业教育 师范教育．上海：上海教育出版社，2007.

陈元晖主编．中国近代教育史资料汇编·教育思想．上海：上海教育出版社，2007.

陈学恂主编．中国近代教育史教学参考资料(上册、中册、下册)．北京：人民教育出版社，1986、1987.

陈元晖主编．中国近代教育史资料汇编·学制演变．上海：上海教育出版社，2007.

陈高钦编．北京师范大学．北京：知识出版社，1983.

陈智超编注．陈垣来往书信集．上海：上海古籍出版社，1990.

程斯辉编著. 中国近代教育管理史. 武汉：武汉工业大学出版社，1989.

长沙市明德中学百年校庆办编. 百年明德 磨血育人. 长沙：长沙市明德中学百年校庆办，2003.

崔国良编. 张伯苓教育论著选. 北京：人民教育出版社，1997.

长乐县教育志编委会办公室编. 长乐县教育志. 1991.

重庆社会大学育才学校校史研究会编. 重庆社会大学. 重庆：重庆出版社，1984.

程斯辉. 中国近代大学校长研究. 北京：人民教育出版社，2010.

曹义孙，胡晓进编著：三十年中国法学教育大事记(1919—1949). 北京：中国政法大学出版社，2011.

D

德本康夫人，蔡路得著. 金陵女子大学. 杨天宏译. 珠海：珠海出版社，1999.

董宝良主编. 陶行知教育论著选. 北京：人民教育出版社，1991.

董宝良主编. 陶行知教育名篇选. 北京：人民教育出版社，2012.

董郁奎. 一代师表：经亨颐传. 杭州：浙江人民出版社，2007.

杜生一. 甘青藏族现代教育发展研究. 北京：民族出版社，2006.

大学院编. 近代中国史料丛刊续辑 656 大学院公报 第 3 期至第 4 期. 台北：文海出版社，1928.

F

辅仁大学秘书处. 北平辅仁大学文学院概览(民国二十四年度). 1935.

辅仁大学校友会编委会《风云录》编辑组编. 风云录. 北京：北京师范大学出版社，1985.

福建省档案馆编. 福建华侨档案史料(下). 北京：档案出版社，1990.

方惠坚，张思敬主编. 清华大学志. 北京：清华大学出版社，2001.

方展画，刘辉，傅雪凌编著. 知识与技能：中国职业教育 60 年. 杭州：浙江大学出版社，2009.

G

高平叔撰著. 蔡元培年谱长编(第一～四卷). 北京：人民教育出版社，1998.

高平叔编. 蔡元培教育论著选. 北京：人民教育出版社，2011.

高平叔编. 蔡元培教育文选. 北京：人民教育出版社，1980.

高平叔编. 蔡元培教育论集. 长沙：湖南教育出版社，1987.

高平叔编. 蔡元培教育论科学与技术. 石家庄：河北科学技术出版社，1985.

高平叔编. 蔡元培政治论集. 石家庄：河北人民出版社，1885.

高平叔编. 蔡元培全集(第一～四卷). 北京：中华书局，1984.

高敏贵，潘启富主编. 雷沛鸿教育思想研究文集(三). 南宁：广西教育出版社，2001.

广西雷沛鸿教育研究会编. 雷沛鸿教育思想研究文集(一). 南宁：广西教育出版社，1992.

广西雷沛鸿教育研究会编. 雷沛鸿教育思想研究文集(二). 南宁：广西教育出版社，1995.

广西政协文史资料研究委员会编. 雷沛鸿纪念文集. 桂林：广西师范大学出版社，1988.

广西辛亥革命史研究会编. 民国广西人物传. 南宁：广西人民出版社，1983.

郭秉文. 中国教育制度沿革史. 上海：商务印书馆，1922.

耿申，等编. 北京近代教育纪事. 北京：北京教育出版社，1991.

广西省政府编译委员会. 国民基础教育与广西建设. 1940.

广西普及国民基础教育研究院本院总报告编辑委员会. 广西普及国民基础教育研究院三年来工作总报告. 1936.

(国民政府)教育部. 教育法令汇编(第3辑). 南京：正中书局，1938.

国家教育委员会政策法规司编. 部分国家和地区私立学校法规选编. 北京：北京师范大学出版社，1993.

郭夏瑜. 郭秉文先生纪念集. 北京：中华学术院，1971.

高奇主编：中国现代教育史. 北京：北京师范大学出版社，1985.

郭道明. 雷沛鸿国民教育概论. 桂林：广西师范大学出版社，1998.

H

胡德海. 雷沛鸿与中国现代教育. 兰州：甘肃教育出版社，2001.

黄延复，马相武编. 梅贻琦与清华大学. 太原：山西教育出版社，1995.

黄延复编. 清华的校长们. 北京：中国经济出版社，2003.

黄延复. 水木清华——二三十年代清华校园文化. 桂林：广西师范大学出版社，2001.

黄义祥编著. 中山大学史稿(1924—1949). 广州：中山大学出版社，1999.

华中师范学院教育科学研究所主编. 陶行知全集(第1～6卷). 长沙：湖南教育出版社，1984.

《湖南第一师范校书》编写组编. 湖南第一师范校史：1903—1949. 上海：上海教育出版社，1983.

湖南省地方志编纂委员会编．湖南名校志．长沙：湖南人民出版社，2000.

胡适著，曹伯言整理．胡适日记全编(三)．合肥：安徽教育出版社，2001.

黄道群．黄纬禄院士传记．北京：中国宇航出版社，2015.

黄仁贤．中国教育管理史．福州：福建人民出版社，2003.

洪银兴，陈骏主编．大学之魂：南京大学精神传统文存．南京：南京大学出版社，2012.

杭州市教育委员会编纂．杭州教育志．杭州：浙江教育出版社，1994.

河南教育厅编．河南教育特刊(全一册)．1918.

洪永宏编著．厦门大学校史(第一卷)．厦门：厦门大学出版社，1990.

韩剑飞编著．中国宪政百年要览：1840—1954．太原：山西人民出版社，2008.

J

经亨颐．经亨颐日记．杭州：浙江古籍出版社，1984.

经亨颐著，张彬编．经亨颐教育论著选．北京：人民教育出版社，1993.

经亨颐著．张彬，等编．经亨颐集．杭州：浙江大学出版社，2011.

教育年鉴编纂委员会编．第二次中国教育年鉴．台北：文海出版社，1986.

金陵大学总务处编．私立金陵大学要览．1947.

L

雷坚编著．雷沛鸿传．南宁：广西人民出版社，1997.

刘业超．雷沛鸿高等教育理论研究．长沙：湖南教育出版社，2001.

刘述礼，黄延复编．梅贻琦教育论著选．北京：人民教育出版社，1993.

廖世承，等编．施行新学制后之东大附中．上海：中华书局，1924.

廖世承．中学教育．上海：商务印书馆，1924.

刘棨琮．民国教育人物外传．上海：华欣文化事业中心，1975.

李永鑫主编．绍兴通史(第五卷)．杭州：浙江人民出版社，2012.

李建求．世界走向中国：西方科技与教育在近代中国的传播与发展．广州：广东科技出版社，2003.

刘建．中国近代教育行政体制研究．上海：上海教育出版社，2014.

刘兆伟，等编著．中国教育管理史．哈尔滨：黑龙江人民出版社，2002.

刘崧生，刘葆金主编．中国农业经济教育史．北京：中国农业科技出版社，1997.

刘问岫．中国师范教育简史．北京：人民教育出版社，1985.

李国钧，王炳照总主编．中国教育制度通史(第七卷)．济南：山东教育出版社，2000.

刘德华主编．中国教育管理史．开封：河南教育出版社，1990.

李才栋，等主编．中国教育管理制度史．南昌：江西教育出版社，1996.

刘乃和．励耘承学录．北京：北京师范大学出版社，1992.

廖世承编．东大附中道尔顿制实验报告．上海：商务印书馆，1925.

李彦福，等编．广西教育史料．南宁：广西人民出版社，1990.

梁吉生．允公允能 日新月异——南开大学校长张伯苓．济南：山东教育出版社，2003.

梁吉生．张伯苓年谱长编(上卷、中卷、下卷)．北京：人民教育出版社，2009.

梁明伟．中国大学学术管理研究：基于组织、制度和文化的视角．北京：中国政法大学出版社，2013.

李光伯编著．中国复式教学史．南京：南京师范大学出版社，2014.

林东主编，《福州郊区教育志》编委会编．福州郊区教育志．1996.

李元瑾．林文庆的思想：中西文化的汇流与矛盾．新加坡亚洲研究学会，1991.

卢成林．卢成林文集．福建省林业科学研究院，1998.

骆威．南京国民政府时期的高等教育立法．南京：南京大学出版社，2016.

M

冒荣．至平至善 鸿声东南——东南大学校长郭秉文．济南：山东教育出版社，2004.

毛礼锐，沈灌群主编．中国教育通史(第四卷)．济南：山东教育出版社，1987.

梅汝莉主编．中国教育管理史．北京：海潮出版社，1995.

莫乃群主编．广西历史人物传．南宁：广西地方志研究组，1981.

蒙荫昭，梁全进编．广西教育史．南宁：广西人民出版社，1999.

明德学堂编．湖南明德学堂规则．1906.

马建强．追寻近代中国的教育大师．北京：教育科学出版社，2008.

N

南京大学高教研究所校史编写组编．金陵大学史料集．南京：南京大学出版社，1989.

南开大学校长办公室编．张伯苓纪念文集．天津：南开大学出版社，1986.

《南大百年实录》编辑组编．南大百年实录：中央大学史料选(上卷)．南京：南京大学出版社，2002.

南京师范大学校史编写组编．南京师范大学大事记(1902—1990)．南京：南京大学出版社，1992.

南京大学学报编辑部编辑. 南京大学校史资料选辑. 1982.

P

潘洪建，刘华编著. 扬州地方教育家研究. 南京：南京大学出版社，2014.

潘懋元，刘海峰编. 中国近代教育史资料汇编·高等教育. 上海：上海教育出版社，2007.

Q

钱宗范主编. 雷沛鸿的生平和事业. 南宁：广西教育出版社，1998.

清华大学校史研究室编. 清华人物志. 北京：清华大学出版社，1995.

清华大学校史研究室编. 清华大学九十年. 北京：清华大学出版社，2001.

曲士培编. 蒋梦麟教育论著选. 北京：人民教育出版社，1995.

璩鑫圭，唐良炎编. 中国近代史教育资料汇编·学制演变. 上海：上海教育出版社，2007.

S

宋恩荣，章咸选编. 中华民国教育法规选编(修订版). 南京：江苏教育出版社，2005.

舒新城编. 中国近代教育史资料(上册、中册、下册). 北京：人民教育出版社，1961.

孙云龙，张玉阁主编. 中国教育管理思想史. 大连：东北财经大学出版社，2014.

孙培青主编. 中国教育管理史. 北京：人民教育出版社，1996.

舒新城，孙承光编. 中华民国之教育. 北京：中华书局，1931.

沈雨梧. 浙江师范教育. 天津：天津古籍出版社，2002.

孙岳，等编. 吴贻芳纪念集. 南京：江苏教育出版社，1987.

上海市浦东中学. 上海市浦东中学建校八十周年纪念刊(1907—1987). 1987.

孙昌建. 浙江一师别传. 杭州：浙江人民出版社，2011.

孙昌建. 民国有个绍兴帮. 广州：花城出版社，2012.

舒新城编. 近代中国教育史料. 北京：中国人民大学出版社，2012.

宋恩荣主编. 近代中国教育改革. 北京：教育科学出版社，1994.

沈云龙主编. 近代中国史料丛刊. 台北：文海出版社，1966.

孙建秋编著. 金陵女大(1915—1951)：金陵女儿图片故事. 桂林：广西师范大学出版社，2010.

孙邦华. 身等国宝 志存辅仁——辅仁大学校长陈垣. 济南：山东教育出版社，2004.

上海法学编译社编. 法令大全(下册)(增订). 上海：上海法学编译社，1929.

苏云峰. 从清华学堂到清华大学(1911—1929). 北京：生活·读书·新知三联书店，2001.

T

田正平主编. 中国教育思想通史(第六卷). 长沙：湖南教育出版社，1994.

唐威主编. 中华职业学校校史(1918—2013). 上海：上海社会科学院出版社，2013.

陶旅枫，黄政海编著. 明德学校史. 长沙：湖南师范大学出版社，2013.

汤才伯编. 廖世承教育论著选. 北京：人民教育出版社，1992.

汤才伯编. 廖世承教育思想论稿. 北京：人民教育出版社，1997.

天津市地方志编修委员会办公室，天津图书馆编.《益世报》天津资料点校汇编(一). 天津：天津社会科学院出版社，1999.

唐振常. 蔡元培传. 上海：上海人民出版社，1985.

W

武汉大学成都校友会主办. 王星拱校长纪念专刊. 1996.

武汉国民政府资料选编编辑组. 武汉国民政府资料选编. 1986.

《武汉文史资料》编辑部编. 武汉文史资料(第 43 辑). 1991.

无锡地方志编纂委员会办公室编. 无锡教育新编·校史选辑. 1985.

武昌中华大学武汉校友会编. 陈先生诞辰一百周年暨中华大学创立八十周年纪念专集. 1992.

韦善美，马清和主编. 雷沛鸿文集(上). 南宁：广西教育出版社，1989.

韦善美主编. 雷沛鸿文集(下). 南宁：广西教育出版社，1990.

韦善美主编. 雷沛鸿文集(续编). 南宁：广西教育出版社，1993.

韦善美，潘启富选编. 雷沛鸿文选. 桂林：广西师范大学出版社，1998.

韦善美，程刚著. 雷沛鸿教育思想研究. 沈阳：辽宁教育出版社，1994.

吴桂就编著. 雷沛鸿与民族教育体系. 桂林：广西师范大学出版社，2002.

王东胜，黄明豪主编. 民国时期健康教育文集. 南京：江苏人民出版社，2008.

王星拱编. 科学方法论. 北京：北京大学出版部，1920.

王星拱. 科学概论. 上海：商务印书馆，1930.

吴洪成. 生斯长斯 吾爱吾庐——清华大学校长梅贻琦. 济南：山东教育出版社，2004.

吴玫主编. 影像南大：南京大学百年图传. 南京：南京大学出版社，2015.

王德滋编. 南京大学史(1902—1992). 南京：南京大学出版社，1992.

汪家熔. 民族魂——教科书变迁. 北京：商务印书馆，2008.

王凤喈编著. 中国教育史(下册). 福州：福建教育出版社，2011.

王学珍，张万仓编. 北京高等教育文献资料选编(1861～1948). 北京：首都师范大学出版社，2004.

王炳照，等编. 简明中国教育史. 北京：北京师范大学出版社，2007.

王炳照主编. 中国教育史专题研究. 北京：北京师范大学出版社，2009.

王杰，祝士明编著. 学府典章 中国近代高等教育初创之研究. 天津：天津大学出版社，2010.

王建军，薛卫东著. 中国教育管理史教程. 广州：广东高等教育出版社，1998.

王新生，孙启泰主编. 中国军阀史词典. 北京：国防大学出版社，1992.

吴洪城，等著. 中国近代职业教育制度史研究. 北京：知识产权出版社，2012.

吴树滋编. 增订现行教育法令大全. 上海：世界书局，1933.

王文俊，梁吉生，等编. 南开大学校史资料选(1919—1949). 天津：南开大学出版社，1989.

王文田，等著. 张伯苓与南开. 台北：传记文学出版社，1987.

王文俊，梁吉生，等编. 张伯苓教育言论选集. 天津：南开大学出版社，1984.

武汉大学校史编辑研究室. 武汉大学校史简编. 1983.

吴骁，程斯辉著. 功盖珞嘉“一代完人”——武汉大学校长王星拱. 济南：山东教育出版社，2011.

吴贻谷主编. 武汉大学校史(1893—1993). 武汉：武汉大学出版社，1993.

X

厦门大学校史编委会编. 厦大校史资料(第一辑). 厦门：厦门大学出版社，1987.

熊明安. 中华民国教育史. 重庆：重庆出版社，1990.

熊明安编著. 中国高等教育史. 重庆：重庆出版社，1983.

熊贤君. 中国近代义务教育研究. 武汉：华中师范大学出版社，2006.

谢长法. 中国职业教育史. 太原：山西教育出版社，2011.

熊明安主编. 中国近现代教学改革史. 重庆：重庆出版社，1999.

熊贤君. 中国近代教育行政史. 北京：人民教育出版社，2014.

熊贤君. 中国教育管理史. 武汉：华中师范大学出版社，1989.

徐林主编. 明德岁月. 长沙：湖南师范大学出版社，2013.

徐正榜，陈协强主编. 名人名师武汉大学演讲录. 武汉：武汉大学出版社，2003.

西南联合大学北京校友会编. 国立西南联合大学校史. 北京：北京大学出版社，2006.

熊西平. 民国大文人. 北京：国际文化出版公司，2016.

徐承德，虞朝东著. 南京百年城市史(1912—2012). 教育卷. 南京：南京出版社，2014.

Y

杨叔子主编. 中国著名大学校长毕业训词. 武汉：华中科技大学出版社，2014.

杨玉厚主编. 中国课程变革研究. 西安：陕西教育出版社，1993.

杨力主编. 中国抗战大后方中间党派文献资料选编(上). 重庆：重庆出版社，2016.

扬州中学. 江苏省扬州中学. 北京：人民教育出版社，1997.

扬州中学. 扬州中学建校九十周年纪念册(1902—1992). 1992.

Z

《中华教育改革编年史》编写组主编. 中华教育改革编年史(二). 北京：中国教育出版社，2009.

中国第二历史档案馆编. 中华民国史档案资料汇编. 南京：江苏古籍出版社，1991.

中国第二历史档案馆编. 中华民国史档案资料汇编(第三辑 教育). 南京：江苏古籍出版社，1991.

中国第二历史档案馆编. 中华民国史档案资料汇编(第五辑 第二编 教育). 南京：江苏古籍出版社，1997.

中国第二历史档案馆编. 中华民国史档案资料汇编(第五辑 第一编 教育). 南京：江苏古籍出版社，1994.

中国人民政治协商会议武汉市委员会文史资料研究委员会编. 武汉文史资料(第16辑). 1984.

中国人民政治协商会议北京市委员会文史资料委员会编. 文史资料选编(第18辑). 1983.

周川，黄旭主编. 百年之功——中国近代大学校长的教育家精神. 福州：福建教育出版社，1994.

张晋藩. 中国宪法史. 北京：中国法制出版社，2016.

朱斐主编. 东南大学史(1902—1949)(第1卷). 南京：东南大学出版社，2012.

左惟，等编. 大学之道——东南大学的一个世纪(1902—2002). 南京：东南大学出版社，2002.

周天度. 蔡元培传. 北京：人民出版社，1984.

朱学波. 吴贻芳. 南京：江苏文史资料编辑部，1993.

周汉民编. 责在人先 中华职业教育社立社 95 周年纪念文集. 上海：上海交通大学出版社，2012.

张宪文主编. 金陵大学史. 南京：南京大学出版社，2002.

赵统. 南菁书院志. 上海：上海书店出版社，2015.

中国人民政治协商会议上海市委员会文史资料工作委员会著. 解放前上海的中学. 上海：上海人民出版社，1988.

中国人民政治协商会议四川省合川县委员会文史资料委员会编. 合川县文史资料选辑(第 7 辑). 1990.

张晓唯. 蔡元培与胡适(1917—1937)——中国文化人与自由主义. 北京：中国人民大学出版社，2003.

张宪文，等主编. 中华民国史大辞典. 南京：江苏古籍出版社，2001.

郑登云编著. 中国近代教育史. 上海：华东师范大学出版社，1994.

周川主编. 中国近现代高等教育人物辞典. 福州：福建教育出版社，2012.

朱有瓛，等编. 中国近代教育史资料汇编·教育行政机构及教育团体. 上海：上海教育出版社，2007.

张连红主编. 金陵女子大学校史. 南京：江苏人民出版社，2005.

章咸，张援编. 中国近现代艺术教育法规汇编. 北京：教育科学出版社，1997.

朱有瓛主编. 中国近代学制史料(第三辑上册). 上海：华东师范大学出版社，1990.

朱有瓛，高时良主编. 中国近代学制史料(第四辑). 上海：华东师范大学出版社，1993.

中央教育科学研究所编. 中国现代教育大事记. 北京：教育科学出版社，1988.

中国大学校长名典编辑委员会编. 中国大学校长名典(中卷). 北京：中国人事出版社，1995.

赵伟主编. 中等职业教育学生资助体系研究. 北京：教育科学出版社，2012.

庄临安主编. 浙江百年(1900—1999) 浙江电视台 150 集电视系列片. 北京：台海出版社，2000.

张彬主编. 浙江教育史. 杭州：浙江教育出版社，2006.

周旭升编著. 集美学校八十年校史. 厦门：鹭江出版社，1993.

朱泽甫编著. 陶行知年谱. 合肥：安徽教育出版社，1984.

周洪宇. 陶行知大传(上、下卷). 北京：人民教育出版社，2016.

周洪宇. 陶行知生活教育学说. 武汉：湖北教育出版社，2011.

朱守良主编. 皖江近现代高等教育人物研究. 合肥：合肥工业大学出版社，2006.

张晓东，吴文华著. 民国时期职业教育研究. 郑州：郑州大学出版社，2015.

章开沅，唐文权著. 平凡的神圣——陶行知. 武汉：华中师范大学出版社，2013.

周洪宇. 人民之子陶行知. 武汉：湖北人民出版社，2011.

郑建庆，方新德主编. 上虞文化史. 杭州：浙江人民出版社，2012.

章开沅，[美]林蔚主编. 中西文化与教会大学——首届中国教会大学史学术研讨会论文集. 武汉：湖北教育出版社，1991.

朱峰. 基督教与近代中国女子高等教育：金陵女大与华南女大比较研究. 福州：福建教育出版社，2002.

朱庆葆，等著. 教育的变革与发展. 南京：南京大学出版社，2015.

朱英主编. 近代史学刊(第十四辑). 北京：社会科学文献出版社，2015.

中国人民政治协商会议福建省长乐县委员会文史资料工作组. 长乐文史资料(第三辑). 1987.

中共重庆市委党史研究室编. 重庆市革命遗址通览. 重庆：重庆出版社，2014.

五、学位论文

(一)硕士学位论文

B

柏荣. 民国初期著名中学管理实践研究[D]. 华东师范大学，2010.

毕景艳. 民国时期教育家型校长研究[D]. 华东师范大学，2010.

C

陈庭来. 中国近代女子大学学生管理研究[D]. 浙江师范大学，2009.

陈洁. 近代中国学位制度探析[D]. 湘潭大学，2008.

陈晶. 中国近代大学人才培养目标的演进(1860 年—1930 年)[D]. 华中科技大学，2007.

陈妙玲. 中国高等教育管理体制的近代化[D]. 西北师范大学，2002.

陈桃兰. 私立大学与中国高等教育近代化[D]. 西南师范大学，2005.

H

郝平生. 中国近代大学教学体系的演进[D]. 山西大学，2011.

胡仁智. 南京国民政府前期教育立法的历史考察[D]. 西南政法大学，2002.

韩淑娟. 近代中国私立大学的融资模式研究[D]. 浙江师范大学，2007.

L

梁民华. 傅斯年人学师生管理思想研究[D]. 河北师范大学，2018.

李东玉. 1927—1937 年中国教育制度现代化研究[D]. 哈尔滨工业大学，2015.

李诗燕. 民国时期支配阶级眼中的中小学教师身份认同研究[D]. 杭州师范大学，2015.

李成男. 民国初期中国教会大学和国立大学的比较研究[D]. 山东财经大学，2013.

李良立. 1895—1949 年我国高校院系设置的演变研究[D]. 华中科技大学，2015.

李苏. 南京国民政府时期小学学生管理的演变(1927—1949 年)[D]. 南京师范大学，2012.

廖承琳. 民国时期职业教育制度化研究[D]. 西南师范大学，2003.

M

马璐瑶. 中国近代大学初创时期立校章程文本研究[D]. 四川师范大学，2016.

马长亮. 我国大学初创期管理制度研究[D]. 天津大学，2011.

P

潘男男. 民国前期安徽初等教育研究(1912—1927)[D]. 山东师范大学，2017.

庞海江. 近代大学教师群体透析[D]. 吉林大学，2006.

W

吴文华. 中国近代普通学校体育研究(1878—1922)[D]. 华东师范大学，2010.

王艳芝. 民初教育部研究(1912—1916)[D]. 陕西师范大学，2010.

王中海. 中国近代大学内部权力研究[D]. 广西师范大学，2008.

X

谢文博. 中国近代教会大学校园及建筑遗产研究[D]. 湖南大学，2008.

肖树翠. 中国近代私立大学董事会制度研究[D]. 陕西师范大学，2014.

薛红肖. 中国近代职业教育思潮研究(1840—1927)[D]. 河北大学，2010.

Y

杨瑒. 民国画坛三杰中西融合美术教育管理理念探究[D]. 西安美术学院，2017.

尹洪雨. 民国前期小学校学生管理的若干问题研究（1912—1927）[D]. 南京师范大学，2012.

S

沈辉. 基于校训的中国近代大学组织文化分析[D]. 曲阜师范大学，2017.

苏刚. 民国时期职业教育立法研究[D]. 东北师范大学，2008.

尚国乾. 中国近代私立大学的发展嬗变及办学特征研究[D]. 东北师范大学，2006.

Z

张东亚. 从士子精神到民国大学校长精神源生内核与时代演变[D]. 南京师范大学，2017.

张凤兰. 中国近代教会大学的办学特点及其启示[D]. 江西师范大学，2016.

张丹. 中国近代女子师范教育变迁研究[D]. 东北师范大学，2016.

张豆. 近代上海私立中学章程与管理制度研究[D]. 上海社会科学院，2016.

张晓彤. 民国前期普通中学学生管理问题研究(1912—1927 年)[D]. 南京师范大学，2012.

张伟. 论民初教育模式的变革[D]. 吉林大学，2008.

张伶俐. 中国近代高等教育模式的演变[D]. 湘潭大学，2006.

朱春玲. 民国早期(1912 年—1927 年)大学教育管理研究[D]. 河北大学，2004.

(二)博士学位论文

C

慈玲玲. 民国时期乡村基础教育政策研究[D]. 东北师范大学，2016.

陈元. 民国时期我国大学研究院所研究[D]. 华中师范大学，2012.

陈学军. 我国近代中学组织结构演变研究[D]. 南京师范大学，2008.

崔恒秀. 民国教育部与大学关系之研究(1912—1937)[D]. 苏州大学，2008.

D

邓小林. 民国时期国立大学教师聘任之研究[D]. 四川大学，2005.

F

樊涛. 民国时期农村学校教育制度变迁研究[D]. 东北师范大学，2014.

G

广少奎. 南京国民政府教育部及其行政制度研究[D]. 华中师范大学，2005.

H

韩立云. 民国时期北京大学人才培养模式研究(1917—1937)[D]. 南京大学，2013.

黄启兵. 我国高校设置变迁的制度分析[D]. 南京师范大学，2006.

L

刘京京. 民国时期中学生生活研究(1912—1937)[D]. 华中师范大学，2015.

李涛. 民国时期国立大学招生研究[D]. 西南大学，2014.

李红惠. 民国时期国立大学学术休假制度研究[D]. 南京大学，2014.

李银慧. 中国近代中学教育思想研究[D]. 西南大学，2013.

李艳玲. 民国时期中国职业指导思想研究[D]. 湖南师范大学，2010.

李霞. 民国时期知识界的职业教育观[D]. 湖南师范大学，2009.

刘军. 抗战前十年湖北县级教育研究(1927—1937)[D]. 华中师范大学，2009.

刘建. 中国近代教育行政体制研究[D]. 南京师范大学，2008.

M

孟令战. 民国时期教学自由权研究[D]. 武汉大学，2011.

苗素莲. 中国大学组织特性历史演变研究[D]. 华东师范大学，2004.

Q

秦凌. 民国时期教育立法研究(1912—1949 年)[D]. 湖南师范大学，2014.

秦俊巧. 南京国民政府时期教育家办大学研究[D]. 河北大学，2013.

R

饶正慧. 民国时期著名大学校长领导力研究[D]. 西南大学，2013.

S

苏刚. 民国时期乡村师范教育制度变迁研究[D]. 东北师范大学，2015.

史晖. 转型与重构：中国近代课程制度变迁研究[D]. 南京师范大学，2011.

苏国安. 南京国民政府时期学校教育政策研究[D]. 河北大学，2010.

W

王荷英. 北洋政府时期不同教育宗旨下的学校体育研究[D]. 苏州大学，2017.

王瑜. 近代高等教育法研究[D]. 西南政法大学，2015.

汪明帅. 我国近代教师权利变迁研究[D]. 华东师范大学，2014.

王昌善. 我国近代中小学教科书编审制度研究[D]. 湖南师范大学，2011.
吴舸. 蔡元培高等教育管理思想研究[D]. 西南大学，2010.
王为东. 中国近代职业教育法制研究[D]. 中国政法大学，2006.
王伦信. 清末民国时期中学教育研究[D]. 华东师范大学，2001.

X

肖全民. 雷沛鸿办学实践研究[D]. 武汉大学，2015.
向华. 民国前期学生自治研究[D]. 华中师范大学，2014.
许衍琛. 近代中国大学社会服务研究[D]. 南开大学，2014.
夏兰. 民国时期现代大学制度演变研究[D]. 复旦大学，2012.
肖卫兵. 中国近代国立大学校长结构及其角色研究[D]. 苏州大学，2011.
徐斯雄. 民国大学学术评价制度研究[D]. 西南大学，2011.

Y

杨习超. 近代中国教会大学中籍校长角色冲突研究[D]. 苏州大学，2016.
余伟良. 二十世纪的中国学位制度研究[D]. 湖南师范大学，2008.

Z

张杰. 南京国民政府时期高校学生管理研究[D]. 苏州大学，2017.
张媛媛. 中国近代实验小学发展史研究[D]. 河北大学，2017.
赵颖霞. 晚清民国时期中小学国学教育的历史嬗变研究[D]. 河北大学，2016.
张珂. 民国公立大学与政府关系研究(1912—1937)[D]. 西南大学，2016.
周宁之. 近代中国师范教育课程研究[D]. 湖南师范大学，2013.
张玥. 抗战时期国立大学校长的治校方略研究[D]. 南京大学，2013.
周文佳. 北洋政府时期高等教育政策研究[D]. 河北大学，2013.

索　引

F

G

H

J

K

L

M

后　记

我在本书导论中曾说：任何有意义的事都不是轻易可以完成并取得成功的，良好的设想要变成现实，有时不是一个人在短时间内能够实现的。《民国学校管理研究》任务最终完成，是团队协作的结果。参与其中的有武汉大学教育科学研究院的黄晶晶博士、高慧君博士、刘宇佳博士，武夷学院的代小芳博士，广西电力职业技术学院教授肖全民博士，武汉市光谷第二小学教师陈伟亚硕士。他（她）们在我的指导下尽心思考撰写要求、认真查阅资料，并体会历史研究中如何在准确把握史料的基础上形成自己对历史的认知，如何在回归历史本原的过程中把握历史发展中蕴含的规律性，思考其对当今时代学校管理的现实意义。在与团队成员共同撰写《民国学校管理研究》的过程中，我也不断提升着对民国时期学校管理研究意义的认识。但最终完成书稿，丛书总主编田正平教授是最重要的外在促成。其间，田老师与我联系的几十封邮件，包含了他对提纲的指导意见、对书稿的具体修改意见、对学问的意见、对丛书撰写动态的提示，以及对信守承诺的指点，等等。现在想来，这其中既有接受田老师指导的幸福，也有未能达到要求的惭愧。

《民国学校管理研究》具体撰写分工是——“导论”：程斯辉；上编的第一章“国立大学管理”：程斯辉、刘宇佳，第二章“私立大学管理”：程斯辉、代小芳，第三章“教会大学管理”：程斯辉、代小芳，第四章“中小学校管理”：代小芳，第五章“师范学校管理”：陈伟亚，第六章“职业学校管理”：代小芳，第七章“边疆少数民族学校管理”：刘宇佳；下编的第一章“蔡元培的教育管理实践与思想”：程斯辉，第二章“梅贻琦的学校管理实践与思想”：程斯辉，第三章“陶行知的学校管理实践与思想”：黄晶晶，第四章“张伯苓的学校管理实践与思想”：程斯辉，第五章“郭秉文的学校管理实践与思想”：刘宇佳，第六章“王星拱的学校管理实践与思想”：程斯辉，第七章“陈宝泉的学校管理实践与思想”：陈伟亚，第八章“雷沛鸿的学校管理实践与思想”：肖全民，第九章“廖世承的学校管理实践与思想”：高慧君，第十章“经亨颐的学校管理实践与思想”：代小芳。在相应的初稿完成后，我们又进行了数次精简、提炼、修改。其间，代小芳博士做了大量的校对工作，最后由我修改统稿完成。还要说明的是，本书上编第二章“私立大学管理”中之“私立中华大学的管理”由国内知名的教育史学家熊贤君教授撰写。

在撰写《民国学校管理研究》的过程中，民国教育史专题研究丛书参与者王建军教授、熊贤君教授、侯怀银教授、石鸥教授、曲铁华教授等在微信群里提供的研究信息与展示的生活情境，给了我一种生命不断唤醒的状态；湖南教育出版社的李军主任与责任编辑周瞰、陈逸昕的责任心与认真严谨，又是另一种形式的鞭策。在此，对这些朋友赋予我们学术生活的意义，要真诚地说一声谢谢！

当然，《民国学校管理研究》的撰写过程参阅了大量的资料与相关研究成果，我们尽力加以注释，可能还有疏忽之处。在此，对已经标明或没有注明的成果拥有者们表示衷心的谢意。

我们知道《民国学校管理研究》一书也留下了遗憾，还有需要研究的学校与人物没来得及研究，还有需要仔细斟酌的内容还推敲不够，还可能留下了错漏之处，在此也希望读者见谅并予以批评指正！

程斯辉

二〇一九年九月于武汉大学雅各楼

图书在版编目（CIP）数据

民国学校管理研究 / 程斯辉著. —长沙：湖南教育出版社，
2021.4
（民国教育史专题研究丛书）
ISBN 978-7-5539-8327-1

Ⅰ.①民… Ⅱ.①程… Ⅲ.①学校管理—研究—中国—民国
Ⅳ.①G529.6

中国版本图书馆 CIP 数据核字（2021）第 120644 号

MINGUO XUEXIAO GUANLI YANJIU

书　　名	民国学校管理研究
作　　者	程斯辉
出 版 人	黄步高
责任编辑	陈逸昕　周　瞰
责任校对	任　娟　曾朝晖
装帧设计	肖睿子
出版发行	湖南教育出版社(长沙市韶山北路 443 号)
网　　址	www.bakclass.com
微 信 号	贝壳导学
客　　服	0731-85486979
经　　销	湖南省新华书店
印　　刷	湖南省众鑫印务有限公司
开　　本	787 mm×1092 mm　16 开
印　　张	49.75
字　　数	730 000
版　　次	2021 年 4 月第 1 版
印　　次	2021 年 4 月第 1 次印刷
书　　号	ISBN 978-7-5539-8327-1
定　　价	245.00 元

如有质量问题，影响阅读，请与湖南教育出版社联系调换。